全本点校

太平御覽

（九）

〔北宋〕李昉　等编著

谦德书院　点校

团结出版社

图书在版编目(CIP)数据

太平御览 /(北宋)李昉等编著；谦德书院点校

. -- 北京：团结出版社，2024.3

ISBN 978-7-5234-0257-3

Ⅰ.①太… Ⅱ.①李… ②谦… Ⅲ.①百科全书-中国-北宋 Ⅳ.① Z222

中国国家版本馆 CIP 数据核字 (2023) 第 135958 号

出版：团结出版社

（北京市东城区东皇城根南街 84 号 邮编：100006）

电话：（010）65228880 65244790 （传真）

网址：www.tjpress.com

Email：zb65244790@vip.163.com

经销：全国新华书店

印刷：易阳印刷河北有限公司

开本：145×210 1/32

印张：238

字数：5883 千字

版次：2024 年 3 月 第 1 版

印次：2025 年 5 月 第 2 次印刷

书号：978-7-5234-0257-3

定价：980.00 元（全九册）

目录

卷第九百二十三　羽族部十

卷第九百二十四　羽族部十一

卷第九百二十五　羽族部十二

卷第九百二十六　羽族部十三

卷第九百二十七　羽族部十四

卷第九百二十八　羽族部十五

卷第九百二十九　鳞介部一

卷第九百三十　鳞介部二

卷第九百三十一　鳞介部三

卷第九百三十二　鳞介部四

卷第九百三十三　鳞介部五

卷第九百三十四　鳞介部六

卷第九百三十五 鳞介部七

卷第九百三十六 鳞介部八

卷第九百三十七 鳞介部九

卷第九百三十八 鳞介部十

卷第九百三十九 鳞介部十一

卷第九百四十 鳞介部十二

卷第九百五十　虫豸部七

卷第九百五十一　虫豸部八

卷第九百五十二　木部一

卷第九百五十三　木部二

卷第九百五十四　木部三

卷第九百六十一　木部十

卷第九百六十二 竹部一

卷第九百六十三 竹部二

卷第九百六十四 果部一

卷第九百六十五 果部二

卷第九百六十六 果部三

卷第九百六十七 果部四

卷第九百六十八 果部五

卷第九百六十九 果部六

卷第九百七十 果部七

卷第九百七十一 果部八

卷第九百七十二 果部九

卷第九百七十三 果部十

卷第九百七十四 果部十一

卷第九百八十一 香部一

卷第九百八十二 香部二

卷第九百八十三 香部三

卷第九百九十一　药部八

卷第九百九十二　药部九

卷第九百九十三　药部十

卷第九百九十四 百卉部一

卷第九百九十五 百卉部二

卷第九百九十六 百卉部三

卷第九百九十七 百卉部四

卷第九百九十八 百卉部五

卷第九百九十九 百卉部六

卷第第一千 百卉部七

太平御览卷第八百九十一　兽部三

虎上

《说文》曰：虎，山兽之君也。

《春秋运斗枢》曰：枢星散而为虎。

《易·复卦》曰：履虎尾，不咥人，亨。

又《颐卦》曰：虎视眈眈，其欲逐逐。

《易·革卦》：九五象曰：大人虎变，其文炳也。

《易通卦验》曰：立秋，虎始啸。

《月令》曰：仲冬，虎始交。

《礼记》曰：孔子过太山侧，有妇人哭于墓者而哀。夫子式而听之，使子贡问之曰："子之哭也，一似重有忧者。"而曰："然。昔者吾舅死于虎，吾夫又死焉，今吾子又死焉。"夫子曰："何为不去？"曰："无苛政。"钟曰："小子识之，苛政猛于虎也。"

《左传·宣四年》曰：若敖娶于䢵，生斗伯比。若敖卒，从其母畜于䢵。淫于䢵子之女，生子文焉。䢵夫人使弃诸梦中。梦，泽。虎乳之。䢵子田，见之，惧而归夫人，以告，告女私通所生。遂使收之。楚人谓乳为谷，谓虎为于菟，故命之曰斗谷于菟。

《春秋考异邮》曰：三九二十七，七者阳气成，故虎七月而生。阳立于七，故虎首尾长七尺。般般文者，阴阳杂也。

《春秋演孔图》曰：天命荡，白虎戏朝。其终，白虎在野。

《尔雅》曰：甝，白虎。甝，胡甘切。汉宣帝时，南郡获白虎，献其皮骨爪牙也。虪，黑虎。虪，音叙。

《汉书》曰：猛虎之犹与，不如蜂虿之致蠚。

又曰：武帝元狩中，南郡获白虎，以为宝。

又曰：李广北平郡出猎，见草中石，以为虎而射之，中石没羽。视之，石也。明日射之，终不能入矣。

又曰：司马迁书曰：猛虎在山中，百兽震恐。及陷槛阱，摇尾而求食，积威约之渐也。

又曰：李敢子禹，有宠于太子。禹有勇，上召禹使刺虎。悬下圈中，未至地，有诏引出之。禹以剑斫绝累，欲刺虎。上壮之，遂放焉。

《后汉书》曰：刘昆字桓公，光武时为弘农太守。先是，崤渑驿道多虎灾，行旅不通。昆为政三年，仁化大行，虎皆负子渡河。帝闻而异之。后征为光禄勋，诏问昆曰："前在江陵，返风灭火；后守弘农，虎北渡河。行何德政而致是事？"昆对曰："偶然耳。"左右皆笑其质讷。帝叹曰："杆乃长者之言也。"顾命书诸策。

又曰：宋均迁九江太守，郡多虎暴，数为人患。常募设槛阱，而犹多伤害。槛为机以捕兽，阱谓穿地陷之。均到，下记属县曰："夫虎豹在山，鼋鼍在水，各有所托。且江淮之有猛兽，犹北土之有鸡豚也。今为人害，咎在残吏，而劳勤张捕，非忧恤植稻也。其务退奸贪，思进忠善。可一去槛阱，除削课制。"其后传言虎相与东游渡江。

又曰：法雄为南郡太守。郡滨带江沔，又有云梦薮泽。云梦泽，今在安州。永初中，多虎狼之暴。前太守赏募张捕，反为所害者甚众。雄乃移书属县曰："凡虎狼之在山林，犹人之居城市。古者至化之代，猛兽不扰，皆由恩信宽泽，仁及飞走。太守虽不德，敢忘其义！记到，其毁坏槛阱，不得妄捕山林。"是后虎害稍息，人以获安。在郡数岁，岁常丰稔。

又曰：童恢字汉宗，为不其令。户人常为虎所害，乃设槛捕之，生获二虎。恢咒虎曰："天生万物，唯人为贵。虎狼当食六畜，而残暴于人。王法杀人者死，伤人则论法。若是杀人者，当垂头服罪。自知非者，当号呼称冤。"一虎低头闭目，状若震惧，即时杀之。一乃踊跃自奋，遂放之。

谢承《后汉书》曰：豫章刘陵，字孟高，为长沙安成长。先时多虎，百姓患之，皆从他县。陵之官，修德政。逾月，虎悉出界，去贸苍还。

《汉皇德传》曰：世祖遣邓禹西征，送之于道。既返，因于野王猎。路见二老翁即禽，世祖问曰："禽何向？"并举首西指，言："此中多虎，臣每即禽，虎亦即臣。大王勿往也。"

《方言》曰：虎，陈、魏、宋、楚之间或谓之李父，江淮南楚之间谓之李耳，虎食物，值耳即止，以触其讳故。或谓之於䖘。於音乌，䖘音菟。今江南山夷呼虎为䖘。自关东西或谓之伯都也。

《风俗通》曰：呼虎为李耳，俗说虎本南郡中庐李氏公所化。为呼李耳因喜，呼班便怒。

《龙鱼河图》曰：悬文虎鼻门上，宜官，子孙带印绶。悬虎鼻门中，周一年，取烧作屑，与妇引之，二月中便有儿，生贵子。勿令人知之，泄则不验也。亦勿令妇人见之。

《春秋后语》曰：楚黄歇说秦昭王曰："天下强国，莫过于秦楚。今闻大王欲伐楚，此犹两虎相与斗，而驽犬受其弊，不如善楚也。"

又曰：秦惠王谓陈轸曰："今韩魏相攻，期年不解。或谓寡人救植点，或曰勿救便。寡人不能自为决，愿子为寡人计之。"轸曰："亦尝有以卞庄子之刺虎闻于王者乎？"王曰："不闻。"轸曰："卞庄子方刺虎，而卞竖子止之，曰：'两虎方食牛，牛甘必争，争必斗。斗则大者伤，小者死。从伤而刺之，一举必有双虎之名'。卞庄子以为然，立而顾之。有顷，两虎果斗，大者伤，小者死，一举果有双虎之功。今韩魏相攻，期年不解，是必大国伤，小国亡。从伤而伐之，一举必有二实。此犹卞庄子刺虎之类也。"惠王曰："善。"卒不救。待其败而攻之，果大克也。

《吴越春秋》曰：吴王葬昌门外，金玉精上为白虎。

《列士传》曰：秦召公子无忌，无忌不行，使朱亥奉璧一诗。秦王大怒，将朱亥着虎圈中。亥瞋目视虎，眦裂，血出溅虎，虎终不敢动。

《穆天子传》曰：有虎在于葭中，葭，苇。七萃之士曰高奔戎，乃生捕虎而献之。天子命为柙，柙，槛。而畜之东虞，是曰虎牢。今荥阳成皋县是也。

《山海经》曰：孟山、鸟鼠同穴之山，其上多白虎也。

又曰：狄山，爰有熊罴文虎。幽都之山黑水上有玄虎。

《尸子》曰：虎豹之驹未成文，而有食牛之气。

又曰：中黄伯曰："余左执太行之夔，而右博雕虎。"

《韩子》曰：庞共与太子质于邯郸，谓魏王曰："今一人言市有虎，王信乎？"王曰："不。""二人言，王信乎？"王曰："不。""三人言，王信乎？"曰："寡人信之。"庞共曰："夫市无虎明矣，而三人言，成市虎。今邯郸去魏远于市，议臣者过三人，愿王察之。"庞共从邯郸还，境不得入。

又曰：夫虎之所以能伏狗者，爪牙也。使虎释其爪牙，而使狗用之，则虎反服于狗矣。人主者，以刑德制臣。今君失其刑德而使臣用之，则君反制于臣矣。

《管子》曰：桀之时，女乐三万人。放虎于市，观其惊骇。

《列子》曰：梁鸯曰："养虎之法，凡顺之则喜，逆之则怒，此血气者性也。夫食虎物，不敢以生物与之，为其杀之，恐怒也；不敢以全物与之，为其决之，恐怒也。"《庄子》同。

《孟子》曰：晋人有冯妇者，善搏虎。有众逐虎，望见冯妇趋而迎之。

《孙卿子》曰：望见寝木，以为伏虎。

《吕氏春秋》曰：衣人在寒，食人在饥。陈思称：投虎千金，不如一豚肩。

《淮南子》曰：中行缪伯手搏虎而不能生也。中行缪伯，晋臣也。力能搏虎，而不能伏之也。

又曰：蛇不可使为足，虎不可使缘木。

《淮南万毕术》曰：烧角入山，则虎豹自远，恶其臭也。

又曰：昔者牛哀病，七日，化而为虎。其兄启户而入，虎搏而杀之。方其为虎，不知其常为人也；方其为人，不知其且为虎也。且犹将也。

又曰：虎啸则谷风生。

《说苑》曰：孔鸟爱羽，虎豹爱爪，所以辅其身也。

《抱朴子》曰：虎及鹿兔皆寿千岁。满五百岁者，其色皆白。

又曰：或问为道者多在山林，山林虎狼之室，何以避之？抱朴子曰："古之入山者，佩黄神越章。其广四寸，其字百二十，以封泥着所住之四方各百步，则虎狼不敢近其内也。"

又曰：山中寅日称虞吏者，虎也。

又曰：蔡诞入山，还其家，云被谪到昆仑，昆仑山下白虎、蝼蛇长百余里，其口中牙皆如三百斛舡大。

《风俗通》曰：虎者阳物，百兽之长也，能噬食鬼魅。今人卒得病，烧皮饮之。系其衣服亦辟恶。此甚验。

又曰：桃梗、苇茭、画虎。谨案：《黄帝书》，上古之时，有神荼与郁垒，兄弟二人，性能执鬼。度朔山上桃树下简阅百鬼，鬼无道理妄为人祸，荼与郁垒缚以苇索，执以食虎。于官常以腊除夕饰桃人、画虎于门。皆是追效前事，冀以御凶也。

又曰：宋均为九江太守，虎负子渡江。案虎毛婆娑，岂犯阳侯波？里语云："狐欲渡河，无奈尾何？"舟人尚有惧，况虎耶？若德被瞀海，虎亦不能至鬼方也。

《璅语》曰：周王欲杀王子宜咎，立伯服，释虎将执，宜咎叱之，虎弭耳而服。

蒋济《万机论》曰：猛虎不处卑势，鸷鸟不立垂枝也。

《西京杂记》曰：李广与兄弟猎于冥山之北，见卧虎焉，射，一矢毙。继其髑髅以为枕，示服猛也；铸铜象其形为溲器，示厌服之也。

又曰：余所知有鞠道龙，善为幻术。常向余说曰："东海人黄公，少时为幻，秦末有白虎见东海，诏遣黄公以赤刀往厌之。术既不行，遂为虎所杀。三辅人俗用以为戏，汉朝亦取之为角抵戏焉。"

王子年《拾遗录》曰：始皇二年，骞涓国画工者名烈裔，刻白玉两虎，削玉为毛，有如真矣，不点两目睛。始皇使余工夜往点之为睛。旦往，虎即飞去。明年，南郡有献白虎二头。始皇使视之，乃是先刻玉。始皇命去目睛，二虎不能复去。

太平御览卷第八百九十二 兽部四

虎下

《英雄记》曰：曹公擒吕布，布顾刘备曰："玄德，卿为坐上客，我为降虏，绳缚我急，独不可一言耶？"操曰："缚饿虎，不得不急。"乃命缓缚布。

《吴志》曰：吕蒙欲从军，母止之。蒙曰："不探虎穴，安得虎子？"

又曰：孙权每田猎，常乘马射虎。虎常突攀持马鞍。张昭变色而谏。权谢昭曰："年少虑事不远，然犹不能已。"乃作射虎车。

又曰：孙权亲乘马射虎庱亭，庱音摅陵。马为所伤。权投以双戟，虎即废。

《魏名臣奏》曰：世祖时有献虎者，问虎何食，对曰："食肉。"诏曰："下民厌糠，何忍以肉食虎？"乃命虎贲射之。斯实得计于时，而名垂于后。

《晋令》曰：诸有虎，皆作槛阱篱栅，皆施饵。捕得大虎，赏绢三匹，虎子半之。

《魏略》曰：文帝欲受禅，郡国奏白虎二十七见。

《博物志》曰：江陵有人化为虎。俗云猛虎化为人，好着紫葛衣；足无踵有五指者，人化为虎。

又曰：虎能冲破，又能画地卜。今人有画物上下者，推其奇偶，谓之虎卜。

《孝子传》曰：杨香，其父为虎噬，忿愤搏之，父免害。

又曰：郭文举为虎探鲠骨，虎常衔鹿以报之。

《括地图》曰：越俚之民，老者化为虎。

王孚《安成记》曰：平郡区宝者，后汉人。居父丧，邻人格虎，虎走趋其孤庐中，即以蓑衣覆藏之。邻人寻迹问宝，宝曰："虎岂有可舍而藏之乎？”此虎后送禽兽以助宝祭。孝慈之志，通于神明。由是知名。

裴渊《广州记》曰：兴宁县义熙四年，忽有数十大鸟，大如鶩，少焉化为虎。

周景式《庐山记》曰：有妪事康王庙，林中有一虎，祠祭辄以余肉及骨与之。有人恶畏之，姬使避之，人去复来。

《陈留耆旧传》曰：王业字子春，为荆州刺史，有德政，卒于支江。有三白虎，低头曳尾，宿卫其侧。及丧去逾州境，忽然不见。民共立碑文，号曰支江白虎。

《竹林七贤论》曰：王戎幼而清秀。魏明帝时，于宣武场上为栏斗虎，使力士逆与之博，纵人观之。戎年七岁，亦往观焉。虎乘间薄栏而吼，其声震地。观者无不僻易颠仆，戎安然不动。帝于阁上见之，使问姓名而异焉。

《殷氏世传》曰：亮字子华，少学《公羊》，十四传祖父业，多所综览。举孝廉，到阳城，遇虎争一羊，亮乃案剑瞋目斩羊腹，虎乃各以其半羊去。

《述异记》曰：汉中有虎生角。道家云：虎千岁，则牙蜕而角生。汉宣城郡守封邵一日忽化虎，食郡民，民呼曰“封使君”。因去，不复来。故时人语曰：“无作封使君，生不治民死食民。”

《异苑》曰：太元末，徐桓出门彷徉，见一女子，因言曲相调。便要桓入草中。桓说其色，乃随去。女子忽然变成虎，负桓着背上，迳向深山。其家左右寻觅，唯见虎迹。旬日，虎夜送徐桓下着门外。

又曰：樊阳郑袭，太元中，为广陵太守。阁下驺从忽如狂，奄失其所。经日，裸身吟呼，肤血流漓。问其意故，云社公命令其作虎，以班皮衣之。辞以执鞭之士，不堪虓跃，神怒还，便剥皮，皮以着肉。疮毁惨痛，旬日乃差。

又曰：鄱阳桓贷，以太元十九年杀犬祭乡里绥山，煮肉不熟。神怒，即下教于巫曰：“桓贷以生肉贻我，当谪令自食也。”其年便作虎。作虎之始，见人以班衣衣之，即能跳透噬逐。

又曰：彭城刘黄雄，以太元中为京佐，被使还都。路经竹里，停于逻宿。此逻多虎，刘极自防卫，系马于户前，手刀布于地上。宵中，士庶同睡，虎乘间跳入，独取刘而去。

又曰：邵都梁冯恭，永初中，醉卧于山路。夜有虎来，以头枕蒲俺。恭中宵展转之，以手搏之，复大寝。向晓始醒，犹见虎蹲在脚后。若有宿命，非智力所加也。

又曰：扶南王范寻常畜生虎及鳄鱼。若有讼未知曲直，便投与鱼虎。虎不噬，则为有理。秽貊之人，祭虎为神，将有以也。

《幽明录》曰：桓大司马镇赭圻时，有何参军晨出行于田野中，溺死人髑髅上。还昼寝，梦一妇人语云："君是佳人，何以见秽污？暮当令知之。"是时有暴虎，人无敢行夜出者。何常穴壁作溺穴，其夜趋穴欲溺，虎忽啮断阴茎，即死。

又曰：晋孝武帝母李太后，本贱人。简文无子，曾遍令善相者相宫人。李太后给皂役，不豫焉。相者指之曰："此当生贵子，而有虎厄。"帝因幸之，生孝武及会稽王道子。既登尊位，服相者之验，而怪有虎害，且生所未见，乃令人画作虎象，因以手抚欲打虎戏，便患手肿痛，遂以疾崩。

《神仙传》曰：介象入山，冀遇神仙。卧石上，有一虎往舐象额。寤而枷 ，谓虎曰："天使汝来侍卫我者，汝且停；若山神使汝来试我者，汝自去。"虎乃去。

《搜神记》曰：苏易者，庐陵妇人，善看产。夜忽为虎所取，行六里至大旷，见有牝虎当产，不得解，匍匐欲死，辄仰视。易悟之，乃为探出之，有三子。生毕，虎负易送还，并送野肉于门内。

又曰：汉江之域，貙人能化为虎。长沙居民作槛捕虎，槛发，明日众人共往格之，见一亭长，赤帻大冠，在槛中坐。民问："君何以入此中？"亭长大怒曰："昨被县召，夜避雨误入此中。急出我！"民曰："君见召当有文书。"即出怀中召文书，于是出之。寻视之，化为虎，即上山走。

《续搜神记》曰：丹阳县人沈宗居在县下，以卜为业。义熙中，左将军檀侯镇姑熟，好猎，以格虎为事。忽有一人，着皮袴，乘乌马，乘者一人亦着皮裤，以纸裹十余钱来诣宗卜。云："西去觅食好？东去觅食好？"众为作卦，卦成，告之东向吉，西向不利。因就宗乞饮，内口着瓯中，状如牛饮。既出门，东行百步，从者及马皆化虎。自此以后，暴虎非常。

又曰：吴猛有道术。同县组邹惠政迎猛，夜于家中庭烧香，忽有虎来，抱政儿超篱去。猛语云："无所苦。"须臾果还，云虎将去数十步，忽然复送归。政遂精进为道士。

又曰：寻阳县北山中蛮人有术，能使人化为虎，毛色牙爪悉如真尔。乡人前将军周眕有奴，使入山伐薪。奴有妇及妹，亦俱行。既至，奴语二人云："且高树上视我所为。"如其言。既而入草，须臾见一黄班虎从草中出，奋迅吼唤，甚为可畏。少时复为人。奴语二人曰："归家慎勿道。"后向等辈说之。周得知，饮之以淳酒，令熟醉。使人解其衣服及身体，唯于髻发中得一纸，画作大虎，边有符。周密取录之，奴既醒，唤问之。事已露，遂具说有术。其以三尺布巾、一赤雄鸡、一斗酒受此法。

《俗说》曰：桓石虎是桓征西儿。未被举时，西出猎，石虎亦从。猎围中，射虎，虎被数箭，伏在地。诸将请石虎曰："恶郎能拔虎箭不？"石虎小名恶子，答曰："可拔耳。"恶子于是迳至虎边，便拔得箭。虎跳越，恶子亦跳，跳乃高虎跳，虎还伏。恶子持箭便还。

又曰：齐沈僧照别名法朗，攸之之孙也。记人吉凶，颇有应验。尝校猎，中道而还。左右问何故，答曰："国家有边事，须还处分。"问何以知之，曰："向闻南山虎啸知耳。"俄而使至。

《金楼子》曰：孔子游，舍于山。使子路取水，逢虎于水，与共战，揽尾得之，内于怀，还问子曰："上士杀虎如何？"子曰："上士杀虎持虎头。"又问："中士杀虎如何？"子曰："中士捉耳。"又问："下士杀虎如何？"子曰："捉虎尾。"子路出尾弃之，怀石盘，曰："夫子知虎在水而使我取水，是欲杀我也。"乃欲杀夫子，问曰："上士杀人云何？"曰："用笔端。""中士杀人云何？"曰："用言语。""下士杀人云何？”曰：“用石盘。”子路乃弃石盘而行。

《国史补》曰：裴旻为龙华军使，守北平。北平多虎，旻善射，常一毙日虎三十有一，既而息于山下，四顾自若。有父老至曰：“此皆彪，似虎而非。将军若遇真虎，无能为也。”旻曰：“真虎安在？”父老曰：“自此而北三十里，往往有之。”跃马而往，果有一虎腾出，状小而势猛，据地一吼，山石震烈。旻擗易，弓矢皆坠，殆不得免。自此惭惧，不复射虎。

吴氏《虎赋》曰：盖其状也，诞节缓腕，续背连骸，细腰鼓胸，方口大鼻。似黼组杂间，若锦锈相连。

豹

《说文》曰：豹，似虎。

《周易·革卦》曰：上六，君子豹变，小人革面。象曰：君子豹变，其文蔚也；小人革面，顺以从君也。

《广志》曰：豹有赤豹，南山有玄豹，南多赤豹。狐死首丘，豹死首山，是性之异也。《诗义疏》曰：毛赤而文黑，谓之赤豹。毛白而文黑，谓之白豹也。

《帝王世纪》曰：纣为玉箸，箕子曰：“玉箸必食熊蹯豹胎。”散宜生献纣黑豹。

孙氏《瑞应图》曰：文王拘于羑里。散宜生于怀涂山得玄豹，以献纣，免西怖戮难。

《庄子》曰：夫丰狐文豹，栖于山林，处于岩穴，静也；夜行昼居，戒也。然不免于网罗之患，是何罪之有？其皮为之灾也。

《管子》曰：武王为侈靡，令人貂襘豹裘方得入庙，故豹皮百金。臣家粜千钟，未得一豹皮。

《韩子》曰：虎豹不用爪牙，与鼷鼠同威。

《文子》曰：虎豹之文来射，猿狖之捷来格。

《淮南子》曰：猬使虎申，蛇令豹止，物有所制也。

又曰：高山险阻，深林榛薄，丛木曰榛，深草曰薄。虎豹之乐也，人入之而畏。川谷通源，积水竽渊，鼋鼍之所便也，人入之而死。

《范子计然》曰：豹皮出南郡。

《杂道书》曰：南海博罗县有罗山，高入云雾，诸仙人所游之山也。上有豹兽，似猴。猴，南海人名之为累下。

《洞冥记》曰：青豹出浪坂之山，状如虎，色如翠。杀之，为脯食之，不饥。

冯邪《说邓禹书》曰：夫虎豹爱大林，蛟龙爱大水。

《列女传》曰：陶荅子妻曰："妾闻南山有文豹，雾雨七日，不下食者，何也？欲以泽其衣毛而成其文章也。"

《后秦记》曰：狄伯奇少曾游猎得豹，见其文采炳焕，遂自感叹，始学书艺。

《林邑国记》曰：西南界有唼腊虫，食死人肉。豹皮复尸，畏而不来。

谢朓诗曰：虽无玄豹姿，且隐南山雾。

《晋中朝大驾卤簿》曰：豹尾车驾一，兰台符节令史载自豹尾后。

徐广《车服注》曰：乘舆之后有属车，最后一车悬豹尾。

驳

《尔雅》曰：驳如马，倨牙，食虎豹。《说文》亦同。

《说苑》曰：晋平公出畋，见乳虎，乳虎伏而不动。顾谓师旷曰："吾闻之，霸王之主出，则猛兽伏而不敢起。今者寡人出见乳虎，伏而不动，此其猛兽乎？"师旷曰："鹊食猬，猬食鵕音峻鸃音宜，鵕鸃食豹，豹食驳，驳食虎。夫驳之状，有似驳马。今者君之出，必骖驳马而出畋乎？"公曰："然。"

《山海经》曰：中曲之山，有兽焉，其状如马，而白身黑尾，一角，虎牙爪，音如鼓音，其名曰驳。是食豹，可以御兵。

晋郭璞《驳赞》曰：驳唯马类，实畜之英。腾发骧首，嘘天雷鸣。气无不凌，吞虎辟兵。

太平御览卷第八百九十三 兽部五

马一

《说文》曰：马，怒也，武也。马一岁曰馵音环，二岁曰驹，三岁曰駣音兆，八岁曰馴音八，高六尺曰骄，七尺曰騋音来，八尺曰龙。騊音陶駼音途。北野之良马也。骜，骏马也，以壬申日死，乘马者忌之。

《尔雅》曰：騊駼马，野马。北海内有兽，状如马，名騊駼，青色。騊駼，一名野马。昆蹄研，善升甗。甗，山形似甑，上大下小。时有劳鱼之马，蹄平如研，善升甗。甗，山岭也。研，音吟燕切。甗，音鱼健切。昆駼，枝蹄研，善升甗。小领，盗骊。盗骊，千里马也。领，也。駼之马，枝蹄如牛，而下平。小领，马种，一名盗骊。绝有力，駥。马高八尺。膝上皆白，馵。馵后左脚白，音注也。四骹音敲皆白，骹，膝下也。蹭四𩣺皆白，首。俗呼为踏云马。蹄，蹄也。前足皆白，騱下鸡切。后足皆白，狗巨俱切。前右足白，启。《左传》曰：启，服也。左白，踦后右足白，骧。左白，馵音注。駵音流马白腹，騵鱼源切。骊马白跨，驈。骊，黑色。跨，髀间。白州，驠。州，窍。于见切。尾本白，騴。尾抹白也。尾白，駺音郎。馰颡，白颠。载星马也。白达，素悬。素，鼻茎也。俗所谓漫𪆕彻齿。面颡皆白，唯駹。颡，额。回毛在膺，宜乘。樊光曰：俗谓之官府马。《伯乐相马法》：旋毛在腹下如乳者，千里马也。在肘后，减阳。在輡干，茀方。干，胁。在背，阕黄皆别旋毛所在之名。逆毛，居馻。马毛逆刺。騋音来也。牝，骊牡。马七尺已上为貘却来。玄驹，褭骖。玄驹，小马别名褭骖耳。或曰此即腰褭，古之良马。牡曰骘，匠箔东呼驳马为骘。牝曰騇草马名也。駵白，驳。黄白，騜。《诗》云：騜驳其马。駵马黄脊，騝奇连切，骊马黄脊，騽。青骊，駽。今之铁验。青骊驎，驒。色有浅深班驳隐驎，今连钱骢也。青骊繁鬣，騥。骊白杂毛，鸨。今之乌骢。黄白杂毛，駓。今之桃花马。阴白杂毛，骃。阴，浅黑，今之泥骢也。苍白杂毛，骓。彤白杂毛，騢。彤赤也，今之赭白马。白马黑鬣，骆。白马黑唇，駩七全切。黑喙，騧。一目白，瞯音闲。

二目白，鱼似鱼眼也。既差我马，宗庙齐毫，尚纯也。戎事齐力，田猎齐足。

《周易·说卦》曰：乾为马。

又《坤卦·象》曰：牝马地类，行地无疆。

又《说卦》曰：震，其于马也，为善鸣，为馵音注足，为作足，为的颡。

又曰：乾为良马，为老马，为瘠马，为驳马。

又《屯卦》曰：六四，乘马般如，匪寇，婚媾，往吉无不利。

又《下系》曰：服牛乘马，引重致远，以利天下，盖取诸《随》。

又曰：坤，元亨利牝马之贞。王弼《文言》注曰："以龙叙乾，以马明坤，随事义而取象也。"

《礼记·月令》曰：孟春之月，天子驾苍龙。孟夏之月，天子驾赤骝。孟秋之月，天子驾白骆。孟冬之月，天子驾铁骊。

又《学记》曰：始驾马，反之，车在马前。

又《内则》曰：马黑脊而般臂，漏。漏当为蝼，如蝼蛄臭也。

又曰：大夫，士卒下公门，式路马。乘路马，必朝服。步路马，必中道。蹙路马刍，有诛。路马死，埋之以帷。

《诗·国风·卷耳》曰：陟彼崔嵬，我马虺隤。

又曰：陟彼高冈，我马玄黄。虺隤、玄黄，皆病。

又《鲁颂》曰：《駉》，颂僖公也。僖公能遵伯禽之法，务农重谷，牧于坰野，而史克作是颂。史克，鲁人也。駉駉牡马，在坰之野，駉駉，良马也。坰，远野也。薄言駉者，有驈有皇，有骊有黄，以车彭彭。骊马白跨曰驈，黄白曰皇，纯黑曰骊，黄骍曰黄，彭彭，有容力也。駉駉牡马，在坰之野。薄言駉者，有骓有駓，有骍有骐，以车伾伾。仓白杂毛曰骓，黄白杂毛曰駓，仓祺曰骐。伾伾，有力也。駉駉牡马，在坰之野。薄言駉者，有驒有骆，有骝有雒，以车绎绎。青骊驎曰驒，白马黑鬣曰骆，赤身黑鬣曰骝，黑身白鬣曰雒。绎绎，善走也。駉駉牡马，在坰之野，薄言駉者，有骃有騢，有驔有鱼，以车祛祛。阴白杂毛曰骃，彤白杂毛曰騢，豪骭曰驔，二目白曰鱼。祛祛，强健也。

又曰：叔于田，乘乘马。执辔如组，两骖如舞。叔于田，乘乘黄。四马皆黄。两服上襄，两骖雁行。

又《白驹》曰：皎皎白驹，食我场藿。絷之维之，以永今夕。皎皎白驹，在彼空谷。生刍一束，其人如玉。

《左传·僖十五年》曰：秦晋战于韩，晋惠公乘小驷，郑入也。郑献马，名小驷。庆郑曰："古者大事，必乘其产。生其水土，而知其人心；安其教训，而服习其道。唯所纳之，无不如志。今乘异产以从戎事，及惧而变，将与人易。乱气狡愤，阴血周作，张脉偾兴，外强中干，进退不可，周旋不能。君必悔之。"弗听。及战，公戎马旋泞而止，公号庆郑，郑曰："愎谏违卜，固败是求。"遂去之。

又曰：晋侯伐齐，齐师夜遁。邢伯告中行伯曰："有班马之声，夜遁，马不相见，故鸣。班，别也。齐师其遁。"

又《昭四年传》曰：鲁使椒举如晋，求诸侯，晋侯欲勿许，司马侯曰："不可。"公曰："晋有三不殆，其何敌之有？国险而多马、齐楚多难，有是三者，何乡而不济？"对曰："恃险与马而虞邻国之难，是三殆也。四岳、三途、阳城、太室、荆山、中南，九州之险也，是不一姓；冀之北土，马之所生，无兴国焉。恃险与马，不可以为固也。"

又《宣上》曰：宋人以文马百驷以赎华元于郑，半入，华元逃归。

又《昭七年》曰：卫侯来献，其乘马曰启服，启服，马名。堑而死。堕堑死也。公将为之椟，为作棺也。子家曰："从者病矣，请以食之。"乃以帷裹之。

又《定三年》曰：唐成公如楚，有两肃爽马。子常欲之，成公，唐惠侯之后。肃爽，骏马名。弗与，三年止之。唐人或相与谋，请代，先从者，许之。饮先从者酒，醉之，窃马而献之子常。子常归唐侯，自拘于司败，窃马者自拘。曰："君以弄马之故，隐君身，隐，忧约也。弃国家。群臣请相夫人以偿马，必如之。"相，助也。夫人，养马者。唐侯曰："寡人之过也，二三子无辱。"皆赏之。

又《定下》曰：卫公子地有白马四，公嬖向魋，向魋欲之。向魋，司马桓魋。公取而朱其尾、鬣以与之。与桓魋也。地怒，使其徒抶魋而夺之。魋惧将走，公闭门而泣之，目尽肿。

《谷梁传·僖公》曰：晋献公将伐虢，荀息请以屈产之乘，垂棘之璧假道于虞，公曰："此晋宝也。"荀息曰："是取中府藏外府，取中厩藏外厩也。"后举虞，荀息牵马操璧而前曰："璧犹是，马齿长矣。"

《周礼·夏官下》曰：校人，掌王马之政，政谓差择养乘之数也。《月令》曰：班马政。辨六马之属。种马一物，戎马一物，齐马一物，道马一物，田马一物，驽马一物。种，谓上善似母者。以次差之。玉路驾种马，戎路驾戎马，金路驾齐马，像路驾道马，田路驾田马。驾马，给宫中之役。天子有十二闲，马六种；邦国六闲，马四种；家四闲，马二种。降杀之差，每厩为一闲。诸侯有齐马、道马、田马，大夫有闲马，各一闲。其驾马，则皆分为三焉。凡马，特居四之一。欲其乘之性相似也。物同气则心一。郑司农云：四之一者，三牝一牡。春祭马祖，执驹；马祖，天驷也。《孝经说》云：房为龙马。郑司农云：执驹，无令近母，犹攻驹也。二岁曰驹，三岁曰駣。玄谓：执猶拘也。春，通淫之时，驹弱，血气未定，为其乘正伤也。夏祭先牧，颁马攻持；先牧，始养马者，其人未闻。夏通淫之后，攻其特，为其蹄啮不可乘用。郑司农云：攻特，谓騬之。秋祭马社，臧仆；马社，始乘马者。《世本·作》曰：相士作乘马。郑司农云：臧仆，谓简练驭者，令皆善也。玄谓：仆，驭五路之仆。冬祭马步，献马，讲驭夫。马步，神为灾害马者。献马，见成马于王也。驭夫，驭贰车、从车、使车者也。讲犹简习。凡大祭祀、朝觐、会同，毛马而颁之。毛马，齐其色也。颁，授，当乘之。饰币马，执朴而从之。郑司农云：校人，主饰之也。币马，以马遗人，当币处者也。《聘礼》曰：马则北面，奠币于其前。《士丧礼》下篇曰：荐马缨三就、入门北面交辔，圉人夹牵之，驭者执策立于马后。凡宾客，受其币马。宾客植狄马，来朝聘而享王者。大丧，饰遣车之马，及葬，埋之。言埋之，则是马途车之刍灵。田猎，则帅驱逆之车。帅犹将也。凡将事于四海山川，则饰黄驹。四海，犹四方也。王巡守过大山川，则有杀驹以祈沉礼，与玉人职有宗祠以黄金勺前马之礼。凡国之使者，共其币马。使者所用私睹。凡军事，物马而颁之。物马，齐其力。

又《夏官下》曰：趣马，掌赞正良马，而齐其饮食，简其六节。赞也。佐正者，谓校人、臧仆、讲驭夫之时。简，差也。节犹量也。差择脱许以为六等。

掌驾说之颁。忧揄之第次。辨四时之居治，以听驭夫。居谓牧庌所处，治谓执驹攻转之属。巫马。掌养疾马而乘治之，相医而药攻马疾，受财于校人。乘，谓驱步以发其疾。知所疾处，乃治之。相，助也。马死，则使其贾粥之，入其布于校人。布，泉也。郑司农云：贾，谓其属官小吏。贾二人。粥，卖也。

又曰：庾人，掌十有二闲之政。教以阜马、佚特，教駣、攻驹，及祭马祖、祭闲之先牧，及执驹，散马耳，圉马。九者皆有政教焉。阜，盛壮也。《诗》云：四牡孔阜。杜子春云：佚，当为逸。郑司农云：马三岁曰駣，二岁曰驹。散，读为中散大夫之散，谓聒马耳，毋令善惊也。玄谓：逸者，用之不散，甚劳，安其血气也。教駣，始乘习之也。攻驹，騬其蹄啮者。闲之先牧，先牧制闲者。散马耳，以竹括甲其耳，头动摇则括，中物后遂串习，不复惊。正校人员选。校人，谓师圉围也。正员选者，选择可备员者平之。马八尺以上为龙，七尺以上为騋，六尺以上为马。大小异名。《尔雅》曰：獴却牝，骊牝；玄驹，褭驂。郑司农说以《月令》曰：驾苍龙。

又曰：圉师，掌教圉人养马。春除蓐，衅厩，始牧；夏庌马；冬献马。射则充椹质。茨墙则翦阖。蓐，马兹也。马既出而除之新衅焉，神之也。《春秋传》曰：凡马，日中而出，日中而入。故字庌为讶。郑司农云：当为庌。玄渭：庌，庑也。庑，所以庇马凉也。充犹居也。茨，盖也。阖，苫也。椹，质。翦阖，圉人所习也。杜子春读椹为齐人言鈇椹之椹。椹，质，所射者习射处。圉人，掌养马刍牧之事，以役圉师。役者，圉师使令焉。凡宾客、丧纪，牵马而入陈。宾客之马，王所以赐之者。《诗》云：虽无予之，路车乘马。丧纪之马，启后所荐焉。廞马亦如之。廞马，遣车之马，人捧之，亦牵而入陈。

又《夏官上》曰：马质，掌质马。马量三物，一曰戎马，二曰田马，三曰驽马，皆有物贾。此三马，买以给官府之使，无种也。郑司农曰：皆有物贾，皆有物色及贾直。纲恶马。郑司农云：纲，读为以亢其雠之亢。书亦或为亢。亢，御也，禁也。禁去恶马不畜也。玄谓：纲，以縻索维纲狎习之。凡受马于有司者，书以齿毛，与其贾。马死则旬之内更，旬之外，入马耳。以其物更其外否。郑司农云：更谓偿也。玄谓：旬之内死者，偿以齿毛与贾，受之日浅，养之恶也；旬之外死，入马耳，偿以毛色，不以齿贾任之，过其任也。其外否，旬之外逾二十日而死，不任用，非用者罪。马及行，则以任齐其行。识其所载轻重及道里，齐其劳逸，乃复用之。若有马讼，则听之。讼谓卖买之言相负。禁原蚕者。原，再也。天文，辰为马；蚕书，蚕为龙精。月直大火，则浴其种。是蚕与马同气。物莫能两大，禁再蚕者，为伤马与？

《论语》曰：齐景公有马千驷，死之日，民无德而称焉。

又《宪问》曰：骥不称其力，称其德也。骥，古之善马也。德，谓在五御之威仪。

《周书》曰：其西，天子车，立马，乘六青马，阴羽凫旌。凫羽为旌旄也。周公旦主东，青马黑鬣，谓之母儿。周公主东，则太公主西也。东青马，则西白矣。马名未闻也。

又曰：义渠以兹白。兹白者，白马倨齿，食虎豹。义渠，西戎。兹白，一名駮也。

《韩诗外传》曰：昔者田子方出，见老马于道，喟然有志，问于御者曰："此何马也？"御者曰："公家畜也。罢而不为用，故出放之。"田子方曰："少尽其力，老弃其身，仁者不为也。"束帛而赎之。穷士闻之，知所归心焉。

《尚书大传》曰：散宜生之犬戎氏取美马。駮身朱鬣鸡目者，取九六焉，陈于纣之庭。纣出见之，还而观之，曰："此何人也？"散宜生遂趋而进曰："吾西蕃之臣昌之使者。"

《太公六韬》曰：商王拘周伯昌于羑里。太公与散宜生金十镒，求天下珍物，以免君之罪。于是得犬戎氏文马，毫毛朱鬣，目如黄金，项如鸡尾，名鸡斯之乘，以献商王。

《礼斗威仪》曰：君乘火而王，其政颂平，南海输驳马。

《春秋考异邮》曰：阴合于八，八合阳九，八九七十二，二为地，地主月，月精为马。月数十二，故马十二月而生。人乘以理天下，王者驾马，故其字以为脱许。

《春秋说题辞》曰：地精为马，十二月而生，应阴纪阳以合功。故人驾马，任重致远利天下。月度疾，故马善走。

《淮南子》曰：八九七十二，耦以乘奇，奇主辰，辰主月，月主马，马十二月而生。

《孝经援神契》曰：德至山林，则泽出神马。

《龙鱼河图》曰：白马玄头，食之杀人。下病食马肉，亦杀人。无以卖马钱娶妇。

《洞林》曰：殷鸿业来作卦，身在申，本命酉，乘马南行西北走，迳趋木家化为狗，赖子救之不成咎。鸿业丁酉生。后八月中，有急事，借马南出行数里，马倏惊。更西北迨，向戌地，入李家，遂落地，马因啮之。主人出救，得免不见伤也。

《尚书中候》曰：尧沉璧于河，龙马衔甲，赤文绿色，临坛吐甲图。郑玄注曰：龙像马也，赤文而绿色。

《广雅》曰：飞兔、飞鸿、野麋、娥鹿、驺吾、走狐、桃骤音黎、金喙，马属也。

《方言》曰：马食橐，关西曰掩囊，或曰掩兜，或曰楼兜。

《字林》曰：骉，众马走也。驏知扇切，马卧土中也。鞮音但，马带也。鞚，马勒也。鞚，口贡切。

太平御览卷第八百九十四 兽部六

马二

《史记》曰：造父以善御幸于周穆王，得骊骥、温骊、骅骝、绿耳之驷，西巡守，乐而忘归。

又曰：楚庄王有爱马，衣以文绣，置华屋之下，啖以枣脯。马死，欲以大夫礼葬之。乐人优孟入殿门大哭曰："请以人君之礼葬之。以雕玉为棺，文梓为椁，豫章为题凑；发甲卒为旷，老弱负土。诸侯闻之，皆知大王贱人贵马也。"王曰："为之奈何？"曰："请为王言六畜之葬；以龙灶为椁，铜鑩音历为棺，齐以姜桂，荐以木兰，衣以火光，葬人腹中。"王乃以马属大官。

又曰：巴蜀沃野，西近邛笮，有笮马、旄毛。

又曰：马蹄躈千，躈，苦吊切。牛千足，此亦比千乘之家。

又曰：陆地牧马二百蹄，牛蹄角千，皆与千户侯等。

又曰：东胡使求昌顿千里马，冒顿问群臣，群臣曰："千里马，匈奴宝也，勿与。"冒顿曰："与人邻国，奈何惜一马？"遂以与也。

又曰：冒顿围高祖于平城，所骑西方尽白马，东方尽青龙，北方尽乌骊，南方尽骍马。

又曰：郭隗谓燕昭王曰："臣闻：古人有以千金求市千里马，而不能得，于是与涓人金，请为市之。赍千金觅之，而绝域有千里马，已死，乃用五百金市其首而还。王怒曰：'安用死马首乎？徒费五百金！'涓人笑曰：'死马首尚用五百金，况生马乎？天下以王好马，马必将至矣。'未期年，果有献千里马者三匹。"

又曰：任安为卫将军舍人，与田仁会俱为舍人，居门下，心同相爱。二人家贫，无钱用以事将军家监，家监使养恶啮马。两人同床卧，仁窃言曰："不知人哉！家监。"任安曰："将军尚不知人，况乃家监也。"

又曰：项王骏马名骓，常骑。及被围于垓下，乃悲歌忼苦莽切忾苦改切，为歌诗曰："力拔山兮气盖世，时不利兮骓不逝。"及至乌江，谓亭长曰："吾骑此马五岁，所当无敌，尝一日千里。不忍杀，以赐公。"

又曰：大宛有善马，在贰师城，不肯与汉使。天子既好宛马，使壮士车令等，持千金，以请宛王贰师城善马。宛国饶汉物，相与谋曰："贰师马，宛宝马也。"遂不肯与。汉使怒，妄言，椎金而去。宛贵人怒，遮攻杀汉使，取财物。天子大怒，拜李广利为贰师将军，发属国骑及郡国恶少年数万人以伐宛，期至贰师城取善马。

《汉书》曰：孝文皇帝时，有献千里马者，诏曰："鸾旗在前，属车在后，吉行日五十里，朕乘千里之马，独先安之？"乃还马。

又曰：郑当时以任侠自喜，孝景时，为太子舍人。五日洗沐，常置驿马长安诸郊，请谢宾客，夜以继日。

又曰：万石君过宫门阙，必下车趋，见辂马必式焉。

又曰：石建为太仆，奏事下，自读之，惊恐曰："书马者与尾而五，今乃四，获谴死矣。"又石庆为太仆，御出，上问车中几马，庆以策数马，毕，曰："六马。"

又曰：初，天子发《易》书发《易》书以卜也曰："神马当从西北来。"得乌孙马，好，名曰"天马"。及得宛汗血马，益壮，更名乌孙马曰"西极马"，宛马曰"天马"。

又曰：《武帝求贤诏》曰："马或奔踶而致千里，士有负俗之累而立功名。夫泛驾之马，亦在御之而已。"

又曰：元狩二年，马生余吾水中。在朔方北。元鼎四年，马生渥洼死暑。作天马之歌。

又曰：大宛国别邑七十余城，多善马，汗血。言其先天马子也。言大宛国乔山，其上有马，不可得，因取五色马母置其下，与集，生驹，皆汗血。因号曰天马子也。

又《天马歌》曰：太一贶天马，千里下，沾赤汗，沫流赭。大宛马，汗血。沾，濡也。志俶傥，精权奇。筞浮云，筞，音蹑。言马上浮云也。晻音奄上驰。体容与，迣万里。迣，音逝。迣，超逾。今安匹，龙为友。

又歌曰：天马来，从西极，涉流沙，九夷服。天马来，历无草，径千里，循兑算。天马来，开远门，竦子身，逝昆仑。天马来，龙之媒，天马，龙之类。马来，龙必至之，媒也。游阊阖，观玉台。

又曰：孝武之世，闻天马、葡萄，则通大宛、安息。自是 之后，明珠、文甲、通犀、翠羽之珍，盈于后宫；龙文、鱼目、汗血之马皆骏马也，充于黄门。

又曰：乌孙国大昆弥治赤谷城，山多松樠，不田作种树，随畜逐水草，与匈奴同俗。国多马，富人至四五千匹。

又曰：王褒《圣主得贤臣颂》曰："及至驾，啮膝，骖乘旦，王良执靶，韩哀附舆。纵驰骋骛，忽如景靡，过都越国，蹶如历块。追奔电，逐遗风，周流八极，万里一息，何其辽哉！人马相得也。"

又曰：御史大夫卫绾奏：马高五尺九寸以上，齿未平，马十岁，齿下平。不得出关。

又曰：昌邑王贺召皇太后果下马乘之。

《后汉书》曰：光武时，有献名马者，日行千里。又进宝剑，价兼百金。帝以马驾鼓车，剑赐骑士。

又曰：刘盆子既立，乘鲜车大马，赤屏泥。赤屏泥，谓以缇油屏泥于轼前。绛襜络。

又曰：更始既诛王莽，乃北都洛阳。申屠建、李松自长安送传乘舆服御，又遣中黄门从官奉迎迁都。二年二月，更始自洛阳而西。初发，李松奉引，马惊，奔触北宫铁柱门，三马皆死。《续汉书》曰：祸也。时更始失道，将亡之征。

又曰：贾复持刘嘉书北渡河，及光武于柏人，因邓禹得召见。光武奇之，禹亦称有将帅节。于是署复破虏将军，督盗贼。复马羸，光武解左骖以赐之。

又曰：马援于交阯得骆越铜鼓，乃铸为马式。还，表上之曰："夫行天莫若龙，行地莫若马。马者，兵甲之本，国之大用，安宁则以别尊卑之序，有变则以济远近之难。昔有骕骦，一日千里，伯乐见之，昭然不惑。近世有西河子舆，亦明相法。子舆传西河仪长孺，长孺传茂陵丁君都，君都传成纪杨子阿。臣援尝师事子阿，受相马骨法，考之行事，辄有效验。臣愚以为传闻不如亲见，视影不如察形。今欲形之于生马，则骨法难备，又不可得传之于后。孝武皇帝时，善相马者东门京铸作铜马法献之，诏立于鲁班门外，更名鲁班门曰金马门。臣谨备数家骨相以为法。”马高三尺五寸，围四尺五寸，诏置于宣德殿下，以名为马式焉。

又曰：卓茂为丞相府史。尝出行，有人认其马，茂问曰：“子亡马几何时？”对曰：“月余日矣。”茂有马数年，心知其谬，嘿解与之，挽车而去，顾曰：“若非公马，幸至丞相府归我。”他日，马主别得亡者，乃诣府送马，叩头谢之。茂性不争如此。

又曰：或问第五伦曰：“公有私乎？”对曰：“昔人有与吾千里马者，吾虽不受，每三公有所选举，心不能忘，而亦终不用也。”

又曰：光和元年，京师马生人。京房《易传》曰：诸侯相伐，厥妖马生人。又《洪范五行传》云：秦孝公二十一年，传有马生人，非其类也，必有非其姓者。其后，始皇盖养吕不韦子，终以绝嗣。此非姓也。

又曰：光和四年春正月，初置騄骥厩丞，领受郡国调马。騄骥，善马也。调，谓征发也。豪右辜榷，马一匹至二百万。《前书音义》曰：辜，障；榷，专也。谓障余人卖买，而自取其利。

又曰：明帝赐东平王苍阴太后器服，及遗宛马一匹，血从前髆氏小孔中出。常闻武帝歌“天马沾赤汗”，今亲见其然也。

又曰：明德马后过濯龙门上，见外家问起居者，车如流水，马如游龙，仓头衣绿褠，褠，臂衣。今植帝褠，以缚左右手，于事便也。顾视御者，不及远矣。

谢承《后汉书》曰：朱震，字伯厚，性刚烈。初为从事，奏济阴太守单匡赃罪，并连匡兄中常侍车骑将军超。三府谚曰：“车如鸡栖马如狗，疾恶如风朱伯厚。”

《续汉书》曰：张奂，字然明，为安定属国都尉。羌离湳呕孕切上奂马二十匹，大豪常以金渠八枚遗奂。奂召主簿张祁入于羌前，以酒酹地，曰："使马如羊，不得以入厩；使金如粟，不得以入怀。"尽还不受。

《东观汉记》曰：张湛为光禄勋。帝临朝，或有惰容，湛辄谏其失。常乘白马，上每见湛，辄言"白马生复谏矣。"事具职官部光禄篇。

又曰：吴汉兵守成都，公孙述将延岑遣奇兵出吴汉兵后，袭击破汉。汉堕水，缘马尾得出。

又曰：杜林，字伯山。与马援乡里，素相亲厚。援从南方还，时林马适死，援令子持马一匹遗林，曰："朋友有车马之馈，可具以备乏。"林受之。居数月，林遣子奉书曰："将军内施九族，外有宾客，望思者多。林父子两人，食列卿禄，常有盈。今送钱五万。"援受之，谓子曰："人当以此为法，是伯山所以胜我也。"

又曰：上始欲征匈奴，与窦固等议出兵调度。皆以为塞外草美，可不须马谷。其后固等将兵到敦煌，当出塞上，请马谷。上以固言前后相违，怒不与谷，皆言案军出塞无谷马故事。马防言："宣帝时五将出征，匈奴候骑得汉马矢，见其中有粟，知汉兵出，以故引去。以是言之，马当与谷。"上善其用意微，动敕下调马谷。防遂见亲近。

又曰：明德后诏书流布，咸称至德。王主诸处，莫敢犯禁。广平、钜鹿、乐成王入问起居，车骑鞍勒皆纯黑，无金银彩饰，马不逾六，即赐钱五百万。

又曰：桓典为御史。是时宦官秉权，典执政无所回避。常乘骢马。京师畏惮，为之语曰："行行且止，避骢马御史。"

《献帝春秋》曰：曹操与吕布军战，败。布得操而不知是，问曰："曹使君何在？"答曰："骑黄马者是也。"因得免。

《魏志》曰：秽国出果下马，汉时恒献之。马高三尺，乘于果树下行。

又曰：庞意讨关羽，亲与羽交战，射羽中额。时意常乘白马，羽军谓之白马将军。

又曰：陈思王表文帝曰："臣于武皇帝世得大宛紫骍马一匹，形应图法。善持头尾，教令习拜。今已能拜，又能行与鼓节相应。谨以奉献。”

又曰：文帝与孙权书曰：“前使于禁及王敦去时所道骆吾、铁骊马，本欲使禁自致之，念将军傥欲速得，今故先付往。此二马朕常所自乘，其调良善走，数万匹选之，真可乐也。中国虽饶马，其知名绝足，亦时有耳。”

又曰：朱建平善相马。文帝将出，取马，建平道遇之，语人曰：“此马之相，今日死矣。”帝将乘马，马恶衣香，啮帝膝。帝大怒，即杀之。

《魏书》曰：曹公所乘马名绝影，为矢所中，伤颊及足。

《吴书》曰：孙坚于西华失利，坚被疮堕马卧草中。军众分散，不知坚所在。坚所骑骢马驰还营，棓地鸣呼。将士随马于草中得坚。

又曰：诸葛恪为将，蜀使至，上谓使曰：“元逊为将军，君还蜀可报丞相，为致佳马。”恪起陈谢，上曰：“卿未登揄，何为谢？”对曰：“夫蜀，陛下外厩。陛下有诏，臣必得之。是以谢也。”

《吴志》曰：魏使以马求易珠玑、翡翠、瑇瑁。孙权曰：“此皆孤所不用，而可以得马，何苦而不听与交易？”

《九州春秋》曰：初，吕布骑将侯成遣客牧马十五匹。客悉驱马去向沛城，欲归刘备。成自将骑逐之，悉登揄还。诸将合礼贺成，成酿五六斛酒，猎得十余头猪，未饮食，先持半猪、五升酒自入诣布前跪言：“蒙将军恩，逐得所失马。”

《江表传》曰：孙策性好猎，将步骑数百，策驱驰逐鹿，所乘马精骏，从骑绝不能及。

又曰：孙权征合肥，骏马上津桥，桥南已撤，丈余无板。谷吉利在马后，使权持鞍缓鞚，利于后着鞭以助马势，遂得超渡。

太平御览卷第八百九十五 兽部七

马三

《晋书》曰：王济善解马性。尝乘一马，着连乾鄣泥，前有水，终不肯渡。济云："此必是惜鄣泥。"使人解去，便渡。故杜预谓济有马癖。

又曰：王师败于荡阴，嵇绍被害。初，绍之行也，侍中秦准谓曰："今日向难，卿有佳马否？"绍正色曰："大驾亲征，以正伐邪，理必有征无战。若使乘舆失守，臣节有在？骏马何为？"闻者莫不叹息。

《载记》曰：慕容廆有骏马曰赭白，有奇相逸力。石季龙之伐棘城也，皝将出避难，欲乘之。马悲鸣踶啮，人莫能近。皝曰："此马见异，先朝孤常仗之济难，今不欲者，盖先君之意乎？"乃止。季龙寻退，皝益奇之。至是四十九岁矣，而骏逸不亏。儁比之于鲍氏骢，命铸铜以为其象，亲为铭赞，镌其旁，置之蓟城东掖门。是岁象成而马死。

又曰：符坚遣使西域，称扬坚之盛德，并以缯彩赐诸国王。于是朝献者十有余国，大宛献天马、千里驹，皆汗血，朱鬣五色，凤膺麟身，及诸珍异五百余种。坚曰："吾思汉文之返千里马，咨嗟美咏。今献马其悉返之，庶克念前王，仿佛古人矣。"乃命群臣作止马诗而遣之，示无欲也。

又曰：武昭王暠字玄盛，少而好学，性沉敏宽和，美器度。通涉经史，尤善于文义。及长，颇习武艺，诵《孙吴兵法》。尝与吕光太史令郭麐及其同母弟宋繇同宿，麐起谓繇曰："君当位极人臣，李君有国土之分。家有騧草马生白额驹，此其时也。"吕光末，京兆段业自称凉州牧，以敦煌太守赵郡孟敏为沙州刺史，署玄盛效谷令。敏寻卒，敦煌护军冯翊郭谦、沙州治中敦煌索仙等，以玄盛温毅有惠政，推为宁朔将军、敦煌太守。玄盛初难之，会宋繇仕于业，告归敦煌，言于玄盛曰：

"兄忘郭麐之言耶？白额驹今已生矣。"玄盛乃从之。

又曰：庾亮所乘马的颅，殷浩以为不利，劝卖之。亮曰："曷有己之不安移于人乎？"

《晋中兴书》曰：恭帝之为琅琊王，好奇戏。闭一匹马于门内，令人射之，欲观几箭而死。左右曰："马，国姓，而射之，不祥甚矣。"乃止。俄而桓玄篡位。

《续安帝纪》曰：司马休植导广固，慕容超有欲害心，而休之不知。休之常所乘骓马于床前养饲，忽连鸣不食，注目视鞍。休之试被之，即不动也。讫还床坐，马又惊跳。因试骑视马，即骤出，裁至门外，奔而驰之。走行数里，休之顾望所住，已有寇至，乘以南奔，殆而获免。后还荆州，加骓马扬武之号。

王隐《晋书》曰：马隆子咸，为成都王前锋。长沙王所统冠军司马王湖，率众讨咸于马市。咸坚不动，湖乃使数十骑下马，缚戟于鞍，而令向咸。又使数十骑各刺所放马，马惊奔咸军，军坏。湖因驰逐猛战，临阵斩咸。

干宝《晋纪》曰：桓范出赴曹爽，宣王谓蒋济曰："智囊往矣。"济曰："智则智矣，驽马恋刍豆，爽必不能用也。"

邓粲《晋纪》曰：王湛有隐德，兄弟宗族，皆以为痴。居墓次，不交当世。兄子济性好马，所乘骏快，意甚爱之。湛曰："此马虽快，力薄不堪苦。近见督邮马，当胜此。"济不然之，取督邮马，谷食十数日，与湛试之。湛未尝乘马，卒然便骑，驰骋步骤不异于济，而马不相胜。湛曰："直行平路，何以别马？唯当于蚁封。"于是就蚁封盘马，济马果倒踬。济乃服。

崔鸿《十六国春秋》曰：骁骑将军吕光封西域，平，上疏曰："唯龟兹据三十六国之中，制彼王侯之命。入其国城，天骥、龙麟、腰裹、丹髦，万计盈厩。虽伯益再生，卫赐复出，不能辨也。"

又曰：太上四年，高丽使至，献美女十人，千里马一匹。兖州民王蒲率众二千来降，献千里马一匹，羊须去地九寸。拜蒲长水校尉、廪丘公。

《宋书》曰：宋大明五年，吐谷浑拾寅遣使献舞马。

沈约《宋书》曰：鲜卑二子，长曰吐谷浑，少曰若洛廆，别为慕容氏。浑庶长，廆正嫡。父在时，分七百户与浑。浑与廆二部俱牧马，马斗相伤。廆怒让浑，浑曰："斗在马而怒及人耶？乖别甚易，今当去汝万里。"于是拥马西行。廆悔悟，深自咎责，遣旧父老及长吏乙那楼追浑令还。浑曰："我是卑庶，理无并大。今以马致别，殆天所启诸？君试拥马令东，马若还东，我当相随去。"即使二千骑共遮马令回，马回不盈三百步，倏然悲鸣西走，声若颓山。如是者十余回，一回一远。楼跪曰："可汗，此非复人事。"

又曰：刘瑀为右卫将军，年位本在何偃前。孝武初，偃为吏部尚书，瑀图侍中不得，与偃同从郊祀。时偃乘在前，瑀策驷居后，相去数十步。瑀蹋徒合切马及之，谓偃曰："君辔何疾"？偃曰："牛骏驭精，所以疾耳。"偃曰："君马何迟？"曰："骐骥罗于羁绊，所以居后。"偃曰："何不着鞭，使致千里？"答曰："一蹙造青云，何至与驽马争路！"

萧子显《齐书》曰：杨玉夫杀宋苍梧王，将首与王敬则，敬则送太祖。太祖夜乘常所骑赤马入殿。及践祚，号此马为龙骧将军。

《后魏书》曰：高肇字首文，文昭皇太后之兄也。大举征蜀，以肇为大将军，都督诸军。面辞，世宗于东堂亲奉规略。是日，肇所乘骏马停于神虎门外，无故惊倒，又转卧渠中，鞍具瓦解，众咸怪异。肇辞出，见而恶焉。世宗崩，肇还，高阳王与领军于忠遣壮士杀之。

《后周书》曰：于谨常率骑追茹茹，前后十七战，尽降其众。尝为贼所围，谨乘骏马一紫一騧，贼所先识。乃使二人各乘马突阵而出，贼以为谨也，皆争逐之。谨乃入塞。

《三国典略》曰：西魏孝武将为齐太祖所杀，孝武索所乘波斯骝马，命太宰南阳王跃之。将举其鞍，马蹶而死，帝恶之。日晏还宫，至后门，马惊不前，捶之鞭折。入谓潘弥曰："今日幸无他不？"弥曰："过夜半则大吉。"须臾，帝饮酒，遇鸩而崩。时年二十五，谥曰孝武。

殡于草堂佛寺，十余年乃葬。

又曰：高欢归尔朱荣。刘贵事荣，盛言欢美，荣未之奇也。欢更衣服，重求见焉，因随荣之厩。厩有害马，荣命剪之。欢不绊剪，竟不蹄啮。已而起曰："凡御恶人，亦如此矣。"荣遂坐欢于床下，屏左右而访时事。欢曰："闻公有马十二谷，色别为群，将此竟何用也？"荣曰："且言尔意。"欢曰："方今天子愚弱，太后淫乱；四方云扰，朝政不行。以明公雄武，乘时奋发，但将讨郑俨、徐纥为辞，举鞭足以定天下。此是贺六浑意。"荣大悦，曰："尔意即我意也。"自是每参军谋。

又曰：齐卢潜与特进慕容俨势。俨之将死，谓其子曰："卢尚书教我为人，我死 之后，将吾骍马与之。"其子遂以他马与潜。俨丧出，得停不肯进，巫祝为俨戍曰："何意不与卢尚书骍马？"其子遵命，俨圣乃行。

又曰：齐冯子琮被执于省内，以弓弦绞杀之。使内参以库车载其尸归，人无知者。子琮所乘之马曳缰走，以头扣车，状如号哭，见者异之。车至其门，诸子方握稍，闻库车来，以为赐也，大喜。开视乃哭。

又曰：齐王北伐，太保领太仆安定王贺拔仁进马，并非骏足。齐主让之，仁对曰："御马超逸，群下不逮。"齐主大怒，免为庶人，命之负炭，输于晋阳。

又曰：周裴果字戎昭，魏齐州刺史遵之子也。从军征讨，乘黄骢马，衣青袍，每先登陷阵，时人号为黄骢年少。

又曰：周贺若敦与陈侯瑱相拒。敦军数有叛人乘马投瑱者，辄纳之。乃别取一马，牵以赴船中，人逆以鞭之。如是者再三，马便畏船不上。后伏兵于岸，乃遣人乘以招瑱，瑱兵迎接，竞来牵马。敦发伏兵掩之，尽殪。后有亡命者，犹谓为诈，不复纳也。

又曰：梁普通中，童谣言或云"青丝白马"者，侯景乃常乘白马，以青丝为勒，用应谣言。

《隋书》曰：初，有童谣曰："黄班青骢马，发自寿阳涘。来时冬气末，去日春风始。"其后陈主果为韩擒所败。擒本名擒虎，黄班之谓也。破建康之始，复乘青骢马。往反时节皆相应。

《隋书》曰：吐火罗国有山穴，中出神马。每岁牧牝马于穴，所产必名驹。

又曰：吐谷浑有青海，周回千余里。中有小山，其俗至冬辄放牝马于其上，言得龙种。常得波斯草马，放入海，因生骢驹，日行千里。故时称青海骢焉。

又曰：长孙晟从晋王破突厥，王大喜，引晟入内同宴极欢。有突厥达官来，预坐，说言突厥之内，大畏长孙总管。闻其弓声，谓为霹雳；见其走马，称为闪电。王笑曰："将军震怒，威行域外，遂以雷霆为比，一何壮哉！"

《唐书》曰：贞观十三年三月乙巳吉辰，厩产白马，朱鬣。

又曰：贞观中，骨利干遣使朝贡。太宗遣云麾将军康苏密往抚慰之，仍列其地为玄阙州。俄又遣使随苏密使入朝，献良马十匹。太宗奇其骏异，为之制名，号为十骥：一曰腾霜白，二曰皎雪骢，三曰凝露骢，四曰悬光骢，五曰决波骗，六曰飞霞骠，七曰发电赤，八曰流金騧，九曰翔麟紫，十曰奔红赤。又为文以叙其事。

又曰：永徽中，吐谷浑河源郡王慕容曷钵遣使献骏马。上问其马之种性，对曰："臣国中之最者，所以献之。"上曰："良马人之所欲，岂可辍彼不足而加我之有余哉？"乃命还之。

又曰：永徽中，驳马国遣使朝贡。其地在突厥之北，渐近北海，去京师一万四千里。户十万，胜兵三万人，马三十万匹，马色并驳，故以为名。

又曰：开元十二年，太原献异马驹，其耳如筒，左右各一十六肋，肉尾无毛。

又曰：天宝中，陇右节度皇甫唯明奏："龙支县人库狄孝义，有马生龙驹。经九旬有九日，身有麟而不生毛。臣就检视，时有庆云五色遥复马上，久而不散。伏望宣付史官，以为实录。"从之。

又曰：吐火罗国有颇梨山，南崖穴中有神马。国人每牧牝马于其侧，时产名驹，皆汗血焉。

又曰：李怀远虽久居荣位，而弘尚简率，其园宅无所改作。尝乘款段马，左仆射豆卢钦望谓曰：“公荣贵如此，何不买骏乘？”答曰：“杆马幸免惊蹶，无假别求。”闻者莫不叹美。

《周史》曰：徐台符仕晋，为翰林学士、中书舍人。契丹之陷中原也，台符从虏帐北至于蓟门。及戎人内溃，乃窜身南归。初，台符所乘马好嘶鸣，及自虏中回，常露宿于草中，虽胡骑连群经其左右，而台符马若箝其口。然及行至汉地，即嘶鸣如故。时人以为积善之所感也。

太平御览卷第八百九十六 兽部八

马四

《战国策》曰：汗明见春申君曰："夫骥之齿至矣，服盐车而上太行，漉汁洒地，白汗交流，中坂迁延，负辕不能上。伯乐遭之，下车攀而哭之，解纻衣而幕之。骥于是俯而喷，仰而鸣，声造于天。欣见伯乐掷戟己也。"

《汉书音义》曰：騕褭者，神马也，赤喙黑身。

《穆天子传》曰：天子命驾八骏之乘，右服华骝而左绿耳，右骖赤骥而左白义。天子主车，造父为御。次车之乘，右服渠黄而左逾轮，右骖盗骊而左山子。伯夭主车，参百为御，奔戎为右。天子乃遂东南翔行，驰驱千里，至于巨蒐。巨蒐之人用其牛马之湩以洗天子之足。湩，乳。音东。

又曰：祝沉牛马豕羊河，宗命乎皇天子。加皇者，尊之。天子受命，南面再拜。柏夭既致河典，乃乘黄之乘为天子先，所乘马尽黄色，为先驱也。以极西土。

又曰：天子北征，舍于珠泽，此泽出珠，因名之也。以钓于泲十，因献食马三百，可以供厨膳者。牛羊二千。

又曰：辛丑，天子渴于沙衍，沙中无泉水。求饮未至，七萃之士曰高奔戎，刺其左骖之颈，取其清血以饮天子。

又曰：天子东游于黄泽，宿于曲洛，洛水文回曲。使宫乐谣曰："黄之池，其马歕沙，歕，音普问切皇人威仪；黄之泽，其马喷玉，皇人寿谷。"

郭璞注《穆天子传》曰：《竹书》曰："北唐之君来见，以一骊马，是生绿耳。"魏时西卑献千里马，白色而两耳黄，名之为黄耳。

《山海经》曰：滑水中多水马，如马而文臂牛尾，臂，前脚。其音如呼。

又曰：天帝之山有草焉，状如葵，臭如蘼芜，名曰杜蘅，可以走马。

带香草，令便马。或曰：马得之健步也。

又曰：犬戎之国有文马，缟身朱鬣，缟犹素也。《大传》云：驳身朱鬣。目若黄金，名曰吉墵或作良，乘之寿千岁。

《庄子》曰：夸父山北有林，名桃林，广圆三百里，其中多马。桃林，今弘农湖县南北名，饶野马。

又曰：大乐之野，夏后启于此舞九代马。九代，马名也。

《庄子》曰：马，蹄可以践霜雪，毛可以御风寒。龁草饮水，翘足而陆，此马之真性也。虽有仪台路寝，无所用之。及至伯乐，曰："我善治马。"烧之，剔之，刻之，骆之，连之以羁绊，编之以皂栈，马之死者十二三矣。饥之，渴之，驰之，骤之，整之，齐之，前有橛饰之患，后有鞭策之威，而马之死者已过半矣。

又《徐无鬼》曰：吾相马，直者中绳，曲者中钩，方者中矩，圆者中规，是国马也，而未若天下马也。天下马有成材，若恤若泆，若丧若一，若是者超轶绝尘，不知其所。

《老子》曰：天下有道，却走马以粪；天下无道，戎马生于郊。

《列子》曰：秦穆公谓伯乐曰："子之年长矣，子姓有可使求马者乎？"伯乐对曰："良马可以形容筋骨相也。天下之马者，若灭若没，若亡若失。臣之子皆下才也。臣有所与九方皋，其于马，非臣之比也。"穆公见之，使行求马。三月而反报曰："已得之，在沙丘。"穆公曰："何马？"对曰："马牝而黄。"使人往取之，牡而骊。公不悦，召伯乐曰："败矣！子之所使求马者，色物牝牡弗能知，又何马之能知也？"伯乐曰："若皋之所观，天机也。得其精忘其粗，在其内而忘其外。"马至，果天下之马也。《淮南子》曰九方稗，余同。

《晏子春秋》曰：景公游于纪，得金壶，发而视之，有丹书，曰："勿食反鱼，无乘驽马。"晏子曰："食鱼无反，无尽民力也；不乘驽马，无致不肖于侧也。"公曰："纪有此书，何以亡？"晏子曰："纪有此书，藏之于壶，不亡曷待？"

又曰：景公使人养所爱马，马病死。公怒，令人杀养马者。晏子请数之，曰："尔有三罪：使汝养马，杀之，一当死也；又杀公所最善马，二当死也；使公以一马之故而杀人，百姓必怨叛，诸侯轻伐吾国，三当死也。"公喟然曰："赦之。"

《家语》曰：孔子相鲁，齐人患其霸也，欲败其正名。乃选女子八十人，衣以文衣而舞容玑容玑舞曲及文马四十驷，以遗鲁君。陈女乐、列文马于鲁城南高门外。季桓子微服往，观之再三，将受焉。鲁君为周道游观，观之终日，殆于政事。子路言于孔子，孔子遂行。

又曰：鲁定公问于颜回曰："子亦闻东野毕之善御乎？"对曰："善则善矣，虽然，其马将必佚。"定公色不悦，顾谓左右曰："君子故有诬人耶？"颜回退。后三日，校来报之曰："东野毕之马佚，两骖曳，两服入于厩。"公闻之，越席而起，促驾召颜回。颜回至，公曰："前日寡人问吾子以东野毕之善御，而子曰美矣，其马将佚。不识吾子奚以知之？"对曰："以政知之。昔者帝舜巧于使民，而造父又巧于使马，舜不穷其民，而造父不穷其马，故舜无佚民而造父无佚马。今东野毕之御也，升马执辔，衔体正矣；马宜为车。步骤驰聘，朝礼毕矣；马步骤驰骋，尽朝礼之舞。历险致远，马力尽矣。然而其心犹乃求马不已，臣以此知之也。"公曰："善哉，诚若子之言也。"

《春秋后语》曰：苏代欲见齐王，齐王怨苏秦，欲困苏代，不肯见代。代乃说淳于髡曰："人有骏马，欲卖之，比三旦立于市，人莫知之。往见伯乐曰：'臣有骏马，欲卖之，比三旦立于市，人莫与言。愿子还而视之，如旋去顾破之，臣请献一朝之价。'伯乐乃如其言，一旦而马价十倍。今臣欲以骏马见于王，莫为臣先后，先后，导引也。足下有意为臣伯乐乎？请献白璧一双，黄金十镒，以为马食。"不斥言人欲，云为马之刍草。淳于髡曰："谨闻命矣。"入言之于王而见之，王果善苏代矣。

又曰：初，孙膑与庞涓俱学兵法。涓既事魏惠王，将自以为能不及孙膑，乃阴使人召孙膑。孙膑至，以法刑之，断其两足。后齐使以为奇，窃载与之归。田忌喜而客待之。田忌数与齐诸公子驰逐重射，驰马，争先；射重称为胜也。孙膑见其马足不甚相远，有上中下辈，于是膑谓田忌曰："君第重射，我能令君胜。"弟，但也。亦且也。司马长卿"弟如临邛"是也。田忌信然之，与王及诸公子逐射千金。临质，孙膑曰："取君之中驷与彼上驷，取君之上驷与彼中驷，取君之中驷与彼下驷。"既三辈毕，而田忌一不胜而再胜，卒得千金。于是田忌进孙膑于威王，王问兵法而师之。

《韩子》曰：昔纣为甲百万，左饮马于淇，右饮马于洹，洹水竭，淇水不流。武王甲卒三千，破而王之。

又曰：铅陵卓子乘苍龙挑文之乘，钩饰在前，错缀在后。马欲进则钩饰禁之，退则缀错贯之。造父见而泣曰："犹人处急世而不知所由也。"或云乘翟文之乘。

又曰：桓公伐孤竹，春往冬还，迷惑失道。管仲曰："老马之智可用。"乃放老马而随之，遂得道。

又曰：如耳说卫嗣君，嗣君悦之。左右曰："公何为不相也？"公曰："夫马似鹿者而千金，有千金之马无一金之鹿者何也？马为人用而鹿不为人用。今如子虽辩者，亦不为寡人用，吾是以不相也。"

又曰：伯乐教其憎者相千里马，教其爱者相驽马。以千里马世一有，其利少；驽马多，其利多也。

《孙卿子》曰：伯乐不可欺以马，君子不可欺以人。

又曰：骅骝、骐骥、纤离、绿耳，古之良马也。

又曰：君子善其言而类焉者应矣，故马鸣而马应之，非知也，其势然也。

又曰：骥一日而千里，驽马十驾，则亦及之矣。

《伯乐相马经》曰：马生下堕地，无毛，行千里；尿举一脚，行五百里。
闌筋竖者，千里马；膝如团麴，千里，三军莫逐，但知所发，不知所瞬翳。

又曰：江淮津督徐成，字子长，兄弟蒙宠于府君，治马方以报，千金不传，号淮津方。寻阳丞阳朱君方最良，豫州从事沛国萧跣方最良也。

又曰：马相岁，上下齿，二十四岁，齿黄；三十三岁，齿白。口中欲红色如日月光者，行千里；汗沟欲深，脊欲如伏龟。两边有回毛曰腾蛇，杀主；口边有回毛曰御祸，妨主；口中有黑者乌衔，马短寿。

又曰：素下去飞寅四寸，行千里。骤而不起，骨劳；起而不振，皮劳；振而不喷，气劳。耳欲小而促也。食有三刍，饮有三时也。白额入口，名曰榆写，一名的卢，奴乘客死，主乘弃市。回毛在目下，名曰承泪，不利人也。

又曰：马，头为王，欲得方；目为丞相，欲得明；脊为将军，欲得强；腹为城郭，欲得张；一曰胁为城郭。四下为令，欲得长。一曰膝下为令。一曰四下。眼欲得高巨；一曰欲其端正。睛眼欲如悬铃，紫艳光明；下卧蚕悬凿欲得成。鼻孔欲得大，鼻头有王火字。一曰鼻欲得横筋，鼻上文如王火，欲得明。口中欲得赤。膝骨圆而张。耳欲相近而坚、小而厚。雍一寸三百里，三寸千里。伏龙骨欲得成。颈欲得长。双扶欲得大而突。蹄欲得厚。腹下欲得平，有八字。马头欲得高而成，尾骨高而垂也。凡相马之法，先观三羸五驽，乃相其余。大头小颈，一羸也；弱脊大腹，二羸也；小胫大蹄，三羸也。谓五驽者，大头缓耳，一驽也；长颈不折，二驽也；短上长下，三驽也；大髂短胁，四驽也；浅宽薄脾，五驽也。

马援《铜马相法》曰：水火欲分明，水火，在鼻两孔间。上唇欲急而方，口中欲红而有光，此马千里。颔下欲深，下唇欲缓，牙欲去齿一寸，则四百里。牙剑锋则千里。目欲满而泽，肠欲充，膁欲小，肋欲长。悬薄欲厚而缓，悬薄，服股也。腹下欲平满，汗沟欲深长。而膝本欲起，肘腋欲开，膝欲方。蹄欲厚三寸，坚如石。鬃欲戴，中骨高三寸。鬃，中骨也。颊欲开，而膺下欲广一尺以上，能久走。鞅欲方，颈长，胸欲直而出。脾骨前向。凫间欲开，望视之如双凫。

《楚辞》曰：却骐骥而不乘兮，策驽骀而取路。当世岂无骐骥兮，诚莫之能善御。见执辔者非其人兮，故驹跳而远去。

《符瑞图》曰：王者贵人而贱马，则白马朱鬣集。又云：车马有节则见腾黄。腾黄者，神马也，其色黄。一名乘黄，亦曰飞黄，或曰吉黄，或曰翠黄，一名紫黄。其状如狐，背上有两角。出白氏之国。乘之寿三千岁。黄帝乘之。

孙氏《瑞应图》曰：玉马者，王者清明尊贤则至。

又曰：乘黄，王者舆服有度则出。騕褭者，神马也，与飞兔同，以明君有德也。

又曰：飞兔者，日行三万里。禹治水土，勤劳历年，救民之害，天应其德则至。駃蹄者，后土之兽也，自能言语，王者仁孝于民则出。禹治水土有功而来。

又曰：龙马者，仁马，河水之精也。高八尺五寸，长颈，骼上有翼，旁垂毛，鸣声九音，有明王则见。

《吕氏春秋》曰：秦缪公车败失左骖，自往求焉，见野人杀将食之。缪公笑曰："食骏马肉而不饮酒，余恐其伤性也。"遍饮之而去。

又曰：伯乐学相马，所见无非马者。

又曰：古相马者，有寒风能相口齿，麻朝能相颊，女厉能相口，管青能相唇吻，陈悲能相股脚，秦牙能相前，贲君能相后，并知其见之一也。

又曰：今有千里之马于此，非得良工，犹若弗取。良工，相马之工。良工之与马也，相得然后成，譬之若枹之与鼓。夫士亦有千里，高节死义，此士之千里也。能使士行千里者，其唯贤者乎？

又曰：凡为善难，任善易。奚以知之？今与骥俱走，则人不胜骥矣；居于车上而任骥，则骥不胜人矣。

又曰：良剑期乎断，不期乎莫耶；莫耶，良剑也。取其能断，无取于名也。故曰不期莫耶。良马期乎千里，不期乎骥骜。骥，千里马名也。王者乘之游骜，因曰骥骜也。

又曰：宋人有取道者，其马不进，刭而投之溪水。刭，杀，投，弃。又复取道，其马不进，又刭而投之溪水。如此者三，虽造父之所以威马，不过此矣。不得造父之道，而徒得其威，无益于御。人主之不肖有似于此。不得其道而徒多其威，威逾不用。

又曰：饥马盈厩嗼然，未见刍也；饥狗盈宫嗼然，未见骨也。见骨与刍，动不可禁。动犹争也。乱世之民嗼然，未见贤者也，见贤人则往不可止。

又曰：得十良马，不若得一伯乐；得地千里，不若得一圣人。

又曰：小方，大方之类也。小马，大马之类也；小知，非大知之类也。

又曰：青龙之匹、遗风之乘也，高诱曰：皆马名。疾若遗风也。非先为天子，不可得而具。具，备具也。

《燕丹子》曰：太子有千里马。荆轲谓太子曰："千里马肝美。"太子即进肝。

又曰：丹质于秦，秦王遇之无礼，欲求归。秦王曰："乌头白、马生角，乃许尔归。"丹仰天而叹，乌即头白，马即生角。秦王乃放归。

《淮南子》曰：圣人之治，犹造父之御也。和辑乎衔辔之际，而缓急于唇吻之和；正度乎胸臆之中，而执节于掌握之间。内得于中心，而外合于马志，故能取道致远，而气力有余，诚得其术也。是故执势者，人主之车舆也；大臣者，人主之四马也。体离车舆之安而手失四马之心，而能无危者，古今未之见也。

又曰：天下有道，飞黄服皂。又曰：黄帝时，飞黄服皂也。皂与皂同。

又曰：王良、造父之御也，上车摄辔投足，调均劳佚，若一世皆以为工，然而未甚贵也。若夫钳旦、大丙之御也，钳旦大丙，太一之御。徐辔衔，去鞭鞅，车莫动而自举也，马莫使而自走也。日行月动，星耀而玄运，电奔而鬼骇。过归雁于碣石，轶昆鸡于姑馀。姑馀，在吴地。悲思虑之察、手爪之巧也，嗜欲形于胸中，精神喻于六马，以此弗御之御者也。

又曰：骅骝、绿耳，一日千里，搏兔不如狼、契也。

又曰：戎翟之马，皆可以驰驱，或近或远，唯造父能尽其力。三苗之民，皆可使忠信，或贤或不肖，唯唐虞能齐其美。

又曰：马齿非牛蹄，檀根非椅枝，故见其一本，而万物知。知犹别也。

又曰：季秋之月，乃教于田猎，以习五戎，命仆及七驺咸驾载旗。

又曰：易道良马，使人欲驰；饮酒而乐，使人欲歌。是而行之，固谓之断；非而行之，必谓之乱。断犹治也。

又曰：夫马之为草驹之时，跳跃扬蹄，翘尾而走，人不能制，龁咋足以噆肌碎骨，蹶蹄足以破卢陷匈。及至圉人扰之，良御教之，掩以衡轭，连以辔衔，则虽历险超堑，弗敢辞也。故其马之不可化，其可驾御，教之所为也。马聋虫聋虫，无知也。而可以通气志，犹待教而成，又况人乎？

又曰：夫待騕褭、飞兔而驾之，则世莫乘车矣；騕褭、飞菟，皆行万里。其行若飞，因曰飞兔也。待西施、落纂而为妃，则终身不家矣。

又曰：日之行也，不见其移也。骐骥背日而驰，草木为靡，悬峰未簿而日在其前矣。悬峰，马蹄下鸡舌也。

又曰：马免人于难者，其死也葬之以帷；牛有德于人者，其死也葬之以大车之荐。牛马有功犹不可忘，又况人乎？

《淮南万毕术》曰：马毛犬尾，亲友自绝。取马毛、犬尾置朋友若夫妇衣中，自相憎也。

《说苑》曰：晋平公出田，见乳虎，乳虎伏而不动。平公还，谓师旷曰："闻之：霸王之君出猎，猛兽伏而不敢起。今者寡人出，乳虎伏而不动，此猛兽乎？"师旷对曰："鹊食猬，猬食鵕鸃，鵕鸃食驳，驳食虎。夫驳之状，有似驳马，今者吾君必骖驳马以出乎？"平公曰："然。"

又曰：北塞上之人，其马亡入胡中。人皆吊之，其父曰："此何讵知不为福？"居数月，其马将胡骏马而归，人皆贺之，其父曰："此何讵知不为祸？"家富马良，其子好骑，堕而折髀，人皆吊之，其父曰："此何讵知不为福？"居一年，胡夷大出，丁壮者皆控弦而战，塞上之人死者十九，十人战，九人死。此子独以跛故，父子相保。

《地境图》曰：铜器之精见为马。

《孔丛子》曰：卫公子友馈四乘马于子思，曰："不以此求交于先生；久降鄙土，为宾至之饩耳。"

又曰：公孙龙以白马为非马，或曰：此辩而毁大道。子高适赵，谓龙曰："愿受业，久不敢，先者以白马为非马耳。诚能去之，则为弟子。"龙曰："若使去之，无以教矣。"

《凉州记》曰：吕光麟嘉五年，疏勒王献火浣布、善舞马。

太平御览卷第八百九十七 兽部九

马五

《古今注》曰：秦始皇有七名马，一曰追风，二曰逐兔，三曰蹑景，四曰追电，五曰飞翮，六曰铜雀，七曰晨凫。

崔豹《古今注》曰：曹真有駃马，名为惊帆。言其驰骤如烈风之举帆也。

《风俗通》曰：马一匹，俗说马比君子，与人相匹。或曰马夜行目明，照前四丈，故曰一匹。或说度马从横，适得一匹。或说马死卖得一匹帛。或云《春秋左氏》说诸侯相赠乘马束帛，束帛为匹，与马之相匹耳。

又曰：疲马不能度绳。俗说马之疲羸，不能复度绳索，言其极也。或云不能度畦塍也。谨按：齐有绳水，裁三四步，马疲不能度此水耳。

又曰：杀君马者，路旁儿也。语云长吏食重禄，刍藁丰养，马肥，希出，路旁小儿观之，却惊致死。按长吏马肥，观者快马之走骤也，骑者驱驰不足，至于瘠死。

《金楼子》曰：鸟与鸟遇则相躅，兽与兽遇则相触，马与马遇则趺蹄相伤。天之生此物，多其力而少其智也。

《傅子》曰：九日养亲，一日饿之，宁可言饱？饱多饥少，同为孝子？九日谷马，一日饿之，马肥不损，于义无伤，非可同之。

《夏侯子》曰：一舟之覆，无一毫不湿；一马之走，无一毛不动。故大同，无万物不一也。

又曰：鲁人有善相马者，与余俱游。夜方寝，闻马有行者，鲁人惊曰："七百里也。"吾恐此暗中耳。

《符子》曰：齐景公好马，命画工图而访之，殚百乘之价，期年而不得，像过实也。今使爱贤之君，考古籍以求其人，虽期百年不可得也。

又曰：吾与玄子观东海，释驷而升乎崼山，未中路而忘马。符子使人求之不获，使鬼索之而获。符子曰：六合不可忘，故知良马在其中矣，请以六合之观观之也。

《邹子》曰：董仲舒三年不窥园圃，乘马不知牝牡。

《诸葛教》曰：昔孙叔敖乘马，三年不知牝牡，称其贤也。

常璩《华阳国志》曰：神马四匹，出滇音颠池河中。

《三国典略》曰：神马者，河之精也。代马，阴之精也。

《西京杂记》曰：文帝自代还，有良马九匹，皆天下骏足也。名曰浮云、赤电、绝群、逸骠、紫燕骝、绿螭骢、龙子、麟驹、绝尘，号为九逸。

又曰：卫将军生子，或有献騧马者，乃命其子为騧，字叔马。

《东方朔传》曰：骠骑难诸博士，朔对曰："麒麟、绿耳、蜚鸿、华骝，天下良马也，将以捕鼠于深宫之中，曾不如跛猫。"

《神异经》曰：西南大宛有马，其大二丈，鬣至膝，尾委地，蹄如升，踠可握。日行千里，至日中而汗血。乘者当以絮缠头以避风病，其国人不缠。

扬子《法言》曰：或问治己，曰："治己以仲尼。"问治己何用益以用孔子之道。或曰："治己以仲尼，奚寡矣？"言学孔子道多，而成者何少也。曰："率马以骥，不亦可乎？"

又曰：希骥之马，亦骥之乘也；希颜之人，亦颜之徒也。

桓谭《新论》曰：颜渊所以命短者，慕孔子，所以伤其年也。若庸马良马相追至暮，共列宿所，良马鸣食如故，庸马垂头不复食，何异颜渊与孔丘优劣？

又曰：卫后园有送葬时乘舆马十匹，吏卒养，视善饮不能乘，而马皆六十岁乃死。

又曰：薛翁者，长安善相马者也。于边郡求得骏马，骑以入市，去来人不见也。后劳问之，因请观马，翁曰："诸卿无目，不足示也。"

《论衡》曰：儒书称：孔子与颜渊俱登鲁东山，望吴昌门，谓曰："尔何见？"曰："见一匹练，前有生蓝。"孔子曰："噫，此白马、卢刍。”使人视之，果然。

王子年《拾遗记》曰：周穆王即位，巡行天下，驭八龙之骏，名曰绝地、翻羽、奔宵、越影、逾晖、超光、腾雾、挟翼。

又曰：曹洪与魏武帝所乘之马，名曰白鹤。时人谚曰：“凭空虚跃，曹家白鹤。”

《洞冥记》曰：修弥国有马如龙，腾虚逐日，两足倚行，或藏形于空中，唯闻声耳。时得天马，汗血是其类也。

又曰：毕勒国有小马，如驹，日行千里，毛垂至地。东王公常骑此马，朝发汤泉，夕饮虞渊，一日一夕，往返七八度。亦言马毛长，于空中自放，则吹之或东或西也。

又曰：东方朔游吉云之地，越扶桑之东，得神马一匹。高九尺，股里有旋毛如日月之状，如月者夜光，如日者昼光。毛色随四时之变。汉朝之马见之，即垂头振毛，一国众兽见皆避之。帝问东方朔：“是何什藰？”朔曰：“昔西王母乘灵光之辇以适东王公之舍，税此马于芝田，及食芝草，王公怒，弃马于清津天岸。臣至王公之坛，因骑而返，绕日三匝。此马入汉关，关犹未掩。臣于马上睡眠，不觉遂至。”帝曰：“其为名云何？”朔曰：“因事为名则步景。”

《抱朴子》曰：韩子治尝以地黄、甘草哺五十岁老马，以生三驹，又百三十岁乃死。

又曰：李南乘赤马行，道逢他人乘白马者。白马先鸣，而南赤马鸣应之。南谓从者曰：“彼马言：汝今当见一黄马左目盲者，是吾子。可为告，使行駃相及。”从者不信，行二里所，果逢黄马而左目盲。南之马先鸣，而盲马应之。问其主，果向白马子也。

《论衡》曰：广汉翁伟能听鸟兽之音。乘蹇马之野，而田间有放马者，相去数里，鸣声相闻。翁伟谓其御曰：“彼放马目眇。”其御曰：“何以知之？”曰：“骂此辕中马蹇马，蹇马亦骂之曰眇马。”御者不信，使往视之，马目果眇。

《盐铁论》曰：骐骥负盐车，垂头于太行之坂，屠者持刀睨之。

又曰：古者诸侯不秣马，天子有命，以车就牧；庶人之乘马者，足以代劳而已。故行则服軶，止则就犁，一马服枥，当中家六口之食。

孔融论曰：马之骏者，名曰骐骥。犬之骏者，名曰韩卢。犬之有韩卢，马之有殡骥，人之圣也，名号等。设使骐骥与韩卢并走，宁能头尾相当，八脚如一，无有先后之觉哉？

《英雄记》曰：公孙瓒每闻边警，辄厉色作气如赴仇。常乘白马，又拣白马数十匹，选骑射之士，号为白马义从，以为左右翼。胡甚畏之，相告曰："当避白马长史。"

《曹瞒传》曰：吕布有骏马名赤兔，常骑乘之。时人为之语曰："人中有吕布，马中有赤兔。"

袁准《正书》曰：牛马之为人驾乘者，非乐负千钧之重，行千里之险，鞭策痛矣。

桓公《世论》曰：朝鲜之马，被鬛踶啮，能使其成骐骥者，习之故也。

《博物志》曰：秽貊国，南与辰韩、北与句丽、沃沮接，东穷大海。海中出班鱼皮，陆出文豹。又出果下马，高三尺，汉时献之，驾辇车。正始六年，乐浪太守刘茂、带方太守弓遵领东秽属句丽伐之，举邑降。

《博物志》曰：唐公有骕骦，项羽有骓马。

《华阳国志》曰：天马日行千里，死于蜀，今天马家是也，县有天马祠。马牧山下，或产骏驹，天马子也。

《长沙耆旧传》曰：虞芝，州命部南阳从事，太守张忠连姻王室，罪名入重，芝依法执案。刺史畏势，召芝，芝曰："年往志尽，譬如八百钱马，死生同价，且欲立效于明时耳。"遂投传去。

《三辅决录》曰：安陵有项仲山，饮马渭水，先投三钱。

《襄阳记》曰：中卢山，西去襄阳一百三里，有一地道。汉时尝有数匹白马出其中，遂名其地为白马穴。陆逊攻襄阳，又值此穴中数十匹马出。战还建业，蜀使有五部兵家滇池者，识其马色，云是已亡父所乘，对之流涕。

《世语》曰：刘备屯樊城，刘表礼焉，惮其为人，不甚信用。曾请宴会，荆越蔡瑁欲因会取备。备觉之，伪如厕，潜遁出行。所乘马名为的颅。骑的颅走，堕襄阳城西檀溪水中，溺不得出。备急曰："的颅，今日厄，可不努力！"的颅乃一踊三丈，遂得过。

《异苑》曰：符坚为慕容冲所袭，坚驰马堕涧，追兵将及，计无由出。马即踟蹰临涧，垂控与坚。坚不能及，马又跪而授焉，坚攀之，得登岸，西走庐江。

《七贤传》曰：陈众辟州从事，扬州部有贼击之，多死。众请取之，因单车乘白马往，贼束身归降。遂生为立祠，号曰白马从事。

《竹林七贤传》曰：王戎简脱，不持仪形。好乘巴騟马。虽为三司，率尔私行，巡省园田，不从一人，以手巾插腰。戎故吏多至大官，相逢戎，辄下道避之。

《搜神记》曰：昔秦人筑城于武州塞内以备胡，城将成而崩者数焉。有马驰走，周旋反复，父老异之，因依以筑之为城，乃定。遂名为马邑。

又曰：吴先主杀武卫兵钱小小，形见大街，顾借赁人吴永，使永送书与桁南庙，借木马二匹。以酒噀之，皆成好马，鞍勒全具。

《志怪集》曰：孙弘常自云见鬼神，与其言语委曲，众未之信。镇西将军谢尚常所乘马忽暴死，会弘诣尚，尚爱惜至甚，弘谓尚曰："我为公活马，何如？"尚常不信弘，答曰："卿若能令此马更生者，卿真实通神矣。"弘于是便下床，去良久，还，语尚曰："庙神爱乐君马故耳。向我诣神请之，初殊不许，后乃见听，马即便活。"尚时对死马坐，意甚不信，怪其所言。须臾，其马忽从门外走还，众咸见之，莫不惊惋。既至，马尸应时能动，有顷，奋迅呼鸣。尚于是叹息。

《述异记》曰：东平毕众宝，家在彭城。有一骢马甚快，常乘出入，至所爱惜。宋大明六年，众宝夜梦见其亡兄众庆曰："吾有戎役，方置艰危，而无得快马，汝可以骢马见与。"众宝许诺。既觉，呼同宿客说所梦。始毕，乃闻马倒声，遣人视之，裁余气息，状如中恶。众宝心知其故，为试治疗，向晨马死。众宝还卧，如欲眠，闻众庆语云：

“向聊求马，汝治护备至，将不惜之，今以相还，别更觅也。”至晓马活，食时复常。

《续搜神记》曰：赵固常乘一匹赤马以征战，甚所爱重。常所系于看斋前，忽腹胀，少时死。郭璞从北过，因往诣之，门吏云：“将军马今死，甚爱惜，今盛懊惋。”景纯使语门吏云：“入通，道吾能活此马，则必见我。”门吏闻惊喜，即启固。固踊跃，令门吏走迎之。始交寒温，便问：“卿能活我马不？”璞曰：“马可活耳。”固忻喜，即问须何方术，璞云：“得卿同心健儿二三十人，皆令持长竹竿，于此东行三十里，当有丘陵林树，状若社庙。有此者便以竿搅扰打拍之，当得一物，便急持归。既得此物，马便活矣。”于是命左右骁勇之士五十人，使去。果如璞言，得大丛林，有一物似猴而非，走出。人共逐得，便抱持归。入门，此物遥见死马，便跳梁欲往。璞令放之，此物便自走往马头间，嘘吸其鼻。良久，马即起，喷鼻奋迅鸣唤，便不复见此物。固厚资给璞，得过江。

《灵鬼志》曰：陈安为河间王颙给使，甚壮健。常乐一马，骏駃非常。后马死，双赤蛇出其鼻。

《列异记》曰：故司隶校尉上党鲍子都，少时举上计，于道遇一书生，卒得心痛，子都下车为按摩，奄忽而卒。不知姓字，有素书一卷，银十饼。即卖一饼以资殡殓，其余以枕之，素书着腹上，埋之。谓曰：“子若魂灵有知，当令子家知子在此。”未至京师，有骢马随之，唯子都得近。子都归行失道，遇一关内侯家住宿。侯问曰：“君何以致此马？”子都因说之。侯乃惊愕曰：“此吾儿也。”侯迎丧开棺，视银书如言。侯乃举送诣阙，上荐子都，辟公府侍御史豫州牧司隶校尉。至子永、孙昱，俱为司隶。其在公，皆复乘骢马。故京师歌之曰：“鲍氏骢，三入司隶再入公，马虽瘦，行步工。”

傅玄《乘舆马赋》曰：往日刘备之初降也，太祖赐之骏马，使自至厩选之。历名马以百数，莫可意者。次至下厩，有的颅马，委弃莫视，瘦悴骨立。刘备抚而取之，众莫不笑之。马超破苏氏坞，坞中有骏马百余匹，自超以下，俱争取肥好者。而将军庞思独取一騧马，形观既丑，众亦笑之。其后刘备奔于荆州，马超战于渭南，逸足电发，追不可逮，众乃焚可。

傅玄《驰射马赋》曰：耳小易使，鼻大势怒。来往若鹰鹞，超腾如逸虎。

刘琬《马赋》曰：吾有骏马，名曰骐雄。龙头鸟目，麟腹虎胸。尾如云彗，耳如插筒。

太平御览卷第八百九十八 兽部十

牛上

《说文》曰：牲，畜父也，从牛土声。㹀古郎切，特，牛父也。牝，畜母也，从牛匕声。犊，牛子也。犻普外切，二岁牛也。犙山耽切，三岁牛也。牭思贰切，四岁牛也。犗音戒，又音加，騬牛也。牻莫江切，白黑杂毛牛也。㹁力强切，牻牛也。犡，力制切。牛白脊也。㸷达胡切，黄牛虎文也。荦，驳牛也。㸰力拙切，牛白脊也。抨匹耕切，牛文驳如星也。犥普表切，牛黄白色也。犉而纯切，黄牛黑唇也。㸌音岳，白牛也。犟居羊切，牛长脊也。犪音滔，牛徐行也。犨，牛息声也。一曰牛名。牷音全，牛纯色也。犪音绕，牛柔谨也。

《广志》曰：有犘牛马家切牛，牛出巴中，重千斤。犦蒲角切牛，一曰犎牛，有赤豹，封牛。周留水牛，毛青腹大，状似猪。有牧牛，项上堆肉大如斗。似橐驼，日行三百里。犤音皮牛，痹小，今谓之稷牛，又呼杲下牛，出广州高凉郡。犩吾威切牛，如牛而大，肉数千斤，出蜀中。夔牛，重千斤，晋时此牛出上庸郡。猎力涉切牛，旄牛也，髀膝间皆有毛。花蹄牛，高六尺，尾环绕角，有四耳，角端有肉，蹄如莲华。堂牛，色黑或黄，日南有之。潜牛，形状似水牛，一名㸪牛。麟牛，似鹿，又似羊，肉美。犻音方牛，如橐驼，能行。又有牦牛，《庄子》曰："其大若垂天之云。"

《易·大畜卦》曰：六四，童牛之牿，元吉。

又《无褪翟》曰：六三，无妄之灾，或系之牛。行人之得，邑人之灾。象曰："行人得牛，邑人灾也。"

又《遁卦》曰：六二，执之用黄牛之革，莫之胜说。《象》曰："执用黄牛，固志也。"

又《离卦》曰：离，利贞。畜牝牛，吉。

又《既济》曰：九五，东邻杀牛，不如西邻之禴祭。

又《说卦》曰：坤为牛。

《周书·王会》曰：卜卢纨牛。纨牛者，牛之大者。大夏兹白牛、数楚每牛，牛之小者也。大夏，西北戎。数楚，北戎。兹白牛，野兽，形似白牛。

《诗·鸿雁·无羊》曰：谁谓尔无牛？九十其犉。黄牛黑唇曰犉。

又曰：尔牛来思，其耳湿湿。

《尚书》曰：武王克纣，放牛于桃林之野。

《左传·成七年》曰：鼷鼠食郊牛角。改卜牛，鼷鼠又食其角。乃免牛。

又《宣三年经》曰：王正月，郊牛之口伤。改卜牛，牛死。乃不郊。

又《僖上》曰：齐侯伐楚，楚子使与师言曰："君处北海，寡人处南海，唯是风马牛不相及也。不虞君之涉吾地也，何故？"

又《僖下》曰：介葛卢来朝，闻牛鸣，曰："是生三牺，皆用之矣。其音云。"问之而信。

又曰：秦师入滑，郑商人弦高将市于周，遇之。以乘韦先，牛十二犒师，曰："寡君闻吾子将步师出于敝邑，敢犒从者。"

又《宣上》曰：宋城，华元为植，巡功。植，主巡行城也。城者讴曰："于思于思，弃甲复来。"使骖乘谓之曰："牛则有皮，犀兕尚多，弃甲则那？"

又《宣上》曰：楚子为陈夏氏乱故，伐陈，杀夏徵舒，因县陈。申叔时使于齐，反，复命而退。王使让之曰："夏徵舒为不道，弑其君，寡人以诸侯讨而戮之。汝独不庆寡人，何故？"曰："夏徵舒弑其君，其罪大矣；讨而戮之，君之义也。抑人有言曰：'牵牛以蹊人之田，而夺之牛'。牵牛以蹊者，信有罪矣。而夺之牛，罚已重矣。诸侯之从君，讨有罪也。今县陈，贪其富也，无乃不可乎？"王曰："善"。

又《成公下》曰：韩厥曰："古人有言：'杀老牛，莫之敢尸'，而况君乎？二三子不能事君，焉用厥也？"尸也。

又《昭十三年》曰：邾人、莒人诉于晋曰："鲁朝夕伐我，几亡矣。我之不共，鲁故之以。"不共晋贡，以鲁故也。晋侯使叔向来辞曰："寡君不得事君矣，请君无勤。"子服惠伯对曰："君信蛮夷之诉，以绝兄弟之国，寡君闻命矣。”叔向曰：“寡君有甲车四千乘在，虽以无道行之，必可畏也。况其率道，何敌之有？牛虽瘠，偾加于豚上，其畏不世乎？”

《礼记·曲礼上》曰：国君不齐牛。

又《曲礼下》曰：诸侯无故不杀牛。

又《月令》曰：季春，牺牲驹犊，举书其数。在牧而书数，秋当保内。

又曰：季冬，命有司出土牛，以示农耕之早晚。

又《曲礼下》曰：天子祭天地，诸侯祭山川，大夫祭五祀士祭其先。天子以牺牛，诸侯以肥牛，大夫以索牛。

又《郊特牲》曰：郊，所以明天道也。帝牛不吉，以为稷牛。帝牛必在涤三月，稷牛唯具。所以别事天神与人鬼也。

又曰：郊用骍，尚赤也；用犊，贵诚也。

又《礼器》曰：有以少为贵者，天子祭天，特牲；天子适诸侯，诸侯膳以犊。

又《内则》曰：牛夜鸣则庮。庮，臭恶也。

又曰：祭天地之牛角茧栗，宗庙之牛角握，宾客之牛角赤。

《周礼·地官·封人》曰：凡祭祀，饰其牛牲，设其楅衡，置其絼，共其水藁。楅，在鼻；衡，在角。言不得触。絼，系牛鼻绳。絼，本又作纼，持忍反。

又《冬官·考工记》曰：稚牛之角直而泽，老牛之角终而昔。昔，读为交错之错。谓角揣理错也。角长二尺有五寸，三色不失理，谓之牛戴牛。三色，本白、中青、末丰也。戴牛，角直一牛。

又《地官上》曰：牛人，掌养国之公牛，以待国之政令。公犹官也。凡祭祠，共其享牛、求牛，以授职人而刍之。求牛，祷于鬼神之牛，谓所以祭者也。永，终也。终事之牛，谓所以绎者也。宗庙有绎者，孝子求神非一处。职，读为枳，枳谓之杙，可以系牛。枳人者。谓牧人。凡宾客之事，共其牢礼积膳之牛。飨食宾射，共其膳羞之牛。军事，供其犒牛。丧事，共其奠牛。凡会同、军旅、行役，共蒲傍车之牛，与其牵傍，以载公任器。牵旁，在辕外挽牛也。人御之，居其前，曰牵；居其旁曰旁。任犹用也。凡祭祀，共其牛牲之玄互，与其盆簝，以待事。郑司农云：互，谓楅、衡之属。盆、簝，皆器名。盆所以盛血。篜，受肉笼也。玄谓：互，若今屠家县肉格。

又《秋官上》曰：罪隶掌役百官府，与凡有守者，掌使令之小事。役，给其小役。凡封国若家，牛助为牵傍。郑司农云：凡封国若家，谓建诸侯、立大夫家也。牛助为牵傍，此官主为送致之也。玄谓：牛助，国以牛助转徙也。罪隶牵旁之，在前曰牵，在旁曰旁。

《史记》曰：骑劫攻即墨，田单用牛千头，衣以五彩，缚刃其角，结火其尾。穿城而出牛，壮士五千衔枚随其后。牛出火明，所触皆死，壮士击之，城上士大噪，燕师大败，骑劫死。乘胜逐北，三战三克，遂收齐城也。

又曰：马蹄躈千，牛千足，此亦比千乘之家。躈，苦吊切。

又曰：宁戚欲仕齐，候桓公出，牵牛叩角而歌曰："南山粲，白石烂，短布单衣才至骭。生不逢尧与舜禅，长夜漫漫何时旦。"桓公用之。

又曰：苏秦说韩王曰："鄙语云：'宁为鸡口，无为牛后。'今西面事秦，何异牛后乎？"

《汉书》曰：邴吉常出。逢群斗者，死伤横道，吉过之不问。前行，逢人逐牛，牛喘吐舌。止，使骑吏问牛行几里。或讥吉，吉曰："民斗杀伤，长安令、京兆尹职所当禁备逐捕，丞相课其殿最，不亲小事也。方春少阳用事，未可以热，恐牛近行因暑故喘，此时气失节，恐有所伤害者。三公典调和阴阳，职所当忧也。"

又曰：龚遂为渤海太守，民有带持刀剑者，使卖剑买牛，卖刀买犊。可谓带牛佩犊矣。

又曰：宣宗地节三年，求得外祖母王媪男先故，弟武，皆随使者诣阙，时乘黄牛车，故百姓谓之黄牛妪。

《后汉书》曰：朱晖为临淮太守。时牛大疫，而临淮独无疫者。邻郡牵牛入界避灾耳。

范晔《后汉书》曰：汉光武初起，骑牛。杀新野尉，乃得马。

又曰：刘盆子初与兄茂属右校卒吏刘侠卿，主刍牧牛，号曰牛吏。及立为帝，恐畏欲啼，即复还依侠卿。

又曰：更始即位，舞阴大姓李氏拥城不下，更始遣柱天将军李宝降之，不肯，云："闻宛之赵氏有孤孙憙，信义着名，愿得降之。"更始乃征憙。憙年未二十，既引见，更始笑曰："茧、栗犊岂能负重致远乎？"犊角如茧、栗，言小也。《礼纬》曰：天地之牲角茧栗。即除为郎中，行偏将军事，使诣舞阴，而李氏遂降。

又曰：刘宽尝行，有人失牛者，乃就卷车中认之。宽无所言，下驾步归。有顷，认者得牛而送还，叩头谢曰："惭负长者，随所刑罪。"宽曰："物有相类，事容脱误。幸劳见归，何为谢之？"州里服其不校。

又曰：鲁恭为中牟令，亭长有从民借牛不还者。牛主自言，恭召亭长，教令还牛，亭长不还。如是者三，遂不还。恭涕泣曰："教化不行也。"欲解印绶去。掾吏亭者固争，亭长即还牛，诣狱受罪，恭贳出不问。于是吏人敬信，皆不忍欺。

谢承《后汉书》曰：朱晖为郡吏，太守阮况尝欲市晖牛，晖不从。及况卒，晖乃厚赠，送其家人。或以讥焉，晖曰："前阮府君，有求于我，所以不敢闻命，诚恐以财货污君。今而相送，明吾非有爱也。"

《魏略》曰：钜鹿时苗，字胄，为寿春令。始之官，乘牸牛。岁余，生一犊子。及跟，留其犊而去。

《晋书》曰：羊篇，祜之侄也，为钜平侯，奉祜嗣。篇历官清慎，有私牛于官舍产犊，及还而留之。

张勃《吴录·地理志》曰：合浦徐闻县多牛，其项上有特骨，大如复斗，日行三百里。

《蜀志》曰：蒋琰曾梦门前有一牛头血流，问于赵直，直曰："牛角及口，公字也；血者事明也。梦吉矣。"

《晋朝杂事》曰：泰康九年三月，幽州上言塞北有死牛头语。

干宝《晋记》曰：南安朱冲，其邻人失犊，与冲犊相类，来认取之。冲不与争。后得之于坚冰之下，惭谢冲，冲不受。

王隐《晋书》曰：朱冲字巨融，少有德行。邻人牛犯冲苗，冲乃担刍送牛。牛主大惭，不敢复暴。

又曰：潘岳出为河阳令，以任次宜为郎，不得意出。山涛领选，岳内非之，密作谣曰：“阁道东，有大牛，王济鞅，裴楷鞧，和峤刺促不得休。”

又曰：郭洗牛生犊，两头八足。

《晋阳秋》曰：武帝时，有司奏御牛青丝纼断，诏可以青麻代之。

《晋书》曰：郭舒，常有乡人盗食舒牛，事觉来谢，舒曰：“卿饥，所以食牛耳，余肉可共啖之。”世以此服其弘量。

又曰：夫馀国若有军事，杀牛祭天，以其蹄占吉凶，蹄解者为凶，合者为吉也。

又曰：石崇与贵戚王恺，奢靡相尚。尝与恺出游，争入洛城，崇牛迅若飞禽，恺绝不能及。乃密货其帐下，问其所以。对曰：“牛奔不迅，良由御者逐之不及而反制之，可听蹁辕则駃矣。”因从之，遂争长。崇后知之，杀所告者。

又曰：王济被斥外，于是乃移第北芒山下。性豪侈，丽服玉食。时王恺以帝舅奢豪，有牛名八百里驳，尝莹其蹄角。济请以钱千万，与牛对射而赌之，恺亦自恃其能，令济先射，一发破的。因据胡床叱左右速探牛心来，须臾而至，一割便去。

又曰：何曾性奢豪。都官从事刘亨，尝奏曾以铜钩繖纼车，莹牛蹄角。后曾辟亨为掾，劝勿应。亨谓“至公之体，不以私憾”，遂应。

又曰：桓温北伐，过淮泗，践北境，与诸寮属登平乘楼，瞩中原，慨然曰：“遂使神州陆沉，百年丘虚，王夷甫诸人不得不任其责！”袁宏曰：“运有废兴，岂必诸人之过？”温作色谓四坐曰：“颇闻刘景升有千斤大牛，啖刍豆十倍于常牛，负重致远，曾不若一羸㹀，魏武入荆州，以享军志。”意以况弘，坐中皆失色。

又曰：王延家中生一犊，他人认之，延牵与之，初无吝色。其人后知其妄认，送犊还延，叩头谢罪。延以与之，不取也。

又曰：肃慎国，武帝时及元帝中兴，皆来贡献。成帝时，又通贡于石季龙，四年方达。季龙问之，答曰：“每候牛马向西南眠者，三年矣，是知大国所在，故来。”

《南史·四夷传》曰：扶乘国，有牛角甚长，以角载物，至胜二十斛。

《宋书》曰：褚湛之有一牛，至所爱。无故堕厅事前井。湛之率左右躬自营救，郡中喧扰，彦回下帘不视。

又曰：江湛为吏部尚书，性廉俭。牛饿，御人求草，湛良久曰：“可与饮。”

又曰：顾宪之，元徽中为建康令。时有盗牛者，与本主争牛，各称己物。二家辞证等，前后令莫能决。宪之至，复其状，乃令解牛，任其所去，牛径还本宅。盗者伏其罪。时人号曰神明。

《三国典略》曰：陈桃根于所部得青牛，献之。又上织成罗文锦被表二。陈主命于云龙门外焚之，其牛遣还于人。

又曰：梁出师拒侯景，邵陵王纶次钟离。初，纶将发营于乐游苑，临贺王正德诣于纶所，始入牙门，有飘风触旗竿而折。至是将杀牛劳士，一牛走入马厩，抵杀纶所乘骏马，又以两角贯一马腹，载之而行，冲突营幕，军中惊乱。

萧子显《齐书》曰：豫章文献王嶷为扬州刺史，拜陵还，过延陵季子庙，观沸井。有水牛突部伍。直兵执牛推问，王不许，取绢一匹横系牛角，放归其家。为治务存宽厚，故得朝野忻心。

《后魏书》曰：邢昕以本官副李象使于梁。昕好忤物，人谓之牛。是行也，谈者谓之牛象斗于江南。

《北史》曰：后魏元仲景，性严峭。孝庄时兼御史中尉，京师肃然。每向台，恒驾赤牛，时人号赤牛中尉。

又曰：魏娄提雄杰有识度，僮仆千数，牛马以谷量。性好周给，士多归附之。

又曰：道武时，窟咄拒南鄙。莫题时二于帝，遗箭于地。窟咄谓曰：“三岁犊岂胜重载！”言窟咄长而帝少也。

又曰：孟信为赵郡太守，及去官，家贫无食。唯有一老牛，其兄子卖之，拟供薪米，作契已讫。市法应知牛主住所在，信适从外来，见买牛人，方知其卖也，因告之曰：“此牛先来有病，小用便发，君不须买也。”杖其兄子二十。买牛人嗟异良久，呼信曰：“孟公，但见与牛，未必须其力也。”苦请不得，乃罢。买牛者周文帝帐下人，周文深叹异焉。

《隋书》曰：卢昌衡为徐州总管。尝行至浚仪，所乘马为他牛所触，因致死。牛主陈谢，求还价值，昌衡谓之曰：“六畜相斗，自关常理。此岂人情也？君何谢乎？”拒而不受。性宽厚不求，皆此类也。

又曰：牛弘有弟曰弼，好酒而酗。尝因醉射杀弘车牛，弘来还宅，其妻迎谓之曰：“叔射杀牛矣。”弘闻之，无所怪。问直，答云作脯。坐定，其妻又曰：“叔忽射杀牛，大是异事。”弘曰：“已知之矣。”颜色自若，读书不辍。其宽和如此。

又曰：于仲文迁安固太守。有任、杜两客各失牛。后得牛，两家俱认，州郡久不能决。益州长史韩伯俊曰：“于安固少聪察，可令决之。”仲文曰：“此易解耳。”于是令二家各驱牛群至，乃放所认者，遂向任氏群中。又阴使人微伤其牛，任氏嗟惋，杜家自若。仲文于是诃杜氏，杜氏服罪而去。

又曰：卢恺从周武帝在云阳宫，敕诸屯简老牛，欲以享士。恺进谏曰：“昔田子方赎老马，君子以为美谈。向奉明敕，欲以老牛享士，有亏仁政。”帝美其言而止。转礼部大夫。

《唐书》曰：李密尝欲寻包恺，乘一黄牛，被以蒲鞯，仍将《汉书》一秩挂于角上，一手捉牛靷，一手翻书读之。尚书令越公杨素见于道，从后按辔蹑之。既及，问曰：“何处书生，耽学若此？”密识越公，乃下牛再拜，自言姓名。又问所读何书，答曰：“《项羽传》。”越公奇之。

太平御览卷第八百九十九 兽部十一

牛中

《春秋潜潭巴》曰：宫有牛鸣，政教衰，诸侯相并。牛，兵之符也。

杨方《五经钩沉》曰：东夷之人以牛骨占事，呈吉示凶，无往不中。牛非含智之物，骨有若此之效。

《穆天子传》曰：泰山，百兽之所聚也，爰有赤豹封牛。

又曰：天子大飨正、侯、诸王、七萃之士于丕衍鷃，韩之人献朋牛三百。

又曰：天子饮于文山，乃献良马驷，牥牛二。此牛能行沙中，如橐驼。

又曰：天子北征，舍于珠泽，钓于流水。因献良马三百，牛羊二千。

皇甫谧《帝王世纪》曰：黄帝于东海流波山得奇兽，状如苍牛身，无角，能走。出入水中则风雨。光如日月，其音如雷。名曰夔。黄帝杀之，以其皮为鼓，声闻五百里。

《世本》曰：鲧作服牛。鲧，黄帝臣也，又云少昊时人，始驾牛。

《孔子家语》曰：子路拯溺者，其人拜之以牛，子路受之。孔子曰："鲁人必拯溺矣。"

焦赣《易林》曰：教牛逐兔，任非其人，费日无功。

《相牛经》曰：《牛经》自宁戚传百里奚，汉世河西薛公得其书，以相牛，千百不失。至魏世，高堂生传晋高祖宣皇帝，其后王恺秘其书。

又曰：牛歧胡，寿。歧，牵两腋眼下分为三。去角近，行駃。眼欲得大，眼中有白脉贯童子，最駃。颈骨长且大，駃。壁堂欲得阔。壁堂，两股间也。倚欲得如绊马聚而正也。膺庭欲得广，膺廷，胸前。天关欲得成，天关，背接骨。俊骨欲得垂，眷也。央欲得下。兰株欲得大，尾株。丰岳欲得大。膝株骨。垂星欲得有怒骨。垂星，蹄上也。肉复蹄间名怒肉。力柱欲得大而成，当车骨也。悬蹄欲得如八字，阳盐欲得广。阳盐者，夹尾株前两膁上。常有似鸣者，有黄也。洞胡无寿，珠渊无寿。游毛当目下也，上池有乱毛，妨主，凶。上池，角中央也。身欲得如卷。大膁疏肋，难饲。龙头突目，好跳。豪筋欲得成就。豪筋，脚后横筋也。毛欲得短密，若长疏，不耐寒气。尾不用至地，尾毛少骨多者有力。膝上肉欲得坚。角欲得细。鼻如镜，鼻难牵。口方易饲，豢府方易饲。

《庄子》曰：声氏之牛，夜亡而遇夔，止而问焉，曰："我尚有四足，动而不善，子一足而起踊，何以然？"夔曰："以吾一足王于子矣。"

《庄子》曰：夫牦牛，其大如垂天之云，此能为大矣，而不能执鼠。

又曰：鲁闻颜阖得道之人，使币致焉。颜阖守庐，粗布之衣，而自饭牛。鲁君之使者问："此颜阖家耶？"阖曰："然。"使者致币，阖对曰："恐听谬而遗使者罪，不若审之。"使者还反，复求之，则不得也。

又曰：庖丁为文惠君解牛，曰："臣之刀十九年，所解千牛矣，而刀刃若新。彼节者有间，而刀刃无厚，以无厚入有间，而恢恢乎其投刃必有余地。是以十九年刀刃如新。"

《管子》曰：屠牛坦朝解九牛而刀可以剃发，则刃游于其间也。

又曰：或聘庄子，庄子应其使曰："子见夫牺牛乎？衣以文绣，食以刍菽，及其牵入于太庙，虽欲为孤犊，其可得乎？"

《孟子》曰：臣闻胡龁云："王坐于堂上，有牵牛而过堂下者。王见之，曰：'牛何之？'对曰：'将以衅钟。'王不忍其觳觫，欲以羊易之。是见牛而不见羊也。"

《晏子春秋》曰：今公之牛老于栏牢，不胜服也；车蠹于瓦石，不胜乘矣。

《列子》曰：宋人有好行义者，三世不懈。家无故而黑牛生白犊，以问孔子。孔子曰："此吉祥也。"以享上帝。居一年，其父无故而盲。牛又复生白犊，其父令其子问孔子，孔子曰："吉祥也。"复以祭。居一年中，其子又盲。其后楚攻宋，围其城，民易子而食之，折骸而炊之。丁壮皆乘城，战死者大半，此人父子有疾，皆免也。

《吕氏春秋》曰：昔葛天氏之乐，三人操牛尾，投足以歌八阕。注事具乐部。

又曰：使乌获疾引牛尾，尾绝力单而牛不行，逆也。使五尺竖子引其棬，而恣所之，顺也。

又曰：乱国之妖，有牛马言。

《韩子》曰：商太宰尝使庶子行市，还云市门多车。太宰召市吏问曰："市何多牛马耶？"吏怪太宰是神知。

又曰：詹何坐，弟子侍，有牛鸣于门外。弟子曰："是黑牛也，而白在其蹄。"詹何曰："然，黑牛也，而白在其头。"使人视之，果黑牛而以布裹其角。

《尸子》曰：夫龙门，鱼之难；太行，牛之难；以德报怨，行之难也。

《淮南子》曰：牛歧蹄而戴角，马被髦而全足者，天也。络马之口，穿牛之鼻者，人也。

又曰：剥牛皮鞟以为鼓，正三军之众，然为牛计者，不若服轭也。

又曰：城上视牛，如羊如豕，所居高也。

又曰：戴角者无上齿，无角者膏而兑前，豕马之属前小。有角者脂而兑后。牛羊后小。

又曰：季春之月，乃合骡牛腾马，游牝于牧。

又曰：取牛胆涂热釜，即鸣矣。

又曰：牛胆涂目，莫知其谁。注曰："取八岁黄牛胆，桂二寸着胆胆中，百日以成。因使巧工刻，象人丈夫，着目下；为女子，着头上；为小儿，着颐下。盛以五彩囊。先宿斋，无令人知也。"

《尹文子》曰：语曰："好牛不可察也。"好则物之通称，牛则物之定形。以通称随定形，不可不察也。重白而憎黑，嗜甘而逆苦，能定名则万事不乱也。

《卞子》曰：郭林宗谓仇季智曰："子尝有过否？"季智曰："吾尝饭牛，牛不食，搏牛一下。"

《说苑》曰：秦穆公使贾人载盐征诸贾人百里奚以五羖羊之皮，

将车之秦。秦穆公观盐，见百里奚牛肥也，问何以致此，对曰："臣饮食以时，使之不以暴，有险，先后之以身，是以肥也。"穆公知其君子也，乃以为上卿。

《张温自表》曰：昔百里奚贤，秦穆公欲干用之。缪公好牛，奚因赁官以养牛。蹄上，垂肉三寸。公使禽息行牛，息入言之，公不信，怒。息复言之，公又怒。吏曰："再怒其主，罪当刖，使守门。"公出，禽息跪而请之曰："夫养牛者，愿君勿忘也。"公乃问百里奚，奚曰："臣之长非养牛者也，乃养民也。"公视牛，察之，则贤人也，遂与同车而出，谢禽息。息曰："所以不世者，君未知客也；今已知之矣。"乃触门而死。

《抱朴子》曰：南方水牛，无冬夏常卧雪中。

又曰：智禽衔芦以逆网，水牛结阵而却虎矣。

《说苑》曰：齐桓公出猎，逐鹿入山谷中，见一老父，问曰："此何谷也？"曰："愚公之谷。"曰："何也？"曰："畜牸牛，子大，卖之买驹。少年曰：'牛不能生马'，遂持驹去。旁人闻，以臣为愚，因以为谷也。"管子曰："此臣之过也。使尧在上，皋陶为大理者，安有取人驹乎？"

《论衡》曰：十围之牛，为牧竖所驱。

又曰：牡马见雌牛，不相合者，异类也。

《风俗通》曰：卖牛勿握角，令不售。按恐触人，人不取也。

又曰：秦昭王使李冰为蜀守，开成都两江溉田。江神岁取童女二人为妇，冰自以其女与神为婚。径至神祠，劝神酒，杯但澹淡不耗，冰厉声责之，因忽不见。良久，有两苍牛斗于岸旁。有顷，冰还，流汗，谓官属曰："吾斗大极，不当相助耶？南向，要中正白者，我绶也。"主簿刺杀北面者，江神遂死。

又曰：丁壮小犊，跳梁弄角。饮水数石，生刍十束。当风露夜，至死不曲。

《博物志》曰：介葛卢闻牛鸣，知生三犊，尽为牺牲。嵇叔夜以为无此，皆先儒妄说。

又曰：蜀牛不施绳，右前曰"排"，左侧曰"促"，而牛解人语。

又曰：九真有神牛，生溪上里。时时共斗，即海沸而昏，或出斗岸上，人家牛皆怖。人或遮捕，即霹雳。号曰神牛。

《洞林记》曰：义兴叔保得伤寒，垂死，令郭璞占之，不吉，令求白牛厌之，求不得。璞为致之，即日白牛从西来，逢叔保，大惊，遂病差。

《语林》曰：宋岱为青州刺史，禁淫祀，着《无鬼论》。有一书生，葛巾，修刺诣岱曰："君绝我辈血食二十余年，君有青牛、髯奴，所以未得相困耳。奴已叛，牛已死，今日得相制矣。"言绝而失。明日而岱死。

《郭子》曰：蒲奋字武林，高平人，畏风。在晋武帝坐，北窗有琉璃扇，实密似疏，奋有难色。帝乃笑之，奋曰："臣犹吴牛，见月而喘。"

《述异记》曰：牛之不角者呼为犝牛。

《金楼子》曰：东海中有牛，剥其皮贯之，潮水至则毛起，潮去则毛弭。

《诸葛亮集》曰：木牛者，方腹曲头，一脚四足，头入领中，舌着于腹。载多而行，少则否。宜可大用，不可小使。

《杜预奏事》曰：臣前在南，闻魏兴西北山有野牛野羊。牛之大者二千斤，羊之大者千数百斤。

袁乔《江赋注》曰：吴时有钱约，钓于牛渚，获一金锁，引之则金牛泛然而出。约惧而舍，因以为名。

束皙《延游赋》曰：乘露车以偃蹇，驾贺单之疲牛。连緺索以为鞅，结断绠而为鞧。

臧彦《快牛赋》曰：殊相允备，名不虚假。伟质魁梧，骨奇形雅。竦若惊鹿，驵若奔马。

太平御览卷第九百 兽部十二

牛下

《逸士传》曰：尧让天下于许由，由逃之。巢父闻而洗耳于池滨。樊坚字仲父，牵牛饮之，见巢父洗耳，乃驱牛而还，耻令牛饮其下流。

《关中记》曰：周元年，老子之度关，令尹喜先敕门吏曰："若有老公从东来，乘青牛薄板车者，勿听过关。"其日，果见老公乘青牛车求度关。吏入白之，喜曰："诺，道今来矣！我见圣人矣！"即带印绶出迎，设弟子之礼。

杨泉《物理论》曰：武帝拜少翁为文成，岁余无效应。乃作帛以饮牛，阳言此牛有异应。杀而视之，得帛书。武帝识其手迹，其言妖怪，乃急穷竟其事，事急而首服。于是诛文成而隐其事。

《地镜图》曰：齐气之见为牛。

《云气占》曰：赵云如牛，北夷之气如牛。

郭子横《洞冥记》曰：元封三年，大秦献花蹄牛，高六尺，尾环绕角，生四耳。

又曰：元封三年，大秦献牛，善走多力。使辇铜石以起望仙宫，迹在石上，皆如花形。故阳关之外，有花牛津。

《英雄记》曰：董卓少尝游羌中，与豪帅相结。后更归耕于野，诸豪帅有来从之者，卓乃为杀耕牛与之共宴乐。

皇甫谧《高士传》曰：民有牛暴管宁田者，宁为牵着凉处，自饮食，还牛主。主得牛，大惭。

《先贤行状》曰：王烈字彦光，通识达人。时国中有盗牛者，牛主得之，盗者曰："我邂逅迷惑，从今已后将改过。子既已赦宥，幸无使王烈知之。"人有以告烈，烈以布一端遗之。间年中，行路老父担重，有人代担行数十里，欲至家，置之而去。问姓名，不以告。老父复行，失剑于路。有人行而遇之，欲置而去，惧后人得之，遂守之至暮。剑主还见之，即前担人也。老父揽其袂曰："子前跟吾担，不得姓名。今子复守吾剑，未若子之仁者。请告吾姓名，吾将以告王烈。"乃语之而去。老父以告烈，烈曰："世有仁人，吾未之见。"使人推之，乃昔时盗牛人也。

《广州先贤传》曰：罗威字德仁，南海番禺人。邻家牛数入食其禾。既不可逐，乃为断刍，多着牛家门中，不令人知，数数如此。牛主惊怪，不知为谁。阴广求，乃觉是威。自后更相约率检犊，不敢复侵威田。

《玄中记》曰：大月支及西胡有牛，名曰反牛。今日割取其肉三四斤，明日其肉已复，创即愈也。

又曰：万岁树精为青牛。汉桓尝出游河上，忽有一青牛从河中出，人惊走。太尉何公时为中尉将军，有勇力，走逆牛。见公，走还何，公以左手挽牛足，右手持斧斫牛头而杀之。此青牛者，万年之木也。

《嵩高记》云：山有大松或千岁，其精变为青牛。

《蜀王本纪》曰：秦惠王欲伐蜀，乃刻五石牛，置金其后。蜀人见之，以为牛能大便金，蜀王以为然。即发卒千人，使五丁力士拖牛成道。致三枚于成都。秦道得石牛力也。后遣丞相张仪等随石牛道伐蜀也。

杨龙骧《洛阳记》曰：石牛在城西。石虎当衰，石牛夜唤，声闻三十里。事奏虎，虎遣人打落牛两耳及尾，以铁钉钉四脚。今具存。

刘道真《钱塘记》曰：明圣湖有金牛，尝有见者，神化莫测，遂以名湖。

《凉州异物志》曰：有水牛育于河中。

《郁林异物志》曰：周留者，其实水牛，苍毛豕身，角若担矛，卫护其犊，与虎为雠。

又曰：周留牛，毛青大腹，锐头青尾，其状似猪。

《齐地记》曰：东莱牛岛上，尝以五月，海牛产乳。海牛形似牛而无角，骍色，虎声，爪牙亦如虎。脚似鼍鱼，尾似鲇鱼，尾长尺余。其皮甚软，可供百用。牛见人奔入水，以杖击鼻则得之。

史苓《武昌郡记》曰：武昌牛岗，古老相传，云有金牛出此。今半已崩破，坑大数十丈，牛因跃出，践岗边石，遗迹尚在。

常璩《华阳国志》曰：牛饮水者，昔程郑于此饮牛，江为之竭，因以为名。

刘欣期《交州记》曰：九真居风山，夷人与一妪向田，见金牛出食，斫得鼻锁，长丈余。后人往往见牛夜出，光曜数十里也。

盛弘之《荆州记》曰：燕尾洲南有龙、庞二洲，二洲之间，旧云多异鱼，而投罟挥网，辄便挂绝。有水客沉而视之，见有石牛二头，常为网害，故网绝焉。

郦道元注《水经》曰：阳城东八十里，有牧牛山，下有九十九泉，即沧河之上源也。耆旧云：山下本有百泉竞发，有一神牛骇身，自山而降下饮泉竭，故山得其名。

裴氏《广州记》曰：有石牛，每旱，杀牛以血和泥，泥石牛背，既毕则雨，洗牛背泥尽方止。

顾微《广州记》曰：阳县里民有一儿，年十五六，牧牛。牛忽舐此儿，随所舐处，肉悉白净而甚快，遂听牛日日舐之。儿俄而病死，其家葬儿，杀此牛以供宾客。凡食此牛肉者，男女二十余人悉变为虎。

竺法真《登罗山疏》曰：增成县南有烈青洲，洲南又有牛潭，渔人见金牛常出水盘石上。义熙中，县民张安钓此潭，于石上蹑得金锁，大如指，长数十寻，寻之不已。俄有物从水中引之，力不能禁。以刀斫断，唯得数尺，遂致大富。后义兴周灵分亦好钓，尝见此牛寝伏石上，旁有金锁。往掩之，得二丈许，遂以财雄为南江都尉。

祖台之《志怪》曰：荀晞为兖州镇，去京师五百里。有贡晞珍异食者，欲贻都邑亲贵。虑经信宿之间复鲜美，募有牛能日行数百里者，当厚赏之。有人进一牛，云此一日行千里。晞乃命其丁车、善驭、书疏，发遣。旦发，日中到京师，取答书还，至一更始竟便达。晞以其骏快，筋骨必将有异，遂杀而观之。亦无灵异，唯见双筋如小竹大，自头挟脊着肉里，故外不觉也。

又曰：陶太尉微时，丧当葬，家贫，亲自营作砖。有一班牸牛，载砖已至，忽然失去。便自寻觅。忽于道中逢一老翁，问云："君欲何所觅？"太尉具答。叟举手指云："向于山岗上见一牛眠山圩中，必是君牛。此牛所眠处，便好作墓安坟，当致极贵，小复亦当位极人臣，世为方岳矣。"又指一山云："此山亦好，但不如向耳，亦当世出刺史也。"言讫便不复见。太尉墓之，皆如其言。

刘敬叔《异苑》曰：余以义熙十三年为长沙景王骠骑参军，在西州得一黄牛，时将货之，便昼夜衔草不食，流泪瘦瘠。

又曰：即墨有古冢。或发之，有金牛塞埏门，不可移动，犯之则殉也。

《异物志》曰：合浦牛如橐驼。案，项上有特骨，大如覆斗。足健疾，其行如马，日行三百里。

《列仙传》曰：阳都女者，市上酤酒家女也。生而眉连耳，细而长。众以为异，皆言此天人也。会犊子牵一黄犊来过，都女悦之，遂留相奉侍。都女随犊子出取桃，一兽而反。

郭季产《集异记》曰：兖州人船行，忽见水上有浮锁。牵取，得数十许丈，乃得一白牛，与常牛无异，而形甚光鲜可爱。人知是神物，乃放之。牛于是入水，锁亦随去。

干宝《搜神记》曰：晋大兴元年，武阳太守王谅牛生子，一头、八足两尾，而共一腹。

又曰：武都故道有怒特祠，上生梓树焉。秦文公二十七年，使人伐之，树创随合，经日不断。文公乃益发卒，持斧者四十人，犹不断。士疲还息，其一人伤足，不能去，卧树下。闻鬼相与言劳乎攻战。其一人曰："何足为劳？"又曰："秦公必将不休，如之何？"答曰："秦公其如予何？"又曰："赭衣，灰坌子，如之何？"默然无言。卧者以告。于是令工皆衣赭，随斫创坌以灰，树断，化为牛。使骑击之，不胜。或堕于地，髻解被发，牛畏之，乃入水不敢出。故秦自是置旄头骑。

刘义庆《幽明录》曰：巴丘县金岗以上三十里，世名黄金濑。古有钓于潭，获一金锁，引之满一船。金牛出，声貌奔壮，奋跃还潭，锁久乃尽，钓人刀斫得数尺。故潭濑取名。

又曰：桓玄时牛大疫。有一人食死牛肉，因得病亡，复生。云初死时，见一人执纂将至天上，有一贵人问云：“此人何罪？”对曰：“此人坐食疫死牛肉。”贵人云：“今须牛以转输，肉以充百姓，何故复杀之？”催遣还。

又曰：桓玄在南郡国第居时，出诣殷荆州，于鹄穴逢一老公，驱青牛，形色怪异。桓即以所乘马易牛，乘至零陵，駃疾非常。因思息驾饮牛，牛迳入水不出。桓遣人觇守经日，绝迹也。

又曰：元嘉中，益州刺史吉翰迁为南徐州。先于蜀中载一青牛。每常自乘，恒于目前养视。翰遘疾多日，牛亦不肯食。及亡，牛流涕滂沱。吉氏丧未还都，先遣驱牛向宅，牛不肯行。知其异，即待丧。丧既下舡，便随去。

又曰：桓冲镇江陵。正会夕，当烹牛，牛忽熟视帐下都督甚久，目中泣下。都督咒之曰：“汝若能向我跪者，当启活也。”牛应声而拜，众甚异之。都督复谓曰：“汝若须活，遍拜。众人者直往！”牛殒涕如雨，遂拜不止。值冲醉不得启，遂杀牛。冲醉止得启，冲闻之叹息，都督痛加鞭罚。

又曰：护军琅琊王华，有一牛，甚快。常乘之，齿已长。华后梦牛语之曰：“衰老不复堪苦载，载二人尚可，过此必死。”华谓偶尔梦，与三人同载，还府，此牛果死。

《神仙传》曰：吴有徐随，居丹徒。左慈过随门下，有宿客六七欺慈云：“徐公不在。”慈去，客皆见牛在杨树杪，车毂中皆生荆木，长一二丈。客惧，入报随，随曰：“此左公也。”遣追之。客乃逐慈，叩头陈谢。客还，见牛故在弋，毂中亦无复荆木也。

郭义恭《广志》曰：麒牛似鹿，又似牛，肉美皮温，常处滇滨也。滇音颠。

《宣验记》云：天竺有僧，养一牸牛，日得三升乳。有一人乞乳，牛曰：“我前身为奴，偷法食，今生以乳馈之。所给有限，不可分外得也。”

《岭表录异》曰：自琼至振多溪涧，涧中有石鳞次，水流其间。或相去二三尺，近似天设，可蹑之而过。或有乘牛过者，牛皆促敛四蹄，跳跃而过，或失则随流而下，见者皆以为笑。彼人谚曰："跳石牛骨碌，好笑又好哭。"

又曰：琼州不产驴马，人多骑黄牛，亦饰以鞍鞯，加之衔勒。可骑者即自小习其步骤，亦甚有稳快者。

太平御览卷第九百一　兽部十三

驴

《说文》曰：驴，似马，长耳也。

何承天《纂文》曰：驴，一曰漠骊，其子曰驝。

《史记》曰：匈奴奇畜即驴、骡也。

《汉书·西域传》曰：乌桓国，有驴无牛。

《后汉书》曰：蓟子训，汉末入市，投主人家停，其驴忽死。时夏月，蛆从驴口中出。主人见之，白训，训曰："无苦。"遂往驴边，举杖，驴忽走起。

又曰：永平中，更用驴辇，岁省亿万计，全活徒士数千人。

又曰：戴良字叔鸾，其母喜驴鸣，常学之以娱乐。

《晋书》曰：王济卒，将葬，时贤无不毕至。孙楚雅敬济，而后来，哭之甚悲，客莫不垂涕。哭毕，向灵床曰："卿常好我作驴鸣，我为卿作之。"体似声真，宾客皆笑。楚顾曰："诸君不世而令王济死乎！"

《世说》曰：王仲宣好驴鸣。既葬，魏文帝临其丧，顾语同游曰："王好驴鸣，可各作一声以送之。"赴客皆作驴鸣。

《吴志》曰：诸葛恪父瑾，长面似驴。孙权大会群臣，使人牵一驴入，长检其面，题曰："诸葛子瑜"也。恪对跪乞请笔，益两字续其下曰"之驴"。举座欣笑，以驴赐恪。

《晋阳春秋》曰：晋文帝亲阮籍，恒与谭戏，任其所欲，不迫以职事。籍从容，尝言曰："平生曾游东平，乐其士风，愿得为东平太守。"文帝大悦，即从其意。疾点骑驴径到郡，至，皆坏府舍诸壁障，使内外相望。然籍教令清整，常留十余日，便乘驴去。

又曰：胡威字伯虎。父质，为荆州，威自京都省之。家贫，无车马僮仆，威自驱驴单行，拜见告归。每至客舍，自放驴，取樵爨食毕，复随侣而进。

《晋书》曰：石苞既定寿春，以威惠服物。淮南监军王环，轻苞素微，又闻童谣曰："宫中大马几作驴，大石压之不得舒。"因是密表苞与吴人交通。

又曰：王导谓诸葛恢曰："人言王葛，不言葛王。"恢曰："人言驴马，不言马驴，岂驴胜马也？"

沈约《宋书》曰：后废帝昱，于耀灵殿上养驴数十。

又曰：吏部尚书庾仲文。荀万秋常诣仲文，逢一客姓夏侯，主人问"有好牛不"，言无；问有"好马不"，又言无，止有佳驴耳。仲文便答云："甚是所欲。"客出门，遂与相问索之。

《齐书》曰：刘祥博才傲物。常谓一驴曰："汝努力，如汝人才，俱为令仆矣。"

又曰：谢超宗为人仗才使酒，齐高帝问以北方事，超宗对失仪，出为南郡王中军司马。人或问曰："闻有朝命，定是何府？"答曰："不知是司马为复是司驴，既是驴府，正应是司驴。"为有司所奏，以怨望免。

《后魏书》曰：元坦傲狼凶粗，安丰王延明每切责之曰："昔宋有东海王祎志性凡劣，人号曰驴王；我熟观汝所作，亦恐不免驴。"当时闻者，号为驴王。

《三国典略》曰：东魏静帝迁都邺，尚书郎以下尽令乘驴。

又曰：齐萧悫为太子洗马。悫字仁祖，常患腰痛，眩，不堪驰马。齐主令乘驴以从，见者笑之。

《北史》曰：公孙轨拜尚书，赐爵郡公，出为武牢镇将。初，太武将北征，发驴以运粮，使轨部调雍州。轨令驴主皆加绢一百匹，乃与受之。百姓语曰："驴无弱，负绢自壮。"众共嗤之。

又曰：后魏车驾往征蠕蠕，司马楚之与齐阴公卢中山等督运以继大军。时镇北将军封沓亡入蠕蠕，说令击之以绝运。蠕蠕乃潜遣觇楚之军，截驴耳而去。有告失驴耳者，楚之曰："必觇贼截之，为验耳，贼将至矣。"乃伐柳为城，水灌令冻。城立而贼至，不可攻逼，乃走散。

太武闻而嘉之。

《唐书》曰: 郭英乂镇剑南。取女人, 令乘驴击球, 以宝钿为驴鞍, 赏赐巨万, 以为笑乐。

《风俗通》曰: 灵帝于宫中西园驾四白驴, 射自操辔, 驱驰周旋, 以为大乐。于是公卿贵戚转相仿, 至乘辎以为骑从, 价与马齐。

又曰: 凡人相骂曰"死驴", 丑恶之称也。董卓陵虐王室, 执政皆如死驴。

《汉志》曰: 灵帝驾四驴, 亲自操辔。驴者, 服重征远, 上下山谷, 野人之所用耳, 何有帝王君子而骖驾之乎? 天意若曰: 国且大乱, 贤愚倒植, 凡执政者, 皆如驴焉。

《金楼子》云: 汉灵帝养驴数百头, 常自骑之, 驰驱遍京师。有时驾四驴入市。

《符子》曰: 有驴仙者, 享五百岁, 负乘而不辍, 历无定主, 大驿于天下。

《世说》曰: 孝武帝未常见驴, 谢祖缘问: "陛下遥想其形, 当何所似? " 孝武掩口而笑, 答曰: "头当似猪。"

《续搜神记》曰: 石虎中, 有一胡道人知咒术。乘驴作贾客, 于外国深山中行, 下有绝涧, 窅然无底。忽有恶鬼, 偷牵此道人驴下入涧。道人寻迹咒誓, 呼诸鬼王, 须臾即驴物如故。

《国朝传记》曰: 武后初称周, 恐下心不安, 乃令人自举供奉官正员外, 多置里行拾遣、补阙、御史, 至有车载斗量之咏。有御史台令史将入室, 值里行御史数人, 聚立门内。令史不下驴, 冲过其间。诸御史大怒, 将杖之。令史云: "今日之过, 实在此驴, 乞先数之, 然后受罚。" 御史许之。谓驴曰: "汝技艺可知, 精神极钝, 何物驴畜, 敢于御史里行! " 于是羞赦而止。

《楚辞》曰: 骥垂两耳, 中阪蹉跎。蹇驴服驾, 无用日多。

又曰: 驾蹇驴而无策, 又何路之能极?

臧彦《吊驴文》曰: 爰有奇人, 西州之驱驰者, 体质强直, 禀性沉难，聪敏宽详，高音远畅。真驴氏之名驹也。

宋袁淑《俳谐文》曰：驴山公九锡，曰：若乃三军陆迈，粮运艰难，谋臣停算，武夫吟叹。尔乃长鸣上党，慷慨应官，崎岖千里，荷囊致餐，用捷大勋，万世不刊，斯实尔之功也。音随时兴，晨夜不默，仰契玄象，俯叶漏刻，应更长鸣，毫分不却。虽挈壶着称，未足比德。斯复尔之智也。若乃六合昏晦，三辰幽冥，犹忆天时，用不应声，斯又尔之鸣也。青脊绛身，长颊广额，修尾后垂，巨耳怂泫，斯又尔之形也。嘉麦既熟，实须精面，负磨回衡，迅若转电。惠我众庶，神祇获荐，斯又尔之能也。尔有济师旅之勋，而加之以众能，是用遣中大夫庐丘加庐尔，使衔勒大鸿胪、班脚大将军、宫亭侯，以扬州之庐江、江州之庐陵、吴国之桐庐、冷浦之朱庐，封尔为中驴公。

骡

《广志》云：骡，北方或曰罔。

《说文》曰：骡，驴父马母也。

崔豹《古今注》曰：驴为牡、马为牝，即生骡。马为牡、驴为牝，即生腾鷲。

《史记》曰：大将军卫青围匈奴，匈奴薄暮乘六骡，壮骑可数百，冒围去，追之不及。

《汉书》曰：高昌性难伏，乃作歌曰："驴非驴，马非马。"言高昌似骡也。

《三国典略》曰：齐阳休之尝乘骡游于公卿门，略无惭色。

又曰：侯莫陈悦既败，与其子弟及麾下数十骑遁走。至牵屯山，不知所趋，乃弃马山谷，乘骡而去。

《唐书》曰：吴元济叛，其将有董重质者守洄曲，其部下乘骡即战，号骡子部，最为劲悍，官军恒警备之。

《吕氏春秋》曰：赵简子有两白骡，而甚爱之。阳城疸渠虡，黄门之官，夜款门而谒曰："主君之臣胥渠有疾，医教之曰：得白骡肝，病则止。不得则死。”谒者入通，董安于御于侧，愠曰：“嘻！胥渠也，欺君，请即刑焉。”简子曰：“夫杀人以活畜，不亦不仁乎？杀畜以活人，不亦仁乎？”于是令庖人杀白骡取其肝，以与阳城疽渠虡。无几何，赵兴兵而攻翟。黄门之官左七百人右七百人，皆先登而获甲首。人主胡可以不好士？

《抱朴子》曰：世不信骡乃驴马所生，云各自有种，况乎仙者难知之事哉？

《鲁女生别传》曰：李少君死后百余日，后人有见少君在河东蒲坂，乘青骡。帝闻之，发棺，无所有。

《洞冥记》曰：修弥国多神马骡驴。驴高十丈，毛色皎然，能行水上，有两翼，或飞于海上。常与牝马合，则生神骡。

又曰：元封四年，修弥国献驳骡，高一丈，毛色亦班，背山毛旋成日月之象。常以金宝物器盛刍以饲之，置于黄门厩。东方朔曰：“此六畜之下者，无为深爱。昔夏侯淫于原兽，以亡其国。况戎翟献其鄙兽，费财毁德，非所以示天下也。楚庄好马，叔敖知其失政。愿陛下省物，全国家之机事。骡，鄙兽，宜置之于负乘，不用则弃之于野。”上乃放之。后野人见有赤蛇自天属地，有云气来绕地，及云徐，蛇复变为赤龙，骑之入云。有人来告，上曰：“滑稽儿使我失龙矣。”朔曰：“龙何难值？恐陛下费金宝终化为驴骡耳。”帝纳其言而深忌之。

《吴历》曰：朱据讨沓中，获驴、骡二千余头。

《晋书》曰：乘传使者卖官出使，遭周亲丧以上，皆自表闻，听得白服乘骡车。

《晋诸公赞》曰：刘禅降，乘骡车，诣邓艾。

《神仙传》曰：蓟子训，齐人也。到京师，诸贵人欲见之。子训曰：“我非有重瞳八采，欲见我，我亦无所道。”遂去。诸贵人皆逐之，问人，云：“适去东陌上乘骡者是。”乃各走马逐之，望见子训骡徐行，而名马逐之不及，乃各罢归。

橐驼

《淮南子》曰：橐驼植稻出泉渠。

《广志》曰：天竺以北多橐驼。

《山海经》曰：号山阳之光山，兽多橐驼，善行流沙中，日三百里，负千斤。

《史记·匈奴传》曰：其奇畜则橐驼。

又《苏秦传》曰：苏秦说楚威王曰："大王诚能用臣之愚计，则燕代橐驼、良马必实外厩。"

《汉书·西域传》曰：鄯善国多橐驼。

《东观汉记》曰：河西太守窦融遣使献橐驼。南单于上书献橐驼。单于岁祭三龙祠，走马斗橐驼，以为乐事。

华峤《后汉书》曰：南单于遣使诣阙，奉蕃称臣，入居于云中，献使献橐驼。

《南史·四夷传》曰：滑国有两脚橐驼，野驴有角。

《后魏书》曰：高祖不饮洛水，常以千里足名驼更互向恒州取水，以供赡焉。

《后周书·四夷传》曰：且末西北有流沙数百里，夏日多热风，为行旅之患。其风欲至，唯老驼知之，即预鸣而聚立，埋其口于沙中。人以为候，即以毡拥其鼻口。其风迅速，须臾即过，不尔则至危毙。

《盐铁论》曰：齐陶之缣，南汉之布，中国以一端缦得匈奴累金之物。驴骡骆驴，可使衔尾入塞。

《博物志》曰：敦煌西渡流沙，千余里中无水，时时伏流處，人不能知，皆乘骆驼，驼知水脉，遇其处，辄停不肯行，以足蹋地。人于蹋处掘之，辄得水。

《外国传》曰：大秦国人长一丈五尺，猿臂长胁，好骑骆驼。

《洛中记》曰：有铜驼二枚，在宫之南四会道头，高九尺，号铜驼路。

陆翽《邺中记》曰：二铜驼如马形，长一丈，高一丈，足如牛，尾长二尺，脊如马鞍。在中阳门外，夹道相向。

《异苑》曰：西域苟夷国，山上有石骆驼，腹下出水。以金铁及手承取，即便对过；瓠芦盛之者则得。饮之令身体香净而升仙。其国神秘，不可数遇。

《楚辞》曰：蛙黾游乎华池，腰褭奔亡，胜驾槖驼。腰褭，骏马。

郭璞《山海经图·槖驼赞》曰：驼唯奇畜，肉鞍是被。迅骛流沙，显功绝地。潜识泉源，微乎其智。

太平御览卷第九百二 兽部十四

羊

《说文》曰：羊，祥也。像四足角尾之形。孔子曰："牛羊之字以形举。"

又曰：羔，羊子也。羜，五月生羔也。羍亡具，六月生羔也。羍，七月生羊也。𦍩雉矫切，羊未足岁也。𦍧，牝羊也。羒扶分切，牡羊也。羠，音夷。乘羊也。羳扶员切，黄腹羊也。羥楷间切，羊名也。

《广雅》曰：吴羊，牝一岁曰𦍩，三岁曰羝。其一岁曰牸，三岁曰牂。吴羊羯居八切曰羖蒲各切，羖羊羯曰羯。羍、羍、牸、羼思宪切，羔也。

《尔雅》曰：羚，大羊。似羊，大角员锐，在山岩间。羱，如羊。羱音元，似吴羊。羊，牡羒音汾，牝𦍧。夏羊黑羖，䍽也，牡羭音榆，黑羝，羖羖。角不齐，觤一短一长角三𩫖，羷。𩫖，音卷三匝。羳羊，黄腹。未成羊，羜。绝有力奋。

郭义恭《广志》曰：大尾羊，细毛薄皮，尾氐旁广，重且十斤，出康居。

又曰：驴羊，似驴

《字林》曰：羦女奚切、羺女沟切，胡羊也。羫口弄切，羊腊也，似羊，四耳九尾，目在背。𦏁音还，似羊，无口。羥乙间切，群羊相积。一曰羊羼初苋切，羊相厕也。羶，羊臭也。羶，式延切。

《玄中记》曰：千岁之树精为青羊。

崔豹《古今注》曰：羊，一名美髯须主簿。

《礼记·曲礼下》曰：祭庙，羊曰柔毛。

又曰：大夫无故不杀羊。

又《月令》曰：孟春，天子食麦与羊。

又《内则》曰：羊，冷毛而毳羶。

《诗·小雅·无羊》曰：谁谓尔无羊？三百维群。

又曰：尔羊来思，其角戢戢。

又曰：《羔羊》，《鹊巢》之功致也。召南之国化，文王之政，在位皆俭节正直，德如羔羊也。羔羊之皮，素丝五紽。

又曰：牂羊贲首，三星在溜。郑玄注曰："羊牝曰牂。贲，大也。"

《易·说卦》曰：兑为羊。

又《大壮》曰：九三，小人用壮，君子用罔。贞厉。羝羊触藩，羸其角。

《周礼·夏官上》曰：羊人，掌羊牲，凡祭祀，饰羔。羔，小羊也。《诗》曰：四之日其早，献羔祭韭。祭祀割羊牲，登其首。登，升也。升首，报阳也。升首于室。凡祈珥，共其羊牲。共犹给也。宾客，供其法羊。法羊，飧饔积膳之羊。凡沈辜、候禳、衅积，共其羊牲。积，故书为眦。郑司农云：眦，读为渍，谓衅国宝，渍军器也。玄谓：积，积柴禋祠，槱燎实柴。

《周礼·天官·食医》曰：凡会膳，食羊宜黍。

《左传·宣上》曰：华元杀羊食士，其御羊斟不与。及战，曰："畴昔之羊，子为政；今日之事，我为政。"与入郑师，故败。

又《宣下》曰：楚子围郑，郑伯肉袒牵羊。

《论语》曰：子贡欲去告朔之饩羊，子曰："赐也，尔爱其羊，我爱其礼。"

又曰：叶公语孔子曰："吾党有直躬者，其父攘羊而子证之。"攘，盗。

《史记》曰：武王克殷，微子持其祭器，肉袒面缚，左牵羊把茅，膝行而前。

又曰：卜式者，河南人。式入牧百余羊十余岁，羊致千余。上曰："吾有羊在上林中，欲令子牧之。"乃拜式为郎，布衣草蹻音脚而牧羊。岁余，羊悉肥。上过其羊，善之。式曰："非独羊也，治民亦如是也。"拜缑氏令。

又曰：秦襄公始用羝羊祠西畤。

《汉书》曰：楚怀王孙心在人间为人牧羊，项梁立为怀王。

又曰：苏武使匈奴。匈奴知武不可降，使北海上无人处牧羝，羊乳乃得归。武在海上，廪食不至，掘野鼠草菱而食之。杖汉节牧羊，卧起持节，节旄尽落。

《东观汉记》曰：甄宇，北海人，为州从事，征拜博士。每腊，诏书赐博士一羊。羊有大小肥瘦，时博士祭酒议欲杀羊称分其肉，宇曰："不可。"又欲投钩，复耻之。甄博士宇先自取其最瘦者，犹是不复有争讼。后召会，诏问瘦羊甄博士。

《后汉书》曰：更始二年至长安，尤嗜酒，不听政事。所任皆贾竖、膳夫，庖人。长安为之语曰："灶下养，中郎将。烂羊胃，骑都尉。烂羊头，关内侯。"

又《广陵思王荆传》曰：光武崩，大行在殿。荆哭不哀，而作飞书令苍头诈称东海王强、舅况书，与强构为大逆。其辞曰："当为秋霜，无为槛羊。"秋霜，肃杀于物；槛羊，受制于人。

崔鸿《十六国春秋·后录》曰：羌抑摩献羊，六角二口，四角八口。

《北史》曰：隋汉王谅为并州总管，潞州有官羊生二角相背。以为谅之咎征。

《帝王世纪》曰：汤问葛伯何故不祀，曰："无以供牺牲。"汤遗之以羊。

《穆天子传》曰：犬戎胡觞天子于雷首之阿，乃献良马四六。天子使孔牙受之，曰："雷水之平，爰有黑牛白角，爰有黑羊白血。"

又曰：天子饮于文山，乃献豪牛。四节有豪。

又曰：春山大羊食鹿豕。

《山海经》曰：钱来之山有兽，如羊而马尾，名曰针羊。

《周易是谋类》曰：太山失金鸡，西岳亡玉羊。郑玄注曰：金鸡、玉羊，二岳之精。

《春秋说题辞》曰：羊者祥也，合三而生以养王也，故羊高三尺。

《杂五行书》曰：悬羊头门上，除盗贼。

《春秋繁露》曰：凡贽，卿用羔。羔饮之其母，必跪，类知礼者。故羊之为言祥，故以为贽。

《庄子》曰：臧与谷，二人相与牧羊而亡羊。问臧奚事，则挟策读书；谷奚事，则博塞以游。二人事业不同，其亡羊均也。

又曰：善养生者如牧羊，后者鞭之。

《墨子》曰：齐庄公之臣王国卑、中里檄者讼，三年而狱不断。恐失有罪，使二人共一羊盟齐之社。二子相从，以羊血洒社。读王国卑之辞已尽，中里檄之辞未半，祭羊砌狞囊触中里檄。齐人以为有神验。

《列子传》曰：杨朱见梁王，言治天下如运诸掌。王曰："先生有一妻一妾而不能治，三亩之园而不能芸，言治天下，何也？"曰："君见夫牧羊者乎？百羊而群，使五尺童子荷棰而随之，欲东而东，欲西而西。使尧牵一羊，舜荷棰而随之，则不能前矣。"

《孙卿子》曰：仲尼为鲁司寇，沈犹氏不敢朝饮其羊。

《试萦》曰：羊不任驾盐车，椽不可为楣栋。

《龙鱼河图》曰：羊有一角，食之杀人。

《周书》曰：夏桀德衰，夷羊在牧，飞蛤满野。

《韩诗外传》曰：鲁哀公使人穿井，三月不得泉，得一玉羊焉。公以为玉羊，使祝鼓舞之，欲上于天，羊不能上。孔子见曰："水之精为玉，土之精为羊。愿无怪之，此羊肝土也。"公使杀之，视肝即土矣。

《国语》曰：季桓子穿井，获如玉缶，其中有羊。

《符子》曰：魏文侯见宋陵子，三仕不顾，文侯曰："何贫？"子曰："王见楚富者，牧羊九十九，而愿百。尝访邑里故人，其邻人贫有一羊，富者拜之曰：'吾羊九十九，今君之一，盈我成百，则牧数足矣。'邻者与之。从此观焉，富者非富，贫者非贫也。

《吕氏春秋》曰：百里奚未遇时，亡虞，饭牛于秦。传鬻以五羖羊之皮，公孙直悦献诸缪公。缪公用之，谋无不当，举必有功。

《淮南万毕术》曰：阿羊九头而更食，国乱乃出。

扬雄《法言》曰：敢问质？曰：羊质虎皮，见草而悦，见豺而战。忘其皮之虎也。

王充《论衡》曰：獬豸者，一角之羊也。性知有罪。皋陶治狱，其罪疑，乃令羊触之。

《山海经》曰：羬羊尾如马，出钱来之山羬。羬音针。《玉篇》作古咸反。

《瑞应图》曰：钟律和调，则玉羊见。

《白泽图》曰：羊有一角当顶上，龙也。杀之震死。

《博物志》曰：胡葸，蜀中本无也。洛中有人驱羊入蜀，其子着羊毛，蜀人取种。因名禾羊负来。

又曰：阴夷山有淫羊，一日百遍，脯不可食，但着床席间，已自惊人。又有作淫羊脯法。取羖、羜各一，别系，令裁相近而不使相接。食之以地黄、竹叶，饮以麦汁米潘。百余日后解放之，欲交未成，便牵两杀之，膊以为脯。男食羖，女食羜，则并如狂，好丑亦无所避，其势数日乃歇。治之方，煮茱萸、菖蒲汁饮之，又以水银宫脂涂阴，男子即痿。宫脂，鹿脂也。

《杜预奏事》曰：臣前在南，闻魏兴北山有野羊，大者数百十斤。试令固求，今者各得一枚，并头角蹄，案其形，不与土羊相似。然是野兽，世所希有。

《新言》曰：初年悬羊头、磔鸡羊以求富。余以问河南服君，服君曰："是月草木萌，羊能啮草，鸡啄五谷，故悬二物助阳气。今人杀羊、鸡，自作不祥。"

《凉州异物志》曰：有小羊称若斥，颇热，峭山如壁，上下无跌。

又曰：有羊大尾，车推乃行，用累其身。

又曰：封羊，其背如驼。

宋永初《山川记》曰：九真都龙县有羚羊，大如犊牛。

《春秋后语》曰：张仪谓楚王曰："夫为从者，无异驱群羊而攻生虎。虎之与羊，不格亦明矣。格，斗也。羊与不能与虎斗明矣。今王不与虎而与羊，臣窃以为大王之计过。"

《卫玠别传》曰：玠少时乘白羊车于洛阳，市共观，咸曰："谁家璧人？"

《述异记》曰：羊而不角呼蛟羊，一名胡髯郎，一名青乌。

又曰：周成王时，东夷进六角羊。周厉王元年，外国贡三角羊。

《尹喜内传》曰：老子与喜别，曰："寻吾于成都市青羊之肆。"喜后求而得之。

葛洪《神仙传》曰：皇初平年十五，家使牧羊。有道士见良谨，将至华山石室中，四十年不误念其家。其兄初起行索初平，见道士，引至山。与弟语毕，问平羊何在，平曰："近东。"初起视，不见羊，但见白石，却谓平曰："山东无羊。"平曰："兄自不见尔。"与兄俱往，平乃叱之，白石一时皆起，成羊数万头。初起曰："弟得仙道以如此。"遂弃妻子，服松柏伏苓。五万日，遂得仙，易姓为赤松子。

又曰：曹公收左慈，慈走入群羊，失慈之所在。追者疑化为羊，乃令人数羊。羊本千口，简之长一口。知化为羊，乃谓曰："若是左公者，但出无苦也。"有一羊跪言"讵如许？"追者欲执之，于是群羊皆长跪曰："讵如许？"址者乃去。

《搜神记》曰：宣帝时，阴子方者，至孝，有仁恩。正当腊日，晨炊而灶神形见。子方再拜，家有黄羊，因以祠之。

又曰：南阳宗定伯，少年夜行，忽逢一鬼。鬼问为谁，定伯乃欺之曰："我亦鬼也。"遂相与为侣向远。行极困，相担。问鬼曰："鬼何所畏？"曰：唯不喜人唾。"欲至宛，便担鬼着顶上，径诣宛市，化为羊。恐蒲颁，亟唾之。卖之得钱千五百。买者系之，明视之，但绳在。时人名："宗定伯卖鬼，得钱千五百。"

《列仙传》曰：葛由者，羌人。周成王时，好刻木作羊卖之。一旦骑羊而入蜀中，王侯贵人追之上绥山，在峨嵋山西南，高无极。随之者不得还，皆得仙道。山上有桃，故里谚曰："得绥山一桃，虽不得仙，亦足以豪。"

又曰：昔有攘羊者，以羊遗叔向，叔向母埋之，不食。后三年，攘羊事发，追捕向家，检羊骨肉都尽，唯有舌在。国人异之，遂以羊舌为族矣。

《续搜神记》曰：顾沛者，吴之豪士。送就于升平亭，时有一沙门在坐，是流俗道人。主常欲杀羊，羊绳断，便走来入此道人膝中，穿头入袈裟下。道人不能救，即将去而杀之。既行炙，主人先割以啖道人。道人食炙下喉，炙便自走行道人皮中，痛毒不可忍。呼医来针之，以数针贯之，炙犹动摇。乃破出之，故是一脔肉耳。道人于是得病，作羊鸣、吐沫。还寺，少时即死。

刘义庆《幽明录》曰：洛下有涧穴，妇欲杀夫，推下。经多时，至底，乃得一穴，宫馆金饰，明逾三光，人长三丈。如此九处。最后至告饥，长人指树下一羊，令跪将羊须。初得一珠，长人取之。次亦取，后令啖，即疗饥。请问九处名，求停不去，答云："君不得停。"

《续异记》曰：吴兴俞亮，以永明八年补护军府史。于常眠者闻有羊声，疑为神怪。窃于户窥之，见其床下有一羊，可高二尺，毛色若丹，光耀满室。

《金楼子》曰：修羊公于华阴山以道干，景帝礼遇之。数岁，道不可得。有诏问修羊公能何，发语未讫，于床氏化为白石羊，题其胁曰："修羊公谢天子。"后置石羊于通灵台。

《岭表录异》曰：尝有人自青杜泛海闽，为恶风所飘，五日夜，不知行几千里也。至一岛，忽见群羊，人向之亦不惊避。初疑人所牧放，而绝无人迹，乃知野生者。舡人方馁，因取食之。

太平御览卷第九百三　兽部十五

豕

《尔雅》曰：豕，猪。江东呼为豨。豶，豮。豶，羊棰反。俗呼小豮猪为豶子也。幺，幼。最后生者，俗呼为幺豚。奏者猥音温。今才区猪短头，皮理腠蹙也。豕生三豵音宗，二师一特。所寝，橧疾陵切。四蹢皆白，豥音该。其迹，刻。绝有力，豟音厄，豕高五尺者。牝豝。彘五尺为豝。大豕为豕厄。今渔阳呼猪大者为豕厄也。

《说文》曰：豰许卜切，小豚也。豯，豚生三月。豵子公切豚生六月也。或曰：一岁曰豵。豝，牝豕。豮，羠也。豣公妍切，三岁豕。豭，牡豕也。豶，豮也。豛音役，大谷名猪曰豛。豷于丽切，豕息也。豢，以谷圈养豕也。

何承天《纂文》曰：梁州以豕为䝚之涉切，河南谓之彘，吴楚谓之豨火岂切。渔阳以大猪为豝，齐徐以小猪为貗化主切䝐音觅，白豕黑头也。豱，豕奏毛也。

《方言》曰：猪，燕、朝鲜之间谓之豭，关东谓之彘，或谓之豕，南楚谓之豨。其子或谓之豚，或谓之豯音奚，吴扬之间谓之猪子。

《春秋说题辞》曰：斗星时散精为彘，四月生应天理。

崔豹《古今注》曰：猪一名长喙，一名参军。

《易·说卦》曰：坎为豕。

又《睽卦》曰：上九，睽孤，见豕负途，载鬼一车。

又《大畜》曰：六五，豮豕之牙，吉。

又《姤卦》曰：初六，系于金柅，贞吉。有攸往，见凶。羸豕孚蹢躅。

《礼记·曲礼下》曰：凡祭，豕曰刚鬣，豚曰腯肥。

又曰：士无故不杀犬豕。

又《月令》曰：孟夏，农乃登麦，天子以彘尝麦。

又《王制》曰：秋荐黍以豚。

又《礼器》曰：晏平仲祭其先人，豚肩不掩豆。

又《内则》曰：豕望视而交睫，腥。望视，远视也。腥，当为星。星，肉如米者。

《论语》曰：阳货欲见孔子，孔子不见，馈孔子豚。

《诗·国风·驺虞》曰：彼茁者葭，一发五豝。豕牝曰豝。

又曰：彼茁者蓬，一发五豵。一岁曰豵。《笺》云：豕三岁曰豵。

又《鱼藻·崭崭之石》曰：有豕白蹢，烝涉波矣。

《左传·庄八年》曰：齐无知弑其君。十二月，齐侯游于姑棼，遂田于贝丘。见大豕，从者曰："公子彭生也。"公怒曰："彭生敢见！"射之，豕人立而啼。公惧，坠于车，伤足，丧屦。反，诛屦于徒人费，弗得，鞭之，见血。走出，遇贼于门，劫而束之。费曰："我奚御哉。"袒而之背，信之。费请

先入，伏公而出，斗，死于门中。石之纷如死于阶下。遂入，杀孟阳于床，曰："非君也，不类。"见公之足于户下，遂杀之，而立无知。

又《昭七》曰：昔有仍氏生女乐正居，夔取之，生伯封。实有豕心，贪婪无厌，谓之封豕。

又曰：卫灵公夫人南子与宋朝通。卫太子使齐，过宋，宋野人以娄猪刺，而歌之云："既定尔娄猪，盍归吾艾豭？"

《史记》曰：子路性鄙，好勇伉直，冠雄鸡，佩豭豚。

《汉书》曰：公孙弘，甾川人。少时为狱吏，有罪免，家贫，牧豕海上。

又曰：郅都，景帝时为郎。尝从入上林，贾姬在厕，野彘入厕。上目召都，都不行。上欲自持兵救贾姬，都谏之，乃止。彘亦不伤贾姬。

又曰：燕刺王旦将作乱，厕中群豕出，坏太官灶。

《东观汉记》曰：承宫字少子，琅琊人。少孤，年八岁，人令牧豕。乡里徐子盛明《春秋经》，授诸生数百人。宫过其庐下，见诸生讲诵，好之，因弃猪而听经。猪主怪不还，行索见宫，欲笞。门下生共禁止，因留精舍门下拾薪执苦。数年遂通经。

又曰：朱浮与彭宠书，责之曰："伯通自伐，以功为高天下。往时辽东有豕生子白头，异而献之。行至河东，见群豕皆白，怀惭而还。若以子功论于朝廷，则为辽东豕也。"

《续汉书》曰：曹萌字元伟，以仁厚称。邻人有亡豕者，与萌豕相类，诣门认之，萌不与争。后所亡豕自还，其主大惭，送所认豕，辞谢萌，萌笑而受之。

袁山松《汉纪》曰：吴祐放猪于长垣泽中，诵经而行，遇父故人，谓之曰："子二千石，子掉鞭而诵经，行吟于泽畔，纵子无耻，奈君父何？"祐守志如初。与北海公沙穆游太学，资乏，变服为佣，祐赁使舂，遂为死交于杵臼之间。

张璠《汉纪》曰：莎车王杀于阗王。于阗大人都末出城见野豕，欲射之。豕乃语曰："无杀我，我为汝杀莎车将军。"都末异之，即与先共时莎车王。

谢承《后汉书》曰：朱穆字文玄，尝养猪，猪有疾，使人卖之于市。语之曰："如售，当衷告买者，言病也。"卖猪者售，不言病，且直过多。穆怪其故，赍半直以还，买猪者辞不敢，穆弃钱而去。

《魏志》曰：挹娄国在夫馀东，常穴居土，寒气剧于夫馀。其俗好养猪，食其肉，衣其皮，冬以猪膏涂身。

又曰：管辂尝至郭恩家，碓上鸠斗，谓恩曰："当有老人将豚一口从东候公舍，有小口伤，亦无所苦。"明日，果有亲知老翁携豚馈恩。恩射鸠为馔，箭着小女子脚。举家惶怖，竟无所害。又有人失妇，使辂卜之，辂曰："君明日于路见担猪者，乃逐之。"行次，猪忽绳断，走入他舍，突破主人瓮。见其妇出看猪，遂擒之。

《晋书》曰：阮咸至宗人间共集，不用杯觞斟酌，以大瓮盛酒，团坐相向，大酌更饮。时有群豕来饮其酒，咸直接去其上，便共饮之。

又曰：愍怀太子尝从帝观豕牢，言于帝曰："豕甚肥，何不杀以享士而使久费五谷？"帝嘉其意，即使亨之，因抚其俺谓廷尉傅祗曰："此儿当兴我家。"

又曰：韩友字景先，庐江龙舒人也。龙舒长邓林父础积年，垂死。友为筮，使画作野猪，着卧处屏风上。因是遂差。

又曰：吕光死，其子纂立。有猪生子，一身三头。又有龙出井中，蟠于殿前。纂以为美瑞，罗什独以为灾。俄而吕超杀纂。

又曰：刘聪时，豕着进贤冠升聪殿，与犬斗。

《北史》曰：陆逞累除京兆尹。郡界有豕生数子，经旬而死。其家又有豮豕，遂乳养之，诸豚赖之以活。时以逞仁政所致。

皇甫谧《高士传》曰：孙期字仲彧，济阴人。与诸生讲《京氏易》《古文尚书》。家贫，事母至孝，牧豕于大泽中，以奉养焉。远人从其学者，皆执经垄畔以追之。里落化其仁让。黄巾贼起，过期里陌，相约不能犯孙先生舍。郡举方正，遣吏赍羊、酒请期。期驱豕入草，不顾也。

《三辅决录》曰：五门子孙，凡民之伍。马氏兄弟五人，共居此地，作客舍，养猪卖豚。故民谓之曰：苑中三公，钜下二卿，五门嚄嚄，但闻豚声。

《董正别传》曰：司马徽字德操，时人呼为水镜。尝有人妄认徽猪，徽便推与之。后数日，亡猪者以猪还徽，乃叩头谢自责，徽又厚谢。

《华阳国志》曰：何随字季业，清廉退让。尝有屠者牵猪过随门，索断失之，强认随溷中猪，随牵与之。屠人寻自得亡者，还随，随以与之。

《越绝书》曰：鸡山豕山者，勾践以畜鸡豕，将伐吴，以食死士也。

《墨子》曰：孔子穷于陈蔡之间，藜蒸不糂桑感切。子路烹豚，孔子不问肉所从来而食之。

《符子》曰：朔人献燕昭王以大豕，曰："养奚若？"使曰："豕也。非大圊不居，非人便不珍，今年百二十矣，人谓豕仙。"王乃命豕宰养。六十五年，大如沙坟，足如不胜其体。王异之，令衡官桥而量之，折十桥，豕不量。又命水官舟而量，其重千钧，其巨无用。燕相谓王曰："奚不飨之？"王乃命宰夫膳之。夕见梦于燕相曰："造化劳我以豕形，食我以人秽，吾患其生久矣。仗君之灵，得化吾生，始得为鲁津之伯。"燕相游乎鲁津，有赤龟奉璧而献。一云夜光珠。

《孝经援神契》曰：彘水伏，故去脉。

《淮南子》曰：六九五十四，四主时，时主豕，故豕四月而生。

又曰：黄帝理天下，狗彘吐菽粟于路，无忿争之人。

《山海经》曰：猫大者，肉重千万斤。豪猪，如豚而白毛，毛大如笄而黑端。郭璞注曰：猫，猪也，夹髀而有粗豪，长数尺，能以颈上毫射物。

《博物志》曰：商丘子有养猪法，卜式有养猪羊法。

祖台之《志怪》曰：吴中有一士大夫，于都假还。至曲阿塘上，见一女子甚美，留其宿。士解臂金铃系女臂，令暮更来。遂不至，使人求，都无此色。过猪圈，见一母猪臂上系金铃。

《养生要集》曰：白豕，白蹄青爪，不可食也。

《异物志》曰：郁林大猪，一蹄有四五甲，多膏。买者以铁椎刺其头，入七八寸，得赤肉，乃动。

习凿齿《襄阳耆旧传》曰：木兰桥者，今之猪栏桥是也。

《山海经图·豪彘赞》曰：刚鬣之族，号曰豪狶。毛如攒锥，中有激矢。

宋袁淑《大兰王九锡文》曰：太亥十年九月乙亥朔，十三日丁亥，北燕伯使使者豪狶册命大兰王曰："咨！唯君禀太阴之沉精，摽群形于玄质。体肥腯而洪茂，长无心以游逸。资豢养于人主，虽无爵而有秩，此君之纯也。君昔封国殷商，号曰豕氏，叶隆当时，名垂于此，此君之美也。白蹄彰于周诗，涉波应乎隆象，歌咏垂于人口，经千载而流响，此君之德也。君相与野游，唯君为雄，顾群数百，自西徂东。俯喷沫则成雾，仰奋鬣则生风。猛毒必噬，有敌必攻。长驱直突，阵无全锋。此君之勇也。"

太平御览卷第九百四 兽部十六

狗上

《尔雅》曰：犬生三猣音宗，二师一玂音祈。未成毫，狗。长喙，猃。音廉，又音险。短喙，猲音歇獢许妖切。狗绝有力，狣音兆。尨，狗也。狗四尺为獒。

《说文》曰：犬，狗之有悬蹄者也。孔子曰："视犬之字，如画狗也。"

又曰：狗，叩也，叩气吠以守也。

又曰：尨，犬之多毛者也。猲，短喙犬也。猃，黑犬黄头也。往之句切，黄犬黑头也。猈音罢，短脑狗也。獫胡斩切犬吠不止也。獒，犬如人心可使也。猘居世切，狂犬也。狄，赤犬也。

又曰：狡，小狗也。匈奴有狡犬，巨口而黑身。

吕忱《字林》曰：獹，韩良犬也。猎音鹊，宋良犬也。豣五见切，逐虎犬也。

何承天《纂文》曰：守犬为獖扶本切。陇西以犬为犹酉。獶乃农切、毴乃居切、㲜乃庚切，皆多毛犬也。獟五校切，㹮居例切也。貂音雕，屈尾犬也。

《广雅》曰：殷虞、晋獒、楚茹黄、韩卢、宋鹊，并犬属。

《广志》曰：狗，有悬蹄、短尾之号。

《古今注》曰：狗一名黄羊。

《易·说卦》曰：艮为狗。

《诗·国风·卢令》曰：卢令令，其人美且仁。卢重环，其人美且鬈。

又曰：《国风·野有死麇》曰：无撼我悦兮，无使尨也吠。尨，狗也。

《礼记·曲礼》曰：马效羊者右牵之，效犬者左牵之。

又《曲礼》曰：凡祭祀，犬曰羹献。

又《内则》曰：狗赤股而躁，臊。

又《檀弓》曰：仲尼之畜狗死，使子贡埋之，曰："吾闻之，敝帷不弃，为埋马也；敝盖不弃，为埋狗也。丘也贫，无盖，于其封也，亦与之席，无使其首陷焉。"封，当为窆。陷，谓没于土。

《尚书·洪范》曰：西旅献獒，西戎远国贡大犬。太保作《旅獒》。召公也。

《左传·宣上》曰：晋侯饮赵盾酒，伏甲将攻之。其右提弥明知之，趋登曰："臣侍君宴，过三爵，非礼也。"遂扶以下。公嗾夫敖焉，明搏而杀之。盾曰："弃人用犬，虽猛何为！"

又《襄三》曰：国人逐瘈狗，瘈狗入于华臣氏，国人从之。华臣惧，遂奔陈。

又曰《昭六》曰：二十三年，遂取郝师，获鉏、弱、地。郝人诉于晋，晋人来讨。叔孙婼如晋，乃馆诸箕。使人与叔孙居于箕者，请其吠狗，弗与。及将归，杀而与之食。示不爱。

《公羊·绪瀚》曰：灵公食赵盾，公曰："闻子剑利，以示我。"盾将起进剑，弥明曰："何拔剑于公所？"盾知之，躇阶而走。躇犹超。遽不暇以次。公有周狗，可与比周，所指如意。谓之獒，而属之，獒亦躇阶从。弥明逆而踆之，以足逆踏之曰踆。绝颔。赵盾顾曰："君之獒不若臣之獒也。"

《史记·淮阴传》云：高祖诏齐捕蒯通，通至，上曰："若教淮阴侯反乎？"对曰："然，臣固教之。跖狗吠尧，尧非不仁，固吠非其主。当是时，臣独知韩信，非知陛下也。"

又《徐偃王志》云：徐君宫人任娠而产卵，以为不祥，弃于水边。孤独老母有犬名鹄仓，猎于水滨，得所弃卵，衔以来归。独母以为异，覆暖之，遂虫蝴蝍成小儿。生时正偃，故以为名。徐君宫中闻之，乃更录取收养。长而仁知，袭君徐国。后鹄仓临死，更生角而九尾，实黄龙也。偃王葬之徐梁界中。今见有狗垄云。

又曰：范蠡之齐，遗大夫种书："蜚鸟尽，良弓藏；狡兔死，走狗烹。"

又曰：范雎说秦昭王曰："夫以秦而治诸侯，譬若纵韩卢而搏蹇兔也。闭关十五年，不敢窥兵于山东者，是穰侯不忠而大王之计有所失也。”

《汉书·五行志》曰：文帝后五年六月，齐雍城门外有狗生角。

又曰：成帝河平元年，长安男子石良、刘晋相与同居，有如人状在其室中，击之为狗，走去。复至数人，被甲持弓至良家，击之或伤，皆狗也。自二月至六月乃止。其于《洪范》，皆犬祸也。

《后汉书》曰：岑熙为魏太守，无为而化。视事二年，舆人歌之曰：“我有枳棘，岑君伐之。我有蟊贼，岑君遏之。吠狗不惊，足下生氂。”

又曰：灵帝于西园弄狗，着进贤冠，带绶。

《续汉书》曰：灵帝宠用便嬖，弟子转相汲引。卖关内侯，直五百万。令长强者贪如豺狼，弱者略不类物，实狗而冠也。

又曰：昌邑王见狗冠方山冠，龚遂曰：“王之左右皆狗而冠。”

《魏志》曰：太祖云：“我有丁斐，犹人家有盗狗善捕鼠，虽小损而完囊储。”

又曰：公孙渊未亡，家数有怪，犬冠帻绛衣上台。

又曰：朱建平善相术，谓应璩云：“君年六十三，位为常伯，当有厄。先此一年，当独见一白狗，而旁人不见。”璩六十一为侍中，直内省，倏见白狗，问之众人，悉无见者。于是游观田里，饮宴自娱。过期一年，年六十三卒。

《魏略》曰：丁谧外似疏滥而内明惠。虽与何晏、邓飏等同列而皆少之，唯声势屈于曹爽。爽亦教之，言无不从。故于时谤书谓：“台中有三狗，嚯喋不可当，一狗凭点作蛆囊。”三狗，谓何、邓、丁也。点者，爽小字也。其意言三狗皆欲啮人而畜蛆也。

《吴志》曰：孙峻谋诛诸葛恪。恪将见之夜，精爽扰动，通夕不寝。严毕趋出，犬衔引其衣。恪曰：“犬不欲我行乎？”还坐有顷，乃复起，犬又衔其衣。恪令从者逐犬，遂升车。

《晋书》曰：当阳侯杜预初攻吴，吴人惮其智，以瓠系狗颈示之。预恨之。及平，尽杀之。

又曰：齐王冏入废贾后，后呼帝曰："陛下有妇使人废，亦行自废。"又问冏曰："起事者谁？"冏曰："梁赵。"后曰："系狗当系颈，今反系其尾，何得不然？"

又曰：吴隐之为奉朝请，谢石请为卫将军主簿。隐之将嫁女，石知其贫素，遣女必当率薄，乃令移厨帐助其经营。使者至，方见婢牵犬卖之，此外萧然无办。

又曰：庾翼常令郭璞筮其后，璞曰："卿后并贵盛，然有白龙者凶征至矣。"后庾次子蕴为广州刺史，其妾产犬子，不令蕴知。狗转长大，蕴入，见狗眉目分明而异形于众，后失所在。蕴慨然曰："殆白龙乎！"后为桓氏所灭。

又《艺术传》曰：严卿，会稽人也，善卜筮。乡人魏序欲暂东行，荒年多抄盗，令卿筮之。卿筮曰："君慎勿东行，必遭暴害之气，而非劫也。宜有以禳之。可索西郭外独母家白雄狗，系着船前。"求索正得驳狗，卿曰："其色不纯，当有小毒，正及六畜，尔无复忧。"序行半路，狗忽有声甚急，如被人击。比视已死，吐黑血斗余。其夕，序墅上白鹅数头无故自死，而家无恙。

《后魏书·蛮夷传》曰：獠性同禽兽。若杀其父，求得一狗以谢，其母不怀嫌恨。又以大狗一头买一生口。

《北史》曰：齐南阳王绰始十余岁，留守晋阳，爱波斯狗。尉破胡谏之，绰倏然斫杀数狗，狼籍在地。破胡惊走，不敢复言。后有妇人抱儿在路，走避入草，绰夺其儿饲波斯狗。妇女号哭，绰怒，又纵狗使食。狗不食，涂以儿血乃食焉。

《后周书》曰：张元琮性仁孝。村陌有狗子为人所弃者，元见即收而养之。其叔父怒曰："何用此为？"将欲更弃之，元对曰："有生之类，莫不重其性命。若夫生杀，自然之理。今为人所弃而死，非其道也。若而不收养，无仁心也，是以收而养之。"叔父感其言，遂许焉。未几，乃有狗母衔一世兔，置元前而去。

《三国典略》曰：齐高纬以波斯狗为赤虎仪同、逍遥郡君，常于马上设蹬褥以抱之。斗鸡亦号为开府。马皆藉以毡罽，被以金玉，号为驳龙仪同。其将合牝牡，则设青卢黼帐，牢具过于诸王婚礼。齐王常亲视焉。

又曰：齐广宁王孝珩尝畜一犬，守外人不得趋近。孝珩每射，令其取箭。亦解呼召左右，牵衣而进。

又曰：徐之才尝与朝士出游，望群犬并走，诸人令目之，之才应声曰："为是宋鹊，为是韩卢，为逐李斯东走，为负帝女南徂。"

《陈书》曰：张彪败后，与妻杨氏去。唯常所养一犬黄仓，在彪前后，未曾舍离。乃还入若邪山中。沈泰说陈文帝遣章昭达领千兵重购之，并图其妻。彪眠未觉，黄仓惊吠，劫来便噬，一人中喉即死。及彪被害，黄仓嗥叫宛转血中。

《唐书》曰：贞观中，弥泥孰可汗李思摩部落济河，于故定襄城为牙帐，户三万，胜兵四万，马九万匹。思摩之初建也，诏锡其土，南至大河，北有白道川。而白道牧田处龙荒之最，突厥咸竞其利。思摩以北接延陀，种落初集，其力尚微，未敢北徙，至是始还其国。因上言曰："非分蒙恩，立为落长，实望子孙竭诚奉国，作国家一狗，北门守吠。若延陀侵逼，请家口徙入长城。"诏许之。

郭颁《魏晋世语》曰：郊天坛下有白狗，高三尺，光色鲜明，恒卧，见人则去。

《周书》曰：渠溲犬者，露犬也，能飞食虎豹。

《春秋考异邮》曰：七九六十三，阳气通，故斗运，狗三月而生。宋均注曰：狗，斗之精所生也。

又曰：狗三月而生。阳至于三，故狗各高三尺。

《穆天子传》曰：䳄韩之人，献天子良犬七十。䳄，之然切。

又曰：天子之狗，走百里，执虎豹。

《山海经》曰：阴山有兽焉，其状如狸，白首，其名天狗。

又曰：犬戎国，黄帝之后弄明生白犬二头，自为牝牡，故为此国也。

又曰：金门之山有赤犬，名曰天犬，下则有兵。

又曰：蜪音陶犬，如犬而青。食人，从首始。

《白泽图》曰：黑狗白头，耳长卷尾，龙也。

《国语》曰：赵简子田于蝼，晋君之囿。史黯闻之，以犬待于门。晋太史史黯也。简子见之，问何为，曰："有所得犬，欲试之兹囿。"简子曰："何以不告？"对曰："君行臣不从，为不食，讥简子曰：猎君囿，不从君而自行也。主将适蝼而麓弗闻，麓，主君苑囿之官。《传》曰：山林之木，衡麓守之。臣敢烦当日？"当日，谓直日者也。主将之君囿，不烦麓以告君，臣亦不敢烦主掷瓯日以自白也。简子乃还。觉所讥也。

《战国策》曰：齐欲伐魏，淳于髡谓齐王曰："韩子卢者，天下之壮犬也。东郭逡者，海内之狡兔也。韩子卢逐东郭逡，环山者三，腾山者五，兔极于前，犬疲于后。犬兔俱罢，各死其处。田父见之，无劳倦之苦而擅其功。今齐魏久相持，顿其兵，疲其众。臣恐强秦大楚承其后而有田父之功。"齐王惧，谢将休士。《说苑》同也。

《春秋后语》曰：貂勃常恶田单，曰："安平君小人也。"安平君闻之，故为酒而召貂勃，曰："单何以得罪于先生，常见恶于先生乎？"貂勃曰："然。跖之狗吠尧，非贵跖而贱尧，狗自吠，非其主也。且公孙子贤而徐子不肖，然而公孙子与徐子斗，徐之狗攫公孙子之腓而噬之。兽以足曰攫。攫，音居缚切。腓，腨肠也，音肥。噬，啮也。若乃得去不肖，为贤者狗，岂特攫而噬之哉！"安平君曰："敬闻命矣。"明日，单任之于王。

《汉武故事》曰：公孙卿至东莱，云见一人，长五丈，自称巨公，牵一黄犬，把一黄雀，欲谒天子，因忽不见。

《东方朔别传》曰：天下之良马，将以捕鼠深宫之中，曾不如跛犬也。

《西京杂记》曰：杨万年有猎狗名青骹，卖直百金。

又曰：茂陵少年李亨，好驰骏狗逐兽。或以鹰、鹞、兔，皆以为佳名；狗则有修毫、厘睫、白望、青曹之名。

太平御览卷第九百五 兽部十七

狗下

《列子》曰：杨朱之弟曰布，衣素衣而出。天雨，解素衣衣缁衣而反，其狗迎而吠。杨布怒，将扑狗，杨朱曰："子无朴矣，子亦犹是也。向者使汝狗白而往，黑而来，岂能无怪哉？"

《晏子春秋》曰：晏子短，使楚，楚人为门于犬门侧延晏子。晏子曰："使狗国者从狗门入。今使楚，不当从此门入。

又曰：晏公走狗死，公命外供之棺，内给祭。晏子谏不可，公曰："善"。

《韩子》曰：宋有酤酒者，斗概甚平，遇客甚谨，为酒甚美，悬帜甚高，而酒不售，遂致于酸。问杨长倩，长倩曰："汝狗恶也。孺子怀钱挈壶往酤，辄有狗啮之，犹大臣龁有道之士。"

《试萦》曰：齐有贫者，命其狗为富，命其子为乐。方将祭，狗入于室，叱之曰："富出！"郑曰："不祥。"家果有祸。长子死，哭之曰："乐乎！"而不自悲也。

《随窠子》曰：昔三苗大乱，龙生于庙，犬哭于市。

《尹文子》曰：康衢长者，字僮曰善搏，字犬曰善噬，宾客不过其门三年。于是改之，宾客复往。

《吕氏春秋》曰：齐有善相狗者，其邻藉之买鼠狗，期年而得，曰："是良狗也。"其邻畜之，数年不啖鼠。以告，相者曰："此良狗也。志在獐麋豕鹿，不在鼠。欲取其鼠也，则桎之。"其邻桎其后足，则狗取鼠。

又曰：齐有好猎者，不得兽。欲须良狗，家贫不能得。乃还疾耕，疾耕则家富，家富则有良狗，有良狗则数得兽也，猎常过人。霸王亦然。

又曰：荆王得茹黄之狗，宛路之矰，以畋云梦，三月不返。保申跪而笞，王出，而自沉于涧而死。王乃杀狗折矰。

又曰：郑子阳之难，猘狗溃之。子阳，郑相。逐猘狗。《春秋》亦云。齐高固之难，失牛溃之。逐失牛，如逐猘狗也。当其时，狗牛犹可以为人倡，而况夫以人为唱乎？饥马盈厩嗼然，嗼，无声也。未见刍也；饥狗盈宫嗼然，未见骨也。见骨与刍，动则不可禁。

《淮南子》曰：削薄其德，曾累其刑，而欲以为治，无以异于执弹而来鸟，袖税而狎犬也。棁，杖也。

又曰：马之死也，剥之若橐；橐，治橐也。虽含气而形不能摇。狡狗之死也，割之犹蠕。狡，少也。蠕，动也。

又曰：狂马不触于木，猘狗不自投于河，聋虫不自陷，况人乎？聋，无知也。

《淮南万毕术》曰：取马毛、犬尾，置朋友、夫妻衣中，自相憎矣。

《抱朴子》曰：陶犬无守夜之益，瓦鸡无司晨之警。

又曰：甘始以驻年药饵食新生鸡犬，皆不长。食白犬，则毛黑。

《说苑》曰：梁相死，惠子之梁，渡河而遽堕舡。船人救之，问欲何之，曰："欲相梁。"船人曰："子居舟檝之间而溺，无我则死，又安能相梁乎？"惠子曰："居广舨长艥之间，我不如子；至于安国家，全社稷，子不比我。吾视子，蒙蒙若未视之狗子耳。"

《论衡》曰：亡猎犬于山林，大呼犬名，其犬则鸣号而应其主。人犬异类，闻呼而应者，识其主也。

《潜夫论》曰：一犬吠形，百犬吠声。

桓谭《新论》曰：占仲子婢死，有儿年四岁，葬后数来抚循之，亦能为儿沐头。其家人恶之，以告方士。方士有狗效之，婢遂不复来。

又曰：杨仲文家妪死，已敛未葬，忽起坐棺前床上，饮酒醉而狗形见，杀之。

《风俗通》曰：杀狗，磔邑四门。俗云狗别宾，善守卫，著以辟恶。

又曰：太史公《记》云："秦始皇杀狗，磔四门以御凶灾。"今人杀白犬，以血题门户，曰正月白犬血，辟除不祥。

又曰：杀犬磔禳。犬者金畜，禳者却也，抑金使不害也。

又曰：桂阳太守汝南李叔坚，少时为从事，在家，狗如人立行。家人言当杀犬，叔坚云：“犬马喻君子，狗见人行，效之，何伤？”叔坚见县令还，解冠榻上，狗戴持走。家大惊，坚复云：“误触冠，冠缨挂着之耳。”狗于灶前畜火，家益怪，坚复云：“儿婢皆在田中，狗助畜火，狗何能作怪？”遂不肯杀。后数日，狗自暴死，卒无纤芥之异。叔坚辟太尉掾，固陵长、原武令，终享大位。

《金楼子》曰：入名山牵白犬、抱白鹤，山神大喜，芝草及宝玉等自出。

又曰：王思微性好净洁，左右提衣悉令白纸裹手指。在宅有犬污柱，思微令门生洗之。意犹不已，更令刮削。复言未足，遂令易柱。

《洞林》曰：扬州从事慎曜伯妇病因，经日发作，有时如闻物往来者。其兄周彦武令人作卦，得蹇，身在戊戌与坎鬼并卦中，当往从东北田家市黑狗畜之，以代人任患死。如其言无几时，狗便死。复更养如前，凡三过养，辄皆吐血而死，妇病亦差。

《杂五行书》曰：白犬虎文，南斗君，畜之可致万石也。黑犬白耳，大王犬也，畜之令富贵。黑犬白前两足，宜子孙。白犬黄头，家大吉。黄犬白尾，代有衣冠。黄犬白前两足，利人。

《玄中记》曰：昔高辛氏犬戎为乱，帝言曰：“有讨之者，妻以美女，封三百户。”帝之狗名盘瓠，亡三月，而杀犬戎，以其首来。帝以女妻之，于会稽东南得海中土三百里而封。生男为狗，生女为美人，封为狗氏国。

干宝《搜神记》曰：盘瓠者，本高辛氏宫中老妇人有耳疾，医者挑治之，有物大如茧，以瓠离盛之，以盘覆之，有顷化为犬，其文五色，因名盘瓠。

秦氏《三秦记》曰：有白鹿原，周平王时，白鹿出此原。原有狗枷堡，秦襄公时，有天狗来其下。凡有贼，天狗吠而护之，一堡无患。

《凉州异物志》曰：大狗如驴，希见其牙。

周处《风土记》曰：犬则青鹳、白雀，飞龙、虎子，驯良捷警，难狎易使。

《述异记》曰：济阳山有麻姑仙处，俗说山上千年则金鸡鸣、玉狗吠。汉末，皆曰淮南王升仙其处，鸡鸣天上，犬吠云中。

又曰：朱休之家犬歌曰："言我不能歌，听我歌梅花。今年故复可，明年当奈何。"家杀犬，明年并死。

又曰：宋元徽中，吴县中都里石玄度家，有黄狗生白雄子。母爱其子异于常犬，衔食饴之。子成大狗，子每出猎未反，母辄门外望之。玄度久患气嗽，转就危困。医为处汤，须白犬肺，市索卒不得，乃杀所养白狗以供汤用。母向子死处跳踊嗥呼，倒地复起，累日不息。其家煮狗肉与客共食之，投骨于地，母辄衔置窟中。食毕，移入后园大桑树下掘土埋之，日向树嗥唤，月余乃止。玄度渐剧，临死屡言汤不救，恨杀此狗。其弟法度从此终身不食狗肉。

又曰：陆机少时，颇好游猎。在吴，豪盛客献快犬名曰黄耳。机往仕洛，常将自随。此犬黠惠，能解人语。又常借人，三百里外，犬识路自还，一日至家。机羁官京师，久无家问，机戏语犬曰："我家绝无书信，汝能赍书驰还取消息不？"犬喜，摇尾作声应之。机试为书，盛以竹筒，系之犬颈。犬出驿路，疾走向吴。饥入草噬肉取饱。每经大水，辄依渡者弭耳掉尾向之。其人怜爱，因呼上船。载近岸，犬即腾上，速去如飞。迳至机家，口衔竹筒，作声示人。机家开筒取书，看毕，犬又向人作声，如有所求。其家作答内竹筒中，复系犬颈。犬既得答，仍驰还洛。计人程五旬，而犬往还裁半。后犬死，殡之，遣送还家。葬机村南，去机家二百步，筑土为坟，村人呼为黄耳冢。

《异苑》曰：东海何澹之，隆安初，屡入关中。后还，得一犬，壮大非常。何每行来，辄已知处。澹之后抱疾，犬亦疾。及其亡，犬一嗥而毙。

《神仙传》曰：李仲甫者，能隐形。初隐百日、一年，复见形，后遂长隐。但闻其声，与人对接、饮酒食如常。有诸张欲从学，甫云："卿性急，未中教。"张守之，至费用五十匹，了无所得。张大怒，乃怀匕手而往，先与仲甫语，毕，因依声左右斫之。甫已在他床，笑云："天下乃当有汝曹愚人，学道未得而杀人也？我宁可得杀？我真得杀，汝但顽痴不足问耳。"使主人呼一犬来，着诸张前，看能杀之否。俄而犬头在地，犬腹已破，叱诸张云："卿言我能使卿如犬形否？"诸张下地叩头乃止，遂不教之。

《列仙传》曰：列子者，自称蜀人，好放犬。犬走入山穴，列子随十余宿，行度数百里。出，山头上有殿屋官府，松树仙人，吏使甚严。见其故妻，主洗鱼，与列子一函药。发函，鱼子也。着池中，养之一年，皆为龙。列后送函上山，犬色更赤，有长翰，常随列往来。百余年，遂留山上，时时下护其宗族。蜀人立祠于穴孔，常有鼓似传呼声。

《搜神记》曰：山阳王瑚字孟琏，为东海兰陵令。夜半时，辄有黑帻白单衣吏诣县扣阁，近之则忽然不见，如此数年。后令伺之，见一老狗，黑头白躯。至阁便为人。以白孟琏，杀之乃绝。

又曰：鄱阳赵寿有犬蛊。有陈岑家，有黄犬六七，群出吠岑。后令伯妇与寿妇食，吐血几死，屑桔梗饮之乃愈。

又曰：东越闽中有墉岭，下北隰中有大蛇，长七八丈，大十余围。尝八月送童女至蛇穴，辄吞之。啖九女。时乐县李诞有小女名寄，应募而行。乃请好剑、咋蛇犬诣之。至则放犬咋蛇，以剑击之。越王奇之，聘以为后。

《续搜神记》曰：林虑山下有亭，有过宿者，或病或死。常云有十余人，男女各杂衣，或黑或白，转来为害。有刘伯夷者过宿，明烛而坐诵经。至中夜，其怪复集。伯夷密以镜照之，乃一群狗也。因阳以烛误灼其衣，作燃毛气，乃以刀刺之，遂死。余犬悉走去。

又曰：晋穆哀之世，领军司马济阳蔡咏家犬夜群相吠。伺之，见一狗着黄衣戴帢，为众犬所吠。打杀，乃是咏家老黄犬。

又曰：晋太和中，广陵人杨生养狗，甚怜爱之，行止与俱。后生饮酒醉，行经大泽，草中眠，不能动。时冬月，有野火起，风又猛。狗周章号唤，生醉不觉。前有一坑水，狗便走往眠水中，还以身压生左右草，沾湿着地，火寻过去，生方醒。他日又暗行堕空井中，犬呻吟彻晓，须臾有人经过，怪犬向井号，往视见生，生曰："君可出我，当厚报君。"人问以何物见与，生云："唯君耳。"人曰："以狗见与，便相出。"

生曰："此狗曾活我于已死，不得相与，他物任君。"人曰：'若尔便不能相出。"狗因下头目井，生知其意，乃语路人以狗相与。乃出之，系狗而去。却后五日，狗夜走还。

又曰：会稽人张然，滞役经年不归，妇遂与奴私通。然养一狗，名曰乌龙。后归，奴与妇欲谋杀然。狗注睛舐唇视奴。然大呼曰："乌龙与手！"狗应声伤奴，奴失刀仗，然取刀杀奴。

《幽明录》曰：晋太兴二年，吴民华隆生好猎，养一快犬，号曰的尾，常将自随。隆后至江边伐荻，犬暂出渚次，隆为大蛇所围绕周身。犬还便咋蛇，蛇死，隆僵仆无所知，犬彷徨涕泣，走还船，复反草中。伴怪所以，随往，见隆闷绝，将归家。二日，犬为不食，隆复苏乃始叫薰。隆愈爱惜，同于亲戚。后忽失之，二年寻求，见在显山。

《岭表录异》曰：尝有人自青社泛海归闽，为恶风所飘，五日夜，不知其几千里也。经一处，同船有新罗人，云是狗国。逡巡，果如人，裸形，抱狗而出，见船惊走。

《楚辞·九辨》曰：岂不郁陶而思君兮，君之门以九重，猛犬唁唁而迎吠兮，关梁闭而不通。

魏贾岱宗《大狗赋》曰：其头颅也，不可论以尽。其骨法也，不可辨而释。傞傀蹴跄，雄姿猛相。兀然高八九尺，毛逾紫艳光，双眉如白璧。时频伸而振迅，迅若应龙之腾掷。爪类刀戈，牙如交戟。

西晋傅玄《走狗赋》曰：骨相多奇，仪表可嘉。足悬钩爪，口含素牙。首类骧螭，尾如腾蛇。修头阔腋，广前捎后。丰颅促耳，长舌缓口。舒节急筋，豹耳龙形。蹄如结铃，五鱼体成，势似凌青云。目若泉中星，转视流光采，曜赤精。震茹黄而慴宋鹊兮，越妙古而扬名。

太平御览卷第九百六　兽部十八

鹿

《说文》曰：麚音加，牡鹿也，夏至解角。麟，大牝鹿也。麢音儒，鹿麛也。麈音速，鹿迹也。麛音迷，鹿子也。麉音肩，鹿之绝有力也。麠举卿切，大鹿也。

《尔雅》曰：鹿，牡麚牝麀音优。其子，麛。其迹，速。绝有力，麉。

《周易·屯卦》曰：六三，即鹿，无虞，唯入于林中。

《诗·韩奕》曰：鲂鱮音序甫甫，麀鹿噳噳虞矩切。

又《灵台》曰：麀鹿濯濯，白鸟翯翯。

又《吉日》曰：兽之所同，麀鹿麌麌虞矩切。

又《野有死麕》曰：林有朴樕，野有死鹿。白茅纯束，有女如玉。

又曰：《鹿鸣》，宴群臣嘉宾也。呦呦鹿鸣，食野之苹。

又《荡·桑柔》曰：瞻彼中林，甡甡其鹿。

《左传·文下》曰：晋侯不见郑伯，以为贰于楚。郑子家使执讯而告赵宣子曰："古人有言曰：畏首畏尾，身其余几？"

又曰：鹿死不择音。小国之事大国也，德，则其人也；不德，则其鹿也。挺而走险，急何能择？

又《襄十四年传》曰：范宣子执戎子驹支，数之曰："今诸侯之事我寡君不如昔者，盖言语漏泄，则职汝之由。"戎子驹支曰："昔文公与秦伐郑，秦人窃与郑盟，于是乎有淆之师。晋御其上，戎亢其下，秦师不复，我诸戎实然。譬如捕鹿，晋人角之，诸戎掎之，与晋踣之。"

《礼记·月令》曰：仲夏，鹿角解。

又《礼器》曰：居泽者，不以鹿豕为礼。

《史记》曰：赵高欲为乱，恐群臣不听，乃先验。持鹿于二世曰："马也。"二世笑曰："丞相误耶，谓鹿为马。"问左右，左右或言马以阿赵高，或言鹿。高因阴中言鹿者以法。

又曰：邑中人民俱出猎，任安常为人分麋鹿雉兔，部署大小剧易。众人皆喜鹿，而曰："无伤也，任少卿分别平。"

又曰：古者皮币，诸侯以聘享。汉武帝乃以白鹿皮方尺，缘以藻缋为币，直四十万。王侯朝觐享聘，必以为荐璧，然后得行。

《汉书》曰：蒯通教韩信反高祖。高祖召通至，问曰："汝何教韩信反耶？"蒯通曰："臣闻狗各吠非其主。当彼时，臣以知齐王，不知陛下。且秦失其鹿，天下共逐之，高才者先得。"

又曰：伍被谏淮南王曰："昔子胥谏吴王，吴王不用，乃曰：'臣今见麋鹿游姑苏之台。'今臣亦见宫中生荆棘也。"

《东方朔别传》曰：武帝时，有杀上林鹿者，下有司收杀之。朔时在旁，曰："是故当死者三：使陛下以鹿杀人，一当死；天下闻陛下重鹿贱人，二当死；匈奴有急，须鹿触之，三当死。"帝默而赦之。

范晔《后汉书》曰：云南县有神鹿两头，食毒草。

又《华阳国志》曰：熊苍山有神鹿，食毒。

谢承《后汉书》曰：郑弘为临淮太守，行春，两白鹿随车侠毂而行。弘怪问主簿黄国鹿为吉凶，国拜贺曰："闻三公车画作鹿，明府当为宰相。"后弘果为太尉。

《魏志》曰：苏则从文帝猎。失鹿，帝大怒，踞胡床，拔刀悉收行督吏，将斩之。则谏之，乃止。

《晋书》曰：许孜字季义，东阳吴宁人也。二亲没，弃妻宿墓所，列植松柏亘五六里。时有鹿犯其松栽，孜悲叹曰："鹿独不念我乎！"明日，忽见鹿为猛兽所杀，置于所犯栽下。孜怅惋不已，乃作冢埋于隧侧。猛兽即孜前自投而死，孜益叹息，复埋之。

又曰：谢鲲在豫章，尝行经空亭中夜宿。此亭旧每杀人。将晚，有黄衣人呼鲲字，令开户。鲲澹然无惧色，便于窗中度手牵之，胛断。视之，鹿也，寻即获焉。尔后此亭无复妖怪。

《晋中兴书》曰：陶淡字处净，太尉侃之孙。一身孑然，无有同产。髫龀之时，雅好导养，谓仙道可祈。至年十五六，便服食绝谷，不婚娶。居长沙临湘县下，去家十里，于山中立小草屋，裁足容身。时还家，设小床，常独坐不与人共。于野得白鹿子，驯而养之，至七八岁，恒与之俱往还。后遂不复还家。

又曰：殷仲堪《上白鹿表》曰："巴陵县青水山得白鹿一头。白者正色，鹿者景福嘉义。"

《晋书载记》曰：石勒尝佣于武安临水，为游军所囚。会有群鹿旁过，军人竞逐之，勒乃获免。俄而又见一父老，谓勒曰："向群鹿者，我也。君应为中州主，故相救耳。"勒拜而受命。

萧子显《齐书》曰：始兴卢度，隐居西昌三顾山，鸟兽随之。夜有鹿触蒲摆，度曰："汝勿坏我壁。"鹿应声去。

《南史·四夷传》曰：扶南有鹿车国。人养鹿如中国畜牛，以乳为酪。

《隋书》曰：开皇十七年，群鹿入殿门，驯扰侍卫之内。

《后周书》曰：文帝猎于邙山，围不齐，兽多越逸。帝怒，诸将股栗。俄有一鹿亦突围而走，贺若敦跃马逐之。鹿上东原，弃马步逐，山半便及，掣之而下。帝大悦，诸将免罪。

《唐书》曰：太宗幸怀州，乙未，狩于济源之陵上，亲御弧矢。太宗曰："古者先驱以供宗庙，今所获鹿，宜令有司造脯醢以充为荐享。"

又曰：褚无量丁母忧解职，庐于墓侧。其所植松柏时有鹿犯之，无量泣而言曰："山中众草不少，何忍犯吾先茔树栽？"因通夕守护。俄有群鹿驯狎，不复侵害。

《魏名臣奏》曰：时杀禁地鹿者死。郎中黄观上疏曰："臣深思，陛下所以不早取此鹿，诚欲使亟蕃息，然后大取以为军国之用也。然臣切以为，今鹿但有日耗，终无得多也。"

《魏末传》曰：明帝为平原王，母甄后妒，文帝杀之，欲不立为太子。尝从帝猎，见鹿子母，帝射鹿母，语明帝射鹿子，明帝曰："陛下既已杀其母，臣不忍复杀其子。"因大涕泣，帝放弓矢。由是立太子意定。

《国语》曰：周穆王征犬戎，得四白鹿，而荒服者不至。《史记》又载。

《穆天子传》曰：天子赐曹奴之人金黄之鹿，白银之麇。

又曰：天子西升于黎丘之阳，过并公博，乃驾鹿游乎山上。

又曰：天子征于菹侧鱼切台，猎菹之兽。于是有白鹿一，连音悟乘逸走出。天子乘渠黄之乘驰焉。

《山海经》曰：上申之山，其兽多白鹿。

辛氏《三秦记》曰：有白鹿原。周平王时，白鹿出此原。

《太公六韬》曰：取天下若逐野鹿，得其鹿，天下共食肉。

《庄子》曰：至德之世不尚贤，不使能，民如野鹿。

《韩子》曰：夫马似鹿者而题千金。有百金之马而无一金之鹿者，马为人用而鹿不为人用。

《列子》曰：郑人有薪于野者，遇骇鹿，却而击之，毙。恐人见之，遽而藏诸隍中，覆之以蕉，不胜其喜。俄而遗其所藏之处，遂以为梦焉，从途而咏其事。旁人有闻者，用其言而取之。既归，告其室人曰："向薪者梦得鹿而不知其处，吾今得之。"

《管子》曰：桓公问管子："楚之强国，举兵伐之，恐力不能过，奈何？"对曰："公贵买其鹿。"公即为百里之城，使人载钱二千万求生鹿于楚人。楚人释其耕农而田鹿。管子告楚人贾曰："为我致生鹿，赐子金百斤，什至金千斤。"

《尸子》曰：鹿走而无顾，六马不能望其尘。谓不反顾也。

《吕氏春秋》曰：晏子遭崔杼之患，其仆将驰，晏子安之曰："疾必不生，徐必不世。鹿生于山，命悬于厨，今婴有所悬也。"

《抱朴子》曰：昔张盍蹹音沓及儒宁成，二人并精思于蜀云台山石室中，忽有一人，着黄练单衣葛巾，到其前曰："劳乎道士，乃辛苦幽深于是。"二人顾视于镜中，乃见是鹿也，因问曰："汝是草中老鹿，何敢诈为人形也？"言绝，即还成鹿而走去。

《濑乡记·李母碑》曰：老子乘白鹿，下托于李母。

《韩诗外传》曰：齐景公逐白鹿于亩丘，见封人。曰："使吾君寿，金玉是贱，人民是宝。"公曰："善。"

孙柔之《瑞应图》曰：黄帝时，西王母使使乘白鹿，献白环之休符，以有金方也。

《春秋历命序》曰：神驾六飞鹿，化三百岁。

《淮南子》曰：四九三十六，六主纬，纬主鹿，鹿故六月而生。

《春秋运斗枢》曰：瑶光散而为鹿。江淮不祠，则瑶光不明。彘生鹿。

《抱朴子·玉策篇》曰：鹿寿千岁。满五百岁，则其色白。

《瑞应图》曰：天鹿者，能寿之兽，五色光晖。王者孝道则至。

又曰：王者承先圣法度，无所遗失，则白鹿来。

《礼斗威仪》曰：君乘水而王，其政和平，北海输白鹿。

《冲波传》曰：鹿生三年，其角自堕。

崔豹《古今注》曰：鹿有角不能触。

袁山松《白鹿诗序》曰：荆门山临江，上皆绝壁，峭峙五百余丈，亘带激流，禽兽所不能履。北岸有一白鹿，常过江，行人见之，竞逐之，谓至山下必得。鹿忽飞超冈而去。于今此壁谓之白鹿山。泗音四，言浮过也。

《神仙传》曰：鲁女生者，长乐人。服胡麻饵术，绝谷八十余年，甚少。世传：见之二百余年，入华山中。有故人与女生别五十年，入华山庙，逢女生乘白鹿车，从玉女数十人。

《列仙传》曰：苏耽与众儿俱戏猎，常骑鹿，形虽如常鹿，遇险绝之地能超越。众儿问曰："何得此鹿异常鹿耶？"答曰："龙也。"

《述异记》曰：汉成帝末年，宫中雨一苍鹿。杀而食之，味甚美。

又曰：鹿一千年为苍鹿，又百年化为白鹿，又五百年化为玄鹿。汉成帝时，山中人得玄鹿，烹而视其骨，皆黑色。仙者说：玄鹿为脯，食之寿二千岁。余干县有白鹿，土人皆传千岁矣。晋成帝遣人捕得，有铜牌，有字在其角后，云宝鼎二年临江所献。

《博物志》曰：云南郡出茶首。茶首，其音为蔡茂，是两头鹿名也。兽似鹿，两头，其腹中胎常以四月中取，可以治蛇虺毒。永昌亦有之。

《异苑》曰：鄱阳乐安彭世，咸康中，以捕射为业，入山辄与儿俱。世后忽蹷然倒地，变成一白鹿，跳蹫而去。其子终身不复捉弩。至孙复袭此事，曾射得一鹿，两角间有道家七星符，其祖名字、乡居、年存焉。睹之懊悔，遂断猎。

《伏侯古今注》曰：汉明帝永平九年，三角鹿出江陵。孝和帝永元十二年，豫章徐干得白鹿，高丈九寸。

《楚辞》曰：青莎杂树，薠音烦草霍靡。白鹿麋麚，或腾或倚。

《乐府歌诗》曰：白鹿乃在上林西苑中，射工尚得脯腊之。黄鹤摩天极高飞，后宫尚得烹煮之。

《金楼子》曰：夏禹之时，神鹿行于河水。

《搜神记》曰：淮南陈氏于江西种豆，忽见二女子，姿色甚美，着紫缬襦，青裙，天雨而衣不濡。其壁先挂一铜镜，镜中见二鹿。以刀斫获之，以为脯。

《宣验记》曰：吴唐，庐陵人也。少好驱媒猎射，发无不中，家以致富。后春月将儿出射，正值麋鹿将麑，母觉有人气，呼麑渐去。麑不知所畏，迳前就媒，唐射麑，即死。鹿母惊还悲鸣。唐乃自藏于草中，出麑致净地。鹿母直来地，俯仰顿伏，绝而复起。唐又射鹿母，应弦而倒。至前场，复逢一鹿。上弩将放，忽发箭反激还中其子。唐掷弩抱儿，抚膺而哭，闻空中呼曰："吴唐，鹿之爱子与汝何异？"唐惊听，不知所在。

《高糖藁集》曰：近日有司宣令，有杀禁地鹿者，身死，财产没官。有能先觉白者赏赐之。此为重禽兽而贱人，过于齐宣矣。

《杜祭酒别传》曰：郡弟子三人，随道士邢迈入宣城泾县白水山，去县七十里，饵术黄精。经历年所，有鹿走依舍边伏眠。迈等怪之，乃为虎所逼。迈乃咒虎退，鹿经日乃去。

《南中八郡志》曰：麋泠县深山中有大蛇，长数丈，围三尺，于树上。野鹿过便低头绕之，鹿于是有顷而死。先含水濡之令濡，乃合头角并吞之。讫便不能动。至数日，鹿乃消尽，蛇自绕树，鹿角骨悉钻皮出。养疮得一月乃愈。

又《永初山川记》曰：髯蛇吞鹿，至角乃止。

《交州记》曰：合浦口有麕，角当额上，载科藤一株，三四条，长可一寻。射师从禽，每见而不敢射。

萧广济《孝子传》曰：伍袭字世公，丁父忧。庐墓侧有一鹿，每袭哭辄踞坟而悲鸣。

《广州先贤传》曰：丁茂字仲虑，交址人，至孝。母终，负土治冢，列树松柏。白鹿游乎左右。

又曰：唐颂字德雅，番禺人。遭丧，六年庐于墓次。白鹿拾食冢边。

习凿齿《襄阳记》曰：习郁从光武幸黎丘，与光武通梦见苏领神。帝嘉之，使立祠，二石鹿夹道口。百姓谓之鹿门。

麋

《尔雅·释兽》曰：麋，牡麔，牝麎。其子，䴢。其迹，躔。绝有力，狄。麋音眉。麔，平表切。麎，音臣。鹿友，于道切。

《说文》曰：麋，鹿属也。冬至解角。

《春秋运斗枢》曰：摇光星散为麋。

《春秋命历序》曰：有人黄头大腹，出天齐，号曰皇次，驾六飞麋，上下天地，与神合谋。

《周礼·天官·兽人》曰：兽人夏献麋。

《左传·宣下》曰：晋楚战，楚致晋师。晋人逐之，左右角之。乐伯左射马而右射人，角不能进，矢一而已。麋兴于前，射麋丽龟。晋鲍癸当其后，使摄叔奉麋献焉。

又曰：鲁庄公十七年，多麋害稼。

又《哀十四年传》曰：宋桓魋之宠，害于公。将讨之，召左师，曰：“迹人来告曰：逢泽有介麋焉。”

《离骚》曰：麋何食兮庭中？蛟何为兮水裔？

《庄子》曰：鳅与鱼游，麋与鹿交。

《淮南子》曰：孕妇见兔，其子缺唇；见麋，而子四目。

又曰：逐麋者不顾雉兔。

《新序》曰：晋文公逐麋而失之，问农夫古老，古老以足指曰：

“如是往。”公问其故，对曰：“虎豹厌闲而近人，故得；鱼鳖厌深而之浅，故得。诸侯厌众而亡其国。”文公惧，归，有悦色。栾贞子问焉，公曰：“今日逐麋，失之，而得善言，故忻也。”

《魏略》曰：文帝将受禅，有白麋见。

戴延之《西征记》曰：徽音殿西南，姚兴起波若台，有逍遥园。西去三百步，有鹿子苑，羌王养麋鹿数百头。

麂

《尔雅》曰：麂音几，大麇九筠切，旄毛狗足。旄毛，狨长。

《山海经》曰：女几之山有兽，多麇。郭璞注曰：麇，似獐而大。

孙氏《瑞应图》曰：《晋中兴书》“元帝时有二白麂见于南昌郡。”

《临海记》曰：郡西北候官山有三足麂，其声嘶嗄。二千石官长将有代谢则嗄麂鸣矣，民以为常占，未曾一失。

麈

《说文》曰：麈，鹿属也，大而一角。

《搜神记》曰：冯乘虞荡夜猎，见一大麈，射之，麈便云：“虞荡，汝射杀我耶？”明晨，得一麈而入，少时荡死。

《鄱阳记》曰：李婴弟縚音韬，二人善于用弩。尝得大麈，解其四脚，悬着树间，以脏为炙，烈于火上。方欲共食，山下一人长三丈许，鼓步而来，手持大囊。既至，取麈头骼皮并火上，新肉悉内囊中，遥还山。婴兄弟后亦无恙。

麑音倪

《淮南子》曰：孟孙猎音老而得麑，使秦西巴归之。麑母随而啼，西巴不忍，纵而与之。孟于归，求麑安在，西巴以实对。孟子怒，逐之。居一年，复以西巴为子傅。

《秦子》曰：虎熊雄猛，不可以托麑；鹰能飘去，不可以寄雏。

太平御览卷第九百七 兽部十九

獐

《春秋运斗枢》曰：枢星散为獐。

伏候《古今注》曰：獐有牙而不能噬，鹿有角而不能触。獐一名麇，青州人谓麇为獐。

《抱朴子》曰：獐兔入军中，当徙之。

又曰：山中称赤吏者，獐也。

《吕氏春秋》曰：使獐疾走，马弗及也。而得之者，时顾也。

《瑞应图》曰：宋文公元嘉二十五年，华林园养獐，生二百子。文帝又获青獐。

《晋起居注》曰：咸宁中，白獐见魏郡，后诸州各送白獐。

《异苑》曰：青州刘幡，元嘉初，射得一獐，剖肚藏，以草塞之，蹶然起走。幡怪而拔塞，须臾复还倒，如此三焉。幡密寻此种，求类治伤痍，多愈。

《北史》曰：后魏广平王怀，尝猎于河北马场间，逐一獐入草，命人围绕，将自射之。田已先经烧，不见其出，遂失獐所在，唯有砖塔存焉。怀乃怅然动仁恕之心，解鹰放犬，遂不复猎。

萧广济《孝子传》曰：萧国遭丧，有鹄游其庭，至暮而去。獐暮入其门，与马犬侣，至旦而去。

王述《上白獐表》曰：所领阮藻之于江宁县界得白獐一头，毛色鲜洁，异于类。诚嘉祥也。

麢几銙切

《尔雅》曰：麢，牡麌、牝麜音栗。其子，麆音助。其迹，解。绝有力，豜。

《说文》曰：麢，獐也。

《毛诗》曰：《野有死麢》恶无礼也。野有死麢，白茅苞之。

《穆天子传》曰：天子赐曹奴之人白银之麢。

《论衡》曰：都尉王子凤时，麢入府中。其后迁为丹阳太守。

魏文帝诗曰：巾车出邺宫，校猎东桥津。弯弓忽高驰，一发连双麢。

《晋书》曰：中兴，所在献白麢。

《建武故事》曰：咸和六年，计贡合集于乐堂，有野麢走至堂前，左右逐之，于池中而获之。

沈约《宋书·宗室传》曰：刘义庆于广陵有疾，野麢入府，心甚恶之。因陈恶求还，太祖许之，薨于京邑。

兔

《尔雅》曰：兔，子嬎敷万切。其迹，迒。迒，音刚，又胡刚切。绝有力，欣。

《广志》曰：兔，大者曰毚音谗。

《春秋运斗枢》曰：玉衡星散而为兔。

孙氏《瑞应图》曰：赤兔者瑞兽，王者盛德则至。

《典略》曰：兔者，明月之精。

《诗·小雅·巧言》曰：跃跃毚兔，遇犬获之。

又《国风·有兔》曰：有兔爰爰，雉离于罗。爰爰，缓意。

又《小雅·瓠叶》曰：有兔斯首，炮之燔之。斯，白也。字或作鲜。

《史记》曰：李斯出狱，顾谓其子曰："吾欲与尔复牵黄犬，俱出上蔡东门逐狡兔，其可得乎？"

又曰：范睢谓秦昭王曰："夫以秦而治诸侯，譬若纵韩卢而搏蹇兔也。"

谢承《后汉书》曰：儒叔林为东郡太守，赤乌窠于屋梁，兔产于床下。

又曰：方储字圣明，丹阳歙人。幼丧父，事母。母死，负土成坟，种树千株，鸾鸟栖集其上，白兔游其下。

范晔《后汉书》曰：南徼外，蛮夷献白雉、兔。

又曰：蔡邕性笃孝。母尝滞病三年，邕自非寒暑节变未尝解衿带，不寝寐。七旬母卒，庐于冢侧，动静以礼。有兔驯扰其室旁。

《汉献帝春秋》曰：张杨大将眭固屯于射犬，巫戒之曰："将军本名曰兔，兔见犬必惊，不宜屯此。"固不从，司空曰："兔入犬城，狄稹取。"遂进军击平之。

张璠《汉记》曰：梁冀起兔苑河南，移檄所在，调发生兔。刻其毛以为识，民有犯之者，罪至死。西域尝有贾胡来，不知禁，误杀一兔。转相告，坐死者十余人也。

《晋书·载记》曰：石勒时，茌叔之切平令师欢获黑兔，献之于勒，或以为勒龙飞革命之祥。于晋以水承金，兔阴精之兽，玄为水色，此殿下宜速应天人之望也于是大赦，改咸和三年曰大和。

王隐《晋书》曰：慕容眺田于南鄙，见父老曰："此非猎所。"言卒不见。眺明日又出，见白兔，驰射之，坠马于石，即死。

《后魏书》曰：有兔入于后宫，检问门官，无从得入。太祖怪之，令崔浩推其咎征，浩以为当有邻国贡嫔嫱者。明年，姚兴果来献女。

《三国典略》曰：周命尉迟迥伐蜀，帅甲士一万二千，骑万匹，自散关由固道而入。太祖送于城西，见一走兔，命弟中领军网射之。网誓曰："若获此兔，必当破蜀。"俄而获兔。太祖喜曰："事平之日，赏汝佳口。"及克蜀，乃赐侍婢二人。

《隋书》曰：华秋，汲郡临河人也。幼丧父，事母以孝闻。家贫，佣赁为养。其母卒，秋发尽秃落，庐于墓侧，负土成坟。有人欲助之者，秋辄拜而止之。大业初调狐皮，郡县大猎。有一兔，人逐之，奔入秋庐中，匿秋膝下。猎人至庐所，异而免之。自尔此兔常宿庐中，驯其左右。郡县嘉其孝感，具以状闻。

《春秋考异邮》曰：荧惑不明，雉生兔焉。

《春秋运斗枢》曰：行失摇光则兔出月。宋均注曰：阴不衔阳，故兔出月也。

《春秋元命苞》曰：君失德则地吐泉，鱼衔兔。宋均注曰：兔，阳精，鱼是阳，见制也。

《诗推度灾》曰：八月成光，决鼻始明。决鼻，兔也。

《皇帝占书》曰：月望而月兔不见者，所见之国山崩，大水滔民。

崔豹《古今注》曰：兔口有缺，尻有九孔。

《括地图》曰：天池之山有兽如兔，名曰飞兔，以背毛飞。

《庄子》曰：蹄者所以在兔也，得兔而忘蹄。蹄者，取兔网。

《韩子》曰：宋人有耕者，田中有株，兔走触，折头而死。因释耕守株，冀复得兔，为宋国笑。

《慎子》曰：一兔走街，百人追之。积兔于市，过而不视。非不欲得，分定不争也。

《韩子》曰：赵王游于圃中，左右以兔与虎而辍之，虎盻然环其眼。王曰："可恶哉！虎在。"左右曰："平阳之目可恶过此。"平阳君，赵王之弟。

《文子》曰：飞鸟反乡，兔走归窟，狐死首丘。

《抱朴子》曰：兔寿千岁，五百岁其色白。

又曰：山中卯日称丈人者，兔也。

又曰：采女丹法，以兔血和丹与蜜，蒸之百日，服之如梧子者二丸，一百日，有神女二人来侍之，可役使。

《淮南子》曰：以兔之走，使大如马，则逐日追风。及其为马，则不走矣。

又曰：楚王佩玦逐兔，为速破。乃取两玦重而着之，其破愈疾。

《述异记》曰：殷纣之时，大龟生毛，兔生角，兵甲将兴兆也。

《春秋后语》曰：昔齐有良兔曰东郭俊，本或作狻兔。以其善走，故曰俊。一日走百里。有良狗韩子獹，黑犬也。獹，读之如卢也。亦一日而走百里。使人遥见而指属，指属，犹指踪也。属，音之欲切。则虽韩獹不及良兔；蹑迹而踪之，则虽东郭不能离也。

《春秋后语》曰：淳于髡说齐威王曰："韩子獹，天下之壮犬也。东郭俊者，海内之狻兔也。韩子獹逐东郭俊，环山者三，腾山者五，兔极于前，而犬疲于后，犬兔俱疲，各死其处。田父见而获之，无劳倦之苦而擅其功。今齐魏相持，顿兵敝众，臣恐强秦大楚乘其后而有田父之功也。”威王惧而罢兵。

又曰：庄辛对楚王曰：“臣闻鄙谚曰：见兔而顾犬，未为晚也；亡羊而补牢，未为迟也。”

又曰：冯煖谓孟尝君曰：“闻狡兔有三穴。”

《范子计然》曰：兔毫出玄菟、乐浪。

《竹书纪年》曰：昭王十九年，天大曀，雉、兔皆震。宣王三十年，有兔舞镐。

《风俗通》曰：食兔膑音牝者令人面生膑。食得膑者赏以寒酒。案秦法言好车裂抽胁，黔首饮泣永叹，故食兔膑以为嘉瑞，全己之膑也，所以有赏耳。

《古今注》曰：成帝建平元年，山阳得白兔，目赤如朱。

京房《妖占》曰：兔止城上，邑必虚；入宫生子，宫空。

《广志》曰：汉诸郡献兔毫书鸿都门题，唯赵国毫中用。

《论衡》曰：兔舐雄毫而孕，及其生子，从口中出。

又《博物志》曰：兔望月而孕，兔吐子。旧有此说，余目所见也。

又曰：儒者言月中兔。夫月，水也。兔在水中，无不世者。夫兔，月气也。

又曰：妊娠者不食兔肉，令儿口缺。

《幽明录》曰：桓大司马温时，有参军夜坐，忽见屋梁栋间有一伏兔，张目切齿向之，甚可畏恶。兔来转近，遂引刀而斫之，正中于兔，而实反伤其膝，流血滂沱。深怪此意，命家中悉藏刀刃，不以自近。后忽复见如前，意回或复索刀重斫，因伤委顿，幸刀不利，故不至死。再过而止。

傅玄歌辞曰：兔捣药月间，安足道？神乌戏云间，安足道？

《楚辞·天问》曰：夜光何德，死则又育？夜光，月也。育，生也。言月得于天，死而复生也。

古艳歌曰：茕茕白兔，东走西顾。衣不如新，人不如故。

乐府歌诗曰：采取神药山之端，白兔捣成虾蟆丸，奉上陛下一玉柈音盘。

太平御览卷第九百八　兽部二十

貔

《尔雅》曰：貔，白狐。其子，豰。郭璞注曰：一名执夷，虎豹之属。豰，许卜切。

《说文》曰：貔，豹属，出貉音陌国。猛兽也。

《尚书》曰：如虎如貔，如熊如罴。

《毛诗》曰：献其貔皮，赤豹黄罴。

《礼记·曲礼》曰：前有挚兽，则戴貔貅。

《庄子》曰：丰狐文貔，搏于山林，伏于岩穴，夜行昼居，求食江湖之上。

《韩子》曰：虎貔不用爪牙，与鼢鼠同威。

《毛诗草木虫鱼疏》曰：貔，似虎，或曰似熊，一名执夷，一名白狐。其子为豰。辽东人谓之熊罴。

熊

《说文》曰：熊兽似豕，山居冬蛰。

《诗义疏》曰：熊能攀缘上高树，见人则颠倒投地而下。冬入穴而蛰，始春而出。

《孝经援神契》曰：赤熊见则奸宄自远。

《本草经》曰：熊脂，一名熊白，味甘微温，无毒，主治风痹。

《穆天子传》曰：春山，百兽所聚也，爰有赤豹熊罴。

《六韬》曰：文王囚羑里。散宜生受命而行。宛怀条涂之山，有黄熊，得而献于纣。

《左传》曰：晋灵公使宰夫胹熊蹯不熟，杀之，置诸畚，载以过朝。

又曰：楚子将以商臣为太子令尹，子上谏之，不听。又欲立王子职而黜商臣，商臣以宫甲围成王。王请食熊蹯而死，弗听，王缢。

《史记》曰：赵简子病，不知人。五日而寤，曰："我之帝所，见一熊欲援我，帝命我射之，中熊，死。有当道者曰：帝令主君灭晋二卿，熊，其祖也。"

《汉书》曰：昌邑王贺在藩邸，见熊。以问左右，左右皆答不见。

又曰：孝元帝冯昭仪。上幸虎圈斗兽。后宫皆坐，熊出圈，攀槛欲上殿，昭仪乃当熊而立。及左右格杀熊，上问人情惊惧，何故当熊。昭仪曰："夫猛兽得人而止，妾恐熊至御坐，故身当之耳。"帝嗟叹，以此倍敬重之。

《淮南子》曰：诚中之人乐而彶，彶，急也。忠信之人，自乐为之，非彶彶也。如鹗之好声，熊之好经，夫有谁为务？

又曰：爱熊而食之盐，爱獭而饮之酒，虽欲养之，非其道也。熊食盐而死，獭饮酒而败，故曰非其道也。

《周书·王会》曰：成王时，不屠何国献青熊一。

《孟子》曰：鱼我所欲也，熊掌亦我所欲也，二者不可得兼，舍鱼而取熊掌。义者我所欲，生亦我所欲，二者不可得兼，舍生而取义。

《列子》曰：黄帝战于阪泉，帅熊驱虎为前驱。

《缠子》曰：桀王天下，酒浊而杀厨人。纣王天下，熊蹯不熟而杀厨人。

《抱朴子》曰：《玉策记》称熊寿五百岁，五百岁则能化。

《琐语》曰：晋平公梦见赤熊窥屏，恶之，而有疾。使问子产，子产曰："昔共工之御曰浮游，既败于颛顼，自没沉淮之渊。其色赤，其言善笑，其行善顾，其状如熊。常为天王祟，见之堂上，则王天下者死；见堂下则邦人骇；见门，近臣忧；见庭，则无伤。窥君之屏，病而无伤，祭颛顼共工则瘳。"公如其言而疾间。

《魏略》曰：大秦国出玄熊赤螭。

《建武故事》曰：咸和七年，左右启以米饴熊。上曰："此无益而费于谷，且是恶兽，所不宜畜。"使遣打杀，以肉赐左右直人。

《异苑》曰：邵陵高平黄秀，以元嘉三年入山，经月不还。其儿根生寻觅，见蹲空树中，从头至腰，毛色如熊。问其何故，答曰："天谪如此，汝但自去。"生哀恸而归。逾年，人见其形，尽为熊矣。

又曰：熊兽藏于山穴，穴里不得见秽及伤残，见则舍穴自死。

《续搜神记》曰：晋升平中，有人入山射鹿，忽堕一坎，窅然深绝。内有数头熊子。须臾，有一大熊来入，瞪视此人，人谓必以害己。良久，出藏果分与诸子，末后作一分，着此人前。人饥久，于是冒死取啖之。既转相狎。熊母每旦觅食果还，辄分此人，人赖以支命。后熊子大，其母一一负将出，子既尽，人分死坎中，穷无出路。熊母寻复还入，坐人边，人解意，便抱熊之足，于是跳出，遂得无他。

又曰：熊无穴，居大树孔中。东土呼熊为子路，以物击树，云"子路可起"，于是便下。不呼则不动也。

罴

《尔雅》曰：罴如熊，黄白文。郭璞注曰：似熊而长头高脚，猛憨多力，能拔树木。关西呼为貑罴。

《搜神契》曰：赤罴见，奸宄息。佞人离则出。

《山海经》曰：嶓冢之山，其兽多罴。

《尚书·禹贡》曰：熊罴狐狸织皮。

《诗》曰：吉梦维何？维熊维罴，男子之祥。

《诗·荡·韩奕》曰：献其貔皮，赤豹黄罴。

《毛诗草木虫鱼疏》曰：黄罴，大如熊，脂如熊白而稍粗理。

《史记》曰：赵简子疾，梦之帝所，听钧天之乐，次射杀熊，又有一罴来，亦杀之。天帝甚喜。

《晋书·载记》曰：符健字业，洪第三子也。初，母姜氏梦大罴而孕，长而勇果。

《北史》曰：齐神武遣韩轨、司马子如从河东宵济华州，袭王罴，罴不觉。比晓，轨众已乘梯入城，罴尚卧未起，闻阁外匈匈有声，便袒身露髻徒跣，持一白挺，大呼而诟曰：“老罴当道卧，貛子那敢过！”敌见惊退。

猰貐上音轧，下音庾

《尔雅》曰：猰貐，类貙虎，食人，迅走。貙，敕俱切。

《海内经》曰：猰貐龙首而蛇身人面，居于弱水中，食人。

《山海经》曰：少咸之山兽，其状如牛而赤身，人面马足，名曰猰貐。其音如婴儿，食人。

《淮南子》曰：尧时，猰貐为民害，尧乃使羿杀之。

貙

《尔雅》曰：貙，似狸。郭璞曰：今貙虎大于虎豹，文如狸，山民呼貙虎大者为貙犴。

《搜神记》曰：江汉之域有貙人，其先，禀君之苗裔也。能化为虎。长沙所属蛮县东高居民，作槛捕虎，得一亭长，赤帻大冠，在槛中。问其故，亭长大怒曰：“昨忽被县召，避雨，遂误入此中。”于是即出之，乃化为虎上山。俗云貙虎化为人，好着葛衣，其足无踵。虎有五指者皆是貙。

貘

《尔雅》曰：貘，白豹也。郭璞注曰：似熊，小头痹脚，黑白驳，能舐食铜铁及竹、骨，骨节强直，中实少髓，皮辟湿。

《说文》曰：貘，似熊，黄色，出蜀。

《广志》曰：貘大如驴，色苍白。舐铁消十斤。其皮温暖。

《抱朴子》曰：刘子知二负之尸，东方生识啖铁之兽，实赖鸟禹之书、大荒之籍矣。

《神异经》曰：西荒之中有人焉，头如人，着百结败衣，手足虎爪，名曰貘豽音伪。伺人独自，辄往就人睡，先使捕虱，得卧而舌出盘地丈余。烧大石投舌上，于是而死。

騊駼上音陶，下音途

《周书》曰：正北空桐、橐驼、騊駼为献。

《尔雅》曰：騊駼，马。郭璞注曰：出《山海经》，其色青。

《说文》曰：騊駼，野马之良也。

《史记》曰：匈奴奇畜则騊駼。《广志》曰：騊駼，匈奴名马也。

《山海经》曰：北海内有兽焉，其状如马，名曰騊駼。

猩猩

《尔雅》曰：猩猩，小儿啼。匠不趾封溪出猩猩，状如貛㹠，声似小儿啼。

《礼记》曰：猩猩能言，不离禽兽。

《春秋说题辞》曰：猩猩者，矜精者也，故能言，可使阳烈之类以检下。宋均曰：矜，谓使人自矜在。精，审也。猩猩言说人善恶，是阳气之烈好善，王者所以检下也。

《广志》曰：猩猩似狟音丸，声如儿啼，不闻其言。出交趾封溪县。

《山海经》曰：有兽人面，名曰猩猩。

又曰：猩猩知人名，其为兽，如豕而人面。

《山海经赞》曰：猩猩似狐，走立行伏，怀木挺刀，少辛明目。

《华阳国志》曰：永昌郡有猩猩，能言，其血可以染朱罽。

《孙卿子》曰：猩猩能言笑，亦二足，无毛。而君子啜其羹，食其肉。故人非以二足无毛，以知礼也。

《吕氏春秋》曰：伊尹说曰："肉之美者，猩猩之唇。"

《淮南万毕术》曰：归终知来，猩猩知往。注曰：归终、猩猩，并神兽。

《括地图》曰：猩猩人面豕身，知人名。

《蜀志》曰：封溪县有兽曰猩猩，体似猪，面似人，音作小儿啼声。既能语，又知人姓名。人知以酒取之，猩猩觉，初暂常之，得其味甘而饮之，终见羁缨也。

郦善长注《水经》曰：西蜀封溪县猩猩，人面兽形，能言语。

《南方草物状》曰：猩猩之兽，生在野中。状如㹠子，民人捕取。交址、武平、兴古有之。

晋郭璞《猩猩赞》曰：能言之兽，是谓猩猩。厥状似獾，号音若婴。自然知往，颇测物情。

狒狒音翡

《尔雅》曰：狒狒，如人，被发迅走，食人。

《说文》曰：狒狒，人身反踵，笑即上唇掩其目。一名枭羊，北方谓之土蝼。

《山海经》曰：狒狒如人面，唇黑，身有毛，反踵，见人则笑，笑则上唇掩目。交广及南康山中有，大者丈余，俗呼为山都。

《山海经图赞》曰：狒狒怪兽，被发操竹。获人则笑，唇盖其目。终亦号咷，反为我戮。

《吴都赋》曰：猩猩啼而就擒，狒狒笑而被格。

风母

《十洲记》曰：炎州有风生兽，似豹，青色，大如猩猩。烧之不死，斫刺不入。以铁椎锻其头乃死。以其口向风，须臾活。以石上菖蒲塞其鼻即死。取其脑，菊华和服之，尽十斤，寿五百岁。

《南州异物记》曰：风母兽，一名平猴，状如猴，无毛，赤目。若行逢人，便叩头，状如惧罪自乞。人若挝打之，惬然世地，无复气息。小得风吹，须臾能起。

《抱朴子·内篇》曰：风生兽，似豹，青色，大如猩猩，生南海大林中。张取积薪数车以烧之，薪尽，此兽在灰中不然，其毛不焦，斫刺不入，打之如皮囊。以锥锼其头数十乃死。

《岭南异物志》曰：风狸如猿猴而小，昼日卷伏不能动，夜则腾跃甚疾。好食蜘蛛虫。打杀，以口向风复活，唯破脑不复生矣。以酒浸，愈风疾。南人相传，云此兽常持一小杖，遇物则指，飞走悉不能去。人有得之者，所指必有获。夷人施罟网，既得其兽，不复见其杖，杖之数百，乃肯为人取。或云邕州首领宁洄得之，洄资产巨万，僮仗数百，洄甚秘其事。

豻音岸

《说文》曰：豻，胡地野狗也。

《异物志》曰：豻，猿属，头形正方，发长尺余，皆苍色，大类似人。欲有所视，辄摇头，两手被发；不尔，则覆障其两目。衣毛皤皤，若被狐裘。木居洄藏，密向乃得见耳。

蹶

《尔雅》曰：西方有比肩兽，与邛邛、矩虛比焉，其名曰蹶。

《说苑·复恩》曰：孔子曰：北方有兽，其名曰蹶，前足鼠，后足兔。是兽也，甚矣，其爱蛩蛩、巨虚也。食得甘草，必啮以遗蛩蛩、巨虚。蛩蛩、巨虚见人将来，必负蹶以走。蹶非性心爱蛩蛩、巨虚也，为假足也。二兽者亦非性心爱蹶也，为其得甘草而遗之故也。

太平御览卷第九百九 兽部二十一

狼

《尔雅》曰：狼，牡獾音欢牝狼。其子，獥吉尧切。绝有力，迅。

《说文》曰：狼，似犬，锐头而白颊。

《诗》曰：狼跋其胡，载疐音致其尾。疐，跲也。

又曰：子之昌兮，遭我猱之阳兮，并驱从两狼兮。

《周礼·天官·兽人》曰：冬献狼。

《礼》曰：狼臅音触膏。

又曰：君之车，厥右虎裘，厥左狼裘。

《左传》曰：伯石始生，子容之母走谒诸姑子容母，叔向嫂，伯华撇蕑。姑，叔向母也。曰："长叔姒生男。"兄弟之妻相谓姒也。姑视之，及堂，闻其声而还，曰："是豺狼之声也。狼子野心，非是莫丧羊舌氏矣。"遂弗视。

《史记·大宛传》曰：乌孙王昆莫，初生，弃于野，狼往乳之。

《汉书》曰：江都王建，宫人有过者，或放狼令啮杀之，建观而大笑为乐。

又曰：高祖使太子将兵，四皓曰："今使太子将兵，无异羊将狼也。"

《宋书》曰：王仲德初遇符氏之败，兄睿同起义兵，与慕容垂战。败，仲德被重创走，与家属相失。路经大泽，困未能去。卧林中，有一小儿，青衣，年可七八岁，骑牛行，见仲德，惊曰："已食未？"仲德言饥，小儿去，须臾复来，得饭与之。食毕欲行，而暴雨，莫知津迳。有一白狼至前，仰天而号。号讫，衔仲德衣，因渡水，仲德随后得济，与睿相见。

《后魏书》曰：匈奴单于生女，姿容甚美，国人皆以为神。单于曰："吾有此女，安可配人？将以与天。"乃于国无人之地筑高台，置二女其上，曰："请天自迎之。"经三年，其母欲迎之，单于曰："不可。未彻之间。"复经一年，乃有一老狼昼夜守台下，为穴，经时不去。其小女曰："吾父处我于此，欲与天，而今狼来，或是神物。"遂乃就之。其姊大惊曰："此是畜生，无乃辱父母也。"妹不从，下为狼妻而产子，后遂滋繁成国。故其民好引声长歌，又似狼嗥。

又曰：初，道窝败窟咄难，遣穆崇还察人心。崇单马与从者微服入其营，会道武，为春妾所识，贼皆惊起。崇求从者不得，因匿坑中，徐乃窃马奔走于大泽。有白狼向崇号，崇觉寤，驰马随狼去，遂免难。道武异之，命崇立祀，子孙世奉焉。

《后周书·四夷传》曰：突厥之先，匈奴之别种也，为邻国所破。其族有一小儿弃草泽中，有牝狼以肉饲之。及长，与狼交合，遂有孕焉。彼王闻此儿尚在，重遣时之。使者见狼在侧，并欲杀狼，狼遂逃于高昌国之北山。山有洞穴，穴内有平壤茂草，周回数百里，四面俱山，狼匿其中，遂生十男。其后各为一姓，阿史那即其一也。

又曰：突厥旗纛之上施金狼头，侍卫之士皆谓附离，夏言亦狼也。盖本狼生，志不忘本耳。

《唐书》曰：薛延陀部落，尝有一客乞食于主人者，主人引与入帐，命妻具馔。其妻顾视客，乃狼头人也。主人不知觉。妻告邻人共视之，狼头人已食主人而去。相与逐之，至郁督军，出见二人，追者告其故，二人曰："我是也。我即神人，薛延陀当灭，我来取之。"追者惧而返走。

又曰：高宗时，有孝子，年十二丧父母，以孝闻。昼夜负土为坟。又葬曾祖父母，经二十载，其功始毕。有白狼号鸣于墓侧。诏旌表其门。

《帝王世纪》曰：有神牵白狼衔钩入殷。

《国语》曰：周穆王将征犬戎，祭。公谋父谏，不听。遂征之，得四白狼、四白鹿以归。自是荒服者不至。

《述异记》曰：周幽王时，牛化为虎，羊化为狼。洛南有避狼城，云幽王时群臣为狼食人，故筑城避之。今洛中有狼村，是其处也。

《穆天子传》曰：春山百兽所聚，爰有狼豺野马。

《山海经》曰：孟山其兽，多白狼白虎。

又《图赞》曰：矫矫白狼，有道则游。应符变质，乃衔灵钩。

《淮南毕万术》曰：取狼皮以当空户，则羊畏不敢出矣。

《毛诗草木虫鱼疏》曰：狼能为小儿啼声以诱人，去数十步止。其猛健者人不能制，虽善用兵者，其不能克也。其膏可以煎和，其皮可以为裘。

狐

《说文》曰：狐，妖兽也，鬼所乘也。有三德：其色中和，小前阁后，死则首丘。

《礼·檀弓》曰：君子曰：乐乐其所自生，礼不忘其本。古之人有言曰：狐死正丘首，仁也。

《易·解卦》曰：九二，田获三狐，得黄矢，贞吉。

又曰：未济，亨。小狐汔济，濡其尾。

《诗·国风》曰：南山崔崔，雄狐绥绥。

又曰：有狐绥绥，在彼淇梁。

又曰：莫赤匪狐，莫黑匪乌。

《汉书》曰：陈胜、吴广于所次旁丛祠夜篝音构火，张晏曰：次，人所止处。丛祠，鬼所凭。狐鸣呼曰："大楚兴，陈胜王。"卒皆夜惊恐。旦日，卒中往往指目胜广。

《晋书》曰：王浚据幽州，有狐踞府门跃入厅事。后浚果败。

又曰：凉武昭王暠子歆，为凉州牧。时有狐上南门，主簿氾称曰："谚曰：野兽入家，主人将去。狐上南门，又狐者胡也，天意若曰：有胡人居于此城，南面而君也。"后竟为沮渠蒙逊所灭。

王隐《晋书》曰：刘世则女病媚积年，韩友令作布囊，张着窗间，乃闭户驱逐。须臾，囊大胀，急缚口，悬树间视之，唯有二三斤狐毛。遂差。

又曰：淳于智，济北人。夏侯藻母础，因五鼓中出诣智卜，有一狐当门向之嗥唤。藻愁愕，遂驰诣智。智曰："祸甚急，君速归，在狐嗥唤处抚心啼坐勿休，然后其祸仅可免也。"藻如之，母亦扶病而出。家人既集，堂屋五间拉然暴崩。

《唐书》曰：歌舒翰，素与禄山、思明不协，上每和解。禄山谓翰曰："我父是胡，母是突厥；公母是突厥，父是胡。与公族类颇同，何得不相亲乎？"翰应之曰："古人云：野狐向窟嗥不祥，以其忘本也。敢不尽心焉？"禄山甚怒，以为讥其胡也。

《庄子》曰：夫丰狐文豹，是何罪之有哉？其皮为之灾也。

《管子》曰：代出狐白之皮。狐应阴阳之变，六月而一见。公贵买之，代人忘其难得，喜其贵价，必相率而求之取此物者。因令齐载金钱之代谷求狐白皮。代王闻之，果去其农，处山林求狐，二十四月不得一狐。离支闻而伐之，王即将其士卒服于齐。

《慎子》曰：廊庙之材，非一木之枝；狐白之裘，非一狐之皮。

《范子》曰：狐皮出天外。

《穆天子传》曰：天子猎于渗泽，得白狐玄貉，祭于河宗。

《山海经》曰：青丘之国，有狐而九尾。郭璞注曰：世平则出，为瑞也。

又曰：武都之山，有黑水焉，其上有玄狐蓬尾。蓬蓬其尾也。《说苑》曰：蓬狐文豹。

《竹书纪年》曰：宣王时，乌化为狐。夏伯杼子东征，获狐九尾。

《玄中记》曰：五十岁之狐为淫妇，百岁狐为美女。又为巫神。

《礼斗威仪》曰：君乘火王，政平，南海输以文狐。

《春秋潜潭巴》曰：白狐至国，民利。不至，下骄恣。

《韩诗外传》曰：狐，水神也。

《春秋后语》曰：楚宣王以昭奚恤为相，诸侯畏之。王问群臣曰："吾闻北方畏昭奚恤，亦诚何如？"江乙对曰："虎求百兽而食之。得狐，狐曰：'子无啖我，天帝令我长百兽，子若食我，是逆天帝之命。子以我为不信，我为子先行，随我后，观百兽见我能无走乎？'虎以为然，随狐而行，百兽见之皆走。虎不知兽之畏己，反以为畏狐也。今王地方五千里，带甲百万，而任之于昭奚恤。然北方非畏奚恤，其实畏王之甲兵。”故人臣见畏者，君威也，君不用，则威亡矣。

赵晔《吴越春秋》曰：禹年三十未娶。行涂山，恐时暮失嗣，曰：“吾之娶也，必有应矣。”已，乃有白狐九尾而造于禹，禹曰：“白者，吾服也；九尾者，王证也。”于是涂山人歌曰：“绥绥白狐，九尾庞庞；成于家室，我都彼昌。”禹乃娶涂山女。

《淮南子》曰：夫狐之搏雉也，必卑体弭毛以待其来也，雉见而信之，故可得而禽也。

《淮南万毕术》曰：犀角置狐穴中，狐不归。

《抱朴子》曰：《玉策记》曰：“狐及狸、狼皆寿八百岁，满三百岁暂变为人形。”

《西京杂记》曰：广川王去疾聚其无赖少年，游猎无度，国内冢墓尽发之。尝发栾书冢，无余物，有一白狐，见人惊走。左右戟之不得，伤左足。于是王梦一丈夫，发眉尽白，来谓王曰：“何故伤我左足？”以杖叩王左脚。王乃患脚，至死不差。

《白虎通》曰：狐死首丘，不忘本也。德至鸟兽，则九尾狐见。九者，子孙繁息也；于尾者，后当盛也。

崔豹《古今注》曰：章帝元和二年，白狐九尾，见信都。

《魏略》曰：文帝受禅，九尾狐见于谯都。

《名山记》曰：狐者，先古之淫妇也，其名曰紫，紫化而为妇，故其名自称阿紫。

伏滔《北征记》曰：皇天坞北古特陶穴，晋时有人逐狐入穴，行十余里，得书二千卷。

又曰：河冰厚数尺，冰始合，车马未过，须狐先行。此物善听听水，无声乃过。

郦善长《水经注》曰：狐性多疑，故俗有狐疑之说。

《管辂传》曰：夜有一小物如兽，手持火，以口吹之。书生举刀斫断腰，视之，狐也。

郭璞《九尾狐赞》曰：青丘奇兽，九尾之狐。有道祥见，出则衔书。作瑞于周，以摽灵符。

刘敬叔《异苑》曰：有胡道洽者，自云广陵人，好音乐医术之事。体有臊气，恒以名香自防，唯忌猛犬。自审死日，诫弟子曰："气绝使殡，勿令狗见我尸也。"死于山阳，敛毕，觉棺空，即开看，不见尸体。时人咸谓狐也。

《搜神记》曰：酒泉郡，每太守到官，无几辄卒死。后渤海陈斐使此郡。斐行卜，卜者曰："远诸侯，放伯永。能解此，则无忧。"斐既到官，侍有张医、有王侯，卒有史侯，斐恒远之。夜半，有上斐被者，斐便以被冒取之。物跳踉訇訇作声，乃言曰："我无恶意，当深报府君。"府君曰："汝为何魅？曰："我本百年狐，今为魅，垂当神。听一放我，我字伯永，府君有急难呼我。"斐乃喜，便放之。忽然有赤光如电。后每事先以语。斐于酒泉境界，无毫发之奸，咸曰："圣君。"月余，主簿李音私通斐侍婢。既而惊惧，遽为伯永所白，遂与诸仆谋杀斐。伺旁无人，便伏入欲格杀之。斐即呼伯永，有如曳匹绛，诸仆伏地失魂。乃以次缚取，皆伏，即杀音等。伯永乃辞谢斐曰："未及白奸，乃为府君所召，犹用惭。"

又曰：燕昭王墓有老狐化男子，诣张华讲说。华怪之，谓雷孔章曰："今有男子，少美高论。"孔章曰："当是老精。闻燕昭王墓有华表柱，向千年，可取照之，当见。"如言，化为狐。

又曰：吴中有一书生，皓首，称胡博士，教授诸生，忽复不见。九月初九日，士人相与登山游观，闻讲书声，命仆寻之。见空冢群狐罗列，见人即走。老狐独不去，是皓首书生。

《续搜神记》曰：襄阳习凿齿为荆州主簿，从桓武帝出猎。时大雪，于江陵城西见草上雪气出，伺观，见一黄物，射之，应箭死。往取，乃一老雄狐，脚上带绛绫香囊。

又曰：吴郡顾旃，猎至一岗，忽闻人语声云："嗤咄！今年衰。"乃与众寻觅。岗项有一阱，是古时冢。见一老狐蹲冢中，前有一卷簿书，老狐对书屈指，有所计校。放犬咋杀之，取视，口中无复齿，头毛皆白。簿书悉是奸爱人女名，已经奸者，朱钩头。所疏名有百数，旍女正在簿次。

《金楼子》曰：狐白之裘，天子被之而在庙堂。为狐计者，不若走于平泽。

貉

《说文》曰：貉，似狐，善睡。

《周礼·考工记》曰：貉逾汶则死，土气然也。

《尔雅》曰：貉，子貆。

《穆天子传》曰：天子猎于渗泽，得玄貉，以祭河宗。

《后秦记》曰：姚襄遣参军薛瓒使桓温。温以胡戏瓒，瓒曰："在北曰狐，在南曰貉，何所问也？"

太平御览卷第九百十　兽部二十二

猿

《说文》曰：猿，善援，狒属也。

《山海经》曰：堂庭之山，其上多白猿。

《淮南子》曰：五九四十五，五生音，音主猿，猿故五月而生。

《列子》曰：老韭为苋，老羭为猿。

《庄子》曰：王独不见夫腾猿乎？其得楠音南梓豫章，揽蔓枝而王长其间；及得柘棘枳枸之间，危行仄视，处势不便，未足骋其能也。

又曰：人木处，则惴栗恂惧，猿猱然乎哉？

又曰：今取猿狙且余切而衣以周公之服，彼必龁啮挽裂，尽去而后慊。观古今之异，犹猿狙之异乎周公也。

又曰：猿，猵音编狙以为雌。司马彪曰：扁狚，似猿而狗头，食猕猴，好与雄狙接。

《淮南子》曰：虎豹之文来射，以虎豹有文章，使人射取之。猿狖女滑切之捷来乍。狖，猿属。乍，暂疾。以其捷，故使人疾击之。

又曰：楚王亡其猿于林，木为之残；宋王亡其珠于池中，鱼为之殚。

又曰：置猿槛中，则与豚同。非不巧捷也，无所肆其能也。

《吴越春秋》曰：赵王问范蠡手战之术，范蠡答曰："臣闻赵有处女，国人称之，愿王请问之手战之道也。"于是王乃请女。女将北见王，道逢老人，自称袁公。袁公问女曰："闻子善为剑，愿得一观之。"处女曰："妾不敢有所隐也。唯公所试。"公即挽林杪之竹似桔槔末折堕地，女接取其末。袁公操其本而刺处女，应节入之，三入，女因举杖击之，袁公则飞上树，化为白猿。

《吕氏春秋》曰：荆王有白猿，王射之，则搏树而熙。使养由基射之，始调弓矫矢，未发，猿拥木而号。

《汉书》曰：李广猿臂善射。

《春秋繁露》曰：猿似猴，大而黑，长前臂。所以寿者，好引其气也。

《抱朴子》曰：《王策记》称猿寿五百岁则变而为玃居缚切，千岁则变为老人。

又曰：周穆王南征，一军尽化，君子为猿为鹄，小人为沙为泥。

张载《论》曰：白猿玄豹藏于椃槛，何以知其接垂条于千仞？

《孝子传》曰：猿，狒属也，或黄或黑，通胂音申轻剿，子小切善缘妙吟。雌为人所得，终不徒生。

《华阳国志》曰：邓芝见猿抱子在树上，引弩射之，中猿母。其子为拔箭，以叶塞疮。芝乃叹息，投弩水中。

《宜都山川记》曰：峡中猿鸣至清，山谷传其响，泠泠不绝。行者歌之曰："巴东三峡猿鸣悲，猿鸣三声泪沾衣。"

《荆州图经》曰：宜都夷道县西山顶上有古墓，名曰女王冢，不详其人。林则女贞，兽则白猿。

范汪《荆州记》曰：夷陵县峡口山，非日夜半不见日月，多猿鸣，至清远。

《山海经图赞》曰：白猿肆巧，由基抚弓。数如循环，其妙无穷。

猴

《汉书》曰：韩生劝项羽都关中，羽曰："吾闻富贵不还故乡，如衣锦夜行。"乃烧宫室，都彭城。韩生曰："人言楚人沐猴而冠，果然。"

又曰：张信少府檀长卿为沐猴与狗斗，盖宽饶奏免之。张晏曰：沐猴，猕猴也。

王隐《晋书》曰：护军张邵母础，淳于智筮之，使西出市猕猴，系母臂，令旁人抱之，拍猴恒使作声。三日三夜，放去。猴出门，即为犬所杀。母于此渐差。

郭颁《魏晋世语》曰：司马宣王辟周泰为新城太守，尚书锺毓谓泰曰："君释褐登宰府，乞儿乘小车，一何駃！"泰曰："君名公之子，少有文彩，故守吏职，猕猴乘土牛，一何迟！”众宾悦服。

《庄子》曰：吴王浮于江，登于狙之山。众狙见之，恂然弃而走。有一狙焉，委蛇攫搔，见巧乎王。王射之，敏给搏矢。矢往虽速，而狙犹能将也。王命相者趋射之，狙死。王顾谓其友颜不疑曰：“狙之伐其巧，恃蒲般以傲予，以至此。”

《列子》曰：宋有狙公者，养之成群。诳狙曰：“与若芋，朝三而暮四。”众狙皆怒。曰：“朝四而暮三。”众狙皆喜。

《韩子》曰：燕王微巧术，人请以棘刺之端为母猴。母猴成，巧人曰：“人主欲观之，必半岁不入宫，不饮酒食肉，雨霁日出，视之晏阴之间，而棘刺之母猴乃可见也。”燕王恩养之，不能观也。

谯子《法训》曰：人之所以贵者，以其礼节也。人而无礼者，猕猴乎！虽人象而虫质也。

《淮南子》曰：楚有烹猴者，而给其邦人，邦人以为狗羹而甘之。后闻其猴也，据地而吐之，尽写其所食。此未为知味者也。

《抱朴子》曰：余友人腾永叔，尝养一大猕猴，锁着床间。犬忽啮杀之，永叔使合锁埋之。后百许日，有见鬼者往，见猕猴走于永叔承尘上，不悟见鬼，惊指之曰：“猕猴何以被伤流血？”永叔曰：“始乃知皆有鬼也。”

又曰：山中申日称人君者，猴也。猴寿八百岁。

王充《论衡》曰：鹿之角足以触犬，猴之手足以搏鼠；然而鹿制于犬，猴服于鼠，气不利也。

《神仙传》曰：有人种黍山中，正患猕猴食之，闻介象有道，聊从之乞辟猴之法。象曰：“无他法也，汝明往黍所，望见群猴，便大唤，语之，云已白介君，教莫复侵食黍”。此人明日视黍，遇群猴适欲下树，承象语，猕猴各自还山，遂绝迹。

《述异记》曰：南康营民伍考之伐舡材，忽见太社树上有一猴怀孕，考之便登木逐猴，腾赴如飞。树既孤迥，下又有人，猴知不脱，因以左手抱树枝，右手抚腹。考之擒得，遥摆地杀之。割其腹，有一子，形状垂产。尔夜，梦见一人称神，以杀猴责让之。后考之病经旬，初如狂，因渐化为虎，毛鬓爪牙悉生，音声亦变。遂逸走入山，永无踪迹。

周景式《孝子传》曰：余尝至绥安县，逢徒逐猴，猴母负子没十。水虽深而清，乃以戟刺之，自胁以下中断，脊尚连。抄着舡中，子随其旁，以手扪子而死。

陆机《与弟云书》曰：监徒武库，建始殿诸房中见有两足猴，真怪物也。

《异物志》曰：南方人以弥猴头为鲊。

袁淑《俳谐集·常山王九命文》曰：及至图身失所，羁束人间。驯缨服制，唯意所牵。登楹而遨，抱梁而眠。拾摭遗余，恣口所便。

后汉王延寿《王孙赋》曰：原夫天地之造化，实神伟之屈奇。道玄微以密妙，信无初而弗为。有王孙之狡兽，形陋观而丑仪。颜状类乎老公，躯体似乎小儿。眼睚五皆切隅五构切以肮音血恤，视瞰音戢睫侧夹切以眏乎悦切睦。突乌决切高匡而曲頞，暖音偎睼呼号切历而隳离。鼻鼿许解切齁许侯切以鼽音吸鼽，许夹切耳聿役以嘀音商知。口嗛呼忝切呐以龤鹺音邹唇喋嗗以胐匹里切。齿崖崖以龄，爵任嚛而嗫兒。储粮食于两颊，稍委输于胃脾。踡兔蹲而狗踞，声历鹿而喔咿。或嗝嗝苦革切而哓哓，又嘀嗅其若啼。姿僭傔呼店切而总赣音贡，豁盱阅以项醢。生深山之茂林，处崭岩之嵚崎。性猗猥之獢音烦疾，熊锋出而横施。

猱

《说文》曰：猱，贪兽也。一曰：母猴，似人。

《毛诗草木虫鱼疏》曰：猱，猕猴也，楚人谓之沐猴。老者为獑猢，骏捷也。其鸣嗷嗷而悲。

《诗》曰：无教猱升木。毛苌注曰："猱，猿属也。"

《尔雅》曰：猱猿善援。孙炎注曰：猱，母猴也。

江乘《地记》曰：摄山有山猱，赤足。

玃居缚切

《说文》曰：玃，母猴也。

《尔雅》曰：玃，父善顾。郭璞曰：似猴而大，仓黑色。能攫持人，好顾盼。

《抱朴子》曰：猕猴及猿八百岁化为玃。

《古今注》曰：猴五百岁化为玃。

《吕氏春秋》曰：肉之美者，玃猱之炙。

又曰：闻言不可不察，数传，白为黑。故狗似玃，玃似母猴，母猴似人，人与狗则远矣。

《毛诗草木虫鱼疏》曰：猱，猕猴也，楚人谓之沐猴。老者为玃，大而黑，长前辟。玃之白腰者为獑猢。

《博物志》曰：蜀中南高山上有物似猕猴，长七尺，能行健走，名曰猴玃，一名马化，或曰猳玃。伺行道，妇人有好者，辄盗之以去，人不得知。行者每经过其旁，皆以其长绳相引，然故不免，此能别男女气自，故取女不取男。取去而为家室，其无子者，终身不得还，十年 之后，形类之，意亦或迷，不复思归。有子者，辄抅送还其家。产子皆如人，有不食养者，母辄死，故无敢不养也。及长，与人不异，皆以杨为姓。故今蜀中西界多谓杨，率皆猳玃、马化之子孙，时时有玃爪者。

果然

《山海经》曰：果然兽似猕猴，以名自呼。色苍黑。群行，老者在前，少者在后。得果食辄与老者，似有义焉。交趾诸山有之。獠人射之，以其毛为裘蓐，甚温暖。

《蜀地志》曰：涪陵南界榛峡中有果然兽，形如狗子，头似虎，其尾柔滑，白黑色。皮可为裘，轻暖可珍。

《南中八郡志》曰：交趾有果然，白面黑身，毛采班阑。

《吴录·地理志》曰：九真胥浦县有兽名果然，猿狖类也。色青赤有文，居树上。北郡及日南皆有之。

《南方草物状》曰：果然兽生在山林上，民人以毒箭射之，剥取皮。皮文青赤白色，缝相连作席。出九真、日南郡。

《南州异物志》曰：交州以南有果然兽，以名自呼。身如猿大，面通有白色。其体不过三尺，而尾长四尺余。反尾度身，过其头。视其鼻，仍见两孔仰向。其毛长，柔细滑泽。色以白为质，黑文，视如苍头鸭，胁边班文。集十余皮，可得一蓐，繁文丽好，细厚温暖。

魏锺毓《果然赋》曰：果然，似猴象猿，黑颊青身。肉非嘉肴，唯皮为珍。

太平御览卷第九百一十一 兽部二十三

鼠

《易·说卦》曰：艮为鼠。

《春秋运斗枢》曰：玉衡星散而为鼠。

《说文》曰：鼠，穴虫总名也。䶅下各切鼠，出胡地。𪖈，竹鼠也，如犬。鼨音终，豹文鼠也。鼷，小鼠也。鼩，精鼩其俱切，胡地风鼠也。鼢鼠，地中行，伯劳之所化也。䶄鼠，䶄令鼠也。䶄音萍。

《尔雅》曰：鼢鼠，地中行者。鼸鼠，以颊里藏食。鼷鼠，有螫毒者。鼶鼠，《夏小正》曰：鼩鼠虎则穴二者斯。鼬鼠，小鼬似鼦，赤黄色，大尾，啖鼠。江东呼为鼠主，音主。鼩鼠音劬，小鼱鼩也。鼫鼠，形大如鼠，头似兔，尾有毛，青黄色，好在田中食粟豆。闽中呼为鼠勿鼠。鼤鼠，鼨鼠，豹文鼮鼠，音廷，文彩如豹。鼳鼠。鼳，音狐觅切，似鼠而大，苍黑色，在树上。

又：鼯鼠，夷由。状如小狐，似日旦乳，亦谓之蝙蝠，肉翅飞，飞生音如人呼。

《广志》曰：白猿尾长白腹，善缘登，若家鼠小异者。鼢鼠，深目而短尾。苗鼠者，野鼠也，小而短尾。天鼠，以皮为裘。今常名其裘为天鹿裘。黄鼠，在田野鼠，为群害谷麦，善走，凡狗不得，唯鼠狼能得之。

《左传》曰：齐侯将为臧纥田与之邑，臧纥闻之，见齐侯。与之言伐晋，对曰："多则多矣，抑君似鼠。夫鼠，昼伏夜动，不穴于寝庙，畏人故也。今君闻晋之乱，而后作焉，宁将事之，非鼠而何？"乃弗与田。

《诗》曰：谁谓鼠无牙？何以穿我墉？谁谓汝无家？何以速我讼？

又曰：《硕鼠》刺重敛也。硕鼠硕鼠，无食我黍。

又曰：《相鼠》，刺无礼也。卫文公能正其群臣，而刺在位承先君之化无礼仪也。相鼠有皮，人而无仪。人而无仪，不死何为？

《大戴礼》曰：正月田鼠出。田鼠者，鼸鼠也。

《诗义疏》曰：《尔雅》鼫鼠，许慎云："五伎鼠也。"今之河东有石鼠，大能人立，交前两脚于头上跳，善鸣，食人禾稼，逐则走入树空中。亦有五伎。或谓雀鼠。其形大，故云石鼠也。《诗》言其方物，宜谓此鼠非今之鼠也。又鼠不食禾苗，本又谓蝼蛄为硕鼠，亦有五伎。古今工名虫鸟，物异名同，故记已。

《史记》曰：李斯少时为郡小吏，见吏舍厕中鼠食不洁，近人犬，数惊恐之。入仓，见仓中鼠食积粟，居大庑下，无人犬之忧。乃叹曰："人贤不肖譬如鼠，在所自处耳。"

又曰：张汤，杜陵人也。其父为长安丞，出，汤为守舍。还而鼠盗肉，其父怒，乃笞汤。汤掘得盗鼠及肉鞫掠，讯鞫论报，并取鼠与肉具狱磔堂下。其父见之，视其文辞，如老狱吏，大惊，遂使书狱。

《汉书》曰：右冯翊韩延寿有罪下狱，杨恽上书讼延寿。郎中丘常谓恽曰："闻君侯讼韩冯翊，当得活乎？"恽曰："事何容易！我不能自保。真人所谓鼠不容穴，衔窭薮故也。"

又曰：苏武使匈奴，匈奴徙武北海上，掘野鼠草实而食之。

又曰：广陵王胥将作乱，鼠舞王后庭。

又曰：燕刺王旦将作乱，鼠舞殿端门。

鱼豢《魏略》曰：大秦国有辟毒鼠。

《魏志》曰：臧洪为袁绍所围，粮乏，乃掘鼠而食之。

又曰：太祖时，用刑严重。太祖马鞍在库为鼠所啮，库吏惧罪必死，议欲面缚首罪，犹虑不免其咎。邓哀王哀冲谓曰："庚三日中，然后自归。"冲于是以刀穿单衣，如鼠啮者，谬为失意貌，有愁色。太祖问之，冲对曰："世俗以为鼠啮衣者，其主不吉。今单衣见啮，是以忧戚。"太祖曰："此妄言耳，无所苦也。"俄而库吏以啮鞍闻，太祖笑曰："衣在侧尚啮，况马鞍悬柱乎？"一无所问。

《晋阳春秋》曰：大兴中，衡阳欧纯作鼠市，四方丈余，开四门，门有一木人。纵四五鼠于中，欲出门，木人辄以椎椎之。

《北史》曰：卢昶为散骑尚侍。时洛阳县获白鼠，昶奏以为案瑞典，外镇刺史二千石令长不祗上命，刻暴，百姓怨嗟则白鼠至。因陈时政，多所劝诫。诏书褒美其意。

《三国典略》曰：齐将诛斛律光，有三鼠游于光寝，光每投食与之，一朝俱死床下。

《唐书》曰：吐蕃有草石速古芒，叶长二寸，状如针蒿，每茎不过三四叶，其茎蔓，其花黄，其根连珠如麦门冬。有鼠长于常鼠，每二三十同一穴。至秋，鼠皆收此草为藏，多者至数石。俗亦掘草根食之而留给鼠粮。其国禁杀鼠，杀者辄加罪，俗亦爱之不杀也。

《洞林》曰：乡里人柳休祖妇病鼠瘘，积年不差。及困垂命，令儿却从吾乞卦。占得《颐》之《复》，案卦应得人师姓石者而治之，当以鼠出而愈者也。休祖儿归，有一贱家奴姓石，自言由来能治此病，且灸其三处而止，妇寻差。有一老鼠，色正苍黄，迳就其前，跄跄伏而不动，呼狗啮杀之，鼠头上有灸处，病便差。

《玄中记》曰：百岁鼠化为神。

郑氏《玄中记》曰：百岁之鼠化为蝙蝠。

京房《易飞候》曰：鼠舞国门，厥咎亡。鼠舞于庭，厥咎诛死。

《风角要占》曰：长居官厌盗法：七月以生鼠九枚，置笼中埋于地，称九百斤土覆，坎深各二尺五寸，筑之令坚固。

《地镜图》曰：青玉之像为女人，黄金之见为火及白鼠。

《百怪书》曰：鼠咋人衣领，有福。

《庄子》曰：且鸟高飞以避矰戈之患，鼷鼠深穴于神丘之下，以避薰灌之患。

又曰：惠子相梁，庄子往见之。或谓惠子曰："庄子来欲代子相。"于是惠子恐，搜于国中，三日三夜。庄子见之，曰："南方有鸟，其名鹓雏，子知之乎？鹓雏发南海而飞渡北海，非梧桐不止，非竹实不食，非醴泉不饮。于是鸱得腐鼠，鹓鶵过而仰视之，曰：'唬！'今子欲以梁国相吓我耶？"

又曰：鼹鼠饮河，不过满腹。

《文子》曰：腐鼠在阼，烧香于堂。

《尹文子》曰：郑人谓玉未理者为璞，周人谓鼠未腊者为璞。周人乃怀璞问郑贾曰："欲买璞否？"贾曰："欲。"因出其璞，视之，乃鼠也，因谢不取。

《淮南子》曰：柳下惠见饧，曰："可以养老。"盗跖见饧，曰："可以粘鼠。"

又曰：孟贲探鼠穴，无时死，必噬其指，失其势。孟贲勇士，为探鼠于穴，故曰失其势。

又曰：季春之月，田鼠化为鴽。

《淮南万毕术》曰：狐目狸脑，鼠去其穴，以涂鼠穴，即去。被发向北，咒杀巫鼠。夜有巫，被发北向，禹步，咒曰：老鼠不祥，过，自受其殃！

又曰：投鼠者机动，钓鱼者浮抗。动，发也。发则得鼠。浮，钓浮也。抗，动也。动则得鱼也。

又曰：虞氏者，梁富人也。登高楼临大路，设乐陈酒，蒲博其上。游侠相随行于楼下，博者射，朋张中友雨榻而笑，鸢堕腐鼠而中游侠。侠相与语曰："虞氏富人矣，常有轻人之志，乃辱我以腐鼠，请灭其家。"其夜乃攻于虞氏，大灭其家。此谓类而非也。

《抱朴子》曰：南海有白鼠，大者重数斤，毛长三寸，居空木中。其毛可绩为布。

又曰：陈安世年十三，初为管叔本客，得道。叔本年七十，犹拜安世，曰："得道者当师，吾不羞弟子之礼矣。死王乐生鼠，虽为帝王，死，不及生鼠。"

又曰：《玉策记》称鼠寿三百岁，满者则色白，善凭人而卜，名曰仲。仲能一年之中吉凶及千里外之事皆知也。

《典语》曰：狻玃之狗吠于朝门，社稷之鼠窜于官侧。

《春秋后语》曰：赵惠文王二十九年，秦韩相攻，军于阏与。上党有阏与聚。阏，乌连反。与，音预。或音余。王召廉颇问曰："可救不？"对曰："道远险狭，难救也。"又问乐乘，对曰："如廉公言。"又问赵奢，赵奢对曰："道远险狭，譬两鼠斗于穴中，将勇者胜。"王乃令奢救之。

《晏子春秋》曰：景公问晏子："治国何患？"对曰："社鼠者，不可薰之，不可灌之。君左右出卖寒热，入则比周，此国之社鼠者也。"

《山海经》曰：丹熏之山有兽焉，其状如鼠而兔首麋耳，以其尾飞，名曰耳鼠。可御百毒。

郭璞《山海经图·飞鼠赞》曰：或以尾翔，或以髯凌，飞鼠鼓翰，倏然皆腾。固无常所，唯神所凭。

《本草》曰：鼷鼠，一名隐鼠，形如鼠大而无尾，黑色，长鼻。

《贾谊书》曰：鄙谈云：欲投鼠而忌器。此善喻也。鼠近于器，尚惮不投，况贵大之臣近于帝王乎？

郭璞注《尔雅》曰：汉文帝宫中得一鼠，豹文，光彩荧荧。以问群臣，孝廉郎终军答曰："鼨鼠。"文帝赐缣。

东方朔《神异经》曰：北方有冰万里，厚百丈，有鼷鼠在冰下出焉。其形如鼠，食草木，肉重千斤，可以作脯，食之已热。除热病也。其毛长可八尺，可为蓐，卧之可以却寒。治风病也。其皮可以蒙鼓，其声闻千里。有美尾，可来鼠。此鼠尾毛所在，鼠斩辄入此聚。

《说苑》曰：梁上鼠饱闻长者论。

《论衡》曰：人生天地，犹鱼生泉，虮虱于人，因气而生。马食鼠屎而腹胀，鼠子水，午火马。金亦胜木，鸡何不啄兔？火亦胜金，蛇何不食猴？

又曰：鼠践一篋捐不食。

《博物志》曰：鼠食巴豆，三年重三十斤。

束皙《发蒙记》曰：西域有火鼠之布，东海有不灰之木。

《语林》曰：简文为抚军时，所坐床氏坐尘，不听左右扫去，见鼠行迹，视以为佳。

《异物志》曰：鼠母，头脚似鼠，毛苍口锐，大如水牛，而独畏狗。水田时有水灾，起于鼠。

《西域诸国志》曰：有鼠王国，鼠大如狗，着金锁；小者如兔，或如此间鼠者。沙门过不咒愿，白衣不祠祀，辄害人衣器。

《异苑》云:“释道安昔西方适见此俗。”谚云:“鼠得死人目睛则为王。”

干宝《搜神记》曰:晋太康中,会稽郡蟛蜞及蟹皆化为鼠,大食稻为灾。始成者有肉而无骨。

《幽明录》曰:吴北寺终祚道人卧斋中,鼠从坎出,言终祚复数日必当死。终祚呼奴令买犬,鼠云:“亦不畏此也。但令犬入此户,必死。”须臾壤炅,果然。终祚乃下声语其奴曰:“明日市雇十担水来。”鼠便已逆知之,云:“正欲水浇取我穴,周流无所不至。”竟日浇灌,了无所获。密令奴更借三十人,鼠云:“吾上屋居,奈我何。”至时,处在屋上,奴名同,鼠云:“阿同盗二十万钱。”试开库,实如所言,奴亦叛去。终祚常为商贾,闭其户而谓鼠曰:“汝正欲使我富耳。今远行,勤守吾房,勿令有所零失也。时桓玄在南州,禁杀牛甚急。终祚载数万,窃买牛皮还东货之,得二十万。还,室犹闭,一无所失。怪亦绝。后遂富积二三千万。

《列异传》曰:中山王周南,正始中,为襄邑长。有鼠衣冠出厅事,语曰:“尔某日当死。”周南不应。至期复出,冠帻绛衣,语曰:“尔日中当死。”复不应。入复更出,日适中,鼠曰:“周南,汝不应,我死,我复何道?”遂颠蹶而死,即失衣冠,视如常鼠也。

《述异记》曰:宋车骑大将军南谯王刘义宣镇荆州,府吏蔡铁者,其人善卜。公尝在内斋见一白鼠,缘屋梁上。乃命左右射得之,内置函中。召铁,既至,使卜函中何物。卜兆成,笑曰:“已具知矣。”公曰:“状之。”铁为之状曰:“兑色之鼠,背明入户,弯弧射之,绝其左股。鼠孕五子,三雄而两雌。若不见信,剖腹而立知。”公乃使剖鼠腹,皆如铁言也。赐钱一万。

刘敬叔《异苑》曰:景平中,东阳大水,永康蔡喜夫避住南垄。夜有大鼠浮水而来,伏喜夫奴床角。奴恐而不犯,每以饭与之。水势既退,喜夫既得返故居,鼠以前脚捧青纸裹三斤许珠着奴床前,啾啾如欲语也。

又曰：南阳赵度，少好术艺。度有白米为鼠所盗，乃被头把刀画地作狱，四面开门，向东长啸，群鼠俱到，咒之曰：“凡非啖者过。”唯止者十余，乃剖腹看脏，有米在焉。

《窦氏家传》云：窦攸治《尔雅》，举孝廉为郎。世祖与百寮大会于灵台，得鼠，身如豹文，荧荧有光辉。问群臣，莫有知者，唯攸对曰：“杆名鼮鼠。”诏何以知之许，攸曰：“见《尔雅》。”诏案视书，果如攸言。赐帛百匹，诏诸臣子弟皆从受《尔雅》。

《许迈别传》曰：迈小名映。有鼠啮映衣，乃作符召鼠，莫不毕至于中庭。映曰：“啮衣者留，不啮衣者去。”群鼠并去，唯一鼠独住，伏于中庭而不敢动。

《梁州记》曰：仙人唐公房祠有碑一戍，庙北有大坑，碑文云是其旧宅处，公房举宅登仙，故为坑焉。山有易肠鼠，一月吐易其肠。束广微心所谓唐鼠者也。《博物志》曰：唐房升仙，鸡犬去，唯以鼠恶不将。鼠自悔，一月三出肠。

刘欣期《交州记》曰：竹风鼠，如小狗子，食竹根。出封溪县。

《秦州记》曰：乞佛虏乾归，未移枹罕、金城。见鼠有数万头，将诸小鼠，各衔马屎，群移而渡洮、丽二水，悉止枹罕。自是二年而乾归徙焉。

《晋太康地记》曰：鸟鼠之山，在陇西首阳县。穴入三四尺，鼠在内，鸟在外。

邓德明《南康记》曰：南康山石室，号金堂，内金色，有金鼠时见也。

《金楼子》曰：齐郁林王夜中与宦者共刺鼠，至晓夜，辄得被十篮。

又曰：晋宁县境内出大鼠，鼠状如牛，土人谓之偃鼠。天时将失，鼠则从山出游畎亩，散落其毛，悉成小鼠，五稼必尽耗也。

后魏卢元明《剧鼠赋》曰：嗟乎！在物最为可贱，毛骨莫充于赏，脂肉不登于俎膳。其为状也。僭误且吁，睢离睒上滥切睗音释须似麦穟。半垂眼如豆角，中劈耳类槐叶。初生尾若杯酒余沥。乃有老者，羸髋宽、申二音疥瘠。偏多奸计，众中无敌。社托忌器，妙解自惜。深藏厚闭，巧能推觅。或寻绳而下，或自地高掷。登机缘匮，荡扉动弈，切切终朝，轰轰竟夕。是以诗人为辞，实云其硕。盗干汤之珍俎，倾留髦之香泽。伤绣领之斜制，毁罗衣之重襞。曹舒由是献规，张汤为之被祷谪。亦有闲居之士，倦游之客，绝庆吊以养真素，屏左右而寻《诗》《易》。庭院肃清，房栊虚寂。尔乃群鼠乘间，东西跳掷。或床上捋髭，或户间出额。貌术舒暇，情无畏惕。又领其党与，欣欣奕奕，欹覆箱奁，腾践茵席，共相侮慢，特无宜适，讶天壤之含弘，产此物其何益？

太平御览卷第九百一十二 兽部二十四

狸

《尔雅》曰：狸，子貄余至切。

《说文》曰：狸，伏兽也。

《礼》曰：狸首之班然。

又曰：狸去正脊。

《魏志》曰：清河令徐李龙使人猎，令管辂筮其所得。辂曰："当获小兽。虽有爪牙，微而不强；虽有文章，蔚而不相；非虎非雉，其名曰狸。"猎人暮归，果如辂言。

《晋书》曰：乐广为河南尹。先是，河南官舍多妖怪，前尹皆不敢处正寝。广居之不疑。尝外户自闭，左右皆惊，广独不。顾见墙有孔，使人掘墙，得狸而杀之，其怪亦绝。

《唐书》曰：武弘度，士彟兄子也。父卒，庐于墓侧，晨夕哀号。有野狸，每至弘度斋时，必来求食，往来驯狎无惊惧。时以为孝感。

《玄中记》曰：铅锡之精为狐狸。

《子思子》曰：谓狐为狸者，非直不知狸也，忽得狐复失狸者也。

《琴操》曰：曾子鼓琴，墨子立外而听之。曲终，入曰："善哉！鼓琴，身已成矣，而曾未得其首也。"曾子曰："吾昼卧见一狸，见其身而不见其头，起而为之弦，因曰残形操。"

《淮南子》曰：狸头似鼠，以类推也。许慎曰：狸食鼠。

又曰：狸头止瘋，瘋，寒热病也。鸡头止瘘。

《抱朴子》曰：虎尾不负狸身，象牙不出鼠穴。

《本草》曰：狸肉甘，无毒，主风湿、鬼毒气、皮中如针刺。

《归藏》曰：昔者桀筮伐唐，而枚占荧惑，曰："不吉。彼为狸，我为鼠，勿用作事，恐伤其父者也。"

《风俗通》曰：汝阳西门习武亭有鬼魅，宿者辄死，厌者皆亡发。北部督邮西平郅伯夷到亭上楼宿，诵《六甲》《孝经》《易》《本记》。卧，密拔剑解带。夜有正异者四五尺来覆，伯夷以剑带击魅脚，呼下灯照，见一老狸，身赤，略无毛衣。持下烧杀。明日，发楼屋，得所亡发髻百余。因此遂绝。

《神仙传》曰：栾巴为豫章太守。先是，庐山庙中有人言语，饮酒投杯，能使宫亭湖中分，风行者举帆相逢。巴未到十数日，庙中神不复作声，不知所在。巴到，自上表说："庙鬼诈称天官，欺损百姓，积愆日夕，罪当穷治。乞以事付功曹，臣身行捕逐。如不治讨，恐其复游行天下，所在血食，枉病良民。"责以重祷，乃至所在推求山川社稷，问鬼踪迹。此鬼乃到齐国为书生，齐太守见之，既有容美丽，又有才辨学识。论经说义，时在齐，人莫不见知。太守亦不知是鬼，乃以女妻之，生一男。巴到，与太守相见，语毕，问曰："闻卿有一女聟，明五经诸子，可得相见不？"太守请女聟，诈病辞不出，而巴求之不止。聟告其妇，言："吾今日出必死，如何？"女亦怪之，不知何从。巴知不敢出，乃求奏板一枚并笔，书符付太守曰："以此与贤女聟，自当出也。"女聟得符，流涕与妇辞诀而出。望见巴，即身体已变为狸，而面故是人也。巴厉声呵言："死狸敢尔！何不正汝真形。"即尽为狸。巴复曰："斩之。"亦不见斩者，而狸头已断于地。又言："取狸子来。"须臾，太守女所生儿已复为狸子，即又斩之。巴辞还郡。

《搜神记》曰：博陵刘伯祖为河东太守。所止承尘上有神能语，常呼伯祖与语。及京师诏书告下消息，辄预告伯祖。伯祖问其所食啖，欲得羊肝。买羊肝，于前切之，脔随刀不见，尽两羊肝。有一老狸，眇眇在案前。持刀者欲举刀斫之，伯祖呼止，自与着承尘上。须臾，大笑曰："向者啖肝醉，忽失形与府君相见，大惭愧。"后伯祖当为司隶，神复先语伯祖云："某月某日，诏书当到。"至期如言。及入司隶府，神随逐在承尘上，辄言省内事。伯祖大恐怖，语神曰："今职在刺举，若左右贵人闻神在此，因以相害。"神答曰："诚如府君所虑，当相舍去。”遂即无声。

《幽明录》曰：吴兴戴眇家僮客姓王，有少妇美色，而眇中弟恒往就之。客私怀忿怒，具以白眇：“中郎作此，甚为无理，愿尊敕语。”眇以问弟，弟大骂曰：“何缘有此？必是妖鬼。”敕令扑杀。客初犹不敢，约厉分明。后来闭户欲缚，便变成大狸，从窗中出。

又曰：董仲舒常下帷独咏，有客来诣，语遂移日，舒知其非常。客又云：“欲雨。”仲舒因此戏之曰：“巢居知风，穴处知雨，卿非狐狸，则是鼷鼠。”客闻此言，色动形坏，化成为狐狸也。

隋王度《古镜记》曰：大业七年五月，余自御史告归河东，适遇侯生卒而得一镜。六月，余归长安，宿于主人程雄家，新授寄一婢，颇称端丽，名曰鹦鹉。余整冠履，引镜自照，鹦鹉遥见，便叩头流血，云：“不敢往”。余召雄问其故，雄曰：“两日前有一客携婢从端愦，来时病困，因留寄于此，不知婢之由也。”余疑其精魅，以镜逼之，遂自陈，云“本是华山庙前长松下千年老狸，久行变惑，罪当至死。近为府君捕逐，逃潜河渭之间，为下邽陈思恭义女。思恭妻郑氏见养恩厚，嫁鹦鹉与乡人柴华。意不相惬，逃而去。东至韩城，遂为行人李无傲所执。无傲粗人也。遂劫鹦鹉游行至此。不意天镜一照，自隐无路。然为人已久，羞复故形，愿乐饮而忘形。”因匣镜置酒，悉召雄家邻里与共饮晏。此婢大醉起舞，歌曰：“宝镜宝镜，哀哉余命。自我离形，于今几姓？生虽可乐，死不必伤，何为眷恋，守此一方？”歌毕，化为狸而死。

《述异记》曰：陈留董逸，少时，邻女梁莹年稚色艳。逸爱慕倾魂，贻椒献宝，莹亦纳而未获果。后逸邻人郑充在逸许宿，二更中，门前有叩掌声，充卧望之，亦识莹。语逸曰：“梁莹今来。”逸惊跃出迎，把臂入舍。逸与莹寝，莹仍求去。逸揽持不置，申款达旦。逸欲留之，云：“为汝蒸豚作食，食竟去。”逸起闭户绝帐，莹因变形为狸，从梁上走去。

《金楼子》曰：狸之不可栖处，牛不可使捕鼠。

貂

《说文》曰：貂，鼠属也，大而黄黑色，出丁零国。

《广志》曰：貂出夫馀。

《关山图》曰：霍山南岳，其兽多赤貂。

《东观汉记》曰：建武二十五年，乌桓诣阙朝贺，献貂皮。

《魏书》曰：鲜卑有貂豽女滑切鼲音魂子皮，毛柔蠕，故天下以为名裘。

《魏志》曰：挹娄国出好貂，今所谓挹娄貂是也。

《江表传》曰：辽东太守遣使诣孙权，送貂皮千枚，欲举国归吴。

《晋书》曰：赵王伦篡位，至于奴卒厮役亦加爵位。每朝会，貂蝉盈坐。时为之谚曰："貂不足，狗尾续。"

《异苑》曰：貂出句丽国。常有一物共居穴，或见之，身貌类人，长三尺，能制貂，爱乐刀子。其俗人欲得貂皮，以刀插穴口，此物夜出皮置刀边，须人持皮去，乃取刀。

《隋书》曰：北室韦，其俗以捕貂为业。南室韦亦多貂。

豽女滑切

《说文》曰：豽兽，无前足。汉津能捕豺豽，购百钱。

《尔雅》曰：豽无前足。郭璞注曰：晋太康七年，石陵扶夷县槛得兽，似狗，豹文，有角，两脚，即此类也。或曰：豽似虎而黑，无前两足也。

《广雅》曰：豹，豽也。

《唐书》曰：长庆中，河东节度使李听贡豽三头。豽，猛捷之兽也。穆宗好畋游，尝诏诸道广求此兽，搜践山谷，郡县告劳。防虞笼槛，甚于豺虎。及至林苑，往往噬人。后穆宗亦尽令逐之。及敬宗即位，听复献之。

鼲音魂

《说文》曰：鼲鼠，出丁令胡，以作裘。

《魏略》曰：丁零国出青貚子、白貚子皮。

《江表传》曰：魏文帝遣使吴求貚皮豹犀。群臣以非礼，欲不与。权敕付使。

《山海经》曰：狱法之山有兽焉，如犬而人面，善投，见人则笑，其名曰䑏。其行如风，见则大风。

《山海经图赞》曰：山貚之兽，见乃欢唬。厥性善投，行如矢缴。是唯气精，出则风作。

猫

《诗》曰：孔乐韩土，有猫有虎。

《尔雅》曰：虎窃毛谓之虦士盏切猫。郭璞注曰：窃，浅也。或曰：窃毛，鹿毛也。

《礼》曰：古之君子，使之必报之。迎猫，为其食田鼠也；迎虎，为其食田豕也。迎而祭之也。

《尹子》曰：使牛捕鼠，不如猫狌音生之捷。

《北史》曰：独孤陀性好左道。其外祖母高氏先事猫鬼，转入陀家，每以子日夜祠之。猫鬼每杀人，取其财物，置于所事猫鬼家。鬼若降人，则面正青，若被牵曳。陀后败免死。

《唐书》曰：高宗废王后，令宫人宣敕示后。后拜曰："但愿大家万岁，昭仪长承恩泽。死是吾分也。"良娣承敕，骂曰："阿武狐媚，翻覆至此！百千生愿得一日为猫，阿武为鼠，吾扼其喉以报今日，即足矣。"武后闻之不说，自是约六宫不许畜猫。

又曰：朱泚军中有猫乳鼠者，泚献之为祥。代宗使中官示于朝，宰臣率百僚皆贺，崔祐甫独否。中官诘其故，答曰："此物之失常也，可吊不可贺。"中官征其状，祐甫立草之，略曰："《礼》云：迎猫为食田鼠也。以能除害，故列祠典。今反乳之，是谓失常。且猫受人食养而弃职不修，亦何异法吏不勤触邪、疆吏不勤捍敌？是天将垂戒，故不敢贺。"众皆伏，代宗嘉其正直。

獭

《礼记·月令》曰：孟春之月，獭祭鱼，然后虞人入泽梁。

《说文》曰：獭，如小狗，水居，食鱼。猵，音编獭属也。

《遁甲开山图》曰：霍山光南岳，其兽多柴獭。山边水，故有柴獭。

《淮南子》曰：爱獭而饮之酒，欲养之，非其道。言獭饮酒而败。

《风土记》曰：阳羡县前有大桥，下有白獭。将有兵动，獭出穴口向人嗥也。

《魏略》曰：南蛮皆用獭皮为其冠。

《盐铁论》曰：水有獱音频獭而池鱼劳，国有强御而齐民消也。独曰獱，群曰獭。

如淳《博物志》曰：獱如马，自腰以下似扁蝠，毛似獭，大可五六斤。淳同乡人吉孟，景福中征辽东时为运舡吏，于海中有猵獭跳上舡，舡人皆谓海神，共叩头敬礼。舡左武令人云："但鱼獭耳，可烹而食之。"

《神仙传》曰：樊夫人者，刘纲之妻也，俱行道术，各自言胜。纲于是唾盘中水，即作鲤鱼，夫人乃唾盘中使成獭而食鱼。纲每共试术，事事不如。

《永嘉地记》曰：涛山至高，常有拾橡者见上有大湖，又有自然石桥，多獭及异色鸟兽。

猬

《孝经援神契》曰：猬多刺，故不使超逾抑扬。

《尔雅》曰：猬，毛刺。

《淮南子》曰：鹊屎中猬，烂而生蝇漆，见蟹不燥。

《淮南万毕术》曰：猬膏涂铁，柔不折。

《华阳国志》曰：华滇池县有白猬山，无石而多猬也。

《北齐书》曰：成帝梦大猬攻破邺城，故索境内猬膏以绝之。至后主名纬，亡齐之征。

《广五行记》曰：梁末，蜀人费祕刈麦，值暴风雨，隐于岩石间避雨。去家数里，遥见前路有数妇人，皆着红紫襕衣，歌吟而来。秘窃怪，野外何因有此？心异之。渐近，寂然无声，去祕数步，乃各住立。少时悉转向祕，看之，其面并无七孔，唯垂鸟毛而已。祕惊怖仆地。至二更，祕儿怪父不至，把火寻觅。见秘卧在道旁，左侧有十余刺猬，见火即争散走。祕至家百余日死。

太平御览卷第九百一十三　兽部二十五

杂兽

驒騱上音颠，下音奚

《说文》曰：驒騱，野马属。

《史记》曰：匈奴畜则駃古穴切騠下奚切驒騱。

昆蹄

《尔雅》曰：昆蹄研，善升甗。孙炎曰：劳鱼之马，蹄平如研，而善升山甗者。郭璞曰：秦时有劳鱼死。昆駼大胡切，枝蹄研，善升甗。

蒙颂

《尔雅》曰：蒙颂，猱状。郭璞注曰：即蒙贵也，似蜼而小，紫黑色，可畜，捕鼠胜猫。九真、日南出之。猱，狝猴之属也。

貙

《尔雅》曰：貙乎犬切，有大力。郭璞注曰：出西海，大秦国有养之，似山狗，多力犷恶也。

魋

《尔雅》曰：魋，如小熊，窃毛而黄。

蜼余救切

《尔雅》曰：蜼，卬鼻而长尾。郭璞曰：似狝猴而大，黄黑色，长数尺，鼻露向上，雨则自悬于树，以尾塞鼻，或以两指也。

鼰古闻切

《尔雅》曰：鼰鼠，身长须而贼，秦人谓之小驴。郭璞曰：鼰为鼠而马喙，一赎千斤，为物残贼也。

豦音渠

《尔雅》曰：豦迅头。郭璞注曰：匠波平山中有豦，大如狗，似狝猴，多髯，能举石擿人。

䴙

《尔雅》曰：驨，音携如马一角，不角者骐也。

㲋丑略切

《说文》曰：㲋兽，似兔，青色而大，头与兔同，足与鹿同。

《山海经》曰：缘光之山，兽名㲋。郭璞曰：㲋似兔，而鹿脚，青色也。

石縠

《说文》曰：縠大木切，类犬，腰以上黄，腰以下黑，食母猴。或曰縠似牂羊。

《风土记》曰：石縠，似狢而形短，常捕取猴猨。

司马相如《上林赋》曰：獑音谗猢縠豟音厄。

犹余救切

《说文》曰：犹，玃属。一曰，陇西谓犬子为犹。

《尔雅》曰：犹，如麂，善登木。

狏

《鲁连子》曰：北方有兽，名为狏，生而角当心。俯厉其角，溃心而死。

竹狏

徐衷《南方记》曰：竹狏，野生，长一丈三寸，在土穴中，常食竹根。味如鸭肉。

原

《山海经》曰：翠望之山亦作翠山。有兽，状如狸，一目三尾，名曰原。音夺众声，言能作百种声。可以御凶也。

天狗

《山海经》曰：阴山浊谷之水出焉，有狩，状如狸，或作狗。白首，名曰天狗。可以御凶。

獜音邻

《山海经》曰：依轱之山有狩焉，状如虎，有爪甲，名曰獜。言体有鲜甲也，食之不畏风。

貘狻上音渠，下音叟

《山海经》曰：貘狻兽，食猛兽。

鹿蜀

《山海经》曰：杻阳之山有兽，状如马而白文，头如虎而长尾，其音如谣，如人歌。其名曰鹿蜀。佩之宜子孙。

《山海经图赞》曰：鹿蜀之兽，马质虎文，骧首吟鸣，矫矫腾群。佩其皮毛，子孙如云。

类

《山海经》曰：亶受之山有兽，状如狸而有发，其名曰类。自为牝牡，食者不妒。

猼訑上音搏，下音他

《山海经》曰：基山有兽，其状如羊，九尾四目，其目在背，名曰猼訑，佩之不畏。

《山海经图赞》曰：猼訑似羊，眼乃在背。视之则奇，推之无怪。欲不恐惧，厥皮可佩。

狸力

《山海经》曰：拒山有兽，状如豚，有距。其音如狗吠，其名曰狸力。见则其县多土功。

土蝼

《山海经》曰：昆仑之丘有兽焉，其状如羊而四角，名曰土蝼。

讙讙

《山海经》曰：翼望之山或作王翠。有兽，状如狸，一目而三尾，名曰讙讙音欢，或原。其音如夺百声。言其能作百种物声也。或曰：夺百，物名也，未详。是可以御凶，服之治瘅黄疸病，音旦也。

幽頞音遏

《山海经》曰：边春之山有兽，状如禺而文背。善笑，见人则卧，名曰幽頞。嬇嬒。其鸣自呼也。

《山海经图赞》曰：幽頞似猴，俾愚作智，触物则笑，见人佯睡。

足訾

《山海经》曰：蔓联之山有兽，状如禺而有鬣，牛尾、文臂、马蹄，见人则笑，名曰足訾，其鸣自呼也。

那父

《山海经》曰：灌题之山有兽，状如牛而白尾，音如叫，如人叫唤。名曰那父。

天马

《山海经》曰：马成之山有兽，如白犬而黑头，见人则飞，其名天马，其鸣自呼也。

䍺能音那，或作能

《山海经》曰：甘枣之山有兽，状如㹨鼠而文题，㹨鼠，未详。名曰那。食之治瘿。

朏音普妹切

《山海经》曰：霍山有兽如狸，白尾有鬣，名朏。畜之亡忧。

文

《山海经》曰：放皋之山有兽，状如蜂，枝尾而反舌，善呼，名文。

开明

《山海经》曰：开明兽，身类虎而九首，皆人面，东乡立昆仑上。

穷奇

《山海经》曰：封山有兽，状如牛而猬毛，名曰穷奇，食人。或云穷奇闻人斗，乃助不直者。文王出猎所获。

张揖注《上林赋》曰：穷奇，其音如狗嗥。

《神异记》曰：西北有兽，状如虎，有翼，名穷奇。

猬褢上音谓，下音怀

《山海经》曰：尧光之山有兽，如人而彘尻，冬蛰，名猬褢。音如斫木。如人斫木声。见则其县有役。

彘

《山海经》曰：浮玉之山有兽，状如虎而牛尾，音如犬，名曰彘。

羬羊

《山海经》曰：华山之首曰钱来山，有兽，状如羊而马尾，名曰羬羊。其脂可以已腊。治体腊也。

嚣

《山海经》曰：羭次之一山有兽，状如禺而长臂，其名曰嚣。

长古

《山海经》曰：长古之山有兽，状如禺而四耳，名长古。因其山名。音如吟。见则郡县大水。

溪边

《山海经》曰：天帝之山有兽，状如狗，名溪边。席其皮者不蛊。

玃古缚切

《山海经》曰：皋涂之山有兽，状如鹿，白尾，马足，人手，前两脚似人手。而四角，名曰玃。

犰狳上音求，下音余

《山海经》曰：馀我之山有兽，状如兔，鸟喙，鸱目，蛇尾，见人则眠。言阳死也。其名曰犰狳，其鸣自叫。见则虫蝗为败。

浑沌

东方朔《神异经》曰：昆仑西有兽，其状如犬，有两目而不见，两耳而不闻，有腹而无五脏，有肠直而不旋，食而径过。人有德行而往，抵触之；人有凶恶而往，依凭之。天使其然，名曰浑沌，一名无耳，一名无心。所居无为，常咋尾回转，向天而笑。

梼杌

东方朔《神异经》曰：西方荒中有兽焉，状如虎而身大，虎毛，长尺，张华注曰：言此兽毛皆如豪猪毛也。人面虎足，口有猪牙，尾长一丈八尺，名曰梼杌。此兽食人。

㺄音羔

东方朔《神异经》曰：北方有兽焉，其状如狮子，食虎食人，吹人则病，口中吹人。名曰㺄。恒近人村里，入人居室中，百姓患苦，天帝徙之北方荒中也。

无损

《神异经》曰：南方有兽，其状如鹿，豕头，有牙，鹿尾，善依人求五谷，名曰无损。其肉可作鲜，使沈吕审也肥美而鲜，肉不坏，吞不入。沈尽，更添肉使复以作鲜如初，愈久而乃美。名曰不尽鲜。

绸

《神异经》曰：西方深山有兽焉，面目手足毛色如猴，体大如驴。善缘高木，皆雌无雄。名曰绸。须人三合而有子，要路强牵男人，将上绝冢之上，取果并窃五谷食，更合三毕而定。十月乃生。

啮铁

《神异经》曰：南方有兽，角足大小状如水牛，其毛黑如漆，食铁而饮水。其粪可为兵器，其利如钢。名啮铁。

飞骇兽

《洞冥记》曰：汉武帝时，翕韩国献飞骸兽。状如鹿，青色，以寒青之丝为绳系之。兽死，帝爱而不埋，挂之于苑门。皮毛皆烂朽，唯骨色犹青。时人咸知其神，更以绳系其足，闭于重观。后数日往观，唯见绳之所系处头尾，背皆飞去。有野人于草间得其斥脊，皆能飞起，取还以献。帝乃以野人所献骨脊及头尾之骨舂为粉，以蝙蝠和为丸，以疗百疾。其丸夜视之有光，服之体有光明。

破镜

《汉书·郊祀志》曰：古者天子常以春解祠，黄帝用破镜。孟康曰：兽名，食父，黄帝要欲绝其类，使祠用之。破镜，如貙而虎眼也。

猯音湍

《淮南子》曰：猯知曲穴，亦鸟兽之智。

狖

《说文》曰：鼠狖，鼠属，善旋。

《吴录·地理志》曰：建安阳县多狖，似猿而露鼻，雨则以尾反塞鼻孔。郡内及临海皆有之。

猵力水、力为二切

《异物志》曰：猵，鼠之属，捷勇于猿貁。面皮鼻微倒向上，尾端分为两条，天雨便以插鼻孔中，水不入。性畏人，见人则颠倒投掷，或堕地奔走，无所回避，触树冲石，或至破头折胫。俗人骂恃力人云："痴如猵"。

张揖注《上林赋》曰：飞猵，飞鼠也。其状如兔而鼠首，以其髯飞。

郭璞注曰：鼯鼠也。毛紫赤色。飞且乳，一名飞生。

麢狼上才兮切

《异物志》曰：麢狼，状似鹿而角前向，入林挂角，故恒在平浅草中。肉肥脆香美。逐入林则得之。皮可作履袜。角正四据，南人因以作路床。

两头兽

盛弘之《荆州记》曰：武陵郡西有阳山，山有兽如鹿，前后有头。常以一头食，一头行。山中时有见之者。

獑猢上音谗，下音胡

《蜀地志》曰：獑猢兽似猕猴，为兽奇捷，常在树上倏然腾跃百步五十步，若鸟。

黄要

《蜀地志》曰：黄要兽，一名墠微，一名虔己，鼬身狐首。生子长大自活，群逐其母，令不得饮食。将有所求，而先见此兽，则不得矣。

含利

张衡《西京赋》曰：含利颬颬，化为仙车。

《郑氏婚礼谒文赞》曰：含利为兽，廉而能谦，礼义乃食，口无讥愆。

兹白

《博物志》曰：兹白若白马，锯牙，食虎豹。其状如昔，耳、身若虎豹，尾长参其身。

虎豹

《博物志》曰：逢伯云所说：有兽缘木，绿文似豹，名虎仆，毛可为笔。

聆鼠

《博物志》曰：丹里之山有兽焉，状如鼠，名曰聆鼠，以其尾飞也。

野羊

张揖注《上林赋》曰：野羊，羚羊也，似羊而青。

猛氏

孟康注《上林赋》曰：虾蛤、猛氏，皆兽名。

郭璞曰：今蜀中有兽，状如熊而小，毛浅有光泽，名猛氏。

飞遽

张揖注《上林赋》曰：飞遽，天上神兽，鹿头而龙身。

射干

郭璞注《子虚赋》曰：腾远、射干。

张揖注曰：腾远，兽也。射干似狐，能缘木。

獌狿上音万，下丑延切，又音延

郭璞注《子虚赋》曰：獌狿，大兽，似狸，长百寻。

蒲劳

李善注《东都赋》曰：海畔兽名蒲劳，性畏鲸。每食于海畔，鲸轻跃击之，蒲劳则鸣声如钟。今人多铸蒲劳之形于钟上，斫撞作鲸形以击钟，天子出则击之。

太平御览卷第九百一十四　羽族部一

鸟

《周礼》曰：庖人供六禽，辨其名物。六禽，雁、鹑、鷃、雉、鸠、鸽。

又曰：中秋献良裘，王乃行羽物。行羽物，以飞鸟赐群吏。中秋，鸠化为鹰，顺其始杀，大班羽物。

又曰：射鸟氏掌射鸟，祭祀以弓矢殴乌鸢。凡宾客、会同、军旅，亦如之。

又曰：罗氏掌罗乌鸟，蜡则作罗襦。天子大蜡，谓十二月合取万物而素飨之。襦，细密之罗。

又曰：中春，罗春鸟，献鸠以养国老，行羽物。春鸟，蛰而始出，是时鹰化为鸠。春鸟变旧为新，宜以养老助生气。行谓赋物。

又曰：掌畜，掌养鸟，而阜蕃教扰之。鸟之可养盛大蕃息。祭祀共卵鸟，其卵可荐之鸟。四时贡鸟物，鸮雁之属，以四时来。共膳献之鸟。雉及鹑、鴽之属。

又曰：翨氏掌攻猛鸟，翨音翼。各以其物为媒而掎之，猛鸟，鹰、隼之属。置其所食之物于绢中，鸟来下则掎其脚。以时献其羽翮。

又曰：硩簇氏，硩音摘，又他历切。簇音苍独切。掌覆夭鸟之巢，覆，毁也。夭鸟，恶鸣之鸟，若鸮鹏。以方书十日之号、十有二辰之号、十有二月之号、十有二岁之号。

又曰：庭氏，掌射国之夭鸟。若不见其鸟兽，则以救日之弓、救月之矢夜射之；中若神也，则以太阴之弓与枉矢射之。

《礼》曰：献鸟者，佛其首。

又曰：执禽者左首。

又曰：大罗氏，天子之掌鸟兽者也。

又曰：鸟皫色而沙鸣，郁。皫，普表切。

又曰：凡生天地之间者，有血气之属必有知，有知之属莫不知爱其类。今是夫鸟兽则失丧其群匹，越月逾时焉，则必反巡，过其故乡，翔回焉、鸣号焉、蹢躅焉、踟蹰焉，然后乃能去之。小者至于燕雀，犹有啁噍之顷焉，然后乃能去之。故有血气之属者莫智于人，故人于其亲也，至死不穷。

《传》曰：或叫于宋大庙曰："嘻嘻！出出！"鸟鸣于亳社，如曰"嘻嘻"。

又曰：郯子来朝，公与之宴。叔孙昭子问焉，曰："少皞氏以鸟名官，何？"郯子曰："我高祖少皞挚之立也，凤鸟适至，故纪于鸟，为鸟师而鸟名。"

又曰：鸟则择木，木岂能择鸟？

《诗》曰：伐木丁丁，鸟鸣嘤嘤。嘤其鸣矣，求其友声。

《易》曰：比：王用三驱，失前禽，邑人不诫，吉。

又曰：井泥不食，旧井无禽。

又曰：旅鸟焚其巢。

又《小过》曰：有飞鸟之象焉。飞鸟遗之音不宜上，宜下，大吉，上逆而下顺也。

《书》曰：日中，星鸟，以殷仲春，厥民析，鸟兽孳尾。孔安国曰：乳化曰孳，交接曰尾。日永，星火，以正仲夏，厥民因，鸟兽希革。夏时，鸟兽毛羽希少，改易。革改。宵中，星虚，以殷仲秋，厥民夷，鸟兽毛毨。毨理也。毛更生整理也。日短，星昴，以正仲冬，厥民燠，鸟兽氄毛。鸟兽皆生毳细毛也。

《周书·旅獒》曰：珍禽奇兽，弗育于国。

《论语》曰：鸟之将死，其鸣也哀。

又曰：鸟兽不可与同群。

《尔雅》曰：鸟之雌雄不可别者，以翼右掩左，雄；左掩右，雌。鸟之少美长丑为鹠鷅。二足而羽谓之禽。

《春秋演孔图》曰：鸟化为书，孔子奉以告天。赤爵集书上，化为黄玉，刻曰："孔提命仰应法为赤制。"

又曰：黑帝治，生五角之禽以触民。宋均注曰：阳数五也。

《春秋考异邮》曰：鸟鱼者阴中阳，阳中阴，皆卵生以类翔。故鱼从水，鸟从阳。凡飞翔羽翮柔良之禽兽，皆为阳。阳气仁，故鸟哺公。鸟飞于风，鱼浮之水，是故阳气轻劲也。含二气，故生卵。吞龁者，八窍而卵生。鸟鸡类也。

《瑞颖咱王世纪》曰：禹葬会稽，有群鸟为民田，春耕则衔去草根，秋则啄除其芜秽，谓之鸟社。

《禽经》曰：山禽之咮多短，水禽之咮多长；山禽之尾多修，水禽之尾多促。林鸟以朝嘲，水鸟以夜啾。

《序命历》曰：羲皇、燧人，始名物虫鸟兽之名。

《尚书考灵曜》曰：鸟为春候。

《归藏·启筮》曰：金水之子，其名曰羽蒙。乃占之曰，羽民是生百鸟。

《史记》曰：秦仲知百鸟之音，与之语，皆应焉。

又曰：楚庄王即位三年，不出号令，日夜为乐，令国中曰："有敢谏者，死无赦！"伍举入谏，庄王左抱郑姬，右抱越女，坐钟鼓之间。伍举曰："愿有进隐。"隐为隐藏其意。曰："有鸟在于阜，三年不蜚不鸣，是何鸟也？"庄王曰："三年不蜚，蜚将冲天；三年不鸣，鸣将惊人。举退矣，吾知之矣。"

又曰：楚顷襄王十八年，人有好以弱弓微缴加归雁之上者。王闻而召之，问焉，对曰："小臣之好射鶀音其雁罗鸗，徐广曰：鸗，野鸟也。音龙。小矢之发也，何足为大王道哉！且称楚之国，大王之贤，所弋非特此也。昔者三王以弋道德，五伯以弋战国。故秦、魏、燕、赵者，其雁也；齐、鲁、韩、魏者，青首也；青首，小凫有青者。邹、费，郯、邳者，罗鸗也。外则其余不足射也。见鸟六双，以喻上文秦赵等十赌搡，故曰六双。唯王何取。王何不以圣人为弓，勇士为缴，时张而射之，此六双者可得而囊载也。其乐非特朝夕之乐也，其获非特凫雁之实也"。

《汉武故事》曰：武帝作玉堂，以玉璧薄椽头，铸为大鸟，黄金涂，长五丈，栖屋上。

《续汉书》曰：杨震将葬，大鸟来止亭树，下地安行，到柩前正立，低头泪出。众人更共摩收抱持，终不惊骇。其鸟五色，高丈余，两翼长二丈三尺，人莫知其名也。

《魏志》曰：高唐隆临终上疏谏明帝："臣观黄初之际，天兆其戒，异类之鸟育长燕巢，口爪俱赤。此魏室之大异也。"

《晋书》曰：赵王伦篡位，时于殿上得异鸟，问皆不知名。其日向夕，宫西有素衣小儿言："是服刘鸟。"伦使录小儿并鸟闭置空室。明旦开视，户如故，并失人鸟所在。伦目上有瘤，以为妖焉。

《南史》曰：甄恬，字彦约，中山无极人也。居江陵，数岁，丧父，哀感有若成人。家贫，养母常得珍羞。及居丧，庐于墓侧，恒有鸟，玄黄杂色，集于庐树。恬哭则鸣，哭止则止。

《齐书》曰：曲江公萧遥欣，年七岁，出齐时，有一左右小儿善弹，飞鸟无不应弦坠落。欣曰："凡戏多端，何急弹！此鸟自空中翔飞，何关人事？无趣杀此生！"煮右感其言，遂不复弹鸟。

《梁书》曰：何胤退居吴武丘寺，讲经论常，禁杀。有异鸟如鹤，红色，集讲堂，驯狎如家禽。

《南史》曰：海中浮鹄山，去地千余里。上有女人，年三百岁。有女道士百四五人，年并出百，俱在山中学道，遣使献红席。梁武帝方舍身时，其使适至。此草常有红鸟居下，故以名。观其图状，则鸾鸟也。

又曰：梁武帝舍身时，有男子，不知何许人，于众中自割身以饴饥鸟，血流遍体，而颜色不变。开讲日，有三足鸟集殿之东户，自户适于西南悬楣，三飞三集。白雀一见于重云阁前连李树。

《后魏书》曰：波斯国有鸟，形如橐驼，有羽翼，飞而不能高。食草与肉，亦能啖火。驰走甚疾，一日能七百里也。

又曰：彭城王勰从沔北除使持节、都督南征诸军事、正中军大将军府。勰于是亲勒大众。须臾，有二大鸟从南而来，一向行宫，一向府幕，各为所获。勰言于帝曰："始有一鸟，望旗颠仆，臣谓大吉。"帝戏之曰："鸟之畏威，岂独中军之略也？吾亦分其一耳，此乃大善。"

《北史》曰：周豆卢勣为渭州刺史。鸟鼠山绝壁千仞，由来乏水，诸羌苦之。勣马足所践，忽飞泉涌出。有白鸟翔止厅前，乳子而后去。人为之谣曰："我有丹阳，山飞玉浆，济戎夷人，神鸟来翔。"

《隋书》曰：炀帝征辽东，帝舍临顿，见大鸟丈余，缟身朱足，游泳自若。上异之，诏虞绰为铭。帝览而善之，命有司勒于海上。

又曰：大业十二年二月甲子夜，有二大鸟似雕，飞入大业殿，止于殿搌，至明而去。

又曰：王世充将欲篡位，罗取杂鸟，书帛系其颈，自言符命而散放之。或有弹射得鸟而来献者，亦拜官爵。

《唐书》曰：太宗谓："褚遂良学问稍长，性亦坚正。既写忠诚，甚亲附于朕。譬如飞鸟依人，自加怜爱。"

又曰：永徽中，吐火罗国献大鸟，高七尺，其足似驼，有翅而能飞，日行三百里，能啖铜铁。夷俗呼为驼鸟。上以太宗怀远所致，献于昭陵，乃刻像于陵之内。

又曰：永徽中，万年宫有小鸟生大鸟。

又曰：大历八年，有大鸟见于武功县，群鸟随而噪之。武功县神策行营将张日芬射而获之，以献。是鸟肉翅狐首，四足，足有爪，其广四尺三寸，其毛色赤，形类蝙蝠。

又曰：大中十年，舒州吴塘堰有众禽成巢，阔七尺、高一丈。而水禽山鸟鹰隼燕雀之类，无不驯狎。又有鸟，人面绿毛，爪喙皆绀色，其声曰甘，人呼为甘虫。

《庄子》曰：飞鸟之影，未常动也。

《文子》曰：有鸟将来，张罗待之，得鸟者，一目也；今为一目之罗，即无得鸟时。

《孙卿子》曰：鸟穷则啄，人穷则诈。

《淮南子》曰：鸟排空而飞，兽蹶石而走。

又曰：射者打乌号之弓，弯綦卫之箭，重之羽蓬、蒙子之巧，以要飞鸟，犹不能与罗者竞多。何则？以所持之小也。张天下以为之笼，因江海以为之罟，又何亡鱼失鸟之有乎？

又曰：一目之罗，不可以得鸟；无饵之钩，不可以得鱼；遇士无礼，不可以得贤德。

又曰：毛羽者，飞行之类也，故属于阳。

又曰：系舟水中，鸟闻之高翔，鱼闻之沉渊。

又曰：鸟不于防者，虽近弗射；鸟，燕之属是也。其当道者，虽远弗释。当道，谓作防客者，故曰不释也。

又曰：夫飞鸟主巢，狐狸主穴。巢者，巢成而得宿焉。趋舍行义，亦人之所栖宿也。

又曰：鸟鱼皆生于阴，属于阳，故鸟鱼皆卵。鱼游于水，鸟翔于云。

又曰：羽嘉生飞龙，羽嘉，羽虫之先也。蜚龙，龙之有羽者。飞龙生凤皇，凤皇生鸾鸟，鸾鸟生庶鸟。凡羽者，生于庶鸟也。

又曰：蒲且之连鸟于百仞之上，而詹何之鹜鱼于大渊掷碁，此皆得清净之道也。

又曰：羽者妪伏，毛者孕育。

《淮南万毕术》曰：人面击地，飞鸟自下。取蘖木为人形似鸟，而血涂人面，以击地，飞鸟自下。

《抱朴子·军术》曰：众鸟群飞，徘徊军上，不过三日，有暴兵至焉；鸟聚军中，将当赏功增秩；鸟集将军之旗，将军增官；鸟集军中，莫知其名，败军也。

《阮子》曰：高鸟相木而集，智士择士而翔。

《晏子春秋》曰：景公射鸟，野人骇之，公令吏诛之。晏子曰："鸟兽故非人所养，野人骇之，不亦宜乎？"公曰："善。自尔已来，一弛鸟兽之禁。"

又曰：景公好弋。使颜涿主聚鸟而亡，公召吏杀之。晏子曰："诸侯闻之，以君重鸟轻士。"公曰："勿杀。"

《春秋后语》曰：淳于髡曰："夫鸟同翼者聚飞，而兽同足者俱行，各有俦也。”

又曰：魏有吏羸脉者，与王处廪下，仰见飞鸟，引弓虚发而鸟堕下。魏王怪而问曰：“何以得至此？”羸脉曰：“此孽生也。”王曰：“先生何以知之？”对曰：“其飞徐，其鸣悲。其飞徐者，故疮痛也；其鸣悲者，久失群也。故疮未息，而惊心未去，闻弦音烈而高飞，故陨也。”孽，余也。先被伤而余疮未差，故闻弦声而旧创痛，惊而陨也。创与疮同。

又曰：燕王使骑劫代将，乐毅奔赵，士卒离心。田单乃令城中食者先祭先祖于庭中，飞鸟悉飞舞其上，或下啄其食。燕人皆怪之。

《穆天子传》曰：旷原之野，飞鸟之所解羽。舂之山，飞鸟之所栖。舂山之泽，清水温泉，飞鸟百兽之所饮食。

《家语》曰：孔子在卫，颜回侍侧。闻哭声甚哀，子曰：“回，汝知此何哭？”对曰：“此哭非但为死，又为生离。回闻桓山之鸟生四子焉，羽翼既成，将分于四海，其母悲鸣而送之，哀声有似于此，谓其往而不返也。回窃以音类而知之。”

又曰：苍鸟群飞，孰使萃之？苍鸟，苍雁。

又曰：稷维元子帝何笃？投之水上鸟何燠？投，弃。燠，温。鸟以羽翼复荐之。

《白虎通》曰：鸟所以飞何？鸟者，阳也。飘轻，故飞也。禽者，何？鸟兽之总名，明为人所禽制。

蔡邕《月令章句》曰：天官五兽，前有朱雀、鹑火之体。凡鸟生于水。

《冲波传》曰：颜渊、子路于诛泗见五色鸟，由曰：“荧荧之鸟也。”见色分明，故曰荧荧也。

《广志》曰：东齐多鸟爵，千百为群。小户种谷，咸以爵为患。

《文士传》曰：张衡有巧艺。常作木鸟，假以羽翮，腹中施机，能数里飞。

《博物志》曰：子路与子贡过郑神社，社树有鸟。子路捕鸟，神社牵挛子路，子贡说之，乃止。

又曰：会稽山阴，禹葬焉。圣人化感鸟兽，故象为民佃；春耕，鸟衔拔草根，秋啄除其秽。故县官禁民不得杀伤此鸟，犯者，刑之无赦。

《会稽典录》曰：夏方，字文正，家遭疠，父母伯叔一时死，凡十三丧。方年十四，昼则负土哀号，暮则扶棺哭泣。比葬，年十七，乌鸟集聚，猛兽乳其侧。

《幽明录》曰：符坚时，有射师经嵩山，望见松树上有一双白鸟，似鹄而大。至树下，又见一蛇，长五丈许，树上取鸟，未至鸟一丈，鸟便欲飞，蛇张口歙之，鸟不得去，缤纷。一食顷，鸟转欲困，射师引弩射三矢，蛇陨，而鸟得飏去。须臾，云晦雷发，惊耳骇目。而向鸟徘徊其上，毛落纷纷。雷息电灭，鸟亦高飞。

《十州记》曰：祖洑州有不死之草，似菰苗。秦始皇时，死者横道。有鸟如乌状，衔此草以覆死人面，皆登时起坐而遂活也。

《异苑》曰：兰陵昌虑县华山有井，鸟巢其中，金喙，黑色而圆翅。此禽见则大水。

《荆楚岁时记》曰：春分日，民并种戒火草于屋上。有鸟如乌，先鸡而鸣"架架格格"。民候此鸟则入田，以为候人架犁格也。

又曰：夏七月，有鸟名获谷，其声自呼。农人候此鸟，则犁把上岸。

太平御览卷第九百一十五 羽族部二

凤

《春秋演孔图》曰：凤，火精。

《春秋元命苞》曰：火离为凤。

《礼运》曰：凤以为畜，故鸟不獝况必切。

又曰：升中于天，而凤皇降，龟龙假。

又曰：四灵为畜。何谓四灵？麟、凤、龟、龙之谓。

又曰：无水旱、昆虫之灾，凶饥妖孽之疾，故天不爱其道，地不爱其宝，人不爱其情，则凤皇在郊薮，其余鸟兽卵胎皆可俯而窥也。

《左传》曰：陈大夫卜妻，敬仲占之曰："吉。凤皇于飞，和鸣锵锵。有妫之后，将育于姜。"

又曰：我高祖少皞挚之立也，凤皇适至，故纪于鸟，为鸟师而鸟名。凤鸟氏，司历者也。

《诗》曰：凤皇于飞，翙翙其羽，亦傅于天。凤皇鸣矣，于彼高岗。梧桐生矣，于彼朝阳。

又《疏》曰：凤皇，一名鸑鷟，非梧桐不栖，非竹实不食。

《书》曰：《箫韶》九成，凤皇来仪。

《论语》曰：凤鸟不至，河不出图，吾已矣夫！

又曰：凤兮凤兮，何德之衰！

《尔雅》曰：鶠，凤；其雌，皇。郭璞注：瑞应鸟，鸡头，蛇颈，燕颔，龟背，鱼彩也，高六尺。

《大戴礼》曰：羽虫三百六十，而凤皇为之长。

《礼斗威仪》曰：君乘土而王，其政太平，则凤集于林苑。

《春秋感精符》曰：王者，上感皇天，则鸾凤至。

《春秋繁露》曰：恩及羽虫，则凤皇翔。

《春秋运斗枢》曰：天枢得，凤皇翔。

《春秋合成图》曰：黄帝游玄扈雒上，与大司马容光等临观，凤皇衔图置帝前，再拜受图。

又曰：尧坐舟中，与太尉舜临观。凤皇负图授尧。图以赤玉为柙，长三尺，广八寸，厚五寸。黄玉检，白玉检，白玉绳封两端，其章曰："天赤帝符玺"五字。

《吕氏春秋》曰：帝喾有圣德，作乐《六英》，乃令人奏之，凤皇鼓翼而舞。

又曰：黄帝听凤皇之鸣，以别十二律。

又曰：燕雀为鸿鹄、凤皇虑，则必弗得矣。其所求者，瓦孔之间隙、屋之翳蔚也。

《韩诗外传》曰：黄帝即位，施圣仁恩，承天明命，一道修德，唯仁是行，宇内和平。未见凤皇，乃召天老而问之曰："凤皇何如？"天老对曰："夫凤之像，鸿前而麟后，蛇颈而鱼尾，龙文而龟身，燕颔而鸡啄；首戴德，颈揭义，背负仁，心入信，翼挟义，足履正，尾系武；小音金，大音鼓；延颈奋翼。五光备举；食有质，饮有仪；往即文，来则喜，游必择所，饥不妄下。其鸣也，雄曰"节节"，雌曰"足足"；昏鸣曰固常，晨鸣曰发明，昼鸣曰保章，举鸣曰上翔，集鸣曰归昌。夫唯凤为能究万物，通天地，象百物，达乎道，律五音，成九德，览九州，观八极。则有福，备文武，正王国，严照四方，人圣皆服。故得凤像之一，则凤过之；得凤像之二，则凤翔之；得凤像之三，则凤集之；得凤像之四，则凤春秋下就之；得凤象之五，则凤没身居之。"黄帝曰："于戏允哉！朕何敢与焉！"于是黄帝乃服黄衣，带黄绅，戴黄冠，齐于中宫，凤乃蔽日而至。黄帝降于东阶，西面再拜稽首。皇天降祉，不敢不承命。凤乃止帝东园，集梧桐，食竹实，没身不去。

《尚书考灵曜》曰：通天文者明，明于天道也。审地理者昌。昌犹盛也。盛于万物。明者，天之时也；昌者，地之财也。明王治，凤皇下之。

《尚书中候》曰：黄帝时，天气休通，五行期化。凤皇巢阿阁，欢于树。注曰：阿，荣名，宫中之御门曰阁。凤皇于荣屋徙而出，欢鸣于朝廷之树。

又曰：尧即政七十年，凤皇止于庭。伯禹拜曰："黄帝轩提像，凤皇巢阿阁。"

又曰：帝舜云："朕唯不乂，百兽凤晨。"百兽率舞，凤皇司晨鸣也。

又曰：周文王作丰，一朝扶老至八十万户，草居陋然，歌即曰《凤皇下丰》也。

《尚书帝命验》曰：舜授终，赤凤来仪。

《尚书大传》曰：舜好生恶杀，凤皇巢其树。

《论语摘襄圣》曰：凤有六像九苞。一曰头像天，二曰目像日，三曰背像月，四曰翼像风，五曰足像地，六曰尾像纬。九苞：一曰头符命，二曰眼合度，三曰耳聪达，四曰舌诎伸，五曰色彩光，六曰冠矩周，七曰距锐钩，八曰音激扬，九曰腹文户。行鸣曰："归嬉"，上鸣曰："提扶"，夜鸣曰："善哉"，晨鸣曰："贺世"，飞鸣曰："即都"。知我者唯黄，持竹实来，故子欲居九夷，从凤嬉。宋均注曰：纬，五纬也。度，天度数也。周，当主朱。米色好也。户，所由出入。阴阳出、入亦闭户。善哉，应天下兴平也。贺世，庆贺于时也。黄，黄中通理者也。凤遇乱则潜居夷狄也。

《孝经援神契》曰：王者，德至鸟兽，则凤皇翔。

《孝经钩命决》曰：孝悌之至，通于神明，则凤皇巢。

《乐动声仪》曰：镇星不逆行，则凤皇至。

《乐计图》曰：五音克谐，各得其伦，则凤皇至。冠类鸡头，燕喙，蛇颈，龙形，麟翼，鱼尾，五彩，不啄生虫。

《帝王世纪》曰：黄帝服齐于中宫，坐于玄扈洛上。乃有大鸟，鸡头、燕喙、龟颈、龙形、麟翼鱼尾，其状如鹤，体备五色，三文成字：首文曰"顺德"，背文曰"信义"，膺文曰"仁智"。不食生虫，不履生草。或止帝之东园，或巢阿阁。其饮食也，必自歌舞，音如箫笙。

又曰：国安，其主好文，则凤皇翔。

《史记》曰：四海之内咸戴舜功，兴《九韶》之乐，而凤皇翔。天下明德，自虞帝始。

《汉书》曰：昭帝始三年，凤皇集东海，遣使祠其处。

又曰：宣帝幸河东之明年春，凤皇集祋祤。于所集处，得玉宝，乃下诏赦天下。

又曰：凤皇集上林，乃作凤皇殿，以答嘉瑞。

又曰：幸甘泉郊泰畤，改元曰五凤。《论衡》云：宣帝时，凤皇五至。

又曰：本始元年，凤皇集胶东。十四年，凤皇集鲁，群鸟从之。诏曰："威凤为宝。"凤皇有威仪也。神爵四年，凤皇十一集杜陵。

又曰：帝祠后土，鸾凤翱翔。

又曰：五凤三年，鸾凤又集长乐宫东园树上，飞下至地，文章五色。留十余刻，吏民并观之。

《东观汉记》曰：光武生于济阳。先是，凤皇集济阳，故宫皆画凤皇，圣瑞始于此。

又曰：建武十七年，凤皇五，高八九尺，毛羽五群采，集颍川郡。群鸟从之，盖地数顷。留十七日，乃去。章帝时，凤皇三十九见。

又曰：安帝延光三年，凤皇集济南台丞霍穆舍树上，赐帛各有差。

《魏略》曰：文帝欲受禅，郡国奏：凤皇十三见。明帝铸铜凤皇，高三丈余，置殿前。

《吴历》曰：太玄玄年，有鸟集苑中，似雁，高足长尾，毛羽五色。咸以为凤皇，改年为凤皇元年。

《晋书》云：荀勖自中书监迁守尚书令。勖久在中书，专管机事，及失之，甚罔罔怅怅。或有贺之者，勖曰："压我凤皇池，诸君何贺我耶？"

《晋阳春秋》曰：升平四年，凤皇将九子见郧乡之丰城。冬，复见，众鸟从焉。

《宋书》曰：王昙首与兄弟集会，子孙任其戏。适僧达跳下地作彪子，僧虔累十二博，棋既坠落，亦不重作；僧绰采蜡烛珠为凤皇，僧达夺取于怀，亦复不惜。伯父弘称其长者。

又曰：王僧虔子慈少，与从弟俭共书。谢凤子超宗尝候僧虔，及往东齐诣慈，正学书，未即放笔。超宗曰："卿书何如？"虔乃答曰："慈书比大人，犹鸡之比凤。"

又曰：谢凤子超宗有文辞，盛得名誉，选补新安王子鸾国常侍。王母殷淑仪卒，超宗作诔，奏之，帝大嗟赏，谓谢庄曰："超宗殊有凤毛！"时右卫将军刘道隆在御坐，出，候超宗曰："闻君有异物，可见乎？"超宗曰："悬罄之室，复有异物耶？"道隆武人，无识，正触其父名，曰："旦侍宴，至尊说君有凤毛。"超宗徒跣还内，道隆谓检觅毛，至暗，待不得，乃去。

又曰：元嘉十四年春，凤皇二见于都下，众鸟随之。改其地曰凤皇里。

又曰：何承天为著作佐郎，年已老，而诸佐郎并名家年少。颍川荀伯子嘲之，常呼为"奶母"，承天曰："卿当云凤皇生九子，奶母何言耶？"

《齐书》曰：江夏王锋年五岁，性方整，好学书。高帝使学凤尾诏，一学即工。高帝大悦，以玉麒麟赐之曰："以麒麟赏凤毛矣。"

《梁书》曰：武帝初平东昏，入于阅武堂，是日凤皇见。

又曰：天监初，凤皇见建康县同夏里，又集南兰陵。

崔鸿《十六国春秋·前秦录》曰：永兴三年九月，凤皇集于东阙，民因歌之曰："凤皇于飞，其羽翼翼。渊哉圣后，其龄万亿！"

陆翙《邺中记》曰：石季龙与皇后在观上为诏，书五色纸，著凤口中。凤既衔诏，侍人放数百丈绯绳，辘轳回转，凤皇飞下。凤以木作之，五色漆画，脚皆用金。

又曰：凤阳门，五层楼，去地三十丈，安金凤皇二头。石虎将衰，一头飞入漳河，会晴日，见于死中；一头以铁钉钉足，今存。

《二石伪事》曰：石昆降，说邺中有凤皇，将九雏，在延明门外道西。

《后魏书》曰：彭城王勰与帝升金墉，顾见堂后桐竹，曰："凤皇非梧桐不栖，非竹实不食。今桐竹并茂，讵能降凤乎？"勰曰："凤皇应德而来，岂桐竹能降？"帝曰："朕亦望降之。"

《唐书》曰：薛收从子元敬，选部郎迈之子也，亦有文学，为收之亚。初，大业末，薛德音及收、元敬俱有才名，时人谓之"河东三凤"。

又曰：武德九年，海州言凤见于城上，群鸟数百随之，东北飞向苍梧山。

又曰：太宗时，莒州凤皇二见，群鸟随之。其声若八音之奏。

又曰：太宗尝追思王业艰难、佐命之臣，乃作《威凤赋》以赐长孙无忌。其辞曰："有一威凤，憩翮朝阳。晨游紫雾，夕饮玄霜。资长风以举翰，戾天衢而远翔。"

徐整《正历》曰：黄帝之时，以凤为鸡。

《庄子》曰：老子见孔子，从弟子五人。问曰："前为谁？"对曰："子路，勇且多力。其次子贡，为智，曾子为孝，颜回为仁，子张为式。老子叹曰："吾闻南方有鸟，名为凤，所居积石千里，天为生食。其树名琼枝，高百仞，以璆琳、琅玕为宝。天又为生离朱，一人三头递起，以伺琅玕。凤鸟之文，戴'圣''婴''仁'，右'智''左''贤'。"

《文子》曰：主有积道德，天与之，地助之，神鬼辅之，则凤皇翔其庭也。

《孙卿子》曰：古之王者，其政好生恶杀，凤在列树。

又曰：凤皇啾啾，其翼若竿，其声若箫。有皇有凤，乐帝之心，此圣不蔽福也。

《韩子》曰：昔者黄帝合鬼神于西大山，凤皇覆上作为清角。

《淮南子》曰：凤皇之翔，至德必也。过昆仑之疏圃，钦砥柱之涔濑，邅回濛汜之渚。当此之时，鸿鹄苍鹤，莫不惮惊伏窜，注喙江介，又况燕雀之类乎？昔者二皇凤至于庭，三代凤至于门，三代，尧、舜、禹。周室凤至于泽。德弥确，所至弥远；德弥精，所至弥近。

《抱朴子》曰：夫木行为仁，为青，凤头上青，故曰："戴仁"也；金行为义，为白，凤缨白，故曰："缨义"也；火行为礼，为赤，凤赤，故曰"负礼"也；水行为智，为黑，凤胸黑，故曰"尚智"也；土行为信，为黄，凤足下黄，故曰"蹈信"也。古者，太平之世，凤皇常居其国，而生乳焉。

又曰：夫麟、凤以形为别。夏后始食凤卵而凤去，则凤有种明矣。

又曰：鸾凤竞粒于庭，则受辱于鸡鹜也。

《鹖冠子》曰：凤，火鸟，鹑火之禽，阳之精也。德能致之，其精毕至。

《任子》曰：凤为羽族之美，麟为毛类之俊，龟龙为介虫之长，楩楠为众材之最，是物之贵也。

《山海经》曰：轩辕之丘，燕鸟自歌，凤鸟自舞，皇卵，民食之。

又曰：丹穴之山有鸟焉，其状如鹤，五采而文，名曰凤鸟。首文曰“德”，翼文曰“顺”，背文曰“义”，膺文曰“仁”，腹文曰“信”。是鸟也，饮食自歌自舞，见则天下大安。

《楚辞》曰：凫雁皆唼夫粱藻兮，凤逾翱而高举；众鸟皆有所登栖兮，凤独皇皇而无所集。欲衔枚而亡言兮，尝君之渥洽。骥不骤进而求服兮，凤亦不贪餧而妄食。

又曰：为凤皇作鹑笼，虽翕翼而不容。

又曰：独不见，鸾凤之高翔大皇之野，循四极而周回，见盛德而后下。宋玉对曰：“闻凤鸟上九千里，绝云霓，负苍天，呼窈冥之中；藩篱之鷃，岂能与之料天地之高哉！”

《说文》曰：凤，神鸟也。天老曰：“凤像麟前，鹿后，蛇颈，鱼尾，龙文，龟背，燕颔，鸡喙，五色备举。出东方君子之国，翱翔四海之外，过昆仑砥柱，濯羽弱水，暮宿丹穴。见则天下安宁。字从‘鸟’，‘凡’声也。飞则群鸟从以万数，故古‘凤’作鹏字。鸱，鸟也，其雌皇。一曰即凤皇也。凤者，羽虫之长也。”

《汉武内传》曰：西王母曰：“仙之上药，有九色凤脑，次药有蒙山白凤之脯。”

《白虎通》曰：凤皇，禽之长。上有明王，太平乃来。

《西京杂记》曰：杨雄读书，有语之曰“无为自若苦，玄故难传”，忽不见。雄著《太玄经》，梦吐白凤皇，集其项上而灭。

《法言》曰：凤皇跄跄，匪尧之庭。或问：“君子在治？”曰：“若凤，治则见，乱则隐。”

《太玄经》曰：鸾凤不迂，甘于竹实；驺虞不移于生物。丑妇以明镜为害，无所逃其陋。

《论衡·瑞指篇》曰：凤皇、麒麟为圣人来，即是圣人之禽也。

按：圣人游于人间，麟、凤亦应与众鸟同，何故远去中国，处于边外？

崔赣《易林》曰：神鸟五色，凤皇为主。集于王谷，使君得所。

又曰：凤有十子，同巢共母，欢以相保。

又曰：凤生五雏，长于南郭，君子康宁，悦乐身荣悦乐。

《括地图》曰：孟亏人首鸟身，其先为虞氏，驯百禽。夏后之末世，民始食卵，孟亏去之，凤凰随焉。止于此山，多竹，长千仞，凤皇食竹实，孟亏食木实，去九疑万八千里。

《十洲记》曰：凤麟洲在西海之中，四面有弱水绕之，鸿毛不浮不越也。上多凤、麟，数万余群。仙家煮凤喙及麟角，合煎作胶，名之为"集弦胶"，或名"连金泥"，能连弓弩断弦，连刀剑断斫。

蔡邕《琴操》曰：周成王时，天下大治，凤皇来舞于庭。成王乃援琴而歌曰："凤皇翔兮于紫庭，余何德兮以感灵。"

《列仙传》曰：萧史教弄玉作凤鸣，居数十年，吹箫作凤声，凤皇来至其屋。为作凤台，夫妇止其上。一日一夜，皆随凤皇飞去。

王子年《拾遗记》曰：周昭王以青凤之毛为二裘，一曰燠质，二曰暄肌，常以御寒。至厉王末，犹宝此物。及厉王流于彘，人得而珍之。人罪有陷大辟者，以青凤毛赎罪，免死。片毛则准千金。

《异苑》曰：东莞刘穆之，字道民，素居京口。晋隆安中，凤皇集其庭。相人韦薮调之曰："子必协赞大猷。"

李彤《四部》曰：吊鸟山，俗传曰：凤死于上。岁七月至九月，群鸟常来集其上。

鸑鷟

《国语》曰：周之兴，鸑鷟鸣于岐山。

《说文》曰：鸑鷟，凤属，神鸟也。

《三辅决录》注曰：太史令蔡衡云："毛色多紫者为鸑鷟。"

《后汉书》曰：永平中，有神雀集宫殿官府，冠羽有五彩色。帝异之，以问临邑侯刘复。刘复不能对，荐贾逵，博物多识。帝乃召见逵，问之，对曰："昔武王终父之业，鸑鷟在歧。鸑鷟，凤之别名也。周大夫内史过对周宣王曰：周之兴也，鸑鷟鸣歧山，事见《国语》。宣帝威怀戎狄，神雀仍集，此胡降之征也。"

《唐书》曰：张鷟，字文成，聪警绝伦，无书不览。为儿童时，梦紫色大鸟，五色成文，降于家庭。其祖谓之曰："五色赤文，凤也；紫文，鸑鷟也，为凤之佐。儿当以文章瑞于明廷。"因以为名字。

鹓雏

《山海经》曰：南禺之山，其鸟鹓雏。

《庄子》曰：惠子相梁，庄子往见之。惠子恐代其相，搜国中三日三夜，庄子伏主人马栈下。往见之，曰："南方有鸟名鹓雏，南海而飞之北海，非梧桐不栖，非竹实不食，非醴泉不饮。于是鸱得腐鼠，鹓雏过，仰而视之曰：吓！子欲以梁国吓我耶？"

鵕鸃

《仓颉解诂》曰：鵕鸃，神鸟，飞竟天汉。以为侍中冠。

《杂字解诂》曰：鵕鸃似凤皇。

《史记》曰：孝惠郎中皆冠鵕鸃。

《南越志》曰：曾城县多鵕鸃，鵕鸃，山鸡也。利距，善斗。光色鲜明，五色炫耀。

《楚辞》曰：曳彗星之皓旰兮，抚朱雀与鵕鸃。朱雀、鵕鸃，神俊之鸟也。动以神物自喻，当差鵕鸃、飞能撤觎。

司马相如《子虚赋》曰：掩翡翠，射鵕鸃。

太平御览卷第九百一十六 羽族部三

鸾

《春秋元命苞》曰：火离为鸾。

《春秋孔演图》曰：天子官守以贤举，则鸾在野。

《春秋运斗枢》曰：天枢得，则鸾鸟集。

《诗含神雾》曰：王者，德化充塞，照洞八冥，则鸾臻。

《尚书中候》曰：昔者轩提象，鸾鸟来仪。

又曰：周公归政于成王，太平制礼，鸾鸟见。

《孝经援神契》曰：德至鸟兽，则鸾鸟舞。

谢承《后汉书》曰：方储，字圣明。幼丧父，事母。母终，日自负土成坟，种奇树千株，鸾鸟栖其上，白兔游其下。

又曰：灵帝建宁四年，河南上言：二凤皇、二鸾鸟集原县。

《东观汉记》曰：王阜为重泉令，鸾鸟止学宫阙。阜使掾沙叠为张雅乐击磬，鸟举足垂翼，应声而舞。止县庭，留十余日去。

《北史》后魏柳楷对萧宝寅曰："大王齐明帝子，天下所属，且谣言曰：'鸾生十子，九子毈，一子不毈，关中乱。'武王有乱臣十人。乱者，理也。大王当理关中，何所疑虑？"

《山海经》曰：轩辕之国，清沃之野，鸾鸟自歌。《海内经》云：广都之野鸾自歌。

又曰：女床之山有鸟焉，其状如翟，而五采以文，名曰鸾鸟，见则天下安宁。

《说文》曰：鸾者，神灵之精也。赤色，五彩，鸡形，鸣中主音，颂声作则至。

《周书·王会》曰：成王时，氐羌献鸾鸟。

孙氏《瑞应图》曰：鸾鸟，赤神之精，凤皇之佐。鸣中五音，肃肃雍雍，喜则鸣舞人君。行步有容，进退有度。祭祀、宰人咸有敬让，礼节、亲疏有序则至。一本曰：心识钟律，律调则至，鸣舞以和之。

《汉武内传》曰：西王母曰："仙之次药，有灵丘仓鸾之血。"

焦赣《易林》曰：温山松柏，常茂不落。鸾凤以庇，得其欢乐。

《括地图》曰：羽民有羽，飞不远。多鸾鸟，食其卵。去九疑四万二千里。

《抱朴子》曰：《昆仑图》曰："鸾鸟似凤而白缨，闻乐则蹈节而舞，至则国安乐。"

《决录注》曰：辛缮，字公文。治《春秋》谶纬，隐居华阴，光武征不至者。有大鸟，高五尺，鸡首燕颔，蛇颈鱼尾，五色备举而多青。栖缮槐树，旬时不去。弘农太守以闻，诏问百僚，咸以为凤。太史令蔡衡对曰："凡象凤者有五多：赤色者凤多，黄色者鹓雏多，青者鸾多，紫者鸑鷟多，白者鹄多。今此鸟多青者，乃鸾，非凤也。"上善其言。三公闻之，咸逊位避缮，缮不起。

车频《秦书》曰：符坚时，关陇人安，百姓丰乐。民歌曰："长安大街，两边种槐。下走朱轮，上有鸾栖。"

崔骃《七言诗》曰：鸾鸟高翔时来仪，应治归德合望规，啄食拣实饮华池。

范太《鸾鸟诗序》曰：罽宾王结罝峻祁之山，获一鸾鸟。王甚袄戢，欲其鸣而不能致。乃饰以金樊，飨以珍羞，对之逾戚，三年不鸣。夫人曰："闻鸟见其类而后鸣，可悬镜以映之。"王从言。鸾睹影，感契慨焉，悲鸣哀响中宵，一奋而绝。

鹤

《韵集》曰：鹤，善鸣鸟。

《春秋说题辞》曰：鹤知夜半。鹤，水鸟也。夜半水位感其生气，则益喜而鸣。

《易通卦验》曰：立夏，清风至而鹤鸣。

《周易》曰：鸣鹤在阴，其子和之。

《左传》曰：狄人伐卫。懿公好鹤，鹤有乘轩者。将战，国人受甲者皆曰："使鹤，鹤实有禄位，余焉能战！"

《毛诗》曰：《鹤鸣》，诲宣王也。鹤鸣于九皋，声闻于天。兴也。皋，署也。言身隐而名著。

《诗义疏》曰：鹤，大如鹅，长三尺，脚青黑，高三尺余，赤颊赤目，喙长四寸。多纯白，亦有苍色者。今人谓之"赤颊"。常夜半鸣，高闻八九里，唯老者乃声下。今吴人园中及士大夫家皆养之，鸡鸣时亦鸣。

《汉书》曰：王莽常以鹤髓渍谷种学仙。

《后汉书·郑弘传》注引孔灵符《会稽记》曰：射的山南有白鹤，为仙人取箭。弘常采薪，得一遗箭。顷有人觅，弘还之，问何所欲。弘识其神人也，曰："常患若耶溪载薪为难，愿旦南风、暮北风。"移后果然。故若耶溪风至今呼为"郑公风"也。

《晋书》曰：嵇绍始入洛，或谓王戎曰："昨于稠人中始见嵇绍，昂昂然若野鹤之在鸡群。"戎曰："君复未见其父耳。"

又曰：吴隐之，年十余岁，丁父忧，每号泣，行人为之流涕。事母孝谨。及其执丧，哀毁过礼。家贫，无人鸣鼓，每至哭临之时，常有双鹤唳。及祥练之夕，复有群雁俱集。

《宋书》曰：齐高帝镇淮阴，为宋明帝所疑，被征为黄门郎，深怀忧虑。见平泽有群鹤，仍命笔咏之曰："八风舞遥翮，九野弄清音。一摧云间志，为君苑中禽。"

《梁书》曰：庾域母好鹤唳。域在位营求，孜孜不怠。一旦，双鹤来下。论者以为孝感所致。

《庄子》曰：凫胫虽短，续之则忧；鹤胫虽长，断之则悲。

又曰：老子谓孔子曰："夫鹤不日浴而白，乌不日黔而黑。"

《列子》曰：詹何曰："闻先大夫之言，蒲且子之弋弱弓纤缴，乘风振之，连双鹤于青云之际，用心专，动手均也。"

《墨子》曰：子禽问曰："多言有益乎"对曰："虾蟆日夜鸣，口干而人不听之；鹤鸡时夜而鸣，天下振动。多言何益？”

《抱朴子》曰：周穆王南征，一军尽化：君子为猿为鹤，小人为虫为沙。

《神异经》曰：西海之外有鹤国，男女皆长七寸。为人自然有礼，经论跪拜。寿三百岁。人行如飞，日千里。百物不敢犯之，唯畏海鹤，鹤遇即吞之，亦寿三百岁，人在鹤腹中不死。

《琴操》曰：高陵牧子取妻五年无子，父兄欲为改娶，妻闻，中夜惊起，倚户悲啸。牧子闻之，援琴鼓之云：“痛恩爱之永离，叹别鹤以舒情。”故曰：《别鹤操》。

《论衡·艺增篇》曰：鹤唯九折之泽，声闻于天。此增益也。按：鹤鸣参天，人则不闻。鸣在于泽，云何谓乎？

《八王故事》曰：陆机为成都王所诛，顾左右叹曰：“今欲闻华亭鹤唳，不可复得。”

《陶侃别传》曰：侃丁母艰，在墓下，忽有二客来吊，不哭而退。仪形鲜异，知非常人，遣看之，但见双鹤飞而冲天。

《世说》曰：刘尊祖少为殷中军所知，称之于庾公。庾公甚欣，便取为佐引见，坐独榻上与语，刘尔日殊不称。庾公小失望，遂名之为羊公鹤。昔羊叔子有鹤，能舞，常向客称之，客至，试，使驱来，氃氋而不能舞，故称云。

又曰：僧支道林好鹤，时有遗其双鹤者，翅长欲飞，林意惜之，乃铩其翮。鹤轩翥不能复起，乃舒翼反顾，视之似懊丧意。林公曰：“既有陵云之姿，何肯为人作耳目近玩乎？”养令翮成，遂放飞去。

《述异记》曰：宋玄嘉初，镇北将军王仲德镇彭城。左右出猎，遇一鹤将二子，悉禽之，归以献王。王使养之。其小者，口为人所裂，遂不能饮食。大者辄含粟哺之，饮辄含水饮之，先令蒲哎，未曾亡也。王甚爱之，令精加养视。大者羽翮先成，每翥冲天。小者尚未能飞，大者终不先去，留饮饴之。又于庭中蹇跃，教其飞飏六十余日，小者能飞，乃与俱去。

《风土记》曰：鸣鹤戒露。此鸟性警，至八月白露降，流于草上，滴滴有声，因即高鸣相警，移徙所宿处。

《淮南八公相鹤经》曰：鹤者，阳鸟也，而游于阳，因金气依火精以自养。金数九，火数七，故七年小变，十六年大变，百六十年变止，千六百年形定。体尚洁，故其色白；声闻天，故头赤；食于水，故其喙长；轩于前，故后指短；栖于陆，故足高而尾凋；翔于云，故毛丰而肉疏；大喉以吐故，修颈以纳新，故生天寿不可量；所以体无青、黄二色者，木土之气内养，故不表于外。是以行必依洲屿，止不集林木，盖羽族之宗长，仙人之骐骥也。鹤之上相：瘦头朱顶，露眼黑精，高鼻短喙，𩩲音故列切颊䯱耳，长颈促身，燕膺凤翼雀尾，龟背鳖腹，轩前腹后，高足粗节，洪髀纤指，此相之备者也。鸣则闻于天，飞则一举千里。鹤二年落子，毛易黑点；三年产伏，复七年羽翮具，复七年飞薄云汉，复七年舞应节，复七年昼夜十二时，鸣声中律；复百六十年不食生物，复大毛落，茸毛生，雪白或纯黑，泥水不污；复百六十年，雄雌相见，目精不转而孕；千六百年，饮而不食，鸾凤同为群。圣人在位，则与凤皇翔于甸。

《穆天子传》曰：至于巨搜氏，巨搜之人乃献白鹤之血，以饮天子。

又曰：天子饮于孟氏，爰舞白鹤二八。

《吴越春秋》曰：吴王阖闾有女。王伐楚，与夫人及女会食蒸鱼，王尝半以与女。女怨曰："王食我残鱼，辱我，不忍久生！"乃自杀。阖闾痛之，葬于邦西昌门，凿地为女坟，积土为山，文石为郭，金鼎、玉杯、银樽、珠襦之宝皆以送女。乃儛白鹤于吴市中，令万民随观之。遂使与鹤俱入羡门，因塞之以送死。

《汉武帝内传》曰：宣帝即位，尊孝武庙为世宗行所。巡狩郡国，皆立庙。告祠世宗庙，日有白鹤集后庭。

《东观汉记》曰：章帝至岱宗，柴望毕，白鹄三十从西南来，经祀坛上。

《列仙传》曰：王子乔见桓良曰："待我缑氏山头。"至期，果乘白鹤住山颠，望之不得到。

又曰：萧史善吹箫，能致白鹤。

《神仙传》曰：介象死，吴先帝思之，以象所住屋为庙，时时往祭之，有白鹤来止。

李尊《太玄真人茅君内传》曰：茅盈留句曲山，告二弟曰："吾去有局任，不复得数相往来。"父老歌曰："茅山连金陵，江湖据下流。三神乘白鹤，各在一山头。佳雨灌旱稻，陆田亦复周。妻子保堂室，使我无百忧。白鹤翔金穴，何时复来游？"

《邴原别传》曰：邴君所谓云中白鹤，非鹑鷃之网能罗矣。

《永嘉郡记》曰：沭溪野青田中有双白鹤，年年生伏，长大便去。只伯馀父母一诗在耳，精白可爱，多云神仙所养。

《荆州记》曰：衡山有三峰，极秀。一峰名紫盖峰，清天明景，辄有一双白鹤回翔其上，清响亮彻。

焦赣《易林》曰：白鹤衔珠。

王韶之《神镜记》曰：荥阳郡南百余里有兰岩，常有双鹤，素羽皎然，日夕偶影翔集。传云："昔夫妇俱隐此，年数百岁，化成此鹤。"

《临海记》曰：郡西北有白鹤山，周回六十里，高三百丈。有泄水悬注，遥望如倒挂白鹤，因以为名。古老相传云：此山昔有鹤，晨飞入会稽雷门鼓中。于是雷门鼓鸣，洛阳闻之。孙恩时斫此鼓，见白鹤飞出，高翔入云。此后鼓无复远声。

《古歌辞》曰：飞来白鹤，从西北来，十十五五，罗列成行。妻卒被病，不能相随，五里还顾，六里徘徊。吾欲衔汝去，口噤不能开；吾欲负汝去，毛羽日摧颓。

《唐书》曰：天宝中，华阴郡奏：白鹤见于西岳五福峰。

又曰：至德中，肃宗降诞之辰，有庆云属天，白鹤飞舞于上所居殿宇，翱翔二十余匝而去。

《战国策》曰：庄辛谓楚襄王曰："黄鹤生江海，俯喙鰋鲤，仰断菱藕，奋其六翮，自以为无患，与人无争。不知夫射者方修弧矢，治矰缴，将加己者万仞之上。故昼游江湖，夕调鼎俎。

《韩诗外传》曰：田饶事鲁哀公而不见察，谓哀公曰："夫鸡有五德，君犹瀹而食之者，以其所从来近也。未若黄鹤一举千里，止君园池，喙君稻粱，君犹贵之，以其所从来远也。故臣将去君，黄鹤举矣！"

《离骚》曰：黄鹤之一举兮，知山川之纡曲；再举兮，知天地之圆方。

《述异传》曰：荀瑰，字叔玮，潜栖却粒。常东游，憩江夏黄鹤楼上，望西南，有物飘然，降自霄汉。俄顷已至，乃驾鹤之宾也。鹤止户侧，仙者就席。羽衣虹裳，宾主欢对。已而辞去，跨鹤腾空，渺然烟灭。

《韩子》曰：师旷鼓新声。平公问师旷："此何声也？"曰："清商。"公曰："最悲乎？"师旷曰："不如清征"，公曰："可得闻乎？"师旷曰："古之得听清征者，皆有德义之君。"公曰："得试之乎？"师旷不得已，援琴一奏，有玄鹤二八从南方来，集于廓门之危；再而列；三奏，延颈而鸣，舒翼而舞，音中宫商。公大悦，提觞起为师旷寿。其后大旱。

孙氏《瑞应图》曰：玄鹤者，知音乐之节至。

又曰：黄帝习《昆仑》以舞众神，玄鹤二八翔其右。

伏侯《古今注》曰：鹤千岁则变苍，又千岁黑，所谓玄鹤也。

王子年《拾遗记》曰：周昭王时，涂修国献青凤、丹鹤各一雄一雌。以潭皋之粟喂之，以溶溪之水饮之。

左思《吴都赋》曰：青鹤鸑鸽。

鸿

《礼记》曰：前有车骑，则载飞鸿。取其飞有行列，举于旗首以惊众。

又曰：孟春之月，鸿雁来；鸿自南方来，将北，反其居也。季秋之月，鸿雁来宾。来宾，言客止来去也。

《左传》曰：卫献公戒孙文子、宁惠子食，皆服而朝。日旰不召，敕戒二子，喻亠宴食，皆服朝衣，待命旰食。而射鸿于囿，二子从之。公不释皮冠而与之言，二子怒，如宿。宿，孙文子邑。

《毛诗》曰：《鸿雁》美宣王也。大曰鸿，小曰雁。

又曰：鸿飞遵渚，公归无所。

《毛诗义疏》曰：鸿鹄，羽毛光泽纯白，似鹤而大，长颈，肉美如雁。又有小鸿，大小如凫，色亦白，今人直谓鸿也。

《周易·渐》曰：初六，鸿渐于干；上九，鸿渐于陆。其羽可用威仪，吉。鸿，水鸟也。适进之义，始于下而升，故以鸿为喻，仪可贵也。

《韩诗外传》曰：齐使献鸿，渴，使者于道饮鸿而失之。使者至楚，曰："臣欲亡去，为两使不通；欲被颈而死，将以吾君贱士贵鸿也。"楚王贤之，以为上客。

《史记》曰：陈涉叹曰："燕雀安知鸿鹄搦戾哉！"

《管子》曰：桓公在位，管仲、隰朋见。立有间，有二鸿飞过。桓公叹曰："仲父，今彼鸿鹄有时而南，有时而北，四方无远，所欲至而至焉，唯有羽翼之故，是能通其意于天下乎？寡人有仲父，犹飞鸿之有羽翼也。"

《鲁连子》曰：展毋所为鲁君遗齐襄君鸿。至黾浴鸿，鸿失，其装在。御者曰："鸿，毛物，可使若一结绐置鸿耶。"答曰："吾非不能买鸿，是上隐君、下蔽罪也。"

《尸子》曰：虎豹未成文，而有食牛之气；鸿鹄之鷇，羽翼未合，而有四海之心。贤者之生亦然。

《淮南子》曰：蜂房不容鸿卵。

《淮南万毕术》曰：鸿毛之囊，可以渡江。盛鸿毛于缣囊，可以渡江不溺也。

杨子《法言》曰：鸿飞冥冥，弋人何慕焉？

《新论·微子操》曰：微子伤殷之将亡，终不可奈何，见鸿鹄高飞，援琴作操，其声清以淳。

《傅子》曰：鸿不学飞，飞则冲天；骥不学行，行则千里。二世修骊山陵，采玉者倾山，采珠者蔽海。

又曰：丈夫重义如太山，轻利如鸿毛，可谓仁义也。谚曰“己是而彼非，不当与非争；彼是而已非，不当与是平”也。

《博物志》曰：鸿鹄寿千岁，皆胎产也。

《晋书·隐逸传》曰：郭瑀，敦煌人也。张天锡使盖公明征之，瑀指翔鸿以示之曰：“此鸟也，安可笼哉？”遂深逃绝迹。公明拘其门人，瑀叹曰：“吾逃禄，非避罪也，岂得隐居行义害及门人？”乃出就征。

《隋书》曰：卢思道迁武阳太守，非其好也，为《孤鸿赋》，以寄其情，曰：“余志学之岁，自乡里游京，便见识知音，历受群公之眷。年登弱冠，甫就朝列，谈者过误，遂窃虚名。通人杨令君邢特进已下，皆分庭致礼，倒屣相接，翦拂吹嘘，长其光价。而才本驽拙，性实疏懒，势利货值，淡然不营。虽笼绊朝市，且三十载，而独往之心，未始去怀抱也。摄生舛和，有少气之病。分符坐啸，作守东原。洪河之湄，沃野弥望。嚣务既屏，鱼鸟为邻。有离群之鸿，为罗者所获，野人驯养，贡之于余。置诸池庭，朝夕赏玩，既用销忧，兼以轻疾。大《易》称：‘鸿渐于陆，羽仪盛也。’《杨子》曰：‘鸿飞冥冥，骞翥高也。’《淮南子》曰：‘东归碣石，违溽暑也。’平子《赋》曰：‘南寓衡阳，避祁寒也。’若其雅步清音，远心高韵，鹓鸾已降，罕见其俦，而锻翮墙阴，偶影独立，唼喋秕稗，鸡鹜为伍，不亦伤乎？余五十之年，忽焉已至，永言身事，慨然其多绪，乃为之赋，聊以自慰。”

鹄

《史记》曰：齐王使淳于髡献鹄于楚。出邑门，道飞其鹄，徒揭空笼以见献楚王，曰：“齐王使臣献鹄。过于水上，不忍鹄渴，出而饮之而飞去。吾欲刺腹绞颈而绝，恐人议吾君以鸟故令士自杀；鹄，毛物，多相类者，吾欲买而代之，是不信而欺吾主；欲赴他国奔亡，痛吾两主使不通。故来受罪。”楚王曰：“善。”《说苑》曰：魏文侯使舍人无檡献鸿于齐，其事同。

《宋书》曰：桓荣祖善弹，为东海太守，登西楼，见翔鹄云中，谓左右曰："当生取之！"于是弹其两翅，毛脱尽坠地，无伤。养，毛生乃去。

《南史·孝义传》曰：谢昌寓，陈郡人也，为刘悛广州参军。孝性甚至。常养一鹄，昌寓病二旬，而鹄二旬不食。昌寓亡，而鹄遂飞去。

《韩诗外传》曰：晋平公游于河而乐，曰："安得贤士与之乐此也？"船公盖胥跪而对曰："夫珠出江海，玉出昆山，无足而至者，犹主君好之。士有足而至者，犹主君好之；士有足而不至者，盖主君无好士之意耳。何患无士乎？"平公曰："吾食客门左千人，门右千人，朝食而不足，夕收市赋；暮食不足，朝收市赋。吾何谓不好士乎？"对曰："夫鸿鹄一举千里，所恃者，六翮耳。背上之毛、腹上之毳，益一把，飞不为加高；损一把，飞不为加下。今君之食客，门左门右各千人，亦有六翮在其中乎？将皆背上之毛、腹上之毳也？"《新序》云：晋文公游西河，舟人固桑树；《说苑》曰：赵简子游于河，舟人古对几书。二语同。

《离骚》曰：缘鹄饰玉，后帝是飨。后帝，谓殷汤也。言伊尹始仕，缘鹄鸟之美，修王鼎以事于汤，汤贤之，遂以为相也。

《录异记》曰：魏安釐王曰："寡人得如鹄之飞，视天下如莽也。"吴客有隐游者闻之，作木雕而献王。王曰："此有形无用者也。夫作无用之器，世之奸民也。"召游者加刑焉。游者曰："臣闻大王之好飞也，故敢·献雕，安知王之不知此也？可谓知有用之用，未寤无用之用矣。"乃取而骑之，遂翻然而飞去，莫知所之。

邓德明《南康记》曰：昔有卢耽，仕州为治中，少有栖仙之术。常元会至晓，不及朝列，化为白鹄至阁前，回翔欲下。威仪以帚掷之，得一支履，耽乃惊还坐，内外左右莫不骇异。时步骘为广州刺史，意甚恶之，便以状列闻，遂至诛灭。

《异苑》曰：大亨二年冬，大寒。南洲人见二白鹄语于桥下，曰："今兹寒不减尧崩年也。"于是飞去。

《抱朴子》曰：千岁之鹄，随时而鸣，能登于木，色纯白，脑尽成骨。

《列仙传》曰：陵阳子安死，葬山下。有黄鹄来，栖其冢边树，鸣声呼"安安"。

又曰：鲁陶门女者，少寡，养姑，纺绩为产。鲁人欲求之，女乃歌曰："黄鹄早寡，七年不双。宛颈独宿，不与众同。禽鸟尚然，况于贞良？"鲁人闻之，遂不复求。

《楚辞》曰：宁与黄鹄比翼乎？将与鸡鹜争食乎？

伏侯《古今注》曰：汉惠五年七月，黄鹄二集萧池。

《汉书》曰：黄鹄下建章宫太液池中，公卿上寿，赐诸侯王、列侯、宗室金钱。

《西京杂记》曰：始元元年，黄鹄下太液池。上为歌曰："黄鹄飞兮下建章，羽肃肃兮行跄跄，金为衣兮菊为裳。自顾薄德，愧尔嘉祥。"

《广志》曰：黄鹄出东海，汉以其来集为祥。

《魏武乐府》曰：黄鹄摩天极高飞，后宫尚得烹煮之。

崔鸿《十六国春秋·后赵录》曰：杨州献黄鹄雏五，徙之于玄武池。颈长一丈，声闻十余里。

《淮南子》曰：凤皇曾游万仞之上，鸿鹄鸧鹄莫不惮惊。

郭璞《赋》曰：晨鹄天鸡。此鹄属也。

鹍鸡

《穆天子传》曰：鹍鸡飞八百里。郭璞注曰：鹍鸡，即鹄属也。

《管子》曰：凫鹜之舍近，鹍鸡之通远。

《楚辞》曰：鹍鸡啁哳而悲鸣。

张衡《西京赋》曰：翔鹍仰而不逮。薛综曰：鹍鸡也。音昆。

嵇康《琴赋》曰：鹍鸡游弦，千里别鹄。

张华《鹪鹩赋》曰：鹍鸡窜于幽险。

太平御览卷第九百一十七 羽族部四

雁

《礼记》曰：孟春之月，鸿雁来；季秋之月，鸿雁来宾；季冬之月，雁北乡。

《仪礼·婚礼》曰：下达，纳彩用雁。

又《士相见》曰：大夫相见以雁，饰以布，维之以索，如执雉。雁，知时，飞翔有别也。饰之以布，谓裁缝之其身也。维，谓系联其足。

又《聘礼》曰：私觌，出，如舒雁。威仪自然，而有行列。舒雁，鹅。

《左传·昭玄》曰：郑徐吾犯之妹美，公孙楚聘之矣，公孙黑又使强委禽焉。禽，雁也。纳采用雁。

《毛诗》曰：雍雍鸣雁，旭日始旦。

《尚书·舜典》曰：修五礼、五玉、三帛、二牲、一世贽。孔传曰：大夫执雁。

《尔雅》曰：皂雁丑，其足蹼。郭璞注曰：脚指间有幕蹼，属相着。

《春秋说题辞》曰：雁之言"雁雁"，起圣以招期，知晚早，故雁南北，以阳动也。雁雁，音声貌也。圣上闻雁雁有音声，知为时节。雁鸟随日南以常动。

《春秋繁露》曰：凡贽，大夫用雁。有类长者在民上，必有先后。雁有行列，故以为贽。

《广雅》曰：鳿鹅、苍鳿，雁也。

《周书》曰：白露之日，鸿雁来；鸿雁不来，远人背畔。小寒之日，雁北乡；雁不北乡，民不怀至。

《史记》曰：苏武在匈奴中。昭帝遣使通和，常惠夜见汉使，使谓单于曰："天子射上林中，得雁，足有系帛书，言武等在某泽中。"使者如其言。单于大惊，乃使武还。

《汉书》曰：梁孝主于睢阳园中作皂雁池。

又曰：武帝太始三年，幸东海，获赤雁，作《朱雁》之歌。

《后汉书》曰：度辽将军皇甫规解官归安定乡。人有以货买雁门太守者，亦去职还家。书刺谒，卧不迎。既入而问：“卿前在郡，食雁美乎？”

《北史》曰：齐斛律光从文襄出野，见双雁飞来，文襄使明月驰射之以二矢，俱落焉。

又曰：尉迟迥之乱也，隋将史万岁从梁士彦击之，军次冯翊。见群雁飞来，万岁谓士彦曰：“请射行中第三者。”射之，应弦而落。三军莫不悦服。

《三国典略》曰：徐思王，寿阳人。家本寒微，以捕雁为业。

《晋史》曰：朱汉宾少时善射，常因与同辈出猎，指一飞雁，随矢而落。其镞正中其臆，臆上贯一金钱，有篆文，示其郡之硕学，皆无识者。人甚异之，由是人皆号之“朱落雁”。

《庄子》曰：庄子行于山中，见大木，伐木者止其旁而不取。问其故，曰：“无所用。”庄子曰：“此木以不材得终其天年。”出于山，及邑，舍故人家。故人喜具酒肉，令竖子杀雁烹之。竖子请曰：“其一雁能鸣，其一不能鸣，奚杀？”主人公曰：“杀不能鸣者。”明日，弟子问曰：“昨日山中之木，以不材得终其天年，主人之雁，以不材而死，先生何处焉？”庄子叹曰：“周将处夫材与不材之间。”

《淮南子》曰：夫雁从风飞，以爱气力；衔芦而翔，以备弋缴。

《山海经》曰：雁门山，雁出其间，在高柳北。

《家语》曰：孔子之卫，卫公与孔子语。见飞雁过而仰视之，色不在孔子。孔子乃逝。

《贾谊书》曰：邹穆公令食边雁，必以秕，无敢以粟。

《说苑》曰：秦穆挂百里奚。公孙友归，取雁以贺曰：“吾得社稷之臣，敢贺社稷之福。”公不辞，再拜而受。

又曰：齐晏子对景公曰：“君之凫雁，食以菽粟。”

又曰：大夫以雁为贽。雁者，有长幼之礼。士以雉。雉者，取其不可狎服。庶人以鹜。鹜，以其无他心也。

《白虎通》曰：贽用雁者，取随时南北，不失其节，明不夺女子之时。

杨雄《方言》曰：自关而东谓雁䳺鹅，南楚之外谓之鹅，或谓之仓䳑。

《博物志》曰：雁食粟，则翼重不能飞。

《会稽典录》曰：虞固，字季鸿，少有孝行，为日南太守。常有双雁止宿厅事上，每出行县，辄飞逐车。卒官，雁遂哀鸣，还至馀姚住墓前，历二年乃去。

《梁州记》曰：梁州县界有雁塞山。传云：北山有大池，水雁栖集之，固因名曰“雁塞”。

盛弘之《荆州记》曰：雁塞北接梁州汶阳郡，其间东西岭，属天无际，云飞风翥，望崖回翼。唯一处为下翔，雁达塞，矫翼裁度，故名雁塞，同于雁门也。

邓德明《南康记》曰：平固县有覆笥山，上有湖，周回十里。有一石雁浮出湖中。每至秋天，石雁飞鸣，如候时也。

《十三州记》曰：上虞县有雁，为民田。春衔拔草根，秋喙除其秽。是以县官禁民不得妄害此鸟，犯则有刑无赦。

《荆州图记》曰：沮阳县西北有雁浮山，是《山经》所谓“景山”也。高三十余里，周回三百里，修岩遐亘，擢干干宵。雁南翔北归，偏经其上，士人由兹改山名焉。

五色雁

《汉书·郊祀志》曰：宣帝于西河筑世宗庙，告祀，有五色雁集殿前。

《唐书》曰：贞元十年，同州献五色雁。

白雁

《左传·哀上》曰：曹伯阳即位，好田弋。曹鄙人公孙彊好弋，获白雁献之，且言田弋之说。因访政事，大说之，有宠，使为司城以听政。

《新语》曰：梁君出猎，见白雁而欲自射之。道上有惊雁飞者，梁王怒，命以射此人。其御公孙龙谏曰：“昔卫文公时，大旱三年。卜云：

‘必须人祀。’文公曰：‘求雨者，为民也。今杀之，不仁，吾自当之。’言未卒，雨下。今君重雁杀人，何异虎狼？”梁君引龙登车，入郭呼“万岁”。曰：“善哉！今日猎得善言。”

《晋书·载记》曰：建元初，石季龙飨群臣于太武殿前。有白雁百余集于马道南。季龙命射之，无所获。

雉

《春秋运斗枢》曰：机星散为雉。

《周礼·春官·大宗伯》曰：士执雉。郑玄注曰：取其守介不失节。

《仪礼·士相见》曰：士相见之贽，各用雉。士贽用雉者，取其耿介，交有时，别其伦也。

《礼记·曲礼下》曰：祭宗庙，雉曰疏趾。

又《月令》曰：孟冬，雉入水为蜃。

又曰：季冬之月，雉雊鸡乳。

《左传·昭四》曰：郯子云：“丹乌氏司闭，五雉为五工正。”杜预注曰：丹乌，鷩雉者。立秋来，立冬去，入水为蜃。五雉，雉有五种也。

又曰：叔孙豹奔齐。齐庚宗妇人献以雉，问其姓，曰：“予子长矣，能捧雉而从我矣。”

《毛诗·邶·柏舟》曰：《雄雉》，刺卫宣公也，淫乱不恤国政。雄雉于飞，泄泄其羽。我之怀矣，自贻伊阻。雄雉于飞，下上其音。展矣君子，实劳我心。

又曰：有弥济盈，有鷕雉鸣。鷕，雉鸣声。

又曰：如翚斯飞，君子攸跻。

又《节·小弁》曰：雉之朝雊，尚求其雌。

又《甫田·车辖》曰：瞻彼中林，有集唯鷮。

《毛诗义疏》曰：林虑山下人语曰：“四足之美有鹿，两足之美有鷮。”

《周易·鼎卦·九三》曰：鼎耳革，其行塞。雉膏不食，方雨亏悔，终吉。又《旅卦·六五》曰：射雉，一矢亡，终以誉命。又曰：离为雉。

《尚书》曰：日月星辰，山龙华虫。华虫，鷩雉也，五色，故谓华也。

又曰：高宗祭成汤，有飞雉升鼎耳而雊。

《论语》曰："山梁雌雉，时哉时哉！"子路拱之，三嗅而作。

《尔雅》曰：鸬诸雉：命雉。鹞雉、青质五色。鷮雉、长尾，走且鸣。鳪雉、黄色，鸣自呼。鷩雉、似山鸡而小冠，背毛黄，腹赤，顶缘，色鲜明。秩秩海雉、如雉而异，出海中山。鸐山雉、尾长者也。翰雉、鵫雉。今白鵫，江东呼白翰，亦名白雉。伊洛而南，素质五彩，皆备成章曰翚。翚亦雉属，言其毛色光鲜。江淮而南，青质五彩，皆备成章曰鹞，即鹞雉也。南方曰翯，东方曰鶅音缁衣之缁，北方曰鵗音希，西方曰鷷。说四方雉之名也。音所旬切。雉之暮子为鹨。晚生者也。今呼少鸡为鹨。

《尚书大传》曰：武丁祭成汤，有雉飞升鼎耳而雊。问诸祖已，祖已曰："雉者，野鸟也，不当升鼎。今升鼎者，欲为用也。远方将有来朝者乎？"武丁思先王之道，编发重译，至者六国。

《周书》曰：立冬之日水始冰。后五日，雉入大水为蜃，小暑后十日，雉始雊。

《史记》曰：秦文公获若白石于陈仓北阪城，祠之，苏林注曰：白质其实。其神或岁不至，或岁数来。来常以夜，光若流星，从东南集于祠城，则若雄鸡。如淳注曰：野鸡，雉也。吕后名雉，故曰野鸡。

《汉书》曰：成帝鸿嘉二年，有飞雉集于殿庭，历阶升堂而雊。

《东观汉记》曰：鲁恭，字仲康。为中牟令，螟蛉不入中牟。河南尹袁安疑其不实，遣仁恕掾肥亲验之。恭随亲行阡陌，坐树下，雉过止其侧，旁有小儿，亲曰："儿何不捕之？"儿言："雉将雏。"亲嘿然有顷，与恭诀曰："本来考君界有无虫耳。今虫不犯境，一异也；化及鸟兽，二异也；竖子有仁心，三异也。府掾久留，但扰贤者。"因还府，以状白安。

《魏志》曰：管辂至王弘直许。有雄雉飞来，登直内柱，头大不安。令辂作卦，辂曰："五月必迁。"时三月也。至期果为渤海太守。

《晋咸宁起居注》曰：太医司马程据上雉头裘一领，诏于殿前烧之。

《晋书》曰：武库封闭甚密，其中忽闻雉雊。张华曰："此必蛇化也。”开视之，雉侧有蛇蜕焉。

又曰：凉武昭王暠卒，子歆嗣立。春，有双雉飞出宫内。

《北史》曰：后魏裴安祖，闲居养志，不出城邑。会天热，舍于树下。有鸷鸟逐雉，雉急投之，遂触树而死。安祖悯之，乃取置阴地，徐徐护视。良久得苏，喜而放之。后夜忽梦一丈夫衣冠甚伟，着绣曲领，向安祖再拜。安祖怪问之，此人云：“感君前日见放，故来谢德。”闻者异焉。

《三国典略》曰：齐高纬如晋阳，穆后将从。辞胡太后于北宫，有雉集于御床。有司获之，不敢以闻。

又曰：梁临贺王正德，其妹长乐公主，太子家令谢禧之妻也。姿容国色，悦而报之，生子二人。乃烧主第，投婢于火，唱言主死。黄门郎张准有一雉媒，正德见而夺之。准于重云殿法会所骂之曰：“张准雉媒，非长乐公主，何可略夺！”太子纲恐梁主闻，遣武陵王纪急相解喻，准骂乃止。正德既出，以雉还之。

《山海经》曰：小华之山，其鸟多赤鷩，可以御火。孟山，鸟多白雉。

《庄子》曰：泽雉十步一啄，百步一饮，不畜于樊中。

《尹文子》曰：楚人担山雉者，路人问焉：“何鸟也？”欺之曰：“凤皇也。”路人曰：“我闻凤皇，今始见矣。汝贩之乎？请买十金。”弗与。请加倍，乃与之。方欲献楚王，经宿鸟死。路人不遑惜其金，唯恨不得献王。王闻之，感其欲献己，召，厚赐之，过买鸟之金什刀。

《抱朴子》曰：鸡有专栖之雄，雉有擅泽之鷮，蚁有兼弱之智，蜂有攻窠之计。人相役御，亦犹是耳。

《广雅》曰：野鸡，雉。

《洪范五行传》曰：正月微动而雉雊，雷通气也。

《楚辞》曰：彭铿斟雉，帝何飨？铿，彭祖也，好和滋味，斟白雉羹以事尧，尧美而飨食之。

《列异传》曰：秦穆公时，陈仓人掘地得物，若羊非羊，若猪非猪。牵以献诸公，道逢二童子。童子曰：“此名为媪，常在地食死人脑。若欲杀之，以柏捶其首。”媪复曰：“彼二童名为陈宝，得雄者王，得雌者霸。”陈仓人舍媪，逐二童子，童化为雉，飞入平林。陈仓人告穆公，穆公发徒大猎，果得其雉。又化为石，置之汧、渭之间。至文公为立祠，名陈宝。雄雉飞南集，今南阳雉县，其地也。秦欲表其符，故以名县。每陈宝祠时，有赤光长十余丈，从雉县来，入陈祠中，有声如雄雉。

杨雄《琴清英》曰：《雉朝飞操》者，卫女傅母所作也。卫侯女嫁于齐太子，中道太子死。问傅母曰：“何如？”傅母曰：“且往，当丧。”丧毕，不肯归，终之以死。傅母悔之，取女所自操琴于冢上，鼓之。忽有二雉俱出墓中，傅母抚雌雉曰：“女果为雉耶？”言未卒，俱飞而起，忽然不见。傅母悲痛，援琴作操，故曰《雉朝飞》。

《琴操》曰：齐独沐子，年七十无妻。出，见飞雉，雌雄相随。感之，抚琴而歌曰：“雉朝飞，鸣相和，雌雄群游于山阿。”

萧广济《孝子传》曰：萧芝忠孝，除尚书郎。有雉数十头，饮啄宿止，当上直送至歧路，下直及门，飞鸣车侧。

《璅语》曰：有鸟从飞西方来，白质，五色皆备，集平公之庭，相见如让。公召叔向问之，叔乡曰：“吾闻师旷曰：西方有白质鸟，五色皆备，其名曰翚。南方赤质，五色备，其名曰摇。其来为吾君臣，其祥先至矣。”

《博物志》曰：翟雉畏雨雪，惜其毛，栖高树之上，不敢下食，往往饿死。

徐广《车服注》曰：天子金根车马，上插以翟毛；皇后法驾乘，重翟羽盖。

崔豹《古今注》云：有雉尾扇。

《宣验记》曰：野火焚山林，中有一雉，入水渍羽，飞以灭火。涂却疲乏，不以为苦。

白雉

《春秋感精符》曰：王者德流四表，则白雉见。

《孝经援神契》曰：王者德至鸟兽，故雉白首。妃房不遍，故白雉应。

又曰：周成王时，越裳献白雉，去京师三万里。王者祭祀不相逾，宴食衣服有节，则至。

《抱朴子》曰：白雉自有种，南越尤多。案《地域图》，今之九德，则古之越裳也。盖白雉之所出，周成王所以为瑞者。贵其所自来之远，明其德化所被之广，非谓此为奇。

《楚辞》曰：昭后成游，南土爰砥，爰，于也。砥，至也。言昭王背成王掷昶，而出游南。至楚，楚人沉之南遂不返之。厥利唯何？逢彼白雉。厥，其也。逢，迎也。言昭王南游，何利于楚乎？为越裳氏献白雉，昭王德不能致，亲往迎也。

《汉书》曰：平帝元始元年，春，越裳重译献白雉一、黑雉二，诏使三公以荐宗庙。

《魏略》曰：文帝欲受禅，郡国奏：白雉十九见。

《魏志·文纪》曰：延康元年四月，饶安县言白雉见。

《北史》曰：后魏南安王祯，孝文时为雍州刺史，性忠谨。其母疾笃，忧毁异常，遂有白雉游其庭前。帝闻其致感，赐帛千匹，以褒美之。

《三国典略》曰：渤海王高欢攻邺，时瑞物无岁不有。令史焚连里木，煮白雉而食之。

射雉

《左传》曰：贾大夫娶妻而美，贾大夫，大夫也。三年不言不笑。御以如皋，为妻御也，之皋泽也。射雉而获之，其妻始笑而言。

《魏书》曰：太祖才力绝人。于南皮，一日射雉获六十三头。

《江表传》曰：孙权数射雉，潘浚谏权。权曰："时时暂出耳，不复如往日。"浚曰："天下未定，万机多务，射雉非急。弦绝括破，皆能为害。"浚乃手自彻坏雉翳。权由是遂绝，不复射雉。

《吴志》曰：孙休锐意于典籍，欲毕览百家之言。大好射雉，春夏之间，常晨出夜还，唯此时舍书。

《宋书》曰：孝武帝常出射雉。值雨，侍中沈怀文谏曰："非止千乘失容，亦乃圣躬栉沐。”

沈约《宋书》曰：明帝与晋平王休祐于岩山射雉。有一雉不肯入场。日暮将反，留休祐射之，语云“不得雉，勿归！”因遣寿寂之等诸壮士追之，日已欲暗，与休祐相及，遂拉杀之。

又曰：到㧑与萧道成同从宋明帝射雉郊野，渴倦，㧑得早青瓜，与上对割食之。

《齐书》曰：武帝好射雉，竟陵王子良启谏。先是，左卫殿中将军邯郸超谏射雉，武帝为止。久之，永明末，上将射雉，子良复谏。

又曰：萧景先转中领军，车驾射朔雉郊外。景先带甲杖从，廉察左右。

又曰：萧敏为新安太守。好射雉，未常在郡，辞讼者迁于畋焉。后张弩损腰而亡。

又曰：桓僖伯，少负气豪侠，妙解射雉，尤为武帝所重。

又曰：张欣泰为河东内史，召还都。屏居家巷，置宅南岗下，面接松山。欣泰负弩射雉，姿情闲放。

又曰：袁彖为侍中，形貌充肥异众。每从射雉郊野，数人扶持，乃能从步。

又曰：褚炫从宋明帝射雉，帝至日中无所得，甚羞。召问侍臣：“吾旦来如皋，遂从空行，可笑？”座者莫答。炫独曰：“今节候虽适，而云雾尚凝，故斯翚之禽骄心未惊。但得神驾犹豫，群情便可载欢。”帝意解，乃于雉场置酒。

《南史》曰：齐东昏侯在位，置射雉场二百九十六处。翳中帷帐及步障皆袷以绿红锦，金银镂弩，牙玳瑁帖箭。每出辄以鹰犬队主徐令孙、媒翳队主俞灵韵齐马而走，左右争逐之。

又曰：武帝亲拜陵，蔡兴宗负玺陪乘。及还，上欲因以射雉。兴宗正色曰：“今致虔园陵，情敬兼重。从禽犹有余日，请待他辰。”

《陈书》曰：新安王伯国性好射雉，叔陵好发冢。出游田野，必与偕行。

太平御览卷第九百一十八 羽族部五

鸡

《春秋运斗枢》曰：玉衡星散为鸡。

《周礼·春官上·大宗伯》曰：工商执鸡。郑注曰：取其守时而动也。

《礼记·曲礼下》曰：祭宗庙之鸡曰翰音。

又《月令》曰：季冬之月，雉雊鸡乳。

又《内则》曰：子事父母，鸡初鸣，咸盥漱。

《左传·宣下》曰：楚子为乘广三十。乘分为左右广。鸡鸣而驾，日中而说。

又《成下》曰：晋与楚旦而战，见星未已。子反命吏察夷伤，补卒乘，缮甲兵，展车马，鸡鸣而食，唯命是听。

又《襄二》曰：荀偃令曰："鸡鸣而驾，塞井夷灶，唯余马首是瞻。"

又《襄三》曰：齐庄公朝指殖绰，郭最曰："是寡人之雄也。"州绰曰："君以为雄，谁敢不雄？然臣不敏，平阴之役，先二子鸣。"晋伐齐及平阴，州绰获殖绰、郭最，故自陛覽鸡斗，胜而先鸣。

又《襄五》曰：公膳，日双鸡。

又《昭五》曰：宾孟适郊，见雄鸡自断其尾。问之，侍者曰："自惮其牺也。"

又《昭六》曰：季、郈之鸡斗。季平子、郈昭伯二家相近，故斗鸡。季氏芥其鸡，以芥子播其羽。郈氏为之金距，平子怒。

《毛诗》曰：《女曰鸡鸣》，刺不说德也。陈古义以刺今，不说德而好色也。女曰鸡鸣，士曰昧旦。子兴视夜，明星有烂。

又曰：君子于役，不知其期，曷其至哉！鸡栖于埘，日之夕矣。

又《缁衣》曰：《风雨》，思君子也。乱世则思君子，不改其度。风雨凄凄，鸡鸣喈喈。既见君子，云胡不夷？风雨萧萧，鸡鸣胶胶。既见君子，云何不瘳？风雨如晦，鸡鸣不已。既见君子，云胡不喜？

又〔曰〕：《鸡鸣》，思贤妃也。鸡既鸣矣，朝既盈矣。匪鸡则鸣，苍蝇之声。

《尚书·牧誓》曰：古人有言曰："牝鸡无晨。"牝鸡之晨，唯家之索。

《论语》曰：子路遇丈人，以杖荷篆。止子路宿，杀鸡为黍而食之。

又曰：子之武城，闻弦歌之声，夫子莞尔而笑曰："割鸡焉用牛刀？"

《尔雅》曰：鸡大者蜀。蜀子雓。未成鸡曰僆。绝有力奋。鸡三尺为鶤。栖于杙为桀，凿垣而栖为埘。郭璞注曰：今蜀鸡也。雓，雏子名也。江东呼鸡少者为僆。鶤，阳沟巨鶤，古之名鸡。

《春秋说题辞》曰：鸡为积阳，南方之像。火阳精物，炎上，故阳出鸡鸣，以类感也。鸡之为言佳也，佳而起为人期，莫宝也。善为人制晏早之期。

《春秋考异邮》曰：鸡应旦鸣。

《诗记历枢》曰：候及东次气发。鸡泄三号，冰始泮。卒于丑，以成岁。及东，及于寅也。承丑之季，故谓之次气也。鸡为畜，阳也，丑之季向晨鸣，急悦其气，感之而喜，故鸣也。

《周书》曰：大寒之日，鸡始乳。

《易通卦验》曰：万民闻鸡鸣，皆翘首结带正衣裳。

《史记》曰：子路性鄙，好勇力。冠雄鸡，佩猳豚，陵暴孔子。孔子乃设礼义，稍诱之。子路乃委质，请为弟子。

又曰：孟尝君至关。关法：鸡鸣出客。孟尝君客之居下坐者，有能为鸡鸣，遂发传出。

又曰：越巫立越祠，而以鸡卜，上信之。

《汉书》曰：征昌邑王贺到济阳，求长鸣鸡。

又曰：昌邑王之立为皇太子，私置鸡豚以食。

又曰：龚遂为渤海太守，使人家养五鸡。

又曰：王奉先好斗鸡。宣帝微时，数与奉先会。后即位，以其女为婕妤，立为皇后。奉先封侯。

又曰：方士曰："益州有金马碧鸡之宝，可祭祀致也。"宣帝使王褒往祀焉。

范晔《后汉书》曰：河南乐羊子妻，不知何氏女。常有他舍鸡谬入垣内，姑盗杀食之。妻对不食而泣，怪问之，妻曰："自伤居贫，使食他肉。"姑竟弃之。

《后汉书》曰：范式，字巨卿，与汝南张元伯为友。二人春到京，以暮秋为期。元伯以九月十五日杀鸡炊黍，以待巨卿。母谓元伯曰："相去千里，汝何信之审也？"言未毕，而巨卿至。相随升堂再拜母，极悦。

《九州春秋》曰：魏王入汉中讨刘备，不得进，欲守复难，意欲弃之，乃发令云"鸡肋"。官属不知，主簿杨修曰："夫鸡肋，弃之则可惜，啖之无所得。以比之汉中王欲去也。"白戒严，王遂还。

《吴录》曰：魏文帝遣使于吴求长鸣、短鸣鸡。群臣以非礼，欲不与。孙权敕付使。

《江表传》曰：南郡献长鸣承露鸡。《南越志》曰：鸡冠四间如莲花，鸣声清彻也。

《魏志》曰：马韩国出细尾鸡，其尾皆五尺余。

郭颂《魏晋世语》曰：刘放、孙资共典枢要，夏侯献、曹肇心内不平。殿中有鸡栖树，二人相谓："此亦久矣，其能复几？"指谓中书监刘放、中书令孙资。

王隐《晋书》曰：郄诜母病苦车。及亡，不欲车葬，而贫无以得马。乃养鸡种蒜，竭其方术。丧过三年，得马八匹，举棺至家。

《晋书》曰：祖逖与刘琨俱为司州主簿，情好绸缪，共被同寝。中夜闻鸡鸣，蹴琨觉曰："此非恶声。"因起舞。

又曰：桓玄既被杀，安帝反正，其余拥众假号皆平，桓氏遂灭。元兴中，衡阳有雌鸡化为雄，八十日而冠萎。及玄建国于楚，衡阳属焉。自篡至败，凡八旬也。

《晋中兴书》曰：殷浩北伐，江逌为长史。及丁零反叛，浩令逌伐之。乃取数百鸡以长绳连之，脚皆系火。一时驱放，群鸡骇散。飞过堑，集羌营，皆燃。因其惊乱，纵兵击之。

《晋书》：庾征西翼书，少时与右军齐名。右军后进，庾犹不分，在荆州与都下人书云："小儿辈贱家鸡，爱野雉，皆学逸少书，须吾下当比之！"

又《载记》曰：符朗善知味。会稽王道子杀鸡以食之，既进，朗曰："此鸡栖恒半露。"检之，验焉。

《晋书》曰：武帝常幸琅邪城。宫人常从早发，至湖北埭，鸡始鸣，今呼为鸡鸣埭。

《南史》曰：齐郁林王好斗鸡，密买鸡至数千价。

又曰：傅琰，字季圭，为山阴令。二野父争鸡，琰问鸡何食，一云"粟"，一云"豆"。琰使破鸡，得粟，罪言豆者。

魏收《后魏书》曰：崔光，字长仁，东清河鄃人也。正始元年夏，有典事史元显献四足四翼鸡，诏散骑侍郎赵邕以问光，光表曰："翅足众多，亦群下相扇动之像；雏而未大，脚弱差小，亦其势尚微，易制御也。"武帝览之，悦。后数日而茹、皓等并以罪失伏法，于是礼光逾重。

又曰：傅乾爱嗜鸡肉、葵菜食，傅灵越乃为作之，下以毒药。乾爱饭，还而卒。

《北史》曰：宋世良为清河太守，发奸擿伏，有若神明。尝有一吏休满还郡，食人鸡豚；又有一干受人一帽，及食二鸡。世良叱而语之，吏、干叩头伏罪。于是上下震悚，莫敢犯禁。

又曰：齐彭城王浟为沧州刺史。有隰沃县主簿张达尝诣州，夜投人舍，食鸡羹。浟察知之。守令毕集，浟对众曰："食鸡羹，何不偿价直也？"达即伏罪。合境号为神明。

《三国典略》曰：齐长广王湛即皇帝位于南宫，大赦改元。其日将赦库，令于殿门外建金鸡，宋孝王不识其义，问于光禄大夫司马膺之："赦建金鸡，其义何也？"膺之曰："案，海中星占曰：'天鸡星动，当有赦。’由是，帝王以鸡为候。”

《唐书》曰：刘武周父匡徙家马邑。匡常与其妻赵氏夜坐庭中，忽见一物，状如雄鸡，流光烛地，飞入赵怀，振衣无所见。因而娠，遂生武周。为人骁勇，善骑射。

《庄子》曰：庄子谓惠子曰：“羊沟之鸡，司马彪注曰：羊沟，斗鸡处。三岁为秣。秣，魁师也。相者视之，则非良鸡也。然而数以胜人者，以狸膏涂其头也。”鸡畏狸故。

又曰：越鸡不能伏鹄卵，鲁鸡固能矣。司马彪曰：越鸡，小鸡也。鲁鸡，大鸡，今蜀鸡也。

《列子》曰：纪渻子为周宣王养斗鸡。十日而问：“鸡可斗乎？”曰：“未也，方虚骄而恃气。”十日又问之，曰：“未也，犹疾视而盛气。”十日又问之，曰：“几矣。鸡虽有鸣者，已无变，望之似木鸡矣，其德全矣。”异鸡无敢应者。

《燕丹子》曰：燕太子丹质于秦，逃归到关。丹为鸡鸣，遂得逃归。

《尸子》曰：战如斗鸡，胜者先鸣。

《韩子》曰：使鸡司夜，令狸执鼠，皆因其能。

《淮南子》曰：雄鸡夜啼，库兵动而戎马惊。

《淮南万毕术》曰：孤桃之像，令鸡夜鸣。取孤桃南北行枝，长三尺，折以为像，途以三岁雄鸡血，夜居栖下。

《战国策》曰：秦惠王谓寒泉子曰：“苏秦欺敝邑，欲以一人智反覆山东之君。夫诸侯之不可一，犹连鸡之不能俱上于栖也。”

《吕氏春秋》曰：善学者，若齐王之食鸡也，食其距数千而后足。

又曰：白圭谓魏王曰：“市丘之鼎以烹鸡，多洎之，则淡而不可食；市丘，魏邑。肉汁曰洎。少洎之，则焦而不熟。然而视之蝺焉，羹无所可用。”蝺，音龋。

《韩诗外传》曰：田饶为鲁哀公曰：“夫鸡，平头戴冠者，文也；足傅距者，武也；敌在前敢斗者，勇也；见食相告者，仁也；守夜不失时者，信也。虽有五德，犹日瀹而食之者，何也？以其所从来近也。”

《神异经》曰：东方有人，长七丈，头戴鸡，朝吞恶鬼三千，暮吞三百。名黄父，又名食邪。以鬼为饭，以雾为浆也。

《西京杂记》曰：成帝时，交阯、越巂献长鸣鸡。即下漏验之，晷刻无差。长鸣鸡一鸣一食，时不绝，长距，善斗。

崔豹《古今注》曰：鸡一名“烛夜”。

《列仙传》曰：祝鸡翁者，雒阳人也。居尸乡北山下，养鸡皆有名字，千余头。暮栖树，昼放散食，欲取，呼名即至。贩鸡及子，得千万钱，辄置钱去。

《论衡》曰：传书言：“淮南王得道，畜皆仙，犬吠天上，鸡鸣云中。”

《陈子要言》曰：弃晨鸡犬俟凤警，亦犹弃当世之实才，须故人之执政也。

《太玄经》曰：雌鸡鸣晨，雄鸡宛颈。隋侯坠井，河伯除川。

《风俗通》曰：呼鸡“朱朱”。俗说：鸡本朱公化而为之，今呼鸡者，“朱朱”也。谨按，《说文》解“喌”：“喌，二口为讙。州，其声也。读若祝。”祝者，诱致禽畜和顺之意。喌与朱音相似耳。

又曰：腊除夕，以雄鸡着门上，以和阴阳。按：今人卒病，皆杀雄鸡傅其心。病风者，鸡散治之，东门鸡头治蛊，信善也。

《异苑》曰：朱文绣与罗子锺为友，俱仕于梁。绣既死，罗锺哭之，其夜俱亡。梁南七里有鸡山，葬绣于其中；北九里有雉涧，埋锺于其内。绣神灵变为鸡，锺魂魄化为雉。清鸣哀响，来往不绝。故诗曰：“鸡山别飞响，雉涧和清音。”

荀悦《申鉴》曰：睹孺子之驱鸡，而见御民之术。孺子之驱鸡，急则惊，缓则滞，驯而安之，然后入门。

嵇康《宅无吉凶论》曰：夫同栖之鸡、一栏之羊，宾至而有死者，岂异之哉？

《幽明录》曰：晋兖州刺史沛国宋处宗，尝买得一长鸣鸡，爱养甚至。栖笼着窗间，鸡遂作人语。与宗谈语，极有言致，终日不辍。处宗因此言功大进。

《越绝书》曰：鸡山，勾践以畜鸡，将伐吴，以食死士也。

《吴越春秋》曰：娄门外鸡陂墟者，吴王牧鸡处。

《西河记》曰：凉州罪人于市将刑，忽有一白雄鸡飞于人边请命，引颈长鸣，伏地向吏，驱之去辄来。刺史张义免其坐。

王子年《拾遗记》曰：太初二年，月氏贡双头鸡，四足一尾，鸣则俱鸣。

又曰：含涂国，去王都七万里。人善服鸟兽鸡犬，皆使能言。

郭子横《洞冥记》曰：有远飞鸡，夕则还依人，晓则绝飞四海外，朝往夕还。

裴玄《新言》曰：正朝县官杀羊，悬其头于门，又磔鸡以副之。俗说，以厌厉气，或以问河南任君，任君曰："是月土气上升，草木萌动，羊啮百草，鸡啄五谷，故杀之以助生气。"

崔寔《四民月令》曰：十二月，东门磔白鸡头，可以合药。

《本草经》曰：丹鸡一名"载丹"。

又曰：乌雄鸡主补中，其血治踒折骨。凡鸡肉，不食小儿，令生蚘虫，又令消髓。

《葛洪方》曰：五月七日，深井深冢多有毒气，不可入也。宜先以鸡毛试投井中，直下无毒；毛回四边，不可入也。

《师旷占》曰：长吏乘车，出入行步道上，有鸡飞集车上者，雄迁雌去。

《杂五行书》曰：欲求妇，取雄鸡两毛烧著酒中，饮之，所求必得。用戊子日，此是天地合日，必得。三往不得，女当死。

《龙鱼河图》曰：玄鸡白头，食病人。鸡有六指，亦杀人。鸡有五色，杀人。

焦赣《易林·旅之夬》曰：十雉百雏，常与母俱。抱鸡捕虎，谁者为怙？

又《归妹之无妄》曰：鸡方啄粟，为狐所逐，走不得息，惶惧喘息。

又《归妹之损》曰：争鸡失羊，亡其金囊，利得不长。

又《巽之遁》曰：三鸡啄粟，十雏从食。饥鸢卒击，亡其两寂。

《广志》曰：鸡有胡髯、五指、金骹、反翅之种。大者蜀，小者荆。白鸡金骹者美，旧并州所献。吴中送长鸣鸡，长倍于常鸡。永昌郡无鸡。

《异物记》曰：伺潮鸡，潮水上则鸣。

《博物志》曰：《神农本草经》曰："鸡卵可以作虎魄。法取茯苓、鸡蛋卵黄白混杂者，熟煮之。及尚软，随意刻作物形。以苦酒渍数宿，既坚，内着粉中。假者乃乱真。"此世所恒用，作无不成也。

干宝《搜神记》曰：安阳城南有亭，宿者辄死。书生明术数，入亭宿，端坐诵书。夜半，有人着皂衣、赤帻来，户外呼亭主："此有宿客耶？"应曰："然。"喑嗟而去。须臾，有赤衣问如前。生问曰："向黑衣者谁？"答曰："北舍母猪。""赤帻者谁？"答曰："西舍老雄鸡也。""汝是谁？"答曰："我是老蝎也。"明旦掘之得蝎，大如琵琶，身长四尺。并杀猪、鸡，亭遂安静。

刘欣期《交州记》曰：长鸣鸡出日南。

《南州异物志》曰：狼育之鸡，特禀异声。狼盲，地名。

《白泽图》曰：老鸡能呼人姓名，杀之则止。

又曰：鸡有四距重翼者，龙也。杀之震死。

《梦书》曰：鸡为武吏，有冠距也。梦见雄鸡，忧武吏也。众鸡入门，吏所捕也。群斗舍中，惊兵怖也。

《论墓书》曰：养白鸡，令识其主声形，以五月五日、九月九日任意用五色彩长五寸系鸡颈，将鸡于名山，放鸡著山，仰头咒曰"必存鸣晨"，鸡心开悟。

沉怀远《南越志》曰：鸡冠四开如莲花，鸣声清彻也。

《荆楚岁时记》曰：正月一日，三元之日，鸡鸣而起，先于庭中爆竹，帖画鸡，或斫镂五彩及鸡于户上。

《风土记》曰：乃有鸡子，五薰练形。正旦皆会，生吞鸡子一个，谓之练形。又，晨啖五辛，以助五藏气。

《吴录》曰：合浦朱虚县有山鸡，黑色，树栖。

《魏志》曰：平原太守刘邠取印囊及山鸡毛著器中，使管辂筮。辂曰："内方外圆，五色成文，含宝守信，出则有章，此印囊也。高岳岩岩，有鸟朱身，羽翼玄黄，鸣不失晨。此山鸡毛也。"

《异苑》曰：山鸡爱其毛羽，映水则舞。魏武时，南方献之。帝欲其鸣舞而无由，公子苍舒令人取大镜著其前，鸡鉴形而舞，不知止，遂至死。韦仲将为之赋，甚美。

《博物志》曰：山鸡有美毛。自爱其毛，终日映水，目眩则溺。

《临海异物志》曰：山鸡状如人家鸡，安阳诸山中多此鸡，恃距好斗。当时以家鸡置其处，取即可得。

《南越志》曰：曾城县多鵕鸃。鵕鸃，山鸡也，利距善斗。世以家鸡斗之，可禽也。光色鲜明，五采炫耀。

辛氏《三秦记》曰：陈仓山在太白之西，去长安八百里。上有石鸡，与山鸡各别。赵高使烧山，山鸡飞去；石鸡不去，晨鸣山头，声闻三十里，或云是玉鸡。陈仓城上有神鸡，入取不得，雄者王，雌者霸。穆公得雌，故霸。

《山海经》曰：鷩雉，一名山鸡，养之禳火灾。

左思《吴都赋》曰：山鸡归飞而来栖。

顾恺《湘中赋》曰：阳鸾、山鸡。

陆机《与弟书》曰：天渊池养山鸡，甚可嬉。

《周书》曰：成王时，蜀人献文翰者，若皇鸡。鸟有文彩者。皇鸡，似凫，冀州谓之泽时。

《尔雅》曰：翰，天鸡也。郭璞注曰：翰鸡，赤羽，见《周书》。

《说文》曰：翰，天鸡也。一名晨风。

《玄中记》曰：东南有桃都山，上有火树，名曰："桃都枝"，相去三十里。上有天鸡。日初出照此木，天鸡即鸣，天下鸡皆随之鸣。

《临海异物志》曰：杉鸡，黄冠青绥，常在杉树下。头上有长黄毛，头及颊，正青如垂緌。

《南越志》曰：新夷县鸟多杉鸡。

《尹子》曰：扬州之鸡裸无毛。

《南越志》曰：高兴县多容鸡，如家鸡，五采，至则年穰。

孙绰《望海赋》曰：石鸡清响以应潮，惠躯轻近以远洁。石鸡，形似家鸡而灰色，在海中山上，每潮水将至，辄鸣相应，若家鸡同晨也。商人欲知水道，涂却以至此为候也。

周景式《庐山记》曰：白水南行十余里，有鸡山。傍有大山竦，上有石鸡，冠距如生。道士李镇于此下住，常宝玩之。鸡一旦忽摧毁，镇告人曰："鸡卒如此，吾其终乎！"因与亲知诀别。后月余，果卒，似知命云。

太平御览卷第九百一十九　羽族部六

鹅

《礼记·内则》曰：舒雁翠。郑玄注曰：翠，尾舒。雁，鹅也。谓不利人。

《尔雅》曰：䳘、鸃、鹅；郭璞注曰：今之野鹅。舒雁，鹅。郭璞注曰：《礼记》曰：出如舒雁。匠箔东呼鴚，音加。

《广雅》曰：驾鹅，野鹅也。

《吴志》曰：景帝有疾，使巫视鬼。欲试之，乃杀一鹅，埋之于苑中，架屋施床几，以妇人服物着上。乃使巫视之，若能说此冢中妇形状者，加赏。此巫视，日竟昼夕无所道。帝催问之急，乃曰："实不见有鬼，但见一头白鹅在墓上。所以不即白，疑是神鬼变化而作，定无复改易，不知何故？"景帝乃厚赐之。

《晋书》曰：永嘉中，洛阳东北步广里地陷，有二鹅出焉，一白一苍。白者不能飞，苍者飞去。董养，字仲道，叹曰："昔有周时，盟会狄泉，即此地也。苍胡、白，国象，其可尽言乎？"

又曰：刘毅家在京口，酷贫。尝与乡曲士大夫往东堂共射，时庾悦为司徒右长史，要府州僚佐出东堂。毅已先至，遣与悦相闻曰："身并贫踬，营一游甚难。君如意人，无处不可为适，岂能以此堂见让耶？"悦素豪，径前不答。时众人并避，唯毅留射如故。悦厨馔甚盛，不以及毅。毅既不去，悦甚不欢。毅又相闻曰："身今年未得子鹅，岂能以残炙见惠？"悦又不答。及毅贵，奏解悦都督将军官，深相挫辱。悦不得志，疽发背，少日而卒。

《宋书》曰：胡蕃为高祖从事，征广固，累月未拔。忽有鸟如鹅，苍黑色，飞入高祖帐里。众皆骇愕，蕃起贺曰："苍黑色者，戎虏。戎虏归我，大吉之祥也。"明旦攻城，陷之。

又曰：孔静居山阴。宋武微时，往候之。静时寝，梦人语曰："天子在门。觉寤，即遣人出看，而帝适至。静虚已接待，乃留帝宿。夜设粥，无鲑，新伏鹅卵令煮以为食。贼平，以静为奋威将军。

又曰：刘暄初为江夏王宝玄郢州行事，执事过刻。王妃索煮肫，帐下谘暄，暄曰："旦已煮鹅，不烦复此。"宝玄恚曰："舅殊无渭阳之情。"

《齐书》曰：卞彬《禽兽决录目》云："鹅性顽而傲，盖比潘敞也。"

又曰：桂阳之役，朝庭周章诏檄，久之未就。高帝引江淹入中书内省，先赐酒食。淹素能饮，啖食鹅炙，垂尽，进酒数升，文诰亦办。

《南史》曰：何远为永康令，人甚称之。太守王彬巡属县，诸县盛供帐以待焉。至武康，远独设糗水而已。彬去，远送至境，进斗酒只鹅而别。彬戏曰："卿礼有过陆纳，将不为古人所笑乎？"

《三国典略》曰：庾信自建康遁归江陵，湘东王因赐妾徐氏。妾与信弟掞私通，掞欲求之，无敢言者。信庭前有一苍鹅，乃系书于鹅颈。信视之，乃掞启。遂题纸尾曰："畜生乞汝！"

《唐书》曰：元和十二年，李愬袭蔡州。兵至悬瓠城，夜半雪甚。城旁有鹅鸭池，愬令惊击之，以杂其声。

《列子》曰：黄帝与炎帝战，以雕、雁、鹅为旗帜。

《鲁连子》曰：君鹅鸭有余食，士不足半菽。

《孟子》曰：仲子以兄之禄为不义，避兄离母处于陵。他日归，则有馈其兄生鹅者，颦蹙曰："恶用是'鶃鶃'者为？"其母杀是鹅，与之食。其兄自外至，曰："是'鶃鶃'肉也。"出而吐之。赵岐曰：鶃鶃，鹅声也。

《战国策》曰：管燕得罪于齐王，谓左右曰："子孰能与我赴诸侯乎？"左右莫对。管燕连然流涕曰："悲夫！士何其易得而难用也？"田需对曰："士三食不得厌，而君鹅鹜有余食；下宫曳绮縠而士不得以为缘。且财者，君之所轻；死者，臣之所重。君不肯以所轻与士，而责之以所重事，非士易得而难用也。"

《异苑》曰：傅承为江夏守。有一双鹅失之三年，忽引导得三十余头来向承家。

《秦记》曰：符殷食鹅炙，知黑白之处。人不信，既而试之，果然。

《世说》曰：会稽有孤居老姥，养一鹅，鸣唤清长。时王逸少为太守，就求市之，未得。逸少乃携故亲，命驾共往观之。姥闻二千石当来，即烹以待之。逸少既至，殊丧往意，叹息弥日。

《俗记》曰：京下刘光禄养好鹅。刘后军从京还镇寻阳，以一双鹅为后军别，纯苍色，颈长四尺许，头似龙。此一双鹅可堪五万。自后不复见有此类。

《张鸿传》曰：鸿为慕容晃黄门郎，甚宠爱之。初，刑鸿不熟。颐下生黄须三根，长寸余。乃遣出宫看鹅鸭。

沈充《鹅赋序》曰：先大夫俞颖川者，殊精意于善鹅。求得骏鹅，类于张猛虎亦多好者。于时有绿眼、黄喙、折翼、赪头，皆经颖川之好者。焦叔明以太康中得大苍鹅，从喙至足，四尺有九寸，体色丰丽，鸣声惊人，三年而为暴犬所害。惜其不终，故为赋云。

崔豹《古今注》曰：夫鹅，似鹄而大，颈长八尺，善斗，好啖蛇。

《列异传》曰：庐山左右常有野鹅，数千为群。长老传言："尝有一狸食。明日，见狸唤于沙州之上，如见系缚。"

《南越志》曰：化蒙县祠山上有湖，湖中有泉鹅，如今野鹅，弄吭山泉，故号为泉鹅。

《两京记》曰：净影寺沙门慧远讲经。初，在乡养一鹅，常随远听经。及远入京，留在寺，昼夜鸣呼不止。僧徒送入京，至此寺大门放之，自然知远房，便入驯狎。每闻讲钟，即入堂伏听，若闻；泛说他事，鸣翔而出。如是六年，忽哀叫庭宇，不肯入堂。二旬而远卒。寺内有远碑，亦述其事。

《岭南异物志》曰：南道之酋毫多选鹅之细毛，夹以布帛絮而为被，复纵横纳之，其温柔不下于挟纩也。俗云鹅毛柔暖而性冷，偏宜覆婴儿而辟惊痫也。

《云南记》曰：韦齐休使云南，屯城驿。西墙外有大池，斗门垂柳夹阴，池中鹅鸭甚众。

《幽明录》曰：晋义熙中，羌主姚略坏洛阳，阴沟取砖，得一只雄鹅，并金色交颈，长鸣，声闻九皋。

《临海记》曰：郡东南有白石山，高三百余丈，望之如雪。山上有湖，古老相传云："金鹅之所集，八桂所植。下有溪，金光焕然。"

又曰：郡东有宴室山。古老云："越王时，山上起望海馆，山下有湖，中有金鹅、飞鱼。"

《唐书》曰：贞观二十年，吐蕃遣其大臣禄东赞奉表曰："圣天子定四方，日月所照之国，并为臣妾。而高丽恃远，阙于臣礼。天子自领百万，渡辽致讨。隳城陷阵，指日凯旋。奴才闻陛下发驾，少选之间，已闻归国。雁飞迅越，不及陛下速疾。如忝预子婿，喜百常夷。夫鹅犹雁也，故作金鹅奉献。"其鹅黄金铸成，高七尺，中可实酒三斛。

《淮南子》曰：鲁般、墨子以木为鹅而飞，三日集，而不可使为工也。

《唐书》曰：高祖义兵至河东，隋将尧君素城守。时围甚急，君素乃为木鹅，置表于颈，具论事势，浮之黄河下。河阳守者得之，达于东都，越王侗见而叹息。

鸭

《尔雅》曰：舒凫，鹜也。郭璞注曰：鸭也。

《广雅》曰：凫、鹜，鸭也。

《魏氏春秋》曰：司马文王镇许昌，征还击姜维，至京师。帝于平乐观临军，与左右小臣谋，因文王辞，剑之已书诏。文王入，帝方食粟，优人云午等唱曰："青头鸡。"青头鸡者，鸭也。帝惧不敢发。景王因是谋废帝。

《江表传》曰：魏文帝遣使求斗鸭，群臣奏："宜勿与。"权曰："彼在谅暗之中，所求若此，岂可与言礼哉？"具以与使者。

《吴志》曰：建昌侯孙虑于堂前作斗鸭栏，颇施小巧。陆逊正色曰："君侯宜勤览经典，用此何为？"虑即毁之。

《南史》曰：齐人渡江，至玄武湖西北莫府山南。我军自复舟东移，顿郊坛北，与齐人对。是时食尽，调市人馈军。皆是麦屑为饭，以荷叶裹，而分给兵士，皆困。会文帝遣送米三千石、鸭千头。帝即炊米煮鸭，誓申一战。将士及防身、计粮数脔，人人裹饭，婫以鸭肉。帝命众军蓐食攻之，齐军大溃。

《三国典略》曰：高德正相齐，未诛之前，家有赤鸭群行于庭，犬来逐，遂成碎血。

《北史》曰：玄善以高颎有宰相之具，常言于上曰："杨素粗疏，苏威怯懦，元胄、元旻正似鸭耳。可以付社稷者，唯独高颎。"上初然之。

《唐书》曰：齐王祐，太宗第五子，好养鸭。未反前，忽有野狸入笼中，咬四十余鸭，皆断其头。及败，同恶而诛者，四十四人。

《抱朴子》曰：有白虎七变法：取三月三日杀虎血、鸭血等合和之；初生草似胡麻者，生取其实合之。可以移形易貌。

《两京杂记》曰：高祖既作新丰，并移旧社。放犬、羊、鸡、鸭于通途，亦竞识其家。

《傅子》曰：鸭足何以皈？鸡足何以骱？皈、骱吾不知也，何况问天地乎！

《金楼子》曰：海鸭大如常鸭，班白文，赤谓之交鸟。

《洞冥记》曰：武帝升望月台，南端有三青鸭飞，俄而下。帝悦之。至夕，鸭宿于台端，化为三小童，皆著青绮文襦，各执鲸文大钱五枚，置帝几前。

《风俗通》曰：鸡伏鸭卵，雏成入水，鸡母随岸呼之，雏出而随母。鸭、鸡异类，能相随也。

《博物志》曰：中诸药毒已死者，取生鸭断头，以鸭项内病者口中，得血三两滴入喉中，即苏也。

《语林》曰：傅信贫。母羸病，恒惊悸。信乃取鸡鸭灭毛，放承尘上行，落地。母转恐怖。

石崇《金谷诗序》曰：吾有庐，在河南金谷中，去城十里。有田十顷，羊二百只，鸡、猪、鹅、鸭之属，莫不毕备。

《寻阳记》曰：周访与商人共入宫亭庙宿。明起如厕，见一白头翁。访逐之，化为雄鸭。还船，欲煮之。商人争看，遂飞去。

《广志》曰：野鸭雄者，赤头，有距。

蔡氏《化清经》曰：水战之鸭，何必白缨？盈俎之鸡，何必长鸣？

《新言》曰：譬猛虎浮水，不如凫鸭；麒麟登木，不如猿猴。

《太玄经》曰：素婴之鸭、翰音之鸡、望视之兔、白蹄之豕、短啄之狗、修颈之马，君子之貌，何独异耶？

《吴地记》曰：鸭城者，吴王筑城。城以养鸭，周数百里。

竺法真《登罗山疏》曰：山上有神湖，湖中有白鸭。

《岭南异物志》曰：广州浛洭县金池黄家，有养鹅鸭池。尝于鸭粪中见麸金片，遂多收掏之，日得一两，缘此而致富。其子孙皆为使府剧职。三世后，池即无金，黄氏力殚矣。

鹜

《说文》曰：鹜，野凫。

《春秋左传》曰：公膳，日双鸡。饔人窃更之以鹜，子尾怒。

《春秋繁露》曰：张汤问仲舒曰："祠宗庙或以鹜当凫，可不？"对曰："鹜非凫，凫非鹜，愚以为不可。"

《汉书》曰：王莽多事诸鬼，用三牲、鸟兽三千余种，后不能备，乃以急员雁、鹜。

《东观汉记》曰：马援与兄子严敦书云："学庞伯高不就，犹为谨敕士，所谓刻鹄不成，尚类鹜者。"

《说苑》曰：鹜无他心，故庶人以为贽。

崔寔《正论》曰：今下僭其上，尊卑无别。如使鸡鹜蛇颈龟身，五色纷丽，亦可贵于凤乎？

《唐子》曰：吾尝会宾设乐，天忽云兴，继以大雨，有群鹜成列飞翔而过。此偶尔，何异玄鹤二八也？

《广志》曰：鹜生百卵，一日再生。有露华鹜，以秋冬生卵，并出蜀。晨凫，肥而耐寒，宜为臛。

《越地传》曰：越人为竞渡。有轻薄少年各尚其勇，为鹜没之戏。有至水底，然后鱼跃而出。

凫

《毛诗》曰：将翱将翔，弋凫与雁。

又曰：凫鹥在泾，公尸来燕来宁。尔酒既清，尔肴既馨。公尸燕饮，福禄来成。凫鹥在沙，公尸来燕来宜。尔酒既多，尔既嘉。公尸燕饮，福禄来为。

《韩诗外传》曰：赵仓唐傅为魏文侯太子击使于外，问太子曰："侯何好？"曰："嗜晨凫，好北犬。"于是遣唐继北犬，奉晨凫献之。侯曰："击爱我，知我所嗜好。"

《庄子》曰：凫胫虽短，续之则忧。

《风俗通》曰：王乔者，河东人，为叶令。乔有神术。每月朔望，常自县诣台朝帝。怪其来数而不见车骑，密令太史伺望之，言其临至，辄有双凫从东南飞来。于是候凫至，举罗张之，但得一双履。乃诏尚方诊视，则四年中所赐尚书官属履。

《楚辞》曰：宁与骐骥抗轭，将与鸡鹜争食乎？宁昂昂若千里之驹，泛泛若水中之凫？

焦赣《易林》曰：凫舞鼓翼，嘉乐尧德。

《李陵赠苏武诗》曰：二凫俱北飞，一凫独南翔。我当留斯馆，子当归故乡。

《苏武与李陵书》曰：乘云附景，不足以譬速；晨凫失群，不足以喻疾。岂可因归雁以运粮，托景风以饷军哉？

《晋书·张华传》曰：人有得凫鸟毛，长三丈，以示华。华见，惨然曰："此谓海凫毛也，出则天下乱。"

《后周书》曰：初，贺胜至关中，自以年位素重，见太祖不拜。寻而自悔，太祖亦有望焉。后从太祖宴于昆明池，时有双凫游于池上，太祖乃授弓矢于胜，曰："不见公射久矣，请以为欢。"胜射之，一发俱中。因拜太祖曰："使胜得奉神武，以讨不庭，皆如此也。"太祖大悦。自是恩礼日重，胜亦尽诚推奉。

《周书》曰：太祖车驾幸城南园，临水亭，见双凫争藻戏于池面，引弓射之，一发而叠贯，从官欢呼拜贺。上命翰林绘工，写之缣素。

《南越志》曰：化蒙县祠山上有池，池中有松凫。如今野凫，栖息松间，故俗谓松凫。

《吴录·地理记》曰：石首鱼至秋化为冠凫，头中有石。

《冢墓记》曰：阖闾冢中有玉凫。

《广州先贤传》曰：顿琦至孝。母丧感慕，哀声不绝。致飞凫白鹅栖庐侧，见人辄去，见琦而留。

又曰：丁密遭父艰，致飞凫一诗，游庐旁小池，见人则驯附，如家所畜。后遭母哀，密归至所，居一宿，故双凫复游戏池中。

崔豹《古今注》曰：凫雁常在海边沙上，食沙石，皆消烂；唯食海蛤不消，随其粪出。以为药，倍胜余者。

蔡叔《斗凫赋》曰：冠绿葩以耀首，缀素毛以点缨。

太平御览卷第九百二十　羽族部七

乌

《春秋运斗枢》曰：摇光星散为乌。

《左传》曰：子元以车六百乘伐郑。诸侯救郑，楚师夜遁。郑人将奔桐丘，谍告曰："楚幕有乌。"乃止。

又曰：晋侯伐齐，齐师夜遁。师旷告晋侯曰："鸟乌之声乐，齐师其遁。"鸟乌得空营，故乐也。叔向告晋侯曰："城上有乌，齐师其遁。"

《毛诗》曰：莫赤匪狐，莫黑匪乌。

又曰：瞻乌爰止，于谁之屋？具曰予圣，谁知乌之雌雄！

又曰：弁彼鸒斯，归飞提提。

《尔雅》曰：鸒斯，鹎鶋。楚乌也。又曰鸦乌，小而多声，腹下白。

又曰：乌鹊丑，其掌缩。飞，缩脚腹下。

又曰：有燕，白脰乌；鸀，山乌。鸀，似乌而小，赤嘴，穴乳，出西方。

《春秋运斗枢》曰：飞翔羽翮为阳，阳气仁，故乌反哺。

《春秋元命苞》曰：火流为乌。乌，孝乌。阳精，天意，乌在日中，从天以昭孝也。

《尚书纬》曰：火者，阳也。乌有孝名。武王卒大业，故乌瑞臻。

《汉书》曰：成帝时，御史府中列柏树，常有野乌数千栖宿其上，晨去暮来，号曰"朝夕乌"。

又曰：黄霸为颍川太守，遣吏有所伺察。吏出，不敢舍邮亭，食于道旁，乌攫其肉。民有欲诣府言事，适见之，霸与语道此。后日，吏还见，霸迎劳之曰："甚苦！食于道旁，乃为乌所盗其肉。"吏大惊，以霸具知其起居，所问毫厘不敢有所隐。

《后汉书》曰：马援曰："当吾在西黑浪泊间，诏书每到，腹如汤火。下潦上雾，毒气上蒸。仰视乌鸢，跕跕堕水中。"

谢承《后汉书》曰：广汉儒叔林为东郡太守，乌巢于厅事屋梁，兔产于床下。

司马彪《续汉书》曰：桓帝时，童谣曰："城上乌，尾毕逋，一年生九雏。公为吏，子为徒，一徒死，百乘车。"

《吴历》曰：吴王为神主来，立庙苍龙门。时有乌巢朱雀门上。

《晋书·载记》曰：慕容冲之乱，有群乌数万翔鸣于长安城上。其声甚悲。占者以为斗羽不中，年有甲兵入城之象。

《梁书》曰：高国有乌，旦旦集王殿前，为行列，不畏人。日出后，然后散去。

《陈书》曰：司马申短毛喜于后主，使其废锢。又与施文庆、李脱儿比周，谮杀傅縡，夺任忠部曲，以配蔡徵。申常昼寝于尚书下省，有乌啄其口，流血及地。时论以为谮贤之效也。

《北史》曰：西魏裴侠，年七岁不能言。后于洛城西见群乌蔽天从西来，举手指之而言。遂志识聪慧，甚异常童。

又曰：齐萧放居丧以孝闻。居庐孝门室前，有二慈乌来集，各据一树为巢。自午以前，驯庭前饮啄，午后更不下树。每临时，舒翅悲鸣，全似哀泣。家人伺之，未常有阙。

又曰：齐世辩性怯。武平末，为开府。周师入邺，令辩以千余骑觇候，出险口，登高阜西望，遥见群乌飞起，谓是西军旗帜，即驰还。比至紫陌桥，不敢返顾。

《后周书》曰：宗懔遭母忧，去职，哭欧血，两旬之内，绝而复苏者三。每旦，有群乌数千集于庐舍，候哭而来，哭止而去。

又曰：皇甫遐，字永贤，少丧父，事母以孝闻。后母亡，庐于墓侧，负土为坟。乃有鸱、乌各一，徘徊悲鸣，不离墓侧，若助遐者。

《隋书》曰：炀帝起宫丹阳，将游于江左。有乌鹊来巢幄帐，驱不能止。

《唐书》曰：武德中，张志宽纯孝。丁母忧，于墓侧，负土成坟。有乌巢于庐前树上，志宽哭临，乌辄悲鸣。高祖闻之，遣使吊，赐帛三十段，表其门闾。

又曰：李义府召见，太宗试令咏乌，其末云："上林多许树，不借一枝栖。"帝曰："吾将全树借汝，岂唯一枝？"

又曰：贞元四年夏，郑、汴二州乌群皆去，分入田绪、李纳境内，衔木为城，高二三尺，方十余里。绪、纳恶而命焚之，信宿如故。乌口多流血。

又曰：柳仲郢为尚书左仆射、东都留守。盗发先人墓，弃官归华原。除华州刺史，不拜。后以本官为天平军节度，受节钺于华原别墅，卒于镇。初，仲郢自拜谏议，后每迁官，群乌大集于升平里第庭树，戟架皆满，凡五日而散。诏下，不复集。家人以为侯，唯除天平，乌不集。

又曰：长庆中，濮州雷泽县百姓张宪庄榆树有乌巢，因风坠二雏。有鹊巢于东南树，引所坠二雏于其巢，哺之。

太公《六韬》曰：武王登忧台，以临殷民。周公旦曰："臣闻之，爱其人者，爱其屋上乌。憎其人者，憎其除胥。"

《燕丹子》曰：燕太子丹质于秦，秦王遇之无礼，不得意，欲归。秦王不听，谬言："令乌白头，马生角，乃可。"丹仰天叹之，乌即白头，马为生角。秦王不得已而遣之。

《韩子》曰：夫驯乌者，断其下翎，则必持人而食焉，得不驯乎？夫明主之畜臣亦然。全臣不得全利。夫利君之禄，不得无服上之名，君焉得不复禄？

《淮南子》曰：尧时，十日并出。尧命羿仰射十日，中其九。乌皆死，堕其羽翼。

《抱朴子》曰：石先生丹法：取乌之未生毛羽者，以真丹和牛肉，以吞之。至长其毛羽，皆赤，乃杀，阴干百日，并捣服百日，得寿五百岁。

《说苑》曰：孔子曰："告亡祸福，皆在已而已，天灾地妖亦不能杀也。昔者殷王帝辛之时，爵生乌于城之隅，工人占之曰：'凡小以生巨，国家必祉，王名必倍。'帝辛喜爵之德，不治国家，凶暴无极，外寇乃至，遂亡殷国。此逆天之时，说福反为祸也。"

《楚辞》曰：羿焉毕日？乌焉解羽？

焦氏《易林》曰：城上有乌，自名破家。

《风俗通》曰：案《明帝起居注》曰：上东巡泰山，到荥阳，有乌飞鸣乘舆上。虎贲王吉射之，中而祝曰："乌乌哑哑，引弓射，洞左腋。陛下寿万年，臣为二千石。"帝赐钱二百万，令亭壁悉画为乌。

又曰："乌号弓"者，柘桑枝条畅茂，乌登其上，垂下着地，乌适飞去，从后拨杀。取以为弓，因名为"乌号"。

《说文》曰：乌，孝鸟也。

《异苑》曰：阳颜以纯孝著闻。后有群乌衔鼓集颜所居村，乌口皆伤。一境以为颜至孝，故慈乌来萃。衔鼓之兴，故令聋者远闻。即于鼓处立县，而名为"乌伤"。王莽改为乌孝，以章其行迹云。

崔豹《古今注》曰：乌，一名鸷鸟。

《述征记》曰：相风：乌在灵台上，遇千里风则动。

成公绥《乌赋序》曰：有孝乌集余之庐，乃喟尔叹曰：无仁惠之德，祥禽曷为而至哉？夫乌为瑞久矣，以其反哺识养，故为吉鸟。是以《周书》神其流变，诗人瞻其所集。国有道则见，国无道则隐。斯凤鸟之德，何以加焉？鵩，恶鸟，而贾生惧之；乌，善禽，而吾嘉焉。惧恶而作歌，嘉善而赋之，不亦可乎？

《洞林》曰：宁远参军弘景则，其姊适吴，病四十余年，暂来归，在其家。令吾卦之，得《明夷》之《小过》。然病每欲动时，辄有乌来鸣，即便发作。案卦中，当时得独蹄猪畜之。江东名之为独足猪。后妇人如欲眠，而见一丈夫，衣服尽黑，在户前立，遥呼妇人，语其来前，不肯，言有所畏，遂泣而去。病始小间。吾与殷侯共论此事，曰："乌，日之禽；猪，月畜。水火相忌，自然之数。故取玄阴之伏物，用消太阳之飞精。日中三脚，故以独足者当之。"

《南越记》曰：乌贼鱼，常自浮水上，乌见以为死，便啄之，乃卷取乌，故谓"乌贼鱼"。今匹乌化为之鱼。

《地理志》曰：孤山正在江中，有乌飞入船，人以饮与之，乌且飞且唊。

《谯子法训》曰：夫孝，行之本。替本而求，未有得之者也。如或得之，君子不贵矣。乌者独有返哺，况人而无孝心者乎？

《孝子传》曰：李陶，交趾人。母终，陶居于墓侧，躬自治墓，不受邻人助，群乌衔块助成坟。

刘义庆《世说》曰：徐干木年少时，常梦乌从天下，衔长斗伞，敬树其庭前。乌复上天衔伞下，凡树三伞竟，乌大鸣，作恶声而去。徐后果得疾，遂以恶终。

《春秋运斗枢》曰：维星得，则日月光。乌三足，礼义循，物类合。

《春秋元命苞》曰：日有三足乌者，阳精，其偻呼也。偻呼，湿润生长之言。

《东观汉记》曰：章帝元和二年，三足乌集沛国。三年，代郡高柳乌子生三足，大如鸡，色赤，头上有角，长寸余。

《后汉周书》曰：明帝三年秋七月，景申、顺阳献三足乌。八月甲子，群臣上表称庆，诏曰："夫天不爱淫，地称表瑞，莫不威凤巢阁，图龙跃沼。岂直日月珠连，风雨玉烛？是以《钩命决》曰：'王者至孝则出。'《元命苞》曰：'人君至治所有。'虞舜烝烝，来兹异祉；周文翼翼，翔此灵禽。文考至德，下覃遗仁，爰被远符千载，降斯三足。将使三方归本，九州翕定。唯此大礼，景福在民。予安敢攘宗庙之善，弗宣大惠？可大赦天下，文武官并遣进三级。"

《隋书》曰：大业四年，蜀郡获三足乌，张掖获玄狐各一。

《唐书》曰：天授玄年，有进三足乌者，天后以为周室嘉应。睿宗时为皇嗣，言曰："乌前足伪也。"天后不悦。须臾，一足堕地，果如其言。

又曰：宝应元年秋七月己卯，京兆府万年县获三足乌，献之。

《淮南子》曰：日中有踆乌，月有蟾蜍。

《抱朴子》曰：《青泠传》云："荧惑，火精，生朱乌。"《古今注》所谓"赤乌"者，朱乌也。其所居高远，日中三足乌之精。三足乌何以三足？阳数奇也。以是有虞至孝，三足集其庭；曾参锄菰，三足萃其冠。

司马相如《大人赋》曰：吾乃睹西王母，皓然白母，首戴胜而穴处，有三足乌为之使。

《论衡》曰：儒者言：日中有三足乌。日，火也。乌入火中焦烂，安得立？然乌，日气也。

张衡《灵宪》曰：日，阳精之宗，积而成乌。乌有三趾，阳之类数奇。

《括地图》曰：昆仑之弱死暑，非乘龙不得至。有三足神乌，为西王母取食。

孙氏《瑞应图》曰：三足乌生，王者慈孝著天地，则至。

《晋诸公赞》曰：世祖时，西域献三足乌。遂累有赤乌来集此昌陵后县。案："昌"种重"日"；乌者，日中之乌。有托体阳精，应期曜质，以显至德者也。

《尚书中侯》曰：周太子发渡孟津，有火自天止于王屋，为赤乌。

又曰：有火自上复于王屋，流为乌，其色赤，其声魄。

《瑞应图》曰：赤乌，武王时衔谷米至王屋上，兵不血刃而殷服。一本曰：王者不贪天下，而重民命，则至。

《墨子》曰：赤乌衔圭，降周之歧社，曰命周文王伐殷。河出图，地出乘黄，天锡武王黄鸟之旗。

《帝王世纪》曰：丰公，家于沛之丰邑中阳里。其妻梦赤乌若龙，戏己而生执嘉，是为公，即太上皇。

《吴志》曰：赤乌元年八月，武昌言赤乌见。集于殿前，朕所亲见，若神灵，以为嘉祥者。改年，宜以"赤乌"。

又曰：孙休永安三年春三月，西陵言赤乌见。

常璩《华阳国志》曰：僰道县孝子吴顺，养母至孝，赤乌巢其门。

《孝子传》曰：吴叔和犍为人。母没，负土成坟。有赤乌巢门，甘露降户。

薛综《赤乌颂》曰：赫赫赤乌，唯日之精，朱羽丹质，希代而生。

《孝经援神契》曰：王者德至鸟兽，则白乌下。

《汉书》曰：孝昭元凤三年，有白乌数千，下集泰山莱芜山南。

《古今注》曰：成帝河平四年，白乌集孝文庙殿下，黑乌从之。和帝元兴玄年，白乌一见庐江，足皆赤。

王隐《晋书》曰：虞溥为鄱阳内史，劝励学业，为政严而不猛，宽裕简素。白乌巢郡庭，止于枣树，就执不动。

《宋起居注》曰：玄嘉十三年，戚羡县民谈含送白乌，皓质洁映，有若辉璧。爰稽瑞图，实唯嘉祥。

《齐书》曰：高帝时，有献白乌。帝问此何瑞，范云位卑，最后答曰："臣闻王者敬宗庙，则白乌至。"时谒庙始毕，帝曰："卿言是也，感应之理，一至此乎？"

薛琮《白乌颂》曰：粲焉白乌，皓体如素。宗庙致敬，乃胥来顾。

《礼斗威仪》曰：江海不扬鸿波，东海输之苍乌。

又曰：君乘木而王，其政升平，南海输以苍乌。

《孙氏瑞应图》曰：文王时见苍乌。王者孝悌，则至。一本曰：贤君帝王修行，孝慈被于万姓，不好杀生，则来。

《隋书》曰：高祖授禅之年三月辛巳，高平获赤雀，太原获苍乌。

太平御览卷第九百二十一　羽族部八

鹊

《礼记·月令》曰：季冬之月，鹊始巢。

《诗》曰：《鹊巢》，夫人之德也。国君积行累功，以致爵位，夫人起家而居有之。

又曰：鹊之彊彊，鹑之奔奔。

又曰：防有鹊巢，邛有旨苕。谁侜予美？心焉忉忉。

《尔雅》曰：鹊鵙，鵙丑，其飞翪。郭璞注曰：丑，类也。翪，竦翅上下翪也。

《易通卦验》曰：鹊者，阳鸟。先物而动，先事而应，见于木风之像。今失节不巢，阳气不通，故言春不东风也。《周书》曰：小寒戳日，鹊始巢。

《汉书·梅福传》曰：今陛下既不纳天下之言，又加戮焉。夫鸢鹊遭害，则仁鸟增逝。

《魏志》曰：管辂至安德令刘长仁，忽有鸣鹊来，在阁屋上，其声甚急。辂曰："鹊言：东北一妇昨杀夫，牵引西家太离娄。候不过日，在虞、渊之际，告者至矣。"到时，果有东同伍民来告邻妇手杀其夫，诈言："西家人与夫有嫌，杀我婿也。"

《吴志》曰：赤乌十二年，有两乌衔鹊堕东观，权使领丞相朱据燎鹊以祭。

又曰：孙和为南阳王，之长沙，行过芜湖，有鹊巢于帆樯，故官僚皆忧惨，以为墙木倾危之象。

《晋书》曰：王澄为荆州，将之镇，送者倾朝。澄见树上鹊巢，便脱衣上树，探鷇而弄之。神气萧然，旁若无人。

又曰：凉李歆时，通街大树上有乌鹊争巢，鹊为乌所杀。

《宋书》曰：徐羡之拜司空，有双鹊于太极殿东，鸱尾鸣唤。

《后魏书》曰：李崇为杨州刺史，时有泉水涌于八公山顶；寿春城中，有鱼无数从地涌出；野鸭群飞入城，与鹊争巢。

《北齐书》曰：武卫奚永洛与河内人张子信对坐，有鹊鸣于庭树，斗而堕焉。子信曰："鹊言不善，向夕若有风从西南来，历树拂堂角，则有口舌事。今夜有人唤，必不得往。"子信去后，果有风来。至夜，高俨使召永洛，且云敕唤。永洛欲赴，其妻苦留，称堕马脚折，遂免于难。

又曰：李孝贞，字元操，信州刺史希礼之子也。尝咏鹊，其佳句云："东立朝雨霁，南飞夜月明。"为知音所赏。

《隋书》曰：郭俊字弘文，太原人。家门雍睦，七叶共居。犬豕同乳，乌鹊通巢。时人以为义感。州县上其事，上遣平昌公宇文房密切弼诣其家，劳问之。御史柳彧巡省河北，表其门闾。

又曰：翟普林父母俱终，哀毁殆将灭性。庐于墓侧，有二鹊巢其庐前树。每入其庐，驯狎无所惊惧。

《唐书》曰：高祖围尧君素于蒲州。粮尽，人相食。有乌鹊巢其发石车之上，人心遂离。为李楚客斩首，传之京师。

又曰：大历八年夏四月，乾陵上仙观天尊殿有双鹊衔柴及泥，补葺殿之隙坏凡一十五处。宰臣等上贺曰："臣闻孝至于天，则祥发陵邑；德被于物，则化及鸟兽。伏唯陛下，因心广教，弘道极和，时殷霜露之恩，流行云雨之泽。故前圣垂裕，歆于明诚；皇天报贶，锡以嘉应。异鹊来感，翔集可窥。迹此人谋，事归神化。望宜示中外，编诸史册。"

又曰：贞元四年，中书省梧树上有鹊，以泥为巢。

又曰：窦申，宰相参之族子。参特爱申，每议除授，多恂于申。申或泄之，以招权受贿。每所至，人谓之"喜鹊"。

又曰：开成二年三月，真兴门外，鹊巢于古冢。

《庄子》曰：至德之世，乌鹊之巢，可攀援而窥之。

又曰：鹊上高城之绝，而巢于高树之颠，城坏巢折，陵风而起。故君子之居世也，得时则义行，失时则鹊起也。

又曰：庄周游乎雕陵之樊，樊，藩也。游于栗园篱之内。睹一异鹊，自南方来，翼广七尺，目大运寸。感周之颡而进于栗林。感，触。

《孙卿子》曰：古之王者，其政好生恶杀，乌鹊之巢可俯而窥。

《淮南子》曰：鹊巢知风之所起。言鹊作巢，向风之所起为户。一实云：背风所起也。

又曰：乾鹄知来而不知往，此修短之分也。乾鹄，鹊也。见人有吉事之征，则脩脩然；凶事之征，则鸣啼。是知来。岁多风，则巢于下枝，而童子乃探其卵。是不知往。各有所能，故曰长短之分也。

又曰：雁北向，鹊始加巢。雁在彭蠡皆北面，征阳剿愤北过。鹊感阳而动，乃上加巢。

又曰：赤肉悬则乌鹊集，鹰隼鸷则众鸟散。物之散聚，交感以然。

《淮南万毕术》曰：鹊脑令人相思。取鹊一雄一雌头中脑，烧之于道中，以与人酒中，饮则相思。

《穆天子传》曰：西王母还归，世民谣忧以吟曰："徂彼西土，爰居于野。豹虎为群，于鹊与处。于读为乌。嘉命不还，我惟帝女。"

《东方朔别传》曰：孝武皇帝时，闲居无事，燕坐未央前殿。天新雨止，当此时，东方朔执戟在殿阶旁，屈指独语。上从殿上见朔，呼问之："生独所语者，何也？"朔对曰："殿后柏树上，有鹊立枯枝上，东向而鸣也。"帝使视之，果然。问朔何以知之，对曰："以人事言之，风从东方来，鹊尾长，傍风则倾，背风则蹶。必当顺风而立，是以知也。"

《西京杂记》曰：樊将军哙问陆贾曰："自古人君皆云有瑞应，岂有是乎？"贾曰："有之。乾鹊噪而行人至，蜘蛛集而百事喜，况人君处重位乎？"

《五行传》曰：昭帝元凤中，有乌鹊斗于燕王池上，乌堕地。乌，类君之象。

《说文》曰：鹊，知太岁之所在。

《盐铁论》曰：中国所鲜，外国贱之。昆山之旁，以玉璞抵乌鹊。

魏太祖诗曰：月明星稀，乌鹊南飞，绕树三匝，何枝可依？

《博物志》曰：鹊巢开口背太岁，此非才知，任自然也。

崔豹《古今注》曰：鹊，一名神女。

王子年《拾遗录》曰：圆峤之山名环丘。上有方湖千里，多大鹊，高一丈，群飞于湖际，衔不周之粟于环丘之上。

郭子横《洞冥记》曰：帝解鸠鸿之刀以赐东方朔，刀长三尺。朔曰："此刀，采首阳之金铸为此刀，雄者以飞，雌者独在。金出九阳清溪，有鹊衔火于清溪之上。"

《广异记》曰：南方赤帝女学道得仙，居高阳愕山桑树上。正月一日，衔柴作巢，至十五日成。或作白鹊，或女人。赤帝见之悲恸，诱之不得。以火焚之，女即升天，因名帝女桑。今人至十五日焚鹊巢，作灰汁，浴蚕子招丝，象此也。

《式经·三十六禽变》曰：酉为乌鹊。

《五行书》曰：烧鹊置酒中，令家无盗贼。

山鹊

《尔雅》曰：鸴，山鹊。郭璞注曰：似鹊而有文彩，长尾，嘴脚皆赤。鸴，胡確切。

《说文》曰：鸴，山鹊，知来事也。

《搜神记》曰：常山张颢为梁相。天新雨后，有乌如山鹊，稍下堕地，民争取，即化为一圆石。颢椎破之，得一金印，文曰："忠孝侯印"。颢以上闻，藏之秘府。颢后官至太尉。

鸠

《左传》曰：郯子云："少皞时，祝鸠氏，司徒者也；鹘鸠氏，司事者也。五鸠，鸠民者也。"杜预注曰：祝鸠，鵻也。鵻鸠孝，故为司徒，主教民。鹘鸠，春来冬去，故为司事。治民欲聚，故以鸠为民也。

《礼记·月令》曰：仲春之月，鹰化为鸠。

又曰：季春之月，鸣鸠拂其羽。郑玄云：鸣鸠飞且翼相击，趋农急也。

《诗》曰：翩翩者骓。毛云：夫不也。《诗主疏》曰：一名取夫，一名浮鸠。

幽州谓之隹，或谓雕。梁梁隹阳谓之隹也。

又曰：宛彼鸣鸠。毛云：鹘鸠也。《诗义疏》曰：班鸠也，《月令》“鸣鸠拂其羽”是也。隹阳人谓之班隹也。

《尔雅》曰：佳其，鳺鴀。鷗鸠，鹘鵃。鵙鸠，王雎。郭璞注曰：鳺鴀今鵓鸠，似山鹊，短尾，青黑色，多声，江东亦名曰鹘鵃。雎鸠，王雎，雕类，江东呼鹗，好在江渚山边食鱼。《毛诗传》曰：鸟挚而有别。孙炎曰：鳺鴀，一名祝鸠。鹘鵃，一名鸣鸠。犍为舍人曰：鳺鴀，楚鸠，今梁谓之班鸠也。

《周书·时训》曰：谷雨之日又五日，鸣鸠拂其羽。鸣鸠不拂其羽，国不治兵。

《后汉书》曰：杨由从人饮，敕诸生酒三行，严车去。请问其趣，由曰：“向社中木上有鸠鸟斗，兵之象。”由去后，舍中有斗者，果杀二人也。

《魏志》曰：管辂至郭恩家。有飞鸠来，在梁头鸣，甚急。辂曰：“当有老公从东方来，候肫一头，酒一壶。主人虽喜，当有小故。”明日，果有客如所占。而射鸡作食，箭从树间激中数岁女子，流血惊怖。

《梁书》曰：庾子舆父域为巴西守，卒于郡，子舆奉丧还乡。初发蜀，有双鸠巢舟中。及至，又栖庐侧。每闻哭泣之声，必飞翔檐宇，悲鸣激切。

《隋书》曰：李得饶，性至孝。父寝疾，辄终日不食。及丁忧，水浆不入口。五日后，甘露降其庭树，有鸠巢其庐。

《孔丛子》曰：邯郸人正旦献鸠于赵简子，厚赏之。客曰：“正旦放鸠，厚恩也。得赏，竞捕之，不如勿赏。”简子曰：“善”。

《搜神记》曰：长安有张氏者，昼独处空室。有鸠自外入，止乎床。张氏恶之，披怀而祝之曰：“鸠今来，为我祸耶？飞上承尘。为我福耶？来入我怀。”鸠飞入怀。以手探之，则不知鸠之所在，而得一金带钩焉，遂宝之。自是 之后，子孙昌盛，有为必偶，资财万倍。蜀客至长安中，闻之，乃厚赂婢，婢窃钩以与蜀客。张氏既失钩，渐渐衰耗。而蜀客亦数罹穷厄，不为己利。或告之曰：“天命也，不可以力求。”于是赍钩以反，张氏复昌，故关西称“张氏钩”。

《说苑》曰：枭逢鸠，鸠曰："子安之？"枭曰："我将东徙。"鸠曰："何也？"枭曰："乡人恶吾鸣。"鸠曰："子改鸣则可，不能改鸣，徙，犹恶子之声。"

《论衡》曰：夫令鸠、雀施气于雁、鹄，终不成子者，何也？鸠、雀之身小，雁、鹄之形大。

《广雅》曰：良皋，鸠也。鹘鸼，鹘鸠也。役鸠、蔡鸠、辟皋、浮鸠、鵴鸠也。

《琴操》曰：舜耕历山，思慕父母。见鸠与母俱飞鸣，相哺食，益以感思，乃作歌。

《地理志》曰：荥阳有井，汉王避项羽于中。双鸠飞集井上，羽以为无人，故沛公得免，因以为名。故汉世正旦放鸠，为此也。

焦赣《易林·无妄之明夷》曰：千雀万鸠，与鹞为仇，威势不敌，虽众无益。

《益部耆旧传》曰：广汉景毅为益州太守，鸠巢于厅事，雏卵孕育。

阮籍《鸠赋序》曰：嘉平中，得两鸠子，常食以黍稷。后卒为狗所杀，故为作赋。

傅咸《鸠赋序》曰：余舍下种楸，蔚然成林。闲居无为，有时游之。顾见班鸠，音声可悦，于是捕而畜之。既而驯扰，偶出之笼，无何失之。其后时时一来，飞翔低徊，似有恋焉。故聊为之赋。

挚虞《槐赋》曰：春栖教农童鸠。

孙氏《瑞应图》曰：白鸠，成汤时来，王者养耆老，尊道德，不以新失旧，则至。

崔豹《古今注》曰：平帝元始二年，济南鸠生白子。

《吴录》曰：赤乌十二年八月，白鸠见章安。

《魏略》曰：文帝欲授禅，郡国奏白鸠十九见。

张升《白鸠颂序》曰：陈留郡有白鸠，出于郡界。太守命门下赋，曹吏张升作《白鸠颂》，曰："厥名枭鸠，貌术雍容，丹青绿目，耳象重重。"

《会稽典录》曰：皮延，字叔然，会稽山阴人。养母至孝。居丧，有白鸠巢庐侧，遂以终丧。

又曰：郑弘迁临淮太守。郡民徐宪在丧致哀，白鸠巢庐侧。弘举为孝廉，朝廷称“白鸠郎”。

《晋书》曰：太始八年，白鸠二集太庙南门左。

左九嫔《白鸠赋序》曰：太始八年，鸠巢于庙阙，而孕白鸠一双，毛色甚鲜。晋金行之应也。

《晋太康起居注》曰：白鸠见华林，令孙邵以闻。

《广州先贤传》曰：顿琦，字孝异，苍梧人，至孝。母丧，琦独身立坟，历年乃成。居丧逾制，感物通灵。白鸠栖息庐侧，见人辄去，见琦而留。

又曰：沛国戴文谋居阳城山，有神降焉。其妻疑是是妖魅。神已知之，便去，作一五色鸟，白鸠数十从，有云覆之，遂不见。

《南史》曰：姚察丁后母杜氏丧，解职。在服制之中，有白鸠巢于户上。

《方言》曰：鹁鸠，自关而东，周郑之郊、韩魏之都谓之郎睾，其鸊鸠谓之鹏睾。其关西，秦汉之间谓之鹁鸠，郭璞注曰：间揄。其大者谓之颁音班鸠，其小者谓之役鸠，今荆鸠也。或谓之鷀鸠，音蔡。或谓之鸡鸠，或谓之鹘鸠，梁宋之间谓之佳鸠。《传》曰：“鳲鸠氏，司空者也。”

《毛诗义疏》曰：今江南鸟大如鸠而黄，啼鸣相呼不同集，谓金乌。或云：“黄”当为“鸠”声转，故名移也。又云鳲鸠，一名爽鸠。又云是鹳。

《周礼·夏官上·罗氏》曰：中春，罗鸟献鸠，以养老，因行羽物。郑玄注曰：春，鹰为鸠。与春鸟变旧为新，宜以养老，助生气也。

《尔雅》曰：鳲鸠，鴶鵴。郭璞注曰：今之布谷，江东呼获谷。《方言》云戴胜。或云鸋。谢氏曰：布谷类也。

《续汉书·礼仪志》曰：仲秋之月，县道皆案户民。年始七十者，授之以玉杖，餔之以糜粥。八十、九十，礼有加，赐玉杖，长九尺，端以鸠为饰。鸠者，不噎之鸟也。欲老人不噎，所以爱民也。

《魏书》曰：乌丸俗：耕种常以谷鸟为候。

《淮南子》曰：孟夏之月，以熟谷米，熟亦长也。雄鸠长鸣，为帝侯岁。鸠，布谷也。

《风俗通》曰：俗说：高祖与项羽战，败于京索，遁丛薄中。羽追求之时，鸠正鸣其上。追者以鸟在无人，遂得脱。后及即位，异此鸟，故作鸠杖，以赐老者。案：少皞五鸠，鸠民者，聚民也。《周礼·罗氏》"献鸠养老"，汉无罗氏，故作鸠杖以扶老。

《楚辞》曰：进雄鸠之耿耿兮，耿耿，小节貌。谗分分而蔽之。

又曰：鸣鸠栖于桑榆。言鳲鸠于桑榆之上奋翼得其所。

冯敬通《与任武达书》曰：妇口如布谷。

《孙卿子》曰：南方有鸟焉，名曰蒙鸠。以羽为巢，而编之发，系之苇苕。风至苕折，子死卵破。巢非不完也，而系者然。

《南方草物状》曰：番鸠，生海边土穴中，里民常以腊月、正月捕食，味如蟹。得过十余，不可复食。合浦、交阯、九真有之。

鷃

《左传》曰：郯子云："少皞挚以鸟名官。青鸟氏，司启者也。"杜预注云：青鸟，鸧鷃也，立春鸣，立冬去。

《尔雅》曰：鴽，鷃也。郭璞注曰：今鷃雀也。犍为舍人曰：主趋民收麦，不得晏起也。

《说文》曰：鷃，鳲也。从"鸟"，"晏"声。

《春秋考异邮》曰：水灭火，故虻螫鷃。宋均注曰：鷃，柔良之鸟，鷃于水也。

《春秋运斗枢》曰：机星散为鷃。德义少，残百家，则鷃无头。

《易通卦验》曰：立春、雨水，鸧鷃鸣。郑玄云：鷃，苍状也。

《广志》曰：鷃常晨鸣如鸡，道路贾车以为行节。出西方。

《庄子》曰：穷发之北，有鸟焉，其名曰鹏。翼若垂天之云，抟扶摇羊角而上者九万里，斥鷃笑之曰："我腾跃上，不过适甸仞下，翔蓬蒿之间，此亦飞之至也，而彼且奚适？”

又曰：载鷃以车马，乐鷃以钟鼓。

《国语》曰：晋平公射鷃，使竖襄搏之，失。公怒，将杀之，叔向闻之。夕，公告，叔向曰：“君必杀之！昔吾先君唐叔射兕于徒林，殪以大甲，以封于晋。今君射鷃，鷃不死，搏而不得。是扬君耻也，勿令远闻！”公忸怩颜，乃趣舍之。注，贾逵解曰：“徒林，园中地也。言唐叔有才艺，封于晋。”

《吕氏春秋》曰：乱国之妖，有雉生鷃。

《车凌别传》曰：鷃雀椿能乘激风以飞。

鶡鴠

《方言》曰：周、魏、宋、楚之间谓鶡鴠，或谓之独春。自关而东，谓之城旦，或谓之倒悬，或谓之鴠。自关而西，秦陇之内谓之鶡鴠。郭璞注曰：鸟似鸭，五色，各无毛，赤裸。昼夜鸣，独春好俯仰也。倒悬，好似悬于树也。

《广志》曰：侃旦，冬毛希，夏毛盛。

《礼记·月令》曰：仲冬之月，鶡鴠不鸣。郑玄注曰：肼旦，求旦之鸟。

又曰：《诗》云：“相彼盍旦，尚犹患之。”

《易通卦验》曰：冬至，曷旦不鸣。郑玄曰：随应寻至也。入穴。寒征也。

《说文》曰：鴠，可旦也。

《盐铁论》曰：大夫曰：“鶡鴠夜鸣，无益于明。”

《周书·时训》曰：大雪之日，鶡鴠不鸣；鶡鴠犹鸣，国多讹言。

太平御览卷第九百二十二　羽族部九

燕

《春秋运斗枢》曰：摇光星散为燕。

《礼记》曰：仲春之月，玄鸟至之日，以太牢祠于高禖，天子亲往。

《左传》曰：郯子云："少皞，鸟师而鸟名。玄鸟氏，司分者也。"玄鸟，燕也。春分来秋分去。

又曰：吴公子札自卫如晋，将宿于戚，戚，孙文子之邑也。闻钟声，曰："异哉！夫子之在此也，犹燕之巢于幕上也。"言至危也。

《诗》曰：《燕燕》，卫庄姜送归妾也。燕燕于飞，差池其羽。之子于归，远送于野。燕燕于飞，下上其音。

又曰：天命玄鸟，降而生商，宅殷土茫茫。玄鸟，乙鸟也。春分某驳。汤之先祖有娀女简狄配高辛，与之祈于郊禖，而生契。故本以玄鸟至而祠焉。茫茫，大貌也。

《尔雅》曰：燕燕，乙也。注云：梁曰燕，齐曰乙。

《史记》曰：帝喾少妃有娀氏娀音嵩曰简狄，以春分玄鸟至之日祠于高禖。有玄鸟遗卵，简狄吞之，生契。

又曰：陈胜辍耕，叹曰："燕雀安知鸿鹄之志哉！"

又曰：临江闵王荣坐侵庙壖为宫。上征荣，诣中尉府。郅都责讯王，王恐，自杀，葬兰田。燕数万衔土置冢上，百姓怜之。

《汉书名臣奏》曰：丞相薛宣奏曰："茂陵寝上食日，玄鸟来集，吐所含大豆，紫墨色，翱翔殿上。此陛下永与天无极，天下幸甚。"

又曰：成帝和平二年秋，大水，有燕生雀。

又曰：王莽开哀帝母丁姬冢，有燕数千，衔土投其穿中。

《魏志》曰：馆陶令诸葛原迁新兴太守，管辂祖饯之，宾客并会。自起取燕卵、蜂巢、蜘蛛着器中，使辂复输。卦成，辂曰："含气须变，依于宇堂。雄雌以分，翅未舒张。此燕卵也。”

《晋中兴书》曰：中原丧乱，乡人遂共推郗鉴为主，与千余家俱避难于鲁国峄山。山有重险，百姓饥馑，野无生草，时或掘野鼠、蛰燕而食之。

《晋书·载记》曰：慕容俊时，燕巢于俊正阳殿之西椒，生三雏，顶上竖毛。凡城献异鸟，五色成章。俊谓群僚曰：“是何祥也？”咸称：“燕者，燕鸟也。首有毛冠者，言大燕龙兴，冠通天冕，章甫之象也。巢正阳西椒者，至尊临轩，朝万国之征也。三子者，数应三统之验也。神鸟五色，言圣朝将继五行之箓，以御四海者也。”俊览之大悦。

《南史》曰：襄阳霸城王整之姊嫁为卫敬瑜妻。年十六而敬瑜亡，父母舅姑咸欲嫁之，誓而不许，乃截耳置盘中为誓，乃止。所住户有燕巢，常双来去，后忽孤飞。女感其偏栖，乃以缕系脚为志。后岁，此燕果复更来，犹带前缕。女复为诗曰：“昔年无偶去，今春犹独归。故人恩既重，不忍复双飞。”雍州刺史西昌侯藻嘉其美节，乃起楼，于门题曰：“贞义卫妇之闾”。又表于台。

崔鸿《北凉录》曰：昔鲁人有浮海而失津者，至于澶州，见仲尼及七十子游于海中。与鲁人一木杖，令闭目乘之，使归告鲁侯，筑城以备寇。鲁人出海，投杖水中，乃龙也。具以状告鲁侯，不信。俄而，有群燕数万衔土培城。鲁侯信之，大城曲阜。讫，而齐寇至，攻鲁不克而还。

《韩子》曰：天下无道，攻击不已。甲胄生虮虱，燕雀处帷幄。

《淮南子》曰：故先王之政，四海之云至而修封疆。春分之后，四海出云。虾蟆、鸣燕降，而达路除道。春分之后。

又曰：大厦成而燕雀相贺。

《吕氏春秋》曰：有娀氏有二佚女，为九成之台，饮食必鼓。帝令燕往视之，鸣若“谥谥”。二女爱而争搏之，覆以玉筐。少选，高诱注曰：少选，须臾。发而视之，燕遗二卵，北飞，遂不反。二女作歌，曰《燕往飞》，实始为北音。

《宣验记》曰：程德度，武昌人。昔在寻阳，夜见屋里自明。先有燕巢，忽有小儿长尺余，洁白，从窠出，至床前曰：“却后三年，当得长生之道。”寻暗而灭，甚秘密之。

又曰：沛国周氏有三子，喑，并不能言。有人来乞饮，闻其儿声，问之，具以实对。客曰：“君可还内思过。”既异其言，知非常人。良久，云：“都不忆有罪过。”客曰：“试更思幼时事。”入内，食顷出曰：“记小儿时，当床有燕巢，中有三子，母还哺之，辄出取食。屋下举手得及，指向巢中，燕子亦出口承受，乃取三蒺藜，各与之吞，即死。母还，不见子，悲鸣而去。恒自悔责。”客变为道人之容，曰：“君既自知悔罪，今除矣。”便闻其儿言语周正，即不见道人。

《广雅》曰：玄鸟，燕也。

《说文》曰：燕，玄鸟也。布翅，拔尾，象形也。齐鲁谓之鳦。作巢避戊巳。

《论衡》曰：燕，鸟也。形似非气也。安得生人？且燕之长不过五寸，安能成七尺之形？契母适欲怀妊，遭吞燕卵，好奇因以为其生耳。

杨子《法言》曰：朱鸟翾翾，归其肆矣。侯芭注曰：朱鸟，燕别名，四海肆也。

《博物志》曰：人食燕肉，不可入水，为蛟龙所吞。

又曰：燕戊巳日不衔泥途巢，此非才智，自然得之。

《吴地记》曰：春申君都吴宫，因加巧饰。春申死，吏照燕窟，失火，遂焚。

《越绝书》曰：吴路西宫，在长秋，周一里二百二十六步。秦始皇十二年，守宫者照燕，失火烧之。

《苏州冢墓记》曰：宋青州刺史郁泰玄，字义真，好黄老。故老相传：泰性仁恕，德感禽兽。初葬之日，有群燕数千衔土于冢上。今冢犹高大，与他有异。村乡岁时，迄今祭祀。

《茅君内传》曰：句曲山有神芝五种。弟三名燕贻芝，其色紫，形如葵藿，叶上有燕象，如欲飞状，光明洞澈。食一株，拜为太清龙虎仙君。

崔豹《古今注》曰：燕，一名天女，一名鸷鸟。

《广州志》曰：燕有三种，乳于岩崖者为土燕。

《湘中记》曰：零陵有石燕，形似燕。得雷风则飞，頡頏如真燕。

《谈薮》曰：王景素尝与刘琎同在小斋，有燕集承尘，飞鸣相追。景素曰："万物各有性灵，而独贱于鳞羽乎？若斯鸟也，游则参于云烟之上，止则隐于林木之下，饥则啄，渴则饮，形体无累乎物，得失不关于心，一何乐哉！"

《九章算术》曰：五雀六燕，飞集于衡，衡适平；一雀一燕飞而异处，则雀重而燕轻

白燕

《宋元嘉起居注》曰：元年七月，有白燕集于齐郡，游翔庭宇。经九日，乃去。众燕翼随，恒有数千。

《陈书》曰：高士马枢目常黄，能视暗中物。有白燕一双，巢其庭树，驯狎栏庑，时上几案。春来秋去，几三十年。

《抱朴子》曰：千岁燕，户向北，其色白而尾屈。阴干之，服一头得五百岁，此肉芝也。

《京房易占》曰：山见白燕，其君且得贵女。今俗名为天女也。

《续异记》曰：孙氏妻黄氏，见一童子当前，以钗掷之，跃入云中。夜闻户外歌曰："昔填夏家冢，荦泥头欲秃。今寄黄氏居，非意伤我目。"寻觅巢中，得一白燕，左目伤。

《宣城记》曰：侍中纪昌睦，初生，有白燕一双出巢。既表素质，官途亦通。

《凉州记》曰：吕光大安三年，白燕游酒泉郡，黑燕列从。

《王威别传》曰：时有白燕来翔，被令为赋。

赤燕

《田俅子》曰：少昊氏之时，赤燕一衔羽而飞，集少昊氏之户，遗其丹书。

雀

《春秋运斗枢》曰：瑶光星散为雀。

《礼记·月令》曰：季秋，鸿雁来宾；雀入大水，化为蛤。

又《内则》曰：雀、晏、蜩、范。郑玄注云：范，蜂。

又《三年问》曰：凡生天地之间，血气之属，莫不知爱其类。今失丧其匹，至于燕雀，犹有啁噍之顷焉，然后乃能去之。

《诗》曰：谁谓雀无角？何以穿我屋？

《春秋外传》曰：赵简子曰："雀入淮而为蛤。"

《韩诗外传》曰：夫凤凰之初起也，遥遥千里，藩篱之雀喔咿而笑之。及其升少阳，一诎一信，辗羽云间，藩篱之雀超然，自知不及远矣。

《易通卦验》曰：立夏，雀子飞。

《史记》曰：赵武灵王自号"主父"，废长子章，而传国于公子何。主父游沙丘，公子章作乱，与何战，败。章走主父，闭之。何遂围主父。主父饥，探雀鷇而食之。月余，遂饿死沙丘。

范晔《后汉书》曰：杨由，字襄侯，蜀郡人。少习《易》，为文学掾。时有雀夜集库门上，太守廉范以问，由对曰："杆占郡内当有小兵，然不为害。"后二十余日，广柔县蛮夷反，杀伤长吏。

《宋书》曰：萧思话在青州，常所用铜斗，覆在药厨下。忽于斗下得二死雀，思话叹曰："斗覆而双雀殒，其不祥乎！"俄而被系。

《北史》曰：后魏河南王曜，五岁，尝射雀于道武前，中之，帝惊叹焉。

又曰：潘乐，字相贵。初生，有一雀止其母左肩，占者咸言富贵之征，因名相贵，后以为字。

《唐书》曰：开元二十二年秋八月甲申，幽州长史张守圭，榆关界内，虸蚄虫食田稼，蔓延入平州。俄倾，有群雀来食此虫，一日食尽。平州稼穑无有伤者。

《庄子》曰：一雀遇羿，羿必得之。或曰：以天下为之笼，则雀无所逃。是故殷汤以庖人笼伊尹，秦穆公以五羊之皮笼百里奚。

《抱朴子》曰：千羊不能捍独虎，万雀椿能抵一鹰。

《战国策》曰：庄辛谓楚王曰："夫雀俯啄白粒，仰栖茂树，鼓翅奋翼，自以为无患。不知夫公子王孙左挟弹、右握丸，以加其颈也。"

《晏子春秋》曰：齐景公探雀鷇，鷇弱，反之。晏子再拜，曰："吾君有圣人之道矣。君探鷇而弱，故反之，是长幼也。禽兽若此，而况人乎？此圣人之道也。"

《家语》曰：孔子见罗者所得雀皆黄口也，孔子曰："黄口尽得，大雀独不得，何也？"罗者对曰："黄口从大雀者不得，大雀从黄口者可得。"孔子顾语弟子曰："君子慎所从。"

《孔丛子》曰：邯郸民以正月旦献雀于赵王，而缀以五采，王大悦。申叔告子顺曰："王何以为也？"对曰："正旦放之。"

《吕氏春秋》曰：燕、雀争处于一屋之下，子母相哺，呴呴焉相乐，以为安矣。突决上焚栋宇，燕、雀颜色不变，是何也？不知祸之将及。为人臣能免燕雀之智者寡矣。

《陈留耆旧传》曰：圉人魏尚，高帝时为大史，有罪系治狱。有万头雀集狱棘树上，拊翼而鸣。尚占曰："雀，爵命之祥，其鸣'即即复'也。我其复故官也！"有顷，诏还故官。

《说文》曰：雀，依人小鸟也。

《太玄经》曰：明珠弹雀，贵不当也。

《风俗通》曰：中平中，怀陵上有雀万余，乱斗杀，头悬着树也。

郭璞《洞林》曰：丞相府有将雏鸡，雀飞集其背上，驱之去，复来，如此再三。令璞占之，此晋王即祚之渐也。

崔豹《古今注》曰：雀，一名嘉宾。言栖宿人家，状如宾客也。

王子年《拾遗记》曰：舜葬苍梧之野，有鸟如丹雀，自州来，吐五色气，氛氲如云，名曰凭宵雀，能群飞衔土成坟。

《异苑》曰：上虞孙家奚奴，多诸方术；向空长啸，则群雀来萃；夜咒蚊虻，悉死于侧。

又曰：任城魏肇之，初生，有雀飞入其手。占者以为封爵之祥。

《益部耆旧传》曰：杨宣为西河太守，行县，有群雀鸣桑树上。宣谓吏曰："前有覆车粟，此雀相随欲往食。"行数里，果有覆车粟。

张显《析言》曰：万雀不及一凤皇，众星不如一明月。

《沙洲记》曰：寒岭去太阳川三十里，便有雀鼠同穴。雀亦如家雀，色小白；鼠亦如家鼠，色如黄，兀无尾。

舞雀

《述异记》曰：周成王玄年，贝多国人献舞雀，周公命返之。

神雀

《汉武内传》曰：西王母仙药，有昆丘神雀。

《汉书》曰：宣帝元康三年，诏曰："前年夏，神雀集雍。今春，五色鸟以万数飞属县，翱翔而舞，欲集未下。其令三辅，毋得以春夏擿巢、探卵、弹射飞鸟，具为令。"

《东观汉记》曰：永安十七年，公卿以神雀五色翔集京师，奉觞上寿，令贾逵作《神雀颂》。

崔豹《古今注》曰：孝哀帝太初三年，泰畤殿有雀五色，头冠长寸余。始到时，鸟环其旁也。

《隋书》曰：开皇十六年，有神雀降于含章闼。高祖召百官赐宴，告以此瑞。许善心于坐请纸笔，制《神雀颂》奏之。高祖甚悦，曰："我见神雀，共皇后观之。今且召公等入适述此事，善心于坐，始知即能成颂。'文不加点，笔不停毫'，常闻此言，今见其事。"因赐物二百段。

赤雀

《春秋孔演图》曰：鸟化为书，孔子奉以告天。赤雀集书上，化为黄玉，刻曰："孔提命作法为制，赤雀集。"将受命制。

《尚书中候》曰：赤雀衔丹书入丰，止于昌前。

谢承《后汉书》曰：琅琊董仲为不其令，赤雀乳厅事前桑上，民为作歌颂。

《吴录》曰：景帝永安六年，赤雀见于豫章。

《北齐书》曰：天保元年，京师获赤雀，献于南郊。

《唐书》曰：武德中，赤雀巢于殿门。宴五品以上，颂者十余人，极欢而罢。

《抱朴子》曰：《灵宝经》，仙术也。吴王伐石治宫室，而合石之中，得紫文金简之书，不能读之。使使者以问仲尼，曰："吴王闲居，有赤雀衔书以置殿前，不知其义，故远谘呈。"仲尼视之，曰："此乃灵宝方，长生之法，禹所服也。禹将仙化，封之名山石函之中。今乃赤雀衔之，殆天授也。"

孙氏《瑞应图》曰：赤雀者，王者动作应天时，则衔书来。

《遁甲》曰：赤雀椿见，则国无贤；白雀不降，则无后嗣。赤雀书，阳精也。白雀，主衔铁券，阴主衔精也。不来，则国无后嗣也。

白雀

《尚书中候》曰：维天降纪，泰伯出狩，至于咸阳。天振大雷，有火下，化为白雀，衔箓集于公车。

《孝经援神契》曰：王者奉已约俭，台榭不侈，尊事耆老，则白雀见。

《典略》曰：泰伯出猎于咸阳，大雷，有火流下，化为白雀，衔丹书集于公车，书曰："泰伯霸世。"

《魏略》曰：文帝欲授禅，白雀十九见。

《吴志》曰：华核上孙皎表曰："明珠既觌，白雀继见。"

《燕书》曰：慜帝时，有异雀，素质绿头，集于端门东树，栖翔二旬而去。夏四月，以异雀故，大赦；名东园为白雀园。

《凉州记》曰：吕光大安三年，白雀巢阳川令郭敏室。

《敦煌实录》曰：侯瑾，字子瑜，解鸟语。常出门，见白雀与群雀同行，慨然叹曰："今天下大乱，君子小人相与杂。"

《北齐书》曰：临漳县令裴鉴，莅官清苦，致白雀之瑞。樊逊上《清德颂》十首。

《唐书》曰：初，高祖于大原斩王威，有白雀飞入高祖之怀。

又曰：武德九年，江州都督、太子卫副率侯君集于纳义门，献白雀一。

又曰：开元十三年，兖州奏白雀见景戌。上谓宰臣曰："往者吏官唯记灾异，将令王者惧而循得，故《春秋》不书祥瑞，唯记有年，敕圣人之意明矣。敕天下诸州府，不得更奏祥瑞。"

《南越志》曰：鲁城县多白雀，大如鸠，素质凝映。

《先贤传》曰：周不疑，曹公欲以为议郎，不就。时有白雀瑞，不疑已作颂，授纸笔，立令复作，操奇异之。

《罗含传》曰：含在家中，时有白雀集堂宇，此德行幽感所致。

《豫章旧志》曰：太守孔竺，临郡三月，白雀出。南昌太守夏侯嵩，临郡六年，白雀见。

黄雀

《礼稽命征》曰：祭五岳四渎，得其宜，则黄雀见。黄雀，土精。

《春秋考异邮》曰：黄帝将起，有黄雀赤头立日旁。帝占曰："黄者，土精。赤者，火荣。雀者，赏萌。余当立。"

《古诗》曰：桂树华不实，黄雀巢其颠。

《说苑》曰：吴王欲伐荆，有谏者死。舍人少孺子欲谏不敢，即怀操弹于后园，露沾其衣，如是三旦。王曰："子何来沾衣如此？"对曰："园中有树，其上有蝉，蝉高居悲鸣，饮露，不知螳螂在其后。螳螂委身曲附，欲取蝉，而不知黄雀在其旁。黄雀延颈，欲啄螳螂，不知弹丸在其下。臣挟弹欲取黄雀，不知露沾衣。如此，皆务欲得于前，不顾于后患。"吴王乃罢。

《汉武故事》曰：拜孙卿为郎，持节候神。自太室至于东莱，云见一人，长五丈，自称巨公，牵黄犬，持黄雀，欲谒天子，因忽不见。

《续齐谐记》曰：弘农杨宝，字文渊，后汉名士也。年九岁时，至华阴北，见一黄雀，为鸱枭所搏，坠于树下，为蝼蚁所困。宝见之，愍然，命左右取之归，致巾箱中养之，唯食黄花。百余日，毛羽成，朝去暮还。后忽与群雀俱来，哀鸣绕堂，数日乃去。及夕三更，宝读书未卧，有黄衣童子向宝拜曰："我，王母使臣。昔使蓬莱，不慎为鸱枭所搏。君仁爱拯救，实成德济。今当受使南海，不得奉侍。"极以悲鸣，以白环四枚与宝，曰："令君子孙洁白，且位登三事，当如此环矣。"于此遂绝。宝生震，震生秉，秉生赐，赐生彪，四世名公，为东京盛族。

袁山松《后汉书》曰：陈弇，字叔明，陈留人。学《尚书》。躬自耕种，常有黄雀飞来，随弇翱翔。

《风俗记》曰：六月，东南长风，俗名黄雀风。时海鱼化为黄雀，因以为名。

《异苑》曰：永康王旷家，井上有一浣衣石，时时见有赤气。后有二胡人寄居，忽求买石。未及受钱，旷子妇孙氏睹二黄雀斗于石上，疾往取之，变成黄金。

萧广济《孝子传》曰：王祥后母病，欲得黄雀炙。祥思念，卒难致。须臾，忽有数十黄雀，飞入其幕。

《临海异物志》曰：黄雀鱼，常以八月化为黄雀，到十月入海为鱼。

《广志》曰：黄雀体纯脂，江夏竟陵常献给大官。

青雀

《礼记·曲礼》曰：前有水，则载青旌。郑玄注：载，举于旌首以惊众。青雀，水鸟也。

刘祯诗曰：翩翩野青雀，栖窜茨棘蕃。朝拾平田粒，夕饮曲池泉。猥出蔚莱中，乃至丹丘边。

司马彪与山巨源诗曰：翩翩野青雀，受性孤且微。昔生三河侧，鼓翼帝王畿。

麋元诗曰：青雀西飞，别鹄东翔。

大雀

《广志》曰：安息大雀，雁身，蹄似橐驼，色苍，举头高八九尺，张翅丈余，卵如瓮。

《东观汉记》曰：永平元年，安息王献条枝大雀。

《曹大家集》曰：兄超为西域都护，献大雀，诏大家作颂。

太平御览卷第九百二十三 羽族部十

鸽

《说文》曰：鸽，鸠属也。

《后魏书》曰：崔光曾于门下省昼读经，有鸽飞集膝前，遂入于怀，缘臂上肩，久之乃去。道俗赞咏诗颂者数十人。

《梁书》曰：侯景围台城，军士煮弩、熏鼠、捕雀食之。殿堂旧多鸽，群聚，至是歼焉。

《隋书》曰：文帝尝宴达头可汗使者于武德殿，有鸽鸣于梁上。上命崔彭射之，既发而中。上大悦，赐钱壹万。

又曰：杨素见赤鸽映棘，高二尺。

《越绝书》曰：蜀有花鸽，状如春花。

戴祚《西征记》曰：祚至雍丘，始见鸽大小如鸠，色似鹦鹉，戏时两两相对。

鸜鹆

《周礼》曰：鸜鹆不逾济，地气然也。郑司农注云：不逾济，无妨于中国有也。

《礼稽命征》曰：孔子谓子夏曰："群鹆至，非中国之禽也。"

《左传》曰："有鸜鹆来巢"，书所无也。师已曰："师已，鲁大夫也。异哉！吾闻文成之世，童谣有之：'鸜之鹆之，公出辱之。鸜鹆之羽，公在外野，往馈之马。鸜鹆株株，公在干侯，株株，跳行貌。征褰与襦。褰，袴也。鸜鹆之巢，远哉遥遥。稠父丧劳，宋父以骄。稠父，昭公，死，故丧劳也。宋父，定公，代玄以骄。鸜鹆鸲鹆，往歌来哭。'昭公生出，歌也；世还，坎薨。童谣有是。今鸜鹆来巢，其将及乎？"

《公羊传》曰：有鸜鹆来巢，何以书？记异也。何异尔？非中国之禽也，宜穴而巢。何休注曰：鸲鹆犹权欲，此权臣喻妃自下居上之征。

《春秋考异邮》曰：鸜鹆者，飞行属于阳，夷狄之鸟，穴居于阴。

《异苑》曰：五月五日，剪鸜鹆舌，令学人语。

《山海经》曰：衡山多青雘，及鸜鹆。

《晋书》曰：镇西将军谢尚，字仁祖，善鸜鹆舞。

《幽明录》曰：晋司空桓豁在荆州，有参军剪五月五日鸜鹆舌，教令学语，遂无所不名。顾参军善弹琵琶，鸜鹆每立听移时。又善能效人语声。司空大会吏佐，令悉效四坐语，无不绝似。有生齆鼻语难学，学之不势，因内头于瓮中以效焉，遂与齆者语声不异。主典人于鸜鹆前盗物，参军如厕，鸜鹆伺无人，密白主典人盗物如干种，一二条列，衔之而未发。后盗牛肉，鸜鹆复白，参军曰："汝云盗肉，应有验。"鸜鹆曰："以新荷裹，着屏风后。"检之果获，痛加治。而盗者患之，以热汤灌杀。参军为之悲伤累日，遂请杀此人以报其怨，司空言曰："原杀鸜鹆之痛，诚合治杀；不可以禽鸟故，极之于法。"令止五岁刑也。

《淮南万毕术》曰：寒皋断舌，可使语。取寒皋，断其舌，即语。寒皋，一名鸜鹆。

《唐书》曰：秘书少监崔行功，未得五品前，忽有鸜鹆衔一物入其堂，置案上而去，乃鱼袋玦。数日加大夫。

《荆楚岁时记》曰：五月鸜鹆子毛羽新成，俗好登巢取养之，以教其语，谓之花鸲。

仓庚

《礼记》曰：仲春之月，仓庚鸣。

《毛诗》曰：春日载阳，有鸣仓庚。

又曰：仓庚于飞，熠熠其羽。

又曰：黄鸟于飞，集于灌木。

又曰：绵绵黄鸟，止于丘阿。

又曰：睍睆黄鸟，载好其音。

又曰：《黄鸟》，哀三良也。交交黄鸟，止于棘。谁从穆公？子车奄息。

《诗义疏》曰：黄丽留也，或谓黄栗留。幽州谓之黄莺，或谓之黄鸟，一名仓庚，一名商庚，一名鵹黄，一名楚雀。齐人谓之搏黍，关西谓之黄鸟。常以椹熟时来，在桑间。此乃应节趣时之鸟。或谓之黄袍。

《尔雅》曰：仓庚、商庚、即鵹黄也。鵹黄、楚雀。即仓庚也。

又曰：皇，黄鸟。郭璞注曰：俗黄离留，亦名搏黍。

《韩诗》曰：简简黄鸟，载好其音。

《说文》曰：离黄，仓庚也，鸣即蚕生也。

戴胜

《礼记》曰：季春之月，戴胜降于桑。郑玄注曰：蚕将生之候也。戴胜，趋织之鸟，是时恒在桑。言降者，若时始自天来，故重之。

《尔雅》曰：鵖皮及切鴔皮及切，戴胜，鵀也。郭璞曰：鵀即头上胜也。亦呼为戴胜。鵖鴔者，犹今鶝，语声转耳。

《春秋考异邮》曰：孟夏，戴纴降。说辞曰：戴纴之为言戴胜也。阳衔表以期达，蚕珥丝在四月，故孟夏载纴出，以任气，成天津也。故戴纴出，蚕期起。纴而戴之，明趋时急也。衔天表候，以期已至。唯蚕是务。珥，吐也。

《孝经援神契》曰：戴纴下，蚕始生。

《魏志》曰：戴纴鸟巢张臶门阴。告门人曰："夫戴鵀，阳鸟而巢门阴，此凶祥也。"旬日而卒。

杨雄《方言》曰：燕之东北、朝鲜洌水之间，鳲鸠谓之鶝鵖。自关而东谓之戴纴。东齐海岱之间，谓之戴南。南，犹纴也。或谓之纺泽，或谓之辐。燕之东北、朝鲜洌水之间，谓之鵀鵀。郭璞注《尔雅》曰：尸鸠，布谷，非戴胜也。《尔雅》纺在戴纴下，自别一鸟名尔。《方言》依此义，又失之。《广雅》同也。

扈

《诗》曰：交交桑扈，率场啄粟。桑扈，窃脂也。《笺》云：窃脂，肉食，今无肉，自场啄粟，失其性也，不能以自治。

又曰：交交桑扈，有莺其羽。《诗义疏》曰：或说：有莺其羽，言虽小鸟，其莺然有文章。

《左传》曰：郯子云："少皞挚以鸟名官。九扈为九农正，扈民无淫者也。"杜预注云：扈，止也。止民使不淫。

《尔雅》曰：春扈颁扶云切鶞敕伦切，夏扈窃玄，秋扈窃蓝，冬扈窃黄，桑扈窃脂，棘扈窃丹。行扈唶唶子夜切，宵扈啧啧。郭璞注曰：诸扈皆以其毛色音声以名也。犍为舍人曰：颁鶞，主五土宜谷种树也。窃玄，黑色，移民去黄。窃扈，青，移民收敛。窃黄，色黄也，盖藏。窃丹，色赤，为民鸱鸟。行扈，昼行鸣。宵扈，夜行鸣。皆随四时，同依诸扈为节候也。啧音债。

《山海经》曰：崌山有鸟焉，如鹗，赤身，白首，其名窃脂。郭璞注曰：今呼青雀为窃脂，疑非此也。

又曰：上申之山，鸟多当扈，状如鸠，以髯飞，食之，不眴目。

《淮南子》曰：马不食脂，桑扈不啄粟，非廉也。

左思《吴都赋》曰：四扈推移。春秋冬夏四时鸟也。

百舌

《礼记》曰：仲夏之月，反舌无声。郑玄注曰：反舌，百舌也。

又曰：郯子曰："少皞鸟师而鸟名。祝鸠氏，司徒者也。"杜预注：鸠，故为鹑鸟司徒，主教民。

《春秋保干图》曰：江充之害太子，交啄反舌鸟入殿。宋均注曰：交啄反舌，百舌鸟。

《风土记》曰：祝鸠，反舌也。郑注《礼记》云："反舌、百舌鸟。"糜信难曰："案《纬书》：反舌，虾蟆也。昔于长安，与诸生共至城北水中取虾蟆，剥视之，其舌反成向。此则郑君得毋过乎？"乔夙答曰："虾蟆五月中始得水，当聒人耳，何云无声？是知虾蟆非反舌鸟。"

《易通卦验》曰：反舌鸟，乃能反覆其舌，随百鸟之音。

《周书》曰：芒种之日又五日，反舌无声；反舌有声，佞人在侧。

《孔子明镜》曰：国臣谋反，有反舌鸟入宫。

《淮南子》曰：人有多言，犹百舌之声。

《后魏书》曰：汝阴王天赐之孙庆和，为东豫州刺史，举城降梁，梁武以为北道总督。至项城，朝廷出师讨之，望风退走。梁武责之曰："言同百舌，胆若鼷鼠。"遂徙合浦。

郭愔《百舌鸟诗》曰：百舌鸣高树，弄音无常则。借问声何烦？末俗不尚默。

伯劳

《礼》曰：仲夏之月，鶪始鸣。郑云：鶪，博劳。蔡邕《章句》：鵙，伯劳，一曰伯赵，应时而鸣，为阴候也。

《左传》曰：郯子云："少皞时，伯赵氏，司至者也。"杜预注曰：伯赵，伯劳也，夏至鸣，冬至止。

《诗》曰：七月鸣鵙。郑玄注曰：伯劳鸣，将豪戯候。五月鸣，豳地晚寒。鸟物之候，从其气焉。

《尔雅》曰：鵙，伯劳也。郭璞注曰：似鶷鶡而大。

《大戴礼·夏小正》曰：五月，鴂则鸣。鴂者，伯鷯也。鸣者，相命也。

《广雅》曰：伯赵，鶪也。

《易通卦验》曰：夏至、小暑，伯劳鸣。

《孟子》曰：南蛮鴂舌，博劳也。

《淮南万毕术》曰：伯劳使蛇蜿蝉。乃天使然也。

又曰：伯劳守金，人不敢取。取伯劳血以途金，人不敢取。

《东方朔别传》曰：朔与弟子偕行，渴，令弟子扣道边家求饮，不知姓名，主人门门不与。须臾，见伯劳飞集主人门中李树上，朔谓弟子曰："此主人姓李名伯当，尔但呼李伯当。"果有李伯当应，即入取饮。

陈思王植《贪恶鸟论》曰：国人以伯劳鸟献诸庭者，侍臣谓曰："世同恶伯劳之鸣，何谓也？"王曰："《月令》：'仲夏，鵙始鸣。'《诗》云：'七月鸣鵙'。七月，夏之五月。鵙则博劳也。昔尹吉甫信后妻之谗，而杀孝子伯奇，其弟伯封求而不得，作《黍离》之诗。俗传云：吉甫后悟，追伤伯奇，出游于田，见异鸟鸣于桑，其声噭然。吉甫心动，曰：'无乃伯奇乎？'鸟乃拊翼，其声尤切。吉甫曰：'果吾子也。'乃顾曰：'伯奇劳乎？是吾子，栖吾舆；非吾子，飞勿居。'言未卒，鸟寻声而栖其盖。归入门，集于井干之上，向室而号。吉甫命后妻载，弩射之，遂射杀后撒藪谢之。故俗恶伯劳鸣，言所鸣之家必有尸也。好事附名为之说，令俗人恶之，其实否也。伯劳以五月鸣，应阴气之动。阴为仁养，阴为残贼。伯劳，盖贼害之鸟也。屈原曰：'鵙鴂之先鸣，使百草为之不芳。'其声鵙，故以音名也。"

《晋书》曰：慕容垂之起于关东，岁在癸未。符坚之分氐户于诸镇也，赵整因侍，援琴而歌曰："阿得脂博劳，舅父是仇绥。尾长翼短不能飞，远徙种人留鲜卑，一旦缓急语阿谁？"坚笑而不纳。至是，整言验矣。

《周书·时训》曰：芒种之日，螳螂生。又五日，鵙始鸣；若不鸣，号令壅逼。

《兵书》曰：军行，卒见伯劳鸣军前后，贼来围吾军。伯劳鸣军中，军分散，有所配属。

京房《易妖占》曰：伯劳聚邑中，岁大水。伯劳鸣军中，师分而水且至。鸣于君之宫，凶。

《梦书》曰：伯劳为忧口舌，声可恶也。梦见伯劳，忧口舌也。

斫木

《尔雅》曰：䴕，斫木也。郭璞注曰：斫木虫，因名。今斫木有两三种，在山中者大，有赤色。

《临海异物志》曰：啄木，大如雀，喙足皆青，毛色正青，翠鸟类也。凡啄木异种，舌长二寸，杪有刺针。

《裴谐集·左氏诗》曰：南山有鸟，自名啄木。饥则缘树，暮则巢宿。无干于人，唯志所欲。此盖禽兽，性清者荣，性浊者辱。

《闽中名士传》曰：薛令之，唐开元中为左补阙兼太子侍讲。时东宫官冷落，久次难进。令之题诗曰："明月夜团团，照见先生盘。盘中何所有？苜蓿长阑干。饭涩匙难绾，羹稀箸易宽。只可谋朝夕，那能度岁寒？"明皇因幸春宫，见之，不悦，命笔酬之曰："啄木嘴距长，凤皇毛羽短。既嫌松桂寒，任逐桑榆暖。"令之遂投簪谢爵，徒步东还。

鳭鹩

《尔雅》曰：鳭鹩剖苇。郭璞注曰：好剖苇皮，食其中虫，因名之。鳭，音刀。

又曰：桃虫，鷦；其雌，鴱。注云：鷦鷯，桃雀。俗呼为巧妇。

《诗》曰：肇允彼桃虫，翻飞唯鸟。注：桃虫，鷦鹩是也。故《尔雅》曰：桃虫，鷦也。微小黄雀，其雏化为蜩。故俗语曰：鷦鹩生蜩雀。《易林》亦谓：桃虫生蜩。或云：布谷生子，鷦鹩养之。

《方言》曰：自关而东，谓之土雀，或谓之女匠。今亦名巧妇，以东呼希母。自关而西谓之鸋鴂。

《尔雅》云：鸋鴂，鵋鵙属也，非宁决音。自关而西谓之桑飞，或谓之蔑雀。

《庄子》曰：鷦鹩巢深林，不过一枝。

《说苑》曰：孟尝君寄客于齐王，三年不见用。客反见孟尝君曰："不知臣罪耶？君之过也？"孟尝君曰："缕因针而入，不因针而急。夫子之才必薄矣。"客曰："不然。臣见鷦鹩巢于苇之苕，鸿毛著之，临危建之，工女不能为，可谓完坚矣。大风至，则苕折卵破者，其所托者使然也。"

《晋书》曰：张华素孤贫，为《鷦鹩赋》，成，阮籍见之，曰："王佐之才也！"由是声名始著。

巂音携，一名杜宇

《尔雅》曰：巂，周也。郭璞注曰：巂鸟。孙炎为燕别名。《风土记》亦云是赤口燕也。

《蜀王本纪》曰：望帝使臣鳖灵治水。去后，望帝以其妻通，惭愧，且以德薄，不及鳖灵，乃委国授之，去。望帝去时，子鹁鸣，故蜀人悲子鹁鸣而思望帝。望帝，杜宇也，从天堕。

《临海异物志》曰：鷤搗，一名田鹃。春三月鸣，昼夜不止，音声自呼。俗言：取母血涂其口，两边皆赤，上天自言"乞恩"。至当陆子熟，鸣乃得止耳。

《吕氏春秋》曰：伊尹说云："肉之美者，巂燕之翠。"高诱注：鸟名翠疏。

《异苑》曰：杜鹃始阳相推而鸣，先发声者便吐血死。昔有人山行，见一群寂然，即聊学其声，便呕血死。

鵽

《尔雅》曰：鵽鸠，冠雉。郭璞注曰：鵽，大如鸽，似雌雉，鼠脚，无后指歧。为鸟憨急，群飞。出北方沙漠地。

《庄子》曰：青鵽爱子忘亲。司马彪注曰：鵽鸟专爱其子，而忘其母也。

《唐书》曰：高宗时，突厥犯塞。初，突厥之未叛也，有鸣鵽群飞入塞，相继蔽野，边人相惊，曰："此鸟一名突厥雀，南飞，突厥犯塞之候也。"及是春，还复北飞，至灵夏之北，悉堕地而死，视之，则无头矣。裴行俭问于右史苗神答曰："鸟兽之祥，乃应人事，何也？"对曰："人虽最灵，而禀性含气同于万类，故吉凶兆于彼，祸福应于此。圣王受命，龙凤为嘉瑞者，和气同也。故汉祖斩蛇，而验秦之必亡；仲尼感麟，而知己之将死。夷羊在牧，殷纣以灭；鸜鹆来巢，鲁昭出奔；鼠舞端门，燕刺诛死；大鸟飞集，昌邑以败。是故君子虔恭寅畏，动必思义。虽在幽独，如承大事。知神明之照临，惧患难之及已也。雉升鼎耳，殷宗侧身以修德；鵩止坐隅，贾生作赋以叙命。卒以伍录者，德胜祥也。"

鸮

《毛诗》曰:《鸱鸮》周公救乱也。鸱鸮鸱鸮,既取我子,无毁我室!

《诗义疏》曰:鸱鸮,似黄雀而小,喙刺如锥。取茅为巢,以麻紩之,如刺袜靴,县着树,或一房,或二房。幽州谓之鹲鴂,或曰女匠。关东谓之工雀,关西谓之蔑雀,或谓巧女。

《尔雅》曰:鸱鸮,鹲鴂。

鸱

《春秋运斗枢》曰:玉衡星散为鸱。

《庄子》曰:鸱得腐鼠,鹓雏过之,仰而视之。

又曰:鵄,嗜鼠之鸟也。

《淮南子》曰:虞氏者,梁富人也。登高楼,临大路,设乐陈酒,博于其上。游侠相随行楼下。博者射中而笑,飞鸢堕腐鼠而中游侠。侠相与语曰:"虞氏富人,奚有轻人之志,乃辱我以腐鼠!"其夜乃杀虞氏,大灭其家。此谓类非也。

《淮南万毕术》曰:鸱脑令鸡自伏。取鸱脑以途鸡,即自伏不能起也。

《吕氏春秋》曰:乱国之妖,市有舞鸱。

《盐铁论》曰:泰山之鸱,啄腐鼠于穷泽,非有害于人也。今有同盗主财而食之焉,得若泰山之鸱乎?

《后魏书》曰:孝武即位,蠕蠕诸番并遣使朝贡,帝临轩宴之。有鸱鸟飞鸣于殿前。帝素知窦炽善射,因欲矜示远人,乃给炽御箭两支,命射鸱,应弦而落。诸番人咸叹异焉,帝大悦。

《列仙传》曰:李仲甫夜卧床上,或为鸱鸟跱架上。后至沓县臣山上候北风,当飞度南海。山上有罗鹰者罗得鸱,视之,仲甫也。后留更三年,自云往昆仑去。

茅鸱

《尔雅》曰:狂,茅鸱。郭璞注曰:鷶鸱也,似鹰而白。孙炎曰:大目鸺鹠也。

《广雅》曰：卢休、茅鸱鸠也。

《左传》曰：叔孙穆子食庆封，庆封泛祭，穆子不说，使工为之诵《茅鸱》。《茅鸱》，逸诗，刺不敬。亦不知。

鸢

《礼记》曰：前有尘埃，则载鸣鸢。鸢鸣则将风也。

《毛诗》曰：鸢飞戾天，鱼跃于渊。

《尔雅》曰：鸢鸟丑，其飞也翔。布翅飞翔。

《汉书》曰：成帝河平元年，太山有鸢，焚其巢，子堕地，黑色。

《东观汉记》曰：马援击交阯，下潦上雾，毒气上蒸，仰视乌鸢，跕跕于兼切堕水中。

《梁书》曰：永安侯萧确，字仲正，少好弓马。人有笑者，确谓之曰："吾当为国家破贼，故预习之。"每临阵对敌，意气安详，带甲据鞍，自朝至夕，驰骤往返，不以为劳。侯景爱之，恒在左右。常从景出猎，见飞鸢，景众射之，莫能中。确射之，应弦而落。自是王伟忌之。

《隋书》曰：崔彭善射。达头可汗遣使于上曰："请得崔将军一与相见。"上曰："此必善射闻于虏庭，所以来请耳。"遂遣之。及至匈奴中，可汗召善射者数十人，因掷肉于野，以集飞鸢，遣其善射者射之，多不中。复请彭射之，连发数矢，皆应弦而落。突厥相顾，莫不叹服。可汗留彭不遣百余日，上赂以缯彩，然后得归。

又曰：长孙晟引启民可汗归附，赐射于武安殿。选善射者十二人，分为两列。启民曰："臣有长孙大使得见天子，今日赐射，愿入其列。"许之。给晟箭六支，发皆入鹿。启民列竟胜。时有鸢群飞，上曰："公善弹，为我取之。"十发俱中，应丸而落。是日百官获赉，晟独居多。

《博物志》曰：汉旧使綦国，送鸢卵给太官。

《晋中兴书·征祥说》曰：永和九年，吴郡献白鸢。

太平御览卷第九百二十四 羽族部十一

鹦鹉

《礼记》曰：鹦鹉能言，不离飞鸟。

《汉书》曰：献帝兴平元年，益州蛮夷献鹦鹉三。诏曰："往者益州献鹦鹉三枚，夜食三升麻子。今谷价腾贵，此鸟无益有损，可付安西将军杨定国，令归本土。"

《江表传》曰：孙权曾大会，有白头鸟集殿前。权曰："此何鸟？"诸葛恪对曰："白头公。"张昭自以坐中最老，疑恪以鸟名戏之，因曰："恪欺陛下，未尝闻鸟名白头翁者，试使恪复索白头母。"恪曰："鸟名鹦䳇，未必有对，试使辅吴复求鹦父也。"昭不能答。

《山海经》曰：黄山有鸟焉，其状如鸮，青羽赤喙，人舌能言，名曰鹦鹉。郭注曰：鹦鹉舌似儿，扶南徼外有。色如赤，有纯赤。赤者大如雁也。

又曰：鹦鹉，慧鸟。栖林啄蕊，四指中分，行则啄地。

《淮南子》曰：鹦鹉能言而不可使长言，是得其所言，不得所以言。

《说文》曰：鹦鹉，能言鸟也。

《文士传》曰：黄祖世子射宾客大会，有献鹦鹉鸟，射举卮酒于祢衡曰："愿先生为之赋。"

成公绥《鹦鹉赋》曰：小鸟以其能言解意，故育以金笼，升之堂殿，然未得鸟之性。

张华《鷦鷯赋》曰：鹦鹉慧而入笼。

傅咸《答李斌书》曰：吾作左丞，未几，而以吾为京兆。虽心知此为不合，然是家亲乡里，自愿，便俗从耳。时帚下问吾当去否，吾答："鹦鹉子言'阿安乐'，今到阿安乐，何为不去？"

《宣验记》曰：有鹦鹉飞集山中，禽兽辄相爱重。鹦鹉不可久也，便去。后月，山中大火，鹦鹉遥见，便入水沾羽，飞而洒之。天神言：

“汝虽有志，何足云也？”鹦鹉曰：“犹知不能，然尝侨是山，禽兽行善，皆为兄弟，不忍见耳。”天神嘉感，即为灭火。

《南方异物志》曰：鹦鹉鸟有三种：一种青，大如乌臼；一种白，大如鸱鹗；一种五色，大如青而小于白者。交州以南尽有之。白及五色出杜薄州。凡鸟四指，三向后；此鸟两指向前，两指向后，异于凡鸟也。行则以口啄地，然后足从之。

又曰：广、管、雷、罗、春勤等州多鹦鹉。野者翠毛、丹嘴，可效人言。但稍小，不及陇山者。每群飞，皆数百支。山果熟者，遇之立尽。南中云：“养之，切忌以手扪摸其背，犯者即不饮不啄，病而卒。”余寓番禺，曾游新会县，遇安南欢好使麴将军，名承美，见代为交趾使也。见养一鹦鹉，背尾有深浅翠毛，臆前淡紫、嫩红间出，两腋别垂黄毛，翅尾术奇。

《云南行记》曰：瞿竿馆，磴道崎危。又过两重山，上下各十四五里。山顶平，西望无人烟，多鹦鹉。

又曰：新安城路多缦山，尽是松林，其上多鹦鹉飞鸣。

周宣《梦书》曰：鹦鹉为亡人居宅也。梦见鹦鹉，是亡人也。其在堂上，忧豪贤。

白鹦鹉

竺法真《罗浮浮山记》曰：山中有纯白鹦鹉。

《异苑》曰：张华，字茂先，有一白鹦鹉。华每行还，鸟辄说僮使善恶。后寂无言，华问其故，鸟云：“见藏瓮中，何由得知？”公后在外，令唤鹦鹉，鹦鹉曰：“昨夜梦恶，不出户。”公犹强之，至庭，为鹯所拨，教其啄鹯脚，仅而获免。

《南史》曰：婆皇国，宋大明三年，献赤、白鹦鹉。

又曰：婆厉妃，梁普通三年，其王频伽遣使珠智献白鹦鹉。

《隋书》曰：杜正玄，幼聪敏，博涉多通。开皇末，举秀才。会林邑献白鹦鹉，仆射杨素促召正玄，使作赋。正玄仓卒之际，援笔立成。素见文不加点，始异之。

又曰：独孤师受蕃客鹦鹉，帝察知，遂斩之。

《唐书》曰：贞观中，陀洹国王察失利多婆末那遣使献白鹦鹉，毛羽皓素，头上有红毛数十，垂与翅齐；并五色鹦鹉各一。

《明皇杂录》曰：开元中，岭南献白鹦鹉，养之宫中。岁久，颇聪惠，洞晓言词。上及贵妃皆呼"雪衣女"。性既驯扰，常假其饮啄飞鸣，然亦不离屏帏间。上令以近代词臣诗篇授之，数遍便可讽诵。上每与贵妃及诸王博戏，上稍不胜，左右呼"雪衣娘"，必飞入局中一鼓舞，以乱其行列；或啄嫔御及诸王手，使不能争道。忽一日，飞上贵妃镜台，语曰："雪衣娘昨夜梦为鸷鸟所搏，将尽于此乎？"上使贵妃授以《多心经》，记诵颇精熟，日夜不息，若惧祸难有所禳者。上与贵妃出于别殿，贵妃致"雪衣娘"于步辇竿上，与之同去。既至，上命从官校猎于殿下，鹦鹉方戏于殿槛，瞥有鹰至，立时而毙。上与贵妃叹息久之，遂命瘗于苑中，为立冢，呼为"鹦鹉冢"。

赤鹦鹉

沈约《宋书》曰：谢庄为太子庶子，时南平王铄上赤鹦鹉，普诏群臣为赋。太子左卫率袁淑，文冠当时，作赋毕，赍以示庄，庄赋亦竟。淑见而叹曰："江东无我，卿当独秀；我若无卿，亦一时杰也。"遂隐其赋。

《南史》曰：西南夷诃罗陀国，宋元嘉七年，遣使贡金指环、赤鹦鹉。

五色鹦鹉

吴时《外国传》曰：扶南东涨海中有洲，出五色鹦鹉。曾见其白者，如母鸡。《广志》同。

《唐书》曰：玄宗有五色鹦鹉，能言，育于宫中。上命左右试牵御衣，鸟辄瞋目叱咤。歧王文学熊延京因献《鹦鹉篇》，以赞其事，上以示百寮。尚书左丞相张说上表贺曰："伏见天恩，以灵异鹦鹉及所述篇出示朝列。臣按《南海异物志》：‘有时乐鸟，鸣皆太平，天下有道，则见。’臣验其图：丹首、红臆、朱冠、绿翼，与此鹦鹉无异。而心聪性辩，护主报恩，故非常品凡禽，实《瑞经》所谓时乐鸟也。岐王虽叙其事，未正其名，望编国史，以彰圣瑞。”

又曰：元和十年，诃陵国遣使献五色鹦鹉、频伽鸟。

《岭表异异》曰：容管廉白州产秦吉了，大约似鹦鹉，嘴脚皆红，两眼后夹脑有黄肉冠。善效人言语，音雄大分明于鹦鹉。以熟鸡子和饭如枣饲之。或云：“容州有纯白色者。”俱未之见也。

孔雀

《春秋元命苞》曰：火离为孔雀。

《周书》曰：成王时，方献孔雀。方，亦戎别名。

《汉书》曰：罽宾国出孔雀。

又曰：尉佗献文帝孔雀二双。

《续汉书》曰：西南夷鱼池出孔雀。

又曰：西域条支国出孔雀。

张璠《汉记》曰：条支国临西海，出狮子、孔雀。

《江表传》曰：魏文帝遣使于吴求孔雀，群臣以为非礼，欲不与，孙权敕付使。

《魏文帝与朝臣诏》曰：前于阗王所上孔雀尾万枚，文彩五色，以为金根车盖，遥望耀人眼。

《吴志》曰：孙休永安五年，使察兽到交趾调孔雀、大猪。

又曰：薛综上疏：“日南远致孔雀，充备宝玩，不抑其赋，以益中国。”

《吴录·地理志》曰：交阯西子县多孔雀，在山草中，郡内及朱崖皆有之。

《晋公卿赞》曰：世祖时，西域献孔雀，解人语，弹指应声起舞。

《晋书》曰：公孙皓时，交趾太守孙谞贪墨，为百姓所患。会察兽邓荀至，擅调孔雀三千头，人畜一头，遣送秣陵和。既苦远役，咸思为乱，郡吏吕兴杀谞及荀，以郡内附。

《齐书》曰：武帝年十三，梦人以笔画身左右为两翅，又着孔雀羽衣裳，空中飞举。

又曰：文惠太子长懋制珍玩之物，织孔雀毛为裘，光彩金翠，过于雉头远矣。

《后魏书》曰：龟兹国地多孔雀，群飞山谷，人取养及食，乳如鸡、鹜。

《唐书》曰：高祖穆皇后少时，父母私相谓曰："我女貌非常，不可妄以许人，当为之求贤夫矣。"乃于门屏画二孔雀相对，公子有求婚者，辄与两箭令射之。父母潜相谓曰："若中孔雀之目者，即以妻之。"前后射者数千人，莫能中。高祖后至，发，各中一目。肃公大悦，因即与婚。

《山海经》曰：南方多孔鸟。郭璞注曰：孔雀也。

《列仙传》曰：萧史吹箫致孔雀。

《西京杂记》曰：鲁恭王好斗鸭、雁，养孔雀、䴔䴖，奉谷一年二千石。

《盐铁论》曰：南越以孔雀珥门户。今贵其所饶，非所以厚中国也。

《太玄经》曰：孔、雁之仪，可法则也。虞翻注曰：雁飞成列，亦成行，故可法则也。

《郭子》曰：梁国阳氏子年九岁，甚聪慧。孔君平诣其父，不在，乃呼儿出，为之设果，有杨梅，孔指以示儿："此实君家果？"应声答曰："未闻孔雀是夫子家禽。"

《南越志》曰：义宁县杜山多孔雀，为鸟不必匹合，止以音影相接，便有孕。

《楚辞》曰：孔雀盖兮翠旌，王逸曰：以孔雀之翅为车盖。登九天兮抚彗星。

《华阳国志》曰：云南郡出孔雀，常以二月来翔，月余而去。

《异物志》曰：孔雀，其大如雁，而足高，毛皆有班文彩。捕得畜之，拍手则舞。

又曰：孔雀形体既大，细颈隆背，似凤皇。自背及尾，皆作珠文，五彩光耀，长短相次；羽毛末皆作员文，五色相绕，如带千钱，文长二三尺。头戴三毛，长寸，以为冠。足有距。栖游冈陵，迎晨，则鸣相和。

傅巽《奢俭论》曰：丰狐以赤色祸身，翡翠、孔雀，亦灾斯文。

杨孝玄《交州异物志》曰：孔雀，人指其尾，则舞。

刘欣期《交州记》曰：孔雀色青，尾长六七尺。能舒舞，足为节。出岭南诸处。

《岭南异物志》曰：交趾郡人多养孔雀，或遗人以充口腹，或杀之以为脯腊。人又养其雏以为媒，傍施网罟捕野孔雀，伺其飞下，则牵网横掩之。彩其金翠毛，装为扇拂。或全株生截其尾为方物，云生取则金翠之色不减耳。

翡翠

《尔雅》曰：翠，鹬也。郭璞注曰：似燕，绀色，出郁林。

《孝经援神契》曰：神灵滋液，则翠羽曜。

《周书》曰：成王时，苍梧献翡翠。

《汉书》曰：尉佗献文帝翠鸟千。

又曰：燕刺王旦，郎中侍从貂羽黄金附蝉。晋灼曰：以翠羽饰冠。

徐广《车服注》曰：天子辂金根车，翠羽盖。皇后首饰步摇，八雀九革，加翡翠。

《吴录》曰：薛综上疏曰："日南远致翡翠，充备宝玩。"

《晋令》曰：翡鸟不得西度陇。

《仓颉解诂》曰：鹬，翠别名也。

《说文》曰：翡翠，青赤雀也。

《异物志》曰：翠鸟似燕，翡赤而翠青，其羽可以为饰。

《南州异物志》曰：翠唯六翮，毛长寸余，青茸；翡大于燕，小于乌臼。

杨孝玄《交趾异物志》曰：翠鸟先高作巢。及生子，爱之，恐坠，稍下作巢。子生羽毛，复益爱之，又更下作巢也。

《南中八郡异物志》曰：翠大如燕，腹背纯赤，民捕食之，不知贵其毛羽也。

《广志》曰：翡色赤，翠色绀，皆出交趾兴古县。

《交州志》曰：翡翠出九真，头黑，腹下赤，青缥色，似鹧鸪。

《太玄经》曰：翡翠狐貂，好作咎也。

《离骚》曰：翾飞兮翠层。层，举也。諠舞工巧，翾然若翠举。

《楚辞》曰：翡帷翠帱。王逸注曰：翡翠之羽雕饰帱帐。

宋玉《登徒子赋》曰：眉如翠羽。

司马相如《子虚赋》曰：错翡翠之威蕤。以翡翠之羽饰步摇，置之笄头也。

左思《吴都赋》曰：山鸡归飞而来栖，翡翠列巢以重行。

刘邵《七华》曰：剪俊陵之缥翠，承葱岭之碧鸡。

《秦书》曰：符坚时，西域献翠鸟四头，雄雌各二。笼盛之，月余，并死。

《左传》曰：郑子臧好聚鹬冠。

《战国策》曰：赵且伐燕。苏代谓燕惠王曰："今者臣来过水，蚌方出曝，而鹬啄其肉，蚌合而钳其喙。鹬曰：'今日不雨，明日不雨，即见蚌脯！'蚌亦谓鹬曰：'今日不出，明日不出，必有死鹬！'蚌、鹬两不肯解，渔者并擒之。今赵且伐燕，燕、赵久相支以獘众，臣恐强秦之为渔父也。"

《范子计然》：计然者，蔡丘濮上人。晋三公子，姓辛氏，字文子，博学无所不通。范蠡知其贤人，卑身事之。请受道藏于石室，乃刑白鹬而盟焉。

鹧鸪

崔鸿《蜀录》曰：蜀连有灾，天雨血，地仍震，地生毛，鹧鸪集城下。

《异物志》曰：鹧鸪，其形似雌鸡。其志怀南不思北，其名呼飞"但南不北"。其肉肥美，宜炙，可以饮酒，为诸膳也。

《岭表录异》曰：鹧鸪臆前有白圆点，背上间紫赤毛，其大如小野鸡，多对啼。

《南越志》曰：鹧鸪虽东西回翔，然开翅之始，必先南翥。亦胡马嘶北之义也。其鸣自呼“社”。

《薄州本草》云：“自呼钩辀格磔。”

李群玉《山行闻鹧鸪诗》云：“方穿诘曲崎岖路，又听钩辀格磔声。”

白鹇

《西京杂记》曰：南越王献高帝白鹇、黑鹇各一只。

《后汉书·班固传·西都赋》曰：招白鹇，下双鹄。榆文竿，出比目。

王彪之《闽中赋》曰：林鹇绣白。

谢惠连《雪赋》曰：白鹇失素。

《云南记》曰：韦齐休使至云南，其国馈白鹇，皆生致之。

鹖

《说文》曰：鹖，似雉，出上党。

《列子》曰：黄帝与炎帝战，以雕、鹖为旗帜。

《汉书》曰：京兆尹张敞舍鹖雀飞集丞相府，丞相黄霸以为神雀，欲以上闻。敞劾奏之，霸大惭。

《续汉书·舆服志》曰：虎贲、武骑皆鹖冠。鹖者，勇雉也，其斗死乃止。故赵武灵王以表武士焉。

《晋八王故事》曰：张方将移惠帝于长安，入殿奉迎，自领五千骑，皆捉铁缠槊二节，发毦系兜鍪，皆用凉州白鹖毛，望之若荼，天子见之大惊。

《山海经》曰：恽诸之山，其鸟多鹖。郭璞注曰：似雉而大者，有毛角，健斗，至死乃止。

《苏子》曰：带方寸之印，施丈尺之组，载貂鹖之尾，建千丈之城，此世俗之富贵也。

鹌

《尔雅》曰：鹌，鴾母也。其子鸋。郭璞注曰：鹌，青州呼鴾母。《广雅》曰：鴽，鹌也。

《说文》曰：鹌，鹑属也。一曰牟母，一曰鴽。

《吕氏春秋》曰：季春之日，桐始华，鼠化为鴽。桐，梧也，是月华，故曰始华，田鼠化鴽。幽州谓之鹌。

鹑

《诗》曰：《鹑之奔奔》，刺卫宣姜也。鹑之奔奔，鹊之彊彊，人之无良，我以为兄。

又曰：不狩不猎，胡瞻尔庭有悬鹑兮？

《尔雅》曰：鷯鹑，其雄鵲牝痺，其子文。郭璞注曰：鹑，鹌属者也。

《春秋运斗枢》曰：机星散为鹑。德义少，残百家，则鹑生狗。

《大戴礼·夏小正》曰：三月，田鼠化为鴽。鴽，鷯也。化而之善，故尽其辞也；鴽为鼠，化而不善，故不尽其辞也。

《广志》曰：宛鹑以供御。

孔玄舒《在穷记》曰：赵太龙以鹑二十枚奉上老母。

《南方草物状》曰：短头细黄鱼，以九月中因秋风而变成鹑。上圃吏民捕取，盐炙食，滋味肥美。出交趾合浦郡。

《东方朔别传》曰：占人被召见，人以网求鹑，鹑飞入网，知必有罪。“非”入“网”，“罪”种故也。

《庄子》曰：田鼠化为鹑。

《淮南万毕术》曰：虾蟆得瓜，平时为鹑。注云：取瓜去辨，置生虾蟆其中，杀鹑，以血途瓜，坚塞之，埋东垣北角，深三尺。其平日，发出之，为鹑矣。

贾谊《新书》曰：宋康王时，有雀生鹑。占之曰：“小生巨，必霸天下。”康王大喜。射天笞地，斩社焚之，为齐所灭。

徐干《中论》曰：俗士之牵达人，犹鹑鸟之欺孺子。鹑之性善近人，飞不迅，行不寿，似将可获，故孺子逐之不已；首士似将可悟，终难可移，达人所以缓唇鸣声而不舍也。

《周书·时训》曰：清明之日又五日，田鼠化为鴽。鼠不化，国多贪残。

《兵书》曰：两敌相当，鹑集壁上军，士五日败。

干宝《晋记》曰：赵王伦篡位，有鹑入太极前殿，有雉集于东堂。

《楚辞》曰：鹍鸡兮轩轩，鹑鹌兮甄甄，哀我兮寡独，靡有兮匹伦。

《穷神秘苑》曰：安定原上筑城时，奠祭以觚爵。忽有一鹑飞于觚之上，因名"鹑觚之城"。后魏文帝天统中，立为鹑觚县。

《梦书》曰：鹑鷃为斗，相见怒也。梦见鹑鷃，忧斗也。

刘欣期《交州记》曰：武宁县秋九月，黄鱼上化为鹑鸟。

万春鸟

《三国典略》曰：北齐高纬时，有万春鸟见齐仙都苑。上为造万春堂，以应嘉瑞。

舍利鸟

《隋书》曰：婆厉妃有鸟，名舍利，解人语。大业十年，遣使入贡。后遂绝。

兵曹鸟

《唐书》曰：崔希乔为并州兵曹，所前丛苇有小鸟如鶺鸰来巢，孕卵五色，且如鸡子。数日，鷇毁雏见。已逾于母月馀，五色成文，大如鸡，驯扰闲暇。顷之飞翔，时归旧所。人到令号为"兵曹鸟"。

巢衣鸟

《洞冥记》曰：汉武帝时，忽有细鸟集于帏屏，或集人衣襟，因名曰"巢衣鸟"。宫内嫔妤皆悦之。有鸟集其衣者，辄蒙爱幸。至武帝末，稍自死。人犹爱其皮，服其皮者，多为丈夫所媚。王莽末，犹有一两个去来，莽罗得之。

太平御览卷第九百二十五 羽族部十二

鸳鸯

《归藏》曰：有凫鸳鸯，有雁鹔鷞。

《诗》曰：《鸳鸯》，刺幽王也。思古明王，交于万物有道，自奉养有节焉。鸳鸯于飞，毕之罗之。君子万年，福禄宜之。鸳鸯在梁，戢其左翼。君子万年，宜其遐福。

《西京杂记》曰：赵飞燕为皇后，其女弟昭仪在昭阳殿，遗飞燕书曰："今日嘉辰，贵姊懋膺洪册，上檖三十五条，以陈踊跃。内有鸳鸯襦、鸳鸯被。

《魏志》曰：文帝问占梦周宣曰："吾梦殿屋两瓦堕，化为双鸳鸯。此何为也？"宣对曰："后宫当有暴死者。"上曰："吾诈卿耳。"宣曰："夫梦，意也。苟以形言，便占吉凶。"言未卒，黄门令奏宫人相杀。

干宝《搜神记》曰：大夫韩凭，其妻美，宋康王夺之。凭怨，王囚之，凭遂自杀。妻乃阴腐其衣。王与之登台，自投台下，左右捉衣，衣不胜手。遗书于带曰："愿以尸还韩氏而合葬。"王怒，令埋之，二冢相对。经宿，忽有梓木生二冢之上，根交于下，枝连其上。有鸟如鸳鸯，雌雄各一，恒栖其树，朝暮悲鸣，音声感人。

《古今注》曰：鸳鸯，水鸟，凫类，雌雄未尝相离。人得其一，则一者相思死，故谓之匹鸟。

《楚辞》曰：鸳鸯兮噰噰。

《古诗》曰：客从远方来，遗我一端绮。文彩双鸳鸯，裁为合欢被。

又曰：入门时左顾，但见双鸳鸯。鸳鸯七十二，罗列自成行。

《郑氏婚礼谒文赞》曰：鸳鸯雌雄相类，飞止相匹。

鸂鶒

《临海异物志》曰：鸂鶒，水鸟，毛有五彩色，食短菰，其在溪中，无毒气。

《剧谈录》曰：河南府尹阙，前临大溪。每僚佐有入台者，则水中先有小滩涨出，石砾金光，澄澈可爱。牛僧孺为县尉，一旦，忽报滩出。翌日，宰邑与同僚列筵于亭上观之，因召老宿备询其事。有老吏云："此必分司御史，非西台之命。若是西台，滩上当有鸂鶒双立前后，居人以此为则。"僧孺潜揣县僚无出已者，因举杯曰："既能有滩，何惜一诗鸂鶒？"宴未终，俄有鸂鶒飞下。不旬日，拜西台御史。

䴔䴖

《尔雅》曰：鳽，䴔䴖。郭璞注曰：似凫，脚高，毛冠。江东人家畜之，以厌火灾。鳽，音鵳肩反。

《说文》曰：鳽，䴔䴖也。一曰䴔鸝。

《西京杂记》曰：鲁恭王好斗鸡鸭，养孔雀、䴔䴖，奉谷一年二千石。

《异物志》曰：䴔䴖巢于高树颠，生子未能飞，皆衔其母翼，飞下地饮食。

《梦书》曰：梦见䴔䴖，居不诗也。妇见之，此独居也；婿见之，恐失妻也。雄雌俱行，淫佚游也。

《唐书》曰：玄宗尝遣中官往江南采捕䴔䴖及诸水禽，汴州刺史倪若水上疏谏曰："方今九扈时忙，三农作苦，田夫拥耒，蚕妇持桑。而以此时彩捕奇禽异鸟，供园池之玩，远自江岭，达于京师；水备舟舫，陆倦担负；饭之以鱼肉，间之以稻粱。道路观者莫不以陛下贱人而贵鸟也。陛下当以凤凰为凡鸟，麒麟为凡兽，即䴔䴖、溪鶒，曷足为贵也？"

鸥

《仓颉解诂》曰：鷖，鸥也，生藕叶上，名水鸮。

《说文》曰：鸥，水鸮也。

《山海经》曰：玄服国，其人食鸥。

《南越志》曰：江鸥，一名海鸥，在涨海中，随潮上下。常以三月风至，乃还洲屿生卵，似鸡卵，色青。颇知风云，若群飞至岸，必风。渔人及度海者，皆以此为候。

《列子》曰：海上之人有好鸥鸟者，每旦，之海上从鸥鸟游，鸥鸟之至者，百数而不止。其父曰："吾闻鸥鸟皆从汝游，取来吾玩之。"明日之海上，鸥鸟舞而不下也。

《晋咸和起居注》曰：二年正月，飨万国。有五鸥集太极殿前。

《晋中兴征祥说》曰：鸥集太极殿，殿非鸥所处。鸥，湖泽鸟也。时苏峻作逆，宫室被焚。

《唐书》曰：崔湜既私附太平公主，时人咸为之惧。门客陈振鹭献《海鸥赋》以讽之，湜虽称善，而心实不悦。

鹭

《诗》曰：坎其击鼓，宛丘之下。无冬无夏，值其鹭羽。鹭鸟之羽，可以翳，舞者所持以指麾。

又曰：《振鹭》二王之后来助祭也。振鹭于飞，于彼西雍。我客戾止，亦有斯容。

又曰：振振鹭，鹭下于鼓。咽咽醉言，舞于胥乐兮。

《毛诗义疏》曰：鹭，水鸟。好白而洁，故谓之白鸟。齐鲁之间谓之舂锄，辽东乐浪、吴杨人皆云白鹭。大小如鹞，青脚，高尺七八寸，解指，尾如鹰尾，喙长三寸，顶上有毛十数枚，长尺余，毵毵然，与众毛异，甚好。将欲取鱼时，弭之。今吴人亦养之，好群飞行。楚成王时，有朱鹭，合沓飞舞，则复有赤色。旧《鼓吹曲》有《朱鹭》是也。

《尔雅》曰：鹭，舂锄。郭璞注曰：白鹭也。头、翅、背上皆有长翰毛。以东以取为接离，名之曰白鹭缞。

《穆天子传》曰：天子作诗三章，以哀民。曰："有皎者鴼。鴼，鸟名。音路。鶅鶅其飞。”

《幽明录》曰：巴东有一道士，忘其姓名，事道精进。入屋烧香，忽有风雨至，家人见一白鹭从屋中飞出。雨住，遂失道士所在。

《古今乐录》曰：吴王夫差时，有双鹭飞出鼓中而去。

《南史》曰：张融年弱冠，同郡道士陆修靖以白鹭羽扇遗之，曰：“此异物奉异人。”

鹡鸰

《诗》曰：鹡鸰在原，兄弟急难。

《毛诗义疏》曰：鹡鸰，水鸟，一名渠梁。大如鷃雀，脚长尾尖，背上青灰色，腹下白，颈下黑，如连钱，故桂阳谓之连钱。

《尔雅》曰：鹡鸰，雍渠。郭璞注曰：雀属也，飞则鸣，行则摇。

鹢

《左传》曰：正月戊申，六鹢退飞，过宋都，风也。

《庄子》曰：夫白鹢之相视，眸子不运而风化。

《列子》曰：河泽之鸟，视而孕，曰鶂。

《录异传》曰：弘公者，吴兴乌程人，患疟经年。弘后独至旁舍，疟发，有数小儿或骑公腹，或扶公首脚，公因佯眠。忽起，捉得一儿，遂化成黄鹢，余者皆走。公乃缚以还家，暮悬窗上云：“明日当杀食之。”比晓，失鹢处，公疟遂断。于时人有得疟者，但依弘，便疟断。

《晋书》曰：武帝谋伐吴，诏王濬修舟舰。濬乃作大船连舫，方百二十步，受二千余人。以水为城，起楼橹。开四出门，其上皆得驰马来往。又画鹢首怪兽于船首，以惧江神。

《博物志》曰：白鹢，雄雌相视则孕。或曰：雄鸣上风，雌鸣下风，则亦孕。

刘祯《鲁都赋》曰：绿鹢葱鹙。

鸊鷉

《尔雅》曰：鷉，须羸。似凫而小，膏中莹刀。

杨雄《方言》曰：野凫甚小，而好没水中者，南楚之外谓之鸊鹈，大者谓之鹘鹈。

《纂文》曰：鴮、施、石㰎、开零，皆野鸭。没食曰鴮，长颈曰施，多白曰开零，在山涧曰石㰎。

白鸔音剥

《尔雅》曰：鴮，乌鸔。郭璞注曰：水鸟也，似鶂而短颈，后翅紫白色，背上绿色，江东呼为乌鸔。音驳。

卞敬宗《鸔赋》曰：乌真野之性，备于俯仰之间，专视缓步，有自卑之志。

鸨

《诗》曰：《鸨羽》，刺时也。晋昭公之后，大乱五世，君子下从征役，不得养父母也。肃肃鸨羽，集于苞栩。肃肃鸨行，集于苞桑。肃肃鸨翼，集于苞棘。

《礼》曰：鸡肝、雁肾、鸨奥、鹿胃。郑玄注曰：奥，脾。

鶢鶋

《尔雅》曰：鶢鶋，杂县。郭璞注曰：汉文帝时，琅琊有大鸟，如马驹，时人谓之爰居。

《广志》曰：马鸟，鶢鶋。

《庄子》曰：海鸟止于鲁郊，鲁侯觞之于庙，奏《九韶》以为乐，具太牢以为膳。鸟眩视忧悲，不敢食一脔，不敢饮一杯，三日而死。此以人养鸟也，不如以鸟养鸟。司马彪注曰：即鶢鶋也。

《国语》曰：海鸟曰爰委居，止于鲁东门之外三日，爰居，杂县。东门，城门。臧文仲使国人祭之。文仲不知，以为神。展禽曰："越哉！臧孙之为政也。越，足也。言其迂阔。不知政要也。夫祀，国之大节也；节，制。而节，政之所成也，言节所以成政。故慎制祀以为国典。今无故而加典，非政之宜也。夫圣王之制祀也，功施于民，则祀之；以死勤事，则祀之；以功定国，则祀之；能御大灾，则祀之；能捍大患，则祀之。非是族也，不在祀典。今海鸟至，已不知而祀之，以为国典，难以为仁且智矣！夫仁者讲功，而智者处物。无功而祀之，非仁也；不知而不问，非智也。今兹海其有灾乎？夫广川之鸟兽，恒知而避其灾也。"是岁也，海多大风。

鹈鹕

《尔雅》曰：鹈鹕，鴮鸅。郭璞注曰：今之鹈鹕也，好群飞，入水食鱼，故名夸罩，俗呼为陶河。

《毛诗疏》曰：唯鹈在梁。许慎曰：鹈，鹕也，一名污泽，一名淘河。水鸟，身形似鸮而极大，喙长尺余，直而广，目中赤，颔下胡大如数斗囊。若有小水鱼，便抑水满其胡而弃之，令水竭尽，鱼在陆地，乃共食之，故曰陶河。

《魏志》曰：五月，有鹈鹕集灵芝池。诏曰："此诗人所谓'污泽'也，《曹诗》刺共公远君子而近小人。今岂有贤智之士处于下位乎？否则，斯鸟胡为而至？其博举天下俊德茂材，独行君子，以答曹人之刺。"

《山海经》曰：宪斯之山，沙水出焉。其中多鹈鹕，如鸳鸯而人足，其鸣自叫。见，国有土功。

《庄子》曰：鱼不畏网而畏鹈鹕。网者，公平无私；鹈鹕有心，故鱼畏之。明主行赏罚如网。

《淮南子》曰：鹈鹕饮水，数升而不足。

鸬鹚

《尔雅》曰：鹚，鷧。郭璞注曰：即鸬鹚也。嘴角曲如钩，食鱼。

《异物志》曰：鸬鹚不生卵，而孕雏于池泽间。又吐生，多者八九，少者五六，相连而出，若系绪。水鸟而巢高树上，或在石窟之间。

《隋书》曰：倭国草木冬青，土地膏腴，水多陆少。以小环挂鸬鹚项，令入水捕鱼，得百余头以充食。

《唐书》曰：贞元十三年四月，上以自春已来，时雨未降，正阳之月，可行雩祀。遂幸兴庆宫龙堂，兆庶祈祷。忽有白鸬鹚，沉浮水际，群类翼从其后。左右侍卫者咸惊异之，俄然，莫知所往，方悟龙神之变化，遂相率蹈舞称庆。至乙丑，果大雨，远近滂沱。于是宰臣等上表陈贺。

范王《治咽方》曰：咽，鸬鹚啄即愈。治鲠，烧鸬鹚羽，水服半钱即下。若呼"鸬鹚鸬鹚"，亦有下者。

婟户故切泽

《尔雅》曰：纺泽，虞。孙炎注曰：尸鸠，或谓纺，泽虞蒲梆名。郭璞注曰：今泽也，常在泽中，见人辄唤不去，有像主守之官，因名之也。

鹳雀

《说文》曰：鹳，雀也。

《诗》曰：我来自东，零雨其濛。鹳鸣于垤，妇叹于室。

《毛诗义疏》曰：鹳，一名负釜，一名背灶，一名皂君。泥其巢，一旁为池，含水满之。取鱼置池中，食其雏。若杀其子，则一村致灾旱。

华峤《后汉书》曰：杨震，字伯起，年五十始应州郡之辟，众人谓之晚暮。后有鹳雀衔三鳝鱼，飞集讲堂前。都讲取鱼进曰："蛇鱼者，卿大夫之服象也。数三者，法三台也。先生自此升矣。"

《淮南万毕术》曰：天雄、鹳胎，日行千里。取鹳鸟胎，于月中暴一日一夜，增天雄，一月用三十天雄，而并治为丸，大如梧子。欲行，吞一丸。得腾蛇胆和，大良。韧屿雄，乃膳独即行千里。

桓谭《新语》曰：昔有鹳，郡国皆杀之，而三辅俗不敢取，取或雷雳霹起。原天不独在彼而在此，其杀取时，正与雷偶耳。

《抱朴子》曰：以鹳血涂金丹一丸，内衣中，以指物，随口变化。

《神农本草》曰：鹳骨，味甘无毒，治鬼虫、诸疰、五尸、心腹疾。

《博物志》曰：鹳，水鸟也。伏卵时数入水，卵冷则不孕，取礜石周围绕卵，以助暖气。故方术家以鹳巢中暖礜石为真物。

《列仙传》曰：木羽者，钜鹿人。母贫贱，主助产。产探妇，妇儿生，开目大笑，母大怖。暮，梦见大冠赤帻者守儿，言："此即司命君，当报汝恩，使汝子木羽得仙。"母阴识之。生儿，字木羽。所探儿至年十五，夜有车马来迎之，过呼："木羽，为我御车。"遂俱去。又二十余年，鹳雀旦以二尺鱼着户上，母匿不，道而卖其鱼，四十余年，母乃终。

鹙

《诗》曰：有鹙在梁。

《说文》曰：鹙，秃鹙也。

《环氏吴纪》曰：嗣王问中书令张尚："鸟之中大者唯鹤、小者雀乎？"尚曰："大者有秃鹙，小者鷦鷯。"嗣主忌胜己，因徙尚。

《楚辞》曰：鹍鸿群晨杂鹙鸧。鹍，鹍鸡也。鸧，鸧吉也。鹙，秃鹙。

《后魏书》曰：正光二年八月，获秃鹙于宫内。诏以示崔光，崔光表曰："蒙示十四日所得大鸟，此即《诗》所谓'有鹙在梁'。解云：秃鹙也，贪恶之鸟，野泽所育，不应入于殿庭。昔魏氏黄初中，有鹈鹕集于灵芝池，文帝下诏，以曹恭公远君子、近小人，博求贤尽。太尉华歆由此逊位，而让管宁也。臣闻野物入舍，古为不善，是以张竦恶鸺，贾谊忌鵩。鹈鹕暂集而去，前王犹为至诫；况今亲入宫禁，为人所获，方被畜养，宴然不以为惧！准诸往义，信有殊矣！且饕餮之禽，必资鱼肉、菽麦、稻粱，时或餐啄，一食之费，容过斤溢。今春夏阳旱，谷籴稍贵；穷窘之家，时有菜色。陛下为民父母，抚之如伤，岂可弃人养鸟，留意于丑形恶声哉！卫侯好鹤，曹伯爱雁，身死国灭，可为寒心。陛下学通《春秋》，亲览前事，何得口咏，其行未遵？诚愿远师殷宗，近法魏祖，修德延贤，消灾集庆。放无用之物，弃之川泽。取乐琴书，颐养神性。”肃宗览表大悦，即弃之池泽。

《南史》曰：齐晋安王子勋即伪位于寻阳，其夕，有秃鹙鸟集城上。

《唐书》曰：会昌元年六月，有秃鹙鸟集于禁苑。

鸧

《尔雅》曰：鸧，麋鸹。郭璞注曰：今呼鸧鸹。音箭括。一音利也。

《庄子》曰：大鸧饱食，仰天而嘘。

《列子》曰：蒲且子之戈，连双鸧于青云之际。

《楚辞》曰：酸鹄臇凫煎鸿鸧。臇，小臛也。

《江赋》曰：奇鸧九头。

精卫

《山海经》曰：炎帝之女名媱，游于东海，溺而不反，是为精卫。常取西山之木石，以堙东海。

《述异记》曰：昔炎帝女溺死东海中，化为精卫。其鸣自呼。每衔西山木石，以填东海，怨溺死故也。海畔俗说：精卫无雄，耦海燕而生，生雌状如精卫，生雄状如海燕。今东海畔精卫誓水处犹存，溺死此川，誓不饮其水。一名誓鸟，一名冤禽，又名志鸟，俗呼为帝女雀。

《博物志》曰：有鸟如乌，文首、白喙、赤足，名曰精卫。昔赤帝之女媱，往游于东海，溺死而不反，其神化为精卫。故精卫常取西山之木石，以填东海。

左思《魏都赋》曰：䍐䍐音祇。精卫，衔木偿怨。

左思《吴都赋》曰：精卫衔石而遇缴，文鳐夜飞而触纶。

水扎鸟

《南夷志》曰：水扎鸟，出昆明池。冬月遍于水际。

太平御览卷第九百二十六 羽族部十三

鹰

《春秋运斗枢》曰：瑶光星散为鹰。

《礼记·月令》曰：惊蛰之日，鹰化为鸠。

又曰：七月，鸠化为鹰，然后设罻罗。

《左传·文公十八年》曰：季文子使太史克对宣公曰："先大夫臧文仲教行父事君之礼，行父奉以周旋，弗敢失坠，曰：见无礼于其君者，诛之，如鹰鹯之逐鸟雀也。"

又《昭公四》郯子曰："少皞鸟师而鸟名。爽鸠氏，司寇者也。杜预注曰：爽鸠，鹰，鸷鸟也，故为司寇，主盗贼也。

又《襄公四》曰：子产始知然明，问为政焉，对曰："视民如子，见不仁者，诛之，如鹰鹯之逐鸟雀。"

《毛诗》曰：维师尚父，时唯鹰扬。如鹰之飞扬也。《笺》云：鹰，鸷鸟也。

《尔雅》曰：鹰，鶆鸠。郭璞注曰：鶆，当为鷞，字之误也。《左传》作鷞鸠，是也。善击，官于代郡捕之。

又曰：鹰隼丑，其飞也翚。鼓翅翚翚然疾。

《春秋考异邮》曰：金伐木，故鹰击雉。

《易通卦验》曰：鹰者，鸷杀之鸟。

《周书》曰：惊蛰之日，鹰变为鸠。小暑之日，鹰乃学习。处暑之日，鹰乃祭鸟。

《大戴礼》曰：正月，鹰则为鸠。鹰也者，非其杀之时也；鸠也者，非其杀之时也。善变而之仁，故具言之也。鸠为鹰而不仁，故不尽其辞。

《史记》曰：李斯临刑，思牵黄犬，臂苍鹰，出上蔡东门，不可得矣。

《汉书》曰：鹰隼未击，矰弋不得施于蹊隧。

又《酷吏传》曰：郅都为济阳太守，时人号为“苍鹰”。

又曰：孙宝为京兆尹，请故吏侯文为掾。立秋日，文谓宝曰：“今鹰隼始击，当顺天气成严霜之诛。”

《后汉书》曰：崔骃与窦宪笺曰：“今日汉阳太守率吏卒数十人，皆臂鹰牵狗，云欲上幕府。夫鹰犬所获，不过雉兔，斯乃细人之事。”

《东观汉记》曰：和熹皇后临朝，上林鹰犬悉斥卖之。

又曰：赵勤，字孟卿。太守桓虞署督邮新野令，自责还印绶去。虞叹曰：“善吏如使良鹰，下鞲即中。”

《马融与伯世书》曰：愦愦愁思，犹不解怀。思在竹间，放狗逐麋。晚秋涉冬，大苍出笼。黄棘下菟，芼以干葵。以送余日，兹乐而已。

《魏志》曰：吕布因陈登求徐州牧，不得，布怒，登喻之曰：“登见曹公言：‘待将军，譬如养虎，当饱其肉，不则噬人。’公曰：‘不如养鹰，饥则为用，饱则扬去。’”布乃解。

《晋书》曰：虞潭，字思奥。会沈充等逼京师，潭起义军。至上虞，有野鹰飞集屋梁，众惧，潭曰：“起大义而刚鸷之鸟来，破贼必矣！”后如其言。

又曰：崔洪，清厉骨鲠，为尚书左丞，时人为之语曰：“丛生荆棘，来自博陵。在南为鹞，在北为鹰。”

又《载记》曰：慕容垂请至邺拜墓，符坚许之。权翼谏曰：“垂犹鹰也，饥则附人，饱便高飏。遇风尘之会，必有凌宵之志。唯宜急其羁绊，不可任其所欲。”坚不从。

《南史》曰：王僧达性好鹰犬。何尚之致仕，复膺朝命，于宅设八关斋，大集朝士，自行香次。至僧达，曰：“愿即且放鹰犬，勿复游猎。”

又曰：齐郁林王即位，未逾旬，多聚飞鹰快犬，以粱肉俸之。

《陈书》曰：侯安都率水军于中流断齐军粮运。又袭秦郡，破徐嗣徽栅，收其家口，得嗣徽所弹琵琶及所养鹰。遣信饷之曰：“昨至弟住处得此，今以相还。”嗣徽等见之，大惧。

《北史》曰：后魏华山郡王澄弟嵩，孝父时，位步兵校尉。大司马安定王休薨，未及卒哭，嵩便游田。帝闻大怒，曰："嵩，大司马薨殂一月，尔便以鹰鹞自娱。有叔父之痛，无犹子之情。损心弃礼，何其太速？便可免官！"

又曰：齐广宁王孙孝珩，好缀文，有技艺。常于厅事壁自画一苍鹰，见者皆以为真。

《三国典略》曰：元坦为冀州刺史，不恤人事，专为聚敛。性好畋渔，无日不出。秋冬猎禽，夏春捕水族，鹰犬常数百头，器网十余车。自云："宁三日不食，不能一日不猎。"

《唐书》曰：太宗初传位，旧苑中有笼鹰，悉断联任去，良犬并解绁放之。

又曰：太宗谓侍臣曰："李大亮可谓忠直矣。朕遣使至其所，见有佳鹰，讽令献朕。大亮因密表责朕云：'陛下久绝田猎，而使者求鹰。若是陛下之意，深乖昔旨；如其自擅，便是任使非人。'朕览表，嘉叹不能自已。有臣若是，朕复何忧？"于是赐之金壶，以彰忠谠。

又曰：源乾曜为京兆尹，仍京师留守。乾曜政存宽简，不严而理。尝有仗内白鹰，因纵逸，遂失所在，上令京兆切捕之。俄于野外获之，其鹰挂于丛棘而死。官吏惧得罪，相顾失色，乾曜徐曰："事有邂逅，死亦常理。主上仁明，当不以此置罪。必其获戾，吾自当之，不须惧也。"遂入，自请失旨之罪，上不问。

又曰：宪宗时，每岁冬以鹰犬出近畿习狩，谓之外按。宣徽院供奉官为其使，领徒数百，恃恩恣横。郡邑惧扰，皆厚礼迎犒之，恣其所便，止舍私邸，百姓畏之如寇盗。

《战国策》曰：唐睢谓秦王曰："要离刺庆忌，苍鹰击于殿上。"

《广志》曰：有雉鹰；有菟鹰，一岁为黄，二岁为抚，三岁为青。胡鹰、获獐出庐江。

《幽明录》曰：楚文王少时好猎。有人献一鹰，文王见之，爪距、神爽殊绝常鹰，故为猎于云梦。置网云布，烟烧张天，毛群羽族争噬竞搏。此鹰轩颈瞪目，远视云际，无搏噬之志。王曰："吾鹰所获以百数，汝鹰曾无奋意，将欺余耶？”献者曰：“若效于雉兔，臣岂敢献？”俄而云际有一物，凝翔鲜白，不辩其形。鹰便竦翮而升，矗若飞电。须臾，羽堕如雪，血下如雨，有大鸟坠地。度其两翅数十里，众莫能识，时有博物君子曰：“此大鹏雏也。”文王乃厚赏之。

《西京杂记》曰：茂陵少年李亨，好驰骏狗逐兽，或以鹰鹞逐兔，皆以为佳名：狗则有修毫、厘睫、白望、青曹之名，鹰则有青翅、草眸、青冥、金距之属，鹞则有从风鹞、孤飞鹞。

《论衡》曰：孔子畏阳虎，却行流汗，阳虎未必色白，孔子未必面青。鹰击雀，鹗啄雁，未必鹰鹗南方，雀雁西方，自以筋力勇壮相胜服也。

秦子曰：虎能雄猛，不可以托麑；鹰能飘击，不可以寄雏。

《物理论》曰：使武士宰民，如使狼牧羊，使鹰养雏也。

焦赣《易林》曰：鹰栖茂树，候雀往来。

《益部耆旧传》曰：广汉冯颢为谒者，逐单于至云中。大将军梁冀遣人求鹰，止晋阳。舍人不避颢，颢收之，使人击鹰而亡也。颢追捕甚急，冀辞乃止。

《古乐府》曰：豹则虎之弟，鹰则鹞之兄。

魏文帝《答繁钦书》曰：商风振条，秦鹰秋吟。斯可谓声协钟石，气应风律。

孙楚《鹰赋》曰：郭延考与余辞，其后从者，鞲二鹰以侍侧。郭，边人也，好弋猎顾眄，心欲自娱乐，请余为赋。曰：“其为相也，疏尾阔臆，高髻圆颅。深目蛾眉，状似愁胡；曲嘴短颈，足若双枯。”

隋魏彦深《鹰赋》曰：唯兹禽之化育，实钟山之所生。资金方之猛气，擅火德之炎精。何虞者之多端？运横罗以羁束。缀轻丝于双脸，结长皮于两足。飞不遂于本情，食不充于所欲。逸翰由其暂敛，雄心为之自局。若乃貌非一体，相乃多途。指重十字，尾贵合卢。立如植木，望似愁胡。嘴同剑利，脚等荆枯。亦有白如散花，赤如点血。大文若锦，细班似缬。眼类明珠，毛犹霜雪。身重若金，爪刚如铁。或复顶平似削，头圆如卵。臆阔颈长，筋粗胫短。翅厚羽劲，髀宽肉缓。求之事用，俱为绝伴。或似鹑头，或似鵄首，赤精黄足，细骨小肘。懒而易惊，奸而难诱。住不可呼，飞不及走。若斯植挡，不如勿有。若夫疾食速消，此则有命。兔颈猴立，是为无病。厕门忌大，结肚恶软。条不欲绝，背不宜喘。生于窟者则好眠，巢于木者则常立。双骹长者则起迟，六翮短者则飞急。毛衣屡改，厥色无常。寅生酉就，总号为黄。二周作鸼，千日成苍。虽曰排虚，性殊众鸟。雌则体大，雄则形小。遇犬则惊猜，得人则驯扰。养雏则少病，野罗则多巧。察之为易，调之实难。格必高迥，屋必华宽。姜以取热，酒以排寒。鞲须温暖，肉不陈干。近人令狎，静之使安。昼不离手，夜便火宿。微加其毛，少减其肉。肌肥骨瘦，心和性熟。念绝云宵，志在驰逐。

鹘

《北齐书》曰：上洛王思宗弟思好，少以骑射事文襄及文宣，受命为左卫将军。本名思孝，天保五年讨贼，文宣悦其骁勇，谓曰："尔击贼如鹘入鸦群，宜思好事。"故改名焉。

《隋书》曰：刘昶，字居士，为太子千牛备身。聚徒任侠，不遵法度。公卿子弟有力雄健者，辄将至家，以车轮括其颈而棒之，殆死能不屈者，称为壮士，释而与交。党与三百人，其矫捷者，号为"饿鹘队"。

《唐书》曰：元和四年，蔼德曷里禄设弭施合蜜里迦可汗，遣使请改"回纥"为"回鹘"，义取回旋轻犍如鹘。

又曰：元和八年，淄青节度使李师道进鹘十二，命还之。

唐杜甫《义鹘行》曰：阴崖二苍鹰，养子黑柏颠。白蛇登其巢，吞噬恣朝餐。雄飞远求食，雌者鸣辛酸。力强不可制，黄口宁半存。其父从西来，翻身入长烟。斯须领健鹘，愤懑寄所宣。斗上捩孤影，无声来九天。修鳞脱远枝，巨颡拆老拳。高空得蹭蹬，短草辞蜿蜒。折尾能一摆，饱肠今已穿。生虽灭众雏，死亦垂千年。物情有报复，快意贵目前。兹实鸷鸟最，急难心炯然。功成失所往，用舍何其贤？近经潏水湄，此事樵夫传。飘萧觉素发，凛欲冲儒冠。人生所与分，亦在顾眄间。聊为《义鹘行》，永激壮士肝。

鹯

《尔雅》曰：晨风，鹯也。郭璞注曰：鹞属。

《孟子》：为丛驱雀者，鹯也；为汤、武驱民者，桀与纣也。

隼

《毛诗》曰：织文鸟章，白旆央央。《笺》云：鸟章，隼之文章，将帅之服。

又曰：鴥彼飞隼，其飞戾天，亦集爰止。隼，急疾之鸟。

《诗义疏》曰：鹞也，齐人谓之击正，或谓之题肩，或曰雀鹰，春化为布谷。此属数种皆为隼。

《周易》曰：公用射隼于高墉之上。

《春秋考异邮》曰：阴阳气贪，故题肩击。宋均注曰：题肩，有爪芒。为阳中阴，故击杀也。

《国语》曰：仲尼在陈，有隼集于陈侯之庭而死，楛矢贯之石砮，其长尺有咫。陈惠公使以隼如仲尼之馆问之，仲尼曰："隼之来也远矣！此肃慎氏之矢也。昔武王克商，通道于九夷八蛮，使各以其方贿来贡，使无忘职业。于是肃慎氏贡楛矢、石砮，其长尺有咫。先王欲昭其令德之致远也，故铭其括曰：'肃慎氏之贡矢'，以分大姬配虞，胡公而封诸陈。古者分同姓，以宝玉展亲也；分异姓，以远方之职贡，使无忘服也。故分陈以肃慎氏之贡。君若使有司求诸故府，其可得也。"使求，得之金椟。

鹞

《说文》曰：鹞，鸷鸟也。

《尔雅》曰：鷣，负雀。郭璞注曰：鷣，鹞也，江东呼为鷣。善捉雀，因名。

《广雅》曰：籁肩、鹬子、笼脱，鹞也。

《广志》曰：鹬子，大如胡燕，色似鹞，食雀。笼脱，击鸠、鹊。

《晋书》曰：王育，京兆人也。太守杜宣命为主簿。俄而宣左迁万年令，杜令王攸诣宣，宣不迎之，攸怒曰："卿往为二千石，吾所敬也。今吾侪耳，何故不见迎？欲以小雀遇我，使畏死鹞也？"

《唐书》曰：武德初，万年县法曹孙伏伽上表，以三事谏。其一曰："陛下贵为天子，富有四海。凡曰蒐狩，须顺四时。陛下二十日龙飞；二十一日有献鹞雏者，此乃前朝之弊风，少年之事务，何忽今日行之？"

又曰：太子承乾与汉王元昌相托附，承乾赐以琵琶、名马，元昌报以鹞子、山鸡。

又曰：太宗得鹞，绝俊异，私自臂之。望见郑公魏征，乃藏于怀。公知之，遂前白事，因语古帝王逸豫，微以讽谏，语久，帝惜鹞且死，而素严敬征，欲尽其言，征语不时尽，鹞死怀中。

又曰：杨德干，高宗朝为万年令。有宦官恃贵宠，放鹞不避人禾稼。德干擒而杖之二十，悉拔其鹞头。宦者涕泣袒背，以示于帝，帝曰："尔情知此汉狞，何须犯他百姓？"竟不之问。

又曰：贞元十四年九月，中书门下奏贺：嵯峨山获白鹞。

《庄子》曰：鹞为鹯，鹯为布谷，布谷复为鹞，此物变也。

《列士传》曰：魏公子无忌方食，有鸠飞入案下。公子使人顾望，见一鹞在屋上飞去。公子乃纵鸠令出，鹞逐而杀之。公子暮为不食，曰："鸠避患归无忌，竟为鹞所得，吾负之。为吾捕得此鹞者，无忌无所爱。"于是左右宣公子慈声旁国。左右捕得鹞三百余头，以奉公子。公子欲尽杀，恐无辜，乃自案剑至其笼上，曰："谁获罪无忌者耶？"一鹞独低头，不敢仰视，乃取杀之，尽放其余。名声布流，天下归焉。

《论衡》曰：儒书称魏公子方欲与客饮，有鹯击鸠，鸠逃公子案下，鹯追杀之于公子之前。公子使人设网捕鹯，得数十，责杀鸠之罪。击鸠之鹯俯头不敢仰视，公子乃杀之。此虚言也。鹯有千数，击鸠飞去，安可复得？或是捕鹯者折其颈也。

《梦书》曰：鹰鹞为攻剽残心也。梦见鹰鹞，忧贼人也。

魏陈王曹植《鹞雀赋》曰：鹞欲取雀，雀自言："雀微贱，身体柴小，肌肉瘠瘦，所得盖少，君欲相啖，实不足饱。”鹞得雀言，初不敢语。“顷来坎坷，资粮乏旅。三日不食，略思死鼠。今日相得，宁复置汝？”雀得鹞言，意甚怔营。性命至重，雀鼠贪生。“君得一食，我命陨倾。皇天是鉴，贤者是听。”鹞得雀言，意甚怛惋。当死弊雀，头如果蒜。不早首服，烈颈大唤。行人闻之，莫不往观。雀得鹞言，意甚不移。目如擘椒，跳萧二翅。“我虽当死，略无可避。”鹞乃置雀，良久方去。二雀相逢，似是公妪。相将入草，共氏一树。仍共本末，辛苦相语。“向者近出，为鹞所捕。赖我番捷，体素便附。说我辩语，千条万句。欺恐舍长，令儿大怖。我之得免，复胜于汝。自今后竟，莫复相妒。”

雕

《毛诗·谷风·四月》曰：匪鹑匪鸢，翰飞戾天。毛曰：鹑，雕也。鸢，贪残之鸟也。

《说文》曰：鹫，黄头赤目，五色皆备。一曰雕。

《汉书》曰：李广为上郡守。匈奴入上郡，武帝使中贵人从广。匈奴射中贵人，广曰：“是必射雕者也。”广射杀二人，生得一人，果射雕者也。

《穆天子传》曰：春山爰有青雕，执犬豕，食鹿。

《列子》曰：周宣王之牧正有役人梁鸯者，能养野禽兽，委食于园庭之内，虽虎狼、雕鹗之类，无不柔者。雌雄在前，孳尾成群，异类杂居，不相搏噬。

《后魏书》曰：秦王幹机悟壮勇，善弓马。太宗出游白登之东北，幹以骑从。有双雕飞于上，太宗命左右射之，莫能中。雕旋飞稍高。幹自请射之，以二箭而下双雕。太宗嘉之，赐御弓矢、金带，以旌其能。军中于是号幹为“落雕都尉”。

《北齐书》曰：斛律光常从世宗于洹桥校猎，见一大鸟云表飞飏，光引弓射之，正中其颈。此鸟形如车轮，旋转而下，至地，乃大雕也。世宗取而观之，深壮异焉。丞相属邢子高见而叹曰：“此射雕手也。”

当时传号“落雕都督”。

《隋书》曰：长孙晟。周宣帝时，突厥摄图请婚于周，以赵王招女妻之。然周与摄图各相夸竞妙，选骁勇以充使者，因遣晟副汝南公文神庆送千金公主于其牙前，后使数十辈，摄图多不礼。见晟而独爱焉，每共游猎，留之竟岁。常有二雕，飞而争肉，因以两箭与晟曰：“请射取之。”晟乃弯弓驰往，遇雕相攫，遂一发而双贯焉。摄图喜，命诸子弟贵人皆亲友，冀昵近之，以学弹射。

鹫

《汉书》曰：匈奴有计入汉地，直张掖郡，直，当也。生奇材箭竿鹫羽。师古曰：大雕也，黄头赤目，其羽可用为箭。

《西域诸国记》曰：耆阇崛山在王舍城北四里。山有两崖，鹫鸟常群居其颠，土人号为“灵鹫山”也。《佛国记》曰：山石头似鹫。阿育王使凿石，假安两翼两脚，今见存。

《林邑国记》曰：西南远界有灵鹫鸟，能知吉凶。觇人将死，食尸，肉尽乃去，家人取骨烧为灰，投之涨海。

鹗

《毛诗》曰：《关雎》，后妃之德也，《风》之始也，所以风化天下而正夫妇也。关关雎鸠，在河之洲。一名王雎，一名雕鹩，江东呼为鹗，食鱼，鸷而有别。

《仓颉解诂》曰：鹗，金啄鸟也。见则天下兵，能击杀獐鹿。

《汉书》曰：邹阳谏吴王曰：“臣闻鸷鸟累百，不如一鹗。”孟康曰：鹗，大雕。

白鷢

《尔雅》曰：扬，白鷢。郭璞注曰：以鹰尾氏白也。

《广雅》曰：白鷢，鹰也。

《说文》曰：白鷢，玉雕也。

崔豹《古今注》曰：扬，白鷢，似鹰，而尾氏白也。亦号为印尾鹰。

《风土记》曰：说《诗》义者，或说雎鸠为白鷢。白鷢，鹯属，于义无取。盖苍鹨，大如白鷢而色苍，其鸣“戛戛”和顺，又游于水而息于洲，常只不双。

太平御览卷第九百二十七 羽族部十四

异鸟

鹏

《庄子》曰：北溟有鱼，其名为鲲。鲲之大，不知几千里。化而为鸟，其名为鹏。鹏背，不知几千里也。怒而飞，翼若垂天之云。是鸟也，海运将徙于南溟。南溟者，天池也。水激三千里，抟扶摇而上者九万里。司马彪注曰：扶摇，上行风。

《晏子》曰：景公谓晏子曰："天有极大物乎？"对曰："有鹏浮游云，背凌苍天，该于天地，漻漻乎不知其翮之所在也。"

《幽明录》曰：楚文王好猎。有一人献一鹰，击鹏雏。事具鹰门。

《异类传》曰：汉武时，西域献黑鹰，得鹏雏，东方朔识之。

《晋书》曰：贾彪《鹏鸟赋序》曰："余览张安世《鷦鷯赋》，以其质微处亵，而陋以远害。愚以为未若大鹏，栖形遐远，自育之全也。此固祸福之机，聊赋之云。"

又曰：阮修《大鹏赞》曰："跄跄大鹏，诞自北溟。假精灵鳞，神化以生。如云之翼，如山之形。海运水击，扶摇上征。"

又曰：习凿齿诣释道安，值众僧斋。众皆舍钵敛衽，唯释道安食不辍。凿齿曰："大鹏从南来，众鸟皆戢翼，何忽冻老鸱，腩腩低头食？"

鹥一名天鸡

《神异经》曰：北海有大鸟，其高千里。头文曰："天"，胸文曰"鸡"，左翼文曰："鹥"，右翼文曰"勤"。左足在海北崖，右足在海南崖。其毛苍，其喙赤，其脚黑，名曰天鸡，一名鹥勤。头向东，止海中央，唯捕鲸鱼，死则北海水流。利不犯触人，不干物。或时举翼飞，其两羽相初，如雷如风，惊动天地。张茂先注曰：北海多鲸鱼，而产子多，北海溢塞。故鸟食此鱼，海水通流。

希有

东方朔《神异经》曰：昆仑铜柱有屋，辟方百丈。上有一鸟，名希有。张左翼覆东王公，右翼覆西王母。西王母一岁再登翼上，之东王公也。其喙赤，目黄如金。其肉苦咸，仙人甘之。

金翅鸟

《符子》曰：齐景公谓晏子曰："寡人既得宝千乘，聚万驷矣。方欲珍悬黎，会金玉，其得之耶？奚若？"晏婴曰："臣闻琬琰之外有鸟焉，曰金翅，民谓为羽豪。其为鸟也，非龙肺不食，非凤血不饮。其食也，常饥而不饱；其饮也，常渴而弗充。生未几何，夭其大年而死。金玉之珍，非乃为君之患也？"

《齐书》曰：初，武帝梦金翅鸟下殿庭，搏食小龙无数，乃飞上天。明帝初，其梦竟验。

意怠

《庄子》曰：东海有鸟，名意怠，进不敢为前，退不敢为后，食不敢先尝，必取其绪，行列不斥，而人不得害，以免于患。

大风

《淮南子》曰：尧使羿缴大风于青丘。大风，鸷鸟，在东方。一云：大风，风伯也。

兼兼

《周书》曰：成王时，巴人献比翼鸟。

《尔雅》曰：南方有比翼鸟焉，不比不飞，其名曰兼兼。郭璞注曰：似凫，青赤色，一目一翼，相得乃飞也。

《山海经》曰：有鸟，其状如凫，一翼一目，相得乃飞，名曰蛮。比翼鸟，色青赤，见则大水。

《史记》曰：管仲说桓公："古之封禅西海，致比翼之鸟。"

《瑞应图》曰：王者德及高远，则比翼鸟至。一本云：王者有孝德则至。

《博物志》曰：崇吾之山有鸟焉，一足一翼一目，相得乃飞，名曰鹣鹲，见则天下大水。

世乐

《临海异物志》曰：世乐鸟，五色，头上有冠，丹喙，赤足。有道则见。

端琦

《说苑》曰：晋平公出朝，其鸟环平公不去。平公顾谓师旷曰："是凤耶？"师旷对曰："东方有鸟，名为端琦，憎鸟而爱狐。令吾君必衣狐裘以朝乎？"平公曰："然。"

青鸟

《山海经》曰：三危之山，有三青鸟居。青鸟，主为西王母取食者，别自栖息于此山。

《纪年》曰：穆王十三年西征，至于青鸟之所解。

《汉武故事》曰：七月七日，上于承华殿斋正中，忽有一青鸟从西方来，集殿前。上问东方朔，朔曰："此西王母欲来也。"有顷，西王母至，有十二青鸟如乌，夹侍王母旁。

又曰：钩弋夫人卒，上为起通灵台。常有一青鸟集台上。

《晋中兴书》曰：颜含嫂病困，须髯蛇胆，不能得。含忧叹累日。忽有一童子持青囊授含，乃蛇胆也。童子化为青鸟飞去。

《神仙传》曰：东陵圣母，广陵海陵人杜氏妻也。学刘纲道，座在立亡。杜公不信，诬言圣母作奸，收付狱，圣母从窗中飞出。于是远近为立庙，甚有神效。常有一青鸟在祭所，人有失物者，青鸟便飞集物上。路无拾遗。

晋郭璞《青鸟赞》曰：山名三危，青鸟所解。涂却昆仑，王母是隶。穆王西征，旅轸斯地。

治鸟

《搜神记》曰：越地深山有鸟，大如鸠，青色，名曰治鸟。穿大树作窠，如五六升器，口径数寸，周饰以土垩，赤白相分，状如射侯。伐木者见此树，即避之。或夜冥不见鸟，亦知人不见己也。鸣曰："咄咄上去"，明日便宜急上去，曰："咄咄下去"，明日便宜急下去。若不便去，但言笑而已，可止伐也；若有秽恶及犯其所止者，则虎害之。白日见其形，鸟形也；夜听其鸣，亦鸟也。时主人形，长三尺，入涧中取石蟹，就人间火炙之。越人谓此越祝之祖。

木客

《异物志》曰：木客鸟，大如鹊。数千百头为群，飞集有度，不与众鸟相厕。人俗云：木客，白黄文者谓之君长，有翼有绶，飞高而正；赤者在前，谓之五伯，居前正；黑者谓之铃下；細色而颓杂者，谓之功曹；左胁有白带、似鞶囊者，谓之主簿；长次君后，其五曹官属各有章色。庐陵郡东有之。

恶鸟

《尔雅》曰：枭，鸱。鸟少美长丑，为流栗。鸱，郭璞注曰：土晟。

《史记》曰：古者，天子常以春祠，黄帝用一枭。如淳曰：汉使东郡送枭。五月五日作枭羹，以赐百官。以其恶鸟，故食之。

《春秋后语》曰：苏代谓魏王曰："独不见夫博之所以贵枭乎？博之坚者为枭。《楚词》云：成枭而牟乎五白。枭，古尧切。便则食，不便则止。今主曰'事始以行，不可更'。是何言欤？王之用智不若枭乎？"王乃止其行。

《后汉书》曰：朱浮与彭宠书，曰："惜乎！弃休令之嘉名，造鸱枭之逆谋。"

《晋书》曰：张重华为石季龙所攻，重华扫境内，使其征南将军裴恒御之。恒壁于广武，欲以持久敝之。张耽举主簿谢艾，兼资文武，必能折冲御侮，歼殄凶类。重华召艾，艾曰："昔耿弇不欲以贼遗君父，黄权愿以万人当寇。乞假臣兵七千，为殿下吞王擢、麻秋等。"重华大悦。以艾为中坚将军，配步骑五千击秋。引师出振武，夜有二枭鸣于牙中，艾曰："枭，邀也。六博得枭者胜，今枭鸣牙中，克敌之兆。"于是进战，大破之，斩首五千级。

又《载记》曰：乞伏乾归略于五溪，有枭集于其手，甚恶之。六年，为兄子公府所弑，并其诸子十余人。

《北史》曰：李元忠性甚工弹。常从文襄入谒魏帝，有枭鸣殿下。文襄命元忠弹之，问得几丸而落，对曰："一丸承大将军意气，两丸足矣。"如其言而落之。

《唐书》曰：有枭晨鸣于张率更庭树，其妻以为不祥，连唾之。文收云："急洒扫，吾当改官。"言未毕，贺者已在门。

《淮南子》曰：白公之啬财，若枭之爱其子也。许慎曰：枭子大，食其母也。

《淮南万毕术》曰：甑瓦止枭鸣。取破甑瓦向抵之，辄自止物相胜，其性耳。

《鲁连子》曰：齐辩士田巴，毁五帝，罪三王，离坚白，合同异，一日服千人。有徐劫者弟子曰鲁仲连，年十二，号"千金驹"，往诣田巴曰："臣闻白刃交前者，不救流矢，急，不暇救援也。今楚军南阳，赵代高唐，燕人十万守聊城，国之危在旦夕，先生奈何不能却者？先生之言，有似枭鸣，出声而人恶之。愿先生勿复言！"田巴曰："谨闻命矣。"

《说苑》曰：齐景公为露寝之台，成而不通焉。柏常骞曰："为台甚急，台成，君何为不通焉？"公曰："然。枭昔鸣。枭鸣者，其声无不为也。吾恶之甚，是以不通焉。"柏常骞曰："臣请禳而去之。"公曰："何具？"对曰："筑新室，为置白茅焉。"公使为室成，置白茅焉。柏常骞夜用事，明日，问公曰："今旦闻枭声乎？"公曰："一鸣而不复闻。"使人往视之，枭当陛布翼伏地而死。

又曰：枭逢鸠，鸠曰："子安之？"枭曰："我将东徙。"鸠曰："何故？"枭曰："一乡皆恶我鸣，故徙也。"鸠曰："更鸣则可；不更鸣，东徙亦恶子之声。"

桓谭《新论》曰：王翁时男子毕康杀其母，诏焚烧其尸，暴其罪于天下。余上封章言："宣帝时，公卿朝会，丞相语次曰：'闻枭生子，长，且食其母，宁然？'有贤者应曰：'但闻乌子反哺耳。'丞相大惭。君子于鸟兽，尚为之讳，况人乎？"

又曰：余前为典乐大夫，有枭鸣于庭树，府中皆惧。余后与典侯争斗，俱坐免。

《说文》曰：枭，不孝鸟也。至日捕枭磔之。

赵壹《解摈赋》曰：甑瓦可以令枭寂。

《岭表录异》曰：北方枭鸣，人家以为怪，共恶之。南中昼夜飞鸣，与乌鹊尾。桂林人罗取，生鬻之；家家养使捕鼠，以为胜狸。

鸮

《礼记·内则》曰：鹄鸮胖。

《毛诗》曰：墓门有梅，有鸮萃止。夫也不良，歌以讯之。

又曰：翩彼飞鸮，集于泮林。食我桑椹，怀我好音。

又《诗义疏》曰：鸮，大如鸠，绿色，恶声鸟也。入人家，凶，贾谊所赋是也。其肉甚美，可为羹臛，又可炙。汉供御物各随其时，唯鸮冬夏施，以美故也。

《庄子》曰：见卵而求时夜，见弹而求鸮炙。

《魏志》曰：夫鸮，天下贱鸟也。及其在林食椹，则怀我好音。

《晋书》曰：王羲之好鸮炙。

《三国典略》曰：齐后主，太上王武成之长子也。母曰胡太后，梦于海上坐玉盆，日入裙下，遂有娠，生于并州。其日有鸮鸣于产帐之上。

盛弘之《荆州记》曰：巫县有鸟，如雌鸡，其名为鸮。

《广志》曰：鸮，楚鸠所生，如驴、巨虚种类，不滋乳也。

鵩

《西京杂记》曰：贾谊有长沙，鵩鸟集其承尘而鸣。长沙俗，以为鵩至人家，主人当死。谊作《鵩鸟赋》，齐死生，等荣辱，以遣忧累焉。

贾谊《鵩鸟赋》曰：谊为长沙王傅，三年，有鵩鸟飞入舍，止于坐隅。鵩似鸮，不祥鸟也。谊既谪居长沙，长沙卑湿，自伤悼，以为寿不长，为赋以自广。

汉太常孔臧，仲尼 之后，以才学知名，作《鸮赋》曰：季夏庚子，思道静居。爰有飞鸮，集我室隅。异物之来，吉凶是符。昔在贾生，有识之士，忌兹鵩鸟，卒用丧已。咨我令考，信道秉直，变怪生家，谓之天神，修德灭邪，化及其邻。

梅陶《鵩鸟赋序》曰：余既遭王敦之难，遂见忌录。居于武昌，其秋，有野鸟入室，感贾谊《鵩鸟》依而作焉。

《神仙传》曰：尹轨，字公度。人有怪鸟，鸣其屋上者，以语公度。公度为一奏符，著鸟鸣处。其夕，鸟伏符下死。

鸲鹆

《尔雅》曰：鵅，鵋鶀。郭璞注曰：江东呼鸺鹠为忌欺，亦曰鸲鹆。音句格。

《纂文》曰：鸺鹠，一名忌欺。白日不见人，夜能食蚤虱也。蚤、爪音相近，俗人云：鸺鹠拾人弃爪，相其吉凶，妄说也。

《博物志》曰：鸺鹠，一名鸱鸺。昼日无所见，夜则目至明。人截爪甲弃露地，此鸟夜至人家拾取爪，分别视之，则知有吉凶。凶者辄便鸣，其家有殃。

《庄子》曰：鸺鹠夜撮蚤，察毫末，昼瞑目不见丘山，殊性也。

《淮南万毕术》曰：鸱鸺致鸟。取鸱鸺，折其大羽，绊其两足，以为媒，张罗其旁，鸟自聚矣。

《南史》曰：侯景入台城，在昭阳殿廊下居处，常有鸺鹠鸟鸣呼。景恶之，使人穷山野捕焉。

《三国典略》曰：侯景矫豫章嗣王栋命禅位于己。将拜受册命，忽有丹嘴鹊集于册书。又夜有鸺鹠鸣于太极殿上。景深以为恶，自控弦伺之。

鸩

《广雅》曰：鸩鸟，雄曰运日，雌曰阴谐。

《东观汉记》曰：公孙述欲征李业为博士，业故不起。乃遣人持鸩，不起，便赐药。业乃饮鸩而死。

《晋中兴书》曰：烈宗诏曰："次飞督王饶，忽上吾鸩鸟一口，云以辟恶。此凶物，岂宜妄进？"于是鞭饶二百，使殿中侍御史孙云临于四衢之道焚烧之。

《晋书》曰：石崇出为南中郎将、荆州刺史、领南蛮校尉，加鹰扬将军。崇在南中得鸩鸟雏，以于后军将军王恺。时制鸩鸟不得过江，为司隶校尉傅祇所纠。诏原之，烧鸩于都街。

《山海经》曰：女几之山、琴鼓之山、玉山、丰山、岷山，其鸟多鸩。郭璞注曰：鸩大如雕，紫绿色，赤喙，食蛇蝮也。

《淮南子》曰：运日知晏，阴谐知雨。

《吴氏本草》曰：运日，一名羽鸩。

《神农本草》曰：鸩生南郡，大毒，入五藏，烂杀人。

鬼车

《荆楚岁时记》曰：正月七日，多鬼车鸟，度家槌门打户，捩狗耳，灭烛灯禳之。《玄中记》云：此鸟名姑获，一名天帝少女。夜游好取人家女人养之，有小儿以血点其衣为验。

《岭表录异》曰：有鸟如鸺鹠，又明鬼车。春夏之间，稍遇阴晦，则飞鸣而过。岭外尤多。爱入人家，铄人魂气。或云九首，曾为犬啮下一首，常滴血。血滴之家，即有凶咎。

《三国典略》曰：齐后园有九头鸟见，色赤似鸭，而九头皆鸣。

《玄中记》曰：姑获鸟，夜飞昼藏，盖鬼神类。衣毛为鸟，脱毛为女人。名为天帝少女，一名夜行游女，一名钓星，一名隐飞鸟。无子，喜取人子，养之以为子。人养小儿，不可露其衣，此鸟度即取儿也。荆州为多。昔豫章男子见田中有六七女人，不知是鸟。扶匐往，先得其所解毛衣，取藏之。即往就诸鸟，各走就毛衣，衣此飞去，一鸟独不得去。男子取以为妇，生三女。其母后使女问父取衣，在积稻下得之，衣之而飞去。后以衣迎三女，三女儿得衣飞去。今谓之鬼车。

不孝鸟

《神异经》曰：不孝鸟，状如人身，犬毛，有齿，猪牙。额上有文曰“不孝”，口下有文曰“不慈”，鼻上有文曰“不道”，左胁有文曰“爱夫”，右胁有文曰“怜妇”。故天立此异鸟，以显忠孝也。

太平御览卷第九百二十八　羽族部十五

众鸟

《异物志》曰：锦鸟，文如丹地锦，而藻缋相交。俗人见其似锦，因谓之锦鸟。形微大于雉。其雌特有文章，五色甚可爱。

《周氏杂字》曰：鸜鸡鸟，似凫。

《风土记》曰：鹕鸏，鹜属。飞则鸣，其翅肃肃者也。

《楚辞》曰：鸿鹄代游曼鹕鸐。曼曼行也。鹕鸐，俊鸟。

《风土记》曰：鹥，鸥也。以名自呼，大如小鸡，生于荷叶上。

《尔雅》曰：鹳鹎，辐蹂也。如鹊，短尾。射之，衔矢射人。郭璞注曰：一名随羿。

《河图说征祥》曰：鸟一足曰独立，见则主勇强也。

《广州记》曰：新宁县有独足鸟，大如鹄，其色苍，其鸣自呼“独足”。

《临海异物志》曰：东垂有一足鸟，俗名曰独足，疑是商羊。文身赤口，唯食虫豸，不害稻粱，鸣如人啸声，将雨转鸣。或曰山噪鸟，昼伏夜翔，或时昼出，则群鸟噪之。

《山海经》曰：有五采之鸟，有冠，名曰狂鸟。

孔融《周岁论》曰：仪凤屯集，狂鸟秽之。

《尔雅》曰：鶨，鵙老。郭璞注曰：鸲鶨也，俗谓之痴鸟。音丑眷切。

《说文》曰：欺老，鶨也。

左思《蜀都赋》曰：鷩鵫山栖。綦毋邃注曰：鷩鵫，鸟名，今如山鸡。其色班，其雏色异。出江东。

《庄子》曰：周周衔羽以济河。司马彪注曰：周周，河土鸟也，头重尾轻，是以衔他鸟羽乃飞过河。人之不可求益于物，以补其所短也。

竺山真《登罗山疏》曰：越王鸟，状似鸢，口句末，可受二升许。南人以为酒器，珍于文螺。不践地，不饮江湖，不唼百草，不饵虫鱼，唯啖木叶。粪似薰陆香，山人遇之，既以为香，又治杂疮。

《南方草物志》曰：有鸟或名越王鸟，大如孔雀。喙长尺八九寸，黄白黑色，状如人画，光饰似漆，莹磨尤益鲜明，多持以饮酒。出交趾九真。

刘欣期《交州记》曰：鹲鶒，黄喙二尺余，南人以为酒爵。

《南越志》曰：鹲鶒，一名越王鸟。

《岭南录异》曰：越王鸟，如乌而颈足长，头有黄冠如杯，用贮水，互相饮食众鸟雏。取其冠，坚致，可为酒杯。

竺法真《登罗山疏》曰：五距鸟，足有重距，其音"先顾"，或谓之先顾鸟。似孔雀，背连钱文。

《游名山记》曰：芙蓉山有异鸟，爱形顾影，不自藏，故为罗者所得，人谓䴔䴖。

《广州记》曰：广宁县有金鸟，纯白，口脚如金，其鸣自呼。

《异物志》曰：鵩鸟，大如雄鸡，色赤或黑，而能鸣。弹射取之，其肉香美，中作炙。

盛弘之《荆州记》曰：鱼复县南山有鸟，时吐物，长数寸，丹朱彪炳，形色类绶，因名吐绶鸟。

又曰：晋太元中，营道令何谐之于县内得一鸟，大如白鹭，膝上及髀有铜环贯之，环大小刻镂如橄榄子，妙绝人工。于时京师皆观之。

《岭表录异》曰：有鸟形如野鹊，翅羽黄绿间错，尾竖两枝，长二尺余，直而不袅。唯尾梢有毛，宛如箭羽，因目之为带箭鸟。

《尔雅》曰：鸟鼠同穴，其鸟为鵌，其鼠为鼵。郭璞注曰：鼠如人家鼠，尾短。鵌如燕而小，色黄黑。穴入地三四尺，鼠在内，鸟在外。今在陇西鸟鼠同穴山。

《临海异物志》曰：江湖海鸟，大于鹳，喙长八寸，潮上即鸣。

又曰：鹧鸹鸟，海鸟也。喙长八寸。天欲风雨，内喙于土中，向风，海师以为候。鸣如啸。

又曰：蜜母，小鸟也，色黑。正月旦，为蜜蜂周行诸山求安处，蜂随之，蜜母暮还入蜂中。

郭璞《蜜蜂赋》曰：大君以总群氏，又协气于零雀。每先驰而葺宇，番严穴之经略。蜜母，一名零雀。

《尔雅》曰：蝎，水狗。

又曰：鸲，头鵁。孙炎曰：鸟鵁也。

又曰：突，鶌鸟。孙炎曰：谷鷵，水鸟。

又曰：鶾，蠡母也。

《广志》曰：蚊母吐蚊，大如鳩。

《岭南异物志》曰：五岭溪山深处有大鸟，如鸧鸛，常吐蚊子，辄从口中飞去，谓之吐蚊鸟。

《说文》曰：鹲，水鸟也。

《南方草物状》曰：孔贵如小母鸡。

《临海异物志》曰：独舂鸟，声似舂声。声多者，五谷伤；声少者，五谷熟。

又曰：契鸟、兰草，占米之贵贱。背回，契其茎。契一度，即斛米百钱；再度二百；未契仍五十。随契多少，以占知之。

《尔雅》曰：鵟，唐屠。郭璞注曰：似乌，苍白色。

《临海异物志》曰：鸕雉鸣声哀。俗云：继母欲嫁，因爨，使人守之，母遂不还，儿因呼母，言鸕雉也。

又曰：游鸟，如鹅大，其色黑，以青丝头系竹竿呼之，即来入手。俗言是东海神所养，不可食也。

《临海异物志》曰：独姑鸟，如隼，其色黑，其鸣如人呼鸡声。

《尔雅》曰：鹨，天籥也。

《南方草物状》曰：金吉鸟，其大如小母鸡。

《临海异物志》曰：有鸟耀仪，名曰苦姑。

又曰：除溪鸟，小如鸲鸽，甚黑。天欲阴雨即鸣，音言“溪渎”。

又曰：祖端端，小鸟。天欲雨即鸣。

《抱朴子》曰：千秋鸟，人面，寿如其名。

《鲁猎萦》曰：南方鸟名曰邦，生而食其翼。

《南方草物状》曰：羽鸟，毛羽青黑色，小于鸠。

俞益期《与韩豫章笺》曰：林邑有鸟，明归飞。

《临海异物志》曰：宾师，形大如鸲鹆，毛正黑色。

《广雅》曰：车摄，鷱礼也。

《山海经》曰：基山有鸟焉，名鹇鸻，食之无卧。

又曰：北海蛇山有五采鸟，飞蔽一乡，名曰翳鸟。

又曰：青丘有鸟，其状如鸠，名曰灌灌。

又曰：祷过之山有鸟，二足三面，名瞿如。

又曰：松果山有鸟，名螐渠。

又曰：上申山，鸟名当扈，状如雉，食之不眴目。

又曰：符遇之山，其鸟名鴖，可以卫火。

又曰：英山有鸟，状如鹑，食之已疠，名曰肥遗。

又曰：宰涂山有鸟，名曰数斯，食之已瘿。

又曰：昆仑山有鸟，名曰钦原，蠚兽则死，蠚木则枯。

又曰：灌题山有鸟，见人则跃，名曰竦斯。

又曰：梁渠之山有鸟，名曰嚣，食之已腹痛，可以止同。治同下也。

又曰：阳山有鸟，自为牝牡，名曰象蛇。

又曰：虒山有鸟，名曰鸰鷅，铃要两音。其鸣自呼，服之不眯。

又曰：丑阳山有鸟，名曰鵙鵌，可以卫火。

又曰：翼望山有鸟，状如乌，三首六尾，其名曰鵸鵌倚余两音服之使人不眯，又以御凶。

又曰：青要山有鸟，名曰鴢音窈，窕挚钌也。状如乌，青身而朱目，赤尾。食之宜子。

又曰：攻离山有鸟，名曰婴勺。其状如鹊，赤喙白身，其尾若勺，似勺形。其鸣自呼。

又曰：鸟名青耕，可以御疫。

又曰：天帝山有鸟，其状如鹑，黑文而赤翁，翁，领下毛。名曰栎，食之已痔。

又曰：翏山有鸟，名鸓音垒，其状如鹊，而两首四足。

又曰：北嚣山有鸟，状如人面，名曰鷽鶋，夜飞而昼伏。

又曰：太行山有鸟焉，其状如鹊，白身赤尾，六足，其名鷾鷾音奔。

又曰：马成山有鸟，状如乌，白首而身青，黄足，其名曰鶌，食之不饥。

又曰：号山有鸟，名寓，状如鼠。

又曰：梦联掷砮有鸟，群居而朋飞，其毛如雌雉，名曰䴔音交或作渴鸟。

又曰：毕张山有鸟，状如雉，而文首、白翼、黄足，名曰白䴓。食之已嗌。

又曰：小侯山有鸟，其状如乌而白文，名曰鸪䴐。姑习两音。

又曰：北号山有鸟，其状如鸡，而白首、鼠足、虎爪，名曰鬿雀，食人。

又曰：羭次山有鸟，状如枭，人面而一足，名曰橐𩇯音肥冬夏蛰，服之不畏雷。

鸟卵

《左传·哀公下》曰：子西曰："胜如卵，余翼而张之。"

《汉书》曰：武帝时，大宛诸国献大鸟卵。应邵曰：如二石瓮。条支国大鸟，卵如瓮。

《魏志》曰：清河令徐孝龙取十三种物着箧中，使管辂射之。先说鸡子，后谓蚕蛹，遂一一名之。

《吴志》曰：孙权太子尝嘲诸葛恪曰："元逊何不食马矢？"恪曰："愿太子食鸡卵。"权曰："人令卿食马矢，卿使人食鸡卵，何也？"恪曰："所出同耳。"权大笑。

《晋书》曰：戴安道少时，取鸡卵汁溲白瓦屑，作郑玄碑文，手刻字，文既绮藻，器亦妙绝。

《唐书》曰：武德中，西蕃突厥叶护可汗遣使贡条支巨卵二。

又曰：贞观二十一年，西蕃吐陆可汗献金卵瓶，鸟壳也。雕刻作禽兽，而涂以黄金。

《山海经》曰：西王母山有泼民国，凤卵是食，甘露是饮。

《韩诗外传》曰：卵之性为雏，不得良鸡大育，积日累久，则不成为雏。

《管子》曰：子夏云："雕卵，然后瀹之，所谓发积藏，散万物。"

《墨子》曰：以他言非吾者，犹以卵投石也。尽天下之卵，石犹不毁也。

《孙卿子》曰：以桀诈桀，则幸；诈尧，譬若以卵投石。

又曰：卵有毛，是说之难持者也，而惠施、邓析能精之。然而长者不贵，非礼义掷晷也。

《淮南子》曰：越鸡不能伏鹤卵。

又曰：雁北向，鹊始加巢，雉鸲呼卵。

《淮南万毕术》曰：艾火令鸡子飞，取鸡子，去其汁，燃艾火，内空卵中，疾风因举之，飞。盐之累卵。取盐涂卵，取他卵置上，即累矣。

《抱朴子》曰：夏后始衰，食凤卵而凤去。如此，则凤有种矣。

扬子《法言》曰：雌之不才，其卵段；段，败也。君乏才，其民野。不屈其意，不累其身。不夷不惠，可否之间。

《神仙传》曰：有人病，就茅君请福。煮鸡子十枚，以内帐中。须臾，茅君悉掷出。其中无黄者，并差；有黄者，不愈。常以此为候。

阮藉《大人先生传》曰：若先生者，以天地如卵耶？小物细人，欲论其长短，议其是非，岂不哀哉！

《博物志》曰：九窍者胎生，八窍者卵生。龟、鼋诸此类，皆卵生而影伏。

《幽明录》曰：桂阳罗君章，二十许，都未有志，不属意学问。常昼寝，梦得一鸟卵，五色杂耀，不势人间物，梦中因取吞之。于是渐有志向，遂更勤学，读九经，以清才闻。

《罗含传》云：吞飞鸟卵。

《吴氏本草》曰：丹鸡卵可作虎珀。

张衡《南郡赋》曰：春卵夏笋。

张孟阳《洛禊赋》曰：浮素卵以蔽水，洒玄醪于中河。

鸟巢

《尚书大传》曰：古人凤皇巢其树，好生恶杀。

《说文》曰：鸟在木上曰巢，在穴曰窠。

《曾子》曰：鹰鹯以太山为下，而增巢其上。

《孙卿子》曰：古之王者，乌鹊之巢可俯窥。

《庄子》曰：古者禽兽多而人民少，于是民皆巢居以避之。昼拾象粟，暮栖木上，故命之曰有巢氏之民。

又曰：鹊上高城之墉，而巢于高枝之颠。城坏，陵风而起。

又曰：至德之君，乌鹊之巢可攀援而窥。

《淮南子》曰：鹊巢知风之所起。言鹊作巢而知风。一实背风也。

陆贾《新语》曰：尧以仁义为巢，舜以稷、卨为枝；秦以刑罚为巢，故有覆巢破卵之患。

太平御览卷第九百二十九　鳞介部一

龙上

《河图》曰：舜以太尉即位，与三公临观。黄龙五采，负图出置舜前，以黄玉为柙，白玉检、黄金绳，黄芝为泥，章曰：“黄帝符玺。”《春秋运斗枢》同。

又曰：黄金千岁生黄龙，青金千岁生青龙，赤金千岁生赤龙，白金千岁生白龙，玄金千岁生玄龙。

又曰：黄龙从雒水出，诣虞舜，鳞甲成字，舜令写之。写竟去。

《星经》曰：东方七宿为苍龙。凡有鳞之类，皆属于木，故龙为鳞虫之长。

《归藏·明夷》曰：昔夏后启土乘龙飞以登于天罼，皋陶占之曰吉。

《周易·乾卦》曰：云行雨施，品物流形，时乘六龙。

又《坤卦》曰：龙战于野，其血玄黄。

又《文言》曰：云从龙。

又《说卦》曰：震为龙。

《易通卦验》曰：立夏，清风至，而龙升天。

《尚书中候》曰：黄龙负卷舒图。

又曰：青龙衔玄图。

《大戴礼·冠》曰：鳞虫三百六十，而龙为之长。

《礼记·礼运》曰：龟龙在宫沼，龙以为畜，故鱼鲔不淰。淰，潜藏也。

《礼含文嘉》曰：龙马金玉，帝王之瑞也。

《左传·昭五》曰：郑大水，龙斗于时门之外洧渊。国人请为禜焉，子产不许，曰：“我斗，龙不我觌也；龙斗，我独何觌焉？禳之，则彼其室也，吾无求于龙，龙亦无求于我。”乃止。

又《昭七》曰：秋，龙见于绛郊。魏献子问于蔡墨曰：“吾闻之，虫莫智于龙，以其不生得也，谓之智，信乎？”对曰：“人实不智，非龙实智。言人实不智而谓之智，非龙智也，乃不智也。古者畜龙，故国有豢龙氏，有御龙氏。”豢，养也。昔有飂叔安，飂，古国也。安，其君名也。有裔子曰董父，裔，远也。玄孙之后为裔也。实甚好龙，能求其嗜欲以饮食之，龙多归之，乃扰畜龙，以服事帝舜，帝赐之姓曰董，氏曰豢龙。故帝舜氏世有畜龙氏。及有夏孔甲扰于有帝，帝赐之乘龙，河、汉各二，各有雌雄。孔甲不能食，而未获豢龙氏。有陶唐氏既衰，其后有刘累，学扰龙于豢龙氏，以事孔甲，能饮食之。夏后嘉之，赐氏曰御龙，以更豕韦之后。龙一雌死，潜醢以食夏后，嘉之。既而使求之，惧而迁于鲁县。“龙，水物也。水官弃矣，故龙不生得。”

《春秋元命苞》曰：龙之言萌也，阴中之阳，故言龙举而云兴。

《史记》曰：昔夏后氏之衰，有神龙二止于夏帝庭而言曰：“余，褒之二君也。”夏帝卜杀之、徙去之与止之，莫吉；卜请其漦而藏之，吉。

又曰：黄帝得土德，黄龙见；夏得木德，青龙止于郊。

《汉书》曰：惠帝二年正月，两龙见兰陵人家井中。

又曰：文帝时，公孙臣以为汉土德，黄龙见；张苍以为水德。至十五年，黄龙见成纪下诏召臣为博士。

《东观汉记》曰：公孙述，有龙出其府殿中，夜有光耀。述以为符瑞，因称尊号，改元曰龙兴。

《后汉书》曰：哀牢夷，其先有妇人，捕鱼水中，触沉木，有孕，生男子十人。沉木化为龙，出水上。九男惊走，一儿不去，背龙，因舐之。后诸儿推为哀牢主。

《魏志》曰：华歆、邴原、管宁三人为友，号曰“一龙”，歆为龙主，原为龙腹，宁为龙尾。

《魏略》曰：文帝欲授禅，郡国奏黄龙十三见。明帝铸铜黄龙，高四丈，置殿前。

《晋书》曰：刘毅为尚书左仆射。时龙见武库井中，帝亲观之，有喜诗。百官将贺，毅独曰：“昔龙降郑时门之外，子产不贺；龙降夏庭，沫流不禁，卜藏其漦；至周幽王，祸衅乃发。《易》称：‘潜龙勿用，阳在下也。'证据旧典，无贺龙之礼。"

又曰：陆机尝饷张华鲊。于时宾客满坐，华发器便曰："此龙肉也。"众未之信。华曰："试以苦酒濯之，必有异。"既而五色光起。机还问鲊主，果云："园中茅积下得一白鱼，质状殊，常以作鲊，过美，故以相献。"

崔鸿《十六国春秋·前燕录》曰：慕容晃十二年夏四月，黑龙一、白龙一见于龙山。晃亲帅群僚观龙，二百余步，祭之以太牢。二龙交首嬉翔，解角而去。晃大悦。还宫殿，赦其境内，号新宫曰"和龙宫"。

《晋书》曰：符生初梦大鱼食蒲。又，长安谣曰："东海大鱼化作龙，男便为王，女为公。问在何所？洛城东。"时符坚为龙骧将军，第在洛门之东。其后果验。

又曰：吕光伐龟兹，军其城南。营外夜有一黑物，大如断堤，摇动，有头角，目光若电。及明，而云雾四周，遂不复见。旦视其处，南北五里，东西三千余步，鳞甲隐地之所昭然犹在。光叹曰："黑龙也。"俄而云起西北，暴雨灭其迹。杜进言于光曰："龙者，兽之君，大人利见之像。《易》曰：见龙在田，德施普也。斯诚明将军道合灵和，德符幽契。愿将军勉之，以成大庆。"光有喜色。

又曰：冯跋弟素弗与从兄万泥及诸少年游于水滨。有一金龙浮水而下，素弗谓万泥曰："颇有见不？"万泥等皆曰："无所见也。"乃取龙而示之，咸以为非常之瑞。

又曰：雷奂子华度襄水，剑跃入水，化为龙。

又曰：初，桓温南州起斋，悉画龙于其上，号曰："盘龙斋"。及玄篡，而刘毅，字希乐，讨玄，玄死于盘龙斋，而毅居之。

沈约《宋书》曰：刘穆之，字道和。尝梦与高祖俱泛海，忽值大风，惊惧，俯视船下，见有二白龙挟舡。既而至一山，峰崿耸秀，林树繁密，意甚悦之。

《宋书》曰：徐羡之常从兄履之为临海乐安县。常行经山中，见黑龙，长丈余，头有角，前两足皆具，无后足，曳尾而行，后文帝立，羡之竟以凶终。

又曰：傅亮率行台迎宜都王。王舟舆发自江陵，中流有黑龙跃出，负王舟，左右失色。王顾长史王昙首曰："此大禹所以受天命，吾何德以堪之？"

《齐书》曰：建武中，荆大风雨，龙入柏斋中，柱壁上有爪足处。刺史萧遥欣恐畏，不敢居也。

又曰：初，武帝梦金翅鸟下殿庭，搏食小龙无数，乃上天。明帝初，宗室多遇害。其梦竟验。

《梁书》曰：武帝郗后素妒忌，及终，化为龙，入于后宫井。通梦于帝，或见形，光彩照灼。帝体将不安，龙辄激水腾涌。于是井上为殿，衣服委积。

《南史》曰：梁江陵城壕中，有龙腾出，焕烂五色，竦跃入云，六七小龙相随飞去。群鱼腾跃，坠死于道。龙出处为窟，若数百斛圌音遄。

《三国典略》曰：陆法和拒任约至安南，入赤亭湖。法和乘轻舟，不介胄，沿流而下，去约军一里乃还。谓将士曰："彼龙睡不动，吾军之龙其能踊跃？若待明日攻之，当不损客而自破贼。"

《陈书》曰：隋师济江，荆州吕肃败后，别师廖世宠领大舫诈降，欲烧隋舰，更决死一战。于是有五黄龙备色象，各长十余丈，骧首连接，顺流而东，风浪大起，云雾晦冥。陈人震骇，不觉火自焚。故隋文下诏，以告郊庙。

又曰：宣帝初在江陵，军主李总与帝有旧，每同游处。帝尝夜被酒，张灯而寐。总适出，寻反，乃见帝是大龙，便惊走他室。

《后魏书》曰：波知国有三池，传云：大池有龙王，次者龙妇，小者龙子。行人设祭乃得过，不祭多遇风雪。

又曰：正元元年，有黑龙如狗，南走宣阳门，跃穿门楼下而出。此魏衰之征也。

《后周书》曰：大象中，荣州有黑龙见，与赤龙斗于汴水之侧，黑龙死。

《隋书》曰：源师初在齐，迁在外兵郎中，又摄祠部属。孟夏，以龙见，请雩。时高阿那肱为相，谓真龙出，大惊喜。问龙何在，师整容报曰："此是龙星初见，依礼当雩祭郊坛，非谓真龙也。"

《唐书》曰：贞观中，汾州言青龙、白龙见。白龙吐物，初在空中，有光如火，至地，陷入二尺。掘之，则玄金也，形圆，斜广尺余，高六七寸。

又曰：先天中，玄宗以旱亲往龙首池祈祷，有赤蛇自池中而出，云雾四布，应时澍雨。

又曰：褚无量，字弘度，杭州盐官人。幼孤贫，励志好学。家近临平湖，湖中有龙斗，倾里闾就观之。无量时年十三，读书晏然不动。及长，精三《礼》与《史记》。

又曰：文宗太和二年，五龙会于密州禅产山之北，次第而至，五方之色具焉，自申及戌而没。

《后唐史》曰：庄宗时，五台僧诚惠自号"降龙师"。帝雅重之，每屈膝施敬，诸王嫔御皆为之拜，诚惠悉倨坐而受之。初，自台山谓帝，镇州王镕不为之礼，诚惠恚怒曰："吾有毒龙五百，岂劳于命一龙揭片石，常山其为沼乎！"逾年，而滹川大溢，败镇之郛。或闻其言，益以为神。繇是帝敬之愈笃。

《周史》曰：徐州丰县民单兴井中龙出，民有母子三人同睹之，即时皆卒。龙既出，澍雨漂沫，城内居民济之以筏，登城以辟水。

《管子》曰：龙被五色而游，故神。欲小则如蚕蠋，欲大则函天地，欲上则陵云，欲沉则伏泉。

又曰：蛟龙，水虫之神者也。乘水则神立，失水则神废。

《墨子》曰：墨子北之齐，遇日者曰："帝于今日杀墨龙于北方，先生色黑，不可以北。"

又曰：帝以甲乙杀青龙于东方，丙丁杀赤龙于南方，庚辛杀白龙于西方，壬癸杀黑龙于北方。若用子言，则禁天下之行也。

《孙卿子》曰：积土成山，风雨兴焉；积水成川，蛟龙生焉。

《庄子》曰：朱泙漫学屠龙于支离益，殚千金之家。三年伎成，而无所用其巧也。

又曰：子张见鲁哀公，哀公不礼，托仆大夫而去，曰："君之好士也，有似叶公子高之好龙也。叶公好龙，室屋雕文尽以写龙。于是天龙闻而下之，窥头于牖，拖尾于堂。叶公见之，弃而还走，失其魂魄，五色无主。是叶公非好龙也，好夫似龙而非真。今君非好士也，好夫似士而非者也。"《新序》又载。

又曰：孔子见老聃，归，三日不谈。弟子问曰："夫子见老聃，亦得何规哉？"孔子曰："吾乃今于是乎见龙，龙合而成体，散而成章，乘乎云气，养乎阴阳。余口张而不能嗋，予又何规老聃哉？"

又曰：河上有家贫恃纬萧而食者，其子没渊得千金之珠，归与其父。其父谓其子曰："取石来，锻破也！夫千金之珠，必在九重之渊，而骊龙颔下。子能得珠者，必遭其睡也。如使骊龙悟，子尚奚微之有哉！"

《韩子》曰：夫龙之为虫，有狎而骑也。然喉下有逆鳞径尺，若婴之则杀人。人主亦有之，说者能无婴人主之逆鳞，则几矣。

《淮南子》曰：人莫欲学御龙，而皆欲学御马；莫欲学治鬼，而皆欲学治人。急所用也。御龙、治鬼，不益世用，故以御马治人为务矣。

又曰：伯益作井，而龙登玄云，神栖昆仑。伯益，夏禹之佐也。初凿井泄地气，以后必漉池而渔。故龙登玄云，神栖昆仑。一曰，龙在黄泉下，恐害及，故去之。知愈多，而德愈薄矣。

又曰：夫螣蛇游雾而腾，龙乘云而举。

又曰：虎啸而谷风生，虎，阴中阳什虅，与风同类。龙举而景云属。龙，阳中阴虫也，与云同类。

又曰：人不见龙之飞举而能高者，风雨之奉也。奉，助也。

又曰：烛龙在雁门北，蔽于委羽之山，不见日。其神人面龙身而无足。不见日，故龙以目照之，盖长千里，视为昼，瞑为夜，吹为冬，呼为夏。

《新言》曰：汉祖骖三龙而乘云路，振长策而驱天下。三龙，人杰。

又曰：龙潜之水，乘云跃鳞。虎啸之声，因风奋烈。达则振缨朝堂，穷则身亲南亩。

《抱朴子》曰：山中辰日称雨师者，龙也。

又曰：西域方士能神祝者，临渊，禹步吹气，龙即出浮。其初出，乃长十数丈。于是方士更吹之，一吹则龙辄一缩，至长数寸，方士乃掇取著壶中。或有四五龙，以少水养之，以疏物塞壶口。于是方士闻有旱处，便赍龙往卖之，一龙直数十斤金，举国会敛以雇之。直毕，乃发壶，出一龙，著渊潭之中，因复禹步吹之，辄一吹一出，长数十丈。须臾，云雨四集。

又曰：有自然之龙，有蛇蠋化成之龙。

又曰：夏时，龙生于太庙之中。

《说苑》曰：吴王欲从民饮酒，伍子胥谏曰："不可。昔白龙下清泠之渊化为鱼，渔者豫且射中其目。白龙上诉天帝，天帝曰：'当是之时，若安置而形白龙？'对曰：'我下清泠之渊，化为鱼。'天帝曰：'鱼固人之所射也。若罪，豫且何罪？'夫白龙，天帝贵畜；豫且，宋国之贱臣也。白龙不化，豫且不射。今弃万乘之位，而从布衣之士饮酒，臣恐其有豫且之患矣。"王乃止。

《吕氏春秋》曰：禹南济江，黄龙负舟。人惧，五色无主。禹笑曰："吾受命于天，竭力以养人，奈何忧于龙？"龙弭耳而走。

又曰：晋文返国，介子推不肯受赏，自为诗赋曰："有龙于飞，周遍天下。五蛇从之，为之承辅。龙反其乡，得其处所。四蛇从之，得其雨露。一蛇羞之，死于中野。"悬书公门而伏山下。文公闻之曰："嘻！此必介子推。"

《家语》曰：鳞虫三百六十，而龙为长。水之怪龙罔象，夏食而冬蛰。

皇甫谧《帝王世纪》曰：太昊包牺氏，风姓，有景龙之瑞，故以龙纪官。

又曰：黄帝采首山铜，铸鼎荆山下。有龙垂胡髯而下迎黄帝。群臣欲从，持龙髯，髯拔，遂堕。

《说文》曰：龙，鳞虫之长。能幽能明，能小能大，能短能长。春分而登天，秋分而入渊。

《山海经》曰：夏后启乘两龙，云盖三层，左手操翳，右手操环。

又曰：钟山之神，名曰烛龙，视为昼，瞑为夜。身长三千里。

《括地图》曰：龙池之山，四方高，中央有池，方七百里，群龙居之。多五花树，群龙食之。去会稽四千里。

《论衡》曰：龙少鱼众，少者为神。

《列仙传》曰：骑龙鸿者，于池中求得龙子，状如守宫，十余头，结草庐而守养之，龙大稍稍去。后五十余年，水坏其庐。一旦，骑龙来，语云："吾，冯伯昌孙也。此间人不去百里当皆死。"信之者皆去，不信者以为妖言。至八月，水出，死者以万计。

又曰：陵阳子明者好钓。钓得白龙，子明解钓。拜谢放之。后数十年，得白鱼，鱼腹中有书，教子明服食，遂上黄山采五石脂、石肺服之。三年，白龙来迎，止陵阳山上百余年。

又曰：马师皇者，黄帝马医。有龙下，垂耳张口，师皇针其唇，饮以甘草汤而愈。后一旦负之而去。

又曰：陶安公者，六安铸冶师也。数行火，一旦散上，紫色冲天，安公伏冶下求哀。须臾，朱雀止冶上曰："安公冶与天通，七月七日迎汝以赤龙。"至期，赤龙来，安公骑之，大雨东南，上而去。

又曰：呼子先者，汉中关下卜师也。老寿百余年，临去，呼酒家老妪曰："急装！当与汝俱。"夜有仙人持二茅狗来呼子先，子先持一与妪，妪得而俱骑，骑乃龙也。上华阴山，尝于山上大呼言："子先、酒母在此耳！"

太平御览卷第九百三十 鳞介部二

龙下

孙氏《瑞应图》曰：黄龙者，神之精、四龙之长也。王者不漉池而鱼，德达深渊，则应气而游池沼。

郦善长《水经注》曰：《浮图澄别传》曰："石虎时，自正月不雨至六月，澄诣滏口祠，稽首曝露。即日，二白龙降于祠下，于是雨遍千里。"

又曰：石勒时天旱，沙门佛图澄于石井岗掘得死龙，长尺余。渍之以水，良久乃苏。咒而祭之，龙腾空而上，天即雨降。因名龙岗。

又曰：交州丹渊有神龙。每旱，村人以岗草置渊上，流鱼则多死。龙怒，当时大雨。

《豫章记》曰：吴猛坐郭璞事被收，寄载往南，令船勿开户。船主闻舡下有声，如在树杪。试窥之，有二龙负船，一兽至宫亭湖，还豫章。

《三秦记》曰：河津，一名龙门，巨灵迹犹存，去长安九百里。水悬船而行，旁有山，水陆不通，龟鱼之属莫能上。江湖大鱼集门下数千，不得上，上即为龙。故云："曝鳃龙门，垂耳辕下。"

又曰：龙首山，长六十里，头入于渭，尾达樊川。头高二十丈，尾渐下，高五、六尺。土赤不毛。云昔有黑龙从山南出饮渭，其行道因成王山，故因名也。

《西河记》曰：张骏立谦光殿成，后池中水有五龙昼日见，移时乃灭。水通变绿色。骏即为铜龙以厌之。骏卒不胜此殿。

《广雅》曰：有鳞曰蛟龙，有翼曰应龙，有角曰虬龙，无角曰螭龙。

《方言》曰：龙未升天曰蟠龙。

《齐谐记》曰：蛟龙畏楝树叶、五色丝。

《汉武帝内传》曰：王母乘紫云之辇，又驾九色之班龙。

葛洪《神仙传》曰：费长房与壶公俱去。后壶公谢而遣之，长房忧不能到家，公与所用竹杖，骑之，忽然如睡，已到家。以所骑竹投葛陂中，顾之，乃青龙也。

《管辂别传》曰：龙者阳精，以潜于阴，幽灵上通，和气感神。二物相扶，故能兴。

《楚国先贤传》曰：宋玉对楚王曰："神龙朝发昆仑之虚，暮宿于孟诸，超腾云汉之表，婉转四渎之里。夫尺泽之鲵，岂能料江海之大哉？"

王子年《拾遗录》曰：方丈山，一名蛮雉山。东有龙场，方千里。有龙，皮骨如山阜，肤血如流水。燕昭王时，以龙膏为灯，光清澄若水，光焰五色，人以为瑞。

沈怀远《南越志》曰：蟠龙，身长四丈，青黑色，赤带如锦文。常随水而下入于海。有毒，伤人即死。

《人物志》曰：龙神不处网罟之水，凤皇不翔罻罗之乡。

《博物志》曰：昔禹平天下，会群臣于会稽之野，防风氏后至，杀之。夏德之盛，二龙降之。禹使范成光御之，以行域外。既周而还至南海，经防风，防风之神见禹使，怒而使射之。有迅雷风雨，二龙升去。二臣恐，以刃自贯其心而死。禹哀之，乃拔其刃，疗以不死之草而皆活，是为穿匈民。

又曰：龙肉，以醢渍之，则文章生。

《异苑》曰：陶侃尝捕鱼，得一织梭，还挂于壁。有顷雷雨，梭变成赤龙，从屋腾跃而去。

任昉《述异记》曰：汉和帝元年，大雨，有一青龙堕于宫中。帝命烹之，赐群臣龙羹各一杯。故李尤《七命》曰："味兼龙羹。"

杨衒之《洛阳伽蓝记》曰：西方乌场国西有池，龙王居之。池边有一寺，五十余僧。龙王每作神变，国王祈请，以金玉珍宝投之池中，在后涌出，令僧取之。此寺衣食恃龙而济世，人名曰龙王寺。

又曰：西方不可依山，甚寒，冬夏积雪。山中有池，毒龙居之。昔五百商人止宿池侧，值龙忿怒，泛杀商人。盘陀王闻之，舍位与子，向乌场国学婆罗门咒。四年之中善得其术，还，复王位，就池咒龙。龙变为人，悔过向王，王乃舍之。

《楚辞》曰：神龙失水而陆居，为蝼蚁之所裁。

蛟

《礼记·月令》曰：季秋，伐蛟取鼍。

《史记》曰：刘媪常息大泽之陂，梦与神遇。是时雷电冥晦，太公往视，则见蛟龙于其上。已而有身，遂产高祖。

《汉书》曰：武帝元封五年，帝自寻阳浮江，亲射蛟江中，获之。

《晋书》曰：周处，字子隐，义兴阳羡人也。父鲂，吴鄱阳太守。处少孤，未弱冠，膂力绝人，好驰骋田猎，不修细行，纵情肆欲，州里患之。处自知为人所恶，乃慨然有改励之志，谓父老曰："今时和岁丰，何苦而不乐耶？"父老叹曰："三害未除，何乐之有？"处曰："何谓也？"答曰："南山白额猛兽，长桥下蛟，并子为三矣。"处曰："若此为患，吾能除之。"父老曰："子若除之，则一郡之大庆，非徒去害而已。"处乃入山射杀猛兽，因投水搏蛟，或浮或沉，行数十里，而处与之俱，经三日三夜。人谓之死，皆相庆贺。处果杀蛟而反。

《家语》曰：竭泽而渔，则蛟不处其渊。

《山海经》曰：蛟，似蛇而四脚，小头细颈，有白婴。大者十数围，卵生，子如一二斛瓮。能吞人。

又曰：祷过山有虎蛟，鱼身蛟尾，音如鸳鸯。

《淮南子》曰：蛟龙寝于泉，而卵剖陵。

又曰：一渊不两蛟，蛟，鱼之长，其皮有珠，今世以为刀剑之口是也。一说，鱼二十斤，霾鬗。一栖不两雄。一则定，两则争。以喻日月不得并明，一国不可两君也。

又曰：流源千里，深渊百刃，非为蛟龙也。

又曰：山致其高，而云雨起焉；水致其深，而蛟龙生焉；君子致其道，而福禄归焉。

又曰：君子之居民上，若以腐索御奔马；雍容恐失民意。若展足薄冰，蛟在其下。蛟，龙属，皮有珠，能害人，故曰蛟在其下。

《孙卿子》曰：积水成川，蛟龙生焉。

《吕氏春秋》曰：前有佽飞者，得宝剑于干将，遂还。及涉江，至于中流，有两蛟夹绕其船。佽飞仗宝剑曰："此中腐骨朽肉也。"赴江刺蛟，杀之。荆王闻之，仕以执圭。

《马明生别传》曰：明生捕贼，为贼所伤。道间见神女，以肘后管中一丸药与服，即愈。随女入岱宗山石室，金床玉几。安期生从六七仙人见神女，称"下官"，请阳九百六之数。神女曰："自顷四海水减，溟湖成山。连城之鲸、万丈之蛟，不达斯运之度。唯叩天索水，辞讼纷纭。有于上府三反，烦于省察，司阴亦疲于谨案矣。"

《西京杂记》曰：瓠子河决，有蛟龙从九子，自决中逆上入河，喷沫流波，凡数十里。

又曰：董仲舒梦蛟龙入怀，乃作《春秋繁露》。

裴渊《广州记》曰：新宁郡东溪甚饶蛟，及时害人。曾于鱼梁上得之，其长丈余，形广如楯，修颈小头，胸前赭，背上青班，胁边若锦。

《寻阳记》曰：城东门通大桥，常有蛟，为百姓害。董奉疏一符与死暑，少时，见一蛟死浮出。

《博物志》曰：澹台子羽赍千金之璧渡河，河伯欲之。阳侯波起，两蛟夹船。子羽左操璧，右操剑，击蛟，皆死。既济，三投璧于河，河伯三跃而归之，子羽毁璧而去。

又曰：荆佽飞度江，两蛟夹其舡。佽飞下剑尽断其头，而风波静。

又曰：东海上有勇士菑丘訢者，过神渊，强使饮马，马沉。訢朝服，拔剑入水，三日三夜，杀二蛟一龙而出。雷电随而击之七日七夜，眇其左目。《韩诗外传》同。

又曰：燕太子丹质于秦，见遣，而为机桥于渭，将杀之。蛟龙夹举机，不得发。

又曰：人食燕肉者，不可入水，为蛟龙所吞。

王子年《拾遗录》曰：汉昭帝常游渭水，使群臣渔钓为乐。时有大夫任绪，钓得白蛟，长三丈，若天蛇，无鳞甲，头有一角，长二尺，软如肉焉，牙如唇外。帝曰："此鱼䲆之类。非珍祥也。"乃命太官为鲊，骨青肉紫，味甚美。帝后思之，使罾者复觅，终不得也。

郭子横《洞冥记》曰：文犀国，去长安万里，在日南之南。人长七尺，被发至踵，乘犀象，以为车船。乘象入海底取宝，宿蛟人之舍，夕得泪珠。则蛟人所泣泪而成珠也，亦曰泣珠。

《续齐谐记》曰：屈原五月五日投汨罗而死，楚人哀之，每至此日，以竹筒贮粉米祭之。汉建武中，长沙区回白日忽见一士人，自称三闾大夫，谓曰："闻君常见祭，甚善。但常年所遗为蛟龙所窃，若今有惠，可以楝叶塞其上，五色丝缚之，此二物是蛟龙所惮。"

《说文》曰：蛟，龙属也。鱼满三千六百岁，蛟为之长，率鱼而飞去。

《幼童传》曰：魏太祖，年十岁，浴于谯水，蛟来逼，自奋水击蛟，乃退，毕浴而还。

王韶之《始兴记》曰：云水源自汤泉，下流多蛟害。厉济者遇之，必笑而没。

盛弘之《荆州记》曰：襄城北沔水极深，有蛟为害。太守邓遐勇果，时人方樊哙，拔剑入水，蛟绕其足，遐自挥剑截蛟数段，流血丹水，自此无害。

刘敬叔《异苑》曰：承阳人李增行经大溪，见两蛟在川，引弓射之，中一即死。增归，因复出市，有一女子素服衔涕，捉所射箭。增怪之，问焉，答曰："何用问为？若是君箭，便以相还。"授矢而灭。增恶而骤返，未达家，暴死于路。

刘义庆《幽明录》曰：晋安帝隆安初，曲阿民谢盛乘船入湖采菱，见一蛟来向船，船回避，蛟又从其后，盛便以叉杀之。惧而还家，经年伍录。至元兴中，普天亢旱，盛与同旅数人步至湖中，见先叉在地，拾取之云："是我叉。"人问其故，具以实对。行数步，乃得心痛，还家一宿便死。

《续搜神记》曰：长沙有人，忘其姓名，家住边江，有女子渚次浣沙，觉身中有异，复不以为患。遂妊身，生三物如鮧鱼，鮧，夷，提二音。甚怜异之，乃着藻盘水中养之。经三月，此物遂大，乃是蛟子。字大者为当洪，次者名破祖，小者名揉岸。天暴雨水，三蛟一时俱出，遂失所在。后天欲雨，此物辄来，女亦知当来，便出望之，蛟子亦出头望母，良久方复去。经年后，女亡。三蛟子至其墓所哭之，经日乃去。闻其哭声，状如狗号。

又曰：安城平都县尹氏，居在郡东十里日黄屯，尹佃舍在焉。元嘉二十三年六月中，尹儿年十三，守舍。见一人可年二十许，骑白马，张伞及从者四人，衣并黄色，从东方而来，于门呼尹儿，来暂寄息。因入舍中，庭下坐床，一人捉伞覆之。尹儿看其衣悉无缝，马五色班，似鳞甲而无毛。有顷，雨气至，此人上马去，顾谓尹儿曰："明日当更来。"尹儿观其去，西行，蹑虚而渐升。须臾，云四合，白昼为之晦暝。明日，大瞬旦出，山谷沸涌，丘壑淼漫，将掩尹舍。忽见大蛟，长三丈余，盘屈庇其舍头焉。

任昉《述异记》曰：夏桀之末，宫中有女子化为龙，不可近，俄而复为妇人，甚丽而食人。桀命为蛟妾，告桀吉凶之事。

《唐明皇杂录》曰：开元中，有黄门奉使，自交广而至，方拜舞于殿下，时国医纪周顾之，谓上曰："此人腹中有蛟龙，明日当产一子，则不可活也。"上惊问黄门曰："有疾否？"曰："臣驰马大庾岭，时当大热，既困且渴，因于路旁饮野水，遂腹中坚痞如石。"周即以消石雄黄煮而饮之，立吐一物，不数寸，其大如指，细视之，鳞甲具备。

《楚辞》曰：麋何食兮庭中？蛟何为兮木上？

螭

《淮南子》曰：乘云车，云雷之车。服应龙，服，辕中也；应龙，有翼之龙。参青虯，青虬，青龙。属绝瑞，席萝图，萝图，车上席也。云黄路，云黄，所乘路车。前白螭，白螭先导。后贲蛇。

《吕氏春秋》曰：季孙氏劫公家，夺公家政事而自专。孔子欲论术则见外，孔子欲以进而见远外。于是受养而便说，孔子欲受其养，而季子便说。鲁国以訾孔子。訾，毁。孔子曰："龙食乎清而游乎清，螭食乎清而游乎浊，鱼食乎浊而游乎浊。今丘上不及龙，下不若鱼，丘螭耶夫？欲立功者，岂得中绳哉？救溺者濡，追逃者趋。"

王子年《拾遗录》曰：昆仑山第三层有螭潭百里，多龙螭，皆白色，千岁一蜕其五藏。此潭左侧有五色后石，云是白螭之肠化为石。

《楚辞》曰：乘水车兮荷盖，驾两龙兮骖螭。

又曰：驾青虬兮骖白螭，吾与重华游兮瑶之圃。

宋玉《高唐赋》曰：乘玉舆兮驷苍螭。

太平御览卷第九百三十一　鳞介部三

龟

《尔雅》曰：龟三尺，贲。今吴兴阳羡县君山上池，池中有六眼龟。龟，俯者灵，行头低。仰者谢。行头仰。前弇诸果，甲前长。后弇诸猎。左倪不类，行头左庳，匠箔东所谓左食者，以甲卜审。右倪不若。行头右庳为右食，甲形皆尔。一曰神龟，龟之最神明。二曰灵龟，涪陵郡出大龟，甲可以卜，缘中文似瑇瑁，俗呼为灵龟，即今觜蠵龟，一名灵蠵，能鸣。蠵，以规切。三曰摄龟，小龟也。腹甲曲折解，能自张闭，好食蛇。江东呼为灵龟也。四曰宝龟，《书》曰：遗我大宝龟。五曰文龟，甲有文彩者。《河图》曰：灵龟负书，丹甲青文。六曰筮龟，常在蓍丛下潜伏，见《龟策传》。七曰山龟，八曰泽龟，九曰水龟，十曰火龟。此皆说龟生之处所。火龟，犹火鼠耳。物有含异气者，不可以常理推，然亦无所怪。

《周易》曰：或益之十朋之龟。

又《说卦》曰：《离》为龟。

《京房易纬》曰：灵蓍，四十九茎，下有千岁神龟守之。

焦赣《易林》曰：龟厌江海，陆行不止，自令枯槁，失其都市。

《尚书·皋陶谟》曰：昆命于元龟。

又《禹贡》曰：九江纳锡大龟。

又曰：宁王遗我大宝龟。文王也。遗我大宝龟，疑则卜之。

《尚书中候》曰：尧沉璧于洛，玄龟负书出，于背甲赤文朱字，止坛场。沉璧于河，黑龟出，赤文题。

又曰：周公摄政七年，制礼作乐。成王观于洛，沉璧，礼毕，王退。有玄龟青纯苍光，背甲刻书，上跻于坛，赤文成字，周公写之。

《雒书》曰：灵龟者，玄文五色，神灵之精也。上隆法天，下方法地。能见存亡，明于吉凶。王者不偏党，尊耆老，则出。

《洪范五行》曰：龟之言久也，千岁而灵，此禽兽而知吉凶者也。

《周礼·天官上·鳖人》曰：春献鳖蜃，秋献龟鱼。

又《春官下·龟人》曰：龟人，掌六龟之属，各有名物：天龟曰灵属，地龟曰纬属，东龟曰果属，西龟曰雷属，南龟曰猎属，北龟曰若属。凡取龟用秋时，攻龟用春时，各以其物入于龟室。六龟各异室也。

《大戴礼》曰：甲之虫三百六十，而神龟为之长。

《礼记·月令》曰：季秋，登龟取鼋。甲类秋乃坚成，故是月登取。

又《学记》曰：青黑缘者，天子之宝龟也。

又《礼运》曰：麟凤龟龙，谓之四灵。

《逸礼》曰：天子龟尺二寸，诸侯八寸，大夫六寸，士民四寸。龟者，阴虫之老也。龟三千岁上，游于卷耳之上，老者先知，故君子举事必考之。

《礼统》曰：神龟之象，上圆法天，下方法地，背上有盘法丘山。玄文交错，以成列宿，五光昭若玄锦文，运转应四时，长尺二寸，明吉凶，不言而信。

《左传·襄二十三年》曰：臧武仲自邾使告臧贾，且致大蔡焉，大蔡，臧文仲所居大龟也。曰："纥不佞，失守宗祧，祧，庙。敢告不吊。言我为人后，不至于道而失守。纥之罪，不及不祀，不祀绝也，言宜有后也。子以大蔡纳，请其可。"请为先人立后，蒲柏可也。贾曰："闻命矣。"再拜受龟。

《公羊传·定公》曰：弓绣质，质，柎。龟青纯。纯，缘。

《春秋运斗枢》曰：瑶光星散为龟。

《史记·龟策传》曰：余至江南，观其行事，问其长老，云龟千岁乃游莲叶之上。江旁人家尝畜龟，饮食之，以为能导引致气，有益于助衰养老，岂不伟哉！

《史记》褚先生曰：能得名龟者，财物归之，家必大富至千万。一曰北斗龟，二曰南辰龟，三曰五星龟，四曰八风龟，五曰二十八宿龟，六曰日月龟，七曰九州龟，八曰玉龟，凡八名龟。龟各有文在腹下。此龟不必满尺二寸，民人得长七八寸可宝矣。神龟出于江中，庐江郡常岁时出，龟长尺二寸者二十枚，输太卜官。太卜官因以吉日剔取其腹下甲。

龟千岁乃满尺二寸。有神龟在江南嘉林中。嘉林者，兽无虎狼，鸟无鸱枭，草无毒螫，野火不及，斧斤不至，是谓嘉林。龟在其中，尝巢于芳莲之上，左胁书文曰："甲子重光，得我者，匹夫为人君，有土正诸侯，得我为帝王。"南方老人用龟支床足，行二十余岁，老人死后移床，龟尚生，能行气导引。

又曰：宋元王二年，江使神龟使于河，至于泉阳，渔者豫且举网得而囚之，置之笼中。夜半，龟来见梦于宋元王，曰："我为江使于河，而网当吾路，泉阳渔者豫且得我，我不能去，身在患中。王有德义，故来告诉。"元王惕然，乃召博士卫平而问之，平曰："龟也。"王求之泉阳，豫且曰："夜半举网得龟。"使者载行入端门，见王延颈而前，三步而止；术颈而却，复其故处。于是元王择日斋戒，以刀剥之。元王之时，卫平相宋，宋国最强，龟之力也。

《魏略》曰：文帝时，神龟出于灵芝池。

《晋书》曰：怀帝永嘉元年，有玉龟出于霸水也。

崔鸿《十六国春秋·前燕录》曰：海出大龟，枯死于平墩。辽东送之，侍郎王弘以为字文允得龟，灭亡之征也。

《晋书》曰：符坚末，高陆人穿井得龟，大三尺，背上有文，象八卦。坚命太卜池养之，食以粟。及死，藏其骨于太庙。是夜，庙丞高虏梦龟谓之曰："我本出将归江南，遭时不遇，殡命秦庭。"又有人梦于虏曰："龟三千六百岁，终必妖兴，亡国之象也。"其后竟验。

又《载记》曰：乞伏国仁，陇西鲜卑人也。昔有如弗斯出连叱卢三部，自漠北南出太阴山，遇一巨虫于路，状若神龟，大如阜。乃杀马而祭之，祝曰："若善神也，便开路；恶神也，遂塞不通。"俄而不见，乃有一小儿在焉。

《南齐书》曰：永明年，唐潜献青毛神龟一头。

《梁书》曰：元帝为江州刺史时，有安成望族刘敬躬者，田间得白蛆，化为金龟。将销之，龟生光照室。敬躬以为神而祷之，所请多验也。

《三国典略》曰：梁陆法和至襄阳城北大树下，画地方二尺，令弟子掘得一龟，长一尺五寸。杖叩之曰："汝欲出此已数百岁，若不遇我，岂见天乎？"日为授三归，龟乃入草去。

《陈书》曰：武宣章皇后母常遇道士，以小龟遗己，光采五色，曰三年有征。及期，后生，紫光照室，因失龟所在。

《隋书》曰：开皇中，掖庭宫每月人来桃宫人。宫司以闻，帝曰："门卫甚严，人何从而入？当是妖精耳。"因戒宫人曰："若逢，但斫之。"其后有物如人，夜来登床，宫人抽刀斫之，若中枯骨，其将落床而走。宫人逐之，因入池而没。明日，帝令涸池，得一龟，径尺余，其上有刀迹。煞之，遂绝。

《唐书》曰：先天二年丁未，江州献灵龟，六眸，腹下有玄文，象卦文。

《梁书》曰：朱女贞末年，诉州献绿毛龟，以为瑞。因宫中造室以居之，目为龟堂。

《晋史》曰：安州李金全之将叛也，郡楼有介虫，如龟而巨鳞，锐首能陷坚。出于金全足下，金全恶而焚之。

《列子》曰：渤海之东有大壑焉，其中有山，无所连著，常随潮波上下往还，不得暂峙焉。仙圣毒之，诉于上帝。帝恐流于西极，失群圣之居，使巨龟十五举首而戴之，迭为三番，六万岁一交焉，五山始峙而不动。龙伯之国有大人，举足而不盈数十步，而暨五山之所，一钓而连六龟，合负而趣归其国，灼其骨以数焉。

《庄子》曰：庄钓于濮水，楚王使大夫往先白焉，曰："愿以境内累子。"庄子持竿不顾，曰："吾闻楚有神龟，死已二千岁矣，巾笥而藏之庙堂之上。此龟者，宁其死留骨而贵乎？宁其生而曳尾涂中乎？"大夫曰："宁生而曳尾涂中。"庄子曰："往矣！吾将曳尾于涂中。"

又曰：宋元君夜半而梦人被发窥阿门，曰："予自宰露之渊，予为清江使河伯之所。渔者余且得予。"元君觉，召占梦者占之，曰："此神龟也。君曰："渔者有余且乎？"左右曰："有。"君曰："令余且会朝。"明日，余且会朝，君曰："若鱼何得？"答曰："且之网得白龟五尺。”君曰：“献若之龟。”龟至，君再欲杀之，再欲活之，心疑。卜之，曰：“杀龟以卜，吉。”乃刳龟以卜，七十二钻而无遗筴。仲尼曰：“神龟能见梦于元君，而不能避豫且之网。智能七十二钻而无遗筴，不能避刳肠之患。”

《淮南子》曰：龟三千岁，蜉蝣不过三日，以蜉蝣而为龟忧养生之具，人必笑之。

又曰：牛蹄、彘颅亦骨也，而弗灼。必问吉凶于龟者，以其历岁久也。

《抱朴子》曰：千岁灵龟，五色具焉。其雄，额上两骨起似角，解人言。浮于莲叶之上，或在丛蓍之下。以采朱浴之，乃剔取其甲，火炙捣服方寸匕，日三尽。一具寿千岁。

又曰：山中辰日称雨师者，龙也；巳日称寡人者，社中蛇也；称时君者，龟也。

又曰：郄俭少时行猎，堕空冢中，饥饿，见冢中有大龟数数回转，所向无常，张口吞气，或俯或仰。素闻龟能导引，乃试随龟所为，遂不复饥。百余日后，竟能咽气断谷。魏王弃置土室中闭试之，一年不食，颜色悦泽，气力自若。

《符子》曰：邦人献燕昭王以大豕者，曰于今百二十岁，邦人谓之豕仙。其群臣言于昭王曰：“是豕无用。”王命宰夫而膳之。豕既死，乃见梦于燕相曰：“今杖君之灵而化吾生也，始得为鲁津之伯，而浮舟者食我以粳粮之珍，而欣君之惠，将报子焉。”后燕相游于鲁津，有赤龟衔夜光而献。

《金楼子》曰：黄金满笥，不以投龟；明珠径寸，岂劳弹雀？

又曰：巨龟在沙屿间，背上生树木，如渊岛。尝有商人依其采薪及作食，龟被灼热，便还海，于是死者数千人。

又曰：阳郡山中有巨龟，长八尺，腹下有文字，前后足下各蹑一龟，有时逾山越水，咸观异之。

《说苑》曰：灵龟五色，色似玉。背阴向阳，上隆象天，下平法地，转运应四时，蛇头龙胆，左精象日，右精象月，知存亡吉凶植典。

又曰：城濮之战，文公谓咎犯曰："吾十战而龟熸音潜，我迎岁，彼背岁；彗星见，彼操蒲苞，我操其标。吾又梦与楚王搏，彼在上，我在下，吾无以战，子以为何如？"咎犯对曰："卜战龟熸，是荆人也；我迎岁，彼背岁，彼去我从之也。"

又曰：晋屠岸贾欲追赵氏。赵盾梦见叔带持龟而哭甚悲，已而笑，拊手且歌。谓赵盾卜之，占兆绝而后好。赵史援占曰："此甚恶，非君之身。"

《国语》曰：夫服，心之文也。如龟焉，灼其中，必文于外。若楚公子不为君必死，不合诸侯矣。

《家语》曰：孔子问漆雕冯子曰："子事臧文仲、武仲及孺子容，此三大夫者，孰为贤乎？"对曰："臧氏家有守龟焉，文仲三年而为一兆，武仲三年而为二兆，孺子容三年而为三兆，冯从此见之；若夫三人之贤与不贤，所未敢识也。"孔子曰："君子哉！漆雕氏之子。其言人之美也，隐而显；言人之过也，微而著。智不能及，明不能见，孰克如之？"

《论衡》曰：龟二百岁，大如钱，游华叶上。三千岁则青边有距。

《山海经》曰：大苦山阳，狂水出焉，注于伊水，中多三足龟。

《星经》曰：天龟五星在南汉中。

《广志》曰：蠵兹维切蠵夷隹切，形如龟，出交州。山龟，在山上，食草，长尺余。

《柳氏龟经》曰：龟一千二百岁，可卜天地之终始。何以言之？三千四十二占，于天地千岁之龟甲，黑龟，有五色时用之。

《神仙传》曰：南极子融即杯咒之，即成龟，煮之可食，腹藏皆具。杯成龟谷，煮取肉，还成杯。

《会稽后贤传》曰：孔愉，字敬康。尝至吴兴余不亭，见人笼龟于路，愉求买而放于溪中。龟行至水，反顾视愉。及封此亭而铸印，龟首回屈，三铸不正，有似昔龟之顾，灵德感应如此。

《华阳国志》曰：秦惠王十二年，张仪、司马错破蜀，克之。仪因筑城，城终颓坏。有一大龟从硐而出，周行旋走。乃依龟行所筑之，乃成。

《古史考》曰：伏羲时，灵龟负河图。八卦是也。

《洛阳记》曰：禹时，有神龟于洛水负文，列于背以受禹。文即治水文也。

《南越志》曰：龟甲名神屋，出南海，生池泽中，吴越谓之元伫。神龟大如拳而色如金，上甲两边如锯齿，爪利而能缘大木，捕鸣蝉，至美可食。不中于卜，以其小故也。

《嵩高山记》曰：千岁松或化为伏龟。

《义兴记》曰：君山庙，其下有池，池中有三足六眼龟。

崔豹《古今注》曰：龟，一名玄衣督邮，一名元绪。

王子年《拾遗录》曰：昆仑山第五层有神龟，长一尺九寸，四翼。万岁则升木而居也，亦能言矣。

郭子横《洞冥记》曰：黄安，代郡人也。常去，自云卑猥，不敢处人间，执鞭，怀而欲书，画地以记其数，一夕地成池矣。明复移，亦复成池。时人谓言：黄安舌耕，年可八十余，视若童子，常服朱砂，举体皆赤，冬不着衣，坐一大神龟。时人问："子坐此龟几年？"对曰："昔伏羲氏始造网罟，有此龟以授吾，龟背已平。此虫畏日月之光，二千岁而一出头，我坐此龟以来，五遇出头矣。"行则负龟而移，世人谓黄安万岁。

《博物志》曰：人有出行坠深泉涧者，无出路，饥饿分死。左右见龟蛇甚多，朝暮引颈向东方，人因伏地学之，遂不复饥，体殊轻便，能登岩岸。经数年，后试竦身举臂，遂超出涧上，即得还家。颜色悦泽，颇更黠惠胜故。还，食谷啖滋味，百余日中复其本质。

又曰：龟三千岁，犹旋卷耳之上；蓍千岁，三百茎同本。以老，知吉凶。

《神异经》曰：西方大荒中有人焉，长丈，其腹围九尺，践龟蛇，载朱鸟，知河海升斛，识山石多少，知天下鸟兽言语。

《续搜神记》曰：司徒蔡谟亲友王蒙者，单独，常为蔡公所怜。公常令人捕鱼，获龟如车轮。公付厨帐下，倒悬龟着屋。蒙其夕才眠即魇，如此累夜。公闻而问蒙何故魇，答云："眠则梦人倒悬己。"公容虑向龟，乃令人视龟所在，果倒悬著屋。公叹曰："果如所度。"命下龟于地。于是蒙即得安寝，龟乃去。

又曰：晋咸康中，豫州刺史毛宝戍邾城。有一军人于武昌市见人卖一白龟子，长四五寸，洁白可爱，宝便买取持归。着瓮中养之，日日大，近欲尺许。其人怜之，持至江边放水中，视其去。后邾城遭石勒败，毛宝弃豫州。既越江，莫不沉溺。宝于时被铠持刀，亦同自投。既入水中，觉如随一石上，水裁至腰，须臾，游去中流。视之，乃是先所养白龟，甲六七尺。既送至东岸，出头视此人，徐游而去，中江犹回首数焉。

又曰：鄱阳县民黄赭，入山采荆杨子，遂迷不知道。数日饥饿，忽见一大龟，赭使咒曰："汝是灵物，吾迷路不知道，今骑汝背，示吾路。"龟即回右胯，赭即从行。去十余里，便至溪水。见贾客行船，赭即往乞食，便语船人云："我向者于溪边见一龟，甚大，可共往取之。"言讫，面即生疮。既往，亦复不槛尻。还家数日，病疮而死。

刘敬叔《异苑》曰：馀姚县仓封印完全，而开之觉大损耗。后伺之，乃是富阳县桓王陵上双石龟所食。即密令毁龟口，于是不复损耗。

又曰：孙权时，永康有人入山遇大龟，即束之归，龟便言曰："游不良，为时君所得。"人甚怪之，载出，欲上吴王。夜泊越里，缆船于大桑树。宵中，树呼龟曰："劳乎？元绪。奚事尔耶？"龟曰："我被拘絷，方见烹臛。虽尽南山之樵，不能溃我。"树曰："诸葛元逊博识，必致相苦令求如我之徒，计从安出？"龟曰："子明无多辞，祸将及尔！"树寂而止。既至，权命煮之，焚柴万车，语犹如故。诸葛恪曰："燃以老叶，乃熟。"献人仍说龟树共言，权登使伐取煮龟，立烂。今烹龟犹多用叶薪，野人故呼龟为元绪。

孔氏《志怪》曰：会稽吏谢宗赴假吴中，独在船。忽有女子，姿性妖婉，来入船，问宗有佳丝否，欲市之。宗因与戏，女渐相容，留在船宿，欢宴继晓。因求宗寄载，宗便许之。自尔，船人恒媳垣闻言笑，兼芬馥气。至一年，往来同宿，窥伺之，不见有人，方知是邪魅，遂共掩之。良久，得一物大如枕。须臾，又得二物，并小如拳。以火视之，乃是三龟。宗悲思数日，方悟，自说此女子，一岁生二男，大者名道愍，小者名道兴。既为龟，送之于江。

《广五行记》曰：晋孝武太元中，吴郡岑泉为司农，造碑于江畔湖西之村。见石龟载碑从田中出，还其先处，萍藻犹在腹下。其月，泉暴亡。

任昉《述异记》曰：陶唐之世，越裳国献千岁神龟，方三尺余。背上有文，皆科斗书，记开辟已来命录之龟历。伏滔《述帝贡月铭》曰：胡书龟历之文。

又曰：周时，城阳雨钱，终日方绝。王莽时，未央宫雨五铢钱，既至地，悉为龟儿。

又曰：龟一千年生毛，寿五千岁谓之神龟。寿万年曰灵龟。

孙惠《龟赋》曰：有辎衣之大夫兮，衣玄绣之衣裳。乘辎车之岌岌兮，驾云雾而翱翔。风雨为之电奋兮，五色赫以焜煌。

李颙《龟赋》曰：质应《离》象，位定《坎》居。贱彼朵颐，贲我灵符。浮洛川，见纬书。洞秘赜，通玄虚。

太平御览卷第九百三十二 鳞介部四

鳖

《易·说卦》曰：《离》为鳖。

《尔雅》曰：鳖三足，能。今吴兴阳羡县君山上有池，池中出三足鳖。

《周书》曰：成王时，长沙献鳖蜃。

《周礼·天官·鳖人》曰：鳖人，掌取玄物，以时藉鱼、鳖、蜃。郑司农注云：藉，谓以杖刺泥中搏取之。春献鳖、蜃。

《礼记·曲礼上》曰：水潦降，不献鱼鳖。不饶多也。

又《乐记》曰：土敝则草木不长，水烦则鱼鳖不大。

《魏略旧志》曰：昔北方有橐离之国者。其王侍婢有身，王欲杀之。婢云："有气如鸡子来下我，故有娠。"后生子，王捐之于溷中，猪以气嘘之；徙马栏，马以气嘘之。王疑之以天子，乃命其母收畜之，名曰东明，常令牧马。东明善射，王恐夺其国，欲杀之。东明走，南至淹水，以弓击水，鱼鳖浮为桥，东明得渡，而鱼鳖解散，追兵不得渡。东明因都王夫馀之地。

《后魏书》曰：夫馀之臣以朱蒙善射，欲杀之。朱蒙母以告，朱蒙与乌引、乌连二人弃夫馀东南走。遇一大水，欲济无梁，蒙告水曰："我是日子、河伯外孙，今逃，追兵垂及，如何？"是鱼鳖并浮，为成桥，朱蒙得渡，追骑不得渡。蒙至绝升骨城，遂居焉。

《隋书》曰：崔弘度每诫其寮吏曰："人当诚恕，无得欺诳。"皆曰："诺。"后常食鳖，侍者八九人，弘度一一问之，曰："鳖美乎？"人惧之，皆云："鳖美。"弘度于是大骂曰："佣奴！何敢诳我？汝初未食鳖，安知其美？"俱杖之八十。官属百工见之，莫不流汗，无敢欺隐。

《孙卿子》曰：跬步不休，跛鳖千里。《淮南子》同。

《庄子》曰：埳井之蛙谓东海鳖曰："吾跳梁井干之上，入沐缺甃之岸，乐亦至矣！子奚不时来入观乎？"海鳖左足未入，而右膝已絷矣，于是逡巡而却，告之曰："夫海，千里之远不足举其大，千仞之高不足极其深。禹时，十年九潦，而水不为加益；汤时，八年七旱，而岸不加损。夫不为须臾推移、不以多少进退者，此亦东海之大乐也。"于是蛙闻之适适然惊，规然自失。

《韩子》曰：郑县人卜子毒妻之市，买鳖以归。过颍水，以为渴，因纵而饮之，遂失鳖。

《淮南子》曰：鳖无耳而目不可以瞥，精于明也。不可以瞥，瞥则见。

又曰：王子庆忌足蹑麋鹿，手缚兕虎；置之冥室之中，不能搏龟鳖，势不便也。庆忌，吴王僚之子也。

又曰：大生小，多生少，天之道也。故丘阜不能生云雨，荥水不能生鱼鳖者，小也。

又曰：杀戎马而求狐狸，援两鳖而失灵龟，断右臂而争一毛，折镆铘而争鸡刀，用智如此，岂足高乎？高犹贵也。

又曰：忠信形于内，感动应于外，故禹执干戚舞于阶之间，而三苗服。三苗畔禹，禹风以礼乐而服也。鹰翔川，鱼鳖沉，禹以德服三苗，犹鹰翔川上，鱼鳖恐，皆深潜。飞鸟扬，鸟见鹰而扬去。必远实也。

《说苑》曰：曾子有疾，曾元抱首，曾华抱足。曾子曰："吾无颜氏之才，何以告汝？虽无能，君子务益。夫华多实少者，天也；言多行少者，人也。夫飞鸟以山为卑而层巢其巅，鱼鳖以渊为浅而穿穴其中，然戍以得者，饵也。君子苟能无以利害身，辱安从至乎？"

《国语》曰：公父文伯饮南宫敬叔酒，以露睹父为客。睹父，曾大夫。客，上客也。羞鳖焉，小，睹父怒，相延食鳖，辞曰："将使鳖长而后食之。"遂出。文伯之母闻之，怒曰："吾闻之先子曰：'祭养尸，飨养上宾。'言祭祠之礼，尊养尸；飨宴之礼，养上宾。鳖于何有而使夫人怒出？"遂逐之五日。

《吕氏春秋》曰：水之深则鱼鳖归之，树之盛则飞鸟归之，庶草美则禽兽归之，人主贤则豪杰归之。

《晏子春秋》曰：齐大旱，景公召群臣问曰："寡人欲祀河伯，可乎？"晏子曰："不可。河伯以水为国，以鱼鳖为民，彼独不欲雨乎？祀之何益？"

《山海经》曰：从山多三足鳖。

顾谭《新语》曰：吴之玩水若鱼鳖。蜀之便山若禽兽。

《神仙传》曰：汝南郡中常有鬼怪，岁辄数出。过时导从威仪如太守，入府打鼓，周行内外，乃还去，甚以为患。后费长房诣府君，而正值此鬼来。到府君门常径入，独此来至门而已，不敢前。欲去，长房厉声呼，便促前来。鬼化作老公，乃下车把板，伏庭中叩头，乞得自改。长房曰："汝死老鬼！不念良善，无故导从，荡突官府，知当死不？复汝真形。"此鬼须臾即成大鳖，如车轮，颈长一丈许。长房复令还就人形，以一札符付之，令送与葛陂君。鬼叩头流涕，持一札符去。使人追视之，至陂边以颈绕株而死。

王子年《拾遗记》曰：容山下有水，多丹鳖、鱼，皆能飞跃。

《星经》曰：天鳖十三星在南斗，主水虫。

《南越志》曰：海中有朱鳖，状如肺，有眼，六脚，而常吐珠，见则天下大旱。

崔豹《古今注》曰：鳖，一名河伯从事。

《博物志》曰：九窍者胎化，八窍者卵生。龟、鳖、鼋，此诸类皆卵生而影伏。

又曰：大腰无雄，龟鳖类也。无雄，与蛇通气则孕。

又曰：鳖锉令如棋，捣赤苋汁和合，厚以茅苞，五六月中作，投于池泽中，经旬，脔脔成鳖。

《志怪》曰：昔有人与奴俱得心腹病，治不能愈。奴死，乃刳腹视之，得一白鳖，赤眼，甚鲜净。以诸药内鳖口中，终不世。后有人乘白马者，马溺溅鳖，缩头藏脚，乃试取马溺灌之，豁然消成水。病者顿饮一升，即愈。

《淮南万异术》曰：青泥杀鳖，得苋复生。

鼋

《礼记·月令》曰：季秋，登龟取鼋。

《左传·宣上》曰：楚人献鼋于郑灵公。公子宋与子家将见，子公之食指动，以示子家，曰："他日我如此，必常异味。"及入，宰夫将解鼋，相视而笑。公问之，子家以告。及食大夫鼋，召子公而弗与也。子公怒，染指于鼎，尝之而出。

《广雅》曰：海鼋，大亩，重千钧。

《续汉书》曰：灵帝时，江夏黄氏之母浴，而化为鼋，入于深渊。其后时时出见。初浴簪一银钗，及见，犹在其首。

《唐史》曰：韦丹少在东洛，尝在中桥，见数百人喧集水滨，乃渔者网得大鼋，系之桥柱，引颈四顾，有求救之意。丹问曰："几钱可赎？"曰："五千。"丹曰："吾驴直三千，可乎？"曰："可。"于是与之，放鼋于水，徒步而归。

《淮南子》曰：桀之力，别觡骨也，伸钓索铁，操金椎，移大戏；大戏，军之大旗。水杀鼋鼍，陆捕熊罴。

又曰：积力之所举，则无不胜也；众智之所为，则无不成也。坎井之所无鼋鼍，隘也；园中之无修木，小也。

又曰：高山险阻，深林丛薄，虎豹之丝戎也，人入之而畏；川谷通原，积水重渊，鼋鼍之所便也，人入之而死。

《魏子》曰：夫树树异风，人人异心，不可以一检量。故鼋鼍得水则生，虎豹得水则死。

《晏子春秋》曰：齐三子争桃，古冶钟曰："吾尝济河，鼋衔左骖而入砥柱流，冶潜行逆流百步，从流九里，得鼋头，鹤跃而出。若冶之功，可以食桃。"

《抱朴子》曰：在头水有大鼋，常在深潭，号为鼋潭，此能作魅行病。吴有道士戴炳者，能视见之。以越章封泥遍掷潭中，良久，有大鼋径长丈余浮出，不敢动，乃格杀之，而病者并愈。又有小黿出，罗列死于渚上，甚多。

《竹书纪年》曰：穆王三十七年，起师至九江，以黿为梁也。

《璅语》曰：范献子猎，占之曰："此繇也，君子得黿，小人遗冠。"献子猎而不得，遗其豹冠。

《列仙传》曰：庐山顶上有湖，湖广数顷，黿鼍盈于死碁。

《博物志》曰：屠黿，解其肌肉，唯肠连于头，而经日不世，犹能啮物。鸟往食之，则为所得。渔者或以张鸟雀。

崔豹《古今注》曰：黿为河伯使者。

《搜神记》曰：齐景公渡于江沅之河，黿衔左骖，没之，众皆惕惧。古冶子于是拔剑从，邪行五里，逆三里，至于砥柱之下，乃黿也。左手持黿头，右手挟左骖，燕跃鹄踊而出，仰天大呼，水逆流三百步，观者皆以为河伯也。

《淮南万毕术》曰：黿暗得火，可以燃铁。取黿杀之，烧铁如炭状，以卒其脂中，铁自燃。烧黿致鳖。取黿烧之，鳖自至。

《楚辞》曰：乘白黿兮逐文鱼。言河伯游戏，近则乘黿也。

宋玉《高唐赋》曰：黿鼍鳣鲔，交积纵横。

鼍

《毛诗·文王灵台》曰：鼍鼓逢逢。

《礼记·月令》曰：季秋之月，伐蛟取鼍。

《说文》曰：鼍，水虫，似蜥蜴，长丈所，从龟单声。

《汲冢周书·王会》曰：会稽以鼍。注：其皮可以冠鼓。

《吴志》曰：孙亮初，公安有白鼍鸣。谣曰："白鼍鸣，龟背平。南郡城中可求生，守死不去义无成。"明年，诸葛恪败，弟融镇公安，被收。融刮金印龟背，一服而死。《江表传》同。

《庄子》曰：孔子观于吕梁，悬水三十仞，流沫三十里，黿鼍不得游。见一丈夫，游之数百步而出。孔子请问曰："有道乎？"丈夫曰：

“吾长于性，成乎命，从水之道而无私焉。”

《吕氏春秋》曰：帝颛顼令飞龙作八风之音，以祭上帝。乃会为乐昌，鼍乃偃寝，以其尾击腹，志其美也。

《搜神记》曰：荥阳张福舡行，夜，有女子乘小舟来投福，云日暮畏虎，不敢夜行。福戏调之，遂就福寝。中夜月照，乃见一白鼍枕福臂而卧，福惊起，鼍便去，乘之舡乃枯槎也。

郭义恭《广志》曰：鼍鱼，长三尺，有四足，高尺余，尾如蝘蜓而大。南方嫁娶，必得食之。魏武赤壁还所掘得之，是也。

支僧《载外国事》曰：私诃条国全道辽山有毗呵罗寺，寺中有石鼍，至有神灵。众僧饮食欲尽，寺奴辄向石鼍作礼，于是食具。

许氏《志怪》曰：沙门竺僧瑶得神符，尤能治邪。广陵王家女病邪，召瑶治之。瑶入门便瞋目大骂：“老魅！不守道，敢于犯人！”女在内大唤云：“人杀我夫！鬼在侧曰：“吾命尽于今，可为痛心！”因歔欷悲啼。又曰：“此神也，不可争。”傍人悉闻。于是化为老鼍，走出中庭，瑶入，扑杀之。

《幽明录》曰：宋高祖永初中，张春为武昌太守。时有嫁女未及升车，忽便失性，出外殴击人，垂云已不乐嫁俗人。巫云是邪魅，乃将女江际，击鼓以术祝治疗。春以为欺惑百姓，制期须得妖魅。后有一青蛇，来到巫所，即以大钉钉头。至日中，复见大龟从江来，伏前，更以赤朱书背作符，更遣入立。至暮，有大白鼍从江中出，乍沉乍浮，向龟随后催逼。鼍自忿死冒来，先入幔，与女辞诀，女恸哭，云失其姻好。自此渐差。或问巫曰：“魅者归于何物？”巫云：“蛇是传通，龟是媒人，鼍是其对。”所获三物悉示春，春始知灵验。

吊

裴氏《广州记》曰：吊，蛇头鼍身，亦水宿，亦水栖，俗谓为吊膏。至轻利，以铜瓦器贮之，浸出，而唯鸡卵盛之，不漏。磨治诸毒肿，绝验也。

太平御览卷第九百三十三 鳞介部五

蛇上

《周易·系辞下》曰：尺蠖之屈，以求信也；龙蛇之蛰，以存身也。

《尔雅》曰：螣，螣蛇。龙类也，能兴云雾而游其中。淮南云蟒蛇。蟒，王蛇。郭璞注曰：蟒，蛇最大者，故曰王蛇。

《左传·庄公》曰：初，内蛇与外蛇斗于郑南门之中，内蛇死。六年而厉公入。

又《文下》曰：有蛇自泉宫出，入于国，如先君之数。自伯禽至僖公十七君。秋八月辛未，声姜薨，毁泉台。鲁人以为蛇妖所出，而声姜薨，故坏之。

又《襄三》曰：叔向母曰："深山大泽，实生龙蛇。"

又《襄五》曰：梓慎曰："今兹宋、郑其饥乎？蛇乘龙。"蛇，玄武之宿，虚危之星。

《史记》曰：秦文公梦黄蛇自天下属地，其口出于鄜衍。文公问史敦，敦曰："此上帝之征，君其祠之。"于是作鄜峙。

《汉书》曰：高祖以亭长送徒骊山，夜行，经丰西大泽中，有大蛇当道，拔剑斩之，遂行。后人至者，见一老妪哭蛇，曰："此白帝子也，向赤帝子过而杀之。"媪因忽然不复见。

《后汉书》曰：华佗常行道，见有病咽塞者，咽，喉也。因语之曰："向见道隅卖饼人，萍齑甚酸，可取三升饮之，病自当去。"即如他言，乃立吐一蛇。

《晋书》曰：杜预，先在荆州，因宴集，醉卧斋中。外人闻呕吐声，窃窥于户，而见一大蛇垂头而吐。闻者异之。

又曰：乐广常有亲客，久阙不复来。广问其故，答曰："前在坐，蒙赐酒，方欲饮，见杯中有蛇，意甚恶之，既饮而疾。"于时河南厅事壁上角漆画作蛇，广意杯中蛇即角影也。复置酒其处，谓客曰："酒中复有所见不？”答曰：“所见如初。”广乃告其所以，客豁然而解，沉疴顿愈。

又曰：赵王伦篡位，殿上有大蟒及小蟒，耳间垂肉，似重孝帻，小蟒亦然。

又曰：慕容熙游于城南，止大柳树下，若有人呼曰：“大王且止。”熙恶之，伐其树。乃有蛇，长丈余，从树中而出。

又曰：沮渠蒙逊攻浩亹，而蛇盘于帐前。蒙逊笑曰：“前为一腾蛇，今盘在吾帐。天意欲吾回师。”先定酒泉，烧攻具而还。

沈约《宋书》曰：刘秀之，少孤贫，有志操。十许岁时，与诸儿戏于前渚，忽有大蛇来，势甚猛，莫不颠沛惊呼；秀之独不动，众并异焉。

《南史》曰：梁主衣库见黑蛇，长丈许，数十小蛇随之，举头高丈余，南望，俄失所在。帝又与宫人幸玄州苑，复见大蛇盘屈于道，群小蛇绕之，并黑色。帝恶之，宫人曰：“此非怪也，恐是钱龙。”帝敕所司即日取数十万钱镇于蛇处，以厌之。因设法会，赦囚徒，赈穷乏，退居栖心省。又有蛇从屋坠落帝帽上，忽然便失。又龙光殿上所御肩舆，复见小蛇萦屈舆中，以头驾夹膝前金龙头上，见人走，逐之不及。

《梁书》曰：倭国有兽如牛，名山鼠，又有大蛇吞此兽。蛇皮坚不可斫，其上有孔，乍开乍闭，时或有光。射中之，蛇则死矣。

《陈书》曰：后主末年，昏淫政乱。秘书监传縡上书谏诤，后主逼令自尽。死后，有恶蛇上屋来灵床当前，受祭酹而去。复来百有余日，时有弹指声。俄而陈灭。

《后魏书》曰：东魏孝静帝武定中，有大蛇见武牢城上。时北豫州刺史高仲蜜以武牢叛，死者数千人。后司马消难之任武牢，蛇又见，消难亦叛。土人谓之雌龙。

《隋书》曰：炀帝大业末年，翟让初见李密，衣在格上，密腰带化为赤蛇，让心异之，竟为密所杀。

又曰：薛濬初为童儿时，与宗中诸儿游戏于涧滨。见一黄蛇，有角及足。召群儿共视，了无见者。濬以为不祥，归而忧悴。母逼而问之，濬以实对。时有胡僧诣宅乞食，母怖而告之，僧曰：“此乃儿之吉应。

且是儿也，早有名位，然寿不过六七耳。”言终而出，忽然不见，时咸异之。既而寿终于四十二，六七之言于是验矣。

又曰：李密据偃师，王世充领兵讨之。夜有班蛇长丈余，向寝屋作声，如牛吼，执仗者斩之。明日战大溃，匹马归国。

《唐书》曰：太宗屯柏壁，常欲觇敌，潜军远抄，骑皆四散。太宗与一甲士登丘而睡，俄而贼兵四面云合，不之觉也。会有蛇逐鼠，触甲士惊起，因见贼至，遽白太宗而惧上马，驰百余步，为贼所及，发大羽箭射之，殪其骁将，贼骑乃退。当时以为神异焉。

又曰：建中三年，赵州宁晋县仁孝里沙北，有棠树甚茂，百姓祷之为神。忽有群蛇数千，自东南来，趋北岸集棠树下为二积，留居南岸者为一积。俄有三龟，径寸，绕行积旁，积蛇尽死，而后各登其积。野人以告，蛇腹皆有疮，若矢所中。

又曰：元和中，五坊小使每群聚于卖酒食家，肆情饮啖。将去，留蛇一箧，诫之曰：“吾以此蛇致供奉鸟雀，可善饲之，无使饥渴。”主人赂而谢之，方肯携蛇箧而去。

又曰：李朝晟为邠州刺史，城方渠无水，师徒嚣然。遽有青蛇乘高而下，视其迹，水随而流。朝晟令筑防环之，遂为停泉，军人仰饮以足。图其事上闻，诏致祠焉。

又曰：罽宾国有鼠，喙尖而尾赤，能食蛇。有被蛇螫者，鼠辄嗅而尿之，其疮立愈。

《后唐史》曰：清泰三年春，有蛇、鼠斗于狮子门外，而鼠杀蛇。

《晋史》曰：高祖即位之前一年，岁在乙未，邺西李固桥下，鼠与蛇斗。及日之中，蛇不胜而死。行人观者志之，后唐果灭于申。

《周史》曰：太祖常寝，柴后见五色小蛇入颧鼻间，心异之，知其必贵，敬奉愈厚。

《战国策》曰：昭阳为楚伐魏，覆军杀将，移师攻齐。陈轸为齐王使，见昭阳曰：“楚有祠者，赐其舍人酒一卮。卮，酒器也，受四升。卮，章移切。舍人相谓曰：‘数人饮之不足，一人饮之有余。请各画地为蛇，蛇先成者饮酒。’一人先成，引酒且饮之，乃左手持卮，右手画蛇曰：‘吾能为之足。’为足未成，一人蛇后成，夺其卮，曰：‘蛇故无足，子安能为之足？’遂饮其酒，为蛇足者终亡其酒。今公攻魏，破军杀将，又将移师攻齐，齐畏公甚。战胜不知止，犹为蛇足。”昭阳解军而归。

《孙子兵法》曰：善用兵者，譬如率然。率然，常山之蛇也。击其首则尾至，击其尾则首至；击其中身，则首尾俱至。

《慎子》曰：腾蛇游雾，飞龙乘云。云罢雾散，与蚯蚓同。

《韩子》曰：昔黄帝合鬼神于西太山，作为青角，虎狼在前，虫蛇伏后。

又曰：蟮似蛇而蚕似蠋，人见蛇则惊骇，见蠋则毛起；渔者持蟮，妇人拾蚕，利之所在，皆为贲、诸。

又曰：鸱夷子皮事田成子。成子去齐，亡之燕，鸱夷子皮负传而从。至望邑，曰：“子独不闻涸泽之蛇乎？泽涸将徙，有小蛇谓大蛇曰：‘大蛇行而小蛇随之，人以为蛇之行者耳，必有杀钟。子不如相衔负我，以行人必以我为神也。’乃相负，越公道而行，人皆避之。今子美而我恶，以子为我上客，一乘之君也；以子为我使者，万乘之卿也。不如为我舍人。”田成子负传而随之。至逆旅，君待之甚敬，因献酒肉。

《淮南子》曰：越人得蚺蛇，以为上肴；中国得而弃之，无用。蚺蛇，大蛇也，其长数丈。

又曰：牺牛骍毛宜于牲，其象以致雨，不若黑戾。黑戾，黑色，蛇属也。戾潜于水，神像，能致雨也。

又曰：神蛇能断而复属，而不能使人勿断也。

又曰：昔容成氏之时，道路雁作行而处，容成，黄帝时造历上。记婴儿于巢上，致余粮于亩首，虎豹可尾，蛇虺可蹶。

又曰：虎豹不可使缘木，蝮蛇不可以安足。

《淮南万毕术》曰：乌喙蛇肝，病作不苦。取乌喙、蛇肝各等，治和丸如梧桐实。欲作，吞一丸，人不倦矣。

《抱朴子》曰：巳日山中称寡人者，社中蛇也。

又曰：或问隐居山泽，治蛇蝮之道，曰："昔员丘多大蛇，又生好药。黄帝揭趍焉，广成子教之佩雄黄而蛇去也。今带武都雄黄色如鸡冠者五两，以入山林，则不畏蛇。蛇若中人，以少许雄黄末傅之疮中，登愈。"

又曰：蛇类虽多，唯有蛇蝮，中人至急，一日不治则杀人。若不晓方术，而为此蛇所中者，但以刀割疮肉投地，其肉沸如火，须臾焦尽，而人得活也。

《山海经》曰：泰华山有蛇，名曰肥遗，六足四翼，见则天下大旱。

又曰：巴蛇吞象，三岁而出骨。君子服之，已心腹之疾。今南方蚺蛇吞鹿，已烂，自绞于树，腹中骨皆穿鳞甲间出，此类也。

又曰：大同之山有蛇，名曰长蛇，其毛如彘毫，其音如鼓柝。如鼓人击柝身。音吒。

又曰：鳞山多鸣蛇，其状如蛇，四翼，音如磬，见则大旱。

又曰：黑齿人，为人黑齿。有蛇一赤一青在其傍。

又曰：雨师为人，黑手，各操一蛇。

《星经》曰：腾蛇二十二星在室北，近河，主虫蛇。

《说苑》曰：齐景公猎，上山见虎，下泽见蛇。问晏子曰："此不祥耶？"曰："有贤不知，知而不用，用而不任，此不祥耳；山是虎室，泽是蛇窟，何不祥乎？"

《新序》曰：太子申生至灵台，蛇绕左轮。御曰："速得国之祥。"太子遂不返，伏剑而死。

《贾谊书》曰：晋文公出田，前驱还白："前有大蛇，其高如堤，横道而处。"文公曰："还车而归。"其御曰："臣闻祥则迎之，妖则凌之。今前有妖，请攻之。"公曰："不可。吾闻天子梦恶则修道，诸侯梦恶则修政，大夫梦恶则修身，善是则祸不至。今我有失行而天戒以妖。我若攻之，是逆天令也。"乃归。斋宿而请于庙，退而修政。居三日，梦天诛蛇，曰："尔何敢当圣君之路！"文公觉，令人视之，蛇已鱼烂矣。《新序》同。

又曰：孙叔敖之为儿，出游还，忧而不食。其母问其故，泣而对曰："今旦见两头之蛇，恐死。"母问曰："今蛇安在？"曰："闻见两头蛇者死，恐他人复见之，已杀而埋之。"母曰："无忧，汝不死矣。吾闻之，有阴德者，天报以福。"《新序》同。

《列仙传》曰：玄俗者，自言河间人，饵巴豆、云母，卖药于都市，七丸一丸，治百病。河间王病，买服之，下蛇十余头。

郦善长《水经注》曰：南乡故城城南外，旧有郡社柏树，大三十围，萧欣为郡，伐之，言有大蛇从树腹中坠下，大数十围，长三丈，小蛇数十随之，入南山，声如风雨。伐树之前，见梦于欣，欣不以厝意。及伐之，少日果死。

又曰：汉水又东，合洛水。水有二源，合注鳖于神蛇戍西。左右山溪多五色蛇，性驯良，不为物毒。

又曰：交州山多大蛇，名曰蚺蛇，长十丈，围七八尺。常在树上伺鹿兽，鹿兽过便低头绕之，有顷鹿死。先濡令湿，讫，便合头角啖之，骨背诵薮出。山夷始见蛇不动时，便以大竹签签蛇头至尾，杀而食之，以为珍异。故杨氏《南裔异物志》曰："蚺唯大蛇，既洪且长。采色驳荦，其文锦章。食灰吞鹿，腴成养创。宾享嘉宴，是豆是觞。"言其养疮之时，肪腴甚肥。

太平御览卷第九百三十四 鳞介部六

蛇下

《风俗通》曰：车骑将军巴郡冯绲，字鸿卿。为议郎，发绶笥，有二赤蛇，可长三尺，分南北诌，大用忧怖。许李山孙宪得先人秘要，绲请使卜，云："君后三岁当为边将，东地四五千里，官以东为名。"后五年，为大将军南征。此吉祥也。

《蜀王本纪》曰：秦王知蜀王好色，乃献美女五人。蜀王遣五丁迎女还梓潼，见一大蛇入山穴中，一丁引其尾不能出，五丁共引蛇，山崩，压五丁。

《玄中记》曰：东海有蛇丘之地，众蛇居之，无人民。多神蛇，或人头而蛇身。

又曰：昆仑西北有山，周回三万里。巨蛇长万里。蛇常居此山，饮食沧海。

《陈留风俗传》曰：小黄县者，宋地，故阳武东黄乡也，因黄水以名县。沛公起兵野战，丧皇妣于黄乡。天下平定，乃遣使者以梓宫招魂幽野。于是丹蛇在水自洗濯，入于梓宫。其浴有遗发，故谥曰"昭灵夫人"。

雷次宗《豫章记》曰：永嘉末，有大蛇长十余丈断道，经过者辄以气吸引取之。吞噬已百数，行旅断道。道士吴猛与弟子数人往欲杀蛇，蛇藏深穴不肯出。猛符南昌社公，蛇乃出穴，头高数丈。猛于尾缘背，而以足按蛇头著地，弟子于后以斧杀之。

裴渊《广州记》曰：晋兴郡蚺蛇岭，去路侧五六里，忽有一物，大百围，长数十丈，行者过视，则往而不返。积年如此，失人甚多。董奉从交州出，由此峤，见之大惊，云："此蛇也。"住行旅，施符敕。经宿往看，蛇已死矣。左右白骨积聚成丘。

邓德明《南康记》曰：南野巘山有汉太傅陈蕃冢墓，西岸有庙，今曰宫渚。昔值军乱，闻墓有三宝，军人争掘，指麾必启。忽大蛇围绕坟前，崩雷晦雨，当时竟不得发。

宋永初《山川记》曰：兴古郡有大蛇名青葱，有大蛇名赤颈。

又曰：柴垟县有飞蛇。

《外国图》曰：圆丘有不世树，食之乃寿；有赤泉，饮之不老。有大蛇，多为人害，不可得居。帝游圆丘，以雄黄精厌大蛇。

郭子横《洞冥记》曰：蛇巩出涂云国。有青灵蛇产珠，色光白，如琼琰之类。

《博物志》曰：蝮蛇秋月毒盛，无所螫，啮草木以泄其气，草木即死。樵采设为此草木所伤刺者，亦杀人。

又曰：地三年种蜀黍，其后七年有蛇。

《广志》曰：永昌郡有歧尾蛇。

又曰：蝮蛇与土色相乱，长三四尺，其中人以牙历之，裁断皮出血，则身尽痛，九窍血出而死。

《列异传》曰：寿光侯者，汉章帝时人，劾百鬼众魅。有妇为魅所病，侯劾得大蛇。又有大树，人止之者死，鸟过亦死。侯劾树，树夏枯，有蛇长七八丈，悬而死。

《搜神记》曰：鲁定公元年，有九蛇绕柱。占，以为九世庙不祀，乃立炀宫。

又曰：隋侯行，见大蛇伤，救而治之。其后蛇衔珠以报之。

又曰：窦武母代武而并蛇，蛇送之林中。后母卒，及葬未定，有大蛇自榛草而出，赴丧所，以头击柩，涕血，顷而去。时人知为窦氏之祥。

又曰：宋元嘉中，广州有三人共入山中伐木，忽见石巢中有三卵，大如升，便取煮之。汤始热，便闻林中如风雨声。须臾，有一蛇大十围，长四五丈，径来，于汤中衔卵而去。三人无几皆死。

又曰：秦瞻居曲阿彭皇野，忽有物如蛇，突入其脑中。蛇来，先闻臭死气，便于鼻中入，盘其头中，觉泓泓冷，闻其脑间食声咂咂，数日而出。去寻复来，取手巾急缚口鼻，亦被入。积年无他病，唯患头重。

《异苑》曰：太元中，汝南人伐竹，见一竹中央蛇形已成，上枝叶如故。吴郡桐庐民尝伐余遗竹，见一宿竿成雉，头颈尽就，身犹未成。此亦竹为蛇，蛇为雉也。

又曰：薪野苏卷，常与奴婢居野舍。每至饭时，辄有一物来，其状似蛇，长七八尺，五色光鲜，卷异而饴之。遂经数载，产业加焉。奴后密打杀，即得能食病，日进三斛饭，犹不为饱，少时而死。

又曰：丹阳锺忠，以元嘉冬月晨行。见有一蛇，长二尺许，文色似青琉璃，头有双角，白如玉。忠感而畜之，于是资业日登。经年，蛇自亡去，忠及二子相继殒毙。此蛇来吉去凶，其唯龙乎？

又曰：鲁国中牟县象山上有寺庙，今民欲架室者，辄见大蛇数十丈，出来惊人，故莫得安焉。

周景式《庐山记》曰：安侯世高者，安息国太子，与友人共出家学道。友人好恚怒，死受蟒报，为此宫亭庙神。世高于广州为人所杀，还生安息国，复为王子。年二十，又弃国入吴之宫亭，泊船过呼友人，与语。友人身长数十丈，见世高，向之胡语，竟各分去。暮有一少年上世高船，跪受咒愿，因忽不见。世高语同船人曰："向少年即此庙神也，得离恶形矣。"蟒既见世高，从山南过，死山北，今柴桑民所居蛇里是也。

《幽冥录》曰：会稽谢祖之妇初育一男，又生一蛇，长二尺许，便径出门去。后数十年，妇以老终，祖忽闻西北有风雨之声。顷之，见一蛇长十数丈，腹可十余围，入户，绕灵坐，因至柩所。绕数匝，以头打柩，目血泪俱出，良久而去。

又曰：会稽郡吏鄮音懋县薛重得假还家，夜户闭，闻妻床氏有丈夫眠声。唤妻久，妻从床氏出，未及开户，重持刀便逆问妻曰："醉人是谁？"妻大惊愕，因苦自申明实无人意。重家唯有一户，搜索了无所见，见一大蛇，隐在床脚，酒臭。重便斩蛇寸断，掷于后沟。经数日而妇死；又数日而重卒死，经三日复生。说始死，有人桎将重到一官府，见官寮，问："何以杀人？"重曰："实不曾行凶。"曰："寸断掷在后沟，此是何物？"重曰："此是蛇，非人。"府君愕然而悟曰："我当用为神而敢淫人妇，又妄讼人！”敕左右召来，吏卒乃领一人来，着平巾帻，具诘其淫妻之过，将付狱。重乃令人送还。

《广五行记》曰：晋吴兴太守袁玄瑛常之官，请郭璞筮吉凶，璞曰：“至官当有赤蛇为妖，不可杀之。”后到府，果有赤蛇在铜虎符函上蟠，玄瑛家人挝杀之。其后玄瑛为徐馥所害。

又曰：晋安帝义熙末年，殷仲文年十三，父亡。家有大怪，有大蛇长丈，或戴其堂屋，或拔其炊釜置地，家人弃舍奔散，唯仲文居丧如故。然仲文后竟为宋高祖所戮。

又曰：陈时，吴兴顾楷在田，上树取桑叶，见五尺大蛇入一小穴，其从蛇相次，或三尺、或五尺，次第相随，略有数百。楷急下树，看所入之处，了不见有一孔。日暮还家，楷病，口哑不复得语。

又曰：东光人东方飞龙病甚，梦化为大黑蛇，以告其妻。既死，有大黑蛇入室上栋间，飞龙诸子将杀之，其母曰：“此是尔父。”诸子不用母言，遂杀之。既日暴雨，诸子皆震而死柩前。

唐景龙《文馆记》曰：兴庆池者，长安城东隅形势之地也，中多王侯第宅。天后初，有居人王纯掘地，获黄金百斤，致富。官司闻之，密加搜获。纯惧，投于井中。县官窥之，见双赤蛇仰首张吻，遂不敢入。纯以此金当为已，复入井取之，还见赤蛇赫然蟠屈，纯惧而出。其夜井水涌溢，渐成此池，可广百余顷。

《岭表录异》曰：南土有金蛇，亦名锡蛇，又名地鳝，州土出，黔中桂州亦有，即不及黔南者。其蛇粗如大指，长一尺许，鳞甲上有金银，解毒之功不下吉利也。

又曰：蚺蛇，大者五六丈，围四五尺；以次者亦不下三四丈，围亦称是。身有班文，如故锦缬。俚人云：“春夏多于山林中，等鹿过则衔之，自尾而吞，唯头角碍于口。即深入林树间阁其首，伺鹿坏头角坠地，鹿身方咽入腹。如此后，蛇极羸弱，及其鹿消，壮俊悦怿，勇健于未食鹿者。”或云：“一年则食一鹿。”

又曰：两头蛇，岭外多此类。时有如小指大者，长尺余，腹下鳞红，背锦文，一头有口、眼，一头似头而无口、眼。云两头俱能进退，亦缪也。昔孙叔敖见之不祥，乃杀而瘗之，恐他人见复受其祸。南人见之为常，其祸安在?

《吴氏本草经》曰：蛇脱，一名龙子单衣，一名弓皮，一名蛇附，一名蛇筋，一名龙皮，一名龙单衣。

《楚辞》曰：蝮蛇蓁蓁，封孤千里。

傅玄《神蛇铭》曰：嘉兹蛇灵，断而能续。飞不须翼，行不假足。

杨雄《客难》曰：独不见翠蛇绛螭之将登天乎？必耸身于苍梧之渊，阶浮云翼疾风而上。

虺

《毛诗·鸿雁·斯干》曰：唯虺唯蛇，女子之祥。

《国语》曰：吴伐越，越王请盟，吴王将许之。申胥曰：“不可许。大夫种勇以善谋，将还玩吴国于股掌之上；婉辞顺志，虺而弗锉为蛇，将若之何？”吴王不听，乃许盟。

《搜神记》曰：陈留阮士禹伤于虺，不忍其痛，数嗅其疮，已而虺藏于鼻中。

任昉《述异记》曰：虺五百年化为蛟，蛟千年化为龙，龙五百年而为角龙，又千年为应龙。

《楚辞》曰：雄虺九首，倏忽焉在?

孔融《答路粹书》曰：朱彭寇贾之徒，当世壮士，恶相攻，能为国患，轻薄劣弱者如两虺相啮，适足还灾其身，诚无所至。

太平御览卷第九百三十五 鳞介部七

鱼上

《星经》曰：天鱼一星在尾后河中，星明，则河海出大鱼。

《周易·姤卦》曰：包有鱼，义不及宾也。

又《中橼》曰：豚鱼吉，信及豚鱼也。

又《明象》曰：筌者，所以在鱼，得鱼而忘筌也。

《毛诗》曰：《潜》，季冬荐鱼，春献鲔也。冬，鱼之性定。春，鲔新来，宜荐。

又《鱼藻》曰：鱼在在藻，有颁其首。毛云：颁，大首貌也。

《礼记·曲礼》曰：凡登宗庙，槁鱼曰商祭，鲜鱼曰脡祭。

《尚书·益稷》曰：曁鸟兽鱼鳖咸若。注：微物咸顺之。

《左传·昭玄》曰：刘子曰："善哉！禹功明德远矣。微禹，吾其鱼乎？"

又《昭玄》曰：鱼盐蜃蛤，弗加于海。

《春秋运斗枢》曰：四方烦扰，小民失恩，虎衔鱼。

《尔雅》曰：鱼有力者徽。强大多力者。音晖。鱼枕谓之丁，枕在鱼头骨中，形似篆书丁字，可作印。鱼肠谓之乙，鱼尾谓之丙。此皆似篆书字，因以名焉。《礼记》曰：鱼去乙。然则鱼之骨体，尽似丙丁之属，因形名之。

《史记·周本纪》曰：武王渡河，中流，白鱼跃入船中，武王俯取以燎之。

《汉书》曰：陈胜、吴广为屯长，领兵戍渔阳，举大计，威兵士。以丹书帛曰"陈胜王"，置所罾入鱼腹中，兵买鱼见书。

《东观汉记》曰：世祖率邓禹等击王郎横野将军刘奉，大破之。上过禹营，禹进炙鱼，上飧啖，劳勉士吏，威严甚厉。众皆窃言："刘公真天人也！"

谢承《后汉书》曰：会稽陈嚣，少时于郭外水边捕鱼，人有盗取之者，嚣见，避之草中，追以鱼遗之，盗惭不受。自是无复盗其鱼。

《后汉书》曰：羊续为南阳太守，府丞常献其生鱼，续受而悬于庭。丞后又进之，续乃出所悬者，以杜其意。

《魏志》曰：黄初六年，帝东征吴，文德郭后留谯。时后从兄弟欲遏水取鱼，后曰："今奉车所不足，岂此鱼乎？"

《吴志》曰：孙权时，谣云："宁饮建邺水，不食武昌鱼。宁还建邺死，不止武昌居。"

《晋书》曰：王延性仁孝。继母卜氏尝盛冬思生鱼，敕延求而不获，杖之流血。延寻汾叩陵而哭，忽有一鱼长五尺跃出水上，延取之以进母。卜氏食之，积日不尽，于是心悟，抚延如己生。

又曰：五部单于左贤王刘豹妻呼延氏，魏嘉平祈子于龙门。俄而有一大鱼，顶有二角，轩鳍跃鳞，而至祭所，久之而去。巫觋皆异之，曰："此嘉祥也。"其夜，梦旦所见鱼变为人，左手把一物，大如半鸡子，光景非常，授呼延曰："此是日精，服之生贵子。"寤而告豹，豹曰："吉征也。"自是十三月而生玄海。

又曰：钱塘杜子恭有秘术。尝就人借瓜刀，其主求之，恭曰："当即相还耳。"既而刀主至嘉兴，有鱼跃入船中，破鱼得瓜刀。

又曰：吴隐之为广州刺史。帐下人进鱼，每剔去骨存肉。隐之觉其用意，罚而黜焉。

《宋书》曰：王弘之性好钓。上虞江有一处名三石头，弘之常垂纶于此。经过者不识之，或问："鱼师得鱼，卖不？"弘之曰："亦不得，得亦不卖。"日夕载鱼入上虞郭，经亲故，各以一两头置门而去。

沈约《宋书》曰：明帝太始二年，幸华林园天渊池，白鱼跃入御舟。

《齐书》曰：中兴元年，义师下。未至竟陵三十里，鱼长三尺跃入御船中。

《梁书》曰：张昭，字德明，幼有孝性。父漠常患消渴，嗜鲜鱼。昭乃身自结网捕鱼，以供朝夕。

又曰：王固尝聘魏，因晏飨昆明池。魏人以南人嗜鱼，大设罟网。

固以佛法咒之，遂一鳞不获。

崔鸿《十六国春秋·前凉录》曰：金城太守胡勗叛，张轨遣都护宗毅、治中令狐浏讨之。济河中流，白鱼入船。浏曰："鱼鳞物，虏必解甲归我矣。"勗请降，轨宥之。

《后魏书》曰：高祖幸清徽堂，因之流化池。高祖曰："此池中亦有佳鱼。"任城王澄曰："此所谓'鱼在在藻，有颁其首'。"高祖曰："且取'王在灵沼，于牣鱼跃'"。

《北史》曰：陆政性至孝。其母吴人，好食鱼。北土鱼少，政求之，常苦难得。后宅忽有泉出而鱼，遂得以供膳。时人因谓其泉为孝泉。

《隋书》曰：虞孝仁性奢华。常以骆驼负函，盛水养鱼而自给。

又曰：大业中，纳言杨达言：于辽水造御舟，有白鱼跃入舟内。

又曰：乞伏慧为潭、桂二州总管。其俗轻剽，慧躬行朴素以矫之，风化大洽。曾见人以簺音赛捕鱼者，出绢买而放之。

《唐书》曰：真腊国地饶瘴疠毒蠚音适，海中大鱼半出，望之如山。

又曰：太宗幸蒲州，刺史赵元楷课父老服黄纱单衣迎谒路左；又潜饲羊百余口，鱼数百头，将馈贵戚。太宗知而数之。

又曰：太宗观渔于西宫，见鱼跃焉。问其故，渔者曰："此当乳也。"于是中网而止。

又曰：开元二十一年，衢州获鱼有铭，献之。侍中裴光庭等奏曰："鱼龙为图，河洛所出。比之盛明，彼何足云？"

又曰：吐蕃国，在吐谷浑西界，其春夏军粮资海鱼以给之。

《国语》曰：周文太子发耆鲍鱼，太公为其傅，曰："鲍鱼不登俎豆，岂有非礼而可养太子？"

《老子》曰：鱼不可脱于渊，国之利器不可以示人。

《文子》曰：川广者鱼大，山高者兽修。故鱼不可以无饵钓，兽不可以空器召。

又曰：因所贵而贵之，物无不贵；因所贱而贱之，物无不贱。故不放鱼于木，沉鸟于渊。

《邓析书》曰：夫水浊则无掉尾之鱼，政苛则无逸乐之士。

《列子》曰：八纮之北有溟海，鱼广千里，其长称焉。

《孟子》曰：有馈生鱼于子产，子产使校人畜之池，反命曰："始舍之圉圉焉，少则洋洋焉。"子产曰："得其所哉！"校人曰："孰谓子产智？吾既烹而食之矣。"

又曰：故为渊敺鱼者，獭也；为丛敺雀者，鹯也。

《鲁连子》曰：古善渔者宿沙习子。使鱼生于山，则虽十宿沙不得一鱼焉。宿沙非暗于鱼道者，彼山非鱼之所生也。

《庄子》曰：泉涸，鱼相与处于陆，相呴以湿，相濡以沫；不如相忘于江湖也。

又曰：庄子与惠子游于濠梁之上。庄子曰："鯈出游从容，是鱼之乐也。"惠子曰："子非鱼，安知鱼之乐？"庄子曰："子非我，安知我不知鱼之乐也？"

又曰：吞舟之鱼，荡而失水，则蝼蚁能制之。故鸟飞不厌高，鱼鳖不厌深。

又曰：朽爪化为鱼，物之变也。

又曰：任公子蹲会稽钓东海，期年，而大鱼食之。公子得若鱼，淅河以东，苍梧以北，无不厌若鱼者。

又曰：井鱼不可语海，夏虫不可语冰。

《符子》曰：太公涓钓于隐溪，五十有六而未尝得一鱼。鲁连子闻而观焉，太公涓跽而隐崖，不饵而钓，仰咏俯吟，暮则释竿。其膝所处之石皆若臼，其跗触崖若路。鲁连曰："钓所本以在鱼，无鱼何钓？"太公曰："不见康王父之钓耶？念蓬莱，钓巨海，摧岸投纶五百年矣，未尝得一鱼；方吾，犹一朝耳！"

《顾子》曰：昔宋人临万仞之渊，钓数寸之鳞。鱼将食钓，不知膝之自进有顷，堕而死，利能诱也。

《韩子》曰：公仪休相鲁而嗜鱼，一邦皆争买鱼而献之。公仪子不受，曰："夫唯嗜鱼，固不受也。"

《淮南子》曰：夫水浊则鱼噞，政苛则民乱。

又曰：火上寻，水下流。故鸟动而高，鱼动而下。

又曰：上求材，臣残木；上求鱼，臣干谷。

又曰：欲致鱼者先通水，欲致鸟者先树木。水积而鱼聚，木茂而鸟集。

又曰：林中不卖薪，湖上不鬻鱼，有所余也。

又曰：俎之先生鱼，豆之先泰羹，此皆不快于耳目，不适于口腹，而先王贵之，先本后末也。

又曰：使叶落者风摇之，使水浊者鱼挠之。

又曰：惠子从车百乘，以过孟诸，庄子见之而弃余鱼。疾惠子故也。

又曰：月者，阴之宗，是以月毁则鱼脑减。

又曰：楚王亡其猿，而林木为之残；猿捷躁，依木而处，故残林以求之。宋君亡其珠，而池鱼为之殚。殚，尽也。

又曰：为鱼德者，非挈而入渊；为猿赐者，非负而缘木。纵其所之而已。

又曰：畜池鱼者，必去猵音编。獭；养禽兽者，必去豺狼。

又曰：临河羡鱼，不若归家织网。羡，愿也。

又曰：争鱼者濡，逐兽者趋，非乐之也。故至言去言，至为无为。

又曰：故天之且风，草木未动而鸟已翔矣。鸟巢知风也。其且雨也，阴曀未集而鱼已噞矣。鱼潜知雨也。

又曰：耀蝉者务在明其火，钓鱼者务在芳其饵。明其火者，所以耀而致之也；芳其饵者，所以诱而利之也。

又曰：季子治亶父三年，季子，子贱。而巫马期衣短褐，易容貌，往观化焉。易服而往，微以视之也。见夜渔者，释之，巫马期问焉，曰："凡子所为鱼者，欲得也。今得而释之，何也？"渔者对曰："季子不欲人取小鱼也。所得者，小鱼，是以释之。"巫马期归以报孔子，曰："季子之德至矣！"

《抱朴子》曰：取一把礜丸，内一活鱼口，与无药者俱投沸膏中。

猛火之上，其衔药者浮戏，浼溺不世。

又曰：丹阳水有丹鱼。先夏至十日夜伺之，鱼先浮水侧，赤光上照。取此鱼血以涂足，可以步行水上。

《金楼子》曰：专诸学炙鱼，香闻数里。王僚索鱼炙，专诸持一利刚刀，藏着鱼腹中。

《晏子春秋》曰：景公射质堂上，唱善者一口。弦章入，公曰："吾失晏子，未常闻吾不善。"章曰："臣闻君好臣服、君嗜臣食。尺蠖食黄身黄，食苍身苍，君其食谄人言乎？"公曰："善。"赐弦章鱼五十乘。弦章归，鱼车塞途。章抚其仆曰："曩之唱'善者'，皆欲此鱼也。"固辞不受。

《战国策》曰：靖郭君将城薛，齐人有请一言者。靖郭君见之，趋进曰："海大鱼。"因反走。君使更言之，曰："海大鱼，网不能止，钓不能牵。荡而失水，则蝼蚁得意。今齐，亦君之水也。"靖郭君乃止。

又曰：魏王与龙阳君共船而钓。龙阳君得十余鱼而涕下，曰："臣之始得鱼也，臣甚嘉之。后得大者，令臣且欲弃前所得者。今以臣之凶恶也，而得为王拂枕席。夫四海之内，其美人亦甚多，闻臣之得幸于王也，毕褰裳而趋。王视臣亦曩臣之所弃鱼也。"王于是令："四境之内，有敢言美人者，族！"

《家语》曰：孔子之楚，有渔者献鱼，孔子不受。渔者曰："天暑市远，无所鬻之。思虑弃之粪壤，不若献之君子。"孔子乃再拜而受，扫地祭之。

《吕氏春秋》曰：竭泽而渔，岂不得鱼？而明年无鱼；焚薮而畋，岂不得兽？而明年无兽。

又曰：善钓者，出鱼于十仞之下，饵香也；善弋者，下鸟于百仞之上，弓良也。

又曰：宋桓司马有宝珠，抵罪出亡。宋王问珠之所在，曰："投之池中。"于是竭池取珠，鱼皆死矣。

《吴越春秋》曰：越王既栖会稽，范蠡等曰："臣窃见会稽之山，有鱼池上下二处，水中有三江四渎之流，九溪六谷之广。上池宜于君王，下池宜于民臣。畜鱼三年，其利可以致千万，越国当富盈。”

《新序》曰：楚人有献鱼于楚王者，曰：“今日渔获，食之不尽，卖之不售，弃之又惜，故来献之。”左右曰：“鄙哉！辞也。”楚王曰：“子不知，渔者仁人也。盖闻囷仓粟有余者，国有饥民；后宫多幽女者，下民多旷夫；余衍之蓄聚于府库者，境内多贫乏之民。皆失君之道。故庖有肥肉，厩有肥马，民有饥色，亡国之君藏于府库。寡人闻之久矣，未能行也。渔者知之，其以喻寡人也，且今行之矣。”于是乃遣使恤鳏寡。故渔者献余鱼而楚国赖之。

《风俗通》曰：城门失火，祸及池中鱼。俗说：池中，渔人姓字，居近城门，城失火，延及其家。谨案：《百家书》：“宋城门失火，因汲取池中水以沃灌之，池水空竭，鱼悉露死。”喻恶之滋并中伤善类也。

又曰：伯鱼之生，适有馈孔子鱼者，嘉以为瑞，故名鲤，字伯鱼。

《论衡》曰：钓者刻木为鱼，丹漆其身，迎水浮之，水动，作鱼似真，真鱼并来会聚。土龙之象，何必不能致雨耶？

又曰：彭蠡之滨，以鱼食犬。

《颜氏家训》曰：山中人不信有大鱼大如木，海上人不信有大木大如鱼。

又曰：江陵高伟，随颜之推入齐地，凡数年，向幽州淀中捕鱼。后病，见群鱼啮之而死。

《三辅故事》曰：武帝作昆明池，学水战法。后昭帝小，不能复征讨。于池中养鱼以给诸陵祠，余付长安市，鱼乃贱。

《先贤传》曰：蔡君仲，至孝。母丧，居墓侧，天且下神鱼四头，置墓前以祭。

萧广济《孝子传》曰：巴郡杜孝后在成都，母喜食生鱼。孝于官得生鲜，截竹筒盛鱼一头置江中。妻得之，笑曰：“是我婿寄。”乃以进母。

又曰：陈玄，陈太子也。后母谮之陈侯，令自投辽水，鱼负之以出。玄曰：“我罪人也，故求死耳。”鱼乃去。

《西京杂记》曰：昆明池刻石为鱼。每雷雨，鱼尝鸣吼，鳍尾皆动。汉代祈雨，往往有验。

又曰：昔人有东海游者，随风浪莫知所之。一日一夜得一孤洲，共侣欢然，下石植缆，登洲煮食。食未熟而洲没，住船者斫缆，船复飘荡。向者孤洲，大鱼也，怒棹杨鳍，吹波吐浪，去疾风云。在"洲"上死者十余人。

《神仙传》曰：葛玄见卖大鱼者，玄谓曰："暂烦此鱼到河伯处。"鱼主曰："鱼已死。"玄曰："无苦。"乃以丹书纸内鱼口中，掷水中，有顷，鱼还跃上岸，得书青黑如木叶。又与吴王坐楼上，见作请雨社人，玄曰："雨易得耳。"即书符着社中，一时之间，大雨流潦。帝曰："水中可有鱼乎？"玄复书符掷水中，须臾，有大鱼数百头，使人治食之。

《水经》曰：鱼复溪中有鱼，其头似羊，丰肉少骨，美于余鱼。

又曰：扶南国有鲜色鱼，黑色，身长五丈，头如马首。伺人入水，便来为害。

《广志》曰：武阳小鱼，大如针，号一斤千头。蜀人以为酱。

太平御览卷第九百三十六 鳞介部八

鱼下

辛氏《三秦记》曰：昆明池，人钓鱼，纶绝而去，梦于汉武求去其钩。明日游戏于池，见大鱼衔索，帝曰："昨所梦也。"取而去之。帝后得明珠。

《玄中记》曰：东方之东海，有大鱼焉。行海者一日逢鱼头，七日遇尾。其产，则三百里水为血。

《永嘉郡记》曰：青田溪，冬天水热如汤，众鱼归之，名鱼仓。

《三齐记》曰：青城山，始皇祭此山，筑石城，入海三十里射鱼，水四里变赤如血，于今犹尔。

盛弘之《荆州记》曰：长沙湖乡连水边有石鱼，形若鲤，相重沓如云母，炙之作鱼脯。

《林邑国记》曰：飞鱼翼如蝉，飞则凌云，沉泳海底。

王子年《拾遗录》曰：瀛洲，一名魂洲，亦曰环洲。有洞渊，广千里。有鱼，身长千丈，鳞色兰，遍鼻有角，时鼓舞戏。或有远而望者，见水间有五色云，上就而视之，乃此鱼喷水为云也。

又曰：夏鲧治水无功，沉于羽渊，化为玄鱼，大千丈。后遂死，横于河海之间。后世圣人以鱼为神化之物，以"玄"字合于"鱼"为"鮌"字。

崔豹《古今注》曰：水君，状如人，乘马，众鱼导从，一名鱼伯，大水有之。汉末，有人于河际见之，人马皆有鳞甲，如大鲤鱼，但手足别，耳、目、鼻与人不殊。见人良久，入水而没。

《博物志》曰：吴王江行，食脍有余，弃之江中流，化而为鱼。今江中有名吴王余鲙鱼者，长四寸，大者如箸，犹作鲙形。

《岭南异物志》曰：南方常晴，望海中，二山如黛。海人云："去岸两厢各六百里，一旦暴风雷，雾露皆腥，杂以泥涎，七日方已。”属有人从山来，说云：“大鱼因鸣吼吹沫，其一鳃挂山巅七日，山为之折，不能去，鸣声为雷，气为风，涎沫为雾。”

又曰：海中所生鱼蜃，置阴处有光，初见之以为怪异。土人尝推其义，盖咸水所生，海水中遇阴晦，波如燃火满海，以物击之，迸散如星。

《岭表录异》曰：新泷等州山田，拣荒平处，以锄锹开为町畽。伺春雨，丘中贮水，即先买鲩鱼子散于田内。一二年后，鱼儿长大，食草根并尽，既为熟田，又收鱼利。乃种稻，且无稗草，乃齐民之上术也。

《异苑》曰：永嘉有人断水捕鱼，宰牲祈祭，了无所获，将弃罢之。其夕，梦见老公云：“诸君何不少停？”夜闻豚声，惊起共看，乃是大鱼，锉以为鲊，顿得百薄。故因以百薄为濑水。

《述异记》曰：桓冲为江州，遣人周行庐山，见一湖中有赤鳞鱼。使者欲饮水，鱼张鳍向之，乃不敢饮。

又曰：关中有金鱼神。云周平王二年，十旬不雨，遣祭天神，俄而生涌泉，鱼跃出而降雨。

《幽明录》曰：成彪兄丧，哀悼结气，昼夜哭泣。后钓于泽，经所共饮处，释纶悲感。有大鱼跳入船中，俯视诸小鱼。彪仰天号恸，俯而见之，悉放小鱼，大者便自出舡去。

《搜神记》曰：宫亭湖孤石庙，有估客下都，经其下，见二女子，云：“可为买两量丝履，自厚相报。”估客至都，市好丝履并箱盛之，自市一书刀，亦在箱中。既还，以箱置庙中而去，忘取书刀。湖中正帆，忽有鲤鱼跳入舡，破鱼，得书刀焉。

《广五行记》曰：唐仪凤元年，博州僧正满行同凡俗，买鱼数头，于房作鲙食之。至夜四更，忽闻窗外有暴风声，乃梦一佛、二金刚语满云：“尔是何物小儿，将秽污伽蓝？”金刚手执棒，满闭目，因而两目不开矣。

又曰：曹、宋二州西界大剂陂村人陈君，少小为捕鱼业。于后得患，恒被众鱼所食，痛苦不能自持。若以鱼网盖之，其痛即止。后为村人盗其网去，数日之间，不胜痛苦而死。

《乐府》歌曰：江南可采莲，莲叶何田田。鱼戏莲叶间，鱼戏莲叶东，鱼戏莲叶西。

宋玉《对问》曰：夫鸟则有凤，鱼则有鲸。鲸鱼朝发昆仑之虚，暴鳍于碣石，夕宿于孟诸。夫尺泽之鲵，岂能与量江海之大哉！

东方朔《客难》曰：水至清则无鱼，人至察则无徒。

曹植《答崔文始书》曰：临江以钓，不获一鳞，非江鱼之不食，其所饵之者非也。是以君子慎举擢。

鲤鱼

《河图》曰：黄帝游于洛，见鲤鱼，长三尺，青身无鳞，赤文成字。

《毛诗·宛丘·衡门》曰：岂其食鱼，必河之鲤？

又《臣工·潜》曰：鲦鲿鰋鲤。鲦音条。

《东观汉记》曰：姜诗，字士游，性至孝。母常饮江水，儿取水溺死，恐母知，诈云行学。俄而涌泉出舍侧，并旦出鲤一诗。

谢承《后汉书》曰：羊续好食生鱼。为南阳太守，丞侯俭贡鲤，续受而悬之。一岁，俭复致一枚，续乃以所悬枯鱼以示俭，终身不复食鱼。

《晋书》曰：王祥性至孝。早丧亲，继母朱氏不慈，数谮之，由是失爱于父。母有疾，衣不解带，汤药必亲尝。母欲生鱼，时天寒水冻，祥解衣将剖冰求之。冰忽自解，双鲤跃出，持之而归。

又曰：刘聪将赵染，为索綝所败，杀其长史鲁徽。刘曜闻之，曰："蹄涔不容尺鲤，染之谓也。"

《齐书》曰：崔祖思自相国从事中郎迁齐国内史。高帝既为齐王置酒为乐，羹脍既至，祖思曰："此味故为南北所推。"侍中沈季文曰："羹脍吴食，非祖思所解。"祖思曰："鳖鲤似非勾吴之诗。"季文曰："千里莼羹，岂关鲁卫？"帝甚悦曰："莼羹故应还沈。"

《南史》曰：梁南郡太守刘之亨，常梦二人姓李，诣之乞命，未之解也。其明日，仲夏有遗生鲤鱼二头，之亨曰："必梦中所感也。"乃放之。其夜，又梦来谢恩云："当令君延算。"

《淮南子》曰：詹公之钓，千岁之鲤。詹公，詹何，古得道善钓者。

又曰：牛蹄之踵，无盈尺之鲤。

《符子》曰：务光自投卢，卢川之伯以赤鲤送之。

《金楼子》曰：五尺之鲤，一寸之鲤，但大小殊，鳞之数等。

《家语》曰：孔子娶于宋上官氏女，一岁而生伯鱼。伯鱼生三日，鲁昭公以鲤鱼赐孔子。孔子荣君之赐，因名子曰鲤，字伯鱼。

曹植《辨道论》曰：甘始言：取鲤鱼一诗，令一者含药，俱投沸膏中，有药者奋尾鼓鳍，游行沉浮，有若处渊；其一者已熟而可啖。余时问言："可试不？"言："是药去此逾万里，非自行不能得也。"《博物志》同。

陶朱公《养鱼经》曰：威王聘朱公，问之曰："公住足千万，家累亿金，何术乎？"朱公曰："夫治生之法有五，水畜第一。所谓水畜者，鱼也。以六亩田为池，池中有九洲，即求怀子鲤鱼长三尺者二十头，壮鲤四头，以二月上旬庚日内池中水，令无声，鱼必生。所以养鲤者，不相食，易长，又贵也。

《魏武四时食制》曰：郫县子鱼，黄鳞赤尾，出稻田，可以为酱。

《列仙传》曰：吕尚钓于磻溪，三年不获。比周曰："可止矣。"尚曰："非尔所及。"果得大鲤，有兵钤在腹中。

又曰：涓子，齐人也，好饵术。接食其精，至三百年，乃见于齐。著《天地人经》四十八篇。后钓于河泽，得鲤鱼肠中符。隐于宕山，能致风雨。

又曰：琴高，赵人也。以鼓琴为宋康王舍人，行涓、鼓之术，浮游冀州涿郡间。二百余年后，辞，入涿水中取龙子，与诸弟子期之，期曰："皆洁齐后，于水旁设祠屋。"果乘赤鲤来出祠中，且有万人观之。留一月，复入水去。

又曰：子英者，舒乡人也，善入水捕鱼。得赤鲤鱼，爱其色，持著鱼池中，数以米谷食之。一年长丈余，遂生角，有翅翼。子英怪畏，拜谢之，鱼言：“我迎汝耳！上我背，与汝俱去。”即大暴雨，子英上腾去。岁岁来归故舍食饮，见妻子，鱼复来迎之，如此七年。故吴中门户作神鱼子英祠。

《续述征记》曰：梁孝王家中有数尺水，有大鲤。人谓有灵，不敢犯。

《宣城记》曰：临城县盖山有舒姑泉。相传云：昔舒氏女未嫁，与其父采薪，此女坐处化为清泉。其母云：此女好音乐，乃往弦歌，而泉涌，有朱鲤一双。及命作乐，泉故涌出。

《河洛记》曰：谚云：“伊洛鲂鲤，天下最美；洛口黄鱼，天下不如。”

崔豹《古今注》曰：兖州人谓赤鲤为玄驹，白鲤为白骥，黄鲤为黄雉。

《搜神记》曰：宫亭孤石有估客，至都，因市一刀，置神庙中而忘取。至湖中，忽有一鲤跳入船，破之，得刀。具鱼部中。

《续搜神记》曰：谢允从武当山还，在桓宣武坐。言及左元放为曹公置鲈鱼，允便云：“此可得耳。”求大瓮盛水，朱书符投水中，俄有二鲤鼓鬐在水中。

又曰：会稽鄮音懋县有女子姓吴，字望子，为苏侯神所爱。望子心有所欲，辄空中下之。望子常思鲙，一双鲜鲤应心而至。

《幽明录》曰：孙权时，南方遣吏献犀簪。吏过宫亭庙，请福神下教求簪，而盛簪器便在神前。神云：“临入石头，当相还去。”达石头，三尺鲤鱼跳入船，吏破鱼得之。

又曰：平都县南陂上有冢，行人于陂取得鲤。道逢冢中人来，云：“何敢取吾鱼？”夺着车上而去。

杜宝《大业拾遗录》曰：四年，梁郡有清冷渊，水面阔二里许，即卫平得大龟之处。清冷水南有横渎，东南至宕山县，西北入通济渠。是时大雨，沟渠皆满。忽有大鱼，似鲤，而头一角，长尺余，鳞正赤，从清冷水出，头长三尺许，入横渎，逆流西北十余里，不没，入通济渠。于时，夹两岸随看者数百人，皆谓赤龙大鲤从渊而出。此亦唐祚将兴之兆。

杨衒之《洛阳伽蓝记》曰：京师语曰：“伊洛鲤鲂，贵于牛羊。”

《广五行记》曰：隋炀帝大业初，为诗，令宫人唱之曰："三月三日向江头，正见鲤鱼江上游。意欲垂钓往撩取，恐是蛟龙还复休。"鲤鱼即唐之国姓。俄而唐有天下，故歌辞曰："客从远方来，赠我双鲤鱼。呼儿烹鲤鱼，中有尺素书。"

《古歌·宁戚辞》曰：中有鲤鱼长尺半，敝布衣裳不覆骭。

鰋

《尔雅》曰：鰋。今鰋额白鱼。音偃。

《毛诗·鹿鸣·鱼丽》曰：鱼丽于罶，鰋鲤。鰋，鲇也。

谢承《后汉书》曰：陈蕃为郡法曹吏。正月，朝见太守王龚。客有贡白鱼于龚者，龚曰："汝南乃有此鱼。"蕃曰："鱼大且明府之德。"

《晋书》曰：夏统，字仲御。母病，诣洛市药。会三月上已，洛中王公已下，并至浮桥。统并弗之顾。太尉贾充怪而问之曰："卿居海滨，颇能水戏乎？"答曰："可。"乃操柁正橹，折旋中流。于是风波振骇，俄而白鱼跳入船中者有八九，观者皆悚遽。

郦善长《水经注》曰：圣水出上谷东南，流经大坊岭下。岭之东首山下有石穴，东北洞开，穴中有水。耆旧传言：昔有沙门释惠珍者，常寻之，旁水入穴，三里有余，穴分为二：一穴渐小，西北出，不知趣诣；一穴西南出，入经五六日方还。又不测短长，其水夏冷冬温。春秋有白鱼出穴数日，及人有采食者，美珍常味。盖亦丙穴嘉鱼之类。

《列仙传》曰：陵阳子明钓于溪，得白龙，子明解钓谢之。后数十年得白鱼，腹中有书，教子明服食之法。三年，白龙来迎之。

鳣

《毛诗·谷风·四月》曰：匪鳣匪鲔，潜逃于渊。

又《诗义疏》曰：鳣，身似龙，锐头，口在颔下，背上腹下皆有甲，大者千余斤。

《后汉书》曰：杨震常客居湖城，众人谓之晚贵，震志愈笃。后有冠雀衔三鳣鱼飞集讲堂前，冠音贯，即鹳雀也。都讲取鱼进曰：“蛇鳣者，卿大夫服之象也。数三者，法三台。先生自此升矣。”

《淮南子》曰：牛蹄之涔，不生鳣鲤。

《抱朴子》曰：探燕窠而求凤卵，搜井底而捕鳣鱼，虽加至勤，非其所有也。

《水经》曰：汉水又东为鳣湍，洪波奔荡，崩浪云颓。耆旧言：“有鳣鱼奋鳍溯流，望涛直上，至此则爆鳃失济，故因名湍矣。”

又曰：鳣鲔，鲤也，出巩穴。三月则上渡龙门，得渡为龙矣，否则点额而还。

张衡《西京赋》曰：鳣鲔鳠鲖。

郭璞《江赋》曰：鱼则叔鲔王鳣。

孙绰《望海赋》曰：文鲤黄鳣。

鲔鱼

《尔雅》曰：鮥音洛、鮛音叔，鲔。鲔，鳣属也。大者名王鲔，小者名鮛鲔。今宜都郡自荆门以上江中通出鱏鲔之鱼。有一鱼，状似鳣而小，建平人呼鮥子，即此鱼也。鱏音寻。

《毛诗·淇澳·硕人》曰：施罛濊濊，鳣鲔拨拨。

《毛诗义疏》曰：鲔鱼出海，三月从河上，形似鲤而色青，黑头小而尖，如铁兜鍪，口在颔下。今东莱辽东人谓之尉鱼，或谓仲明鱼。仲明者，乐浪尉，溺死海中，化为此鱼也。

《礼记·月令》曰：季春，荐鲔于寝庙。进时羹味。

《淮南子》曰：夫牛蹄之涔，不生鳣鲔。

又曰：禹决江疏河，凿龙门，辟伊阙。龙门本有水门，鲔鱼由其中上行，得上过者便为龙。门，禹辟而大之，故言凿。

《抱朴子》曰：寸鲔泛滥蹄水之中，则谓天下无四海之广也；芒蝎宛转果核之内，则谓八极之界尽于兹也。

《博物志》曰：河阴岫穴出鲔鱼焉。

䱻公赠反**鰽**武亘反

《魏武四时食制》曰：鰽，一名黄鱼，大数百斤，骨软可食，出江阳犍为。

《淮南子》曰：季春，天子始乘舟，荐鲔于寝庙，乃为麦祈实。鲔，鰽鱼也。天子乘舟，捕鱼者以荐进庙也。

司马相如《上林赋》曰：䱻鰽渐离。

左思《吴都赋》曰：筌䱻鰽。

太平御览卷第九百三十七　鳞介部九

魴鱼

《尔雅》曰：魴，魾。郭璞注曰：江东呼魴为鳊。一名魾，音毗。

《山海经》曰：大鳊居海中。鳊即魴也。音鞭。

《毛诗·宛丘·衡门》曰：岂其食鱼，必河之魴？

又《关雎·汝坟》曰：魴鱼赪尾，王室如毁。

又《七月·九罭》曰：九罭之鱼，鳟、魴。

陆机《毛诗疏义》曰：魴鳔，今伊、洛、济、颍魴鱼也。广而薄脆，甜而少肉，细鳞，鱼之美者也。渔阳泉州刀口、辽东梁水魴，特肥而厚，尤美于中魴，故其乡语曰："居就梁水魴。"

《说苑》曰：阳书谓宓子贱曰："吾少也贱，不知理民之术。有钓道顿可，夫投纶饵，迎而吸之者，阳桥也，其为鱼也，薄而不美；若存若亡，若食不食者，魴也，其为鱼也，薄而厚味。"宓子贱曰："善。"

宋玉《钓赋》曰：左挟鱼罶，右执桥竿。精不离乎鱼喙，思不出乎鲋鳊。

鱮鱼

《毛诗》曰：其钓维何？唯魴及鱮音叙。

《毛诗义疏》曰：鱮，似魴而大头，鱼之不美者。故里语曰："买鱼得鱮，不如啖茹。"徐州谓之鲢音连，或谓之鳙。

《水经》曰：沔水北流，注于汉，汉水又左得度口，水出阳平北。水度有二源，一曰清检，出佳鱮；二曰浊检，出好鲋。常以二月取之。美珍常味。

潘岳《西征赋》曰：素鱮扬鳍。

鯈音稠鱼

《尔雅》曰：鮂，黑鰦。郭璞注曰：即白鲦也，江东呼为鮂。囚、兹二音。

《庄子》曰：庄子与惠子游于豪梁之上，庄子曰："鯈鱼出游从容，是鱼乐也。"惠子曰："子非鱼，安知鱼之乐耶？"庄子曰："子非我，安知我不知鱼之乐耶？"惠子曰："我非子，故不知子矣。子固非鱼也，子之不知鱼全矣。"

《山海经》曰：带山茈蒴之水，其中多鯈鱼，其状如鸡而赤毛，三尾、六足、四首，其音如鹊，食之已忧。

又《图经赞》曰：汩和损平，莫惨于忧。《诗》咏萱草，《山经》则鯈俦条二音。

何敬祖诗曰：属耳听鸣莺，流目玩鯈鱼。

魦鱼

《尔雅》曰：魦，鮀。郭璞注曰：今吹沙小鱼，体鱼而有点文也。沙、沱二音。

《毛诗·鱼丽》曰：鱼丽于罶，鲿、魦。魦，鮀也。

《广志》曰：吹沙鱼，大如指，沙中行。

鲿鱼

《毛诗》曰：鱼丽于罶，鲿，魦。鲿，杨也。音常。

《毛诗义疏》曰：鲿，一名杨，今黄颊鱼是。身形厚而长大，颊骨正黄。

鲋鱼

《周易·井卦》曰：井谷射鲋。王肃注曰：鲋，小鱼也。

《广雅》曰：鲭，鲋也。

《庄子》曰：庄周家贫，往贷粟于监河侯，侯曰："我将得邑金，贷子二百金，可乎？"庄周忿然曰："周昨来，有中道而呼者，周视车辙中，有鲋鱼焉，曰：'我，东海之波臣也，君岂有升斗之水而活我哉？'周曰：'喏。我且南游吴越之王，激西江之水而迎之，可乎？'鲋鱼忿然作色，曰：‘吾得升斗之水可活耳，君乃言此，不如早索我于枯鱼之肆！’”

又曰：夫揭竿累，趣灌窦，守鲵鲋，其于得大鱼，难矣！

《吕氏春秋》曰：鱼之美者，有洞庭之鲋。

《说苑》曰：魏、楚会于晋阳，将以伐齐。齐王患之，使人召淳于髡曰：“魏、楚欲伐齐，愿先生共寡人忧之。”髡曰：“臣见邻人之祠田也，以一箧饭与一鲋鱼，其祝曰：‘下田洿邪，得谷百车。’臣笑其所祠者少，所求者多。”王曰：“善。”立为上卿。

《神异经》曰：东南海中有恒洲，有温湖，鲋鱼生焉，长八尺，食之宜暑而辟风寒。

盛弘之《荆州记》曰：荆州有美鲋，逾于洞庭、温湖。

《古乐府·罩辞》曰：罩初何得？端来得鲋。小者如手，大者如屦。孝子持归，遗我公姬。安得此鱼？适与罩迮。从今以后，但当求鲋。

刘邵《七华》曰：洞庭之鲋，出于江岷。弘腴青颀，朱尾碧鳞。

鲇鱼

《尔雅》曰：鲇。别名鳀，江东通呼鲇为鮧。鮧音提。

《广雅》曰：鳀音提、鳀音递，鲇也。

《魏武四时食制》曰：蒸鲇。

《永嘉郡记》曰：潈湖溪中多大鲇。昔有流得一世者，鳍大五六围。

《广五行记》曰：则天如意中，著作郎路敬淳庄在济源，有水碾一柱坏，以他柱易之。家人取故者为樵，中得一鲇鱼，长尺余，尚活。至后敬淳坐綦连辉被杀。

鳠鱼

《广志》曰：鳠音画鱼，似鲇，大口。

鳟鱼

《尔雅》曰：鮅音必，鳟。才损切，似鲲子，赤眼。鲲音混。

《毛诗·九罭》曰：九罭之鱼，鳟、鲂。鳟、鲂，大鱼也。

《毛诗疏义》曰："鳟、鲂"鳟似鲩鱼，鳞细于鲩也，赤眼，多细文。

《唐书》曰：吐番国有臧河，去逻些三百里，东南流，众水凑焉，南入昆仑国。其中有鱼，似鳟而无鳞。

张衡《七辨》曰：巩洛之鳟，割以为鳒。分芒折缕，细乱虻足。

鳢鱼

《尔雅》曰：鳢。郭璞注曰：鳢鲖也。自赤依婢撤也。

《毛诗·鱼丽》曰：鱼丽于罶，鲂、鳢。鳢，鲖鱼也。

陆机《毛诗疏义》曰："鲂、鳢"，《尔雅》曰："鳢，鲖也。"许以为鲤鱼，机以为鲤狭而厚。

《梁书》曰：林邑王逸死，奴文本篡立。文本日南西卷县夷帅范稚家奴。常牧牛于山涧，得鳢鱼二而化为铁，因以铸刀。刀成，文向石咒曰："若斫石入者，文当王此国。"因斫，如断雏藁，文心异之。范幼常使之商贾，至林邑，王作宫室及兵车器械，王宠任之。后乃谗言诸子，各奔余国。及王死无嗣，文为于邻国迓王子，置毒于浆中杀之，遂胁国人自立。

《林邑国记》曰：范文得鳢鱼，变为铁，斫石如斩芦，世传鱼刀。

鲫鱼

《水经》曰：青林湖有鲫鱼，食之肥美，辟寒暑。

《南夷志》曰：蒙舍地有鲫鱼，大者重五斤。西洱河及昆池，南接滇池，冬月多鲫鱼。

杨衒之《洛阳伽蓝记》曰：王肃初入国，不食羊肉及酪等，常饭鲫鱼羹。

嘉鱼

《水经》曰：丙穴出嘉鱼，常以三月出，十月入。穴口广五六尺，去地七八尺。水泉悬注，鱼自穴下透入。水穴口向丙，故曰丙穴。

任豫《益州记》曰：嘉鱼，细鳞，似鳟鱼，蜀中谓之拙鱼。蜀郡山处处有之，年年从石孔出，大者五六尺。

《云南记》曰：雅州丙穴出嘉鱼。所谓“嘉鱼生于丙穴”。大抵雅州诸水多有嘉鱼，似鲤而鳞细。或云黄河中味鱼此类也。

《博物志》曰：江阳县北有鱼穴二所，常以二月、八月出鱼，曰：“丙穴”。

《岭表录异》曰：嘉鱼，形如鳟，出梧州戎城县江水口。甚肥美，众鱼莫可与比。最宜为脡。他顶切。每炙，以芭蕉叶隔火盖，虑脂滴火灭耳。河阳有鯐鱼亦此类。

左思《蜀都赋》曰：嘉鱼出于丙穴。

鳕字由切鱼

《异物志》曰：鳕鱼，仲夏始从海中泝流而上。腹下如刀，长尺余。有细骨，如鸟毛在肉中；又有鸟肾在腹。立夏，有白鸟似鹥群飞，谓之鳕鸟。至仲夏，鸟藏鱼出，变化所生也。

鮆音薺鱼

《尔雅》曰：鮤，鱴刀。今之鮆鱼也。亦呼为魛鱼。列、蔑二音。

《山海经》曰：浮玉之山，山北望具区。苕水出于其阴，其中多鮆鱼。郭璞注曰：鮆鱼，狭薄，而长头，一名刀鱼，太湖中饶之。

《异苑》曰：蝴蝶变作鮆。

鲈鱼

《后汉书》曰：左慈，字元放。曾在曹操座，操曰：“恨少吴松江鲈鱼耳。”慈因求铜盘贮水，以竹竿钓于盘中，须臾引一鲈出。操曰：“一鱼不周。”乃更沉钓，复引出，皆长三尺余，操使目前脍之。

《世说》曰：张季膺为齐王掾，在洛水，秋风起，因思吴中菰菜羹、鲈鱼脍，遂命驾便归。俄而齐王败，时人以为见机。

杜宝《大业拾遗录》曰：六年，吴郡献松江鲈鱼干脍。鲈鱼肉白如雪，不腥。所谓金虀玉鲙，东南之佳味也。

鲻鱼

《神仙传》曰：介象与吴王共论，鲻鱼为上，乃于殿前作方坎，汲水满之，并求钓饵、起之，须臾得鲻鱼。王惊喜，乃使脍之。

《异物志》曰：鲻鱼，长者六七尺。

《岭表录异》曰：跳鯅，乃海味之小鱼鯅也，以盐藏鲻鱼儿一斤，不啻千个，生擘點醋下酒，甚有美味。余遂问名"跳"之义，则曰："捕鱼者，中春于高处卓望鱼儿来，如阵云，阔二三百步，厚亦相似者。既见报，渔师遂将船争前而迎之。船冲鱼阵，不施罟网，但鱼儿自惊跳入舡，逡巡而满。以此为鯅故名之'跳'。又云：船去之时，不可当鱼阵之中，恐鱼多压沉故也。即可以知其多矣。

鳝与䱇同，音善鱼

《山海经》曰：大乐之野，夏后启于此舞九代焉。女灭在其北，居两水间，灭操鱼䱇，䱇，鱼属也。祭操俎。肉祀也。

《汲冢周书·王会》曰：瓯人食鳝蛇。鳝蛇，顺食之美。东越瓯人也。比交州蛇特多，为上珍。

谢承《后汉书》曰：杨震常客于湖，不答州郡礼命数十年。众人谓之晚贵，而震志愈笃。后有鹳雀衔三鳣鱼飞集讲堂前，都讲取鱼进曰："蛇鳣者，卿大夫服之象也。数三者，法三台也。先生自此升矣。"时年过五十，乃始仕州郡。

《梁书》曰：邵陵王纶摄南徐州事，遨游市里，杂于厮隶。尝问卖䱇者曰："刺史何如？"对者言躁虐，纶怒，令吞䱇以死。百姓惶骇，道路以目。

《淮南子》曰：今鳝之与蛇、蚕之与蠋，状相类而爱憎异。人爱鳝与蚕，畏蛇与蠋，故曰异也。

《抱朴子》曰：田地既有自然之鳝，而有荇茎、芩根、土龙之属化为鳝。

《韩子》曰：鳝似蛇，而渔者取鳝而畏蛇，利之所在，皆为贲、育。

《颜氏家训》曰：江陵刘氏以卖鳝羹为业。后生一儿，头目是鳝，自颈已下方为人耳。

又曰：《后汉书》云："鹳雀衔三鳝鱼。"多假借为鳣鲔之鳣，俗之学士因谓为鳣鱼。按：《魏武帝四时食制》："鳣鱼大如五升奁，长一丈"。

郭璞注《尔雅》云："鳣长二三尺"。安有鹳雀能胜其一者？况三头乎？鳣又纯灰色，无文章也。鳝鱼长者不过三尺，大者不过三指，黄色黑文，故都讲云："蛇鳝，卿大夫服之象也。"《续汉书》及《搜神记》亦说此事，皆作"鳝"字。孙卿云："鱼鳖鳣鳅。"及《韩非》、《说苑》皆曰："鳣似蛇，蚕似蠋"并作"鳣"字，假"鳣"为"鳝"，其来久乎？

周处《风土记》曰：阳羡俗，五月以薤蒸鉏而食。凡鉏鱼夏出冬蛰，亦以将气养和实时节也。

徐表《南方草物状》曰：白鳝，生溪边土穴中，长五尺所，大三寸。里民刺取细槿二寸，苦酒煮食之，滋味如黄鳝味。交趾九真有之。

刘敬叔《异苑》曰：卢循以义熙五年自广州下，泊船江西，众多疲死。事平之后，人往蔡州，见死人发变而为鳝。今上镇西参军与府司马张逝，瞻湖际有一棺，棺头有鉏众。试令拨看，即是发，亦有未都化者。一说云：生以秫渖沐，死则发为鉏。又昔有人食不能无鉏，死后改棺，鉏满中。

又曰：会稽石亭埭，有大枫树，中空。每雨水，辄满溢。有商旅载生鉏聊放一头着孔中，以为狡狯。后村民咸谓是神，乃依树起屋，宰牲祭事未常辍，因遂名鉏父庙。人有祈请，及秽慢，祸福立至。估客后返，见其如此，即取作臛，于是遂绝。

太平御览卷第九百三十八 鳞介部十

鲸鲵鱼

《春秋考异邮》曰：鲸鱼死而彗星出。

《左传·宣下》曰：古者明王伐不敬，取其鲸鲵而封之，以为大戮。鲸鲵，大鱼，以喻不义之人。

《春秋后语》曰：楚威王问宋玉曰："先生其有遗行欤？何士民众庶不誉之甚也？"宋玉对曰："夫鸟有凤而鱼有鲸。凤凰上击九千里，翱翔乎窈冥之上。夫藩篱之鷃，岂能与料天地之高哉？鲸鱼朝发于昆仑之虚，暮宿于孟津。赤泽之鲵岂能与量江汉之大哉？故非独鸟有凤而鱼有鲸，士亦有之。"

《唐书》曰：开元七年，大拂涅靺羯献鲸鲵睛。

《淮南子》曰：麒麟斗则日月食，鲸鱼死而彗星出。鲸，海中鱼之王也。

《邓析书》曰：猎猛虎者不于后园，钓鲸鲵者不于清池。何则？园非虎处，池非鲸渊。

《说苑》曰：昔南瑕子过程本子，程本子为之烹鲵鱼。南瑕子曰："吾闻君子不食鲵鱼。"程本子曰："乃君子不食，子何事焉？"南瑕子曰："吾闻上比所以广德也，下比所以狭行也。比于善，自进之阶也；比于恶，自退之源也。"

《魏武四时食制》曰：东海有大鱼如山，长五六里，谓之鲸鲵。次有如屋者，时死岸上，膏流九顷，其须长一丈，广三尺，厚六寸，瞳子如三升碗大，骨可为矛矜。

《广志》曰：鲵鱼，声如小儿，有四足，形如鳢，出伊水也。司马迁谓之人鱼，故其著《史记》曰："始皇帝之葬也，以人鱼之膏为其烛也。"徐广曰："人鱼似鲇而四足，即鲵鱼也。"

崔豹《古今注》曰：鲸，海鱼也。大者长千里，小者数千丈。一生数万子，常以五月、六月就岸边生子，至七、八月导引其子还入海中，鼓浪成雷，喷沫成雨。水族惊畏之，皆逃匿，莫敢当。其雌曰鲵，大者亦长千里，眼睛为明月珠。

任昉《述异记》曰：南海有珠，即鲸鱼目瞳。夜可以鉴，谓之夜光。

潘岳《沧海赋》曰：鱼则吞舟鲸鲵。

左思《吴都赋》曰：长鲸吞航，修鲵吐浪。

木玄《虚海赋》曰：其鱼则横海之鲸，突兀孤游，巨鳞刺云，洪鳍插天，颅骨成岳，流膏为渊。

曹毗《观涛赋》曰：于是神鲸来往，乘波跃鳞，喷气雾合，噫水成津。骸丧成岛屿之虚，目落为明月之珠。

鲮音陵鱼

《山海经》曰：鲮鱼吞舟。

《临海水土记》曰：鲮鱼背腹皆有刺，如三角菱。

鲭鱼

《南越记》曰：鲭鱼，南越谓为瑰雷鱼，长一丈。子朝出食，暮还母腹，常从脐中入，口中出。腹内有两洞，腹贮水以养子，腹容二子，两腹则四子也。其鳃鳞皮有珠文，可以饰刀剑口。

孙绰《望海赋》曰：劲鲭扬鳍以排流。

槌额鱼

《临海水土记》曰：槌额，似鲭鱼，长四尺。

海鳅鱼

《临海水土记》曰：海鳅长丈余。

《金楼子》曰：鲸鲵，一名海鳅，穴居海底。鲸入穴则水溢，溢为潮来。鲸既出入有节，故潮水有期也。

《岭表录异》曰：海鳅鱼，即海上最伟者也，其小者亦千余尺。每岁，广州常发艑船过南安货易，路经调黎地名，海心有山，阻东海，涛崄而急，亦黄河之三门也。深阔处，或见十余山或出或没。篙工曰："非山岛，鳅鱼背也。"双目闪烁，鬐鬣若簸。朱旗日中，忽雨霡霂。舟子曰："此鳅鱼喷气，水散于空，风势吹来，若雨耳。"近鱼，鱼即鼓船而噪，倏尔而没。鱼畏鼓，物类相伏耳。

石蟊鱼

《临海水土记》曰：石蟊音矛附石以踞错。

鳄鱼

吴时《外国传》曰：鳄鱼大者长二三丈，有四足，似守宫，常吞食人。扶南王范寻敕捕取置沟堑中，寻有所忿者，缚以食鳄。若罪当死，鳄便食之；如其不食，便解放，以为无罪。

《梁书》曰：林邑国于城沟中养鳄鱼，门外圈猛兽。有罪者辄以喂猛兽及鳄，不食为无罪，三日乃放之。鳄大者长二丈余，状如鼍，有四足，喙长六七尺，两边有齿如刀剑。能食鱼，常遇得獐鹿，及人亦啖之。苍梧以南及外国皆有。

《唐书》曰：韩愈为潮州刺史。既视事，询吏民疾苦，皆曰："郡西湫水有鳄鱼，卵而化，其长数丈，食民畜产将尽，以是民贫。"居数日，愈往视之，令判官秦济炮一豚一羊投之湫，咒之曰："今潮州，大海在其南，鲸鹏之大、虾蟹之细无不容，鳄鱼朝发而夕至。今与鳄鱼约：三日乃至七日，如顽而不徙，须为物害，则刺史选材伎壮夫操劲弓毒矢，与鳄鱼从事矣！"咒之夕，有暴风雷起于湫中。数日，湫水尽涸，徙于旧湫西六十里。自是潮人无鳄患。

虞喜《志林》曰：方有鳄鱼，喙长八尺，秋时最甚。人在舟边者，鱼或出头食人。故人持戈于船侧而御之。

《博物志》曰：南海有鳄鱼，状似龟。斩其头而干之，断喙去齿而更生，如此三乃止。

《交州记》曰：鳄好出沙上，卵大如鹅卵，可食。

《广州异物志》曰：鳄鱼，长者二丈余，有四足，喙长七尺，齿甚利。虎及鹿渡水，鳄击之，皆断喙去齿，旬日更生。

《岭表录异》曰：鳄鱼，其身土黄色，有四足，修尾，形状如鼍，而举止矫疾，口生锯齿，往往害人。南中鹿多，最惧此物。鹿走崖岸之上，群鳄嗥叫其下，鹿必怖惧落崖，多为鳄鱼所得，亦物之相摄伏也。故李太尉贬官潮州，经鳄鱼滩，沉损舟船，平生宝玩、古书图画一时沉失。遂召舶工昆仑取之，但见鳄鱼极多，不敢辄近，乃是鳄鱼窟宅也。

鲛鱼

《说文》曰：鲛，鱼也，皮可以饰刀。

《山海经》曰：燕山，漳水出焉，其中多鲛鱼。郭璞注曰：鲛，背上有甲，朱文，尾长三四尺，皮可以饰刀剑口。

《西京杂记》曰：尉佗，高祖时献鲛鱼、荔枝，高祖报以葡萄锦四匹。

《博物志》曰：东海中有鲛鲭鱼，既生子，子惊，还入母腹，寻复出。

任昉《述异记》曰：虎鱼老则为鲛。

鳍音藩鱼

《南越记》曰：鳍鱼，鼻有横骨如鐇。海中波浪为之涌，海船逢之必断。

石首鱼

《临海异物志》曰：石首，小者名踏水，其次名春来。石首异种又有石头，长七八寸，与石首同。

《岭表录异》曰：石头鱼，状如鳙鱼，随其大小，胆中有一石子，如荞麦粒，莹白如玉。有好奇者，多市鱼之小者，贮于竹器，任其坏烂，即淘之，取其鱼胫石子，以植酒筹。

黄灵鱼

《临海水土记》曰：黄灵鱼，小文，正黄，似石首。

乌贼鱼

《南越记》曰：乌贼鱼有矴，遇风浪便虬前一须下矴而住。腹中血及胆正黑，中以书也，世谓"乌贼怀墨而知礼"。故俗云："是海若白事小吏。"或曰："古之诸生常自浮水，乌见以为死，便往啄之，乃卷取乌，故谓乌贼。今乌化为鱼。"

崔豹《古今注》曰：乌贼鱼，名河伯从事小吏。

《岭表录异》曰：乌贼鱼，只有骨一片，如龙骨而轻虚，以指甲刮之即为末。亦无鳞而肉翼，前有四足。每潮来，即以二长足捉石，浮身水上。有小虾鱼过其前，即吐涎惹之，取以为食。广州边海人往往探得大者，率如蒲扇，炸熟，以姜醋食之，极脆美。或入盐浑腌为干，槌如脯，亦美。吴中好食之。

左思《吴都赋》曰：乌贼拥剑。

鮝音佶鱼

《临海异物志》曰：鮝似乌贼肥，食甘美。

鯯音制鱼

《临海异物志》曰：鯯鱼至肥，炙食甘美。谚曰："宁去累世田宅，不去鯯鱼额。"

鳆步角反鱼

《汉书》曰：王莽以关东兵起，忧懑不食，但饮酒食鳆鱼。

《东观汉记》曰：吴良，字大仪，齐人，为郡仪曹掾。正旦，入贺太守，门下掾王望前上言寿，皆称万岁。良跪曰："门下掾谄，明府无受其觞。盗贼未弭，人民困乏。"太守曰："生言是。"遂不举觞，赐鳆鱼百枚，教署功曹。良耻以言受官，遂不肯谒。

《后汉书》曰：张步遣使伏隆诣阙上书，献鳆鱼。郭璞注《三苍》云：鳆似蛤，偏著石。《广志》曰：鳆无鳞，有一面附石决明，细孔杂杂，或七或九。《本草》云：石决明，一名鳆鱼。音步角切。

《魏志》曰：倭国人入海捕鳆鱼，水无深浅，皆沉没取之。

《齐书》曰：褚彦回，时淮北属魏，江南无鳆鱼，或有间关得至者，一枚直数千钱。有饷彦回鳆鱼三十枚，彦回时虽贵而贫过甚，门生献计卖之，云可得十万钱。彦回变色曰："我谓此是食物，非曰财货，且不知堪钱，聊尔受之？虽复俭乏，宁可卖饷取钱？"悉与亲游啖之，少日便尽。

陈思王《求祭先主表》曰：先主喜食鳆鱼，前已表徐州臧霸送鳆鱼二百，足自供事。

魏文帝《与孙权书》曰：今因赵咨致鳆鱼千枚。

比目鱼

《尔雅》曰：东方有比目鱼焉，不比不行，其名谓之鲽。郭璞注曰：状如牛脾。一眼，两片相合乃行。江东呼王余鱼。

《史记》曰：管仲谏桓公："古者封禅，东海有比目之鱼。"

《搜神记》曰：东海名馀腹者，昔越王为脍，割而未切，堕半于水，化为鱼。

《临海水土记》曰：两片特立，合体俱行，比目鱼也。

《岭表录异》曰：比目鱼，南人谓之鞋屉鱼，江淮为之拖沙鱼。

左思《三都赋》曰：双则比目，片则王馀。

孙绰《望海赋》曰：王馀孤逝，比目双游。

人鱼

《山海经》曰：龙侯之山，决水出焉。其中多人鱼，状如鳑鱼，四足，其音如婴儿，食之无痴疾。

《史记》曰：秦始皇冢中，以人鱼膏为灯烛。

《临海异物志》曰：人鱼，似人，长三尺余，不可食。

虎鱼

《范子》曰：虎鱼出东海。

郭璞《江赋》曰：或虎状类人。虎鱼，头似虎，腹背皆有刺。

太平御览卷第九百三十九 鳞介部十一

牛鱼

《博物志》曰：东海中有牛鱼，形如牛。剥其皮悬之，潮水至则毛起，潮去则伏。

《临海异物志》曰：牛鱼，形如犊子，毛色青黄。好眠卧，人临其上，及觉，声如大牛，闻一里。

《魏武四时食制》曰：海牛鱼皮、生毛可以饰物，出扬州。

天牛鱼

《南越记》曰：天牛鱼，方圆三丈，眼大如升，在脾头，口在胁中，露齿无唇，两肉角如臂，两翼长六尺，尾长五尺。

水猪鱼

《南方草物状》曰：水猪鱼，随海潮博岸边食人，人乘船刺之。大者围九尺，长二三尺，似猪形。

鹿鱼

《临海异物志》曰：鹿鱼，长二尺余，头上有角，腹下有脚，如人足。

《岭表录异》曰：鹿子鱼，赪其尾鬣，皆有鹿班，赤黄色。余曾览《罗州图》云："州南海中有洲。每春夏，此鱼跳出洲，化而为鹿。"曾有人拾得一鱼，头已化鹿，尾犹是鱼。南人云："鱼化为肉，腥不堪食。"

郭璞《江赋》曰：或鹿觡象鼻。鹿，觡头，角如鹿。

鰕鱼

《尔雅》曰：鲵大者谓之鰕。今鲵鱼似鲇，四脚，前似猕猴，后似狗。声如小儿啼。大者长八九尺。

《异物志》曰：鲵鱼，有四足，如龟而行疾。有鱼之体，而以足行，故曰鰕鱼。含水仰天不动，小鸟就饮，因而吞之。

《异物记》曰：鰕实四足，而有鱼名，头尾类鳀，歧行。生长山涧，出入深坑。顶上有光，迎风濆流。云是懒妇，怨勤自投。

鳐鱼

《吕氏春秋》曰：灌水之鱼名曰鳐，状如鲤，有翼。

左思《吴都赋》曰：文鳐夜飞而触纶。

珠鳖鱼

《山海经》曰：葛山，澧水出焉。中多珠鳖之鱼，如肺而有六足，目有珠。其味酸甘，食之不厉。

《山海经图赞》曰：澧水之鳞，状如浮肺，体兼三才，以货贾客。

《吕氏春秋》曰：鱼之美者，澧水之鱼，名曰珠鳖，六足，有珠。澧水，在苍梧九疑之西。

赤鲡鱼

《山海经》曰：青丘之山，英水出焉。中多赤鲡音需，其状如鱼而人面，其音如鸳鸯，食之已疥。

《经图赞》曰：赤鲡之状，鱼身人头。

何罗鱼

《山海经》曰：谯明之山，谯水出焉。其中多何罗之鱼，一首十身，其音如吠犬，食之已痈。

鳛鳛鱼

《山海经》曰：涿光之山，嚣水出焉，而西流。其中多鳛音习鳛之鱼，其状如鹊而十翼，鳞皆在羽端，其音如鹊，可以御火。

又《经图赞》曰：鼓翮一运，十翼翩翻，厥鸣如鹊，鳞在遇狩怗。

《雒书》曰：鳛鳛鱼，状如鹊，食之不瘅，出涿光山。

鱳鱼

《山海经》曰：狱法之山，瀤音怀泽之水出焉。其中多鱳音藻鱼，状如鲤，鸡足。食之已疣。

又《图赞经》曰：鱳之为状，半鸟半鳞。

䱝鱼

《山海经》曰：北狱之山，诸怀之水出焉。其中多䱝音诣鱼，鱼身犬首，音如婴儿，食之已狂。

鳙鳙鱼

《山海经》曰：楸蛛之山，食水出焉。中多鳙音容鳙之鱼，状如犁牛，其音如彘鸣。

《山海经图赞》曰：鱼号鳙鳙，如牛虎驳。

箴鱼

《山海经》曰：狗状之山，沢音积水出焉，中多箴鱼，状如儵，喙如箴，食者无疫。《南越记》长针鱼，口四寸。

缚鱼

《山海经》曰：鸡山，暴水出焉，其中有缚音团鱼，状如鲋，彘毛，其音如豚。见则天大旱。

又《图·鱄鱼并颙鸟赞》曰：颙鸟栖林，鱼处川，俱为旱征。灾延普天，测之无象，厥数唯玄。

《吕氏春秋》曰：鱼之美者，洞庭之鱄。

鯥鱼

《山海经》曰：柢山多水，有鱼出焉，状如牛，陵居，蛇尾，有翼在鲑祛、榻二音下，其音如留牛，其名曰鯥音六，冬死夏生，蛰类也。食之无肿疾。

《山海经图赞》曰：鱼号曰鯥，处不在水。厥状如牛，鸟翼蛇尾。

鮮音畔鱼

《山海经》曰：英山，禺水出焉，北流注于招音诏水。其中多鮮鱼，状如鳖，其音如羊。

鲷音谓鱼

《山海经》曰：乐游之山，桃水出焉。其中多鲷鱼，其状如蛇而四足。

《汉书·地理志》曰：子桐之水，其中泽多鲷鱼。

无遗鱼

《山海经》曰：英鞮之山，浼水出焉。是多无遗之鱼，鱼身蛇首，六足，目如马耳。食之使人不眯，可以御凶。

鳋鱼

《山海经》曰：鸟鼠同穴之山，渭水出焉。其中多鳋音骚鱼，其状如鳣鱼，动则其邑大兵。

《山海经图赞》曰：物以感应，亦有数动。壮士挺剑，气激江涌。鳋鱼潜渊，出则民悚。

鮥魮鱼

《山海经》曰：鸟鼠同穴之山，滥音槛水出于其西，多鮥魮如玼二音之鱼。其状如覆铫，鸟首而鱼翼鱼尾，其声如磬，是生珠玉。珠母，蚌类。

《山海经图赞》曰：形如覆铫，苞玉含珠。有而不积，泄以尾闾。暗与道会，可谓奇鱼。

嬴鱼

《山海经》曰：邽音圭山，濛水出焉。其中多嬴鱼，鱼身而鸟翼，声如鸳鸯。见其国大水。

鯆鯆鱼

《山海经》曰：少咸之山，雁门之水，其中多鯆音沛鯆之鱼，食之杀人。

鮆鱼

《山海经》曰：悬瓮之山，晋水出焉。其中多鮆音紫鱼，其状如儵而赤鳞，其音如吒，食之不骄。或作慅。

《山海经图赞》曰：微哉呲鱼！食则不骄。物有所感，其用无摽。

鮥父鱼

《山海经》曰：阳山，留水出焉。其中有鮥音滔父之鱼，其状如鲋，鱼首彘，食之已欧。

《山海经图赞》曰：鮥父鱼首，厥体如豚。

师鱼

《山海经》曰：饶山，历号之水出焉。中有师鱼，食之杀人。

文鱼

《山海经》曰：景山，睢音蛆水出焉。中多丹粟文鱼。有班彩也。

鯩鱼

《山海经》曰：半石之山，来需之水出焉。其中多鯩音纶鱼，黑文，状如鲋，食者不肿。

䲢鱼

《山海经》曰：半石之山，合水出其阴，是多䲢音腾鱼，其状如鳜，居逵，逵，死昀晷穴，相交通。苍文赤尾。食者不痈，可以已瘘。

《临海水土记》曰：䲢鱼似鳋，长二尺。

飞鱼

王子年《拾遗录》曰：仙人宁封食飞鱼而死，死百年生。故《宁仙游涉七言颂》云："菁藻灼烁千载舒，万龄渐死饵飞鱼。"

《山海经》曰：騩音槐山，正回之水出焉而北流，注于河。其中多飞鱼，其状如豚而赤文，服之不畏雷，可以御兵。

郭璞《山海经图·飞鱼赞》曰：飞鱼如豚，赤文无羽。

《山海经》曰：牛首之山，劳水出焉。是多飞鱼，其状如鲋。食之可以已痔。又曰：飞鱼如豚，赤文，无羽。

张骏《山海经飞鱼赞》曰：飞鱼如鲋，登云游波。

《林邑国记》曰：飞鱼，身圆，长丈余，羽重沓，翼如胡蝉。出入群飞，游翔翳荟，而沉则泳海底。

豪鱼

《山海经》曰：渠猪之山，渠猪之水出焉。是多豪鱼，其状如鲔，而赤喙、尾，赤羽。食之，可以已白疥。

鯸鲐鱼

左思《吴都赋》曰：王鲔鯸鲐。刘逵曰：鯸鲐，状如科斗虫。大者长尺余。腹白，背青，有黄文。性有毒，虽小，獭、犬、鱼不敢啖也。蒸煮肥美。

鲏鱺鱼

潘岳《沧海赋》曰：鮥鱼鲏鱺。

鲍午回切鱼

《广志》曰：鲍鱼，一名河豚。

丹鱼

《抱朴子》曰：南阳丹水有丹鱼。先夏至十日夜，伺之，鱼夜浮水，侧有赤光，割取血，以涂足，可以步行水上。

蟓鱼

《广志》曰：蟓鱼，一名鮦直垄切。

鲻鱼

刘敬叔《异苑》曰：鲻鱼，凡诸鱼欲产，鲻辄以头冲其腹。鲻鱼自欲生者，亦更相撞。故世人谓为众鱼之生母也。

《岭表录异》曰：鲻，南人云：鱼之欲产子者须此鱼，以头触其腹而产。俗呼为生母鱼。

望鱼

《魏武四时食制》曰：望鱼侧如刀，可以刈草，出豫章明都泽。

班文鱼

鱼豢《魏略》曰：濊国出班鱼皮，汉时恒献之。

郭义恭《广志》曰：班文鱼出东夷，濊献其皮。

萧拆鱼

《魏武四时食制》曰：萧拆鱼，海之干鱼也。

鲟鲱上孚下沛鱼

《魏武四时食制》曰：鲟鲱鱼，黑色，大如百斤猪，黄肥，不可食。数枚相随，一浮一沉。一名敷。常见首。出淮及五湖。

《三十六国春秋》曰：吴人夏丞为孝廉，高士夏仲御以母疾，将市药于京师，随丞入洛。时值禊饮，贾充见而放之。仲曰："我，会稽夏仲御也。"充问："卿居海滨，能献船不？"仲曰："能之。"充因命焉。仲御即登船鼓拽，容止可观，为鲟鲱之形，俄然云雾杳冥，白鱼跃入其舟，充甚异之。

蕃逾鱼

《魏武四时食制》曰：蕃逾鱼，如鳖，大如箕，甲上边有髯，无头，口在腹下，尾长数尺，有节，有毒螫人。

龙鱼

《山海经》曰：龙鱼，陵居。其状如狸，或曰龙鱼似狸一角也。一曰鰕音遐鱼。即有神圣乘此，而行九野。一曰鳖鱼。

郭璞《山海经图赞》曰：龙鱼一角，似狸居陵。俟时而出，神圣攸乘。飞骛九域，乘云上升。

《括地图》曰：龙鱼，一名鰕鱼，状如龙，而有神圣乘此以行九野。

郭璞《江赋》曰：或虎状龙颜。龙鱼亦似鱼。

太平御览卷第九百四十　鳞介部十二

琼鱼

《汉武内传》曰：西王母曰："仙人上药，有流渊琼鱼。"

横公鱼

《神异经》曰：北方荒外有石湖，其中有横公鱼，长七八尺，形状如鳢而目赤。昼则在湖中，夜化为人。刺之不入，煮之不世，以乌梅二七煮之乃熟。食之可以止邪病。《玄黄经》曰：横公鱼不可杀，唯加乌梅其气乃灭。

发鱼

《魏武四时食制》曰：发鱼，带发如妇人，白肥，无鳞，出滇池。

蒲鱼

《魏武四时食制》曰：蒲鱼，其鳞如粥，出郫县。

印鱼

《临海异物志》曰：印鱼，无鳞，形似鲭音错形，额上四方如印，有文章。诸大鱼应死者，印鱼先封之。

郭延之《述征记》曰：城阳县南六里，尧母庆都墓庙前一池，鱼额间有印文，名颊鱼。非告祠者，捕不可得。

左思《吴都赋》曰：印龟鳐音藩鲭。

黄鱼

《吴书》曰：薛综上疏："交州刺史朱符多以乡人分作长史，强赋民黄鱼一枚、稻一斛。”

刘欣期《交州记》曰：武宁县秋九月，黄鱼上化作鹑鸟。

《南方草物状》曰：短细黄鱼，九月中，因秋风而变成鹑，上团，吏捕取炙食，滋味肥美。

《南中八郡志》曰：江出黄鱼，鱼形颇似鳣，骨如葱，可食。

郭义恭《广志》曰：犍为郡僰道县出臑骨黄鱼。

寄鱼

沈怀远《南越志》曰：寄鱼，长三寸，似白鱼，常附海船以济洪波。一曰寄载鱼。

《临海水土记》曰：寄度鱼，长三寸，似白鱼。

君鱼

沈怀远《南越志》曰：君鱼，长三寸，背上骨如笔管，大者似矛。逢诸细鱼及鼋，腹皆断之。

琵琶鱼

《临海异物志》曰：琵琶鱼，无鳞，形如琵琶。

沈怀远《南越志》曰：琵琶鱼，无鳞，长二尺，形似琵琶，故因以为名。

任昉《述异记》曰：海鱼千岁为剑鱼。乐鱼，一名琵琶鱼，形似琵琶而喜鸣，因以为名。

左思《吴都赋》曰：鲛鲻琵琶。

曹毗《扬都赋》曰：鱼则琵琶、乌贼。

疏齿鱼

《魏武四时食制》曰：疏齿鱼，味如猪鱼，出东海。

潘岳《沧海赋》曰：比目、疏齿。

班鱼

《魏武四时食制》曰：班鱼，头中有石如珠，出北海。

郭义恭《广志》曰：班鱼，头中有玉石，如珠玑。

黄雀鱼

《临海异物志》曰：黄雀鱼，常以八月化为黄雀，到十月入海为鱼。

《风土记》曰：六月，东南长风，俗名黄雀风，时海鱼化为黄雀，因为名也。

燕鱼

《临海异物志》曰：燕鱼，长五寸，阴雨起飞高丈余。

鸢鱼

《临海异物志》曰：鸢鱼，状如鸢，唯无尾足。阴雨日亦飞高数丈。

赤鱼

鱼豢《魏略》曰：文帝欲受禅，赤鱼游于露镬。

玄鱼

王子年《拾遗录》曰：夏鲧理水无功，沉于羽川，化为玄鱼，大千尺。后遂死，横于河海之间。后世圣人以玄鱼为神化之物，以“玄”字合于“鱼”种为“鮌”字。

邵鱼

《临海水土记》曰：邵鱼，状如鸢鱼。

鱬而朱切**鰗鱼**

《临海水土记》曰：鱬鰗鱼，状如鸾鱼形。

井鱼

《临海异物志》曰：井鱼，头有两角。

镜鱼

《临海异物志》曰：镜鱼，如镜，形体薄，少肉。

含光鱼

《临海异物志》曰：含光鱼，一名蜡鱼。黄而美，故谓之蜡，有光照烛。

沈怀远《南越志》曰：含光谓蜡鱼，正黄而美，故谓为蜡鱼，夜则有光。

《岭表录异》曰：黄蜡鱼，即江湖之横鱼，头嘴长，而鳞背金色。南人脔为炙，虽美而毒，或煎爆或干。夜即有光如烛。

鯿鱼

《临海异物志》曰：鯿鱼，如指，长七八寸，但有脊骨，好作羹。大者如竹竿，曝作烛，极有光明。

鰵鱼

《临海异物记》曰：鰵鱼，三月生溪中，裁长一寸。至十月中，东还死于海，香气闻于水上。到时月辄复更生。

《永嘉地记》曰：石堂水口多鰵鱼。

吹沙鱼

《临海异物志》曰：吹沙，长三寸，背上有刺，犯之螫人。

伏念鱼

《临海水土记》曰：伏念鱼，似吹沙鱼。

金石鱼

《南越记》曰：金石鱼，形圆，如七寸柈。

婢屣鱼

《临海异物志》曰：婢屣鱼，口近腹下，形似妇人屣。

奴屩鱼

《临海水土记》曰：奴屩鱼，长一尺，如屩形。

鋈音沃鱼

《临海水土记》曰：鋈鱼，似蒲鱼，长三尺。

铜吮鱼

《临海异物志》曰：铜吮鱼，长五寸，似鯈鱼。

陶鱼

《临海水土记》曰：陶鱼，长三尺，似鱦音绳鱼。

石班鱼

《临海水土记》曰：石班鱼、媱虫、六虫为一。

又曰：石班鱼，媱虫。蝘螯也。班鱼鱼，长尺余。其班如虎文，俗言蝘螯。于瞬颠呼之，因走上岸，合牝，其子不可食也。

戴星鱼

《临海水土记》曰：戴星鱼，状如鸢鱼，背上有两白玓如指大，因名之云。

鱵鱼

沉怀远《南越南》曰：鱵鱼，似鴩鷝音毕。尾氏有刺，如欓树刺也。

鯪音零鱼

《临海水土记》曰：鯪鱼，似鲶鱼。

《异物志》曰：南方鱼多不肥美，唯鯪鱼为上。大者长二尺，作脍炙尤香而美。

《岭表录异》曰：鯪鱼，如白鱼，而身稍短，尾不偃。清远江多此鱼，盖不产于海也。广人得之多为脍，不腥而美，诸鱼无以过也。

织杼鱼

《临海水土记》曰：织杼鱼，状似鳘鱼，味美于诸鱼。

沈怀远《南越志》曰：织杼鱼，如真鱼，背上正青。

鯡鰭鱼

《临海水土志》曰：鯡鰭，形似鯡鱼，戏于重川，靡有定所。

土奴鱼

《临海水土记》曰：土奴鱼，头如虎，有刺螫人。

新妇鱼

《临海水土记》曰：新妇鱼，似䱥鱼，长一丈。

海狶鱼

《临海水土记》曰：海狶鱼，豕头，身长九尺。

郭璞《江赋》曰：鱼则江豚海狶。

曹毗《扬都赋》曰：海狶鲸鲟。

鲲鲍鱼

《临海水土记》曰：鲲鲍鱼，似海印鱼。

铅刀鱼

《临海水土志》曰：铅刀鱼，似鰲。潜远，鱼名，似鰲鱼。

虾蟆鱼

《临海水土记》曰：虾蟆鱼，色如鸢鱼，头似虾蟆，尾又似鸢。

鼋音元鱼

《临海水土记》曰：鼋鱼，长五寸。

鼠鱼

沈怀远《南越志》曰：鼠鱼，头如鼠。

《临海异物志》曰：鼠鱼，长七寸，头如鼠。

弓鱼

《临海水土记》曰：弓鱼，长三寸，似鲵鱼。

鰒鱧鱼

《临海水土记》曰：鰒鱧鱼，长一尺。

黍鱼

《临海水土记》曰：黍鱼，长三尺，似鳠鮆。

鶬音仓鱼

《临海水土记》曰：鶬鱼，两肋下有大肉，如炙脔大。

《岭表录异》曰：鶬鱼，形似鳊鱼，而脑上突起，连背而圆身。肉甚厚，鱼白如凝脂，只有一脊骨。治之以姜葱，炰之粳米，其骨亦软，飧者无所弃。鄙俚谓之狗磕睡鱼。以其犬在盘下难伺其骨，故云狗磕睡鱼也。

馈尾鱼

《南越记》曰：馈尾鱼，有毒，一名鳖鱼。

土拌鱼

《临海水土记》曰：土拌鱼，长七寸，白黑班文。

高鱼

《异物志》曰：高鱼，与鳟相似。与蜥蜴于水上相合，常以三二月中，有雌而无雄，食其胎杀人。

芦鲟音孚鱼

《异物志》曰：芦鲟，似鳅鳖而有细文，多膏，肥美，如大芦管。本出地中，随泉浮出，俗名芦鲟。

沈怀远《南越志》曰：芦鲟鱼生山曲水间，穴地为窟，泉源踊，则此鱼出。今庐陵以南至于南州有焉。俗以为酱。

鼉风鱼

《异物志》曰：冬天，此鱼数千万头共处大窟中藏，上有白气。或在鼉穴中，皮黑如漆，能潜知数里中空木所在，因风而入空木，化为蝙蝠。其肉甚美。

鲲鱼

《毛诗·鸡鸣》曰：弊笱在梁，其鱼鲂、鲲。

《尔雅》曰：鲲，鱼子。凡鱼之子，总名鲲。

又曰：䲁，小鱼。音绳。又音孕。匠箔东呼鱼子未成者为绳也。

海鲲鱼

王子年《拾遗录》曰：黑河，北极也。其水浓黑不流，上有黑云生焉。有黑鲲千尺，状如鲸，常飞游往于南海。

《庄子》曰：北冥有鱼，其名为鲲，其大不知几千里。

江逌诗曰：巨鳌戴蓬莱，大鲲运天地。倏忽云雨兴，俯仰三植戚。

孙放《咏庄子诗》曰：巨细同一马，物化无常归。修鲲解长鳞，鹏起片云飞。抚翼抟积风，仰凌垂天翚。

袁弘《北征赋》曰：鱼托水而成鲲，木在山而有松。

鲕音而鱼

《吕氏春秋》曰：鱼之美者，东海之鲕。

张衡《西京赋》曰：巢鲲鲕。鲲，鱼子也。鲕，细鱼类也。

细赤鱼

刘义庆《幽明录》曰：始兴云水源有汤泉。每至霜雪，其上蒸气高数十丈。泉中常有细赤鱼出游，莫有获者。

鳏鱼

《毛诗》曰：弊笱在梁，其鱼鲂、鳏。鳏夫鱼也。

《孔丛子》曰：卫人钓于河，得鳏，其大盈车。曰："吾下一鲂之饵，鳏过而不视。又以豚之半，则吞矣。"钟思曰："鳏贪以饵死，士贪以禄世。"

真鱼

沈怀远《南越志》曰：真鱼，如织杼鱼。

《临海水土记》曰：真鱼，俗谓之犹鱼。

鸡子鱼

《岭表录异》曰：鸡子鱼，口有嘴，如鸡，肉翅，无鳞，尾尖而长。有风涛即乘风飞于海上船梢，类鲐鰑鱼。

竹鱼

《岭表录异》曰：竹鱼，产江溪间，形如鳢鱼，大而少骨，青黑色，鳞下间以朱点鬣，可玩。或烹以为羹臛，肥而美。

乳穴鱼

《岭表录异》曰：全义岭之西南有盘龙山，山有乳洞，斜贯一溪，号为灵水溪。今桂州灵川县也。溪内有鱼，皆修尾，四足，丹其腹，游泳自若。渔人不敢捕之。《尔雅》云：鲵似鲶，四足，声如小儿啼。今商州山溪内亦有此鱼，谓之魶鱼。

鳖鱼

《临海水土记》曰：鳖鱼，似鳊鱼，长二尺。

太平御览卷第九百四十一 鳞介部十三

贝

《尚书·禹贡》曰：淮海唯杨州，岛夷卉服，厥篚织贝。

又《顾命》曰：大贝鼖鼓在西房。大贝，如车渠，商周传宝之。

《毛诗·节·巷伯》曰：萋兮菲兮，成是贝锦。贝如锦也。

又《义疏》曰：有紫贝，质白如玉，紫点，为文皆行列相当。大者径一尺七寸。今九真交址以为杯盘实物也。

《孝经援神契》曰：德至渊泉，则江生大贝。

《尔雅》曰：贝，陆居賆方遥切，在水者蜬；水陆异名也。贝中肉如科斗，但有头尾。音含。大者魧，《书大传》曰：大贝如车渠。谓车车冈，即魧属。魧，户郎切。小者鰿。今细贝，亦有紫色者，出日南。鰿音青。玄贝，贻贝；黑色贝也。余貾音池，黄白文。以黄为质，白为文点。余泉，白黄文。以白为质，黄为文点。今之紫贝，以紫为质，黑为文点。蚆音巴，博而頯頯者，中央广两头锐。頯，逵、轨二音。蜠音囷，大而险，险者，污薄。蟦，小而椭。即上小贝。椭，谓狭而长。此皆说贝之形容。椭，索妍切。

《说文》曰：贝，海介虫也。古者货贝而宝龟也。

《汲冢周书·王会》曰：共人玄贝。共人，吴越之蛮。玄贝，昭贝也。

《汉书》曰：文帝赐尉佗书，佗因使者献紫贝五百。

《后周书》曰：步落稽，妇人多贯蜃贝以为饰。

《隋书》曰：流求国人用鸟羽为冠，饰以珠贝。

《唐书》曰：吐浑国，妇人辫发萦后，缀以珠贝。

又曰：拂菻国，有大贝车渠。

《淮南子》曰：商拘文王于羑里。于是散宜生乃以千金求天下之珍怪，得大贝百朋。五百为一朋也。

《山海经》曰：虢山之尾，其上多玉。鱼水出焉，其中多文贝。

又曰：邽山，濛水出焉。其中多贝。贝甲中肉如科斗，但有头尾。

又曰：赤水之东，有苍梧之野。爰有文贝。紫贝也。

《南州异物志》曰：交趾以南，海中有大文贝，质白文紫，天姿自然，不假雕琢磨莹，而光焕烂。

《六韬》曰：商王拘周西伯昌于羑里。太公与散宜生金千镒，求珍物以免君罪。九江之浦，有大贝百冯。《诗》作"朋"也。

《盐铁论》曰：教与俗改，敝与世易。夏后氏以玄贝，周人以紫石。

《相贝经》曰：珪延得大贝于昌阳弱泉，为五帝瑶器也；得拘吝何贝，大如轮，为文王寿；穆王得大紫贝，悬其壳于昭阳观，以消恶雾。

又曰：濒水贝可以朗目；南海贝如珠，可以治水毒也；浮贝，投水则浮也；醬贝，使童子愚、女子淫。

《岭表录异》曰：紫贝，即砑螺也，儋振夷黎海畔采以为货。

《南越志》曰：土产明珠，大贝，即紫贝也。

螺

《易·说卦》曰：离为蠃。注曰：刚在外也。

《周官·天官上·鳖人》曰：祭祀供蠯蠃蚳，以授醢人。蠃，螔蝓也。郑司农云：蠯，蛤也。杜子春云：蠯，蚌也。蠯，音陴。

《国语》曰：大夫种谋吴曰："今吴大荒其民，必移就蒲蠡于东海之滨，必可伐。"

《广志》曰：海文蠡数种，其大者受一升，南人以为酒杯。

《魏书》曰：汉末，天下荒乱，率乏粮谷。袁术在江淮取给蒲蠃，民相食，州郡萧条。

《宋书》曰：元嘉末，魏太武征彭城，遣使求酒及柑橘。张畅宣孝武帝命，致螺杯杂粽，南土所珍。

《北史》曰：隋刘臻性好啖蚬，以音同父讳，呼为扁螺。

《淮南子》曰：蠃蠬愈烛睆，蠃，附螺也。蠬，细长螺也。烛睆，目中疾。此皆治目之药也。人无故而求此物者，必有蔽其明也。

《水经》曰：桂阳贞女峡，峡西岸高岩名贞女山，山下际有石如人形，高七尺，状女子，故名贞女峡。古来相传，有数女取螺于此，遇风雨昼晦，忽化为石。

《山海经》曰：旬山，洵水出焉，南流注于阏泽。其中多芘蠃。紫色螺也。

又曰：邽山，濛水出焉。有螺，鱼身而鸟翼，见则其邑大水。

《搜神记》曰：谢端，复官人。少孤，为乡人所养。年十八，恭谨自守。后于邑下得一大螺，如三升盆耳，将盍瓮中。每早至野，还，见有饮饭汤火处。端疑之，于篱外窥之，见一少女从瓮中出，至灶下燃火。便入问之，女答曰："我天汉中白水素女，天帝哀卿少孤，使我权相为守舍炊煮，待卿后得妇当还去。今无故相伺，不宜留此。"忽有风雨而去。

徐衷《南方记》曰：马轲蠃，大者围九寸，长四寸；细者围七寸，长三寸。

《南州异物志》曰：鹦螺，状如复杯，头如鸟头，向其腹视，似鹦鹉，故以名。肉离壳食，唯以筋自系于壳，饱则入壳中。若为鱼所食，壳乃浮出，为人所得，质白而文紫。

崔豹《古今注》曰：蜗牛宛转，有草纹缚为结，似螺髻。

《交州异物志》曰：寄居山，蠃虫而长。如蠡而脚似蜘蛛，大无壳，入蠡壳中。

又曰：螺大者如筥，一边重，可为酒器。

又曰：吒螺，着海边树上，见人吒，如人声。可食。

又曰：苍螺，江东人以为碗。假猪螺，日南有之，厌为甲香。

邓德明《南康记》曰：平固水口下流数里，有螺亭临江。昔一少女，曾与伴俱乘小船江汉彩螺，既逼暮，因停沙边共宿。忽闻骚骚如军马行，须臾，乃见群螺张口无数，相与为灾，来破舍啖此女子。同侣诸妪当时惶怖不敢作声，悉走上岸。至晓方还，但见骨耳。收敛圣骨，薄埋林际，归报其家，经四五日，间近所埋处，翻见石冢穹窿，高十余丈，头可受二十人坐也。今四面有阶道，仿佛人家，其顶上多螺壳，新故相仍，乡传谓之螺亭。

《世语》曰：卫瓘，大康永熙中，家人炊饭堕地，尽化为螺，出足而行。瓘终见诛。

《广五行记》曰：晋武帝时，裴楷家炊黍在甑，或变为螺，其年楷卒。又石崇家稻米化螺，崇亦被诛。

《岭表录异》曰：鹦鹉螺，旋尖处屈而朱，如鹦鹉嘴，故以此名。壳上青绿斑。大者可受二升。壳内光莹如云母，装为酒杯，奇而可玩。又红螺，大小亦类鹦鹉螺，壳薄而红，亦堪为酒器。刳小螺为足，缀以胶漆。

葛龚荐戴昱曰：昱年六十二，兄弟同居二十余年。及为宗老分旧业，昱将妻子逃入虞泽，结茅为室，捃获野豆，拾掇蠃蚌，以自赈给。

蚌

《易通卦验》曰：小雪，雉入水为蜃。

《尔雅》曰：蜃，小者珧。珧，玉珧也，即小蚌。珧音遥。

《说文》曰：蛃步柄切，蚌也；鲒巨栗切，蠯音蚌也。

《汉书》曰：汉律，会稽献鲒酱二升，蚌蜃之属也。

《周书》曰：成王时，具驱献蜃。郑玄注曰：蜃，大蛤也。

《大戴礼》曰：十月，雉入淮为蜃。蜃者，蒲芦也。

《春秋后语》曰：齐、赵将伐燕，苏代为燕说赵王曰："今者臣来，过小水，见小蚌方出暴，而鹬啄其肉，蚌合而挟其喙。喙，口也。上啄其肉，音张角切；下喙，音许秽切。鹬曰：'今日不雨，明日不雨，必见蚌脯！'蚌亦谓鹬曰：'今日不出，明日不出，必见死鹬！'两不相舍，渔父得而并擒之。今赵且伐燕，燕、赵久相支以弊其众，臣恐强秦之为渔父也。故愿大王熟计之。"赵王于是乃止。

《魏志》曰：孔融与韦康书云："玄将仲将，不意双珠，近出老蚌。"

《陈书》曰：武帝雅善恭俭，膳不过数品。私飨曲宴，皆用瓦器蚌盘。

《唐书》曰：太宗谓侍臣曰："蜃性含水，待月而水生；木性怀火，因燧而焰发；人性含灵，待学而成美。”

《墨子》曰：申屠狄谓周公曰：“贱人何可薄耶？周之灵圭出于土石，楚之明月出于蚌蜃，少豪大家出于污泽，天下诸侯皆以为宝。狄今请退也。”

《淮南子》曰：季秋，爵入大水为蛤。爵，依屋之雀也，飞鸟也，随阳下藏故为蛤。

又曰：古者剡耜而耕，摩蜃而耨。剡，利也。耜，臿属也。蜃，大蛤，摩令利，用挚猪。耨，除苗秽。

又曰：孟冬，水始冰，地始冻，雉入大水为蜃。雉，阳鸟也。三岁而死，极阳化阴，故随阴气入水为蜃。蜃，大蛤也。

又曰：明月之珠，出于蛖音龙蜃。珠有夜光之明月，生于蛖中。

又曰：毛羽者，飞行之类也，故属于阴。日者，阳掷犄也。是以春夏则群兽除，日至而麋鹿解。解角也。月者，阴之宗也。是以月亏而鱼脑减，月死而螺蚌膲。膲，諴蹙也。

又曰：古者，民茹草饮水，彩树木之实，食蠃蛖之肉。时多疹病、毒伤之害。

又曰：明月之珠，蜃蚌之病而我之利；虎爪象牙，禽兽之利而我之害。我犹人也。

又曰：蛖、象之病，人之宝也。蛖，大蛤中有珠，象牙，还以自病，故人得以为宝。人之病，将有谁宝之者乎？人以利欲为病，无人宝之，故曰将有谁宝。

《西京杂记》曰：长安始盛饰鞍马，竞加雕镂。或一马之饰直百金。皆用白蜃为珂，紫金为花，以饰其上。

《越地形记》曰：夏靖《答车茂弘论鄮县书》曰：“其蚌蛤之属，目所希见，耳所未闻。”

徐衷《南方记》曰：白珠蚌，壳长三寸半，涨海中，深六七丈，去岸四五十里。

《永嘉郡记》曰：乐成县木履山东带采门。凡海采者，皆由其门，故以为名。多香螺、文蛤之属。

《博物志》曰：东南之人食水之产，西北之人食陆畜产。食水产者，龟蛤螺蚌以为珍味，不觉其腥臊也；食陆畜产者，狸兔鼠雀以为珍味，不觉其膻焦也。

杜宝《大业拾遗录》曰：南方林邑，有大蚌盈车，明珠至寸，不以为贵，国人不采。

《交州异物志》曰：乌浒山居，射翠取羽，剖蚌采珠。

任昉《述异记》曰：淮水中，黄雀至秋化为蛤，至春复为黄雀，五百年化为蜃蛤。

《岭表录异》曰：珠池，帘州边海中有洲岛，岛上有大池，谓之珠池。每年修贡珠，户户入池彩珠，皆彩老蚌剖而取珠。池在海上，疑其底与海通。珠如豌豆大，常珠也；如弹丸者，亦时有得；径寸照室之珠，卒不可遇也。又取小蚌肉，贯之以篾，曝干，谓之珠母。容桂人率将脯烧之，以荐酒肉也。中有细珠如粱粟。乃知珠池之蚌，随其大小，悉胎中有珠矣。

延笃《与高义方书》曰：今兹以五经为鼎簠，书传为俎笾，祖述尧、舜，宪章文、武，未暇虫丰也，宜勿以为念。

郭璞《江赋》曰：紫蚢如渠，洪蚶专车。琼蚌晞曜以莹珠，石蛙应节而扬葩。

太平御览卷第九百四十二　鳞介部十四

蛤

《易进卦验》曰：立冬，燕雀入水为蛤。

《礼记·月令》曰：季秋之月，雀入大水为蛤。

《汲冢周书·王会》曰：东越海蛤。东越则海际。蛤，文蛤。

《三国典略》曰：周天和元年夏，齐冀州人于蚌蛤中得瑶环一只。

又曰：徐之才初迁豫章王综国常侍，随综入北。有一人患足跟痛，诸医咸莫能识。之才视之曰："蛤精疾也，得之当由乘船入海，垂脚水中。"疾者曰："实曾如此。"之才为剖之，得蛤子二，大如榆荚。

《淮南子》曰：土龙致雨，燕雁代飞。燕春南而雁秋北也。蛤蛖珠龟，与月盛衰。

《吕氏春秋》曰：月者，群阴之本。月望则蚌蛤实，群阴盈；月晦则蚌蛤虚，群阴湫。夫月形于天，而群阴化于渊。

《汉武帝内传》曰：西王母云："仙家之药，有白水灵蛤。"

《汝南先贤传》曰：周燮，字彦祖。好潜靖养志，唯典籍是乐。有先人草庐，庐下有陂，鱼蛤生焉。非身所耕，则不食也。

《南越志》曰：凡蛤之属，开口，闻雷鸣，不复闭。

《云南记》曰：新安蛮妇人于耳上悬金环子，联贯瑟瑟，帖于鬓侧。又绕腰以螺蛤，联穿系之，谓为珂佩。

《博物志》曰：东海有蛤，鸟常啖之，其肉消尽，壳起浮出，更薄在沙中岸边，潮水往来碏薄，荡白如雪。入药最精，胜彩取自死者。

崔豹《古今注》曰：岛雁，常在河边沙上食沙石，悉皆销烂，唯食蛤不销，随其粪出。用以为药，倍胜常者。

《本草经》曰：文蛤有文，味咸无毒。主除阴蚀、恶疮、五痔、九孔出血，生东海。

左思《赋》曰：蚌蛤珠胎，与月亏全。

蛱蠜

《临海水土物志》曰：蛱蠜，似蛤，如蚬大。

三嵏音宗

《临海水土物志》曰：三嵏似蛤。

车螯

沈约《宋书》曰：庐陵王义真出为南豫州刺史，刘湛为长史。义真出时，居高祖忧，使帐下备膳，湛禁之。义真乃于斋内别立厨帐，会湛入，暖酒炙车螯。湛正色曰："公当今不宜有此设！"义真曰："且甚寒，一杯酒亦何伤？"酒既至，湛因起曰："既不能以礼自处，又不能以礼处人！"

谢灵运《答弟书》曰：前月十二日至永嘉郡，蛎不如鄞县，车螯亦不如北海。

移角

《临海水土物志》曰：移角，似车螯。角移不正，名曰移角。

姑劳

《临海水土物志》曰：姑劳，如车螯而壳薄。

羊蹄

《临海水土物志》曰：羊蹄，似蚌，味似车螯，罗江小卢有之。

蛤蜊

《宋书》曰：王融初为司徒法曹，诣王僧佑，因遇沈昭略，未相识。昭略屡顾眄，谓主人曰："是何年少？"融殊不平，谓曰："仆出于扶桑，入于旸谷，照曜天下，谁云不知？而卿此问，何也？"昭略云："不知许事，且食蛤蜊。"融曰："物以群分，方以类聚。君长东隅，居然应嗜此族！"

《淮南子》曰：若士方卷龟壳而食蛤蜊。

《抱朴子》曰：若士所食，此必草也。又海中自有蛤蜊、螺蚌之类，未加煮，凡人所不能啖，况君子若士乎？

芦雉

《临海水土物志》曰：芦雉，似蛤蜊，壳小薄耳。

蚶火甘切

《唐书》曰：元和中，岭南节度使崔咏卒。宰臣奏拟，皆不可。上谓裴度曰："常有谏进海蚶、淡菜者，词甚忠正，卿可求此人与之。"度出以访人，或有言孔戣谏者。度即日以闻，乃命之。

《广志》曰：巨延州以蚶与行估货易。

《临海水土物志》曰：蚶侧径四尺也。

盛弘之《荆州记》曰：始安郡骇鹿山，山上有石室，凿内辄得骨，并获蚶。

《岭表录异》曰：瓦屋子，盖蚌蛤之类也。旧呼为蚶音憨。子，顷因卢钧尚书作镇，遂改为瓦屋子。以其壳上有棱如瓦垄，故名焉。壳中有肉，紫色而满腹。广人尤重之，多烧以荐酒，俗呼为天脔炙。吃多即壅气，背膊烦疼，未测其本性也。

乌头

《临海水土物志》曰：乌头似蚶。

下来蜮许咸切。似蛤，出海中

《临海水土物志》曰：下来蜮，虽似乌头，各自有种。

又曰：蜮蛤有似乌头。

越王

《临海水土物志》曰：越王，形似蜮，壳赤，尾如人爪形。

蛎

《梁书》曰：何胤初侈于味，食必方丈。后稍欲去其甚者，犹食白鱼、䱇脯、糖蟹。以为非见生物，拟食蚶蛎，使门下议之。学生锺玩曰："䱇之就脯，骤于屈伸；蟹之将糖，躁扰弥甚。仁人用意，深怀如怛。至于车螯蚶蛎，眉目内阙，慚浑沌之奇；犷壳外缄，非金人之慎。不悴不荣，曾草木之不若；无香无臭，与瓦砾其何算？故宜长充庖厨，永为口味？"竟陵王子良见玩议大怒。汝南周颙与胤书，劝令食菜。

《茅君内传》曰：欲合九转，先作神金。取东海左顾牡蛎凡六物，令分等，各捣三万杵。

《异物志》曰：古贲灰，牡蛎壳。

《临海水土物志》曰：蛎长七尺。

《南越志》曰：南土谓蛎为蚝甲，为牡蛎。合涧州圆蛎，土人重之，语曰："合涧一蛎，虽不足豪，亦可以高也。"

《永嘉郡记》曰：乐成县新溪口有蛎屿，方圆数十亩，四面皆蛎，其味偏好。

谢灵运《游名山志》曰：新溪蛎味偏甘，有过紫溪者。

《岭表录异》曰：卢亭亭，卢循遗类也。循昔据广州，既败，余党奔于海岛野居，唯食蚝蛎，叠壳为墙壁。

又曰：蚝即牡蛎也。其初生海岛边，如拳石，四面渐长，有高一二丈者，巉岩如山。每一房内，蚝肉一片，随其所生，前后大小不等。每潮来，诸蠔皆开房伺蚁，入即合之。海夷卢亭亭者，以斧揳取壳，烧以烈火，蚝即启房，挑取其肉，贮以小竹筐，趁虚市以易酾米。卢亭好酒，以蚝肉换酒也。蚝肉大者腌为炙，小者炒食。肉中有滋味，食之即甚壅肠胃。

蚬户典切

《尔雅》曰：蜃小者曰珧。郭璞注曰：新燕蛤也，江东呼为蚬也。

蟹

《广雅》曰：蟹，蛫音尼也。其雄曰蜋蚁，其雌曰转带。

《山海经》曰：大蟹在海中。盖十里之蟹。又，女丑有大蟹，广千里。

《汲冢周书·王会》曰：成王时，海阳献蟹。

《大戴礼》曰：蟹二螯八足，非𬶍之穴而无所寄托者，心躁也。《孙卿子》同。

《礼记·檀公下》曰：成人有兄死而不为衰者，闻子皋将为成宰，遂为之衰。成人曰："蚕则绩，而蟹有筐；范则冠，而蝉緌；兄则死，子皋为之衰。"

《孝经援神契》曰：蟹二螯，两端旁行。螯犹兵也。小虫而欲两端自卫，故使旁行也。

《晋书》曰：解系坐免官，以白衣还第，阖门自守。及张华、裴頠之被诛也，伦秀以宿憾收系兄弟。梁王肜救系等，伦怒曰："我于水中蟹且恶之，况此人兄弟轻我耶？此而可忍，孰不可忍！"肜苦争之不得，遂害之。

又曰：刘聪左都水使者襄陵王摅，坐鱼蟹不供，斩于东市。

《三国典略》曰：周永定元年夏四月，齐主禁取蟹蛤之类，唯许私家捕鱼。

《淮南子》曰：夫释大道而任小数，无以异于使蟹捕鼠、蟾诸捕蚤，不足以禁奸塞邪，乱乃愈滋。以霸菭蟹筐上，内置穴中，乃热走穷穴，适能擒一鼠。

又曰：磁石引铁，蟹之败漆，置蟹漆中，则漆败也。虽在明知，弗能然也。

《抱朴子》曰：若蟹之化漆，麻之坏酒，此不可以理推者也。

又曰：山中称无肠公子者，蟹也。

又曰：兵地生蟹者，宜急移军。太一在主帐之中，不可攻也。

《郭子》曰：毕茂世云："一手持蟹螯，一手持酒杯。拍浮酒池中，可了一生哉！"

《国语》曰：越王召范蠡而问焉，曰："与子谋吴子，未可也；今其稻蟹食不遗种，其可乎？"范蠡对曰："天应至矣，人事未也，勤须厉志。"

《世说》曰：蔡司徒渡江，见蟛蜞，大喜曰："蟹有八足，加以二螯。"令烹之。既食，委顿吐下，方知非蟹。后向谢仁祖说此事，谢曰："卿读《尔雅》不熟，几为《劝学》死！"刘孝标云：《大戴礼·劝学》篇曰：蟹八足二螯，非蛇蛆之穴无所寄托者，用心躁也。故《尔雅》云：蝟小者劳，即彭蝟也，似蟹而小。案，今彭蜞小于蟹而大于蝟，《尔雅》所谓蝟泽者也。然此三物，皆八足二螯，状甚相类。蔡谟不精其大小，食而致敝，故云读《尔雅》不熟也。

《永嘉郡记》曰：安国县有山鬼，形体如人，而一脚，裁长一尺许。好啖盐，伐木人盐辄偷将去。不甚畏人，人亦不敢伐木犯之，即不利也。喜于山涧中取石蟹，伺伐木人眠息，便十十五五出，就火边跂石炙啖之。尝有伐木人见其如此，未眠之前，痛燃石使热，罗置火畔，便佯眠看之。须臾魑出，悉皆跂石，石热灼之，跳梁叫呼，骂詈而去。此伐木人家，后被火烧委顿。

《博物志》曰：南海有水虫名蒯，蛤之类也。其中有小蟹，大如榆荚。蒯开甲食，则蟹亦出食；蒯合甲，蟹亦还入。为蒯取以归，始终死不相离。

又曰：蟹、漆相合成水。神仙服食方云。

又曰：秋蟹毒者，无药可疗。目相向者尤甚。

《玄中记》曰：天下之大物，北海之蟹。举一螯能加于山，身故在死暑。

《淮南万毕术》曰：烧蟹致鼠。

《搜神记》曰：晋太康年中，会稽郡蟛蜞及蟹皆化为鼠，甚众，覆野为灾，食稻。

《述异记》曰：出海口，北行六十里至腾榆屿之南溪，有淡水清澈照底。有蟹焉，筐大如笠，脚长三尺。宋元嘉中，章安县民屠虎取此蟹食之，肥美过常。虎其夜梦一少妪语之曰："汝啖我，知汝寻被啖不？"屠氏明日出行，为虎所食。余家人殡瘗之，虎又发棺啖之，肌体无遗。此水今犹有大蟹，莫敢复犯。

《广五行记》曰：元嘉中，富阳人姓王于渎中作蟹断。旦往视之，见一材头，长二尺许，在断中而裂开，蟹出都尽。乃治断，出材岸上。明旦往之，见材复在断中，而裂开如前。王又治断出材，明晨往视，所见如初。王疑此材妖异，乃取笼中担归。去家一二里，闻笼中窣动声。王生顾见向材段变成一物，人面猴身，一手一足，语王生曰："我性嗜蟹，比实入破君断食蟹，以此相负，望君恕我。我是山神，当相佑助。"王曰："汝犯暴人，罪自应死，何以多言？"此物曰："君何姓名？"频问不已，王终不答。去家转近，曰："既不放我，又不告我姓名，当复何许？"王至家以火焚之。土俗谓之山獔，知人姓名则能为伤人耳。

又曰：军行地无故生蟹，宜急移，吉。蟹鱼之类，水失其性则有此孽。

《岭南异物志》曰：尝有行海得州渚，林木甚茂，乃维舟登岸，爨于水傍。半炊而林没于水，遽断其缆，乃得去。详视之，大蟹也。

《岭表录异》曰：水蟹，螯壳内皆咸水，自有味。广人取之淡煮，吸其咸汁下酒。黄膏蟹，壳内有膏，如黄苏，加以五味，和壳煿之，食亦有味。赤母蟹，壳内黄赤膏，如鸡鸭子黄，肉白。以和膏实其壳中，淋以五味，蒙以细面，为蟹饆饠，珍美可尚。红蟹，壳殷红色，巨者可以装为酒杯也。虎蟹，壳上有虎班，可装为酒器，与红蟹皆产琼崖海边。

《本草经》曰：蟹味咸，治胸中邪气、热结痛。

《张敞集》曰：朱登为东海相，遗敞蟹，报书曰："蘧伯玉受孔氏之赐，必及乡。敞谨分斯贶于三老尊行者，曷敢独烹之？"

太平御览卷第九百四十三 鳞介部十五

拥剑

《广志》：拥剑，似蟹，色黄，方二寸。其一螯偏长，如足大指，长三寸余，有光，其短细者如簪。

《异物志》云：拥剑，状如蟹，但一螯偏大耳。何逊诗云："跃鱼拥剑"，是不分鱼蟹也。

崔豹《古今注》曰：蟛蝟音滑，小蟹也。生海边涂中，食土，一名"长卿"。其有螯偏大者，名"拥剑"，一名"执火"。其螯赤，故谓之"执火"也。俗谓之"越王剑"。

杜宝《大业拾遗录》曰：吴都献蜜蟹二千头，作如糖蟹法，蜜拥剑四瓮。拥剑，似蟹而小，一螯偏大。《吴都赋》所谓"乌贼拥剑"是也。

鳅蝥

祖台之《志怪》曰：会稽山阴东郭氏女，先与县人私通。此人贾还于县东灵慈桥，女往入船就之，因共寝。为设食，食鳅蝥。食毕，女将两鳅蝥上岸去。船还来至郭，逢人，语此女已死。乃往省之，尚未殡也。发衾视之，两手各把一鳅蝥。

《岭表录异》曰：鳅蛑，乃蟹之巨者。异者，两螯上有细毛如苔，身有八足；鳅蛑则螯足无毛，后两小足薄而阔，俗谓之脖贼之。与蟹有殊，其大如升。南人皆呼为蟹。有大如小楪子者。八月，此物与人斗，往往夹杀人也。

彭蝟

《尔雅》曰：蝟蠌，小者蟧。螺属，见《埤苍》。或曰即彭蝟也，似蟹而小。滑泽二音。

《晋书》曰：夏统，字仲御，会稽永兴人也。幼孤贫，养亲以孝闻，睦于兄弟。每采捃求食，星行夜归，或至海边拘蟛蜞以资养。

《搜神记》曰：晋太康四年，会稽彭蜞化为鼠，食稻为灾。

崔豹《古今注》曰：彭蜞，小蟹也，一名长卿。

《岭表录异》曰：彭蜞，吴呼为越，盖语讹也。足上无毛，堪食。吴越间多以盐藏，货于市。

竭朴

《临海异物记》曰：竭朴，大于彭蜞，壳黑班，有文章，螯正赤。常以大螯彰目，屈小螯以取食。

《岭表录异》曰：竭朴，乃大彭蜞也。壳有黑班，双螯一大一小。常以大螯捉食，小螯分以自食。

沙狗

《临海异物志》曰：沙狗，似彭蜞，壤沙为穴。见人则走，曲折易道，不可得也。

招潮

《临海异物志》曰：招潮，小如彭蜞，壳白。依潮长，背坎外向，举螯不失常期，俗言招潮水也。

《岭表录异》曰：招潮子，亦蟛蜞之属，壳带白色。海畔多潮，潮欲来，皆出坎举螯如望，故俗呼招潮也。

倚望

《临海水土物志》曰：倚望，常起顾睨西东，其形如彭蜞大。行途上，四五进辄举晻两螯八足起望。行常如此，唯入穴中乃止。

石蜠巨陨切

《临海水土物志》曰：石蜠，大于蟹，八足，壳通赤，状鸭卵。

蜂江

《临海水土物志》曰：蜂江，如小蟹大，有足，两螯，壳牢如石蜠同，不中食也。

芦虎

《临海水土物志》曰：芦虎，似彭蜞，两螯正赤，不中食。

石华

《临海水土物志》曰：石华附石，肉淡。

《会稽地理记》曰：鄮县滨多石华。

蚼蝷上古侯切，下并亦切

刘欣期《交州记》曰：蚼蝷，似玳瑁，龟头鳖身虾尾，色班似锦文，大如笠，四足漫湖，无指甲，前有黑珠，可以饰物。

《临海水土物志》曰：鼅蝷，其状龟形，如笠，味如鼋，可食。卵大如鸭卵，正圆，中生啖，味美于诸鸟卵。其甲黄点注之，广七八寸、长二三尺，有光色。

左思《吴都赋》曰：鼅鼊鲭鳄。

鲎胡遘切

《广志》曰：鲎，似便面，负雌而行，失雄则不能独活。出交趾南海中。

《吴录·地理志》曰：交趾龙编县有鲎，形如惠文冠，青黑色。十二足似蟹，长五寸。腹中有子如麻子，取以作酱，尤美。

裴渊《广州记》曰：鲎，广尺余，形如熨斗，头如蜣蜋，腹下有十二足。南人重之，以为鲊。

《南越志》曰：张海口有鲎，每过海辄相积于背，高尺余，如帆乘风而游。

《岭表录异》曰：鲎鱼，其壳莹净，滑如青瓷碗，鏊背，眼在背上，口在腹下，青黑色，腹两旁为六脚，有尾长尺余，三棱，如棕茎。常雌附雄而行，捕者必双得之。若摘去雄者，雌者即自止，背负之方行。腹中有子如绿豆，南人取之，碎其脚，和以为酱食之。尾中有珠如粟，色黄。雌者小，置之水中，即雄者浮，雌者沉。

瑟鯶

《临海水土物志》曰：瑟鯶，与鼂相似。

海蝥

《临海水土物志》曰：海蝥，如鼂，狭后广前，其肉中食，亦又多膏。

鼂类上音朝

《临海水土物志》曰：鼂类，似鼋蝷，肠如羊胃，中啖。

越王算

《临海水土物志》曰：越王算，如笄大，正白，长尺余。生海边沙中，见乃取之，可必得；心中存来取，即入土中。

石蚑去鼓切

《临海水土物志》曰：石蚑生附石，长三寸，如小竹大，有甲，正黑，中食。

阳遂足

《临海水土物志》曰：阳遂足，此物形状：背青黑，腹下黄白，有五足，长短大小皆等，不知头尾所在。生时体软，死即干脆。

鼅鼊上音迷，下音麻

《临海水土物志》曰：鼅鼊、鼋蟒相似，形大如蘼，生渤海边沙中，肉极好啖，一枚有三斛膏。

土肉

《临海水土物志》曰：土肉，正黑，如小儿臂大，长五寸，中有腹，无口目，有三十足，如钗，股大，中食。

虾

《尔雅》曰：鰝，大吓也。虾大者。出海中，长二三丈，须长数尺。今青州呼虾鱼为鰝，音部。

《东观汉记》曰：马稜，字伯威，为广陵太守，奏罢盐官，赈贫羸，薄赋税。蝗虫飞入海，化为鱼虾。

王隐《晋书》曰：吴后置广州，以南阳滕修为刺史。或语修虾长一丈，修不信。其人后故至东海取虾须，长四五尺，封以示修，修乃服。《广州记》亦云。

《金楼子》曰：舜摄天子，有缓耳贯胸之民来献珠虾。

《世说》曰：虞啸父为孝武帝侍中，帝从容谓曰："卿在阁下，初不闻有献替。"虞家富近海，谓帝望其意，对曰："天时尚暖，鱼鳖虾鲜未可致，寻有所献。"帝抚掌大笑。

《异物志》曰：虾种多，鰕最大，中作脯。

《南越志》曰：南海以虾头为杯，须长数尺，金银镂之，晋简文以盛酒，未及饮，酒跃于外。筮之，曰："三旬当后庭有告变者。"果有生子，人面犬身。

《博物志》曰：东海有物，状如凝血，纵广数丈，正方圆，名曰鲊鱼，无头目，内无腹藏。其所处众虾附之，随其东西。越人煮食之。

《岭南异物志》曰：南海有虾，须长四五十尺。

《岭表录异》曰：海虾，皮壳嫩红色，就中脑与前双脚有钳者，其色如朱。余常登海艑，忽见窗版悬二巨虾壳，头尾钳足具全，各七八尺，首占其一，分刺尖利如锋刃，刺上有须如红筋，各长二三尺，前双脚上有钳，云以此捉食。钳粗如人大指，长三尺余，上有芒刺如蔷薇枝，赤而銛硬，手不可触。脑壳烘透，弯环尺余，何止于杯盂也！

《北户录》云：滕修为广州刺史。有客语修曰："虾须一丈者，堪为柱杖。"修不之信。故去东海取须，长四丈、以示修，方服。其异宁虾，大者亦首尾尺余。闽越率取其肉脔而为炙，又浑以盐藏，自然红色，谓之红虾，贡送。白虾，肉薄而白，莹如水精，广人偏食之，盖美而毒。恂于闽川、吴中，悉无此类。

《岭表录异》曰：南人多买虾之细者，生切，绰菜兰、香蓼等，用浓酱醋先泼活虾，盖以生菜，然以热饮覆其上，就口跑之，亦有跳出醋碟者，谓之虾生。鄙俚重之，以为异馔也。

王朗《答魏文表》曰：夫张大网以漉鳅虾，辱九鼎以烹蛙鼃。

应璩《百一诗》曰：大龟承哀敝，复欲密其罗。蚍蜉犹见得，何云鳅与虾！

葛龚与张季景书曰：夜从刘伯宣舍西垂过龚家，无饭，啖炒虾。

海月

《临海水土物志》曰：海月，大如镜，白色，正圆，常死海边，其指如搔，头大，中食。

谢灵运诗曰：挂席拾海月。

玉蛯余招切

《临海水土物志》曰：玉蛯，似蚌，长二寸，广五寸，上大下小。其壳中柱，炙之，味似酒。

陵龙

《临海水土物志》曰：陵龙之体黄，身四足，形短尾长，有鳞无角。南越嘉羞，见之竟逐。

石矩

《岭表录异》曰：石矩，亦章举之类，身小而足长。入盐为干，烧食极美。又有小者，两足如带，曝干后似射踏子，故南中呼为射踏子也。

玳瑁

《岭表录异》曰：玳瑁，形状如龟，唯腹背甲有烘点。其大者悉似盘盖。《本草经》云："玳瑁解毒，兼云辟邪。"余寄居广南，日见卢亭海岛夷人。获活玳瑁龟一枚，以献连帅嗣薛王。王令生取背甲小者二片，带于左臂上，以辟毒。龟被生揭其甲，亦甚苦楚。后养于使宅后北池，伺其揭处渐生，复遣卢亭送于海畔。或云："玳瑁，若生带之，有蛊毒，玳瑁甲即自摇动；若死，无此验。"

蠵蠵上遵为切，下音俊

《岭表录异》曰：蠵蠵，俗谓之滋夷，乃山龟之巨者。人立其背，可负而行。产潮循山中，乡人采之，取壳以货。要全其壳，须以木楔其肉，龟吼如牛，声响山谷。广州有巧匠，取其甲以为梳篦杯器之属。

水母

《广志》曰：水母，如羊胃，在海中常浮，闻人声沉水底。可生切食。

沈怀远《南越志》曰：海岸间育水母，东海谓之蛇音蜡。

张茂先《博物志》曰：东海有物，状如凝血，广数尺，正方圆，名曰十母，无头目。所处则众虾附之，随其东西南北。可煮食之。

《异物志》曰：水母在海，泛泛常浮。其体正白，常在水上浮也。

《岭表录异》曰：水母，广州谓之水母，闽人谓之蛇痴驾切，其形乃浑然凝结一物。有淡紫色者，大如覆帽，小者如碗。腹下有物如悬絮，俗谓之足，而无口眼。常有数十虾寄腹下，咂食其涎。浮泛水上，捕者或遇之，即倏然而没，乃是虾有所见耳。《越绝书》云：海镜，蟹为腹；水母，即虾为目也。南中好食之。

海镜

《岭表录异》曰：海镜，广人呼为膏叶盘。两片合以成形，壳圆，中甚莹滑，日照如云母光。内有少肉如蚌胎，腹中有小蟹子，其小如豆黄，而螯足具备。海镜饥则蟹出拾食，蟹饱归腹，海镜亦饱。余曾市得数个，验之，或迫之以火，即蟹子走出，离肠腹立毙；或生剖之，有蟹子活在腹中，逡巡亦毙。

太平御览卷第九百四十四 虫豸部一

虫

《尔雅》曰：有足谓之虫，无足谓之豸。

《周礼·冬官·梓人》曰：外骨、内骨，却行、仄行，连行、纡行，以脰鸣者、以注鸣者、以旁鸣者、以翼鸣者、以股鸣者、以胸鸣者，谓之小虫之属。外骨，龟属。内骨，鳖属。却行，螾衍之属。仄行，蟹属。连行，鱼属。纡行，蛇属。脰鸣，蛙属。注鸣，精列属。旁鸣，蜩蜺属。翼鸣，发皇属。股鸣，蚣蝑动股属。胸鸣，荣原属。

《大戴礼》曰：毛虫之精者曰麟，羽虫之精者曰凤，介虫之精者曰龟，鳞虫之精者曰龙，裸虫之精者曰圣人。

《礼记·月令》曰：孟春之月，蛰虫始振。仲春之月，蛰虫咸动。启户始出。仲秋之月，蛰虫坏户。坏，益也。季秋之月，蛰虫咸俯。在内皆墐其户。墐谓途闭之。

《春秋考异邮》：二九十八，主风精为虫，八日而化，风列波激。故其名从虫，虫之为言屈申也。

《东观汉记》曰：永平三年春，有司奏立长秋宫以率八妾，上未有所言，皇太后曰："马贵人德冠后宫。"遂登至尊。先之数日，梦有小飞虫万数，随着身入皮肤中，复飞去。

《魏书·华佗传》曰：广陵太守陈元龙得疾，所苦胸中烦满，面赤，不能饭。持其脉，曰："府君胃虫有数升，欲成内蚀病，食腥物所为也。今可去也。"即作汤二升，先饮一升，须臾复一升，食顷，吐出数升虫，长一二寸，赤头，皆摇半躯，皆是生鱼脍也。

《赵书》曰：前石时，淳觚白羌妇产卵，大如盂。剖之，有虫如巨蚁，二足立行。《异苑》同。

萧子显《齐书》曰：王敬则少时于草中射猎，有虫如乌豆，集其身，掷去乃脱，脱处皆流血。敬则恶之，诣道士卜曰：“不须忧，此侯之瑞也。”敬则闻之喜，故出都自效。

《后魏书》曰：蠕蠕，东胡之苗裔也。木骨闾死，子车鹿会自号柔然，役属于魏，世祖以其无知，状类于虫，故改其号为“蠕蠕。”

《隋书》曰：田式拜襄州总管，以立威为务。所爱奴常诣式白事，有虫上其衣衿上，挥袖拂去之，式以为慢已，立棒杀之。

《庄子》曰：井蛙不可以语于海者，拘于墟也；夏虫不可以语于冰者，笃于时也。

《鲁连子》曰：百足之虫，断而不蹶，持之众也。

《淮南子》曰：凡有血气之虫，含牙戴角，前爪后距；有角者触，有齿者噬，有毒者螫，有蹄者趹；喜而相戏，怒而相害：天之性也。

又曰：故草食之兽不疾易薮，疾，患。水居之虫不疾易水，行小变而不失常。小变，易水易草也。草食，故食草；十居，故死吾。故曰不疾失其常也。

又曰：太阴所在，蛰虫首穴处；鹊巢以乡为户。

又曰：水食者善游能寒，鱼鳖之属是也。土食者无心不惠。蚯蚓之属是也。

又曰：介虫之动以固，介，甲，龟鳖之属。动，行也。贞虫之动以毒螫。贞虫，细腰蜂。虫，蜾蠃之属。无牝牡之合曰贞，而有毒，故能螫。

又曰：山有猛兽，林木为之不斩；园有螫虫，藜藿为之不采。言人畏也。

《抱朴子》曰：毒粥陈则旁有烂肠之鼠，明膏举则下有聚死之虫。

又曰：慕恶者犹宵虫之赴明烛，学恶者犹轻埃之应飘风也。

《孙卿子》曰：肉腐出虫，鱼枯生蠹。

《论衡·适虫篇》曰：变复之家，谓虫食谷者，吏贪狼所致也。虫头赤者武官，黑者文吏。按：虫头赤身白，头黑身黄，复应何官耶？今虫食五谷则为灾，桂蠹桑蝎不怪，何也？桂中药，桑给蚕，何可不怪？书卷不舒，衣襞不悬，皆生虫也，此复关何吏耶？

又曰：司南之杓投于地，其柄南指；鱼肉之虫，集地北行：自然之性也。

《世本》曰：廪君乘土船至盐场，盐水神女子止廪君，廪君不听。盐神为飞虫，诸神从而飞蔽，日为之晦。廪君不知东西，所向七日七夜，使人以青缕遗盐神曰："缨此，与尔俱生。"盐神受缕而缨之，廪君应青缕所射，盐神死，天则大开。

崔豹《古今注》曰：光武建武六年，山阳有小虫，皆类人形，甚众。明日，皆悬树枝而死。

《搜神记》曰：东阳刘宠北征，将炊饭，尽变为虫。又家人蒸炒，亦化为虫，火愈猛而虫愈壮。宠遂见诛。仲兴书又载。

《广五行记》曰：汉武帝幸甘泉宫，驰道中有虫，赤色头，目鼻尽具。观者莫识，帝使东方朔视之，对曰："此秦时拘系无辜，众庶愁死，咸仰首叹曰怪哉，故名怪哉。此必秦之狱处。"朔又曰："凡忧者得酒而解，以酒沃之当消。"于是取虫致酒中，须臾糜散。

桓谭《新论》曰：睢陵有董仲君，好方道。尝坐重罪系狱，佯病死，数日毁虫出而复活。

蝉

《易通卦验》曰：《遘》上九，侯蝉始鸣。不鸣，国多妖言。蝉应期鸣，言语之象。今失节不鸣，鸣则失时，故多妖言。

《毛诗·荡之什》曰：咨汝殷商，如蜩如螗。注：蜩，蝉也；螗，蝘也。

《毛诗义疏》曰：鸣蜩，蝉也。宋、卫谓之唐蜩，陈、郑云螂，海岱之间谓之蝉，通语也。

《礼记·月令》曰：仲夏之月，蜩始鸣。季秋之月，寒蝉鸣。

又《檀弓》曰：范则冠，而蝉有緌。蝉，蜩也。緌谓蜩喙，长在腹下。

《尔雅》曰：蜩、螂蜩，《夏小正》曰：螂蜩者，五采具。螗蜩。《夏小正》曰：螗蜩者，蝘，俗呼为胡蜩，江南谓之螗虫弟，音夷。蚻，蜻蜻。如蝉而小。《方言》云：有文者谓之螓。《夏小正》曰：鸣蚻虎悬。蠽，茅蜩。江东呼为茅截，似蝉而小，青色。蝒，马蜩。蜩中最大者为马蝉。蝒音绵。蜺，寒蜩。寒螀也，似蝉而小，青赤。《月令》曰：寒蝉鸣，蝒，音绵。

《孝经援神契》曰：蝉无力，故不食。

《周书》曰：夏至又五日，蜩始鸣；不鸣，贵臣放逸。立秋之日，寒蜩鸣；不鸣，人臣不力争。

《梁书》曰：朱异为通事舍人，后除中书郎。时秋日始拜，有飞蝉正集异武冠上，时咸谓蝉珥之兆。

又曰：何戢为吴兴太守，颇好画扇。宋孝武赐戢蝉雀扇，善画者顾景秀所画。时吴郡陆探微、顾宝先皆能画，叹其巧绝。戢因王晏献之，上令晏厚酬其意。

《后周书》曰：宣帝汰侈，即自比上帝，不欲令人同已。尝自带绶及通天冠，加金附蝉。顾见侍臣武弁有金蝉及王公有绶者，并令去之。

《庄子》曰：仲尼适楚，出游林中，见佝偻者承蜩，犹掇之也。仲尼曰："巧乎！有道耶？"曰："我有道也。五六月累丸二而不队，则失者锱铢；累二丸于竿头，是用手足亭宁也。累三而不坠，则失者十一；所失愈少也。累五而不队，犹掇之也。吾处身也，若厥株拘；吾执臂也，若槁木之枝。虽天地之大，万物之多，而唯蜩翼之知。吾不反不侧，不以万物易蜩之翼，何为不得？"遗彼，故得此也。

又曰：鹏之飞，其翼若垂天之云。抟扶摇而上者九万里，去以六月一息者也。蜩与莺鸠笑之曰："我决处而飞，抢榆枋而止，时则不至，而控于地而已，奚以九万里而图南为也？"

《孙卿子》曰：曜蝉者务明其火，振其树；若火不明，虽振树无益。人有明德，则天下归之，若蝉归明火也。观《吕氏春秋》。

《淮南子》曰：孟秋，凉风至，白露降，寒蝉鸣。寒蝉，青蝉也。虫，阴类，感气鸣也。

又曰：蛇不足而行，鱼无耳而听，蝉无口而鸣，有然之者也。然，如是也。

又曰：蚕食而不饮，二十二日而化蝉；饮而不食，三十日而蜕。

《说苑》曰：吴王欲伐荆，告其左右曰："敢有谏者死！"舍人有少孺子者，欲谏不敢，则怀丸操弹于后园，露沾其衣，如是者三旦。吴王曰："子来，何若沾衣如此？"对曰："园中有树，其上有蝉，蝉高居悲鸣饮露，不知螳螂在其后也。螳螂委身曲附欲取蝉，而不知黄雀在其旁也。黄雀延颈欲啄螳螂，而不知弹丸在其下也。此三者，皆务欲得其前利，而不顾其后之有患也。"吴王曰："善哉！"乃罢其兵。

《论衡》曰：王充建武三年生，为小儿不妄狎侪伦，不掩雀捕蜩。

《盐铁论》曰：以所不睹不信人，若蝉之不知雪。

杨雄《方言》曰：蝉，楚谓之蜩，宋卫之间谓之螗蜩，江南呼为螗蛦也。陈郑之间谓之蜋蜩，蜋音良。秦晋之间谓之蝉，海岱之间谓之蛴齐人呼为巨蛴。音技。其大者谓之蟧，或谓之蝒音绵马。按，《尔雅》蝒者，马蜩，非别孟鴂面马也，此方言误耳。其小者谓之陵蚻，如蝉而小，青色，今关西呼为陵截虫也。有文者谓之螧螧，《尔雅》云：蚻螧。即麦蚻也。其雌谓之匹，必一切。大而黑者谓之践音栈，黑而赤者谓之蜺蜩。蟧谓之茅蜩，江东呼为茅截虫。蝇谓之寒蜩。寒蜩，暗蜩也。案，《尔雅》以霓为寒蜩，《月令》亦曰寒蝉鸣，则寒蝉非喑者。此诸蝉名通出《尔雅》，而多驳错，未可详据也。寒蝉，寒螿也，似蝉而小。蝇，音应。

崔豹《古今注》曰：牛亨问董仲舒曰："蝉为齐女，何？"答曰："昔齐王后怨王而死，尸变为蝉，登庭树嘒唳而鸣，王悔恨之，故曰齐女。"

又曰：貂蝉，胡服也。貂者，取其有文而不焕，外柔而易，内刚而劲也；蝉者，取其清虚而识时变也，在位者有文而不自耀，有武而不示人，清虚自收，识时而动也。

曹大家《蝉赋》曰：吸清露于丹园，抗乔枝而理翮。崇皇朝之辉光，映豹豹而灼灼。

陆云《寒蝉赋》曰：昔人称鸡有五德而作赋焉，至于寒蝉，才齐其美，独未之思而莫斯述。夫头上有帻，则其文也；含气饮露，则其清也；黍稷不享，则其廉也，处不巢居，则其俭也；应候守常，则其信也；加以冠冕，则其容也。君子则其操，可以事君，可以立身，岂非至德之虫哉？且攀木寒鸣，贫士所叹。余昔侨处，窃有感焉。公侯常伯，乃身纡紫黻，手执龙渊；俯鸣佩玉，仰抚貂蝉；饰黄卢之多士，光帝皇之侍人。腾仪像于云闼，望景曜于通天。迈休声之五德，岂鸣鸡之独珍？

傅玄《蝉赋》曰：美兹蝉之纯洁，禀阴阳之微灵。

傅咸《粘蝉赋》曰：樱桃，其为树则多荫，其为果则先熟。故种之于厅所之前，时以盛暑逍遥其下。有蝉鸣，仰而见之，故命粘取，以弄小儿。退唯当蝉之得意于斯树，而不虞粘之将至，亦犹人之得意于富贵，而不虞祸之剿愦也。

蝇

《韩诗》曰：《鸡鸣》谗人也。匪鸡则鸣，苍蝇之声。薛君曰：鸡远鸣，蝇声相似也。

《毛诗·甫田》曰：《青蝇》，大夫刺幽王也。营营青蝇，止于樊；蝇之为虫，污白使黑，污黑使白，喻佞人变乱善恶也。岂弟君子，无信谗言。营营青蝇，止于棘；谗人罔极，交乱四国。

《汉书》曰：成帝建始元年六月，青蝇万数集未央宫殿中朝者坐。服虔曰：公卿以下朝会坐也。

又曰：昌邑王贺梦青蝇矢积西阶，可五六石，以屋版瓦覆。发视之，青蝇矢也。以问龚遂，遂曰："陛下之侧谗人众多，愿皆放逐之。"贺不用其言，卒至于废也。

《东观汉记》曰：光武与隗嚣书曰："苍蝇之飞，不过三数步。托骥之尾，得以绝群。"

《后汉书》曰：杨章为杜乔、李固荐为平原令。后乔、固被刑，章行赴洛阳，见乔、固暴尸，坐其旁驱逐蝇虫。

《魏略》曰：王思，正始中为大司农。性急，尝执笔作书，蝇集笔端，驱去复来，如是再三。思怒，自趁逐蝇不能得，还取笔掷地，踏坏之。

张勃《吴录》曰：曹不兴，帝使画屏风，笔落素，便点为蝇。帝疑生，乃弹之。

《前秦书》曰：符坚欲赦。与王猛、符融议甘露堂，悉屏左右。坚亲为赦文。有大苍蝇集于笔端，驱而复来。俄而长安街巷人相告曰：

“官今大赦。”有司以闻，坚惊曰：“禁中无属耳之垣，事何从泄也？”敕穷之，咸言有一小儿衣青衣，大呼于市曰：“官今大赦！”须臾不见。坚叹曰：“其向苍蝇乎？”

《梁书》曰：昭明太子食中频得蝇虫之类，密置拌边，恐厨人获罪，不令人知见。

《北史》曰：库狄伏连居室患蝇，杖门者曰：“何故听入！”

《唐书》曰：武儒衡为中书舍人，元稹知制诰。儒衡一日因会食公堂，有蝇集瓜上。因发怒，命击去之，曰：“适从何丝却而遽集此！”

《淮南子》曰：夫江河之腐胔，不可胜数也，然祭者汲焉，大也；一杯酒，蝇渍其中，匹夫弗常，小也。

《韩子》曰：以火去蛾，蛾愈多；以鱼驱蝇，蝇愈至。

《吕氏春秋》曰：以狸致鼠，以冰致蝇。

杨子《法言》曰：或问苍蝇红紫。苍蝇间乎白黑，红紫似朱而非朱也。

《论衡》曰：清受尘，白受垢。青蝇所污，常在练素。邑犬群吠，吠所怪也。

《虞翻别传》曰：翻放弃南方，自恨疏节，骨体不媚，犯上获罪，当长没海隅，生无可与语，死以青蝇为吊客，天下一人知己者，足以不恨。

崔豹《古今注》曰：蝇虎，蝇狐也。形似蜘蛛而色灰白，善捕蝇。一名蝇蝗，一名蝇豹。

杨雄《方言》曰：蝇，东齐谓之羊，陈楚之间谓之蝇，自关而西，秦晋之间谓之蝇。

《广五行记》曰：魏吏部尚书何晏，尝梦青蝇数十头来自鼻上，驱之不肯去。以问管辂，辂曰：“鼻者，天中。今有青蝇臭恶而来集之，位峻者颠，轻豪者亡，不可不思之。”至明年，何晏及邓飏皆伏诛。

太平御览卷第九百四十五 虫豸部二

蚊

《说文》曰：秦谓之蚋，楚谓之蚊。

《大戴礼·夏小正》曰：丹鸟羞白鸟。白鸟，蚊也。

《汉书》曰：中山靖王朝，天子置酒，闻乐声而泣，问其故，靖王对曰："闻众煦漂山，聚蚊成雷。"

《后汉书》曰：赵炳有道术，人服从者如归。章安令恶其惑众，收杀之。人为立祠堂于永康，至今蚊蚋不敢入也。

《晋书》曰：道安曰："猛虎当道食，不觉蚊虻来。"

《唐史》曰：江东有吐蚊鸟，夏夜鸟，吐蚊于芦荻中。湖湘尤甚。

《晏子》曰：东海有虫，巢蚊睫，乳而不飞，蚊不惊，名曰焦冥。

《列子》曰：江浦之间生么虫，么，细也。名曰焦螟。群飞而集于蚊睫，弗相触也。

又曰：焦螟生于蚊睫，离珠、子羽，拭眼而望，弗能见也。

《庄子》曰：夫爱马者以筐盛屎，以蜃盛溺。适有蚊虻扑缘，而拊之不时，则缺衔毁首碎胸。

又曰：肩吾见狂接舆，狂接舆曰："日中始可以语汝？"肩吾曰："告我：君人者，以己出经式义度，民孰敢不听而化？"接舆曰："是欺德也。其于治天下也，犹涉海凿河，而使蚊负山也。"

又曰：孔子见老聃而语仁义，老聃曰："夫播糠眯目，则天地四方易位矣；蚊虻噆音匝肤，则通宵不寐矣。"

《淮南子》曰：夫贵贱之于身也，犹条风之时丽也；时丽，忽一过也。毁誉之于己也，犹蚊虻之一过也。

又曰：蜂虿螫指，而神不能掞音淡；蚊虻噆肤，噆，啮也。而性不能平。令忧患之来，婴人心也，非直蜂虿之螫毒而蚊虻之惨怛也，而欲静漠虚无，奈何哉？

《牟子》曰：昔公明仪有牛弹清角之操，伏食如故；转为蚊虻声，则翘尾而蹑蹀。

《夏侯子》曰：一蚁之行，一蚊之飞，圣人皆知之。

《金楼子》曰：荆州高齐，盛夏之月无白鸟，余亟寝处于其中。及移余斋，则聚蚊之声如雷矣。数丈之间，如此之异，吁可怪哉！

又曰：白鸟，蚊也。齐桓公卧于柏寝，谓仲父曰："吾国富民殷，无余忧矣。一物失所，寡人犹为之于邑。白鸟营饥而求饱，寡人因之开翠纱之帐，进蚊子焉。"其蚊有知礼者，不食公之肉而退；其蚊有知足者，嘸子立切公之肉而退。其蚊有不知足者，遂长嘘短吸而食之，及蒲哎也，腹肠为之破溃。公曰："嗟乎！民生亦犹是矣。"

《孝子传》曰：吴猛年七岁时，夏日伏于母床下，恐蚊虻及父母。

萧广济《孝子传》曰：邓展父母在牖下卧，多蚊，展伏床下，以自当之。

《神异经》曰：南方蚊翼下有蜚虫焉，目明者见之。每生九卵，复成九子，蜚而俱出，蚊遂不知。

《论衡》曰：蚊虻不如牛马之力，牛马困于蚊虻，蚊虻有势也。

《搜神记》曰：吴猛性至孝。小儿时，在父母边卧，夏时多蚊蚋而终不摇扇，恐蚊蚋去已而及父母。

《岭南异物志》曰：岭表有树如冬青，实在枝间，形如枇把子。每熟即拆裂，蚊子群飞，唯皮壳而已。士人谓之蚊子树。

《岭表录异》曰：蚊母鸟，形如青鹢，嘴大而长，于池塘捕鱼而食。每叫一声，则有蚊蚋飞出其口。俗云采其翎为扇，可辟蚊子。亦呼为吐蚊鸟。

虻

《晋书》曰：惠帝时，洛阳南山有虻，作声曰："韩尸"。识者以为韩氏将尸戮，俄而韩谧被诛。

《淮南子》曰：虻戢精血，以类推之也。许慎曰：虻食血。

又曰：虻与骥，致千里而不飞，无糗粮之资而不饥。

又曰：上古之时，冬日则不胜霜雪雾露，夏日则不胜暑热蚊虻。

蚋

《梁书》曰：梁武丁贵嫔讳令光，谯国人也。初，贵嫔少时，与邻女月下纺绩，诸女并患蚊蚋，而贵嫔弗之觉也。

又曰：孙谦居身俭素，床施籧篨屏风，冬则布被管席，夏曰无帱帐而夜卧，.未常有蚊蚋，人多异焉。

《列子》曰：目将眇者先睹秋毫，耳将聋者先闻蚋飞。

《淮南子》曰：涵牛之鼎沸，而蝇蚋弗敢入；涵牛，受一牛之鼎也。昆山之玉瑱，昆山，昆仑也。瑱，式也。而尘垢弗能污也。

又曰：羊肉不慕蚁，蚁慕于羊肉，膻也；醯酸不慕蚋，蚋慕于醯，酸也。《吕氏春秋》曰：缶醯黄，蚋聚之，有酸也，美羹。徒水则必不可。以狸致鼠，以冰致蝇，虽上圣不能。以茹鱼去蝇，蝇愈至，茹，女居反，臭也。以致之之道不去也。

蜉蝣

《毛诗·曹·蜉蝣》曰：刺奢也。蜉蝣之羽，衣裳楚楚。蜉蝣，渠略也，朝生夕死，犹有羽翼以自修饰。楚楚，鲜明貌。

《尔雅》曰：蜉蝣，渠略。似蛣蜣，身狭而长，有角，黄黑色，丛生粪土中，朝生暮死，猪好啖之。

《说文》曰：秦晋之间谓蜉蝣为渠略。郭璞注曰：似天牛而小，有甲也。

又曰：蟝音略，虫也，一名蜉蝣，朝生暮死。

陆机《毛诗疏义》曰：蜉游，方土通谓之渠略。似甲虫，有角，大如指，长三四寸，甲下有翅能飞。夏月阴雨时，地中出。今人燥炙啖之，美于蝉也。樊光曰："是粪中蝎虫，随雨而出，朝生而夕死。"

《淮南子》曰：龟三千岁；蜉蝣不饮食，三日而死。以蜉蝣为龟忧养生之具，必失之。

《广志》曰：蜉蝣可烧啖，美于蝉。蜉蝣在水中翕上寻死，随流而去。

傅咸《蜉蝣赋》曰：读《诗》至《蜉蝣》，感其虽朝生夕死，而能修其翼，可以有兴，遂赋之。

王褒《圣主得贤臣颂》曰：蟋蟀候秋吟，蜉蝣出以阴。

蠛蠓

《尔雅》曰：蠛蠓。小虫，似蚋，喜乱飞。

《汉实录》曰：周太祖军至北郊时，慕容彦超自负沉勇，谓上曰："北来都将，臣尽谙知。以臣观之，蜉蝣、蠛蠓耳！"

《列子》曰：朽壤之土，春夏之月，蠛蠓者因雨而生，见阳而死。

《庄子》曰：孔子闻老聃之言，出告颜回曰："丘之于道也，其犹醯鸡欤？"醯鸡者，瓮中之蠛蠓也。

《淮南子》曰：衰世则聚虫满野。许慎曰：飞虫，蠛蠓。

《抱朴子》曰：蠓蝈之育于醯酢，芝檽之产于木石，蛣蚍之滋于洿泽，翠萝之老于松枝，非彼四物所创造也。

《字书》曰：蠛蠓，小虫，三风春雨硙者也。

蝴蝶

《北齐书》曰：魏收尝在洛京，轻薄尤甚，人号云："魏收惊蛱蝶"。文襄曾游东山，令给事黄门侍郎等宴。文襄曰："魏收恃才无宜适，须出其短。"往复数番，收忽大唱曰："杨遵彦理屈，已倒。"遵彦从容曰："我绰有余暇，山立不动。若遇当涂，恐翩翩遂逝。"当涂者魏，翩翩者，蝶也。文襄先知之，大笑称善。

《梁书》曰：沈麟士年过八十，耳目犹聪明如故，抄写火下细书，复成二三千卷，满数十箧。时人以为养身静嘿所致，仍制《黑蝶赋》以寄意。

《汉实录》曰：右监门卫大将军许迁言："臣奉命博州，至博平县戴村，有蝝弥亘数里，一夕言并化蝶飞去。”

《列子》曰：乌足以其根为蛴螬，其叶为蝴蝶。

《庄子》曰：昔周梦为胡蝶，栩栩然，胡蝶也，不知周也；俄觉，则瞿瞿然，周也。不知周之梦为胡蝶与？胡蝶之梦为周与？周与胡蝶，则必有分矣，此谓物化。

《抱朴子》曰：髫孺背千金而逐蛱蝶，越人弃八珍而甘龟蛇。

《金楼子》曰：陈思之文，群才之俊也，而武帝诔之“尊灵永蛰”，明帝颂云“圣体浮轻”。浮轻有似于胡蝶，永蛰颇拟于昆虫，施之尊极，不其蚩乎？

崔豹《古今注》曰：蛱蝶，一名野蛾，一名风蝶。东人谓之挞末，色白背青者是也。其大有如蝙蝠者，或黑色，或赤班，名曰凤子，一名凤车，一曰鬼车。生江南甘橘园中。

《广五行记》曰：晋安帝义熙中，乌伤人葛辉在妻家宿。三更，有两人把火径至阶前，疑是恶人，便打之，欲下杖，悉化为蝶，缤纷飞散。有一物冲辉腋下，便打倒地。辉少时而死。

《岭南异物志》曰：尝有人浮南海，泊于孤岸。忽有物如蒲帆飞过海，将到舟，竞以物击之，如帆者尽破碎坠地。视之，乃蛱蝶也。海人去其翅足秤之，得肉八十斤。啖之，极肥美。

《岭表录异》曰：鹤子草，蔓上春生双虫，只食其叶。越女收于妆奁中，养之如蚕，摘其叶饲之。虫老不食，而蜕为蝶。蝶赤黄色，妇女收而带之，谓媚蝶。

萤

《毛诗·豳·七月》曰：町畽鹿场，熠耀宵行。萤火也。

《大戴礼·夏小正》曰：丹鸟羞白鸟。丹鸟也者，谓丹良也；白鸟也者，谓蚊蚋也。其谓之鸟者，重其养也，凡有翼者为鸟。羞也者，进也。

《礼记·月令》曰：季夏之月，腐草为萤。

《尔雅》曰：萤火，即照。夜飞，腹下有火。音照。

《广雅》曰：景天，萤火，磷也。

《续晋阳春秋》曰：车胤，字武子，好学不倦。家贫，不常得油，夏月则练囊盛数十萤火，以夜继日焉。

《后汉书》曰：光熹元年秋，张让、段珪劫少帝及陈留王协走小平津。帝与王夜步，逐萤火光行数里，得民家露车，共乘还宫。

《隋书》曰：大业十二年，炀帝幸景华宫。征求萤火，得数斛。夜出游山而放之，光遍岩谷。

崔豹《古今注》曰：萤，一名辉夜，一名景辉天，一名熠耀，一名磷，一名丹良，一名夜光，一名宵烛。腐草为之，食蚊蚋焉。

《月令》曰：丹鸟羞白鸟。白鸟即蚊也；丹鸟，萤也。

《说文》秦人谓蚊曰蚋。

《淮南万毕术》曰：萤火却马。注云："取萤火裹以羊皮，置土中，马见之鸣，却不敢行。"

祖台之《志怪》曰：昔怀帝永嘉中，谯国丁祚渡江至阴陵界。时天昏雾，在道北有社，见一物如人倒立，两眼垂血，从额下聚地两处，各有升余。祚与从弟齐声喝之，灭而不见，立处聚血皆化为萤火数千枚，纵横飞起。

《本草经》曰：萤，一名夜光，一名即照，一名熠耀。

潘岳《萤火赋》曰：烂若飞景之宵游，彗音卫。如移星之云流。动集飘扬，灼如随珠。熠爚若丹蕊之初葩，彯颎若流金之在沙。

傅咸《萤火赋》曰：余曾独处，夜不能寝。顾见萤火，意遂有感。于是执以自照，而为之赋。其辞曰："感诗人之攸怀兮，览熠耀于前庭。不以姿质之鄙薄兮，欲增辉乎太清。虽无补于日月，期自竭于陋形。"

螟蛉

《毛诗·节·小宛》曰：螟蛉有子，蜾蠃负之。螟蛉，桑虫也。蜾蠃，蒲卢也。负，持也。《笺》云：蒲卢取桑虫之子，负持而去，煦妪养之以成子。

《毛诗义疏》曰：螟蛉，似步屈，其色青，细小，或在草叶上。土蜂取之，置木穴中，或书卷间笔筒中，七日而成其子。里语曰：咒云“象我象我”。

陆机《毛诗义疏》曰：螟蛉，犍为文学舍人曰：“桑土小青虫也，似步屈。”

郭璞注《方言》曰：尺蠖，又呼步屈。其色青而细小，或在草木叶上，今蜾蠃所负为子者。

《尔雅》曰：螟蛉，桑虫也。俗谓之桑蟃，亦曰戎女。

蠮螉

《尔雅》曰：蜾蠃，蒲卢也。郭璞注曰：细腰蜂也，俗呼为蠮螉。音咽翁。

陆机《毛诗疏义》曰：蜾蠃，土蜂，一名蒲卢，似蜂而小腰，故许慎云“细腰也”。取桑虫负之于木空中、笔筒中，七日而化其子。里语曰：咒云“象我象我”也。

《礼记中庸》曰：哀公问政于孔子，孔子对曰：“文武之政，布在方策。其人存则其政举，其人亡则其政息。人道敏政，地道敏树。夫政也者，蒲卢也。蒲卢，蜾蠃，土虫也。取螟蛉而化之以为子。为政化百姓，亦如蒲卢也。故为政在人。”

杨子《法言》曰：螟蛉之子殪，而逢蜾蠃，祝曰：“类我。”久则肖之矣。速哉！七十子之肖仲尼也。肖，类也。

太平御览卷第九百四十六 虫豸部三

莎鸡

《毛诗·豳·七月》曰：六月莎鸡振羽。莎鸡羽成而振迅之。

陆机《毛诗疏义》曰：莎鸡，如蝗而斑色，翅数重，下翅正赤，或谓之天鸡。六月飞而振羽，“索索”声，幽州人谓之蒲错也。

《尔雅》曰：螒，天鸡也。孙炎注曰：小虫，黑身，赤头，一名莎鸡。郭璞注曰：一名樗鸡也。

《广志》曰：莎鸡，似蚕蛾而五色，赤曰雗鸡。

螽斯

《毛诗·螽斯》曰：《螽斯》，后妃子孙众多也，言若螽斯，不妒忌，则子孙众多也。螽斯羽，诜诜兮。螽斯，蚣蝑也。

《毛诗·豳·七月》曰：五月斯螽动股。斯螽，蚣蝑也。

蚣蝑

陆机《毛诗疏义》曰：《尔雅》云：“螽斯，蚣宣龙切。蝑相鱼切。也。”杨雄云：“舂黍也，幽州谓之舂箕。角长，青色，斑黑，其股似玳瑁文。五月中以两股相瑳作声，闻数十步。”

《毛诗题纲》曰：螽斯，名蚣蝑，一名舂黍，似蝗而小，青色，长股而鸣。喻后妃之性不妒忌，子孙众多。

《尔雅》曰：蜤音斯。螽，蚣蝑。郭璞注曰：蚣虫从也，俗呼蝽虫黍。

蝙蝠

《春秋运斗枢》曰：摇光携则服翼，两头并翔。废江淮山渎之祠，摇光不明，服翼九足。服翼，附鼠也。

《孝经援神契》曰：蝙蝠伏匿，故夜食。

《尔雅》曰：蝙蝠，服翼也。齐人呼为蠘虫墨，或谓之仙鼠。职墨二音。

《抱朴子》曰：千岁蝙蝠，色如白雪，集则倒悬，脑重故也。此物得而阴干，末服之，令人寿四万岁。

《玄中记》曰：百岁伏翼，其色赤，止则倒悬。千岁伏翼，色白，得食之，寿万岁。

《水经》曰：交州丹水亭下有石穴，甚深，未尝测其远近。穴中蝙蝠大者如乌，多倒悬。得而服之，使人神仙。

《荆州记》曰：宜都夷道县有石穴，穴中有蝙蝠，如乌，多倒悬。

崔豹《古今注》曰：蝙蝠，一名仙鼠，又曰飞鼠。五百岁则色白脑重，集物则头垂，故谓倒挂鼠。食之得仙。

《幽明录》曰：淮南郡有物髡人发。太守朱诞曰："吾知之矣，多置䵻音离以涂壁。"夕，有数蝙蝠大如鸡，集其上不得去，杀之乃绝。屋檐下已有数百人头髻。

范汪《治疟方》曰：蝙蝠七枚，合捣五百下。发日鸡鸣服一丸，禺中一丸。遇发，乃与粥清一升耳。

守宫

《毛诗·节·正月》曰：哀今之人，胡为虺蜴？蜴，螈也。虺、蜴之性，见人则走。

陆机《毛诗疏义》曰：蜴，一名荣原，水蜴也，或谓之虒蜼音濉蛇医。如蜥蜴，青绿色，大如指，形状可恶也。

《春秋考异邮》曰：土胜水，故守宫食虿。宋均曰：守宫生于土，虿藏物，属坎，水也。

《尔雅》曰：蝾螈，蜥蜴。蜥蜴，蝘蜓。蝘蜓，守官也。转相解，博异语，别四名也。

《汉书·东方朔传》曰：武帝置守宫盆下，使射之。朔曰："臣以为龙，又无角；谓之为蛇，又有足。跂跂脉脉，善缘壁，若非守宫，即蜥蜴。"上曰："善"。赐帛十匹。

《抱朴子》曰：谓蜥蜴为神龙者，非但不识神龙，亦不识蜥蜴。

又曰：沙砾无量，而珠璧甚鲜；鸡隼屯飞，而鸾凤罕出；虺蜥盈薮，而虬龙希觌。

王充《论衡》曰：禹南济于江，黄龙负舟。舟中人人五色无主，禹乃笑而称曰："我受命于天，竭力以劳万民。生，寄也；死，归也。视龙，犹蝘蜓也。"龙去而亡患。

杨雄《方言》曰：秦晋四夏谓之守宫，其在泽者谓之蜥蜴，南楚谓之蛇医，或谓之蝾螈，北燕谓之祝蜓。桂林之中，守宫大而能鸣者谓之蛤蟹。

许慎《说文》曰：荣蚖，蛇医，以注鸣者也。在壁曰蝘蜓，在草曰蜥蜴。蜥蜴，守宫也。

《淮南万毕术》曰：守宫涂齐，妇人无子。取守宫一枚置瓮中，及蛇衣，以新布密裹之，悬于阴处。百日，治守宫、蛇衣，分等以唾和之，涂妇人齐，磨令温，即无子矣。

又曰：守宫饰女臂，有文章。取守宫新合阴阳者牝牡各一，藏之瓮中，阴干，百日以饰女臂，则生文章。与男子合阴阳，辄灭去。

又曰：取七月七日守宫阴干之，治合，以井花水和，涂女人身，有文章，则以丹涂之，不去者不淫，去者有奸。

徐怀远《南越志》曰：成阳县树多守宫，大者能鸣，谓之蛤蟹。

郭义恭《广志》曰：守宫，鳞色如蛇，而四足，似蝘蜓，有尺余蝘蜓，有屋壁间者，有草野者，有石上者。

《博物志》曰：蜥蜴或蝘蜓，以器养之，食以朱砂，体尽赤。所食满七斤，捣万杵，以点女人支体，终身不灭，故号曰守宫。

崔豹《古今注》曰：蝘蜓，一曰守宫，一曰龙子，善于树上捕蝉食之。其长细五色者，名为蜥蜴；其短大者，名为蝾螈，一曰蛇医。大者长三尺，其色玄绀，善魅人，一曰玄螈，一名绿螈。

曹叔雅《异物志》曰：鱼跳跃，则蜥蜴从草中下，稍相依近，便共浮水上而相合。事竟，鱼还水底，蜥还草中。

干宝《搜神记》曰：淮南书佐刘雅，梦见青蜥蜴从屋栋落其腹内。因苦腹痛。

《梦书》曰：守宫为寡妇，着垣墙也。梦见守宫，忧寡妇人也。

《吴氏本草经》曰：石龙子，一名守宫，一名石蜴。一名山龙子。

杨子云《解嘲》曰：今子乃以鸱枭而笑凤皇，执蝘蜓而嘲龟龙，不亦病乎？

蜣螂

《尔雅》曰：蛣蜣，蜣螂也。郭璞注曰：黑甲虫，啖粪者也。

张揖《广雅》曰：天柱，蜣螂也。一作天社。

许慎《说文》曰：蜣螂，一曰天柱。

《冲波传》曰：蜣螂无鼻而闻香。

《抱朴子》曰：玄蝉洁饥，不羡蜣螂秽饱。

郭义恭《广志》曰：交州无蜣螂。

崔豹《古今注》曰：蜣螂能以土包粪，转而成丸，庄周所谓“蛣蜣之智，在于转丸”者也。一名蜣螂。一名结蜣，一名弄丸，一名转丸。

《梦书》曰：蜣螂为忧财辅以行者。梦见蜣螂，忧财粮也。

白鱼

《尔雅》曰：蟫音淫，白鱼也。衣、书中虫，一盂鴭丙鱼。音丙。

张揖《广雅》曰：白鱼，蛃鱼也。

《齐书》曰：明帝初有疾，无辍听览，群臣莫知。及疾笃，敕台省府署求白鱼以为药，外始知之。

《本草经》曰：白鱼，一名衣鱼，治妇人疝瘕、小便不利、小儿头中风、项僵，皆宜摩之。生咸阳。

《吴氏本草经》曰：衣中白鱼，一名蟫。

范汪《方》曰：治小便不利，取白鱼二七，捣之，令糜烂，分为数丸，顿服之，即通也。

螳螂

《易通系卦》曰：螳螂搏蝉之虫，乘寒而杀物，自隐蔽而有所害，捕搏之象也。

《周书时训》曰：芒种之日，螳螂生。不生，是谓阴息。

《韩诗外传》曰：齐庄公出猎，有螳螂举足将搏其轮，问其御曰："此何虫也？"对曰："此螳螂也，为虫知进而不知退，不量力而轻就敌。"公曰："此为天下勇士矣。"回车避之，勇士归焉。《淮南子》同。

又曰：楚庄王将伐晋，告大夫："有谏者死！"孙叔敖曰："臣园中有榆，榆上有蝉，蝉方奋翼悲鸣，不知螳螂在后，欲攫而食之；螳螂方取蝉，不知黄雀在其后也。"

《礼记·月令》曰：仲夏之月，螳螂生。蔡邕《月令章句》曰：螳螂，虫名，食蝉，杀虫。

郑玄《礼记注》曰：螳螂，螵蛸母也。王瓒曰："《尔雅》云：'莫貈，螳螂。'同类物色也。今沛鲁以南谓之螳螂，燕赵之际谓之食疣，齐兖以东谓之马敫。

《尔雅》曰：莫貈，螳螂，蛑。螳螂，有斧虫，江东呼为石蜋。蛑，音谋。貈，户各反。不过，蟷蠰，蟷蠰，螳螂别名。堂、襄二音。其子蜱蛸。一盂鸬蒪蟭，螳蠰卵也。蜱章裨。虫蒪音搏。蟭音焦。

张揖《广雅》曰：羊羊、蛻蚘，堂蜋也。博焦，夷；冒焦，螵蛸也。

华峤《后汉书》曰：蔡雍在陈留。其邻人有以酒食召雍者，比至而酒酣焉。客有弹琴于屏，雍至门，潜听之，曰："嘻！以乐召我而有杀心，何也？"遂反。将命者告主人曰："蔡君向来至门而去。"主人遽自追而问其故，雍具以告。弹琴者曰："我向鼓弦，见螳螂方向鸣蝉，蝉将去未飞，螳螂为之一前一却。吾心耸然，唯恐螳螂失之也。此岂为杀心而形于声者乎？"雍曰："此足以当之矣。"

《吴越春秋》曰：吴王夫差令于邦中曰："寡人欲伐齐，敢有谏者死！"太子友因讽谏以激于王，以清旦怀丸挟弹从后园而来，衣洟履濡，吴王夫差怪而问之，太子对曰："臣游后园，闻秋蝉之鸣，往而观之，秋蝉登高树，自以为安，不知螳蜋超枝缘条、曳要举刃，欲哺其形也。螳蜋贪心务进，志在有利，不知黄雀盛缘茂林，徘徊枝叶，欲啄螳螂也。”

《庄子》曰：庄周游于雕陵之樊，睹一异鹊，自南方来者，执弹而留之。宿留，伺蒲般也。睹一蝉，方得美荫而忘其身。螳蜋执翳且搏之，执草以自翳。见得而忘其形。异鹊从而利之，见利而忘其真。真，身也。庄周怵然曰：“噫！物固相累，二类相召也。”捐弹而反走。

又曰：螳蜋怒臂以当车辙，不知不胜任也，是才之美者也。司马彪曰：非不有美才，顾不胜任耳。

杨雄《方言》曰：螳蜋谓之髬，或谓之丁，或谓之羊羊。郭璞注曰：匠箔东呼龇肮。按，《尔雅》丁应下属，《方言》依此，失其旨。

许慎《说文》曰：螳螂，不过也，一名蛸蠰，一名研父。

邯郸氏《笑林》曰：楚人居贫，读《淮南方》，得螳蜋伺蝉，自鄣叶可以隐形。遂于树下仰取叶，螳蜋执叶伺蝉以摘之，叶落树下，树下先有落叶，不能复分别，扫取数斗归，一一以叶自鄣。问其妻曰：“汝见我不？”妻始时恒答言见，经日乃厌倦不堪，绐云不见，嘿然大喜。赍叶入市，对面取人物，吏遂缚诣县。县官受辞，自说本末。官大笑，放而不治。

《梦书》曰：螳蜋为亡人蔽匿草也。梦见螳蜋，忧亡命者，

范子《计然》曰：螵蛸出三辅，上价三百。

《吴氏本草经》曰：桑蛸，条，蚀疣。一名害焦，一名致神农，咸，无毒。

成公绥《螳蜋赋》曰：戢翼应时，延颈鹄望。推翳俟前，翘翼高抗。乌伏蛇腾，鹰击隼放。俯飞蝉而奋猛，跃蟪蛄而逞壮。距车轮而轩翥，固齐侯之所尚。

郭璞《螳蜋赞》曰：螳蜋气虫，挥斧奋臂。当辙不回，勾践是避。勇士致毙，励之以义。

蝍蛆

《春秋考异邮》曰：土胜水，故蝍蛆搏蛇。宋均曰：蝍蛆生土蛇藏物，属校坎。坎，水也，为隐伏。

《尔雅》曰：蒺藜，蝍蛆。郭璞注曰：似蝗，大腹，长角，能食蛇脑。

张揖《广雅》曰：蝍蛆，吴公也。

《庄子》曰：蝍蛆甘带。司马彪曰：带，小蛇也。蝍蛆喜食其眼。

《抱朴子》曰：南人入山，皆以竹管盛活吴公。吴公知有蛇之地，便动作于管中，如此，则草中便有蛇也。吴公见蛇，能以气禁之，蛇即死。

《淮南子》曰：月照天下，蚀于蟾蜍；螣蛇游雾，而殆蝍蛆。蟾诸，月中虾蟆也，食月，故曰食于蟾诸。蝍蛆，盖吴公也。殆，犹畏也。

沈怀远《南越志》曰：绥定县多吴公。其大者能以气吸蜥蜴。

刘欣期《交州记》曰：大吴公出徐闻县界。取其皮，可以冠鼓。《宋永初记》亦同。

沈莹《临海异物志》曰：晋安东南吴屿山，吴公千万积聚。或云：长丈余以作脯，味似大虾。

《岭南异物志》曰：珠崖人，每清明见海中远山罗列皆如翠屏，而东西不定，悉吴公也。

《岭表录异》曰：蜈蚣，《南越志》云："大者，其皮可以鞔鼓。取其肉曝为脯，美于牛肉。"又云："长数丈，能啖牛。俚人或遇之，则鸣鼓燃火炬以驱逐之。"

陶潜《续搜神记》曰：昙游道人，清苦沙门也。剡县有一家事蛊，人啖其食饮，无不吐血死。游诣之，主人下食，游依常咒愿，一双吴公，长尺余，便于盘中跳走。游快饮食，安然无他。

王琰《冥祥记》曰：沙门安法开者，北人也。尝见吴公长三尺自屋堕地，旋徊而去。

葛洪《遐观赋》曰：吴公大者长百步，头如车箱可畏恶。越人猎之，屠裂取肉，白如瓠，称金争买为羹炙。

太平御览卷第九百四十七 虫豸部四

蚯蚓

《河图说征》曰：黄帝起，大蚓见。

《大戴礼》曰：蚓无爪牙之利、筋脉之强，上食埃土，下饮兰泉，用心一也。《文子》《孙卿子》《淮南子》同。

《礼记·月令》曰：孟夏，蝼蝈鸣。后五日，蚯蚓出。冬至之日，蚯蚓结。

《孝经援神契》曰：蚓无食劳无势，故无心。

《尔雅》曰：螼羌引切蚓，蜸苦显切蚕。他典切，即蜿蟮也。江东呼寒蚓。

《后汉书》曰：王元说隗嚣曰："神龙失势，还与蚯蚓同。"

《帝王世记》曰：黄帝时，蚓大如虹。

《淮南子》曰：太阴在上，蚯蚓结，为阳候。

《抱朴子·军术》曰：蚯蚓见军中尤多者，军罢，又宜备反叛。

《慎子》曰：腾蛇游雾，飞龙乘云。云罢雾除，与蚯蚓同。失所乘故也。

《吕氏春秋》曰：黄帝时见大蚓，土气胜，故其色尚黄。高诱曰：蚓，蚯蚓也。

《淮南万毕术》曰：苓皮蚓脂，鱼鳖自聚。注曰：取苓皮之渍水斗半，烧石如炭状，以碎蚓脂中。已，置苓皮水中。七日已，置沼，则鱼鳖自聚矣。

杨泉《物理论》曰：检身止欲，莫过于蚓。此志士所不及也。

郭义恭《广志》曰：闽越江北山间，蛮夷啖蚯蚓脯为羞。

崔豹《古今注》曰：蚯蚓，一名蜿蟮，一名曲蟺。善长吟于地中，江东谓为歌女，或谓鸣砌。蜿蟮，苑善二音。

《述异记》曰：刘德愿兄子太宰从事中郎道存，景和元年五月，忽有白蚓数十，登其斋前砌上，通身白色，人所未尝见也。蚓并张口吐舌，大赤色。其年八月，与德愿储诛。

刘敬叔《异苑》曰：孟州王双，宋文帝元嘉初，忽不欲见明。常取水沃地，以菰蒋覆上，眠息饮食悉入中。云恒有女着青裙白领巾来就其寝。母听闻荐下历历有声，发之，见一青色白领蚯蚓，长二尺许。云此女常以一奁香见遗，气甚清芬。奁乃螺壳，香则菖蒲根。于时咸谓双暂同阜螽矣。

《广五行记》曰：陈后主时，隋军至江，蚯蚓尽出，森然如植箭。陈氏，水乡；蚯蚓，土虫象。陈氏自称土德，尽出，倾其窟穴，以曲归直。是岁隋平陈。

又曰：隋炀帝大业中，河间妇人养姑不孝。姑两目暗，妇切蚯蚓为羹以食之，姑怪其味，窃藏一脔以示儿。儿还见，欲送妇诣县。未及，而雷震其妇，俄而从空落，身如故，而易头为白狗头。

郭景纯《蚯蚓赞》曰：蚯蚓土精，无心之虫。交不以分，婬于阜螽。触而感物，无乃常雄。

《吴氏本草经》曰：蚯蚓，一名白颈螳蚓，一名附引。

葛洪《疗喉卒肿方》曰：用白颈蚯蚓十四枚，捣以涂喉外，立愈。

陶洪景《集注本草经》曰：白颈蚯蚓，一名土龙，生蜚谷平土。白颈者，是其老大耳。

蜿蝓

《尚书大传》曰：钜定螺。郑玄曰：钜定，泽也。今属乐安，故有县属齐。螺，蜗牛也。

《礼记·内则》曰：蜗醢而菰食。

《尔雅》曰：蚹蠃蜿蝓。郭璞注曰：音移臾，即蜗牛也。

张揖《广雅》曰：蠡蠃、蜗牛、蜿蝓也。

《庄子》曰：有国于蜗之左角者曰触氏，有国于蜗之右角者曰蛮氏。时相与争地而战，伏尸数万，逐北，旬有五日而后反。

许慎《说文》曰：蜗，一曰蜿蝓。

《山海经》曰：清要之山，北望河曲，是多倮累。郭璞注曰：倮累，蜗牛也。

陶洪景《集注本草经》曰：蠣蝓，味咸，寒，无毒。一名陵蠡，一名土蜗，一名附蜗。生泰仙池泽，生阴地沙石垣下。蠣蝓入三十六禽限，又是四种角之例，营室之精矣。

蝎

《毛诗·鱼藻·彼都人士》曰：彼君子女，卷发如虿。

《毛诗义疏》曰：虿，一名杜伯。河内谓之蚑，幽州谓之蝎。

《左传·僖二》曰：臧文仲曰："蜂虿有毒，而况国乎？"

又《昭二》曰：郑人谤子产曰："其父死于路，已为虿尾。"

《大戴礼》曰：神人国有蜂虿，不螫婴儿。

张揖《广雅》曰：杜伯，蠚，虿，蝎也。

《说文》曰：虿，毒虫也。

《魏志》曰：彭城夫人夜之厕，虿螫其手，呻吟无赖。华佗令温汤近热，渍手其中，卒可得寝。但旁人数为易汤令暖，其日即愈。

《北史》曰：齐后主诏锁南阳王绰赴行在所，至而宥之。问："在州何者最乐？"对曰："多取蝎，将咀汉，看时极乐。"后主即夜索蝎一斗，比晓得二三升，置诸浴斛，使人裸卧斛中，号叫宛转。帝与绰临观，喜噱不已，谓绰曰："如此乐事，何不早驰驿奏闻？"绰由是大为后主宠。

《唐史》曰：剑南本无蝎。尝有人任主簿，将之至。今呼为主簿虫。

《庄子》曰：老聃曰："三皇之知，上悖日月之明，下睽山川之精，中隳四时之施。其智憯音惨于虿蝎之尾，而犹自以为圣人，不可耻乎？"

《唐景龙文馆记》曰：上巳日，上幸于渭滨，宴侍臣。其日，赐侍臣等柳棬各一，云带之免虿毒，辟温气。

干宝《搜神记》曰：安阳城南有亭，宿者辄死。有书生入亭宿，明，掘得蝎，大如琵琶，毒长数尺。亭遂安静。

《葛洪方》曰：蝎，中国屋中多，江东即无也。

嵇含《遇虿赋序》曰：元康二年，余中夜遇虿，客有戏余曰："俗谚云：过满百，为虿所螫。斯言信哉！"虽内省不疚，而逢此害，喟然而叹，遂作赋。

蚁

焦赣《易林·震之蹇》曰：蚁封户穴，大雨将集。

又《复之萃》曰：蜱蜉戴怨，不能上山。却推跌蹶，损伤其颜。

《韩诗外传》曰：夫吞舟之鱼大矣，荡而失水，则为蚁所制。

《大戴礼》曰：十二月，玄驹贲。蚁也。贲者，走于地中也。

《周官》曰：馈食之豆，蜃蚳醢。蜃，蛤也。蚳，蚁子也。

《礼记·檀弓》曰：子张之丧，公明仪为志焉。褚幕丹质，蚁结于四隅。郑玄注曰：画褚之四角，其文如蚁行涂却相交错也。蚁，蚍蜉也。殷之蚁结，似今之蛇文画也。

又《内则》曰：蚳醢。蚳，蚍蜉子也。

又《学记》曰：蚁子，时术之，其此之谓乎？蚁，蚍蜉也。蚍蜉之子，微虫耳。时蜉之所为其功，乃复成大垤也。

《尔雅》曰：蚍蜉，大蚁。俗呼为马蚍蜉。小者蚁。齐人呼蚁蚁蛘。蠪，音龙。朾直耕切蚁。赤驳蚍蜉。蟗音尉，飞蚁。有翅。其子蚳。蚳，蚁卵。《周礼》曰：蜃蚁酱。

《后汉书》曰：钜鹿张角贼起，皆著黄巾为标帜，时人谓之黄巾，亦名为蛾贼。蛾音鱼绮切，即蚁字。喻贼众多，故以为名。

张勃《吴录》曰：九真移风县有赤絮胶人，视土知有蚁，因垦发，以木枝插其中，则蚁缘而生漆，坚凝如螳螂子螵蛸也。折漆以染絮，其色正赤，所作赤絮则此胶也。

《孟坚》曰：羊肉不慕蚁，蚁慕羊肉，羊肉膻也。

《庄子》曰：函牛之鼎沸，蚁不得置一足焉。喻圣主之法明，奸至不敢蹈也。

又曰：东郭子问庄子曰："道安在？"庄子曰："道在蝼蚁。"

又曰：吞舟之鱼，荡而失水，则蝼蚁能苦之。

《孙卿子》曰：不食者蚁，不饮者蜉蝣。

《韩子》曰：桓公伐孤竹，行山中，无水。隰朋曰："蚁冬居山之阳，夏居山之阴。蚁壤寸而有水。"乃掘，遂得水。

又曰：千丈之堤，以蝼蚁之穴而溃。

又曰：以骨去蚁，蚁愈多；以肉驱蝇，蝇愈至。

《吕氏春秋》曰：吞舟之鱼，陆处不胜蝼蚁。

《淮南子》曰：千里之堤，以蝼蚁之穴漏；而百寻之屋，以突隙之熛焚。突，灶突也。

《抱朴子》曰：鸡有专栖之雄，雉有擅泽之鷮，音娇。蚁有兼弱之智，蜂有攻寡之计。人相役御，亦犹是耳。

又曰：周髀家云："天圆如张盖，地方如棋局，而旁转如推磨，日左行，月右行，随而左转，如推于磨。蚁行磨石之上，磨左旋而蚁右去，磨疾而蚁迟，故不得不舒磨，以左回焉。"

又曰：百寻之山，焚于分寸之飚；千丈之陂，溃于一蚁之穴。

《符子》曰：东海有鳌焉，冠蓬莱而浮游于沧海。腾跃而上，则千云之峰类迈于群岳；沉没而下，则隐天之丘潜嶠于重川。有蚳蚁闻而悦之，与群蚁相要乎海畔，欲观鳌焉。月余日，鳌潜未出，群蚁将反。遇长风激浪，崇涛万仞，海水沸地，雷震。群蚁曰："此将鳌之作也。"数日，风止雷默，海中隐如岳。群蚁曰："彼之冠山，何异我之戴粒？逍摇封壤之颠，伏乎窟穴也。"

《山海经》曰：朱蚁，其状如蚁，郭璞曰：蚁，蚍蜉。在昆仑之虚。

《京房易妖占》曰：蚁无故当道，若门户城郭聚土，水且伤人。

扬雄《方言》曰：蚍蜉，齐鲁之间谓蚼蟓音駒养，西南梁益之间谓之玄驹，燕谓之蛾蛘。楚郢以南，蚁土谓之封。

王充《论衡》曰：人坐楼台之上，察地之蝼蚁，尚不见其体，安能闻其声？何则？蝼蚁之体细，不若人形。夫声音孔气不能达也。今天之崇高非直楼台，人体比于天，非若蝼蚁于人也？谓天闻人之言，随善恶，为吉凶，误矣！

扬子《法言》曰：食如蚁，衣如华，不以泰乎？

刘义庆《世说》曰：殷仲堪父，病虚悸，闻床下蚁动，云是牛斗。孝武不知殷父，问："有一殷病如此不？"仲堪流涕而起曰："臣进退唯谷。"

郭义恭《广志》曰：有飞蚁，有木蚁，古曰玄驹者也。又有黑黄大小数种之蚁。

刘欣期《交州记》曰：大和中，人有至武岭，穴中有大蚍蜉，甚大。

《西京杂记》曰：长安化度废寺内有礧音叠石，径二尺余，孔穴通连，若栏椅楼台之状，号曰蚁宫。常云于中见蚁，金色，其大若蜂，动逾万计，乃掘及泉，因得此石。

张茂先《博物志》曰：蚁知将雨。

伏侯《古今注》曰：汉光武建武玄年，山阳有小虫，类人形，甚众。明日，皆悬树枝而死，乃大蚁也。

崔豹《古今注》曰：牛亨问："蚁曰玄驹，何也？"答曰："河内人无何而见有人马数千万骑，皆大如黍米，旋动往来，从朝至暮。家人以火烧杀之，人皆是蚊蚋，马皆成大蚁。故今人呼蚊蚋曰黍民，蚁曰玄驹。扬子《法言》曰：'吾见玄驹'是也。"

扬孚《异物志》曰：鲮鲤吐舌，蚁附之，因吞之。又开鳞甲，使蚁入其中，乃奋迅则舐取之。

刘敬叔《异苑》曰：桓谦，字敬祖。太玄中，忽有人皆长寸余，悉被铠持槊、乘具装马坎中出，缘机登灶，寻饮食之所。或有切肉，辄来丛聚，力所能胜者，以槊刺取，径入穴。蒋山道士朱应子，令以沸汤浇所入处，寂不复出。因掘之，有斛许大蚁死在窟中。谦后以门衅同灭。

《古今五行记》曰：后魏显宗天安元年六月，兖州有黑蚁与赤蚁交斗，长六十步，广四寸。赤蚁断头而死。黑主北，赤主南。时齐明帝杀少帝子业而自立，大为魏军所破。东魏孝静帝武定四年，邺下有黄蚁与黑蚁斗。黄，东魏戎衣色；黑，西魏戎衣色。是时黄蚁尽死。时高欢围玉壁，五旬不拔。欢疾，班师而薨。

《岭表录异》曰：岭南蚁类极多，有席袋贮蚁子窠鬻于市者。蚁巢如薄絮囊，皆连带枝叶，蚁在其中，和窠而卖，有黄色大于常蚁而脚长者。云南中柑子树无蚁者实多蛀，故人竞买之，以养柑子。

又曰：交广溪涧间，酋长得收蚁卵，淘择令净，卤以为酱。或云其味酷似肉酱，非官客亲友不可得也。

《梦书》曰：蚍蜉为小盗衔食行也。梦见蚍蜉，小盗众也。

《神光占》曰：行造酒家，蚁聚中庭，急去之。

应璩《百一诗》曰：大魏承衰弊，复欲密其罗。蚍蜉犹见得，何云鳅与虾？狴犴既已备，倏复置黄沙。

《楚辞·招魂》曰：南方赤蚁若象，玄蚁若灵壶。

应璩《与曹昭伯笺》曰：空城寥廓，所闻者悲风，所见者鸟雀。其陈司空为邑宰，所在幽闲，独坐愁思，幸赖游蚁，以娱其意；以今况之，知不虚矣。

郭璞《蚍蜉赋》曰：饰殷人之丧舆，在四隅而交结。济齐桓之穷师，由山东之高垤。感萌阳以潜步，知将雨而封穴。伊斯虫之愚昧，乃先识而似哲。

又《蚍蜉赞》曰：蚍蜉琐劣，虫之不才。感阳而出，应雨讲台。物之芜坏，自然知来。

太平御览卷第九百四十八 虫豸部五

蜘蛛

焦赣《易林·未济之蛊》曰：蜘蛛作网，以司行旅；青蝇嚵啖，以求膏腴。

又《井之遁》曰：蜘蛛南北，巡行网罟。杜季利兵，伤我心旅。

《毛诗·豳·七月·东山》曰：蠨蛸在户。蠨蛸，长踦也。

《诗义疏》曰：一名长脚。荆州河内谓之喜子，云此虫来着，当有亲客至。亦如蜘蛛，为网罗居之。

《诗义问》曰：蠨蛸，长足蜘蛛也。

刘芳《毛诗义筌》曰：蠨蛸，长虫奇，音崎岖之崎。小蜘蛛长脚者，俗呼为喜子。

《尔雅》曰：次蠹音秋，鼅鼄。鼅鼄，鼄蝥音矛。土鼅鼄，布地中布网。草鼅鼄。络幕草间。蠨蛸，长踦音崎。小蜘蛛长脚者，俗呼为喜子。

张揖《广雅》曰：鼄蝥，罔工，蠾蝓，毒蜍也。

《魏志》曰：馆陶令诸葛原迁新兴太守，管辂往祖饯之，宾客并会。原自起，取燕卵、蜂巢、蜘蛛着器中，使射覆。卦成，辂曰："第三物觳觫长足，吐丝成罗，寻网求食，利在昏夜，此蜘蛛也。"举坐惊喜。

《抱朴子》曰：太昊师蜘蛛而结网。

又曰：或以赤班蜘蛛及七种水鸟，以合冯夷水仙丸服之，亦可以居水中。又以涂足下，则可以步行水上也。

《符子》曰：晋公子重耳奔齐，与五臣而游乎大泽之中。见蜘蛛布其网，曳其网而执豸以食之。公子重耳观之，顾谓其臣咎犯曰："此虫也，智之薄者矣，而犹役其智，曳其网而执豸以食之。况乎人之有智，而不能廓垂天之网，布络地之网，以供方丈之御，是曾不如蜘蛛之智，孰可谓之人乎？"咎犯曰："公子慎勿言也，终行之，则有邦有嗣矣。"

《金楼子》曰：楚国龚舍，初随楚王朝宿未央宫，见蜘蛛焉。有赤蜘蛛大如栗，四面萦罗网，有虫触之而罥者，退而不能得出焉。舍乃叹曰："吾生亦如是耳。仕宦者，人之网罗也，岂可淹岁？"于是挂冠而退。时人笑之，谓舍为蜘蛛之隐。

杨雄《方言》曰：鼅鼄，郭璞曰：知蛛两音。朱蝥也音无。自关而西秦晋之间谓之鼄蝥，匠箔东呼蝃蝥，音掇。自关而东赵魏之郊之谓之鼅鼄，或谓之蠋蝓烛臾两音。蠋蝓者，侏儒语之转。北燕朝鲜洌水之间谓之毒蛇。齐人又呼为杜公，亦言网公，音毒。

束皙《发蒙记》曰：蝇生积灰，蜂出蜘蛛，腐木为萤火，蛴螬出朽刍。

皇甫谧《帝王世纪》曰：汤出，见罗者。汤下车，命解其三面而置其一面，更教之祝曰："昔蛛蝥作网，今人学结。欲左者左，欲右者右，欲高者高，欲下者下；吾取其犯命者。"

郭璞《洞林》曰：流移道路，诸人并欲令郭璞射覆，人人自持五月五日蜘蛛诸。物悉验，遂不复射。

《淮南万毕术》曰：蜘蛛涂布而雨自晞。取蜘蛛置瓮中，食以膏，百日，煞以涂布，而雨不能濡也。

又曰：取蜘蛛与水狗及猪肪置瓮中，密以新缣，仍悬室。后百日视之，蜘蛛肥，杀之，以涂足，涉水不没矣。又一法：取蜘蛛二七枚内瓮中，合肪百日，以涂足，得行水上，故曰："蜘蛛涂足，不用桥梁。"

王充《论衡》曰：观夫蜘蛛之丝，以网飞虫也，人之用诈安过之？

郭义恭《广志》曰：草蜘蛛在草上，色青；土蜘蛛在地上，春行草间，索索履地。

《西京杂记》曰：樊哙问陆贾曰："古帝王人君皆云受命于天，云有瑞应。岂然乎？"贾曰："有之，夫目瞤得酒食，火花得钱财。乾鹊噪，行人至；蜘蛛集，百事喜。小故犹征，大亦宜然。故目瞤则咒之，乾鹊噪则喂之，蜘蛛集则放之。况天下之大宝，人君重位，非天命何以得之？"

刘敬叔《异苑》曰：陈郡殷家养子名琅，与一婢结好。经年，婢死，后犹往来不绝。后夕见大蜘蛛，形如斗盘，缘床就琅，便宴尔怡悦。母取而杀之，琅性理遂僻。

刘义庆《幽明录》曰：某郡张甲者，与司徒蔡谟有亲，侨住谟家。暂行数宿，过期不反。谟昼眠梦甲云："暂行忽暴病，患心腹病痛，胀满不得吐下，某时死。"主人殡殓，谟悲涕相对。又云："我病名干霍乱，自可治之，但人莫知其药，故令死耳。"谟曰："何以治之？"甲曰："取蜘蛛生断去脚，吞之则愈。"谟觉，使人往甲行所验之，果死。问主人病时日，皆与梦符。后有干霍乱者，试用辄差。

《广五行记》曰：蜘蛛集于军中及人家，有喜事。

《梦书》曰：蜘蛛为大腹，其性然也。梦见蜘蛛，忧怀任妇人也。

葛洪《治疟方》曰：取蜘蛛一枚着饭中，吞即愈。

成公绥《蜘蛛赋》曰：独高悬以浮处，遂设网于四隅。南连大庑，北接华堂。左凭广厦，右依高廊。吐丝属绪，目引结纲。纤罗络漠，绮错交张。云举雾缀，以待无方。

张望《蜘蛛赋》曰：余啸咏蓬庐，傲步丘园，览蜘蛛之为虫焉，乘虚运巧，构不假物，欲足性命，萧然靖逸，良可玩也。伊蜘蛛之为虫，纵微性乎天壤。禀妙造于化灵，忽无碍而无想。吐自然之纤绪，先皇羲而结网。凭轻罗以隐显，应大明之幽朗。

缢女

《尔雅》蚬，缢女也。孙炎曰：小黑虫，赤头，三辅谓之缢女。此虫多，民多缢死。郭璞注曰：喜自经死，故曰缢女。

《异苑》曰：缢女，虫也，一名蚬，长寸许，头赤身黑，恒吐丝自悬。昔齐东郭姜既乱崔杼之室，庆封杀其二子，姜亦自经。俗传此妇骸化而为虫，故以缢女为名。

马蚿音贤

《尔雅》：蛝音闲，马蝬仕板切也。郭璞注曰：马蠲蚼也。俗呼马蠸，蚼音均。

张揖《广雅》曰：蛆子鱼切蝶强鱼切，马蠲音逐。马蠲，马蚿也。

《宋书》曰：王素声誉甚高。山中有蚿，其声清长，听之使人不厌，而其形甚丑。素乃为《蚿赋》以自况。

《鲁仲连子》曰：谚云：百足虫，三断不蹶者，持之者众。

《文子》曰：善用人者，若蚿之足，众不相害。《淮南子》同。

《庄子》曰：夔怜蚿，蚿怜蛇。夔谓蚿曰："吾以一足跉士今切。踔敕卓切。而行，子无如矣。今子使万足，独奈何？"蚿曰："不然。子不见夫唾乎？喷则大者如珠，小者如露。今予动吾天机，不知所以然。"司马彪曰：北燕谓蚿为且渠也。

《淮南子》曰：季夏，草为蚈。草得阴而死，极阴中反阳，故化为蚈。蚈，马蠸也。蠸音权。

又曰：良将之卒，若虎之牙，若兕之角，若鸟之羽，若蚈音牵之足。蚈，马蠸也。

又曰：蚈足众，走不及蛇。物固有小不如大也。

《明堂月令》曰：腐草为蠲。

杨雄《方言》曰：北燕，马蚿谓之蛆蝶。

张茂先《博物志》曰：马蚿，一名百足。中断则头尾各异行而去。

《本草经》曰：马陆，一名百足。

《吴氏本草经》曰：一名马轴。

蠀

《淮南子》曰：蠀知将雨。高绣曰：蠀，虫也，大如笔管，长三寸余。蠀音皆。

竹虫

《淮南万毕术》曰：竹虫饮人，自言其诚。竹虫三枚，竹黄十枚，治之。欲得人情，取药如大豆，烧酒中，饮之，不令醉。以问其事，必得其实也。

蓼虫

孔丛《蓼虫赋》曰：睹兹茂蓼，纷葩吐荣。爰有蠕虫，厥状似螟。

群聚其间，食之以生。悟物托事，以况乎人。幼长斯蓼，莫知其辛。

蛴螬

《毛诗·硕人》曰：肤如凝脂，领如蝤蛴。蝤蛴，蝎虫也。

陆机《毛诗疏义》曰：蛴螬生粪中。

《尔雅》曰：蟦音汾，蛴螬也。郭璞注曰：在粪土中者。蝤蛴，蝎。在木中有也。今虽通名之为蝎，所在异也。

《庄子》曰：乌足根为蛴螬。司马彪曰：乌足，草名，生瞬颠。音齐曹也。

《淮南万毕术》曰：黍成蛴螬。以秋冬获黍，置沟中，即生蛴螬也。

王充《论衡》曰：蛴螬化为复育，复育转为蝉。

扬雄《方言》曰：蠀螬谓之蟦，蜚翠。自关而东谓之蝤蠀，酋资两音。或谓之卷属，书卷。或谓之蝖毂。亦呼堂齐，或呼地蚕。宣斛两音。梁益之间谓之蛒音格，或谓之蝎，或谓之蛭音质蛒。秦晋之间或谓蠹，或谓之天蝼。按，《尔雅》曰：毂，天蝼。谓蛞蝼耳。而《方言》以为蝎，未详其义也。

《博物志》曰：蛴螬以背行，駃于用足也。

祖台之《志怪》曰：吴中书郎盛冲至孝。母王氏失明，冲暂行，敕婢食母。婢乃取蛴螬蒸食之，王氏甚以为美，而不知是何物。儿还，王氏语曰："汝行，婢进吾一食，甚甘美，然非鱼非肉。汝试问之。"既而问婢，服食是蛴螬。冲抱母恸哭，母目霍然立开。

《本草经》曰：蛴螬，一名蟦齐，主治血痹。

蝼蛄

《子然》曰：有一人身着练单衣袷直造席，捧手与子然语。子然问其姓名，即答云："仆姓卢名钩，家在壈溪边，临水。"复经半旬中，其作人掘田塍西沟边蚁蛭，忽见大坎沟中，蝼蛄将近斗许，而有数头极壮，一个弥大。子然至是始悟曰："近日客卢钩，反音则蝼蛄也；家在壈溪，即西坎也。"悉灌以沸汤，自是遂绝。

《搜神记》曰：庐陵太守平原庞企，字子及。自说其乃祖非罪系狱时，有蝼蛄虫行其左右，谓曰："尔有神，当活我。"因投饭与之，食尽复来，形稍大，数日形如豚。及当刑，蝼蛄夜掘壁为孔以出。故庞氏常祠蝼蛄。

葛洪《治箭钩在咽喉不出方》曰：用蝼蛄脑涂之，即出。

范汪《治不得小便方》曰：取蝼蛄大者二枚，断取体下，以一升水渍之，去皮饮之，须臾便通。

《本草经》曰：蟠蛄，一名天蝼，一名螯，产难出，刺在肉中，溃痈肿，下哽咽，解毒，愈恶疮。

陶洪景《本草经》曰：蝼蛄，味咸，寒。取自出者，其自腰以前甚涩，主止大小便。

尺蠖

《周易·下系辞》曰：尺蠖之屈，以求伸也；龙蛇之蛰，以存身也。

《尔雅》曰：蠖，蚨蠖。今蝍蝛也。

《晏子春秋》曰：弦章谓景公曰："尺蠖食黄即身黄，食苍即身苍。"

《说文》曰：尺蠖，曲信虫。信音申。

《方言》曰：蠀音资蝛子六切谓之尺蠖。郭璞注曰：步屈也。

曹子建《长歌行》曰：尺蠖知屈伸，体道识穷达。

傅休奕《潜通赋》曰：蠖屈体以求伸兮，龙阶木而升云。

鲍明远《尺蠖赋》曰：智哉尺蠖！观机而作。伸非向厚，诎非今薄。静值泉渟，机躁遇风惊。起轩躯而旷莽，伏累气而并形。冰炭弗触，韦刃靡迕。逢崄蹴迹，值夷舒步。忌好退之见猜，哀必进之为蠹。每骧首以瞰涂，常景行而翻路。故身不豫托，地无前期；从方而应，何虑何思？是以军算慕其权，国容拟其变，高贤图之隐沦，智士以之藏见。笑蛇灵之久蛰，羞龙德之方战。

郭璞《尺蠖赞》曰：贵有可贱，贱有可珍。嗟兹尺蠖，体此屈伸。论配龙蛇，见叹圣人。

张协《七命》曰：鷦鷯飞而生风，尺蠖动而成响。

太平御览卷第九百四十九　虫豸部六

蟾蜍

《春秋运斗枢》曰：政纪乖，则蟾蜍月精，四头感翔。感翔，为妖。

《韩诗外传》曰：鱼网之设，鸿则罹之；燕婉之求，得此戚施。薛君曰：戚施。蟾蜍，喻丑恶。

《文子》曰：蟾蜍辟兵，寿在五月之望。

《淮南子》曰：月照天下，而蚀于蟾诸；腾蛇游雾，而殆于蝍蛆。蟾诸，月中虾蟆，食月，故曰食于蟾诸。殆犹畏也。蝍蛆，蟋蟀，《尔雅》谓之蜻列虫之大腹也，上蛇，蛇不敢动，故曰殆于蝍蛆。

《抱朴子》曰：蟾蜍寿三千岁。

又曰：肉芝者，谓万岁蟾蜍。头上有角，领下有丹书'八'字再重。以五月五日日中时取之，阴干，百日，以其足画地，即为流水。带其左手于身，辟五兵。若敌人射已者，弓弩矢皆反还自向也。

又曰：辟兵法，或以月蚀时刻三岁蟾蜍喉下有'八'字者血，以书所持之刀剑。

《玄中记》曰：蟾蜍头生角，得而食之，寿千岁。又能食山精。

张衡《灵宪》曰：羿请不世之药于西王母，姮娥窃之以奔月。遂托身于月，是为蟾蜍。《淮南子》同。

《河图》曰：蟾蜍去月，天下大乱。

《西京杂记》曰：广川王发晋灵公冢，得玉蟾蜍一枚，大如拳，腹空容五合，如新玉，取以盛水滴砚。

崔寔《四民月令》曰：五日取蟾蜍，可治恶疽疮。

傅玄诗曰：蟾蜍食明月，虹霓薄朝日。

虾蟆

《易通卦验》曰：夏至小暑，虾蟆无声。

《山海经》曰：藟音诔山，湖水出焉，东流注于食水，其中多活师。科斗也。《尔雅》或曰活东也。

《尔雅》曰：鼁蟆，郭璞注曰：蛙类。音惊，亦曰景。科斗，活东。虾蟆子也。

《周礼·秋官下》曰：蝈氏掌去蛙黾。焚牡菊，以灰洒之，则死。齐鲁之间谓蛙为蝈。黾，耿黾也。蝈与耿黾尤怒鸣而聒人耳，故去之。

《汉书》曰：武帝元鼎五年秋，蛙与虾蟆俱斗。是岁，四将军、众十万征南越，开九郡。

《后汉书》曰：马援为隗嚣使公孙述，归，谓嚣曰："子阳，井底之蛙耳，言述志识偏狭，如坎纠戳蛙。事见《庄子》。而妄自尊大。不如专意东方。"

《东观汉记》曰：彭宠堂上闻虾蟆声，在火炉下，凿地求之，无所得。宠为奴所杀。

张璠《汉记》曰：灵帝铸天禄虾蟆，吐水于平昌门外桥东，注入宫。又作翻车渴乌，施于桥西，洒南北郊。

《晋书》曰：有蛙鸣于华林园。惠帝问左右曰："为官乎？为私乎？"侍中贾胤对曰："在官地为官，在私地为私。"

《宋书》曰：张畅弟收，尝为猘犬所伤，医云："宜食虾蟆脍。"收甚难之，畅含笑先尝，收因此乃食，创亦即愈。

《齐书》曰：沈僧昭，别名法朗，少事文师道士。梁武陵王纪为会稽太守，宴坐池亭，蛙鸣聒耳。王曰："殊废丝竹之听。"僧昭咒厌十许，口便息。及日晚，王又曰："欲其复鸣。"僧照曰："王欢已阑，令汝鸣。"即便喧聒。

又齐书曰：卞彬《虾蟆赋》云："纡青拖紫，名为蛤鱼。"世谓比令仆也。

又云："蝌斗唯唯，群浮暗水。唯朝继夕，笔役如鬼。"比令史咨事也。

《南史·孝义传》曰：丘杰，字伟峙，吴兴乌程人也。年十四遭母丧，以熟菜有味，不尝于口。岁余，梦见母曰："死亡是分别耳，何事乃尔荼苦？汝啖生菜，遇虾蟆毒，灵床前有三丸药，可取服之。”杰惊起，果得瓯，瓯中有药，服之，下科斗子数升。

《三国典略》曰：周天和二年，齐武安妖人与其徒伪云：“盲躄，因饮泉水，下得金佛，其疾并愈。”于是远近信之，男女雾集，水中有老黄虾蟆全如金色，乍出乍没。齐武成及百官已下，莫不饮之。

《隋书》曰：炀帝在东宫，宫中数有妖变，乃命卫尉少卿萧吉禳邪气，于宣慈殿座祭神。是时孟冬，地久无水，乃有虾蟆从西南来，入至坐，忽然而失。

《文子》曰：禽子曰：“多言有益乎”？墨子曰：“虾蟆蛙黾，日夜恒鸣，口乾舌擗，然而不听；今观晨鸡，待旦而鸣，天下俱动。多言何益？唯其言之时也。”

《韩子》曰：越王勾践欲伐吴，欲民轻死。出，见斗蛙，乃下轼。从者曰：“王何敬也？”曰：“以其有勇气故也。”其后国人轻命死战。

《淮南子》曰：夫虾蟆为鹑，水虿为螅音聪，皆生于非其类。老虾蟆化为鹑，死暑虿化为螅。螅，蜻蜓也。唯圣人能知其化。

又曰：兰芝以芳，芳，香也。未尝见霜。鼓造辟兵，寿尽五月之望。鼓造，盖谓枭，一曰虾蟆。今世人五月望作枭羹，亦作虾蟆羹。

《国语》曰：赵襄子以尹铎有宽政于晋阳，其心必和，乃守晋阳。后晋师围而灌之，沉灶生蛙，民无叛意。

《神仙传》曰：葛玄指虾蟆使舞，皆应弦节，使止乃止。

《燕丹子》曰：太子自喜得荆轲，永无秦忧，日与轲之东宫临池而观。轲拾砖投蛙，太子令人奉盘金以进。

《物理论》曰：夫虚无之谈，尚其华藻，此无异于春蛙秋蝉，聒耳而已。

《风俗通》曰：肃肃，虾蟆掉尾。俗说虾蟆一跳八尺，再跳丈六。从春至冬，袒裸相逐，无他所作，掉尾肃肃。谨按：虾蟆既处水中，其尾又短，正能使掉之，岂能肃肃乎？原其所以，当言夏马，患蚋，掉尾，振击，常肃肃也。“虾蟆”“夏马”，音相似。

崔豹《古今注》曰：科斗，虾蟆子也。一名悬针，一名玄鱼。形圆、有尾，闻雷则尾脱脚生也。

《广五行记》曰：怀州凝真观东廊下柱已五十余年。道士往往闻有虾蟆声，不知何处。后因柱朽坏，以他柱易之，斫之，于柱中得一虾蟆。其柱又无孔隙。

《岭表录异》曰：唐林蔼为高州太守。有乡野小儿牧牛，闻田中有蛤鸣，蛤即大虾蟆。牧童遂捕之。蛤跃入一穴中，遂掘之，乃蛮酋冢也。得一铜鼓，其色翠绿，土蚀数处损缺，其上隐起多铸蛙黾之状。疑其鸣蛙即铜鼓精也。

《楚辞·七谏》曰：虾蛙游于药池。芳药之池。

成公绥《阴霖赋》曰：百川泛滥横潦流，灶中生蛙庭运舟。

蟋蟀

《易通系卦》曰：蟋蟀之虫，随阴迎阳，居壁向外，趣妇女织绩，女工之象。今失节不居壁，似女事不成，有淫佚之行，因夜为奸，故为门户。夜开门户，人之所由出入；今夜不闭，明非也。

《易通卦验》曰：立秋，蜻音精。蛚音列鸣；白露下，蜻蛚上堂。

《京房易妖占》曰：七月建申为夷，则蟋蟀鸣。

《毛诗·蟋蟀》曰：蟋蟀在堂，岁聿其暮。今我不乐，日月其除。

又《豳·七月》曰：七月在野，八月在宇，九月在户，十月蟋蟀入我床下。《笺》云：自七月至十月入我床下，皆谓蟋蟀也。言将寒有渐，非卒来也。

陆机《毛诗疏义》曰：蟋蟀，似蝗而小，正黑，有光泽如漆，有角翅。一名蛬，一名蜻蛚。楚人谓之王孙。幽州人谓之促织，督促之言也，里语曰："趣织鸣，懒妇惊。"

《诗义问》曰：蟋蟀，食蝇而化成也。

刘芳《毛诗义笺》曰：蟋蟀，今促织也，一名蜻蛚。楚谓之蟋蟀，或谓之蛬，南楚谓之王孙也。《方言》同。

蔡邕《月令章句》曰：蟋蟀，或谓之蛬，亦谓之蜻蛚，斯螽、莎鸡之类。

《礼记·月令》曰：季夏之月，蟋蟀居壁。

《春秋考异邮》曰：立秋，趣织鸣。宋均曰：趣织，蟋蟀也。立秋，女功急，故趣也。

《春秋潜潭巴》曰：蟋蟀集，天子无远兵。

《春秋说题辞》曰：趣织为言趣织也，织兴事遽，故趣织鸣，女作兼。

《尔雅》曰：蟋蟀，蛬也。郭璞注曰：今促织也，亦名蜻蛚也。

《周书·时训》曰：小暑之日，温风至；又五日，蟋蟀居壁。

袁宏《后汉书》曰：崔骃上书曰："窃闻春阳发而仓庚鸣，秋风厉而蟋蟀吟，盖气使之然也。"

干宝《搜神记》曰：朽苇为蛬，麦为蝇蝶。

崔豹《古今注》曰：蟋蟀，一名吟蛬。秋初生，得寒则鸣噪。济南人谓为懒妇也。

又曰：沙鸡，一名促织，一名络纬，一名蟋蟀。促织，谓鸣声如急织也。络纬，谓其声如纺也。促织，一名促机；络纬，一名纺纬。

阮籍诗曰：开秋肇凉气，蟋蟀鸣床帷。感物怀殷忧，悄然令心悲。

卢谌《蟋蟀赋》曰：何兹虫之资生？亦灵智之攸授。享神气之么眇，体形容之微陋。于时微凉，既戒火灵。告去玄乙，辞宇翔鹍音昆。南顾风戾戾而动柯，露零零而陨树。月转景而西颓，汉回波而东注。厉清响于长宵，激悲声以迄曙。

王褒《圣主得贤臣颂》曰：虎啸而风冽，龙兴而致云。蟋蟀候秋吟，蜉蝣出以阴。

《楚辞》曰：澹容与而独倚兮，蟋蟀鸣于西堂。

蛁蟧

《诗义疏》曰：蝘音偃，一名蛁音刀。蟧音劳，螗蛄也。

《尔雅》曰：蜓蚞，螇螰。即蝭蟧也，一名蟪蝭蟧，齐人呼蟆虫固。题木奚鹿四音。

《家语》曰：孔子谓宰予曰："违山十里，蟪蛄之声犹在于耳。"

《庄子》曰：蟪蛄不知春秋。司马彪注曰：蝭蟧春生夏死，夏生秋死，故不知岁之春秋也。

杨雄《方言》曰：蛥蚗，上音折，下音夬。齐谓之螇螰奚鹿两音；楚谓之蟪蛄，或谓之蛉音零蛄；秦谓之蛥蚗；自关而东谓之虭蟧貂料两音，或谓之蝭音帝。蟧，或谓之蜓蚞音廷木；西楚与秦通名。江东又呼为蟂蟧。

《风土记》曰：秋而蟪蛄鸣于朝，寒蛩鸣于夜。

鼠负

《尔雅》曰：蟠，鼠负也。郭璞曰：此瓮器底虫也。旧说伊威鼠妇别名，未详也。

《毛诗·东山》曰：伊威在室。伊威，委黍也。

陆机《毛诗疏义》曰：伊威，一名委黍，一名鼠妇。在壁根瓮底土中，似白鱼者也。

《说文》曰：蟠蟅音柘，鼠妇也。蛜威、委黍，鼠负也。

干宝《搜神记》曰：豫章有一家婢，在灶下，忽有人长数寸，来灶间。婢误以履践杀一人。须臾，遂有数百人着縗麻，持棺迎丧，凶仪皆备，出东门，入园中覆船下。就视，皆是鼠妇，作汤浇杀，遂绝。

葛洪《治疟方》曰：取鼠妇虫十四枚，各以糟封裹之，凡十四丸。临发，服七丸便愈。

陶弘景《本草经》曰：鼠妇，一名蟠负，一名伊威，一名委人。俗言鼠多在坎中，背则负之。今作'妇'字，如似乖理。又一名鼠姑。家用此悦媚人，甚多方而应少。

蠹

《韩诗外传》曰：枯鱼衔索，于何不蠹？

《尔雅》曰：蝎，蛣蝴蝠。木中蠹虫。蝎，桑蠹。即蛣蝠也。

《汉书》曰：文帝赐尉佗书、衣物，佗因使者献桂蠹一器。

文子曰：山生金，反自刻；木生蠹，还自食。

《穆天子传》曰：天子东游，次雀梁，蠹书于羽陵。谓暴书蠹虫四曰蠹书也。

杜宝《大业拾遗录》曰：七年，始安郡献桂蠹四瓶，瓶别一千头。紫色，香辛有味。啖之，去阴痰之疾。

强蛘音芈

《尔雅》曰：蛄䗐，强蛘也。郭璞注曰：米谷中蠹小黑虫也。建平人呼为蛘子。

《方言》曰：蛄䗐音施谓之强蛘。郭璞注曰：江东谓之姑䗐也。

啮桑

《尔雅》曰：蠰音饷，啮桑。郭璞曰：似天牛也，长角，体有白点，喜啮桑树，作孔藏其中。江东呼为啮发。

守瓜

《尔雅》曰：蠸音权。舆父，守瓜也。郭璞注曰：今瓜中黄小虫，喜食瓜叶，名曰守瓜。

蚰蜒

《尔雅》曰：蚰衝，入耳。蚰蜒也。衝，音衍。

《方言》曰：自关而东，蚰蜒谓之蚰蜇，或谓之入耳，或谓之蛛音长蛐所宜切；赵魏之间或谓之蚨虷音扶于；北燕谓之蚭蚭。《广雅》同。蚭，奴六切。蚭，音尼。

蜚音肥

《广五行记》曰：《春秋·鲁庄公二十九年》“蜚”，刘向以为此非中国所有。南越盛暑，男女同川泽，淫乱所生。为虫臭恶。时公娶齐淫女为夫人。

《后汉书》曰：王莽地皇元年，蜚蔽天至长安，入未央宫缘，莽发吏捕之。于时天下大乱，寻而莽败见杀。

蜚廉

《本草经》曰：蜚廉，味咸，治血瘀，遂下血，破积聚，疗喉痹。生晋地山泽中，二月采之。

《吴氏本草》曰：蜚廉虫，神农、黄帝云：治妇人寒热。

蚃

《尔雅》曰：国音或。貉虫，蚃也。音许两切。今呼蛹虫为蚃。《广雅》曰：土蛹，蚃虫。

蛷蛗音求搜

《说文》曰：蛷，多足虫也。

《广雅》曰：矜，蛷螋也。

《博物志》曰：蠷螋虫溺人影，亦随所着处生疮。卢氏曰：以鸡肠草捣途，经日即愈。

尘虫

《吴氏本草》曰：尘虫，一名土鳖。

蛇公

《异苑》曰：海曲有物名蛇公，形如覆莲花，正白。

庾阐《扬都赋》曰：蛇公沉光于海曲。

蛭蟷上知栗切，下多郎切

《尔雅》曰：王，蛈音铁蝪音汤也。郭璞注曰：即蛭蟷也。似蜘蛛，在穴中，有盖。今河北人呼蛈蝪也。

金花

竺法真《登罗山疏》曰：金花虫，大如斑猫，形色文采如金，是龟属，得之养玩弥日。

兹母

《淮南子》曰：朝秀不知晦朔。许慎注曰：朝生暮死虫也，生长上，似蚕蛾，一曰兹母。

太平御览卷第九百五十　虫豸部七

蜻蛉

杨雄《方言》曰：蜻蛉谓之蝍蛉。郭璞注曰：六足四翼虫也。淮南呼虫康虫尹也。

《说文》曰：蜻蛉，一名桑根。

《尔雅》曰：虰音丁蛵音升，负劳。郭璞注曰：或曰即蜻蛉也，江东呼狐梨，未详。

《庄子》曰：童子埋蜻蛉头而化为珠。

《尸子》曰：荆庄王命养由基射蜻蛉，曰："吾愿生得之。"养由援弓射之，拂左翼。

《战国策》曰：庄辛谓楚庄王曰："王独不见夫蜻蛉？仰承甘露而饮之，自以为无患，与人无争。不知夫五尺童子，将调钩胶丝，加之四仞之上，而下为蝼蚁所食。"

《吕氏春秋》曰：海上有人好蜻蛉者，每朝居海上从游，有蜻蛉至者数万，前后左右尽蜻蛉也，终日玩之不去。其父告曰："闻蜻蛉从汝居，取而来，吾将玩之。"明日往之海上，而蜻蛉无至者。

《东方朔别传》曰：上置蜻蛉盖下，使朔独射之。朔对曰："冯翊冯翊，六足四翼，头如珠，尾正直，长尾短项，是非勾篓，即蜻蛉。"上"善。"赐帛十匹。

崔豹《古今注》曰：蜻蛉，一曰青亭，一曰胡蝶，色青而大者是也。小而黄者曰胡离，一曰胡梨。小而赤者曰赤卒，一曰绛驺，一曰赤衣使者，好集水上，亦名为赤弁丈人。

又曰：绀蝶，一名蜻蛉，似蜻蛉而色玄绀。辽东人谓为绀蟠，亦曰童蟠，好以七月群飞暗天。海边夷貊食之，谓海中青虾化为之。

青蚨

《广雅》曰：蟱蜗，青蚨也。

《搜神记》曰：南方有虫，名螂音敦蝺音隅，形如蝉大，味辛美可食。其子着草叶如蚕种。得其子则母飞来，虽潜取必知处。杀其母涂钱，子涂贯，用钱去货，旋则自还。

《淮南万毕术》曰：青蚨还钱。青蚨，一名鱼，或曰蒲。以其子母各置瓮中，埋东行阴垣下，三日后开之，即相从，以母血涂八十一钱，亦以子血涂八十一钱，以其钱更互市。置子用母，置母用子，钱皆自还。

蜂

《尔雅》曰：土蜂、匠箔东呼大蜂，在土中作房者为土蜂，啖其子即马蜂也。今荆楚间呼为蟺，音蝉。木蜂。似土蜂而小，在树上作房。

《方言》曰：蜂，燕赵之间谓之蠓螉，蒙翁二音。或谓之蚴蜕，音幽悦。其大有蜜谓之壶蜂。即今黑蜂，穿竹木作孔，亦有蜜者。

《山海经》曰：平逢山有神如人，二首，名曰娇虫。是盘虫，实唯蜂蜜之庐。郭璞注曰：娇为盘虫之长，群蜂所舍集。蜜亦蜂名也。

又曰：大蜂，其状如螽。

《洪范五行传》曰：秦昭王三十八年，上郡大饥，山木尽死，人无所食，蜂食田苗。

《左传·僖中》曰：邾人以须句故出师公卑，邾不设备而御之。臧文仲曰："国尾黻小，不而易也；无备，虽众不可恃也。君其无谓邾小，蜂虿有毒，而况国乎？"

《孝经援神契》曰：蜂虿垂芒。蜂虿毒在后，故言垂芒。

谢承《后汉书》曰：豫章严丰，字孟侯，为郡王主簿。太守贾萌举兵欲诛王莽，有飞蜂附萌车衡。丰谏，以为不详之征。萌不从，果见杀。

王隐《晋书》曰：太尉陶侃表仓曹参军袁谦为高凉太守，未至百余里，浦中有蜜费拔日而下谦船上，谦不觉甚恶。会得留郡文书，贼欲乘虚攻郡，谦欲速赴。明早进西南，卒遇大风飞沙，天地晦合，不复得还浦，遂没海中。

《晋书》曰：邹湛对武帝曰："猛兽在田，荷戈而出，凡人能之。蜂虿作于怀袖，勇士为之惊骇，出于意外故也。"

《淮南子》曰：蜂房不容鹄卵，房，巢也。小形不足以苞大体也。

《抱朴子》曰：军行，卒逢群飞蜂及虻虫，若蜜蜂尤多者，必大战，惊于藏伏之贼。

《列女传》曰：尹吉甫子伯奇，至孝。事后母，母取蜂，去毒，系于衣上。伯奇前，欲去之，母便大呼曰："伯奇牵我！"吉甫见疑之，伯奇自死。

《葛仙公别传》曰：仙公与客对食，客曰："当请先生作一奇戏。"食未竟，仙公即吐口中饭，尽成飞蜂满屋，或集客身上，莫不震肃，但皆不螫人。良久，仙公乃张口，见蜂飞还入口中成饭。

《永嘉地记》曰：七八月中，常有蜜蜂群过，有一蜂先飞，觅止泊处。人知辄内木桶中，以蜜涂桶中。飞者闻蜜气或停，不过三四来，便举群悉至。

《博物志》曰：细腰无雌，蜂类也。无雌，取桑蚕或阜螽子所见抱而成己子。《诗》："大螟蛉有子，蜾蠃负之。"

又曰：远方诸山出蜜蜡处，其处人家有养蜂者。其法以木为器，或十斛、五斛，开小孔，令才容蜂出入，以蜜蜡涂器，内外令遍，安着檐前或庭下。春月，此蜂将作窠生育，时来过人家围垣者，捕取得三两头，便内着器中。数宿出蜂飞去，寻将伴来还，或多或少，经日渐益不可复数，遂停住往来，器中所滋长甚众。至夏，开器取蜜蜡，所得多少随岁中所宜丰俭。卢氏曰：春至秋末，始有蜜，晚者至冬，余所见。今云夏，未详其故。

又曰：诸远方山郡僻处出蜜蜡。蜜蜡所着，皆绝岩石壁，非攀援所及，唯于山顶以槛輂自悬挂下，遂乃得取采。蜂遂去不还。余窠及蜡着石不尽者，有鸟，形小于雀，群飞千数来啄之。至春都尽，其处皆如磨洗。至春，蜂皆还洗处，结窠如故。年年如此，物无错乱者。人亦各怀各占其平处，谓之蜡塞。鸟谓之灵雀，捕搏终可不得也。

《宣验记》曰：玄喜元年，建安郡山贼百余人掩破郡治，抄掠百姓资产子女，遂入佛图搜掠财宝。先是，诸供养具别封置一室，贼破户，忽有蜜蜂数万头从衣簏出，同时噬螫群贼，身首肿痛，两眼盲合，先诸所掠皆弃而走。蜂飞邀逐噬击弥路，贼遂惶惧，从便道而去。时是腊日，所缚女子各还其家。

《广五行记》曰：秦昭王委政于太后弟穰侯。穰侯用事，山木尽死，蜂食人苗稼。时大饥，人相食。穰侯罢免归第。

《岭表录异》曰：唐刘恂曾游宣、歙间，见彼中人好食蜂儿，状如蚕蛹而莹白。大蜂结房于山林间，其大如巨钟，其中不知几百层。村人采时，须以草衣蔽身，以捍毒螫；复以烟火逼散蜂母，然后攀缘崖树，断其根。一房有蜂儿五斗或一石者，三分，中一翅足具矣，即入盐酪炒之，曝干，以小纸囊贮之，寄入京洛以为方物。

《楚辞》曰：玄蜂如壶。

蝝

《左传·宣下》曰：十五年冬，蝝生。

《尔雅》曰：蝝，蝮音复。蜪音陶。也。郭璞注曰：蝗子，未有翅者。《外传》曰：虫舍蚳蝝。

蝗

《礼记·月令》曰：仲冬行春令，则虫蝗为败。

陆机《毛诗疏义》曰：阜螽，蝗也。今人谓之螽子，兖州人谓之螣。

《晋书·载记》曰：石勒时，河朔大蝗。初穿地而生，二旬则化状如蚕，七八日而卧，四日蜕而飞，弥亘百里。唯不食三豆及麻，并、冀尤甚。

《唐书》曰：贞观中，终南等数县蝗。太宗至苑中，见蝗，掇数枚而咒之曰："民以谷为命，而汝食之，是害于百姓也。百姓有过，在予一人。尔其有灵，但当食我，无害百姓！”将吞之，侍臣恐致疾，遽来谏止。太宗曰：“所冀移灾朕躬，何疾之避？”遂吞之。自是蝗不为灾。

《汉实录》曰：乾佑初，开封府言阳武、雍丘、襄邑蝗，府尹侯益遣人以酒肴致祭。三县蝗为鸜鹆聚食，敕禁罗弋鸜鹆，以其有吞噬之异也。

蠋

《毛诗·豳·七月》曰：蜎蜎者蠋，烝在桑野。桑虫。

《尔雅》曰：蚅乌，蠋音蜀。也。郭璞注曰：虫大如指，似蚕。孙炎注曰：蚅，一名乌蠋也。

《广志》曰：藿蠋，有五色者槐香蠋，五采、有角、甚臭。白泽曰蠋，有角、五采文。长尾者，龙也。杀之立死。

《韩子》曰：鳝似蛇而蚕似蠋，人见蛇则惊骇，见蠋则毛起；渔者持鳝，妇人拾蚕，利之所在，皆为贲、育。

水马

《南州异物志》曰：交趾海中有虫，状如马形，因名曰水马。妇人难产者，手握此虫，或烧作屑服之，则更易如羊之产也。凡物掷䍧，羊产最易。

《抱朴子》曰：以亦斑蜘蛛及水马合冯夷水仙丸，服之，可以居水中。

徐衷《南方草物状》曰：海中有鱼，状似马，或黄或黑，海中民人名作水马。捕鱼得之，不可啖食。曝干熇之，妇人产难，使握持之；亦可烧饮。

水蛭

《尔雅》曰：蛭，虮。郭璞注曰：匠箔东呼死䍧蛭虫入人肉者为虮，音祈也。

《齐书》曰：萧季敬为广州刺史，为都护周世雄所袭，军败，奔山中，为蛭所啮，肉尽而死。

常璩《华阳国志》曰：南广郡土地无稻田蚕桑，多蛇蛭虎狼。

《贾谊书》曰：楚惠王食寒菹而得蛭。因遂吞之，腹有疾而不能食。令尹入问疾，王曰："吾食菹而得蛭。不行其罪，是法废而威不立；谴而诛，恐监食皆死。遂吞之。"令尹曰："天道无亲，唯德是辅。王有仁德，病不为伤。"王果病愈。

王充《论衡》曰：蛭，食血之虫。惠王殆有积血之疾，故食积血之虫而病愈也。不然，则贤者操行岂若吞蛭除病？贤者在侧，则常无病也。

张茂先《博物志》曰：水蛭三断而成三物。

《本草经》曰：水蛭，一名至掌，味咸，治恶血淤结、水闭；破凝积，利水道。

陶洪景《集注本草经》曰：水蛭，味咸苦，平微寒，有毒，一名蚑，生雷泽、池泽。蚑音蜞。

短狐

《毛诗·何人斯》曰：为鬼为蜮，则不可得。蜮，短狐也。

《韩诗外传》曰：短狐，水神也。

陆机《毛诗疏义》曰："为鬼为蜮"，蜮，短狐也，一名射影，如龟，二足，江淮水皆有。人在岸，影见水中，投人影则杀人，或曰射影也。南方人欲入水，以瓦石投水中，令浊，乃入也。或又含沙射人，入肌，其疮如疥。

鲁庄公十八年秋，《经》书有蜮，《传》称不为灾也。

《谷梁传·庄公》曰：秋，有蜮。一有一亡。曰有言不常有。蜮，射人者也。今短狐射人为疾是也。《左传》同。

《广雅》曰：射工，蜮，短狐也。

《竹书纪年》曰：晋献公二年春，周惠王居于郑。郑人入王府，多取玉焉。玉化为蜮，射人。

《齐书》曰：屠氏女昼采樵夜绩，以供养父母。父母俱卒，亲营殡葬，负土成坟。忽空中有声云："汝至性可重，山神欲相驱使。汝可为人疗病，必得大富。”女谓是鬼魅，弗敢从，遂得病。积时，邻舍人有溪蜮毒者，女识毒，试疗之，自觉病便差。遂以巫道为人疗病，无不愈者，家产日益。

《抱朴子》曰：短狐，一名蜮，一名射工，一名射影，其实水虫也。状似鸣蜩而如合杯，有翼能飞，无目利耳。口中有横物。如闻人声，缘口中物如角弩，以气为矢，激水而射人，中身者即发疮，不晓治之者杀人。其病似大伤寒，不日皆死。

又曰：射工虫，冬矢蛰于谷间，大雪时索之，此虫所生，其雪不积留，气起如灼蒸，当掘之，不过入地一尺，则得也。阴干末，带之，夏天自辟射工也。

《玄中记》曰：水狐者，视其形，虫也；见其气，乃鬼也。长三四寸，其色黑，广寸许，背上有甲，厚三分许。其口有物向前，如角状，见人则气射人，去二三步即射人。中十人，六七人死。

《地理书》曰：车茂安与夏口书云：“外生石季甫忽为郑令，此县既有短狐之疾，又沙虱害人。闻此消息，倍益悉虑。”

《博物志》曰：江南山溪水中有射工虫，甲虫之类也。长一二寸，口有弩形，以气射人影，随所着处发疮，不治则杀人。

沙虱

《广雅》曰：沙虱蜓音旋也。

《广志》曰：沙虱，色赤，大不过虮，在水中，入人皮中杀人。

《唐书》曰：南中山川有鸩鸟之地，必有犀牛；有沙虱、水弩，必生可疗之草。

又曰：南平獠部落，土气多瘴疠，山有毒草及沙虱、蝮蛇。

《淮南万毕术》曰：沙虱，一名蓬活，一名地脾。

《抱朴子·内篇》曰：沙虱，雨后及晨暮践沙，必着人，如毛发端。初着人便入皮里，可以针挑取之，正赤如丹。着人上，动行，若不挑，即此虫便入入身中杀人。行此虫之地，每还，辄当以火自炙令遍，则虫随火去也。水陆皆有之。

《博物志》曰：深山穷谷多毒虐之物，气则有瘴疠，人则有工虫，兽则有虎，鸟则有鸩，蛇则有蝮，虫则有射工、沙虱，草则有钩吻、野葛，其余则蛟蟒之属生焉。

《本草经》曰：沙虱，一名石蚕。

《葛洪方》曰：辟沙虱，用麝香、大蒜合羊脂捣，着小筒中带之，良。

十二时虫

《博物志》曰：交州南有虫，长或一寸，大小如指。有廉槾，亡旦切。形似白石英，不知其名。视之无定色，在阴地色多缃绿，出日光中变易，或青或绿，或丹或黄，或红或赤。女人取以为首饰。宗岱每深以为物无定色，引云霞以为喻，托此以助成其说。今孔雀毛亦随光色变易，或黄或赤，但不能如此虫耳。

《岭南异物志》曰：容州有虫如守宫，身圆而颈长，头有冠帻。一日中随时变色，青黄赤白黑，未常定。土人不能名，呼为十二时虫。啮人不可疗。

又曰：南方有虫，大如守宫，足长，身青，肉鬣赤色。其首随十二时变，子时鼠，丑时牛，亥时猪。性不伤人，名曰避役。见者有喜庆。

《岭表录异》曰：十二时虫，则蛇师、蜥蜴之类也。土色者身，尾长丈余，脑上连背，有髻鬣。草树上行，极迅速，亦多在人家篱落间。俗传云：一日随十二时变色，因名之。

太平御览卷第九百五十一 虫豸部八

蚤

焦赣《易林·萃之大过》曰：乱头多忧，蚤虱生愁。膳夫仲年，使我无聊。

《说文》曰：蚤，啮人跳虫也。

《韩子》曰：子韦见孔子于商太宰，曰："吾见孔子，则视子犹蚤虱之细者也。今吾见之于君。"子韦恐孔子贵于君也，因谓太宰曰："且君之已见孔子，亦将视子犹蚤虱。"太宰弗复见也。

又曰：韩昭侯搔而佯亡一蚤，求之甚急，左右因取其蚤虱而杀之。昭侯以此察左右不诚也。

《淮南子》曰：昌羊去蚤虱，而人弗席者，为其来蛉穷也。高诱曰：穷，幽冀谓之蛸蚭，入耳之虫。蛸音肓。

又曰：释大道，任小技，无异使蟾诸捕蚤。

《论衡》曰：人在天地之间，犹蚤虱之在衣裳，蝼蚁之在穴隙也。

赵壹《解槟赋》曰：丹鸿可杀蚤虱。

《抱朴子》曰：蚤虱群攻，卧不获安。

曹植《论》曰：孟春之旦，从阳径生贵放鸟雀者，加其禄也。得者莫不驯而放之，为利人也；得蚤者莫不摩之齿牙，为害身也。

虞翻《与弟书》曰：其余几何，老更衣希，为蚤虱所咋，故一二相告。省书一过，悉以付火。

齐下士《蚤虱赋序》曰：余居贫，布衣十年。不制一袍之缊，有生所托，资其寒暑，无与易之。为之多病，起居甚疏，萦寝败絮，不能自释。兼摄性懈惰懒事，皮肤澡刷不谨，浣沐失时，四体㲹㲹乃耕切，加以臭秽，故苇席蓬缨之间，蚤虱猥流，探揣获撮，日不替手。

虱虮

《说文》曰：虱，啮人虫也。虮，虱子也。

《汉书》曰：项羽谓宋义曰："疾引兵渡河，破秦必矣！"义曰："不然。夫搏牛之虻，不可以破虱。"虻喻秦，虱喻章邯等。言大小不同势。

又曰：王莽校尉韩威进曰："以新室之威而吞胡虏，无异口中蚤虱。"

《东观汉记》曰：马援击寻阳山贼，上书曰："除其竹木，譬如婴儿头多虮虱而剃之，荡荡然虮虱无所复依。"书奏，上大悦，因出小黄门，头有虱者皆剃之。

《续晋阳秋》曰：咸阳王猛被缊袍而诣桓温，一见面，谈当时之事，猛摸虱而言，傍若无人。温察而奇之。

《晋书》曰：阮籍著《大人先生传》，曰："少称乡党，长闻邻国，上欲图三公，下不失州牧。独不见群虱之处裈中，逃乎深缝，匿乎坏絮，自以为吉宅，行不敢离缝，匿手裈裆，自以为得绳墨也。然炎丘火流，焦邑阑狩勋，群虱处于裈中而不能出也？君子之处域内，何异夫虱之处裈中乎？"

《齐书》曰：江泌性行仁义，衣弊虱多。绵里置壁上，恐虱饥死，乃置衣中。数日中，终身无复虱。

又曰：卞彬为南康郡丞。彬颇饮酒，摈弃形体，仕既不熟，乃著《蚤虱》《虮虫》《虾蟆》等赋，皆大有指斥。

《三国典略》曰：梁刘悫，常有飞书谤悫，梁主怒曰："刘悫似衣中虱，必须掐音恰之！"

《北史》曰：司马子如为大行台，及文襄辅政，见之，哀其憔悴，以膝承其首，亲为择虱；赐酒百瓶、羊五百口，粮米五百石。子如曰："无事尚被囚几死，若受此，岂有生路耶？"

《列子》曰：纪昌学射于飞卫，使学视小如大。纪昌以牦悬虱于牖南面而望之，二年之后如车轮焉。以睹余物，皆丘山也。乃以燕角之弧，孤蓬之簳射之，贯虱之心而悬不绝。以告飞卫，飞卫曰："汝得之矣。"

《庄子》曰：濡需者，豕虱是也。择疏鬣，自以为广宫大囿；奎蹄曲限，乳间股脚，自以为安室利处。不知屠者一旦布燥烟火，而与豕俱焦。

《韩子》曰：天下无道，攻击不已。甲胄生虮虱，燕雀处帷幄，而兵不归。故曰："戎马生于郊。"《淮南子》亦云。

又曰：应侯谓秦王曰："王得宛，临陈阳夏，断河内，临东阳；邯郸，犹口中虱也。"

又曰：三虱食彘，相与讼。一虱遇之，曰："奚讼？"三虱曰："争肥饶者"。一虱曰："若尔，不患腊之将至而烹之也？躁目，若有奚患？"于是乃相与聚其目而食之，彘瘦，人乃不杀。

《淮南子》曰：牛马之气蒸，不能生虮虱；虮虱之风蒸，不能生牛马。故化生于外，非生于内也。

又曰：汤沐具而虮虱相吊，大厦成而燕雀相贺。

《抱朴子》曰：夫虱生于我，我非虱之父母，虱非我之子孙也。

又曰：眼能察天衢，而不能周项领之间；耳能闻雷霆，而不能周虮虱之音也。

又曰：今头虱着身，皆稍变而白；身虱著头，皆渐化而黑。则玄、素果无定质，移易在乎所渐也。

《符子》曰：齐、鲁争汶阳之田，鲁侯有忧色。鲁隐者周丰往观曰："臣尝昼寝，愀然闻群虱之斗乎衣中，甘臣膏腴之肌，珍臣项膂之肤，相与树党争之，日夜不息，相杀者大半。虱父止之曰：'我与汝所庐不过缝，所飧食不过容口，奚用窃争交战为哉？群虱止。'今君以七百里地为君之城，亦以足矣，而以汝汶阳数步之田感君之心，曾不如一虱之知，窃为君羞之！"鲁侯曰："善。"

《语林》曰：顾和始为扬州从事，月旦，当朝未入，停车州门外。须臾，周侯已醉，着白袷，凭两人来诣丞相，历和车边。和先在车中觅虱，夷然不动。周始见摇过，去行数步，覆反还，指顾心曰："此中何所？"顾择虱不辍，徐徐应曰："此中最是难测量地。"

《风俗通》曰：河南赵仲让为梁冀从事郎中。冬月，坐庭中，向日解坏裘捕虱。襄成君使推问之，冀笑曰："此我从事，绝清高士也。

杨伟《时务论》曰：夫吞八荒者，不咀虮虱也。

《神异经》曰：西荒之中有人焉，长短如人，着百结败衣，手足虎爪，名獏猲。张茂先曰：俗曰貌伪。音捴。伺人眠，辄往就人，欲食人脑。先使捕虱，得卧而舌出，盘地丈余，闻其声。常烧火石，伺其得卧舌出，以石投舌上，于是低头绝气而死。

《异苑》曰：太孙广头上不得有虱，虱大者便遭期丧大功，小则小功缌服。

刘义庆《宣验记》曰：晋义熙中，京师长年寺道人惠祥与法向连堂。夜四更中，惠遥唤向暂来，往视，祥仰眠，交手胸上，足蹞直，云："可解我手足绳。"曰："上并无绳也。"祥因得转动，云："向有人众缚我手足，鞭箠交下。问何故啮虱？"语祥："若更不止，当入两间磕音盍。之。"祥后惩戒于虱，余无精进。

《相牛经》曰：治牛虱，用苦梗、生鱼汁、清坎底土、苦酒合涂之。

《梦书》曰：梦梳篦，为忧解也；其发滑泽，心喜也；虮虱尽去，百病愈也。虮虱为忧，啮人身也。梦见虮虱，有忧至也。

杨雄《长杨赋》曰：鞮鍪生虮虱，介胄被沾汗。

赵壹作《非草书》曰：俯而择虱，不暇见地；仰而观针，不暇见天。天地至大而不见者，锐精于针、虱也。

魏文帝《与王朗书》曰：蚤虱虽细，虐于安寝；鼷鼠至微，犹毁郊牛。

嵇康《养生论》曰：夫虱处头而黑，麝食柏而香。

又《与山涛书》曰：危坐一时，痹不得摇；性复多虱，把搔无已。而当裹以章服，揖拜上官，三不可堪也。

螕边奚切

《字林》曰：螕，啮牛虫也。

蟭螟

《晏子春秋》曰：景公问晏子曰："天下有极细乎？"对曰："东海有虫，生于蚊睫，有乳而飞，蚊不为惊。臣婴不知其名，东海耆老命曰蟭螟。”

《列子》曰：江浦之间生么细么也。虫，其名曰焦螟。群飞而集于蚊睫，不相触也，栖宿去来，蚊不觉也。离朱、子羽方昼拭眦扬眉而望之，弗见其形。离朱，黄帝时明目人。子羽，未闻也。

《抱朴子》曰：焦螟也蚊眉之中，而笑弥天之大鹏；寸鲋游牛迹之水，不贵横海之巨鳣也。

蛸音圄

《说文》曰：蛸，腹中长虫也。

叩头

《异苑》曰：有小虫，形色如大豆，咒令叩头，又使吐血，皆从所教。如似请放稽颡，辄七十而有声，故俗呼为叩头也。

傅咸《叩头虫赋序》曰：叩头虫，虫之微细者。然触之，辄叩头。人以其叩头，杀之不祥，故莫之害也。

食尸

裴氏《广州记》曰：林任县有甲虫，嗜臭肉。人死，食尸都尽。纷纷满屋，非可驱杀。

《博物志》曰：景初中，苍梧刺史到京师云：“广州西南数郡，人病将死，便有飞虫状如麦集舍，人死便食，不可断截，唯残骨在便去。以梓板为器，则不集。”

蛲音饶

《说文》曰：蛲，腹中短虫也。

《史记》曰：临菑氾里女子薄吾病甚众，医皆为寒热笃，当死不治。淳于意诊其脉曰：“蛲瘕。”蛲瘕为病，腹大，上肤黄粗，循之戚戚然。意饮以元华一撮，即出蛲，可数升。病已三十日，如故。

《淮南子》曰：天下物莫不资于水，泽及蚑音歧蛲而不求报。

蜕

《广雅》曰：复育，蜕也。

《论衡》曰：蝉生于复育，开背而出。

蛾

《诗》曰：螓首蛾眉。

《尔雅》曰：蛾，罗也。蚕蛾。

《广雅》曰：蛢步丁反，蛾也。

《汉书》曰：建始元年春三月，上幸雍祠五畤。秋八月，有白蛾群飞蔽日，从东都门至轵道。

《宋书》曰：傅亮。少帝失德，内怀忧惧。直宿禁中，睹夜蛾赴烛，作《感物诗》，以寄意焉。

王子年《拾遗记》曰：有谷将子学道者也，言于燕昭王曰："西王母寻来，必语虚尤之术。"不逾一年，王母果至，与昭王游于燧林之下。谈炎上钻火之术，取绿桂之膏燃以映夜。忽有飞蛾衔火状如丹雀来，拂于桂膏之上。蛾出于员丘之穴。

郭子横《洞冥记》曰：武帝既耽于灵怪，常得丹豹之髓、白凤之膏，磨青锡为屑，以淳苏油和之，照于神檀，夜暴雨，火光不灭。有霜蛾如蜂赴灯，侍者举麟须之拂以驱之。

《列仙传》曰：园客，济阳人。种五色香草，服食其实。一旦，有五色蛾止其香末，收而荐之，生茧焉。

《符子》曰：不安其昧而乐其明，是犹夕蛾去暗赴灯而亡者也。

崔豹《古今注》曰：飞蛾善拂灯，一名火花，一名慕光。

《广志》曰：有蚕蛾。凡草木虫以蛹化，为蛾甚众。

任昉《述异记》曰：楚庄王宫人，一旦化为野蛾而飞去。

《梦书》曰：蛾为妇女眉儇也。梦见蛾者，忧婚也。

《白泽图》曰：赤蛾两头而白翼者，龙也。杀之立死矣。

支昙谛《火蛾赋序》曰：悉达有言曰："愚人贪财，如蛾投火。"诚哉斯言！信而有征。

鲍明远《飞蛾赋序》曰：仙人司暗，飞蛾候明。均灵升化，诡态齐生。观生齐而态诡，各会性以凭方。凌焦烟之浮景，赴熙焰之明光。拔身幽草下，毕命君子堂。本轻死以邀愿，得縻烂其何伤！岂效南山之文豹，避雾雨而岩藏？

蛹蚕具资产部中

《尔雅》曰：螝，蛹也。郭璞注曰：蚕蛹也。

《说文》曰：螝，蛹也，读若溃。蛹，茧虫也。

《韩子》曰：虫有螝者，一身两头，争食相啮也，遂杀己。人臣争事，亡其国者，皆螝类也。

蛓七赐切

《尔雅》曰：蛤户感切，毛蠹即蛓也。墨，蛅如占切蟴。蛓属，今八角蟴蟲。音虫。

《说文》曰：蛓，毛虫也，读若笥。蛁，毛蠹也。

蟥蛢上音黄下音瓶

《尔雅》曰：蛂符，蟥蛢。郭璞注曰：甲虫也。大如虎豆，绿色。江东呼蟥蛢。孙炎曰：翼在甲里。

《说文》曰：蛢蟠音韦，蟥也，以翼鸣者也。

斑猫

《本草经》曰：班猫，一名龙尾，味寒，生谷中。

《吴氏本草经》曰：班猫，一名班蚝，一名龙蚝，一名班菌，一名腃发，一名晏青。神农辛，歧伯咸，桐君有毒，扁鹊甘，有大毒，生河内川谷，或生水石。

地胆

《广雅》曰：地胆、地要，青蠵也。

《本草经》曰：元青，春食芫华，故云元青。秋为地胆。地胆，黑头赤尾，味辛有毒，主蛊毒、风注。秋食葛华，故名之为葛上亭长。

《吴氏本草经》曰：地胆，一名元青，一名杜龙，一名青虹。

陶洪景《本草经》曰：地胆，味辛寒，有毒，一名元青，一名青蛙。真者出梁州，状如大马蚁，有小翼子。伪者即是班猫所化，状如大豆。大都治体略同，必不能得真，此亦可用。

蛤蚧

《岭表录异》曰：蛤蚧，首如虾蟆，背有细鳞如蚕子，土黄色，身短尾长。多巢于树中。端、州子墙内，有巢于厅署城楼间者。旦暮则鸣，自呼蛤蚧。或云鸣一声是一年者。里人采之，鬻于市为药，能治肺疾。医人云："药力在尾，尾不具者无功。"

庞降

《岭表录异》曰：庞降，生于山野。多在橄榄树上，形如蜩蝉，腹青而薄。其声叶，其鸣，自呼为庞降。但闻其声，采者鲜得。人以善价求之，以为媚药。

蛆

《梁书》曰：王琳败后，入齐，为特进侍中。所居屋脊无故剥破，出赤蛆数升，落地化为血，蠕动。

又曰：元帝时，安城人刘敬躬于田间得白蛆，化为黄金龟。将销之，龟生光照室。敬躬以为神而祷之，所请多验。遂谋主乱，帝命都督王僧辩讨擒之。

《后魏书》曰：宣武遐昌三年，章武王熙为相州刺史。有蛆生于庭。俄而反，伏诛。

《广五行记》曰：北燕冯跋太平二十一年三月，蛆触地而生。月余，跋为弟洪所杀。

又曰：唐来俊臣性残忍贪淫，纵暴自恣。制狱数年，家积巨万，凡所杀戮不可胜计。俊臣家婢生一块肉，大如二升碗。剖之，有赤蛆升余。须臾皆变为蜂，螫人而去。

太平御览卷第九百五十二 木部一

木上

《易》曰：巽为木。《坎》，其于木也，为坚多心；《艮》，其于木也，为坚多节；《离》，其于木也，为科上槁。坚多心为刚中也。山木，坚心也。多其节，令阴气，故曰科，空也。为日所干，故上槁也。

又《升卦》曰：地中生木，升。君子以顺德，积小以高大。

《书》曰：兖州，厥木唯乔，厥贡唯木。

又《洪范》曰：五行，三曰木，木曰曲直，曲直主酸。

又《说命》曰：木从绳则正，后从谏则圣。

《诗》曰：黄鸟于飞，集于灌木，其鸣喈喈。灌木，丛木也。

又曰：荏苒柔木，君子树之。往来行言，心焉数之。荏苒，宽柔貌也。木，椅、桐、梓也。

又曰：南有乔木，不可休息。汉有游女，不可求思。兴也。南方之木美。乔，上竦者。思，辞也。汉上游女，无求思者。

又曰：后妃逮下，而无嫉妒之心焉。南有樛木，葛藟累之。木下曲曰樛。

《周礼》曰：仲冬斩阴木，仲夏斩阳木。阳木生南山，阴木生北山。

《礼记·月令》曰：孟春之月，盛德在木。孟夏之月，毋伐大树。

《乐记》曰：土敝则草木不长，水烦则鱼鳖不大。

《稽命徵》曰：出号施令合民心，作乐制礼得天心，则草木有益于人，长以养民也。王者得礼之制，则泽谷之中生赤木。

《礼斗威仪》曰：君乘木而王者，其政升平，则草木丰茂。

《左传》曰：山有木，工则度之。

又曰：鸟则能择木，木岂能择鸟？

《春秋元命苞》曰：木者阳精，生于阴。故水者，木之母也。木之为言触也，气动跃也。其字，八推十为木。八者阴，合十者阳数。

《春秋运斗枢》曰：黑精用事，百木共一根。百枝木共一根，天下共一主之征也。

《春秋繁露》曰：木有变，春凋冬荣，繇。贞刚精锐，无以治之。

又曰：崔亮为雍州刺史。城北渭水，浅不通船，行人艰阻。亮谓僚佐曰："昔杜预乃造桥，况此有异长河；且魏、晋之日，亦自有桥。吾今决欲造之。"咸曰："水浅不可为浮桥，泛长无常，又不可施柱，恐难成立。"亮曰："昔秦居咸阳，横渡渭，以像阁道，此即以柱为桥。今唯虑长柱不可得耳。"会天大雨，山水暴至，浮山长木数百根，藉此为用，桥遂成立，百姓利之，至今犹名崔公桥。

《后周书》曰：沙苑之役，齐神武夜遁，追至河上，复大克获，前后虏其卒七万，献俘长安，还军渭南。于是所征诸州兵始至，乃于战所，准当时兵士，人种树一株，以旌武功。

又曰：王罴以功授右将军、西河内史，辞不拜。时人谓之曰："西河大拜，俸禄殷厚，何为致辞？"罴曰："京洛材木尽出西河。朝贵营第宅者，有求假。如其私办，即力所不堪；若科发民间，又违法宪。以此辞耳。"

《唐书》曰：贞观中，山南献木，连理，交错玲珑，有同罗木，一丈之干，并枝者二十余所。

又曰：代宗大历十二年，成都府人郭远，因樵爨获瑞木一茎，有文曰："天下太平"，献之。以示百官，宰臣奏贺曰："至德之化，先贲草木。太平之符，遂形文字。伏望藏于秘阁，宣付史馆。"

又曰：贞观初，陈留雨木，皆大如指，长寸余。每木有孔通中，所下其立如植。

《管子》曰：桓公问："民饥寒，室屋不治，墙垣坏不筑，为之柰何？"管子曰："休涂树之枝。"公令左右休途树枝。其年民治室屋，筑墙垣。公问之，管子曰："一树而息百乘，丁壮弹其下，终日不归；父老拊树而论，终日不归。今吾休之，日中无尺阴，行者疾走，父老归而治室。"

《老子》曰：天下之至柔，驰骋天下掷炅刚。人之生也柔弱，其死也坚强；草木之生也柔脆，其死也枯槁。柔弱，生之徒；刚强，死之徒。合抱之树，生于毫末。

《庄子》曰：南伯子綦游乎商之丘，见木焉，其大也。然必有异材。从而视其细枝，则拳曲而不可以为栋；俯而视其大根，不可以为棺椁。舐其叶，则舌烂；嗅之，则使人狂酲。子綦曰："此果不材之林，以至其大矣！"

又曰：庄子行于山中，见大木，枝叶盛茂，采木者止其旁而不取也。问其故，曰："无所可用。"庄子曰："此木以不材得终其天年矣。"

《孟子》曰：孟子谓齐宣王曰："所谓故国者，非谓有乔木之谓也，有世臣之谓也。"

《孙卿子》曰：山下望十亩之木，若著；而求著者，不上折也。

又曰：林木茂，斧斤至。

又曰：玉在山而木润。

《孔丛子》曰：夫子墓方一里，诸弟子各以四方奇木来植之。

《试萦》曰：木之精气为毕方。

《慎子》曰：廊庙之中材，盖非一木之枝。

《吕氏春秋》曰：今夫爚蝉者，务在乎明其火，振其树而已。火不明，虽振其树，何益？虽振其树，蝉飞去，不能得，故曰何益。明不独在乎火，在于暗。暗无所见，火乃光耳，故曰在于暗中。当今之时世，暗甚矣。人主有能明其德者，天下之士当归之也，若蝉之赴明火也。

又曰：子之于父母也，一体而两分，同气而异息，若草莽之有华实也，树木之有根心也。

又曰：树木盛则飞鸟归之，刍草美则禽兽归之，人主贤则豪桀归之。

《韩子》曰：待自直之箭，则百世无矢矣；待自圆之木，则千岁无轮矣。

又曰：君者壤地，臣者草木。

《商子》曰：蠹众则木折，隙大则墙坏。

《文子》曰：叶落者，风摇之；水浊者，物挠之也。

又曰：甘泉必竭，良木必伐。

《符子》曰：木生蝎，蝎盛而木枯；石生金，金曜而石流。

又曰：水生于石，未有居石而溺；火生于木，未有抱木而焦。

《淮南子》曰：草木，洪者为本，而杀者为末；禽兽之性，大者为首，而小者为尾。末大于本则折，尾大于腰则不掉。故食其口而百节肥，灌其本而枝叶美。

又曰：夫树木，灌以潦水，畴以肥壤，千人养之，一人拔之，则必无余蘖。况以一国同伐之，虽欲久，岂可得哉！

又曰：山生金，反自刻；木生蠹，反自食；人生事，反自贼。贼，败也。

又曰：今夫徙树者，失其阴阳之性，则莫不枯槁。失，犹易也。故橘之江北，则化而为枳；鸲鹆不过济、洛，度汶而死。

又曰：日冯生阳阏，日冯，木之先也。阳阏生鳞鲐，音台。鳞鲐生干木，干木生庶木。凡根枝者生庶木。根枝木名也。

又曰：高山深林，非为虎豹也；大木茂枝，非为飞鸟也。

又曰：天有明，不忧民之晦也。百姓穿户凿牖，自取照焉。地有财，不忧民之贫也。百姓伐木艾草，自取富焉。

又曰：郢人有买屋栋者，求大三围之大木。而人予车毂，跪而度之，巨虽可而长不足。巨，大。云长不足，言其短也。

又曰：食木者多力而恶，熊犀之属是也。食草者善走不愚。麋鹿之属是也。

又曰：良匠不能断金，巧冶不能铄木。金之势不可断，而木之性不可铄也。

又曰：高阳魋将为室，或曰：高阳楚时王魋，宋大夫也。问匠人。匠人对曰："未可也！木尚生，加涂其上，必将挠。以生材任重涂，今虽善，后，必败！"高阳应曰："不然！夫木枯则益重涂，干乾则益轻涂。今虽恶，后必善。"匠人穷于辞以对，卒为屋。其始成均然善也，而后果败。此直于辞，而不可用者也。

又曰：舍茂木而集于枯，不弋鹄而鸟难与有图。图，谋也。言其硬鸌。

又曰：质的张而弓矢集，林木茂而斧斤入。非或召之，形势所致也。

又曰：冬冰可折，夏木可结。时难得而易失，木方茂盛，终日采而不知。秋风下霜，一夕而殚。殚，尽也。

又曰：佐祭者得尝，救斗者得伤。荫不祥之木，为电所扑。扑，击也。

又曰：金胜木者，非以刀残林也；土胜水者，非以璞音朴，土块也。塞江也。

又曰：剞劂销音削锯，非良匠不能以制木；炉橐埵音杂坊设，炉、橐、埵，皆冶坊之形也。非巧冶不能以治金。

又曰：羽翼美者伤骨骸，枝叶美者害根茎。能两美者，天下无之也。

又曰：凡见叶落而知岁，故叶落而长年悲。

《风俗通》曰：桂阳太守江夏张辽，字叔高。田中有树，遣客伐之，六七十下，血出。客惊怖归，以其事白叔高。叔高大怒，曰："树木汁出，此何言血！"因自严行，复斫之，血大流。叔高使先斫其枝叶，有一空处，白头公，可长四尺，忽出，往赴叔高。叔高乃逆格之，如此凡杀四头。左右皆怖，伏地，而叔高恬如也。徐熟视，非人也。遂伐此木。其年召辟侍御史，后为兖州刺史。以二千石尊过乡里，白日衣绣，荣美如此。

《抱朴子》曰：山中大树能语者，非树语也，其名曰灵阳山。夜见火者，皆古枯所致，勿怪也。甲子日称仙人者，树也。

《孙绰子》曰：海上人与山客辨其方物，海人曰："鱼额者华山之顶，一吸，万顷之波。"山客曰："邓林有木，围三万寻，直上千里，旁荫数国。"有人曰："东极有大人，斩木为策，短不可支，钓鱼为鲜，不足充饥。"

《金楼子》曰：利水内有木材。元嘉中，大水，有十余段木流出，斧迹未灭。俗云："汉将将攻越，筑城浮木于利水。未运之前，一夜中，忽失数千段，时或见之。今所见木，岂非昔鬼匿之木乎？"

《山海经》曰：少室山，木名帝休，黄花黑实，服之不怒。

《阴符经》曰：火生于木，祸发必克。

《仙序》曰：王须，少年入学，最远，往来常先，流辈怪之。常见如提木三尺余，至则拄屋间。流辈知之，取看，后不见。

《正论》曰：师旷曰："人骨法，犹木有曲直。曲者为轮，直者为舆。檀宜作辐，榆宜作毂。"

《玄中记》曰：千岁树之枝，中央下，四边高。百岁之树，其汁赤如血。

又曰：大树之山西，有采华之树。服之，则通万国之言。

《博物志》曰：圆丘山有不死树，食之寿。

《世赘记》曰：聚窟洲中，申未，地上有大树，与枫木相似，而华叶香闻数百里，名为返魂树。于玉釜中煮，取汁如黑粘，名之为返生香。香气闻数百里，死尸在地，闻气乃活。

太平御览卷第九百五十三　木部二

木下

郭子横《洞冥记》曰：太初三年，东方朔从西那国还汉，得声风木枝十枚，九尺，大如指，真可爱。缙云封禅之时，许贡其木为车辇之用。此木生因洹之水，则《禹贡》所谓因洹也。其洹出甜波树，上有紫燕、黄鹄集其间。实如细珠，风吹枝如玉磬，因以为名。春夏馨香，秋冬声清。有武事则如金革之响，有文章则如琴瑟之音。上以枝遍赐群臣，百岁者皆以此枝颁赐。人有疾者，枝则汗出；死者，枝则折。昔老聃在于周世，言七百年枝未汗。偓佺生于尧时，已年三千岁，植此竟未折。上乃以枝赐朔，朔曰："臣已见枝三遍枯死，死而复生，何啻于汁折而已哉？"里语曰："年未半，枝不汗。"此木五千岁一湿，万岁一枯。缙云之世，此树生于阿阁间也。

又曰：元光元年，起寿福灵坛，阔百步。四周起铜梁银木，上列种垂龙之木。木似青梧，高十丈。有朱露，色如丹汁，洒其叶，落地皆成珠。其枝似龙之倒垂，赤曰珠枝树。此坛高八尺，文错杂金色。

虞喜《志林》曰：东海之鱼坠一鳞，昆仑之木落一叶，圣人皆能知之。

王韶之《始兴记》曰：汉将灭越，王筑城伐木。将运之，一夜，木数千件顿亡，越亡之征。

《方言》曰：木细枝谓之杪，江淮扬楚之间谓之篾。

《盐铁论》曰：茂木之下无丰草，大块之间无美苗。

《搜神记》曰：卢江舒县陵亭有流水，边有大树。常有黄鸟数千枚巢其头，下有故祠。后见一妇人着绣衣，自称黄祖，能兴云雨。

《地境图》曰：财在丘虚者为木变，故木有折枯者，其旁有财。折所向在焉：其在南方，去木八尺；其在东方，去木六尺。

《楚辞》曰：一夫九首，拔木九千。

又曰：袅袅兮秋风，洞庭波兮木叶下。

又曰：罾何为于木上？

又曰：搴芙蓉于木末。

又曰：树轮囷以相纠兮，林木茷骫。音委，枝叶盘纡也。

左思《蜀都赋》曰：其树则擢修干，竦长条，扇飞云，拂轻宵。羲和假于道于峻岭，阳乌回翼乎高标。

王彪之《闽中赋》曰：木则藤虹，笼采于峻。丛流星丽，光于高林。

松

《书》曰：青州，厥贡漆、丝、枲、铅、松、怪石。

《诗》曰：徂来之松，新甫之柏。徂来、新甫，山也。

又曰：松柏丸丸，松桷有梴，旅楹有闲。

又曰：山有乔松，隰有游龙。松，木也；龙，红草也。

又曰：茑与女萝，施于松柏。

又曰：淇水悠悠，桧楫松舟。

又曰：如松柏之茂，无不尔或承。如松柏掷叀叶，常茂盛，无衰落时也。

《左传》曰：晋侯使张骼、辅跞致楚师，求御于郑。欲得郑人自御，知其地厉迨也。郑人卜宛射犬，吉。子太叔戒之曰："大国之人，不可与也！"言不可与等也，欲使蒲鞍下人。对曰："无有众寡，其上一也。"太叔曰："不然，培塿无松柏。"培塿，小阜。松柏，大木。

又曰：楚郏敖即位，王子围为令尹康王弟。郑行人子羽曰："是谓不宜，必代之昌。松柏之下，其草不殖。"言楚君弱，令尹强。物不两盛。

《礼记》曰：其在人也，如竹箭之有筠也，如松柏之有心也。二者居天下之大端矣，故贯四时，而不改柯易叶。

《礼斗威仪》曰：君乘木而王，其政平，则松为常生。

《论语》曰：哀公问社于宰我，宰我对曰："夏后氏以松，殷人以柏，周人以栗。"

又曰：岁寒，然后知松柏之后雕也。

《史记》曰：松柏为百木长也，而守宫阙也。

《汉书》曰：贾山言治乱曰："秦为驰道五十步，三丈而树，厚筑其外，隐以金椎，服虔曰：作壁通道。隐，筑也。以铁锥筑之。树以青松，为驰道之丽，使其后世曾不得斜遥而托足焉。"

应劭《汉官仪》曰：秦始皇上封泰山，逢疾风暴雨，赖得松树，因封其为五大夫松。秦山云岱宗。小天门犹有秦时五大夫松。

张勃《吴录》曰：丁固，字子贱，会稽人。宝鼎中，拜司徒。初为尚书，梦松树生腹上，谓人曰："松字，十八公也。"后十八年为公，遂如梦。

王隐《晋书》曰：山涛遭母丧，归乡里。涛虽年老，居丧过礼，手植松柏。

又曰：庾顗我来切。见和峤曰："森森如千丈松，虽磥砢多节目，施之大厦，梁栋之用！"

又曰：慕容垂攻符丕，在邺粮竭，马无草，但削松木而食之。

《宋书》曰：顾欢好学。乡中有学舍，欢贫无以受业，于舍壁后倚听，尾籥忘者。夕则燃松节读书。

《齐书》曰：张堪好于斋前种松柏，时人曰："张堪屋下陈尸。"

《梁书》曰：陶弘景特爱松风，庭院皆植松。每闻其响，欣然为乐。有时独游泉石，望见者以为仙人。

《陈书》曰：张讥，字直言。后主嗣位，为国子博士、东宫学士。后主常幸钟山开善寺，召从臣坐于寺西南松林下，敕讥竖义。时索麈尾未至，后主敕取松枝，手以属讥，曰："可代麈尾。"顾群臣曰："此即张讥后事。"

《后魏书》曰：甄琛丧父，于茔兆之内，手种松柏。隆冬之月，负掘水土。乡老哀之，咸助力。十余年中，坟成木茂。

又曰：彭城王勰从幸代都，次于上党之铜鞮山路，大松树十数根。时帝进伞，遂行而赋诗，令人示勰曰："吾作诗虽不七步，亦不言远。汝可作之，比至吾所令就也。"勰去帝十余步，遂且行且作，未至帝所而就。诗曰："松林经几冬，山川何如昔？风云与古同。"帝大笑曰：

“汝此诗亦责我耳。”

《唐书》曰：拔野古仆骨东境，其地丰草，人皆敦富，土多霜雪。其地北东里曰康于河，有松木，入水一二年，乃化为石，其色青。有国人居住，其人谓之康干，名为石后，仍松文。

又曰：贾嘉隐年七岁，以神童召见。时太尉长孙无忌、司空李绩于朝堂立语，戏谓嘉隐曰：“吾所倚者何树？”嘉隐对曰：“松树。”绩曰：“杆槐也，何忽言松？”嘉隐曰：“以公配木，则为松树。”无忌连问之：“吾所倚何树？”嘉隐对曰：“槐树。”无忌曰：“汝不能矫对耶？”嘉隐应声曰：“何须矫对，但取其以鬼配木耳。”

《穆天子传》曰：天子升长松之磴。山有长松也。

《说苑》曰：智襄子为室，美士茁夕焉。智伯曰：“室美矣夫？”对曰：“美则美矣，意臣亦有惧也。”智伯曰：“何惧？”对曰：“臣以康秉笔事君，记有之曰：‘高山峻原，不生草木松柏之地，其土不肥。’今土木胜人，臣惧不安人也。”室成三年，而智氏亡。

《周书》曰：太姒梦周梓化为松。

《庄子》曰：孔子曰：“天寒既至，霜雪既降，吾是知松柏之茂。”

《尸子》曰：荆有长松文梓。

《孙卿子》曰：岁不寒，无以知松柏；事不难，无以知君子。

《吕氏春秋》曰：故百仞之松，本伤于下，而末槁于上。

《抱朴子》曰：松三千岁者，皮中有聚芝，如龙形，名曰飞节芝。

又曰：《玉策记》称：“千岁松树，边枝起上，杪不长，望而视之有如偃盖。其中有物，或如青牛、青羊、青犬，或如人，服之皆寿万岁。”

又曰：天陵偃盖之松，大谷倒生之柏，凡此诸木，皆与天齐其长，也等其久也。

又曰：谓夏必长而荠麦枯，谓冬必凋而松柏茂。

《符子》曰：符子与子登乎太山，下临千仞之渊，上荫百丈之松，萧萧然神王乎一丘矣。言不出乎耒耜，心不过乎俗人，其犹木犬守户，瓦鸡伺晨矣。

《先圣本记》曰：许由欲观帝意，曰："帝坐华堂，面双阙，君之荣顾亦得矣。作余坐华堂，森然有松生于牖。虽面双阙，无异乎鸾之荣昆仑，余安知其一所以取荣哉？"帝美由，师之。

《列仙传》曰：伏生者，当汤时为木正。常食松脂，自作石室。周武王祠之。偓佺好食松实，能飞行逮走马。以松子遗尧，不能服。

《异苑》曰：汉末大乱，宫人、小黄门上墓树上避兵，食松柏实，遂不复饥，举体生毛，长尺许。乱离既平，魏武闻而始收养，还食谷米，齿落头白。

《少神境记》曰：荥阳南有石室，室后有孤松千丈。常有双鹄，晨必接翮，夕辄偶影。传云：昔有夫妇二人，俱隐此室中，年既数百，化为双鹄。一者失之，寻为人所害；一者独栖此松，茕立哀唳。

《玄中记》曰：松脂沦入地中，千岁为伏神茯苓。

《博物志》曰：荒乱不得食，可细切松柏叶，水送令下，随能否，以不饥为度，粥清送为佳。当用柏叶五合，松叶三合，不可过度。

《嵩高山记》曰：嵩高丘有大松树，或百岁、千岁。其精变为青牛，或为伏龟。彩食其实，得长生。

《云南记》曰：云南有丈松，子如新罗松子。

周景式《庐山记》曰：石门岩即松林也。南临石门涧，涧中仰视之，离离骈麈主尾，号为麈尾松。西岭异然如马鬣。又叶五粒者，名五粒松，服之长生。

《范子计然》曰：松脂出陇西，如胶者善。

《圣贤冢墓记》曰：《东平王无疆传》云："王归国，思京师。后薨，葬东平，其冢上松柏皆西靡。"

《汉武内传》曰：药，松柏之膏，服之可延年。

焦赣《易林·需之坤》曰：温山松柏，常茂不落。

《广州先贤传》曰：顾琦至孝。母丧，琦独立坟，历年乃就。居丧逾制，种松柏成行。

王羲之《游郡记》曰：永宁县界海中有松门，在岛屿上。皆生松，故曰松门也。

《豫章记》曰：徐孺子墓在郡南。时杜牧守徐兴，于墓边种松，太守谢景立碑，太守夏侯嵩于碑边思贤颂碑，今并在。松大合抱。

《本草经》曰：松脂，一名松膏，一名松肪，味苦，温中，久服轻身延年。

《世说》曰：孙兴公，自言见止足知分。斋前种一株松。高世远时邻居，谓孙曰："松树子非不森然可怜，但永无栋梁耳。"孙公曰："枫柳虽复合抱，亦曷所施也？"

又曰：李元礼洌洌，如长松下风；周君飕飕，如小松下风。

《金楼子》曰：梁武帝拜山陵，杖而后起，涕泪所洒，松为变色。

《颜氏家训》曰：齐世有席毗者，清干之士。官至行台尚书，嗤鄙文学。嘲刘逖云："君辈词藻，譬若朝菌，须臾之玩，非宏材也！岂若吾徒，比千丈松树，常有风霜，不可雕悴矣。"刘应之曰："可哉！"

《西京杂记》曰：东都龙兴观有古松树，枝偃倒垂，相传云已经千年。常有白鹤飞止其间。蔡孚赋《偃松》篇，玄宗赐和御书，刻石记之，公卿咸和焉。

《晋阳记》曰：郡西北有松树，枝条郁茂，垂阴数亩。传云陶桓公桦柯成此树。

《梦书》曰：松为人君。梦见松者，见人君之征也。

宋玉《风赋》曰：夫风缘于太山之阿，舞于松柏之下。

《扶风歌》曰：南山石嵬嵬，松柏何摧摧！上枝拂青云，中心十数围。

《古艳歌》曰：马啖柏叶，人啖松脂。不可常饱，聊可遏饥。

庾肃之《松赞》曰：流润飞津，沉精幽结。贞蕤含芳，仰拂素雪。

太平御览卷第九百五十四　木部三

柏

《书》曰：荆州，厥贡杶、干、栝、柏。

《诗》曰：《邶·柏舟》，言仁人而不遇也。卫顷公之时，仁人不遇，小人在侧。泛彼柏舟，亦泛其流。柏木，所以宜为舟也。

又曰：《墉·柏舟》共姜自誓也。卫世子共伯早死，其妻守义，父母欲夺而嫁之，誓而不许，故作是诗也。泛彼柏舟，在彼中河。

又曰：徂来之松，新甫之柏。新甫，山名。

《周礼》曰：冀州，其利松、柏。

《礼记》曰：礼之于人也，如松柏之有心也。

《五经通义》曰：诸侯冢树柏。

《尔雅》曰：柏，掬也。

《汉书》曰：武帝造柏梁殿，与群臣宴其下。又云作柏梁台。

《汉书》曰：朱博为御史大夫，府中列柏，有野乌数千栖其上。《颜氏家训》曰：朝夕乌也，文士往往误作乌鸢用之。

又曰：昭帝时，长安诸陵柏树枯倒者，悉起生叶，虫食作字："公孙病已立。"后昭帝崩，昌邑王即位，二十七日被废，迎立宣帝，名病已，后假为祠。

《东观汉记》曰：李询遭父母丧，六年躬自负土树柏，常住冢下。

谢承《后汉书》曰：陈留虞延为郡督邮。光武巡狩至外黄，问延园陵柏树株数，延悉晓之，由是见知也。

王隐《晋书》曰：王褒，字伟元。痛父不以命终，绝世不仕。立屋墓侧，旦夕常至墓前朝拜，辄悲号断绝。墓前一柏树，褒常所攀援，涕泣所着，树色与凡树不侔。

萧方等《三十六国春秋》曰：王敦令郭璞筮卦，曰："明公起事，祸必不久。”敦怒曰：“卿寿几何？”曰：“命尽日中。”引出斩之，璞曰：“当何之乎？”曰：“南山之首。”曰：“我知之矣，必在双柏之间乎？”时有鹊巢而甚茂。

《宋书》曰：鲁郡孔子旧庙有柏树二十株，经历汉、晋，其大连抱，士人崇敬之莫犯也。江夏王义恭悉遣人取之，父老皆叹息。

《齐书》曰：王俭，字仲宝。司徒袁粲见之，叹曰：“宰相之门也，栝柏、豫章虽小，已有栋梁之器！”

又曰：江夏王锋，以明帝失权，常怱怱不乐。著《修柏赋》以见其志，曰：“既殊群而抗立，亦含贞而挺正。岂春日之自芳？亦霜下而为盛！冲风不能摧其枝，积雪不能改其性！虽坎壈于当年，庶后雕之可咏。”时鼎业潜移，锋独慨然，有兴复之意。

又曰：王晏之为员外郎也，父普曜斋前柏树忽成梧桐。论者以为，梧桐虽有栖凤之美，而失后雕之节。

《梁书》侯景既陷台城，都下王侯庶姓庙树咸见残毁，唯文宣太后庙四周柏树独郁茂。及景篡南郊，都官尚书吕季略说景，令伐此树，以立三桥。斫南面十余株，再宿悉枿生，便长数尺。时既冬月，翠茂如春。贼乃大惊，恶之，使悉斫杀。识者以为，昔僵柳起于上林，乃表汉宣之应；庙树重青，必彰陕西之瑞。

《北齐书》曰：魏兰根丁母忧，居丧有孝称。将葬常山郡境，先有董卓祠，祠有柏树。兰根以卓凶逆无道，不应立祠至今，乃伐柏以为椁材。人或劝之不伐，兰根尽取之，了无疑惧。

又曰：樊卫性至孝，丧父，负土成坟，植柏方数十亩，朝夕号慕。

又曰：文宣王曾晋阳夜宿松门岭，有数株松，皆已千年，枝叶疏茂，似有神物所托。文宣时已被酒，向岭瞋骂，射中一株，未几枯死。

《后周书》曰：武帝伐齐，永昌公椿屯鸡栖原。齐王宪密谓椿曰：“兵者诡道，去留不定。见机而作，不得遵常。汝今为营，不须张幕，可伐柏为庵，示有形势，令兵去之后，贼犹致疑也。”齐王分军万人，向千里径会，被敕追还，率兵夜返。齐人果谓柏菴为帐幕，不疑军退，翌日始悟。

《隋书》曰：蔡景王整，文帝弟也。周明帝时，以武元军功赐爵。从武帝平齐，力战而死。文帝初居武元之忧，率诸弟负土为坟，人植一柏。四根郁茂，西北一根整栽者独黄。后因大风雨，并根失之，果不终吉。

《唐书》曰：长寿二年冬十月，万象神宫侧有柽松树，皆变为柏。

又曰：狄仁杰补大理丞时，将军权善才坐斫昭陵柏树，仁杰奏其罪免职。高宗怒，令诛之。仁杰进曰："古人假使盗长陵一抔土，陛下何以加之？今陛下以昭陵一株柏杀一将军，千载之后，谓陛下为苛主。臣不可奉制。"帝意稍解。

《孙卿子》曰：柏经冬而不凋，蒙霜而不变，可谓得其真矣。

《国语》曰：高山峻原，不生草木；松柏之地，其草不肥。

《山海经》曰：三珠树，生赤水上。其为树如柏叶，实皆为珠。

又曰：白于之山，其上多松柏。

《穆天子传》曰：甲申，天子升于大北之隥，而降休于两柏之下。有两树也。

《东方朔传》曰：孝武皇帝时，闲居无事，燕坐未央前殿，天新雨止，朔执戟在殿阶独语。上呼问之，答曰："殿后柏树上有鹊，立枯枝上，向东鸣。"上遣视，如朔言。上问何以知之，朔曰："以人事言之，风从东方来，鹊尾长，傍风则蹶，必当顺风而立，是以知东向鸣也。""何以知立枯枝上？"朔曰："新雨止，生枝滑，枯枝涩，是以知立枯枝上。"上大笑。

《风俗通》曰：墓上树柏，路头石虎。

《周礼》方相氏入虚驱魍像。魍像好食亡者肝脑，人家不能常令方相立于墓侧以禁御之，而魍像畏虎与柏。

《列士传》曰：延陵季子解宝剑，带徐君墓柏树。

《洞冥记》曰：磅山之北有穴，穴上有柏。昔李少翁于阆阴移来此穴，种此柏，已见扶桑三枯，海水涸竭。帝觉，遣人往穴掘，不见其根，唯见赤燕飞翻入云。移柏植于通灵台。

《水经》曰：陉山有郑祭仲冢。祭仲庙旧有一枯柏树，其尘根故株之上，多生杂柏，列秀青青，望之可喜。

《从征记》曰：泰山庙中，柏皆三十余围，侠两阶。赤眉常斫一树，见血而止，今斧创犹在。

《地理志》曰：华山生文柏。

《范子计然》曰：柏脂出三辅，上价七十，中三十，下十。

《汉官仪》曰：正旦饮柏叶酒，上寿。

《汉武故事》曰：柏梁台高二十丈，悉以柏香闻数十里。

《列仙传》曰：赤松子好食柏实，齿落更生。

《仙经》曰：服柏子，人长年。

《三辅黄图》曰：汉文帝霸陵，不起山陵，稠种柏树。

《三辅旧事》曰：汉诸陵皆属太常，又有盗柏者，弃市。

《太山记》曰：山南有太山庙，种柏树千枝，大者十五六围。长老传云：汉武所植。

《三齐记》曰：尧山祠旁有柏树，枯而复生，不知几世。

《陈留耆旧传》曰：李充丧父，父冢侧有夜盗斫柏夜树者，充手刃之。

《述征记》曰：柏谷，谷名也。汉武帝微行，所至处长傲宾于柏谷者也。谷中无回车地，狭以高原，林柏荫旁日，殆弗睹阳景也。

《晋宫阙名》曰：华林园，柏二株。

崔寔《四民月令》曰：七月收柏实。

《列异记》曰：陈仓人有得异物者，其形不类猪，亦不似羊，众莫能名。二童子曰："此为媪，常在地下食死人脑。若欲杀之，使柏叶插其头。"

《幽明录》曰：王丞相见郭景纯，请为一卦。卦成，郭意甚恶，云："有震厄。公能命驾西出数里，得一柏树，截如公长，置常寝处，灾可消也。"王从之，数日果震，柏木粉碎。

任昉《述异记》曰：卢氏县有卢君古冢，冢旁古柏二，枝条荫二百余步，树文隐起，皆龟甲，坚如铁石。

嵇康《养生论》曰：麝食柏而香。

《楚词》曰：山中人兮芳杜若，饮石泉兮饭松柏。

《古歌》曰：平陵东，松柏桐，不知何人劫义公。

刘越石《扶风歌》曰：南山石嵬嵬，松柏何摧摧！上枝拂青云，中心十数围。洛阳发中梁，松柏窃自悲。谁能刻镂此？公输与鲁班。被之用丹漆，薰用苏合香。本自南山柏，今为宫殿梁。

槐

《周礼》曰：朝士掌三槐，三公位焉。

又曰：司烜氏掌冬取槐檀之火。

《左传》曰：赵宣子骤谏，公患之，使锄麑贼之。晨往，寝门辟矣。盛服将朝，尚早，坐而假寐。不解衣冠而睡。麑退叹曰："不忘恭敬，民之主也。贼民之主，不忠；弃君之命，不信。有一于此，不如死也！"触槐而死。

《春秋元命苞》曰：树槐，听讼其下。槐之言归也。情槛龕实也。

《春秋说》曰：槐木者，灵星之精。

《尔雅》曰：怀槐，大叶而黑。槐树叶大色黑者名为怀。守宫槐，叶昼聂宵炕。郭璞注曰：守宫槐，昼日聂合，而夜炕布。晋儒林祭酒杜行齐说：在朗陵县南有一树，似槐，叶尽聚合相著，夜则舒布，即守宫也。江东有树，与此相反。俗因合昏晓昼夜，异其理等。宵炕，音伉。聂，合也。炕，张也。昼合夜开也。

《五经通义》曰：士冢树槐。

《国语》曰：董叔将娶于范氏，叔向曰："盍已乎？"曰："欲为系援焉。"他日，董祁诉之范献子，曰："不吾敬也。"献子执而纺之于庭槐，叔向过之，曰："子盍为我请乎？"叔向曰："欲而得之，又何请焉。"纺，悬也。

《汉书》曰：昭帝建始四年，山阳社中大槐树，吏人伐断之，其夜复自立如故。

《晋书》曰：符坚僭号，自长安至于诸州，夹路皆种槐柳。百姓歌曰："长安大街，夹路杨槐。下走朱轮，上有栖鸾。"

又曰：大司马府有老槐树，殷仲文对而叹曰："杆树婆娑，生意尽矣！"

崔鸿《前凉录》曰：初，河西不生楸、槐、柏、漆。张骏之世，取于秦陇而植之，终于皆死。而酒泉宫之北隅，有槐树生焉，李玄盛著《槐树赋》。

沈约《宋书》曰：孔子夜梦三槐之间、丰沛之邦有赤气。驱车对楚西北观之，见刍儿敌麟，伤其左足，薪而覆之。

《梁书》曰：庾肩吾常服槐实，年七十余，目看细字，鬓皆黑。离乱之际，奔于江陵。

《后周书》曰：韦孝宽之为雍州刺史。先是，路侧一里置一土堠，经雨颓毁，每须修之。自孝宽临州，乃勒部内当堠处植槐树代之，即免修复，行旅又得庇荫。文帝后见，怪，问，知之，曰："岂得一州独尔，当令天下同之。"于是令诸州，道路一道里，种树一株；十里种三树，百里五树焉。

《隋书》曰：高颎，字昭玄。领新都大监，每坐槐树下以听事，其树不依行列。有司欲伐之，物令存之勿去，示于后人。

又曰：土回以孝闻，开皇初卒。子士雄，少质直孝友。丧父，复庐于侧，负土成坟。其庭前有一槐树，先甚郁茂。及士雄居丧，树遂枯死。服阙还宅，死槐复荣。高祖闻之，叹其父子至孝，下诏褒扬，号其所居为累德里。

《唐书》曰：永崇二年，太平公主降驸马薛绍，以万年县为礼会之所。公主辂车，自兴安门南，至宣阳坊之西街，夜设燎炬，烈焰相属，夹路槐树多有死者。

又曰：正元中，度支欲取两京道中槐树为薪，更栽小树。先下符牒渭南县，县尉张造牒曰："召伯所憩，尚勿剪除；先皇旧游，岂宜斩伐？"乃止。

又曰：长庆中，虢州刺史萧佑奏：湖城县永房乡百姓阎酆，五代同居，家内槐一本，再生枝叶。

《管子》曰：五沃之土，其木宜槐。

《晏子春秋》曰：齐景公有所爱槐，使守，令犯槐者刑，伤槐者死。有醉而伤槐，且加刑焉。其女惧而告晏子，曰："妾恐邻国闻之，谓君爱槐而残人，可乎？"晏子入言之，公出，伤槐之囚，罢其禁。

《淮南子》曰：槐之生也，入季春，五日而兔目，十日而鼠耳，更旬而始规，二旬叶成。规，叶始开也。

又曰：九月官候，其树槐。是月缮修守备，故官候树槐。槐，怀也，取怀近远也。

又曰：老槐生火。

又曰：槐，市学也，树以青槐。燧人秋取槐檀之火，天之所覆，地之所载，六合所包，阴阳所煦，雨露所扶。此皆生于父母，所阙于一和也。父天母地，故槐榆与橘柚合而兄弟；有广与三危，通为一家。

《抱朴子》曰：槐子，新瓷合泥封之，二十余日，其表皮皆烂。乃洗之，如大豆，日服之。此物至补脑，早服之，令人发不白而长生。

《太公金匮》曰：武王问太公曰："天下神来甚众，恐有识者，何以待之？"太公曰："请树槐于王门内，有益者入，无益者距之。"

《三辅黄图》曰：元始四年，起明堂辟雍，为博士舍三十区，为会市。但列槐树数百行，诸生朔望会此市，各持其郡所出物及经书相与买卖，雍雍揖让，论议槐下，侃侃訚訚如也。事具礼部学校篇。

焦赣《易林·家人之乾》曰：千岁槐，身多斧斤。

《汝南先贤传》曰：新蔡郑敬，字子都，为郡功曹都尉。高懿厅事前有槐树，有露，类甘露者。懿问掾属，皆言是甘露，敬独曰："明府政未能致甘露，但树汁耳。"懿不悦，托疾而去。

杨衒之《洛阳伽蓝记》曰：李昌年广陵王元渊，初除仪同三司，总众北讨葛荣。夜梦着兖衣，倚槐树立，以为吉征。问于杨元慎，元慎曰："三公之祥。"渊甚悦之。玄慎退还，告人曰："广陵死矣！槐种木傍鬼，死后当得三公。"广陵果为葛荣所杀，追赠司徒公，终如其言。

太平御览卷第九百五十五　木部四

桑

《易》曰：其亡其亡，系于苞桑。苞桑，丛生桑也。

《书》曰：青州，厥篚檿丝。孔安国曰：檿，桑蚕，丝中琴瑟弦。檿，于琰切。

又曰：伊陟相大戊，亳有祥，桑谷共竖于朝。祥妖怪也。二木合生，七日大拱，不恭之罚。

《诗》曰：桑之未落，其叶沃若。桑，女功之所起。沃若，犹沃然。于嗟鸠兮，无食桑葚。桑之落矣，其黄而陨。

又曰：交交黄鸟，止于桑。

又曰：星言夙驾，税于桑田。教民稼穑，务安急也。

又曰：女执懿筐，爰求柔桑。柔桑，稚桑也。

又曰：蚕月条桑。条桑，枝落彩其叶也。

又曰：猗彼女桑。女桑，少枝，长条不枝落者，荐狞蘘彩之。

又曰：肃肃鸨行，集于苞桑。

又曰：将仲子兮，无逾我墙，无折我树桑！

又曰：隰桑有阿，其叶有傩。阿然美貌也。傩然盛貌也。有以利人也。《笺》云：隰中之桑，枝条阿阿然长美，其叶又茂盛可庇荫人。兴者，喻时贤人，君子不用而野甫，有复养之德。既见君子，其乐如何！

《礼记》曰：季春之月，命野虞无伐桑柘。

又曰：古者天子、诸侯，必有公桑、蚕室，近川而为之。

《左传》曰：晋重耳及齐，桓公妻之，有马二十乘。公子欲安之，从者以为不可。将行，谋于桑下。蚕妾在其上，以告姜氏。姜氏杀之。

又《宣》上曰：赵宣子田于首山，舍于翳桑。田，猎也。翳桑，桑之多荫翳者。见灵辄饿，问其病。应之曰："不食三日矣。"食之，舍其半。问之，曰："宦三年矣，未知母之存否。今近焉，去家近也。请以遗之。"使尽之，而为之箪食与肉，置诸橐以与之。既而与为公介，灵辄为公甲士。倒戟以御公徒而免。问其故，曰："翳桑之饿人也。"问其名居，不告而退。

《春秋元命苞》曰：姜嫄游閟宫，其地扶桑，履大人迹，生稷。

《春秋孔演图》曰：孔子母徵在游大冢之陂，睡，梦黑帝使请已往，梦交，语"女乳必于空桑之中"。觉，则若感，生丘于空桑之中。乳生。

《尔雅》曰：女桑，桋桑。郭璞注曰：俗呼小桑长条者为女桑树。桋音提，又音夷。檿乌点切。桑，山桑。《诗》曰：其檿其柘。材中弓也。桑、柳丑，条。阿那垂条也。

《史记》曰：齐、鲁千亩桑，其人与千户侯等。

又曰：吴公子光伐楚，拔居巢、钟离。初，楚边邑卑梁氏之处女与吴边邑之女争桑，二女家怒相灭。两边邑长闻之，怒而相攻，灭吴植颠邑。吴王怒，故遂伐楚。

《汉书》曰：息夫躬免官归国，未有第宅，寄居丘亭。奸人以为侯家富，常夜守之。贾惠往过躬，教以祝盗方：以桑东南指枝为匕，画北斗七星其上，躬夜自被发，立中庭，向北斗持匕招指祝盗。人有上书言躬怀怨恨，系雒阳诏狱，死。

《东观汉记》曰：蔡君仲，汝南人。王莽乱，人相食。君仲取桑椹，赤黑异器。贼问所以，君仲云："黑与母，赤自食。"贼义之，遗盐二斗，受而不食。

谢承《后汉书》曰：陈留申屠蟠，耻郡无处士，遂闭门养志，处蓬室，依大桑树，以为栋梁。

又曰：河内高弘为琅琊相，妻子不历官舍，桑杯盛浆。

又曰：汝南尹昆为汝阴功曹令，新到官，问曰："园中有桑，以饭蚕何如？"昆曰："非初政所务。"令嘉其言。

又曰：张湛为渔阳太守，劝民耕种。百姓歌曰："桑无附枝，麦穗两歧。张君为政，乐不可支。"

又曰：陈晔为巫令，有惠政，桑生二万余株，民以为给。

《魏略》曰：杨沛为新郑长，课民益蓄桑椹、豋豆，积浸得千余斛。太祖迁天子军，无粮，沛乃进干椹。后为邺令，赐其生口十人，绢百匹，以报干椹也。

《蜀志》曰：先主舍东南角篱上有桑树，生高丈余，遥望童童如于小车盖。往来者皆怪此树非凡，或谓当出贵人。先主少时，同宗中诸儿于树下戏，言："吾必当乘此羽葆车盖！"

《晋书》曰：贾后将废愍怀太子，时有桑生于西厢，长数日而枯。十二月，后废太子。

又曰：刘驎之尚书，质素好道。车骑将军桓冲闻名，辟为长史，固辞。冲尝到其家，驎之于树条桑，使者致命，驎之曰："使君既枉驾光临，宜先诣家君。"冲愧，诣其父。

又《载记》曰：北燕冯跋下书曰："今疆守无虞，百姓宁业；而田亩荒秽，有司不随时督察，欲令家给人足，不亦难乎？桑柘之益，有生植稻。此土少桑，人未见其利，可令百姓人植桑一百二十根。"

崔鸿《前凉录》曰：张天锡为符坚破后归晋，孝武帝问之曰："北方何物为美？"锡对曰："桑椹甘香，鸱鸮革响，淳酪养性，人无疾心。"

崔鸿《十六国春秋·后燕录》曰：初，晃之迁于龙城也，植松为社主。及秦灭燕，大风吹拔之。后数年，社处忽有桑二根生焉。先是，辽川无桑，及廆通于晋，晋求种江南。平川之桑，悉由吴来。

《齐书》曰：太祖宅在武进，宅南有桑树，擢本三丈，横出四枝，状如车盖。上年数岁游其下，从兄敬宗谓曰："此树为汝生也。"

又曰：沉瑀为建德令，教人一丁种十五株桑，四株柿、栗，女丁半之。人咸欢悦，顷之成林。

又曰：韩系伯，襄阳人也，事父母孝谨。襄阳土俗，邻居种桑树于界上为志。系伯以桑枝阴妨他边界，上开数尺。邻畔随侵之，系伯辄更假种。久之，邻人惭愧，还所侵地，躬往谢之。

又曰：扶桑国在大汉国东二万余里地，在中国之东。其土多扶桑木，故以为名。扶桑似桐，初生如笋，国人食之。实如梨而赤绩，其皮为布，以为衣，亦以为绵，以扶桑皮为纸。

《三国典略》曰：贼宋子仙召吴令沈景令掌书记，景固辞以疾。子仙怒，命斩之，景解衣就戮。碍于路间桑树，乃更牵往他处。或救之，获免。

又曰：齐长广郡厅梁木忽作人像，太守恶而刷去之，明日复出。乡人伐枯桑树，于中得死龙，长尺余。识者以为，长广，齐太上王本封也，齐氏木得龙为吉像，木枯龙死，非吉征焉。

《隋书》曰：齐河清中定，令丁给永业二十亩为桑田，其中种桑五十根，榆三根，枣五根。土不宜桑者，给麻田，如桑田法。

《唐书》曰：李龙誉居家，以俭约自处。每谓子孙曰："吾性不好货财，遂至贫乏。然吾近京城有赐田十顷，耕之可以充食；桑若干根，彩之可以充衣。"

《家语》曰：殷太戊之时，道缺法圮，以致天殃孽，桑谷生朝，七日大栱。占者曰："桑谷野木而生于朝，意者朝亡乎？"太戊恐骇，侧身修德。

《范子计然》曰：桑叶出三辅。

《列子》曰：晋文公会欲伐卫，公子鉏仰而笑。公问："何笑？"曰："臣之邻人有送妻适私家者，道见桑妇，悦而与言，然顾视其妻，亦有招之者。臣窃笑此也。"公寤其言，乃止，引师还，未至而有伐其北鄙者。

《孟子》曰：孟子谓梁惠王曰："五亩之宅，树之以桑，五十者可以衣帛矣。"

《孙子卿》曰：孔子适楚，于陈、蔡之间，七日不食，曰："居不隐者思不生，身不佚者志不广。汝庸知吾不得之桑落之下？"

《韩子》曰：子产开亩树桑，郑人谤訾。

《邹子》曰：季夏取桑柘之火。

《吕氏春秋》曰：伊尹之母居伊水上，孕，梦有神告之曰："臼出水而东走，无顾！"明日，视臼中出水，告其邻，东走，顾其邑尽为水，身因化为桑。有莘氏采桑，得婴儿于桑之中，献之于君。君命乳之，命之曰伊尹。

又曰：季春之月也，命野虞毋伐桑柘。野虞，主林官也。桑与柘，皆可养蚕，故命其官，使民不得斫伐。鸣鸠拂其羽，戴胜降于桑。

《淮南子》曰：原蚕一岁再登，非不利也。登，成也。然王法禁之者，为其残桑也。残，害也。

又曰：扶桑在阳州，日所拂。此东方十日所出，扶桑在旸谷中，九日居下枝，一日居上枝也。

《山海经》曰：宣山上有桑，大五十尺，围五丈，其枝四衢，枝交誓出。叶大尺余，赤理青叶，名曰帝女之桑。郭璞注曰：妇人主桑，故以名也。

又曰：东北海外圆丘南有三桑，无枝，皆高百仞。

又曰：旸谷上有扶木，郭璞注曰：扶桑。十日所浴。

《穆天子传》曰：甲寅，天子作居范宫，范，离宫别名。以观桑者，《诗》曰：桑者闲闲兮。乃饮于桑中。桑林掷晷。天子命桑虞主桑者也。出桑者，用禁暴民。不得令妄割犯桑也。

《神异经》曰：东方有树焉，高八十尺，敷张自辅，叶长一丈，广六七尺，曰扶桑。有椹焉，长三尺五寸。

任昉《述异记》曰：桓冲为江州刺史，遣人周行庐山，冀睹灵异。陟崇巘，有一湖，匝生桑树。湖有败艑、赤鳞鱼。使者渴极，欲往饮水。赤鳞张鬣向之，使者不敢饮。

《列女传》曰：鲁秋胡子纳妻五日，而官于陈。后归，未至家，见路傍有美妇人，方采桑。秋胡悦之，下车愿托桑阴下，妇人采桑不辍。秋胡曰："力田不如逢年，刀桑不如见郎。今吾有金，愿与夫人。"妇人不受。胡乃归，母呼其妇，乃向采桑者也。数胡之罪，而自投于河。

又曰：齐瘤女者，齐东郭采桑之女，项有大瘤。闵王游至东郭，百姓尽观，独瘤女采桑如故。王怪，召问之，对曰："受父母教采桑，不受教观大王。"王曰："此奇女！"悦，娉迎之。

又曰：东辨女者，陈国采桑之女也。晋大夫解居甫使于宋，解居甫，宋大夫。道过陈，遇采桑之女，止而戏之，曰："女为我歌，吾将舍女。

舍，置。不留女也。”采桑女乃歌曰：“墓门有棘，斧以斯之。夫也不良，国人知之。”

《益部耆旧传》曰：何祗梦桑生井中，解者曰：“桑字四十八，君寿恐不可过此。”祗四十八而卒。

《荆州先贤传》曰：庞士元师事司马德操，不矜小名，众莫知之。德操蚕月躬采桑后园，士玄助之，因与谈继世废兴，其言若神，遂移日忘餐。德操于是异之。

《甄异传》曰：沛国张伯远，年十岁时，病亡。见泰山下有十余小儿，共推一大车，车高数丈，伯远亦推之。时天风暴起扬尘，伯远因桑枝而住，闻呼声，便归，遂苏，发中皆有沙尘。后年大至泰山，识桑如死时所见。

《十洲记》曰：扶桑在碧海中，上有天帝宫，东王公所冶。有椹树，长数千丈，二千围，两两同根，更相依倚，故曰扶桑。仙人食其椹，椹体作金色。其树虽大，椹如中夏桑椹也，稀而色赤。九千岁一生实耳，味甘香。

《玄中记》曰：天下之高者，扶桑，无枝木焉。上至天，盘蜒而下，屈通三泉。

《括地图》曰：化民食桑，二十七年化而自裹，九年生翼，十年而死。

《石虎邺中记》曰：幸梓苑中，尽种桑。三月三日及蚕时，虎皇后将宫人数千，出采桑，游戏其下。

《汜胜之书》曰：种桑：五月取椹，著水中濯洒，取子阴干之。好治肥田十亩；荒久不耕者，先好耕治之。黍、椹子各三升，合和种之。黍、桑当顷俱生，锄之，桑令稀疏调适。黍熟获之，桑生正与黍高下平，因以利镰历地刈之，曝令燥。后有风调，放火烧之，常逆起火。桑至春生，一亩食三簿蚕。

《神仙传》曰：麻姑谓王方平云：“吾见东海三为桑田。”

《本草经》曰：桑根旁行出土上者，名伏蛇，治心痛。

《神农本草》曰：桑根白皮，是今桑树根上白皮。常以四月彩。或采无时，出见地上，名马领，勿取，毒杀人。

《典术》曰：桑木者，箕星之精。

《楚辞》曰：衣摄桀以储与兮，摄桀、储与，不舒展之貌。左袪絓于扶桑，袪，袖也。得已衣服长大，摄桀，储与，不得舒展。得能弘广，不得施用。东行则左袖絓于扶桑，无所不伏。右衽拂于不周兮，六合不足以肆行。

又曰：路室女之方桑，路室，客室。孔子过之以自待。言孔子出，过于客舍，其女方彩桑，一心不视，若贞信，故以自待。

《古诗》曰：枯桑知天风，海死戟天寒。

繁钦《桑赋》曰：上似华盖，紫极比形；下象凤阙，万桷一楹。

陆机《桑赋》曰：初，世祖武皇帝为中垒将军，植桑一株。世更三代，年渐三纪，绿叶兴而盈尺，崇条曼而增寻。

曹植《艳歌》曰：出自蓟北门，遥望胡池桑。枝枝自相值，叶叶自相当。

太平御览卷第九百五十六 木部五

榆

《毛诗》曰:《东门之枌》,疾乱也。幽公荒淫,男女弃其旧业,亟会于道路,歌舞于市井尔。东门之枌,枌,白榆也。宛丘之栩,子仲之子,婆娑其下。

又《山有枢》曰:山有枢,隰有榆。

《毛诗义疏》曰:驳马,梓榆也。驳荦吕角切,遥视似驳马。

《周礼·秋官》曰:烜氏四时变国火,春取榆、柳之火。

《礼记·内则》曰:堇、荁、枌、榆、免、薧、滫、髓以滑之。榆白曰枌。

《春秋元命苞》曰:三月榆荚落。

《春秋运斗枢》曰:玉衡星散为榆。

《尔雅》曰:藲,荎。音殴、迭。郭璞曰:《诗》云:"山有枢",今之刺榆。无枯,其实荑。姑,榆也。生山中。叶圆而厚。剥皮,合渍之,其味辛香,所谓芜荑也。

《说文》曰:榆,白枌也。梗,山枌榆,有刺荚,可以为芜荑。

《史记》曰:凡望云气,平望在榆上下,千余二千里也。

《汉书》曰:高祖祷丰枌榆社。张晏曰:枌榆社,在丰东北三十里。或曰:枌榆,乡名也,高祖里社也。

又《天文志》曰:成帝河平元年,旱伤麦,民食榆皮。

又《循吏传》曰:龚遂为渤海太守,劝民务农桑,令口种榆一树。

《魏志》曰:郑泽为魏郡太守,百姓乏材木,乃课种榆为篱。

《后魏书》曰:太祖道武皇帝讳珪,七月七日生三合陂北。明年有榆生于埋胎处,遂成林。

又曰:桓帝曾中蛊,欧吐之地,乃生榆木。

《赵书》曰:从幽州大道滹沱造浮桥,植行榆五十里,置行宫。

《管子》曰:五沃之土,其榆条长。

《庄子》曰：鹊上高城之垝，而巢于高榆之颠，城坏巢折，陵风而起。故君子之居世也，得时则义行，失时则鹊起。

《淮南万毕术》曰：八月榆檽音而，令人不饥。注曰：以美酒渍榆檽，曝干，以渍粱米、紫苋实，蒸令相合。欲不食者，三指撮酒以服之，即不饥耳。

《韩诗外传》曰：楚庄王将伐晋，曰："敢谏者死！"孙叔敖进谏曰："臣园中有榆，榆上有蝉。蝉方奋翼悲鸣，饮清露，不知螳螂之在后，曲颈欲食之；螳螂方欲食蝉，不知黄雀在后，举头而欲啄之；黄雀食螳螂，不知童子挟弹在榆下欲弹之；童子方弹黄雀，不知在前有深坑，后有掘株也。"楚乃息伐。

桓谭《新论》曰：刘子骏信方士虚言，为神仙可学。余见其庭下大榆树，久而剥折，指谓曰："彼树无情，然犹朽蠹，人虽欲爱养，何能使之不衰？"

《博物志》曰：食枌榆，则眠不欲觉。

《晋宫阙名》曰：华林园，榆十九株。

《杂五行书》曰：舍北种榆九株，蚕大得。

《广志》曰：有姑榆，有郎榆。郎榆无荚，材又任车用，至善。青鳌者出渤海东，先以供官。

《石虎邺中记》曰：襄国邺路，千里之中，夹道种榆。盛暑之月，人行其下。

《邹子》曰：春取榆柳之火。

《泛子计然》曰：芜荑出地，赤心者善。

《氾胜之书》曰：种禾无期，因地为时。三月榆荚雨时，高地强土可种禾。

崔寔《四民月令》曰：二月榆荚成者，收干以为酱。随节早晚，勿失其时。

《梦书》曰：榆为人君，德至仁也。梦彩榆叶，受赐恩也；梦居树上，得贵官也；梦其叶滋茂，福禄存也。

《古乐府诗》曰：天上何所有？历历种白榆。

应璩《与庞惠恭书》曰：见所上利民之术，殖济南之榆，栽汉中之漆。

嵇康《养生论》曰：豆令人重，榆令人暝，愚智所知也。

桐

《易纬》曰：桐枝濡毳，而又空中，难成易伤，须成气而后华。

《尚书·禹贡》曰：峄阳孤桐。峄山之阳，特生桐，中为琴瑟。

《毛诗·卷阿》曰：梧桐生矣，于彼高岗。梧桐，柔木也。

又《定之方中》曰：树之榛栗，椅桐梓漆，爰伐琴瑟。

《诗义疏》曰：梓实桐皮曰椅，今民云梧桐也。有青桐、白桐、赤桐。白桐宜琴瑟，今云南牂牁人绩以为布。

《礼记·月令》曰：清明之日，桐始华。《周书》曰：不始华，岁有大寒。

《礼斗威仪》曰：君乘火而王，其政平，梧桐为常生。

《尔雅》曰：榇，梧也。今梧桐。荣，桐也。即梧桐。

《后汉书》曰：蔡邕行泰山，见爨桐，闻爆声，曰："此良木也！"取而为琴。

《齐书》曰：豫章王于邸起山，列种桐竹，号为桐山。武帝幸之，置酒为乐。

《管子》曰：五沃之土，其木宜桐。

《庄子》曰：外乎子之神，劳乎子之精，倚树而吟，据梧而瞑。神不休于性分之内则外矣，精不正于自足之极则劳矣。故行则倚树而吟，坐则据梧而瞑。言有情者之自困。

又曰：鹓鶵发南海，而飞到北海，非梧桐不止，非竹实不食。

又曰：空门来风，桐乳致巢。司马彪注曰：门户空，风喜投之；桐子似乳，著叶而生，乌喜巢之。

《孟子》曰：今有场师，舍其梧槚，养其樲棘，则为贱场师矣。弃大取小。

《吕氏春秋》曰：成王与唐叔虞燕居，援桐叶以为圭，曰："以此封汝。"虞喜，以告周公。周公请封虞，成王曰："余与虞戏也。"周公曰："臣闻之，天子无戏言。"于是遂封叔虞于晋。

《淮南子》曰：智有所不足，故桐不可以为弩。

又曰：夫以巨斧击桐薪，不待利时良日而后破之；加巨斧桐薪之上，而无人力之奉，虽顺招摇挟刑德，招摇，斗杓也。刑，十二辰；德，十日也。而弗能破者，以其无势也。

《淮南万毕术》曰：桐木成云。取十石瓦罂，满中水，置桐罂中，盖之，三四日，气如云作。

董仲舒《请雨书》曰：秋以桐鱼九枚。

《风俗通》曰：梧桐生于峄山阳岩石之上，采东南孙枝为琴，声甚清雅。

《遁甲经》曰：梧桐不生，则九州异。梧桐以知日月正闰，生十二叶，一边有六叶。从下数，一叶为一月，至上十二叶。有闰，十三叶小余者，视之，则知闰何月也。不生，则九州各异君，天下不同也。

《王逸子》曰：木有扶桑、梧桐、松、柏，皆受气淳矣，异于群类者也。

《秦记》曰：初，长安谣云："凤凰凤凰，止阿房。"符坚遂于阿房城植桐数万株，以待之。至是，慕容冲入阿房城而止焉。冲，小字凤皇。

《广志》曰：梧桐有白者。剽国有白桐木，其叶有白毳。取其毳，淹渍缉绩，织以为布。

《游名山志》曰：吹台有高桐，皆百围。峄阳孤桐，方此为劣。

《邹山记》曰：邹山，古之峄山，鲁穆公改为邹。今邹山峄阳犹多桐树。

《齐地记》曰：城北十五里，有梧台，即梧宫也。

《论衡》曰：李子长为政，欲知囚情，以梧桐为之象囚形，乃凿地为坎，卧木囚其中，曰："罪若正，木囚不动；若有冤，木囚动。"出人之精诚着木人也。

《华阳国志》曰：益州有梧桐木，其华彩如丝，人绩以为布，名曰：华布。

沈怀远《南越志》曰：青桐华颇似木绵，而辉重过之。

《晋宫阁名》曰：华林园，青、白、桐三株。

伏侯《古今注》曰：昭帝元凤三年，冯翊人献桐枝，长六尺九，枝枝一叶。

《异苑》曰：晋武帝世，吴郡临平岸崩，出一石鼓，打之无声。以问张华，华云："可取蜀中桐材，刻作鱼形，扣之则鸣矣。"于是如言，音闻数十里。

又曰：句章吴平门前，忽生一株青桐树，上有谣歌之声。平恶而斫杀。平随军北征，首尾三载，死桐倏自还立于故根之上。又闻树颠空中歌曰："死树今更青，吴平寻当归。适闻杀此树，已复有光辉。"平寻归，如鬼谣。

祖台之《志怪》曰：骞保至檀丘坞上北楼宿，暮鼓二中，有人着黄练单衣、白帢，将入持炬火上楼。保惧，藏壁中。须臾，有二婢上，使婢迎一女子上，与白帢人入帐中宿。未明，白帢人辄先去。如是四五宿。后向晨，白帢人才去，保因入帐中，持女子问："向去者谁？"答曰："桐侯郎，道东庙树是也。"至暮鼓二中，桐郎来，保乃斫取之，缚着楼柱。明日视之，形如人，长三尺余。槛送诣丞相，渡江未半，风浪起。桐郎得投入水，风波乃息。

《齐民要术》曰：梧桐，山石间生者，为乐器则鸣。

《瑞应图》曰：王者任用贤良，则梧桐生于东厢。

桓谭《新论》曰：神农、黄帝，削桐为琴。

任昉《述异记》曰：梧桐园，在吴夫差旧国也。一名琴川。梧园宫，在句容县。传云吴王别馆，有楸梧成林焉，其梧子可食。《古乐府》云："梧宫秋，吴王愁"是也。

崔琦《七蠲》曰：爰有梧桐，生于玄溪。傅根朽壤，托险生危。

枚乘《七发》曰：龙门之桐，高百尺而无枝，中郁结而轮菌，根扶疏以分离。

魏明帝《猛虎行》曰：双桐生空井，枝叶自相如。通泉溉其根，玄雨润其柯。绿叶何蔘蔘，青修视曲阿。

张协《七命》曰：寒山之桐，出自大冥。含黄钟以吐干，据苍岑而孤生。

《古诗》曰：井桐栖灵凤。

杨柳上

《易·大过》“九二”曰：枯杨生稊，老夫得其女妻。

焦赣《易林·豫之晋》曰：鹊巢柳树，鸠夺其处。任力劣薄，天命不佑。

《毛诗·彩薇》：昔我往矣，杨柳依依。杨柳，蒲柳也。

又曰：《东门之杨》刺时也。婚姻失时，男女多违，亲迎女犹有不至者也。东门之杨，其叶牂牂。牂牂然，盛貌。

又《南山有台》曰：南山有桑，北山有杨。乐只君子，邦家之光。

又《小弁》曰：菀彼柳斯，鸣蜩嘒嘒。柳木茂盛则多蝉。

又曰：《菀柳》，刺幽王也。暴虐无亲，而刑罚不中。有菀者柳，不尚息焉？有菀然柳叶茂盛之柳，行路之人岂有不庶几欲就之止息？

又《东方未明》曰：折柳樊圃。柳，弱脆之木；樊，藩也。折以藩圃，无益也。

《毛诗疏义》曰：“杨之水，不流束蒲。”蒲柳之木二种，一种皮正青，一种皮红白，可为箭竿。《左传》曰：“董泽之蒲。”今人以为其萑，可为矢。

又曰：树杞，杞柳也。生水旁，树如柳，叶粗而白，木理微赤。今人以为车毂。今其水旁，鲁国泰山、汶水边路，纯杞柳也。

《大戴礼》曰：正月柳梯。梯者，发叶也。

《尔雅》曰：柽，河柳。郭璞注曰：河旁赤茎水杨也。旄，泽柳生泽中者。杨，蒲柳。《诗》云：杨柳依依。《传》曰：董泽之蒲也。

《汉书》曰：上林苑中，大柳树断卧地，一朝起，生枝叶。有虫食其叶，为字曰：“公孙病已立。”眭孟以为：木，下民之象，当有废故之家孙氏从民间受命为天子者。及昭帝崩，无嗣，大臣迎立昌邑王。王即位，淫乱失道，霍光废之，更立昭帝兄卫太子之孙为宣帝。帝本名病已。

《晋书》曰：王恭，字孝伯，美姿容，人多悦之。或目之曰："濯濯如春月柳。"

又曰：嵇康性绝巧，而好锻。宅中有一柳树，甚茂，乃激水圜之。每夏月，居其下以锻。东平吕安服康高致，每一相思，辄千里命驾。

又曰：太康末，京洛为《折杨柳》之歌，其曲始有兵革苦辛之叹，终以禽获斩截之事。是时三杨贵盛，而被族火，太后废黜，幽死宫中，《折杨柳》之应也。

又《桓温传》曰：温自江陵北伐，行经金城，见少为琅邪时所种柳，皆已十围，慨然曰："木犹如此，人何以堪攀枝执条！"泫然流涕。

《南史·隐逸传》曰：陶潜，字渊明，有高趣。宅边有五柳树，故尝著《五柳先生传》。

《晋中兴书》曰：陶侃明识过人。武昌道上，通种杨柳，人有窃殖于家。侃见识之，问："何盗官所种？"于时以为神。

沈约《宋书》曰：萧惠开为少府，不得志。其内斋前草香，惠开悉铲除，列种白杨。人谓之曰："白杨丘墓间所植，奈何于庭院种之？"答曰："人生不得志，与死人何异！"其年，惠开暴卒。

《齐书》曰：王敬则初为散骑使魏，于北馆种杨柳。后员外郎虞长曜北使还，敬则问："我昔种杨柳树，今大小？"长曜曰："虏中以为甘棠。"

太平御览卷第九百五十七 木部六

杨柳下

《齐书》曰：阮孝绪。建武末，青溪宫东门无故自崩，大风拔东宫门外杨树。以问孝绪，曰："青溪，皇家旧宅；齐为木，东为木位。今东门自坏，木其衰矣。"

《齐书》曰：刘俊之为益州刺史，献蜀柳数株，条甚长，状若丝缕。武帝植于太昌灵和殿前，常玩嗟曰："此杨柳风流可爱，似张绪。"当时见赏如此。

又曰：何点性好事，闻陆惠晓与张融并宅，其间有池，池上有二柳树，点叹曰："此池便是醴泉，此树便是交让。"

《隋书》曰：柳机，字当时。初，机在周，与族人文成公昂俱历显要，及此机、昂并为外职。杨素时为纳言，方用事，因上赐宴，素戏几曰："二柳俱摧，孤杨独耸。"坐者欢笑，机竟无言。

又曰：周初有童谣曰："白杨树头金鸡鸣，只有阿舅无外甥。"静帝，隋氏之甥，既逊位而崩，诸舅强盛。

又曰：渤海公高颎少明敏，有器局，多涉书史，尤善词令。初，孩孺时，家有柳树，高百尺许，亭亭如盖。里中父老曰："此家当出贵人。"

《唐书》曰：司稼卿梁孝仁，高宗时监造蓬莱宫，于诸庭院列种白杨。将军契苾何力，铁勒之渠率也，于宫内纵观，孝仁指白杨云："此木易长，三数年间，宫中可得荫映。"何力一无所应，但诵古诗："白杨多悲风，萧萧愁杀人！"意谓此是冢墓间木，非宫中所宜种。孝仁遽令拔去，更树梧桐。

又曰：乾元中，虢州刺史王奇光奏：阌乡县界女娲坟，天宝十三载，大雨晦暝，失所在，至今河上侧近忽闻雷风声，晓见坟涌出，上有双柳柳树，下有巨石，柳各高丈余。画图进上，以示百官。

又曰：吕渭为礼部侍郎，中书省有柳树，建中末枯死。兴元元年，车驾还京，其树再荣。人谓之瑞柳，以为赋题。上闻而恶之，渭因入阁遗失，请托文记，遂出为潭州刺史。

又曰：吐蕃土风寒苦，物产贫薄。所部逻娑川，唯有杨柳，人以为资，更无草木。

又曰：范希朝镇振武，单于城中旧少树，希朝于他处市柳子，命军人种之。至今成林，居人赖之。

《春秋后语》曰：魏哀王以田需为相，《战国策》曰：夫杨，横树之亦生，倒树之亦生。说不同，故存之也。甚贵信之。惠子谓田需曰："子必善事左右！今夫树杨，横之则生，折而树之又生，《战国策》曰：夫杨，横树之亦生，倒树之亦生。说不同，故存之也。然使十人树杨，一人拔之，则无生杨矣。夫以十人之众，树易生之物，不胜一人拔者，何也？树之难，去之易。今子虽自树于王，而欲去子者众，则必危矣！"

《战国策》曰：楚有养由基者，善射杨叶，百步而射之，百发百中。

《管子》曰：五沃之土宜柳。

《庄子》曰：支离叔观于冥泊之丘，昆仑之虚，黄帝之所休，俄而柳生其左肘。

《孟子》曰：告子曰："性犹杞柳，义犹杯棬丘员切。"

许慎《淮南子注》曰：展禽之家有柳树，身行惠德，因号柳下惠，一曰邑名。

《抱朴子》曰：夫木槿、杨柳，断植之更生，倒之亦生，横之亦生。生之易者，莫若斯木。

《山海经》曰：虖山之西，有谷焉，名均藿谷，其木多柳。凤伯之山、熊山、直陵之山，木多柳。平丘山，爰有杨柳。沃民之国，有白柳。

崔豹《古今注》曰：白杨叶圆，青杨叶长，柳叶亦长细栘时题切。杨圆叶弱带，微风则大摇，一名高飞，一名独摇。蒲柳生水边，叶似青杨，亦曰蒲杨，亦曰栘柳，亦曰蒲栘焉。水杨即蒲杨也，枝劲韧音刃，任矢用。又有赤杨，霜降则叶赤，材理亦赤也。

《说文》曰：杨，蒲柳也，从木，昜声。柽，河柳也，从木，圣声。柳，小杨也，从木，卯声。

《续搜神记》曰：上虞魏全家在县北。忽有一人，着孝服，皂笠，手巾掩口，来诣全家，语云："君有钱一千万，铜器亦如之，大柳树，钱在其下，取钱当得耳，于君家大不吉；仆寻为君取，于此便去。"自尔出三十年，遂不复来，全亦不取钱。

盛弘之《荆州记》曰：缘城堤边，悉植细柳，丝条散风，清阴交陌。

《三齐略记》曰：鬲城东南有蒲台，高八丈，始皇所顿处，在台下萦马。至今蒲生犹荣，似水杨，而堪为箭。

孔氏《志怪》曰：会稽盛逸，尝晨兴，路未有行人，见门内柳树上有一人，长二尺余，朱衣冠冕，俯以舌舐树叶上露。良久，忽见逸，神意如有惊遽，即隐不见。

《世说》曰：顾悦之与晋简文帝同年，悦之发早白。帝问："卿何以先老？"对曰："蒲柳之姿，望秋而落；松柏之质，隆对茼茂。"

《广五行记》曰：周宣帝大定二年，永州得白石，剖而为两段，中有杨树之形，黄根紫叶。

《广志》曰：白杨，一名高飞木，叶大于柳。

崔寔《四民月令》曰：三月三日，以及上除，采柳絮。柳絮愈疮。

《本草经》曰：柳华，一名柳絮。

《梦书》曰：杨为使者。

魏文帝《柳赋》曰：昔上与袁绍战于官渡，是时余始植斯柳。在余年之二七，植斯柳乎中庭。始围寸而高尺，今连拱而九成。

曹植《柳颂》曰：余以闲暇，驾言出游。过友人杨德祖之家，视其屋宇寥廓，庭中有一柳树，戏刊其枝叶，故著斯文。

桂

《尔雅》曰：梫，音侵。木桂。今南人呼桂皮厚者为木桂。桂树叶似枇杷而大，白花，花而不着子，丛生岩岭，枝叶冬夏长青，间无杂木。

《礼斗威仪》曰：君乘金而王，其政讼平，芳桂常生。

《春秋运斗枢》曰：椒桂，生合刚阳。椒桂，阳星之精所生也。合犹连体而生也。

《春秋潜潭巴》曰：宫桂鸣下土，诸侯号有声。桂，好木，植于宫中，犹天子封有声誉者为诸侯。今乃鸣，是乃成其声名于下土之祥。

《山海经》曰：招摇之山，临乎四海，其上多桂。桂长丈余，味辛。皋途之山，上多桂木。桂林八树，在贲隅东。八树成林，言其大也。

《春秋后语》曰：苏秦在楚三年，乃得见。谈卒辞行，威王曰："寡人闻先生若闻古人，今先生不远千里而临寡人，曾不肯留，愿闻其说。"苏秦对曰："楚国之食贵于玉，薪贵于桂，谒者难得见于鬼，王难得见于帝。今令臣食玉炊桂，因鬼见帝，何事不去？"威王曰："先生就舍，寡人闻命矣。"

《汉书·陆贾传》曰：尉佗献桂、蠹二器。桂，树；蠹，虫也。

《晋书》曰：郄诜迁雍州刺史，武帝于东堂会送，问诜曰："卿自以为何如？"诜对曰："臣举贤良、对策，为天下第一，犹桂林之一枝，昆山之片玉。"

《唐书》曰：垂拱四年三月，有月桂子降于台州，经十余日乃止。

又曰：南中有泉，流出山洞，常带桂叶，好事者因谓为流桂泉。后人乃立栋宇，为汉高之神。

《庄子》曰：桂可食，故斧伐之。

《抱朴子》曰：桂可以葱涕合蒸作水，可以竹沥合饵之，亦可以先知、龟脑或云君脑和服之，七年能步行水上，长生不世。

《淮南子》曰：月中有桂树。

郭子横《洞冥记》曰：武帝使董谒乘琅霞之辇以升坛，至三更，西王母驾玄銮之舆，至坛之四面，列种软条青桂。风至，枝自拂阶上游尘。

《寻阳记》曰：庐山上有三石梁，长数十丈，广不盈尺，杳然无底。吴猛将弟子登山，过此梁，见一翁坐桂树下，以玉杯盛甘露浆与猛。

《广志》曰：桂出合浦，而生必以高山之巅，冬夏常青。类自为林，间无杂树。交址置桂园。

《列仙传》曰：范蠡好食桂，卖药，世人往往见之。

《神仙传》曰：离公娄服竹汁、饵桂，得仙。许由、巢父，箕山得石丹沙、石桂英，服之。

《阙文》曰：鲁人有好钓者，以桂为饵，黄金为钩。

《拾遗记》曰：岱舆，一名浮折。北有玉梁千丈，驾玄流之上。岸旁有丹桂，黑、紫、白，可为舟。

《世说》曰：客问陈季方曰："君家有何功德，而荷天下重名？"曰："吾家君譬如桂树，生泰山之阿，上有万仞之高，下有不测之深，上为甘露所沾，下为川泉所润。当斯之时，树焉知太山之高，川泉之深？不知有贡月欤？"

《金楼子》曰：夫翠饰羽而体分，象美牙而身丧。蚌怀珠而致剖，兰含香而遭焚。膏以明而遂煎，桂以蠹而成疾。

《罗浮山记》曰：罗山顶有桂，《山海经》所谓"贲隅之桂"。贲隅，番禺也。

《临海记》曰：白石之山，望之如雪。山有湖，传云金鹅之所集，八桂之所植。

《说文》曰：桂，江南之木，百药之长。

《地理记》曰：桂阳郡有桂岭，放花遍白，林岭尽香。

又曰：天台山有八桂岭襟。

汉武帝《悼李夫人赋》曰：气沉潜以凄戾兮，桂枝落而销亡。

汉淮南王安，好道，感八公，共登山攀桂树。安作诗曰：攀桂树兮聊淹留。

唐景《龙文馆记》曰：薰风殿，其材木皆用青桂、白檀，香气氛氲，盈于四远。

杉

《尔雅》曰：披音彼，煔。煔，或作杉。似松，生江南。可以为舡及棺材，作柱，理之不腐也。

《晋咸康起居注》曰：侍御史秦武奏：平陵前道东，杉树一株萎死，以柏栽补之，请收陵令推劾。

《西京杂记》曰：太液池中有小池，名孤树池。池中有一洲，洲上有榢树一株，十余围，望之如车盖，故取名之。

邓德明《南康记》曰：巘山有汉太傅陈蕃墓，遥望两杉树耸柯出岭，垂阴覆谷。

刘欣期《交州记》曰：合浦东二百里，有一杉树，叶落，随风入洛阳城内。汉时，善相者云："此休征，当出王者。"故遣千人伐树，役夫多死。三百人坐断株上食，适足相容。

《名山志》曰：华子岗上，杉千仞，被在崖侧。

枫

《尔雅》曰：枫，摄摄。之叶反。天风则鸣，故曰摄摄。树似白杨，叶圆而歧。有脂而香，今之枫香是。

《后周书》曰：武帝天和元年，秋七月辛丑，梁州上言：凤凰集于枫树，群鸟列侍以万数。

《山海经》曰：黄帝杀蚩尤，弃其械，化为枫树。

《金楼子》曰：枫脂，千岁为虎魄。

《名山记》曰：天姥山上，长枫千余丈，萧萧临涧水。

《晋宫阁名》曰：华林园，枫香三株。

《南方草木状》曰：枫香树，子大如鸟卵，二月花，色白，乃连着子，八九月熟。曝干，可烧。唯九真郡有之。

《异苑》曰：乌阳陈氏，有女未醮，着屐，径上大枫树颠，更无危阂，顾曰："我应为神，今便长去，唯左苍右黄，当暂归耳。"家人悉出见之，举手辞诀，于是飘耸轻越，极睇乃没。既不了苍、黄之意，每春辄以苍狗、秋以黄犬，设祀于树下。

任昉《述异记》曰：南中有枫子鬼，枫木之老者，为人形。亦呼为灵枫。

《岭表录异记》曰：枫人岭，多枫树，树老则有瘤瘿。忽一夜遇暴雷骤雨，其树赘则暗长三数尺。南中谓之枫人。越巫云："取之雕刻神鬼，易致灵验。"

《离骚·招魂》曰：湛湛江水上有枫，目极千里伤春心。

豫章

《左传·昭公》曰：白公作乱，杀钟西、子期。子期曰："昔者吾以力事君，不可不终！"抉豫章以杀人，而后死。

《陈书》曰：侯景之平也，太极殿被焚。承圣中，议欲营之，犹阙一柱。七月，有樟木大十八围，长四丈五尺，流泊陶家后渚。监军邹子庆以闻，诏书令沈众兼起部尚书构太极殿。

《庄子》曰：腾猿得豫章，揽蔓而生长于其间，便也。

《淮南子》曰：藜藿之生蠕蠕然，日加数寸，不可以为栌栋。加犹益也。栌，屋也。楩、楠、豫章之生也，七年而后知，故可以为棺、舟。

《高士传》曰：尧聘许由为九州长，由恶闻，洗耳于河。巢父见，谓之曰："豫章之木，生于高山，工虽巧而不能得。子避世，何不藏身？"

《地理志》曰：豫章郡城南，有樟树，长数十丈，立郡因以为名。至晋永嘉年间，尚茂。

《广志》曰：豫章生七年，外始辨。凡木似豫章，故待七年当分别。

《神异经》曰：东方有豫章树，高千丈。有士操斧，行斫行合。

《新语》曰：贤者之处世，犹金石生于沙中，豫章产于幽谷。

《水经》曰：豫章城之南西门，曰松杨门。门内有樟树，高七丈五尺，大二十五围，枝叶扶疏，垂荫数亩。

应劭《汉官仪》曰：豫章郡树生庭中，故以名郡矣。此树常中枯，逮晋永嘉中，一旦更茂，丰蔚如初。咸以为中宗之征祥也。

《豫章记》曰：新涂县封溪，有聂友所用樟木戕柯者，遂生为树。今犹存其木，合抱。始倒植之，今枝条皆垂下。

任昉《述异记》曰：豫章之为木也，生七年而后可知。

汉武宝鼎二年，立豫樟宫于昆明池中，作豫樟木殿。

太平御览卷第九百五十八　木部七

楠

《寻阳记》曰：黄金山有楠树，一年东边荣，西边枯；后年西边荣，东边枯。年年如此。张华云："交让树者，此是也。"

桧

《尔雅》曰：绘，柏叶松身。

《尚书·禹贡》曰：纯、干、栝、柏。柏叶松身曰栝。

《毛诗·竹竿》曰：桧楫松舟。桧，柏叶松身。楫，所以棹舟也。

柞

《尔雅》曰：栩，杼。柞树也。

《毛诗·车辖》曰：陟彼高岗，析其柞薪。析其柞薪，其叶湑兮。

又曰：维柞之枝，其叶蓬蓬。

《疏》曰：栩，今柞。壳为斗，可以染皂。今俗及河内云杼斗，或云豫斗。

陆机《毛诗疏义》曰："芃芃棫朴"，《尔雅》曰："棫，白桵。"《三仓说》"棫即柞也。其柞理纯白，无赤心，为白桵。直理易破，故可为犊车轴。又可为矛戟鏦。"

《西京杂记》曰：五柞宫有五柞树，皆连抱。五株树枝，覆荫数十亩。

崔豹《古今注》曰：凿木出交州林邑国也，色黑而有文，亦谓之文木。

周处《风土记》曰：旧说舜葬上虞。

又《记》云：耕于历山。而始宁、剡二县界上，舜所耕田，在于山下，山多柞树。吴越之间名柞为枥，故曰历山。

檀

《毛诗·将仲子》曰：将仲子兮，无逾我园，无折我树檀！檀，坚强之木。

又曰：《伐檀》，刺贪也。在位贪鄙，无功而受禄，君子不得进仕尔。坎坎伐檀兮，置之河之干兮。

《圣贤冢墓记》曰：孔子墓有檀树。

柘

《礼记·月令》曰：季春无伐桑、柘。

又《投壶》曰：矢以柘若棘，无去其皮。

《周礼·冬官》曰：弓人辨六材，一曰柘。

《古史考》曰：乌号弓，以柘枝为也。

《谯周》曰：野柘枝劲。乌集之，飞起，枝弹之，乌乃惊号。伐取为弓，故称乌号弓。

《周书》曰：季夏取桑、柘之火。

《风俗通》曰：柘材为弓，弹而放快。

崔寔《四民月令》曰：柘，染色黄赤，人君所服。黄者中尊；赤者南方，人君之所向也。

《云南记》曰：会川室屋相次，皆是板及茅舍。满川坡尽是花木，亦有赤柘。

杞

《尔雅》曰：杞，枸檵音计。今枸杞也。

《毛诗·将仲子》曰：将仲子兮，无伐我树杞！杞，木名。《疏》曰：狗脊也。

又《湛露》曰：湛湛露斯，在彼杞棘。

《左传·昭公》曰：声子聘于晋，还，令尹子木与之语，问晋政可，且曰："晋大夫与楚孰贤？"对曰："晋卿不如楚，其大夫则贤，皆卿材也。如杞、梓、皮革，自楚往也。虽楚有材，晋实用之。”

《周书》曰：太姒梦梓化为杞。

梓

《尔雅》曰：楰音俞鼠梓。楸属也。匠箔东有虎梓。

《毛诗·小弁》曰：唯桑与梓，必恭敬止。

又《定之方中》曰：树之榛栗，椅桐梓漆。

陆机《毛诗疏义》曰：北山有楰，《尔雅》曰：“楰，鼠梓。”其树叶木理如楸，山楸之异也，今人谓之昔楸。湿时脆，燥时坚。今永昌人谓鼠梓，汉人谓之楰。

《礼斗威仪》曰：君乘火而王，其政和平，楸梓为常生。

《周书》曰：太姒梦太子发取周庭之梓树，于商阙间化为松、杞。

《史记》曰：子胥将死，告舍人曰：“必树吾墓上以梓，梓可为器；而抉吾眼，于吴之东门上，以观越兵入吴也！”

《汉书》曰：玄帝初元四年，皇后曾祖父济南平陵王伯墓门梓柱卒生枝叶，上出，刘向以为王氏代汉之像。

《后汉书》曰：应顺为冀州刺史，廉直无私。迁东平相，赏罚必信，吏不敢犯。有梓树生于听事室上。事后母至孝，众以为孝感之应。

《说苑》曰：伯禽与康叔封朝于成王，见周公，三见而三笞。康叔有骇色，谓伯禽曰：“有商子者，贤人也，与子见之。”康叔封与伯禽见商子。曰：“吾二子者，朝乎成王，见周公，三见而三笞，其说何也？”商子曰：“二子盍相与观乎？南山之阴，有木焉，名曰桥。”二子者往观乎南山之阳，见桥竦焉，实而仰。反以告乎商子，商子曰：“桥者，父道也。”商子曰：“二子盍相与观乎南山之阴？有木焉，名曰梓。”二子者往观乎南山之阴？见梓勃焉，实而俯。反以告商子，曰：“梓者，子道也。”二子者明日见乎周公，入门而趋，登堂而跪。周公拂其首，劳而食之，曰：“安见君子？”二子对曰：“见商子。”周公曰：“君子哉，商子也！”

乐资《春秋后传》曰：使者郑客入函谷，至平舒，见素车白马，曰："吾华山君，愿以一牍致滈池君。子之咸阳，过滈池，见一大梓树，有文石，取以扣树，当有应者。"以书与之，郑客如其言，见宫阙如王者居。谒者出，受书，入有顷，云："今年祖龙死。"

《山海经》曰：玉山、碧山多梓木。鸡山美梓。

《孟子》曰：拱把之桐、梓，人欲生之，皆知所以养之者；至于身，不知所以养之者。岂爱身不若桐梓哉？

《汉武故事》曰：卫子夫入宫，上曰："吾昨夜梦子夫庭中生梓树数株，岂非天乎？"是日幸之，有娠。

郭氏《玄中记》曰：秦文公造长安宫，面四百里，南至终南山。山有梓树，大数百围，荫宫中。公恶而伐之，连日不克，辄大风雨。夜有鬼，问梓树，树曰："岂奈吾何！"鬼曰："若使三百人披头，以丝绕树，岂不败汝？"树默然不应。明日，人上言秦王，依此言伐之，中有青牛，逐之入澧水。

《豫章记》曰：松阳门内有大梓树，大四十五围。树先枯，永嘉中一日忽更荣华。太兴中，元帝果继大业。

楸

《尔雅》曰：槄音滔，山榎。今之山楸。楸，小子叶曰榎音贾。大而皵音鹊楸。老乃皮粗皵者为楸也。小而散，榎。小而皮皵者为榎。

《汉书》曰：淮北荥南河济之间，千树楸与千户侯等。

任昉《述异记》曰：吴中有陆家白莲种，顾家班竹，赵有韩氏酸枣，中山有楸尸。

枞七容反

《尔雅》曰：枞，松叶柏身。郭璞注曰：今太庙梁用此木，《试萦》所谓松柏之鼠，不知堂室之有美枞。

《鲁连子》曰：松枞高千仞而无枝，非忧王室无柱。

椒

《春秋运斗枢》曰：玉衡星散为椒。

《援神契》曰：椒、姜御温，菖、蒲益聪。

《尔雅》曰：檓，音毁。大椒也。匠卜树丛生实大者名为檓也。椒、椒丑、莍。莍萸子聚生成房貌。匠箔东亦呼莍椒，似茱萸而小，赤色。莍萸，音求搜。

《山海经》曰：琴鼓之山，其木多椒。景山多秦椒。

《毛诗·椒聊》曰：《椒聊》，刺晋昭公也。君子见沃之盛强，能修其政，知其蕃衍盛大，子孙将有晋国焉。椒聊之实，蕃衍盈升。彼其已之子，硕大无朋。椒聊，椒也。

陆机《毛诗疏义》曰："椒聊"，聊，语助也。椒树似茱萸，有针刺，叶坚而滑泽。蜀人作茶，吴人作茗，皆煮其叶，以为香。今成皋诸近山间，谓竹叶椒树，亦如蜀椒，小毒热。不中合药也。可着饮食中。用蒸鸡豚，佳香。东海诸岛上，椒树枝叶皆相似，子长而不圆，甚香，其味似橘皮。岛上獐鹿食此椒叶，其肉自然作橘香也。

又《东门之枌》曰：贻我握椒。椒，芬香也。

《续汉书》曰：天竺国出石蜜、胡椒、黑盐。

《孙卿子》曰：民之亲我，欢若父母；其好我，芬若椒兰。

应劭《汉官仪》曰：皇后称椒房，取其实，蔓延盈升，以椒涂屋，亦取其温暖。

张璠《汉记》曰：桓帝窦皇后崩，中常侍曹节、王甫欲以贵人礼葬。太尉李固自扶病起，捣椒自随，谓妻子曰："若太后不得配桓帝，吾不生还矣！"

《魏氏春秋同异》曰：锺繇嬖庶子会之母，黜嫡夫人。文帝命复焉，繇恚忿，餐椒致噤，帝乃止。

《齐书》曰：建武中，王敬则于会稽反，奉子恪为名。而子恪奔走，未知所在。始，安王遥光劝上并诛高武诸子孙，于是并敕竟陵王昭、胄等六十余人，入永福省，令太医煮椒二斛，并命办数十具棺材，谓舍人沈徽孚曰："椒熟，则一时赐死，期三更当杀之！"会上暂卧，主书单携启依旨毙之，徽孚坚执曰："事须更审！"尔夕三更，子恪徒跣奔至建阳门，上闻，惊觉曰："故当未赐诸侯命耶？"徽孚以答，上抚床曰："遥光几误人事！"及见子恪，顾问流涕，诸侯悉赐供馔。

《世说》曰：石崇以椒为泥泥屋，王君夫以赤石脂泥壁。

崔寔《四民月令》曰：正月之旦，进酒降神，毕室家无大小次坐先祖之前，子孙各上椒酒于家长，称踱举白。

《范子计然》曰：蜀椒出武都，赤色者善。秦椒出陇西天水，细者善。

《风土记》曰：三香：椒、欓、姜。

《离骚》曰：杂申椒与菌桂，播椒居兮成堂。布椒于堂上。

晋成公绥《椒花铭》曰：嘉哉芳椒，载繁其实，厥味唯珍，蠲除百疾。肇唯岁首，月正元日，以介眉寿，祈以初吉。

晋刘臻妻陈氏正旦献《椒花颂》曰：璇穹周回，三朝肇建。美哉灵葩，爰彩爰献。圣容服之，永寿于万！

木兰

《汉书》曰：孝桓帝元嘉元年，芝生后庭木兰之上。

《神仙传》曰：北海于君病癞，见市卖药公，往自问之，公曰："明日木兰树下当见卿。"明日往，授素书二卷，以消灾救病，无不愈者。

郭子横《洞冥记》曰：元封三年，大秦国献花蹄牛，饴以木兰之叶。使方国贡此叶。此牛不甚食，食一叶，则累月不饥。

任昉《述异记》曰：木兰州在寻阳江中，多木兰树。昔吴王阖闾植木兰于此，用构宫殿。

又曰：七里洲中，有鲁班刻木兰为舟，至今在洲中。诗家所云木兰舟，出于此。

《离骚》曰：鸱鸮集于木兰兮。

又曰：朝饮木兰之坠露，夕餐秋菊之落英。

夜合

《风土记》曰：夜合，叶晨舒而暮合。一名合昏。

甘棠

《尔雅》曰：杜，甘棠。今之杜黎。杜，赤棠；白者，棠。棠，色赤、白，各异其名。

《毛诗》曰：《甘棠》，美召伯也。蔽芾甘棠，勿剪勿伐，召伯所茇。思其人，爱其树。

又《杕杜》曰：有杕之杜，生于道周。杜亦棠也。

榄

《宋春秋》曰：义熙八年，太社榄树生于坛侧。欓尚黑也，宋水德，忽生此一树。

栎

《尔雅》曰：栎，其实梂。有梂汇自裹。

《毛诗·晨风》曰：山有苞栎。栎，木也。

《庄子》曰：匠石之齐，至曲园，见栎杜树，曰："是不材木，故若是之寿。"

《淮南子》曰：十二月，官狱其树栎。

《水经》曰：若耶溪孤潭上有一栎树，谢灵运与从弟惠连尝游之，作连句题刻树侧。

橡

《后汉书》曰：李恂诣洛阳时，岁荒，司空张敏、司徒鲁恭等各遣子馈粮，悉无所受。徙居新关下，拾橡实以自资。橡，栎实也。

《晋书》曰：挚虞从惠帝幸长安，及东军来迎，百官奔散，遂流离鄠杜之间。转入南山中，粮绝饥甚，拾橡实而食之。

又曰：司马元显之讨桓玄，于时杨土饥虚，运漕不继。玄断江路，商旅遂绝。于是公私匮乏，士卒唯给桴橡。

《说苑》曰：莒穆公有臣朱厉附，事穆公，不见识焉。冬处于山林，食橡栗；夏处于洲泽，食菱藕。穆公以难死，朱厉附将往死之，其友曰："子事君而不见识焉，今君难，吾子死之，意者其不可乎？"朱厉附曰："始我以为君不吾知也，今君死而我不死，是果不知我也。吾将死之，以激天下不知其臣者！"遂往死。

《淮南子》曰：高台增榭，接屋连梳，非不丽也，然而民无窟室狭庐所托于身者，则明主不乐也。肥脓甘脆，非不香美也，然而民有糟糠橡栗不接于口者，则明主不甘也。

《抱朴子》曰：假谷于夷齐之门，告寒于黔娄之家，所得者不过橡栗缊褐，必无太牢之膳、锦衣狐裘矣。

太平御览卷第九百五十九　木部八

楛

《尚书·禹贡》曰：荆州，厥贡唯箘、簵、楛。注曰：楛中矢干。皆出云梦之泽也。

《毛诗·旱麓》曰：瞻彼旱麓，山足也。榛楛济济。

陆机《毛诗疏义》曰：榛楛，似荆而赤，叶似蓍。上党人篾以为牛莒箱器，又屈以为钗。故上党调问妇人："欲买赭不？"曰："灶中自有黄土。""买钗不？"曰："山中自有楛。"

又《文赋》曰：彼榛楛之勿剪，亦蒙荣于集翠。

灵寿

《汉书·孔光传》曰：赐太师灵寿杖。孟康曰：扶老杖也。服虔曰：灵寿，木名也，似竹，有节，长不过八九尺。

《山海经》曰：广都之野，灵寿实华。

樗

《尔雅》曰：栲，山樗。栲似樗，色小白，生山中。亦类漆树。

《毛诗·我行其野》曰：我行其野，蔽芾其樗。恶木也。

陆机《毛诗疏义》曰："蔽芾其樗"，樗树及皮皆似漆，青色，其叶臭。

《庄子》曰：惠子曰："吾有大树，人谓之樗。其本拥肿，不中绳墨；小枝拳曲，不中规矩。立之途，匠者不顾。今子之言，大而无用，众所同去。"庄子曰："何不树于无何有之乡、广莫之野，逍遥乎寝卧其下。"

《风俗通》曰：嘉平中，有两樗一宿长丈余，作人状，头目宛然。

《河洛记》曰：洛阳北山，谓之邙山，其上无大树。大业都城之北岭，上有古樗树，不知其来，早晚婆娑，周回四五亩，已来在伊阙正南相当。越公等将建都城之日，据此树以为南北定准，嫌樗木名恶，号曰婆娑罗树矣。

荆

《春秋运斗枢》曰：玉衡星散为荆。

《广雅》曰：楚，荆也。牡荆，蔓荆也。

《广志》曰：赤茎大实者名曰牡荆，又有山荆。

《毛诗·汉广》曰：翘翘错薪，言刈其楚。楚，荆也。

又《绸缪》曰：绸缪束楚，三星在户。

《左传·昭公》曰：伍举入郑，声子将如晋，遇之于郑郊。班荆相与食，而言复故。班，布也。布荆坐地，共议之。

《史记》曰：廉颇肉袒负荆，因宾客至蔺相如门谢罪，卒与为刎颈之交。

《汉书》曰：淮南王安谋反，伍被谏曰："昔子胥谏吴王云：'臣今见麋鹿游姑苏之台。'臣今亦将见宫中生荆棘，露沾衣也！"

《东观汉记》曰：尹勤治《韩诗》，身牧豕，事亲至孝，无有交游，门生荆棘。

《后汉书》曰：鲍永为鲁郡太守时，董宪别师彭丰、虞休、皮常等各千余人称将军，不肯下。顷之，孔子阙里无故荆棘自除，从讲堂至于里门。永异之，谓府丞及鲁令曰："方今危急，而阙里自开，斯岂夫子欲令太守行礼，助吾诛无道耶？"乃会人众，修乡射之礼，请丰等共会观视，欲因此擒之。丰等亦欲图永，乃持牛酒劳飨，而潜狭兵器。永觉之，手格杀丰等，擒破党与。帝嘉其略，封为关内侯。

《晋书》曰：索靖拜酒泉太守，惠帝即位，赐爵关内侯。有先识远量，知天下将乱，指洛阳宫门铜驼，叹曰："会见汝在荆棘中耳！"

《老子》曰：师之所处，荆棘生焉。

周景式《孝子传》曰：古有兄弟，忽欲分异。出门见三荆同株，接叶连阴。叹曰："木犹欣然聚，况我而殊哉？"遂还，为雍和。一曰田真兄弟。

《神仙传》曰：吴有徐随，居丹徒。左慈过随，门下有宿客，车六七乘，欺慈曰："徐公不在。"慈去，客皆见牛在杨树杪，车毂中皆生荆木，长一二丈。客俱，入报随，随曰："此左公。"遣追之。客逐慈，叩首谢。客还，见牛在故地，无荆木也。

顾徽《广州记》曰：抚纳县出金荆。

《礼弓矢图》曰：楚焞土敦反。以荆为之，燃以灼正。以荆者，凡木心圆，荆心方也。

《地理志》曰：荆楚本多材，因名地焉。

《广州记》曰：白荆堪为履，紫荆堪为床。

《淮南万毕术》曰：南山牡荆，指病自愈。节不相当，有月晕时克之。

杜宝《大业拾遗录》曰：五年，南方置北景、林邑、海阴三郡。北景在林邑南大海中，与海阴接境。其地东西一千余里，南北三百余里，海水四绝，北去大岸三百余里。或云：马援铸柱尚存。地暑热，多大林木，高者数百寻。有金荆生于高山峻阜，大者十围，盘屈瘤蹙，文如美锦，色艳于真金。中夏时，有于海际得之。工人数用，甚精妙，贵于沉檀。

棘

《毛诗·湛露》曰：湛湛露斯，在彼杞棘。

又《黄鸟》曰：交交黄鸟，止于棘。

又《墓门》曰：墓门有棘，斧以斯之。

《周书》曰：太姒梦见商之庭产棘。

《周礼·秋官上》曰：朝士，掌建邦外朝之法：左九棘，孤卿大夫位焉；右九棘，公侯伯子男位焉。郑玄曰：树棘以为位者，取其赤心而外刺，像以赤心三刺也。

《左传·昭公》曰：竖牛奔齐，孟仲之子杀之，投其首于宁风之棘上。

《春秋元命苞》曰：树棘听讼其下者，棘赤心有刺，言治人者原心，不失其赤实也。

《后汉书》曰：冯异朝京师，引见，帝谓公卿曰："是我起兵时主簿也，为吾被荆棘，定关中。"

又曰：仇览，字季智，一名香，陈留考城人也。时考城令河内王涣，政尚严猛，闻览以德化人，署为主簿。后涣谢遣曰："枳棘非鸾凤所栖，百里岂大贤之路？今日太学曳长裾，飞名誉，皆主簿后耳！"以一月俸为资，勉卒景行。

《晋书》曰：刘琨至并州，荆棘成林，豺狼满道。琨剪除荆棘，收葬枯骸，造府朝，建市狱。寇盗时来掩袭，尝以城门为战场，百姓负盾以耕，属鞬而耨。琨抚循劳来，甚得物情。

又曰：祖逖在河南，公私丰赡，士马日滋。方当摧锋越河，扫清冀、朔。会朝廷将遣戴若思为都督，逖以若思是吴人，虽有才望，无弘致远识；且已剪荆棘，收河南地，而若思雍容一旦来统之，意甚怏怏。

又曰：石季龙大飨群臣于大武殿，佛图澄曰："殿乎殿乎，棘，子成林，将坏人衣！"龙殿右有棘生。冉闵小字棘奴，时龙养为己子。

又曰：崔洪清厉骨鲠，为尚书左丞，时人为之语曰："丛生棘刺，来自博陵。在南为鹞，在北为鹰。"

又曰：顾恺之画邻女象，以棘针钉之。

又曰：姚苌败符登师于渥源，尽俘其众。乃掘符坚尸鞭挞，荐之以棘，坎土而埋之。

《宋书》曰：袁淑上太祖书曰："所谓栖鸟于烈火之上，养鱼于丛棘之中。"

《北齐书》曰：世祖为后主择师傅，赵彦深进马敬德入为侍讲。其妻梦猛兽将来向之，敬德走超丛棘，妻伏地不敢动。敬德占之，曰："吾当得大官。超棘，过九卿也；尔伏地，夫人也。"

《隋书》曰：流求国居海岛之中，土人所居，曰波罗檀洞。堑栅三重，环以流水，树棘为藩。

《韩子》曰：宋人为燕王以棘刺之端为沐猴者，使王必三月齐而后观之。右御治工谓王曰："臣闻人主无十日不燕，今王不能久齐，故以三月为期也；棘刺至小，安可削乎？王必察之！"王因而问之，果无有，乃杀之。冶人谓王曰："士有虚名，多棘刺之说也。"

《吕氏春秋》曰：枣，棘之有也；裘，狐之有也。食棘之枣，裘狐之皮，先王固用非其有而己有之，汤、武一日而尽有夏、商之地。

《秦子》曰：逾枳棘之篱，则有挂柱之患；登椒桂之圃，则有荣华之芳。

《陈留耆旧传》曰：魏尚被系诏狱，有雀集狱棘上。尚占曰："夫棘树者，中心赤，外有刺，象我，言有刺而赤心之至诚。"

李常《药录》曰：棘心实是枣针，世人用门冬苗代之，非其真也。

《广五行记》曰：隋文帝开皇末年，代州人姓王，仕为骠骑将军，性好畋猎，所杀无数。有五男，无女。后有一女子，端正若画，见者皆奇之，父母特加钟爱，乡里争为作好衣而与之。女年七岁，一旦失之。初疑邻里戏藏之，寻访终不见者。诸兄远觅，去家三十余里，于棘中见之。欲就抱取，惊走，马追不及。兄弟以十余骑围之，而口中唯作兔声。抱归家，不能言，身体尽棘所伤。母为挑之，得刺盈掬，不食而死。

《唐新语》曰：吕太一为户部员外郎。户部与吏部邻司，吏部移牒，令墙宇悉立棘，以防令史交通。太一牒报曰："眷彼吏部，铨综之司，当须简要清通，何必坚篱插棘？"省中赏其俊拔。

《楚辞》曰：甘棠枯于丰草兮，藜棘树于中庭。

君子

《晋宫阁名》曰：华林园，君子树三株。

《广志》曰：君子树，似柽松，曹爽树之于庭。

长生

《洛阳记》曰：明光殿前，有长生木树二株。

《邺中记》曰：金华殿后，有石虎皇后浴室，种双长生树，世谓之西王母长生树。

万年

《晋宫阁名》曰：华林园，有万年树十四株。

《谢玄晖诗》曰：风动万年枝。

黄蘗

《说文》曰：蘗，黄木也。

《永嘉郡记》曰：青田出枯杨，所经山路左侧，木则黄蘗为林，草使黄连覆地。土人往伐黄蘗者，皆有酒食祷祠。祷祀若有违失，山神意二，药辄化为异物，不可复得。

《淮南万毕术》曰：蘗令面悦。取蘗叶三寸、土瓜三枚、大枣七枚，膏和途面，不过四五日，立悦矣。先以汤洗面，乃傅药。

《抱朴子》曰：黄蘗、芝草者，千岁黄蘗根下，有如三斛器，去本株三丈，细根相连，大如缕。末服之，尽一丈，则地仙。

支子

《汉书·货殖传》曰：巵茜千石，亦比千乘之家。

《地镜图》曰：望气，见人家黄气者，支子树也。

《晋令》曰：诸官有秩支子，守护者置吏一人。

《晋宫阁名》曰：华林园，支子五株。

《游名山志》曰：楼石山，多支子也。

《本草经》曰：支子，一名木丹，叶两头尖，如樗蒲形，剥其子，如茧而黄赤。

葛洪《治霍乱转筋方》曰：烧支子二枚，末服之，立愈。

无患

《纂文》曰：无患，木名也。一名曰槵女收反娄，实可去垢。

崔豹《古今注》曰：程雅问：“栌木名曰：‘无患’，何也？”答曰：“昔有神巫曰宝眊音饵，能以符劾百鬼，得鬼则以此木为棒，棒杀之。世人相传，此木为众鬼所畏，竞取此木为器，以厌却邪魅，故号曰无患。”

卞敬宗《伍录枕赞》曰：爰兹素朴，名为吉始。匠人斯制，以献君子。

栟榈

《广雅》曰：栟音并榈，棕也。

《吴志》曰：孙权讨黄祖，祖横两蒙冲保守沔口，以栟榈大绁系石为钉。

《齐书》曰：高帝讨晋安王，时朝廷器甲皆充南讨，帝军容寡阙。乃编棕皮为马具装，折竹为寄生，夜举火进军。贼望见恐惧，未战而走。

《梁书》曰：张孝秀，性通率，不好浮华。常冠谷皮巾，蹑蒲履，手执栟榈皮麈尾，服寒食散，盛冬卧于石上。

《唐书》曰：诃陵国在南方海中洲上，竖木为城，作大屋重阁，以棕榈皮复之，王坐其中。

《山海经》曰：翠之山，其木多棕。棕树无枝，高二丈许，叶大而圆，枝生杪头，尖实，皮相被，一行皮者为一节。可以为索。

《广志》曰：棕，一名栟榈，叶似车轮，乃在树颠下。下有皮缠之，附地起，二旬一彩，转复上生。

《说文》曰：棕，一名蒲葵。

《吴录·地理志》曰：武陵临沅县，多栟榈木，生山中。

《晋令》曰：夷，其民守护棕皮者，一身不输之。

太平御览卷第九百六十　木部九

皂荚

《广志》曰：鸡栖子，皂荚也。

《宋书》曰：明帝憎妇人妒。刘休妻王氏妒，帝闻之，赐休妾，敕王氏二十杖，令休于宅后开小店，使王氏亲卖扫帚、皂荚，以此辱之。

《齐书》曰：明帝每用皂荚授余泺与左右，曰："此犹堪明日用。"

又曰：王俭素恨虞玩之，东归，俭不出送，朝廷无祖饯者。玩之卒后，员外孔皑诣俭，求会稽五官。俭方盥，投皂角于地，曰："卿乡俗恶，虞玩之至死烦人！"

《三国典略》曰：梁元初，甘露降荆州皂荚树。

《陈书》曰：梁末，童谣云："不见马上郎，只见黄尘起。黄尘污人衣，皂荚相料理。"及王僧辩平，群臣奏高祖曰："王僧辩本乘巴马击侯景，马上郎，王字也；黄尘，陈也。"世不解皂荚之义。及陈灭于隋，隋氏姓杨，杨者，羊也，说者以江东人谓羖羊角为皂荚。

《神仙传》曰：刘纲受老君道，成，上大皂荚树，飞去入云。

又曰：云仙翁斩皂荚树，以杯承之，皆是好酒。

《洛阳宫殿簿》曰：建始殿前，槐及皂荚二十株。

《扶南传》曰：安息国出酢皂荚，可食，味最美。

《幽明录》曰：曲阿虞晚所居宅内，有一皂荚树，大十余围，高十余丈，枝条扶疏，荫覆数家，诸鸟依其上。晚令奴斫上枝，因堕胎死，空中有骂詈者，言："晚！汝何意伐我家居？"更以瓦石推掷，大小并委顿。如此一年，渐消灭。

《范子计然》曰：皂荚出三辅，上价一枚一钱。

葛洪《治溺死方》曰：捣皂荚，裹以绵，内死人下部，中水出即活。

辛夷

《本草经》曰：辛夷，一名辛引，一名侯桃，一名房木。

《神农本草》曰：辛夷，生汉中魏兴凉州川谷中。其树似杜仲树，高一丈余，子似冬桃而小。

《楚辞》曰：饮菌若之朝露兮，构桂木而为室。所饮食洁清，所处芬香。杂橘柚以为囿兮，列辛夷与椒桢。

又曰：乘赤豹兮从文狸，辛夷车兮结桂旗。

茱萸

《洞林》曰：郭璞避难至新息，有人以茱萸令璞射之。璞曰："子如小铃含玄珠，构支言之是茱萸。"

《说文》曰：椒，似茱萸，出淮南扬州，有茱萸树。

《风土记》曰：茱萸，椒也。九月九日成熟，色赤可采。世俗亦以此日折茱萸。费长房云："以插头髻，可避恶。"

《异苑》曰：庾绍为东郡令，宗协与绍中表，旦服茱萸酒，忽见绍来，仍求酒，执酒杯还置，云："茱萸气。"协云："恶之耶？"绍云："上官皆畏，况我乎？"

《杂五行书》曰：舍东种杨、茱萸各三株，增年益寿，除患害。

《蜀都赋》曰：其圃则有蒟蒻、茱萸。

曹植《乐府歌》曰：茱萸自有芳，不若桂与兰。

榖

《毛诗·鹤鸣》曰：乐彼之园，爰有树檀，其下维榖。榖，恶木也。

《诗义疏》曰：幽州谓之榖桑，或曰楮桑，荆、杨、交、广谓之榖。今江南绩其皮以为布，又捣以为纸。长数丈，洁白，光泽甚好。叶初生，可以为茹。

《说文》曰：榖，楮也。

裴渊《广州记》曰：蛮夷取槃皮，熟捶为褐裹髻布，铺以拟毡。

《钱塘记》曰：灵隐山，四布似莲花，中央生縠树，甚高大。

《韩子》曰：宋人有为其君以象为楮叶者，三年而成，乱之楮叶中，而不可别也。

《吴氏本草》曰：縠木皮治喉闭痹，一名楮。

《魏王花木志》曰：南方记楮子如梅实，二月花色，仍连实，七八月熟。土人盐藏之，味辛。出交趾。

茑音鸟

《尔雅》曰：寓木，宛童也。寄生树也。一名茑。

《汉书》曰：武帝使东方朔射覆，郭舍人曰：“朔中榜臣百，不中赐臣帛。”乃覆树上寄生，朔曰：“蒌薮也。”舍人曰：“朔果不中！”朔曰：“生肉为脍，干肉为脯，着肉为寄生，盆下为蒌薮。”上令榜舍人。

合欢

《古今注》曰：欲蠲人以忧，则赠以丹棘。丹棘，一名忘忧。欲蠲人之忿，则赠以青裳。青裳，一名合欢，能忘忿。枝叶繁弱，互相交结，每一风来，辄自相解，不相牵缀。嵇康种之舍前。

《本草经》曰：合欢味甜平，生川谷，安五脏，和心气，令人欢乐无忧，久服轻身明目，生益州。

仲长统《昌言》曰：汉安帝时，有异物生长乐宫东庑柏树，永巷南闺合欢树，议者以为芝草也，群臣皆贺受赐。

《晋宫阁名》曰：华林园，合欢四株。

《神农本草》曰：合欢生豫州河内川谷，其树似狗骨树。

嵇康《养生论》曰：萱草忘忧，合欢蠲忿。

白银

《湘州记》曰：益阳县西，山多银木。

《晋宫阁名》曰：华林园，白银八株。

枕音尤

《交州记》曰：枕，赤色，堪作船作床。

《游名山志》曰：楼石山多章枕，皆为三四五围。

邓德明《南康记》曰：南康县瞢忘邓切水极源，去郡并九百地，多章枕树。

桄榔

《蜀志》曰：兴吉南汉县有桄榔树，峰头生叶有面，大者收面乃至百斛。《华阳国志》同。

《吴录》曰：交趾南海县出桄榔，中有米屑为面。

《临海异物志》曰：桄榔木，外皮有毛，似栟榈而散生，作綍音昨绠，渍之不腐。其木刚，作鍛、钐、锄，利如铁，中石更利。唯中焦榔致败耳。皮中有似捣稻米粆，又似麦面，中作面饵。

《广志》曰：桄榔树，大四五围，长五六丈，洪直，旁无枝条。其颠生叶，似棕叶。斫其木，肥坚难伤，入数寸，得面。

《博物志》曰：蜀中有树名桄榔，皮里出屑如面，用作饼，食之，谓之桄榔面。

《魏王花木志》曰：桄榔出兴吉国者，树高七八丈。其大者，一树出面百斛。交趾又有树，其皮有光屑，取之干捣，以水淋之，如面，可作饼饵。

《岭表录异》曰：桄榔树，枝叶并蕃茂，与枣、槟榔等树小异。然叶下有须，如粗马尾。广人采之，以织巾子。其须尤宜咸水浸渍，即粗胀而韧，故人以此缚舶，不用钉线。木性如竹，紫黑色，有文理而坚。工人解之，以制博奕局。此树皮中有屑如面，可为饼食之。

《水经》曰：汉兴县溪中多生邛竹、桄榔树，树出绵，而夷人资以自给。

欀音湘

《吴录·地理志》曰：交趾望县有欀树，其皮中有如白米屑者，干之，水淋之似面，可作饼。郡内皆有之。

左思《吴都赋》曰：文欀贞橿。

莎木

《蜀志》曰：莎树，大四五围，长六七丈。峰头生叶出面，一树出一石，正白，而味似桄榔。

《南中八郡志》曰：莎树，大四五围，长十余丈。树皮能出面，大者百斛，色黄。鸠民部落而就食之。

《广志》曰：莎树多枝叶，叶两边行列，若飞鸟翼。其面色白。树收面不过一斛。捣筛乃如面，不则如磨屑。为饭滑软。

木绵

《吴录·地理志》曰：交趾定安县有木绵树，高大，实如酒杯。中有绵，如蚕之绵。又可作布，名曰緤，一名毛布。

《广州记》曰：枝似桐枝，叶似胡桃而稍大，出交、广二州。

《罗浮山记》曰：木绵，正月则花，大如芙蓉。花落结子，方生绵与叶耳。子内有绵，甚白，蚕成则熟，南人以为缊絮。

《广志》曰：木绵树，赤华，为房甚繁，逼侧相比，为绵甚软。出交州永昌。

杬

《尔雅》曰：杬，鱼毒也。郭璞注曰：杬木，子似栗，生南方。皮厚，汁赤，中藏卵果。

《临海异物志》曰：杬，味如楮。

《广志》曰：原木，渍其汁，消杀众毒，生南方。

魄

《尔雅》曰：魄，榽音奚橀音醯也。魄，大木，细叶，似檀，匠箔东多有之。

《广雅》曰：青檀，似奚橀。语曰："齐人斫檀，奚橀先殚。"

樕朴音速卜

《尔雅》曰：樕朴，心也。郭璞注曰：槲樕别名。

檴杔檴，呼化切

《说文》曰：狗杶也。

栾

《说文》曰：栾，木也，似木兰。从木栾声。

文木

《吴录》曰：南朱桐县有文木，材坚黑，如水牛角，作马鞭。

《山海经》曰：符愚之山文木，其实如枣。

《南方草木状》曰：文木树，高七八丈，其色正黑，如水牛角，作马鞭，日南有之。

韶

裴渊《广州记》曰：韶，叶似栗，赤色，子大如栗，有棘刺。破其皮，内白猪肪，着核不离。味甜酢，核如荔枝。

平仲

左思《吴都赋》曰：平仲、君迁。平仲实如银，君迁子如瓠。

君迁

刘欣期《交州记》曰：君迁树，子如马乳。

《魏王花木志》曰：君迁，细似甘蕉，子如马乳。

古度

《吴录·地理志》曰：广州有木，名古度，不华而实。

裴渊《广州记》曰：古度，叶如栗，伍陋。枝柯皮中生子，子似栌而酢，煮以为粽。数日不煮，化作飞蚁。

《吴都赋》曰：松、梓、古度。

柜

《尔雅》曰：援，柜柳。郭璞注曰：柜柳，似柳，皮可煮作饮也。

贝多

《唐书》曰：贞观中，隋婆登国遣使朝献。其国在林邑南，海行二月。东与诃陵，西与迷黎车接，北邻大海。风俗与诃陵同。种稻，每月一熟。亦有文字，书之贝多叶。

杜宝《大业拾遗录》曰：洛阳翊津桥，通翻经道场东街。其道场有婆罗门僧，及身毒僧十余人，新翻诸经。其所翻经本，从外国来，用贝多树叶书，书即今胡书体。贝多叶，长一尺五六寸，阔五寸许，叶形似琵琶而厚大，横作行书，随经多少，缝缀其一边，怗怗然。

顾徽《广州记》曰：贝多似枇杷，而有光泽耀日。枝柯去地四五丈，作悬根，生地便大，如本株形。一树亦可有数十根，如本形。花白，子不中食。种于精舍浮图前。

《嵩高山记》曰：嵩高寺中有思唯树，即贝多也。如来坐贝多下思唯，因以为名焉。

《魏王花木志》曰：思唯树，汉时有道人自西域持贝多子植于嵩之西峰下，后极高大。有四树，树一年三花。

射干

《孙卿子》曰：西方有木，名射干，茎长四寸。生于高山之崖，临百仞之渊。木非长也，所立高也。君子居必择乡，游必就士。

《楚辞》曰：掘荃蕙与射干兮，芸藜藿与蘘荷。

时好

《孙绰子》曰：北阜有木焉，名曰时好。

摩厨

《异物志》曰：木有摩厨，生于斯调。摩厨，木名也，生于斯调州。厥汁肥润，其泽如膏，馨香馥郁，可以煎熬。如脂膏，可以煎熬食物也。彼州之民，仰为嘉肴。《花木志》曰：煎熬食物香美，如华夏之人用油。

榕

《异物志》曰：榕树栖栖，长与少殊。少时缘木，后乃成树，故为殊也。高出林表，广荫原丘。孰知初生，葛藟之俦？

《魏王花木志》曰：榕木初生少时，缘缚他树，如外方扶芳藤形，不能自立根本。缘绕他木，傍作连结，有如罗网相络，然后木理连合，郁茂扶疏，高六七丈。

《岭表录异》曰：榕树，桂广容南府郭之内，多栽此树。叶如冬青，秋冬不凋。枝条既繁，叶又蒙细，而根须缭绕，枝干屈盘。上生嫩条，如藤垂下，渐渐及地。藤梢入土，便生根节。或一大榕树，三五处有根者，又横枝，着邻树，则连理。南人以为常，不为之瑞木。

夫漏

徐衷《南方记》曰：夫漏树，野生，三月华，五六月成子，如术。有煮着猪肉鸡鸭羹中，好可食，亦中盐藏。

都桶

徐衷《南方记》曰：都桶树，二月花，仍连实，七月熟，如卵。

《魏王花木志》曰：南方草物状，都桶树，野生，二月花色，仍猎着实，八九月熟。子如鸭卵，民取食之，其皮核滋味酢。出九真、交趾。

都咸

徐衷《南方记》曰：都咸树，子大如指。取子及树皮曝干，作饮芳香。

千岁

袁山松《宜都山川记》曰：佷山有异木，人无见其朽者，其名曰千岁。叶似枣，色似桑，冬夏青，贞强，少节目。

慎火

《南越志》曰：广州有大树，可以御火，山北谓之慎火，或谓戎火。多种屋上，以防火。

胜火

伏琛《齐地记》曰：东武城东南有胜火木，方俗音曰挺子。其木经野火烧炭不灭，故东方朔谓为不灰之木。

左思《齐都赋》曰：胜火之木，冲死戳草。

播移音移

《林邑记》曰：播移树，柯节发根下垂，虚中森罗，望之似悬发。

太平御览卷第九百六十一 木部十

交让

《大魏诸州记》曰：益州汶山郡平康县界，东北接牂牁，有都安县，有交让树，两两相对，岁更互枯互生，不俱盛。

左思《蜀都赋》曰：交让所植。

建木

《山海经》曰：有木若牛，引之有皮，若缨、黄蛇。其实如栾，其木若蓲，名曰建木。在弱水上。青叶紫茎，玄华赤实，百仞无枝。上有欘，陟玉切。下有九衢。黄帝所为。欘，曲也。为，治护之也。

《淮南子》曰：建木在广都。众帝所自上下，日中无影，呼而无响，盖天拥晷。广都，方都南山也。

若木

《山海经》曰：灰野之山，有树青叶，名曰若木。郭璞注曰：生昆仑西隅，其华光赤照下地也。

《楚辞》曰：羲和之未阳，若华何光？羲和，日御也。言日未阳升之时，若木能有赤明之光华。

又曰：折若木以拂日。

姑繇

《穆天子传》曰：天子钓于河，以观姑繇之木。

丹木

《山海经》曰：崦嵫山有丹木，叶如榖，其实大如瓜，赤跗而黑理，食之已瘅，可以御火。

又曰：密山上多丹木，圆叶而赤茎，黄华，实如饴，食之不饥。玉膏灌丹木，丹木五岁，五色乃清，言光明也。五味乃馨。

蓂灵

《列子》曰：荆之南有蓂冥灵者，以五百岁为春，以八千岁为秋。

椿

《左传·襄公十八年》曰：诸侯伐齐，孟庄子斩雍门之椿或作木茍，为公琴。

《庄子》曰：上古有大椿，以八千岁为春秋。

曹毗《魏都赋》曰：柽柏振露，绿椿停霜。

迷穀

《山海经》曰：招摇之山有木焉，其状如穀而黑理，其花四照，其名迷穀，佩之不迷。

帝休

《山海经》曰：少室之山有木，名帝休。其叶状大如杨而五衢，黄华黑实，服之不怒。

雒常

《山海经》曰：肃慎之国有树，名雒常。圣人代立，于此取衣。郭璞注曰：其俗尾幵，圣帝代立，则此木皮可衣也。

返魂

《世赀记》曰：聚窟洲，在西海中申未地上，有大树，与枫木相似，而华叶香闻数百里。名为返魂树。叩其树，树亦能自声，声如牛吼，闻之者皆心振神骇。伐其根心，于玉釜中煮取汁，微火熟煎之，令为丸，名曰惊精香，或名震灵丸，或名反生香，或名人鸟精，或名却死香。斯灵物也，香气闻数百里。死尸在地，闻气仍活。

如何

《神异经》曰：南方荒中，如何之树，三百岁作华，九百岁作实。有核，形如枣子，长五尺。金刀割之则饴，非则辛。食之得地仙。

顾凯之《启蒙记》曰：如何随刀而改味。

仙树

《西河旧事》曰：连山有仙树，人行山中，饥渴者辄得之可饱。不得持去，平居时亦不得见。

棆音伦

《尔雅》曰：棆，无疵也。郭璞注曰：木使属，似豫章也。

机

《山海经》曰：单狐之山，其木多机。郭璞注曰：音饥也。

木鹿

《荆州土地记》曰：武陵城内社中木鹿树，及南岸二木鹿树，光武所种。

椵

《说文》曰：椵木可作伏机。

椋音良

《尔雅》曰：椋，即来。椋有髓，熊折而乳之。又曰：今椋材中车车网。

橝音覃

《广志》曰：橝树，叶似苏。

系弥

《毛诗·疏义》曰：系迷，一名契，似檀。

《广志》曰：系迷树，子赤如糯粟，可食。

杭梁

《异物志》曰：有木洪直，厥名杭梁。

乙木

徐衷《南方记》曰：乙树叶，捣之和糯，叶汁煮之，再沸，味辛，曝干，可投鱼羹中。

求郝卫

《罗浮山记》曰：求郝卫，外国树，英华红粉，至可爱玩。

男青

《罗浮山记》曰：男青，条蕊之属，莫不朱色。尤易植立，折插土中，因便开荣。

寻木

《山海经》曰：寻木，长十里，生河边。

玉树

《山海经》曰：开明北有丈玉树，五彩。

《括地图》曰：昆仑墟北有玉树。

《世说》曰：谢安尝谓子侄曰："汝等何豫人事？"诸子莫言，玄答曰："譬如芝兰玉树，欲生庭阶耳。"

《唐书》曰：云阳县界，多汉离宫故地。有似槐而叶细，士人谓之玉树。

杨子云《甘泉赋》云：玉树青葱后。左思以雄为假称珍怪也。

踈麻

《南越志》曰：踈麻，大二围，高数丈。四时结实，无衰落。骚人所谓"折踈麻兮瑶华"。

樠音谩

《山海经》曰：樠树生蜀中，七八月吐穗，成，有盐梅粉，可以酢羹。

瑯玕

《山海经》曰：昆仑山有瑯玕树。

卢头

《南越志》曰：南海江岸间有卢头木，叶如甘蔗，织以为帆。以其疏畅怀风，故帆不势布。

櫰

《山海经》曰：中曲山有櫰音瑰木，如棠而圆叶，赤实，如木瓜，食之多力。

桬棠

《山海经》曰：桬棠木，出昆仑山，黄色，赤实，味如李，食之使人不溺。

䕯

《山海经》曰：前山，其木多䕯。似柞，子可食。冬夏恒青。作柱难腐。

帝屋

《山海经》曰：讲式，有木名帝屋，叶如椒，反阳，反阳，刺不勾也。赤实，可以御凶。

六驳

陆机《毛诗疏义》曰：六驳马、马梓。其树皮青白驳荦，遥视似马，故谓之驳马。下章云："山有苞棣，隰有树檖。"皆山隰木相配，不宜谓兽。

崔豹《古今注》曰：六驳。山中有木，叶似豫章，皮多癣驳，名六驳木。

漆

《淮南子》曰：虻散积血，斫木愈齲驱主切，此类之推者也。推，行。膏之杀鳖，鹊矢中蝟中亦杀也烂，灰生蝇，烂腐。漆见蟹而不干。

又曰：染者先青而后黑则可，先黑而后青则不可。工人下漆而上丹则可，下丹而上漆则不可。万事由此也，所先后上下，不可不审也。

崔豹《古今注》曰：漆树，以刚斧其皮开，以竹管承之，汁滴则成也。

槲

《齐书》曰：乐预为永世令，人怀其德。卒官时，有一媪，年可六七十，担槲蔌叶，造市货之，闻预卒，大泣，弃溪中，曰："失乐令，我辈孤独老姥故应就死尔！”市人皆泣。其惠化如此。

《三国典略》曰：齐斛律光之入寇也，周将韦孝宽忌之。孝宽参军曲岩，颇知卜筮，谓孝宽曰：“来年东朝必大相杀。”孝宽因令岩作谣言曰：“百升飞上天，明月耀长安。”又曰：“高山不推自崩，槲树不扶自竖。”乃间谍遗其文于邺中，齐人用是而杀斛律光。明月，光字也。

《隋书》曰：倭国，草木冬青，土地膏腴，水多陆少。以小环挂鸬鹚项，令入水捕鱼，得百余头。俗无盘俎，藉以槲叶，食用手餔之。性质直，有雅风。

《唐书》曰：万岁登封元年春，封嵩山，御朝觐坛，受朝贺登封。坛南有槲树，大赦日，于其杪置金鸡，改名为金鸡树。

桦

《隋书》曰：钵室韦衣胡，布山而住，人众多，比室韦，不知为几纯落。用桦皮盖屋。

杜宝《大业拾遗录》曰：二年，汾州起汾阳宫。宫南外平林，率是大桦木，高百余尺。从行文武，皆剥取皮，覆巷舍。

枏

陆机《毛诗疏义》曰：梅枏，其树及叶似豫章。叶大如牛耳，一头尖。其华赤黄，子不可食。枏木理细于豫章，无子。赤者材坚，白者脆。荆州人曰：“梅多江南。”及魏兴、新城、上庸、蜀，皆多樟、枏。

《三国典略》曰：初，陈文帝以湘州出杉、枏，使营造大舰金翅等二百许艘，并诸水战之具。

石南

《魏王花木志》曰：《南方记》石南树，野生，二月花，仍连着实。实如燕子，八月熟。民采之，取核，干，取皮，作鱼羹，和之尤美。出九真。

任昉《述异记》曰：曲阜古城有颜回墓，墓上石楠二株，可三四十围。土人云：颜回手植之木。

婆那娑

《隋书》曰：真猎国土俗，与日南九真相类。异者，有婆那娑树，伍篓，叶似冬瓜。庵罗树，花叶似枣，实似李。毗野树，花似木瓜，叶似杏，实似楮。婆田罗树，花叶实并似枣，而小异。歌毕他树，花似李，叶似榆而厚大，实似李，其大如升。自余多同九真。

枹音包

《岭表录异》曰：枹木，产江溪中。叶细如桧，身坚类柏。唯根软，不胜刀锯。今潮循人多用其根，刳而为履。当木湿时，刻削易如割瓜；木干之后，柔，刀不可理也。或油画，或漆，其轻如通草。暑月着之，隔卑湿地气。力如杉木。今广州宾从诸郡牧守，初到任，皆有油画枹木履也。

牧婆罗

《南夷志》曰：南诏多牧婆罗树。子破，其壳中白如柳絮，纫为丝，织为方幅，裁之为笼段，男子妇人通服之。骠国弥臣诺，亦皆被婆罗笼段。

青田

崔豹《古今注》曰：乌孙国有青田核，莫测其树之形。实中国者，得其核，取将渍水则成酒，其味淳美。核大如五六升瓠，空之以盛水，俄而成酒味。刘璋时，得两核，集宾客设之，常供二十人饮之。一核所盛，方尽一核，所盛者得中饮尽，随便注水，随成即饮，不可久置，久置则苦不堪饮。名曰青田壶，亦曰青田酒。

都念

杜宝《大业拾遗录》曰：十二年四月，南海郡送都念子树一百株，敕付西苑十六院内种此树。高一丈许，叶如白杨，枝柯长细，花心金色，花叶正赤，似蜀葵而大，其子小于柿子，甘酸至美，蜜渍为粽益佳。

《岭表录异》曰：倒捻子，巢丛不大，叶如苦李，花似蜀葵，小而深紫，南中妇女得以染色，有子如软柿，头上有四叶，如柿蒂。食者必捻其蒂，故谓之倒捻子，或呼为都念子，盖语讹也。其子外紫，肉赤，无核。食之甜软，甚暖腹藏，兼益肌肉。

娑罗

《魏王花木志》曰：娑罗树，缃叶，子似椒，味如罗勒。岭北人呼为大娑罗。

盛弘之《荆州记》曰：巴陵县僧寺床下忽生一木，不旬日，势凌轩栋。道人移居避之，木即长迟，但极晚香。有西域僧，见之，曰："娑罗树也。"彼僧所憩之荫，常着花。至元嘉十一年，忽生一花，状如芙蓉。

儿树

《唐书》曰：波斯于西海中，见一方石上，有树干赤、叶青。树上忽生小儿，长六七寸，见人皆笑，动其手脚，头著树枝。上使摘取一枝，小儿便死。今在大食王处。

酒树

《梁书》曰：南方顿逊国有酒树，似安石榴。取花汁，停杯中数日成酒，美而醉人。《博物志》曰：酒出无逊国。

都勾

刘欣期《交州记》曰：都勾树，木中出屑如面，可啖。

《魏王花木志》曰:《交州记》曰:“都勾,似栟榈。木中出屑如面,可取为饵。食如桄榔。”

乌文

崔豹《古今注》曰:乌文木,出波斯国。每舶上将来,就中乌文烂然。中国亦有,出温、括、婺等州。

比间

《汲冢周书·王会》曰:白洲比间者,其华若羽。伐其木为以车,终行不败。白州,东南蛮,与白贸灿也。死暑可居曰洲。洲中出此珍木。

制木

崔豹《古今注》曰:制木,湖州最多有,子如栗,木有白皮。波斯国来者,皆去其皮,人多不别。

太平御览卷第九百六十二　竹部一

竹上

《易》曰：震为苍琅竹。

《尚书·禹贡》曰：荆州，厥贡唯菌、簵、楛。菌、簵，美竹。

又《禹贡》曰：杨州曰，筱簜既敷。筱，竹箭；簜，大竹。禹治水。敷，布也。厥贡，瑶、琨、筱、簜。

《毛诗·斯干》曰：如竹苞矣，如松茂矣。

又《竹竿》曰：《竹竿》，卫女思归也。适异国而不见答，思而能以礼者也。籊籊竹竿，以钓于淇。

《韩诗外传》曰：黄帝时，凤皇栖帝梧桐，食帝竹实。

《周礼·春官》曰：孤竹之管，孙竹之管，阴竹之管。郑玄注曰：孤竹，竹特生者；曙竹，枝根之末生者；阴竹，生山北者。

《礼记·月令》曰：仲冬，日长至，则伐木取竹箭。

《左传·文下》曰：贼杀齐懿公于申池，纳诸竹中。

又《襄三》曰：晋伐齐，刘难、士弱率诸侯之师，焚申池之竹木。二子，晋大夫也。

又曰：东南之美者，有会稽之竹箭焉。会稽，山名，今在山阴县。竹箭，筱也。

《孝经河图》曰：少室之山，大竹堪为釜甑。此竹亦爨器也。安思县多苦竹，竹之丑有四：有青苦，有白苦，有紫苦，有黄苦。

《汲冢周书·王会》曰：成王时，路人献大竹。

《史记》曰：智伯率韩、魏攻赵襄子，襄子奔晋阳。原过后至，见三人，自带以上可见，自带以下不可见。与原过竹三节，莫通，曰："我以是遗赵无恤。"襄子自割竹，有朱书。

又《货殖传》曰：渭川千亩竹，其人与千户侯等。

《汉书》曰：高祖为亭长，乃以竹皮为冠。应邵注曰：以竹始生皮作冠，今鹊尾冠也。

又曰：上使发卒数万人，塞瓠子河，下淇园之竹以为楗。

又曰：竹大者，一节受一斛，小者数斗，以为柙音匣。榼。

又曰：梁孝王修兔园，多植竹。

又《地理志》曰：秦地有鄠、杜竹林，南山檀柘，号称陆海。

《后汉书》曰：郭伋为并州刺史，出行郡，童子乘竹马相待。

又曰：寇恂为河内太守，移书属县，讲兵肆射。伐淇园之竹，为矢百余万。《前书音义》曰：淇园，卫之苑，多竹篠也。养马二千匹，收租四百余万斛，转以给军。

《晋书》曰：杜预讨吴，州郡多望风归命。众军会议，或曰："百年之寇，未可尽克。今向暑，水潦方降，疾疫将起，候来冬更为大举。"预曰："昔乐毅籍济西一战，以并强齐。今兵威已振，譬如破竹，数节之后，皆迎刃而解，无复著手處也。"

又曰：武帝平吴之后，复纳孙皓宫人数千。自此掖庭殆将万余人，而并宠者甚众。帝莫知所适，乘羊车，恣其所之，至便晏寝。宫人乃取竹叶插户，以盐汁洒地，而引帝车。

又曰：王徽之，常居空宅中，便令种竹。闻其声，徽之啸咏指竹曰："不可一日无此君！"

谢灵运《晋书》曰：元康二年，巴西界竹花紫色，结实如麦。

《晋书·载记》曰：长安谣曰："凤皇凤皇，止阿房。"符坚以凤皇非梧桐不栖，非竹实不食，乃植桐竹数十万株于阿房宫城，以待之。慕容冲，小字凤皇，至是终为坚贼，入止阿房城焉。

《宋书》曰：卜天兴弟天生，少为队将，十人同火。屋后有一坑，广二丈余。十人共跳之，皆度，唯天生坠。天生乃取实中苦竹，削其端，使利，交横布坑内。更呼等类共跳，并惧不敢。天生乃复跳之，往反十余，曾无留碍。众并叹服。

《南史》曰：南海王子罕，字云华，武帝第十一子也，颇有学问。

母尚容华，有宠，故武帝留心。母常寝疾，子罕昼夜祈祷。于时以竹为灯缵照夜，此缵宿昔枝叶大茂，母病亦愈。咸以为孝感所致。

又曰：徐伯珍，少孤贫，学书无纸，常以竹叶、箭箬、甘蔗，及地上学书。

《南史·隐逸传》曰：沈麟士，字云祯，居贫，织帘。诵书乡里，号为织帘先生。常为人作，竹，误伤手，便流泪而还。同作者谓曰："此不足损，何至涕零？"答曰："此本不痛，但遗体毁伤，感而悲耳！"

《梁书》曰：武帝临雍州，命吕僧珍为中兵参军，委以心膂。僧珍阴养死士，归之者甚众。武帝颇招武猛士庶，飨从会者万余人。因命接行城西空地，将起数千间屋为士舍。多伐林竹，沉于檀溪，积茅盖若山阜，皆未之用。僧珍独悟其旨，因私具橹数百张。及起兵，悉取檀溪林竹，毋为舡舰，葺之以茅，并立办。众军将发，患诸将须橹甚多，僧珍乃出先所具，每船付二张，争者乃息。

《隋书》曰：明克让，字弘道，平原鬲人也。父山宾，梁侍中。克让少好儒，善谈论，博涉书史，所览将万卷。三《礼》礼论，尤所研精；龟策历象，咸得其妙。年十四，释褐湘东王法曹参军。时舍人朱异在仪贤堂讲《老子》，克让预焉，堂边有修竹，异令克让咏之。克让揽笔辄成，其卒章曰："非君多爱赏，谁贵此贞心？"异甚奇之。

《唐书》曰：南诏理无刑名桎梏之具，罪，以竹五本束之，伏犯者，挞其背。

又曰：开成四年，襄阳三县山竹结实成米，百姓采实。

《庄子》曰：鹓雏非练实而不食。练实，竹实也。取其洁白也。

《淮南子》曰：大清之治也，凤麟降，蓍龟兆，甘露下，竹实盈。竹实，凤皇食。

又曰：瓦以火成，不可以得火；竹以水生，不可以得水。瓦得火则破，竹得水则死也。

又曰：槁竹有火，弗钻不燃；土中有水，弗掘无泉。掘犹穷也。

《梅子》曰：弘农宜阳县金门山，竹为律管；河内葭莩以为灰，可以候气。取灰实管端，置之深宫，复以缇幕，勿令见风，日长至，则灰飞管通矣。

《唐子》曰：希见食笋，归煮竹根。

《家语》曰：子路见孔子，孔子曰："君子不可不学。"子路曰："南山有竹，不揉自直。斩而为用，射达于犀革。以此言之，何学之为？"孔子曰："括而羽之，镞而砺之，其入不益深乎？"

《吕氏春秋》曰：昔黄帝命伶伦作为律。伶伦自大夏之西，西方山名。乃之沅渝之阴，山名。取竹嶰之谷，以生空窍厚钧者，断两节间，其长三寸九分，而吹之。

《山海经》曰：长石之山，西有共谷，其中多竹。卫丘山南，帝俊竹林在焉，郭璞注曰：俊，舜字假借音。大可为舟。

又曰：竹生花，其年便枯。竹六十年一易根，易根必经结实而枯死。实落土复生，六年还成町。

《穆天子传》曰：天子西征，至于玄池，天子休于玄池之上，乃奏广乐，三日而终，是曰乐池。乃树之竹，是曰竹林。

《吴越春秋》曰：越王问范蠡用兵，对曰："越有处女，愿君王问之。"处女北见于王，道逢老人，自称袁公，跪披林杪，竹末折，堕地。处女即捷其末，公操其本，而刺处女。处女举杖击之，飞上树，变为白猿。

《三辅旧事》曰：武帝作延陵及庙，窦将军有青竹田在庙南，恐犯蹈之，言作陵不便。

《世说》曰：魏武征袁本初，治舍余有数十斛竹片，咸长数寸，众并谓不堪用，正合烧除。太祖意甚惜，思所以用之，谓可为竹甲，而未显其言。驰使以问杨主簿德祖，德祖意悬同。

《风俗通》曰：杀青。按，杀青，作简书之新竹，有汁，后加于火上。故作简者，于火上炙干之。

《水经》曰：东阳定县，夹岸缘溪，悉生支竹，及芳枳木连，杂以霜金橙。

《说文》曰：竹，冬生草也。

《华阳国志》曰：有竹王者，兴于遁水。有一女，浣于水滨，有三节大竹流入女足间。推之不去，闻有儿声。持归，破竹，得男。长养，有武才，遂雄夷狄，氏竹为姓。所破竹，于野成林，今王祠竹林是也。

又曰：何随家养竹园，人盗其竹，何随遇行见，恐盗者觉怖走竹伤其足，挈履徐步而归。

《文士传》曰：蔡邕经会稽高迁亭，见屋椽竹，从东间数第十六，可以为籥。取用，果有异声。

《神仙传》曰：离娄公服竹汁，饵桂，得仙。

又曰：壶公欲与费长房俱去，长房畏家人觉，公乃书一青竹，戒曰："卿以此竹，归家便称病，以此置卿卧处，默便来还。"长房如言，家人见此竹，云是尸，哭泣行丧。

《荆楚岁时记》曰：夏至节日食粽，周處谓为角黍。并以新竹为筒粽。练叶插五丝，系臂，谓为长命缕。

王子年《拾遗记》曰：蓬山有浮筠之簳，叶青茎紫，子如大珠。有青鸾集其上，下有砂砺，细如粉。暴风至，竹条翻起，拂细砂如雪霰，仙者来观戏焉。风吹竹折，声如钟磬之音。

《南越志》曰：罗浮山生竹，皆七八围，节长一二尺，谓之钟龙。

《湘州记》曰：邵陵高平县有文竹山，上有石床，四面绿竹扶疏，常随风委拂此床。

《永嘉记》曰：阳屿仙山有平石，方十余丈，名仙坛。有一筋竹，垂坛旁，风来辄扫拂坛上。

《东阳记》曰：昆山去芜城山十里，峰岭高峻。故老传云：岭上有圆池，鱼鳖具有。池边有竹，极大。风至垂屈，扫地恒洁，如人扫之。

《丹阳记》曰：江宁县南二十里慈姥山，积石临江，生箫管竹，王子渊《洞箫赋》所称即此也。其竹圆致，异于他处。自伶伦采竹嶰谷，其后唯此竿见珍。故历代常给乐府，而俗呼曰鼓吹山。

《风土记》曰：阳羡县有袁君冢，坛边有数枚大竹，高二三丈。枝皆两两。枝下垂，如有尘秽，则扫拂，坛上恒净洁。

袁山松《宜都山川记》曰：佷山县方山上有灵祠，祠中有特生一竹，擅美高危。其杪下垂，忽有尘秽，起风动竹，拂荡如扫。

《荆州记》曰：临贺谢休县东山，有小竹生其旁，皆四五寸围。下有盘石，径四五丈，极高，方正青滑如弹棋局。两竹屈垂扫其上，初无尘秽。未至数十里，闻风吹此竹，如箫管之音。

《武昌记》曰：阳新县有朔山，山有两大竹，长十余丈，围数尺。有声如风雨，为官长凶候，县人占之有验。

《云南记》曰：云南有实心竹，文采班驳，殊好，可为器物。其土以为枪竿、交床。

《述征记》曰：仙阳县城东北二十里，有中散大夫嵇康宅。今悉为田虚，而父老犹种竹木。

崔豹《古今注》曰：牛亨问曰："籍者何也？"答曰："籍者，尺二竹牒，记人之年、名字、物色，悬之宫门，按省相应，乃得入也。"

刘敬叔《异苑》曰：吴都桐庐人尝伐竹，见一竹竿，雉头蛇身，犹未变。此亦竹为蛇，蛇为雉也。

任昉《述异记》曰：湘水去岸三十许里，有相思宫、望帝台。舜南巡不返，殁，葬于苍梧之野。尧之二女娥皇、女英，追之不及，相思恸哭，泪下沾竹，文悉为之班班然。

又曰：卫有淇园，出竹，在淇水之上。《诗》云："瞻彼淇澳，绿猗猗。"

又曰：南中生子母竹，今慈竹是也。汉章帝三年，子母竹笋生白虎殿前，谓之孝竹，群臣作《孝竹颂》。

又曰：东海畔孤竹生焉，斩而复生，中为管。周武王时，孤竹人献笋一株。

杨泉《物理论》曰：宜阳金门竹为律管，河内葭为灰，可谓同气。

《本草》曰：竹花，一盂〈缺〉草。

《梦书》曰：竹为处士。田居梦见竹者，忧处士也。

《楚词·七谏》曰：便娟之竹，寄生江潭。上葳蕤而防露，下泠泠而来风。

江逌《竹赋》曰：含虚中以象道，体圆质以仪天。

《古诗》曰：种竹深井中，三年乃成竿。

太平御览卷第九百六十三 竹部二

竹下

桂竹

《山海经》曰：云山有桂竹，甚毒，伤人必死。郭璞注曰：始兴小桂县出桂竹也。

箭竹

《尔雅》曰：东南之美者，有会稽之竹箭焉。

《礼记》曰：礼之于人也，如竹箭之有筠也。

《说文》曰：箭，矢竹也。

戴凯之《竹谱》曰：箭竹，高者一丈，节间三尺，坚劲，中为矢。

桃枝竹

《尔雅》曰：桃枝，四寸有节。今桃枝节间相去多四寸。

《竹谱》曰：桃枝竹，皮滑而黄，可以为席。

《山海经》曰：嶓冢之山，嚣水之上，多桃枝竹。

裴氏《广州记》曰：有桃竹。

《魏志》曰：倭国有桃枝竹。

篁竹

《竹谱》曰：篁竹，似桂而概节。

筋竹

《竹谱》曰：筋竹，长二丈许，围数寸，至坚利。出日南九真。南方以为矛。其笋未成竹时，堪为弩弦。见徐衷《南中奏》。刘渊林云："夷人以史篻音瓢竹为矛。"即是筋竹，一物而二名者也。

《永嘉郡记》曰：阳兴去安固江口六十五里，有仙石山。顶上有平石，辟方十余丈，名为仙坛。坛陬有一筋竹，凡有风来，动音自成宫商。

周景式《庐山记》曰：康皇溪，道士种松及筋竹竿。

竺法真《登罗山疏》曰：岭南道无筋竹，唯罗山有之，其大尺围，细者色如黄金，坚贞疏节。

《异苑》曰：东阳留道，先元嘉四年，筋竹林忽生连理。野人无知，谓为祸祟，斫杀之。

钩端竹

《山海经》曰：嶓冢之山，嚣水之北，多钩端竹。

筇竹

《汉书》曰：张骞之大夏，见筇竹杖，问之，云："贾人市之身毒国。"

《山海经》曰：龟山多筷竹。郭璞注曰：即筇竹。

《竹谱》曰：筇竹，高节实中，状若人刻，俗谓之扶老竹。《广志》云："出南广邛都县。"

《罗浮山记》曰：邛竹，本出邛山，张骞西至大夏所见也。而此山左右时有之，乡老多以为杖。

种龙竹

《广志》曰：种龙竹，任作笛。

《吕氏春秋》曰：昔黄帝命伶伦为律。伶伦自大夏之西，沅渝之阴，取竹于嶰谷，断两节，间长三寸九分，而吹之，以为黄钟之宫，律之本也。

云母竹

《广志》曰：云母竹，大竹也。

樆竹

《广志》曰：樆竹，细而多刺。

篁竹

《广志》曰：篁竹，任作笛。

《岭表录异》曰：篁箣竹，皮薄而空多，大者径不逾二寸。皮上有粗涩文，可为错子错甲，利胜于铁。若钝，以浆水洗之，还复快利。《广州记》云：石麻揶箪，劲而利，削为刀，割象皮如切芋。

狗竹

《竹谱》曰：狗竹，节间有毛，出临海。

篃竹

《竹谱》曰：篃竹，江间谓之箭竿。一尺数节，叶大如扇，可以衣篷。江汉之间谓之䉟音蒯竹。

由梧竹

《南方草木状》曰：由梧竹，吏民家种之，长三四丈，围一尺八九寸，作屋柱，出交阯。

《林邑记》曰：由梧，堪为屋梁柱。

左思《吴都赋》曰：由梧有篁。

班皮竹

《博物志》曰：洞庭虞帝之二女，啼，以涕挥竹，竹尽班。今下俊有班皮竹。

篔筜音芸当

顾徽《广州记》曰：箄竹，一名篔筜，节长一丈。

《吴录》曰：始兴曲江县有篔筜竹，围尺五寸，节相去六七尺。夷人以为布葛。

《异苑》曰：建安有篔筜竹，节中有人，长尺许，头足皆具。

《竹谱》曰：篔筜竹，大者中作甑。

苦竹

《永嘉郡记》曰：乐成县民张廌者，隐居颐志，不应辟命。家有苦竹数十顷，在竹中为屋，恒居其中。王右军闻而造之，廌逃避竹中，不与相见。一郡号为高士。

射筒竹

《竹谱》曰：射筒竹，薄肌而长，中着箭，因以为名。

沙麻竹

《南越志》曰：沙麻竹，人削以为弓。弓似弩，淮南所谓溪子弩也。或曰收麻竹，或曰粗麻竹。

《岭表录异》曰：沙摩竹，广桂皆植。大如茶碗，竹厚而空小，一人止擎一茎，堪为茅屋之椽梁也。其种者，即钐其竿，每截二尺许，钉入土，不逾月而生根叶，明年长芽，笋不三载而为林，盖土地所宜也。南人腌以盐为笋笴。

石麻竹

裴渊《广州记》曰：石麻竹，劲利，削为刀，切象皮如截芋。

苞竹

顾微《广州记》曰：平乡县有苞竹，堪作布。

《吴都赋》曰：苞笋抽节，往往萦结。

鸡颈竹

《竹谱》曰：鸡颈竹，篁之类。纤细，大者不过如指。疏叶黄皮，强脆无所堪施。笋美，青班色绿。江东山岗所饶也。

芦箯竹

《竹谱》曰：此竹当是芦，出扬州东垂诸郡，浙江以东。可以为箯。

箘竹

《竹谱》曰：箘堕竹，大如脚指。虫食其笋皮，类绣，甚可爱。

莽竹

《尔雅》曰：莽，数节。节间促也。

𥯛竹

《尔雅》曰：𥯛音客坚中。竹类，其中实也。

簢竹

《尔雅》曰：簢音闵筡音徒中。其中空也。

仲竹

《尔雅》曰：仲，无笐。亦竹类，未详。音航。

篡竹

《礼斗威仪》曰：君乘水而王，其政太平，篡紫脱为常生。

王子年《拾遗记》曰：岑华山，在西海之西。有篡竹，为箫管，吹之。若群凤之鸣。

汉竹

《广志》曰：永昌有汉竹，围三尺余。

利竹

《广志》曰：西南出利竹。

林于竹

《竹谱》曰：林于竹，叶薄而广。

晋竹

《吴越春秋》曰：吴王闻越王尽心自守，赐之以书，增之以封。越王乃使大夫赍葛布十万、狐皮五双、晋竹十庾，以答封礼。

沛竹

东方朔《神异经》曰：南方荒中有沛竹，其长百丈，围二丈五六尺，厚八九寸。可以为船。其子美，食之，可以已疮疠。茂先曰：子，笋也。

棘竹

《竹谱》曰：棘竹，生交州诸郡。丛生，初有数十茎，大者二尺围，肉至厚，几于实中。夷人破以为弓。枝节皆有刺，彼人种以为城，卒不可攻，万震《异物志》所谓"种为藩落，阻过曾墉"者也。或卒倒根出，大如十石物，从横相承，状如缫车。一名笆竹，见《三仓》。笋味落人鬓发。

沈怀远《南越志》曰：宋昌县有棘竹，长十寻，大如瓮。其间短者，辄六七丈也。为竹丛薄，叶下有钩刺，或有条末如芒针。

《南州异物志》曰：棘竹，节有棘刺。

《岭表录异》曰：南土有刺竹，即枝上有刺，南人呼刺为刺勒。自根横生，枝条展转如织。虽野火焚烧，只燎细枝嫩叶。春丛生，转复牢密。邕州旧以刺竹为墙，蛮蜒来侵，竟不能入。

簹竹

《竹谱》曰：簹与由衙，厥体俱洪，围或累尺，簹实衙空。南越之居，梁柱是供。

《异物志》曰：有竹曰簹，其大数围，节间相去局促，中实满，坚强。以为屋榱，断截便以为栋梁。不复加斤斧也。

弓竹

《竹谱》曰：弓竹，出东垂诸山。

簜竹

《尚书·禹贡》曰：篠、簜既敷。

《尔雅》曰：簜，竹。竹别名也。《仪礼》曰：簜竹在建鼓之间。谓箫管之属。

笋

《尔雅》曰：笋，竹萌。初生者。

《毛诗·韩奕》曰：其蔌维何？维笋及蒲。笋，竹萌也。

《周礼·天官·醢人》曰：加豆之实，箈菹、笋菹。箈，箭萌也；笋，竹萌也。

《东观汉记》曰：马援至荔浦，见冬笋，名苞笋。上言："《禹贡》'厥苞橘柚'，疑谓是也。"其味美于春夏笋。

《续晋安帝纪》曰：豫州刺史司马尚之，为桓玄将冯该所攻，仓储稍竭，或曰："战士多饥，悉未付食。"是时，芦笋时也，尚之指笋曰："且啖此，足解三日。"将士离心，遂败。

《吕氏春秋》曰：味之美者，越骆之箘。高诱曰：笋也。

《华阳国志》曰：何随，字季业。有竹园，人盗其笋者，随行见之，恐惊，乃挈履而归。

《荆州图》曰：筑阳薤山上有孤竹，三年而生一笋。笋成，代谢常一。

《楚国先贤传》曰：孟宗，字恭武，至孝。母好食竹笋，宗入林中哀号，方冬，笋为之出，因以供养。时人皆以为孝感所致。

《南史》曰：沈道虔，有人拔其屋后笋，令人止之，曰："惜此笋欲令成林，更有佳者相与。"乃令人买大笋送与，盗者惭，不取，道虔使置其门内而还。

《笋谱》曰：笋者，竹之白蒻也，竹之丑节种。凡草木有白蒻嫩而堪食者，皆曰白蒻也。厥性弱于木而强于草，实草木中别类也。

陆龟蒙《笋赋》曰：洪纤靡定，方圆不均。南方有方竹。

太平御览卷第九百六十四　果部一

果

《易·解卦》曰：天地解而雷雨作，雷雨作而百果草木皆甲坼。

《尔雅》曰：果不熟曰荒。

《周礼·天官上》甸师职曰：甸师，供野果之属。

《礼记·曲礼上》曰：赐果于君前，其有核者，怀其核。

又《玉藻》曰：果实未熟，不鬻于市。凡食，果实后君子，火熟者先君子。

《春秋元命苞》曰：织女星主果。

谢承《后汉书》曰：刘祐，字伯祖，中山安国人。仕郡为主簿。郡将小子，常出钱付之市买果实，祐悉以买笔墨书具与之。

华峤《后汉书》曰：桓荣为博士，会庭中诏赐奇果，受赐者怀之，荣独举手奉以拜。光武笑指之，曰："此真儒生也！"

《陈书》曰：徐孝克侍宴，无所食啖。至食散，当其前膳羞损减。帝密记，以问中书舍人管斌，斌自是伺之。见孝克以珍果内绅带中，斌当时莫识其意，后寻访，方知其以遗母。斌以启，宣帝嗟叹良久，乃敕："自今宴享，孝克前馔并遣将还，以饷其母。"时论美之。

《北史》曰：后魏淮阳王欣，好营产业，多所树艺。京师名果，皆出其园。

《唐书》曰：李泳为河阳，所至以贪残为务。犒宴所陈果实，以木刻彩缋之。

《说文》曰：在木曰果，在草曰蓏郎果切。

《山海经》曰：不周之山，爰有嘉果，其实如桃李，其叶华赤，食之不饥。

《符子》曰：赵之相者曰林氏，有九子，皆贤。国人美而称之，号曰九德之父，十德之门。赵王疾之。王乃使择其果之烦者伐之。其父曰："果之茂者，犹伐之，况其人乎？吾将以尔为累矣，去之则免！"乃携老持子，逃赵相于白云之岩，终身不返。赵人思之。

《郭子》曰：王丞相俭，帐下甘果盈溢，涉春败烂。

《吕氏春秋》曰：昔古朱襄氏治天下也，炎帝别号，多风。阳气畜积，万物散解，果实不成。故士达作为五弦之琴，以来阳气，以定群生。士达，朱襄氏臣。

《杜兰香传》曰：神女姓杜，名兰香，降张硕，常食粟饭，并有非时果。硕食之，亦不甘，然一食可七八日不饥。

《邺中记》曰：石虎有华林园，种众果。民间有名果，虎作虾蟆车，四搏掘根，面去一丈，深一丈，合土载之，植之无不生。

阚骃《十三州记》曰：舍卫国在月氏南万里，果大如三斗坑。

《食经》曰：种明妍法：取好直枝，内着芋块中种之。

张衡《东京赋》曰：奇树珍果，钩盾所职。

左思《魏都赋》曰：驰道周屈于果下。刘逵注曰：汉厩旧有乐浪所献果下马，高三尺，以驾辇车。

又《蜀都赋》曰：百果甲坼，异色同荣。

刘桢《鲁都赋》曰：芳果万名，攒罗广庭。霜滋露熟，时至则零。

石崇《金谷诗序》曰：杂果几乎万株。

陆机《与弟云书》曰：天渊池东南角，有果，各作一林，无处不有，纵横成行，一果之间辄作一堂。

郭璞《五果赞》曰：果蓏之品，剖噬因宜。虽曰微肴，贵贱有差。

栗

《毛诗·山有枢》曰：山有漆，隰有栗。

《韩诗》曰："东门之栗，有靖家室。"栗，木名。靖，善也。言东门之外，栗树之下，有善人，可与成为室家者。

《毛诗疏义》曰：五方皆有栗，周、秦、吴、杨特饶。唯渔阳、范阳栗甜美长味。倭、韩国上栗，大如鸡子，亦短味不美。桂阳有栗，丛生，大如杍子。

《仪礼·士丧礼》曰：设豆右菹，南栗东脯。

《大戴礼》曰：八月栗零。零也者，降也。零而后取之，故不言剥也。

《周礼·天官·笾人》曰：馈食之笾，其实栗。

《礼记·内则》曰：栗曰撰之。

《左传》曰：女贽不过榛、栗、枣、修，以告虔也。

《论语》曰：哀公问社于宰我，宰我对曰："夏后氏以松，殷人以柏，周人以栗，曰使民战栗。"

《尔雅》曰：栵，栭。栵，例、列二音。树似槲樕而卑小，子如细栗，可食，匠箔东亦呼为栭栗。

《汉书》曰：种千树栗，其人与千户侯等。

谢承《后汉书》曰：豫章宗度拜定陵令，县人杜伯夷清高不仕，度与谈论，致枣、栗而已。

《魏略》曰：太子与锺繇书曰："窃见玉书称美，玉赤拟鸡冠，黄侔蒸栗。"

《魏志》曰：东夷韩国出大栗，如梨。

《宋书》曰：刘秀之为丹阳尹。先是，秀之从叔穆之为丹阳，与子弟厅事上宴。厅事柱有一穿，穆之谓子弟及秀之曰："汝等试以栗遥掷柱，入穿者，后必得此郡。"唯秀之独入焉，其言遂验。

又曰：王恭幼敏悟。年数岁时，祖母戏诸孙侄，散栗于床，群儿竞之，恭独不取。问其故，对曰："不取自当得赐。"由是中表异之。

《梁书》曰：沈约尝侍宴，会豫州献栗，径寸半，帝奇之，问众栗事多少，与约各疏所知。约少帝三事。约出，谓人曰："此公护前，不让即羞死。"帝以其言不逊，欲抵其罪，徐勉固谏，乃止。

又曰：萧琛尝预御筵，醉伏。上以枣投琛，琛乃取栗掷上，中面。御史中丞在席，帝动色曰："席中有人，不得如此，岂有说也？"琛曰："陛下投臣以赤心，臣敢报之以战栗。"

《庄子》曰：宋有狙公者，好养猴者。恐众狙之不驯于己也，先诳之曰："与若芧，芧，栗也。朝三而暮四，足乎？"众狙皆超然而怒。

《范子计然》曰：栗出三辅。

《庄子》曰：庄周游乎调陵之樊，樊，蕃。睹一异鹊，感周之颡，而集于栗林。感，触也。

又曰：古者禽兽多而人民少，于是皆巢居以避之，昼拾橡栗，暮栖木上，故命曰有巢氏之民。

《国语》曰：夫妇贽，不过枣、栗，以告虔也。枣取蚤起，栗取战栗。虔，敬也。《曲礼》：妇人之贽：脯修枣栗也。

《韩子》曰：秦饥，应侯谓王曰："五苑之果蔬橡枣栗，以活民，请发之。"王曰："今发五苑以活民，是使有功与无功争取也。人生而乱，不如死治。"

《说苑》曰：田饶曰："果园梨栗，后宫妇人摭以相掷，而士不曾得一尝。且夫财者，君之所轻也；死者，士之所重也。"

《吕氏春秋》曰：伊尹说曰："果之美者，江浦之橘，箕山之栗。"

《正部》曰：《玉府》云："赤如鸡冠，黄如蒸栗。"

卢毓《冀州论》曰：中山好栗，地产不为无珍。

卢谌《祭法》曰：春秋冬祠，皆用栗。

《会稽先贤传》曰：光武诏严遵诣行所，遇蜀都献橘、栗，上令公卿以下各以手所及取，遵独不取。上曰："不敢取者谁？"尊对曰："君赐臣以礼，臣奉君以忠。今赐无所主，臣是以不取。"

《西京杂记》曰：上林苑有侯栗、榛栗、瑰栗、峄阳栗。峄阳太守曹宠所献，大如拳。

《三秦记》曰：汉武帝果园，有大栗，十五枚为一升。

《水经注》曰：汝水湾中有地数顷，上有栗园，栗小殊不并，固安之实也。然岁贡三百石，以充天府。水渚，即栗洲也。树高茂，望若屯云积气矣。林中有栗堂，甚闲敞，牧宰及英彦多所游薄。

《山海经》曰：南山，其上多栗。葛山、铜山，其木多栗。

《广志》曰：栗有侯栗、关中大栗，大如鸡子。

《晋宫阁名》曰：华林园中，栗一株，侯栗六株。

《华山记》曰：西山麓中有栗林，艺植以来，萧森繁茂。

《神异经》曰：东北荒有栗树，高三十丈，栗径三尺，其壳赤，肉黄白，味甜，食之令短气而渴。

《地理记》曰：诸暨如拳之栗。案，出会稽部也。

杜宝《大业拾遗录》曰：洛阳仪鸾殿南有乌勃林、栗林；有蒲桃架四行，行长百余步。

《岭表录异》曰：广州无栗，唯勒州山中有石栗，一年方熟，皮厚而肉少，味似胡桃人。熟时，或为群鹦鹉至啄食略尽。只此石栗，亦甚稀少。

王彪之赋曰：王檀侯栗。

王逸《荔枝赋》曰：北燕荐朔滨之巨栗。

蔡邕《伤故栗赋》曰：人有折蔡氏祠前故栗者，故作斯赋。

王褒《僮约》曰：南安拾栗采橘。南安，县名。

太平御览卷第九百六十五 果部二

枣

《尔雅》曰：枣，壶枣也。郭璞注曰：匠箔东呼枣大而锐上者为壶。壶犹瓠也。边，要枣。细要枣也，今谓之鹿卢枣。櫅音齐，白枣。即今枣子，白乃熟。樲，酸枣。树小实酢《孟子》曰：养其樲遵，。遵，羊枣。实小而员，紫黑色，今俗呼为羊矢枣。《孟子》曰：曾皙嗜羊枣。洗，大枣。今河东猗氏出大枣，子如鸡卵。逊泄，苦枣。子味苦也。逊音岁也。皙，无实枣。不着子也。还味，稔枣。还味，短味也。

又曰：枣李曰疐之。

京房《易妖占》曰：天雨枣，小民流亡也。

焦赣《易林·师之豫》曰：北山有枣，使叔寿考。

《说文》曰：樲，酸枣也。

《毛诗·豳·七月》曰：八月剥枣。

《周礼·天官·笾人》曰：馈食之笾，其实枣。

《大戴礼·夏小正》曰：八月剥枣。剥者，取也。

《礼记·曲礼下》曰：妇人之贽，脯、修、枣、栗。

又《内则》曰：枣曰新之。

又曰：枣，栗，饴蜜以甘之。

《春秋繁露》曰：握枣与错金，以示婴儿，必取枣而不取金。故物之于人，小者易知。

《史记》曰：楚庄王之时，有所爱马，啖以枣脯。

又曰：李少君以却老方见上，少君言上曰："臣曾游海上，见安期生食巨枣，大如瓜。"

《汉书》曰：广陵厉王胥，宫园中枣树，乃生十余茎，茎正赤，叶白如素，王坐祝咀，自杀。

又曰：王吉少时，学问居长安。其东家有枣树，垂吉庭中。吉妇取枣以啖，吉后知之，乃去妇，东家闻而欲伐其树，邻里共止之，因固请吉令还妇。里中为之语曰："东家有树，王阳妇去；东家枣完，去妇复还。"

又曰：安邑千树枣，此其人皆与千户侯等。

《东观汉记》曰：自冯愔反后，邓禹威稍损，又乏食，败走至高陵，军士饥饿，皆食枣叶。

又曰：中黄门孙程谋诛江京，后程于盛化门外，与马国等相见，诈谓国曰："天子与我枣脯。与若枣者，早成之。"乃与国等共为谋，立顺帝。

谢承《后汉书》曰：河南陶硕，乡曲饷之，硕无所爱，但食枣饮水，美谈而已。

又曰：孟节能含枣核不食，可至五年。

应劭《汉官仪》曰：光武封泰山上坛，见酢梨酸枣。上问其故，主者曰："百官上者所置。"上曰："封禅大礼，千岁一会，衣冠士大夫，何故尔也？"

《魏志》曰：杜恕上疏曰："冀州户口最大，又有桑、枣之饶，国家征求之府。"

《世说》曰：魏文帝忌弟任城王饶壮，因在卞太后侧共围棋，并啖枣。文帝以毒置诸枣蒂中，自选可食者；而王弗悟，遂杂进之。既中毒，太后索水救之，帝预敕毁器。太后徒跣赴井，无器可汲，须臾遂卒。

又曰：王大将军尝至石崇家，如厕，见漆箱中盛干枣，本以塞鼻，王遂食尽，群婢莫不笑。

《晋书》曰：贾后将废太子，诈称上不知，呼太子入朝。既至，后不见，置于别室。遣婢陈舞，赐以酒枣，逼饮醉之。

《晋史》曰：光禄卿李郁，因昼寝，梦食巨枣。觉而有疾，谓其亲友曰："常闻'枣'字重'来'，呼魂之象。今予神气逼抑，将不免乎？"未几而卒。

《孟子》曰：曾晳嗜羊枣，而曾子不忍食。公孙丑问曰："脍炙与羊枣孰美?”曰:“脍炙哉!”曰:“曾子何为食脍炙而不食羊枣?”孟子曰:“脍炙同也,羊枣独也。”

《韩子》曰:秦饥,应侯谓王曰:“五苑之果蔬橡枣栗,足以活民,请发之。”

又曰:子产治郑,桃枣之荫于街者,莫援也。

《邹子》曰:夏取枣、杏之火。

《淮南子》曰:十一月,官都尉其树枣。

《晏子春秋》曰:景公谓晏子曰:“东海之中,有水而赤。水中有枣,花而不实,何也?”晏子曰:“昔者,秦穆公乘龙治天下,以黄布裹蒸枣,至海而投其布,故水赤;蒸枣,故花而不实。”公曰:“吾佯问子。”对曰:“婴闻:佯问者,佯对之。”

卢毓《冀州论》曰:安平好枣,地产不为无珍。

杜氏《新书》曰:杜畿为河东太守,平虏将军刘勋为太祖所亲,贵震朝廷,常从畿求大枣,畿拒以他故。后勋伏法,太祖得其书,叹曰:“杜畿可谓不媚灶也!”

《英雄记》曰:孔文举为东莱贼所攻,城欲破,其治中左承祖,以官枣赋与战士。

蔡邕《奏事》曰:程末年十四时,祖父叔病物故,末抱伏叔尸,号泣悲哀。舅哀其羸劣,嚼枣肉以哺之。末见食歔欷,不能吞咽。

《汉武内传》曰:七月七日,西王母当下,为帝设玉门之枣。

《东方朔传》曰:武帝时,上林献枣。上以所持杖击未央前殿槛,呼朔曰:“叱叱先生来来!先生知此筐中何等物也?”朔曰:“上林献枣四十九枚。”上曰:“何以知之?”朔曰:“呼朔者,上也。以杖击槛,两木;两‘木’,‘林’也。来来者,枣也。叱叱者,四十九枚。”上大笑,赐帛十匹。

王子年《拾遗记》曰:北极有岐峰之阴,多枣树,百寻,其枝茎皆空,其实长尺,核细而柔,百岁一实。

《真人关令尹喜内传》曰:老子西游,省太真,王母共食玉文之枣，其实如瓶。

《神仙传》曰：吴郡沈羲，为仙人所迎上天，云：“天上见老君，老君赐羲枣二枚，大如鸡子。”

又曰：李意期于成都甬中作一土窟，居其中。冬夏单衣，长发剪去之，但使长五寸许。多饮酒食脯，及枣栗。或百日二百日不出窟，是时无所可食也。

《鲁女生别传》曰：李少君曰：“冥海之枣大如瓜，钟山之李大如瓶，臣已食之，遂有奇光。”

《刘根别传》曰：有道之士不可识。往者有陈孜如痴人，江夏袁仲阳知事之。孜谓仲阳曰：“今年春当有疾，可服枣核中仁二十七枚。”后果大病。

又曰：能常服枣核中仁，百邪病不复干也。仲阳服之有效。

《冯明生别传》曰：明生为县吏，捕贼，为贼所伤，殆死。道间见女人，年可十六七，姿容绝世，以肘后管中一丸如小豆与服，即愈。随神女还岱宗，见安期生，曰：“昔与女郎游于安息西母之际，食枣异美。此间枣小，不及忆。此枣未久，已二千年矣。”神女云：“昔与君共食一枚，乃不尽，此间小枣，那可相比也！”

《高士传》曰：胡昭，字孔明。晋宣帝为麻衣时，与昭有旧。昭同郡周士等谋帝，昭闻而步险邀士肴渑之间，止士，士不肯。昭泣以示诚，士感其义，乃止。昭斫枣树，共士盟而别。昭虽有阴德于帝，口终不言，时人莫知。

《风俗通》曰：鲍焦耕田而食，穿井而饮，于山中食枣。或曰：“此枣，子所植也。”遂强吐，立枯死。

《水经注》曰：酸枣县，故城南古韩国。昔天子建国名都，或以山林。故豫章以树名都，酸枣以棘名邦，故曰梳枣也。

《水经》曰：高唐县大河右溢，世谓之甘枣沟。水侧多枣，故俗取名焉。

《广志》曰：东都谷城紫枣，长二寸。西王母枣，大如李核，三月熟，众果之先熟者也。种洛阳宫后园。河内伋郡枣，一名墟枣，一名安邑枣。东海蒸枣、洛阳夏白枣、安平信都大枣、单父枣、梁园国夫人枣。大白枣，一名曰感咨，小核多肌；三星枣、骈白枣、灌枣，此四者，官园所种。枣有狗鸡心、牛头、羊矢、弥猴、细腰之名，又有玄枣、大枣、崎廉枣、桂枣。

《邺中记》曰：石虎园中有西王母枣，冬夏有叶，九月生花，十二月乃熟，三子一尺。又有羊角枣，亦三子一尺。

《东阳记》曰：信安县有悬室坂。晋中朝时，有民王质，伐木至石室中，见童子四人，弹琴而歌。质因留，倚柯听之。童子以一物如枣核与质含之，便不复饥。俄顷，童子令其归。质承声而去，斧柯漼然尽烂。既归，质去家已数十年，亲旧凋落，无复比时矣。

杨衒之《洛阳伽蓝记》曰：景阳山南有百果园，果别作一林，林各有一堂。有仙人枣，长五寸，把之两头俱出核，细如针。霜降乃熟，食之甚美。俗传云：出昆仑山。一曰西王母枣。

《晋中阁名》曰：华林园，枣六十二株，王母枣十四株。

卢谌《祭法》曰：春祠用枣油。

《本草》曰：凡枣，九月采，日干，补中益气，久服神仙。

郭子横《洞冥记》曰：岈嵱细枣，出岈嵱之山。山临碧海，万年一实。子如今软枣，笮之有膏，膏可燃灯。西王母握核以献帝，因名曰握核枣。

杜宝《大业拾遗录》曰：二年八月，信都献仲思枣四百枚。枣长四寸，五寸围，紫色细文，文绉核肥，有味，胜于青州枣。北齐时，有仙人仲思，得此枣种之，亦名仙枣。时海内唯有数树。

《西京杂记》曰：初修上林苑，群臣各献名果树，亦制有美名：弱枝枣、西王母枣、出昆仑山。棠枣、王门枣、青华枣、梬音程。枣、赤心枣。

《神异经》曰：北方荒中有枣林焉，其高五尺，子长六七寸，围过其长。熟赤如朱，干之不朮，气味甘润，殊于常枣。食之，可以安躯体，益气力。

《异苑》曰：郑鲜之女，脚患挛癖。就王濮阳请水浇之，余灌庭中枯，枣树既生，女脚亦差。

又曰：沙门竺惠猷，太元二年，夜梦读诗五首，其一篇后曰："陌南酸枣树，名为六奇木。遣人以伐取，载还柱马屋。"

又曰：太元中，南郡忻陵县有枣树，一年忽生桃、李、枣三种花子。

《幽明录》曰：太原王仲德，年少时，遭乱避胡贼，绝粒三日，草中卧，忽有人扶其头，呼云："可起啖枣！"王便寤，瞥见一小儿，长四尺，即隐。乃有一囊干枣在前，啖之，小有气力，便起。

任昉《述异记》曰：魏世，河内冬雨枣。耆旧说：周秦时，河南雨酸枣，遂生野酸枣，今酸枣县是也。枣之甚小者，谓之酸枣。

《广五行记》曰：冯宣，上党人，仕为北平护军。丧于官，时年三十八。还家乡里，服始毕，婢在外，闻叫唤声，开门见宣，婢惊入，白宣妻韩。韩悲愕良久，见宣，宣曰："生必有死，恨早别恩情！"宣外甥严翊至，宣曰："当有兵乱，继以饥疫，并土不可复居。侯宅东枣树死，便走，可免。"翊受旨，宣告别，须臾而没。后二百日，枣树死，翊与宣家东投渔阳。发后四旬，而上党遭寇暴，兵人死荒乱涂炭，存者鲜矣。

《岭表录异》曰：波斯枣，广州郭内见其树。树身无闲枝，直耸三四十尺。及树顶四向，共竖十余枝。叶如海棕。亦呼为海棕。广州所种者，或三五年一番结子。亦似此中青枣，但小耳。自青及黄，扑已尽，又朵着子。每朵约三二十颗。刘珣曾于番酋家食本国将来者，色类沙糖，皮肉软烂，饵之，乃火烁水蒸之味也。其核与北中枣殊异两头不尖，双卷而圆，如小块紫矿。珣亦收而种之，久无萌芽，疑是蒸熟也。

魏文帝诏群臣曰：南方龙眼、荔枝，宁比西国葡萄、石蜜乎？酢且不如中国。凡枣味，莫言安邑御枣也。

曹植《鹞雀赋》曰：雀得鹞言，意甚不移。依一枣树，丛秾多刺。

潘岳《笙赋》曰：枣下纂纂，朱实离离。宛其落矣，化为枯枝。

潘岳《闲居赋》曰：周文弱枝之枣，防陵朱仲之李。

傅玄《枣赋》曰：素华离离，朱实甚脆。色如霜雪，甘如含蜜。

左思《魏都赋》曰：淇园之笋，信都之枣。

《古诗》曰：甘瓜抱苦蒂，美枣生刺棘。

郭璞《枣赞》曰：赤心鲠直。

傅玄《歌词》曰：黄叶离高柯，丹枣坐自零。不惜枣自零，念我少弟兄。

太平御览卷第九百六十六 果部三

甘

谢承《后汉书》曰：丹阳张磐，字子石，为庐江太守。寻阳令尝饷一奁甘，其小男年七岁，就取一枚。磐夺取，付外。卒以两枚与之，磐夺儿甘，鞭卒曰："何故行赂于吾子！"

《宋书》曰：彭城王义康，时四方献馈，皆以上品荐义康，而以次者供御。上常冬月啖甘，叹其味并劣。义康在坐，曰："今年甘殊有佳者。"遣人还东府取甘，大三寸。

又曰：元嘉末，魏太武征彭城，遣使送九种盐并胡豉，仍求黄甘。

《梁书》曰：吕僧珍既有大勋，任总心膂，性甚恭慎。当直禁中，盛暑不敢解衣。每侍御坐，屏气鞠躬，果食未尝举筯。尝醉后后取一甘食，武帝笑谓曰："卿今日便是大有所进！"禄外令月给钱十万。

《唐书》曰：罗浮甘子，开元中始有山僧种于南楼寺，其后常资进献。幸蜀、幸奉天之岁，皆不结实。

又曰：天宝中，中书门下奏曰："臣等今日因奏事承德音：'闻江南为橘，江北为枳，盖以地气有殊，物性因变。朕近于宫内种甘子树数株，今秋已来，结实一百五十颗，乃与江南及蜀道所进无别，亦可谓稍异也。'"

《晋令》曰：阆中县置守黄甘吏一人。

《风土记》曰：甘，橘之属，滋味甜美特异者也。有黄者，有赪者。赪者谓之壶甘。

《广志》曰：甘有二十一核。有成都平蒂甘，大如升，色苍黄。犍为南安县出黄甘。

《神异经》曰：东方朔云："东南外有建春山，其上多美甘树。"

《京口记》曰：京城东门射堂前，柑树十余株。

卢谌《祭法》曰：冬祠用柑。

《襄阳记》曰：李衡，字叔平，为丹阳太守。衡母欲治家，妻辄不听。后密遣十人，于武陵龙阳洲上作宅，种柑千树。临死敕儿曰："汝母恶吾匹治家，故穷如是。吾洲内有千头木奴，不责汝衣食，岁上一匹绢，亦足用矣。"及衡甘成，岁得绢数千匹。

《荆州记》曰：枝江有名甘。宜都郡旧江北有甘园，名宜都甘。

《湘州记》曰：州故大城内有陶侃庙地，是贾谊故宅。谊时种甘，犹有存者。

崔豹《古今注》曰：甘实形如石榴者，谓为壶甘也。

《唐新语》曰：益州每岁进甘子，皆以纸裹之。他时，长吏嫌纸不敬，代之细布。既而恐甘子为布所损，每怀忧惧。俄有御史甘子布至，长吏以为推布裹甘子事，俱曰："果为所推！"及子布到驿，长吏但叙以布裹甘子为敬。子布初不之知，久而方悟，闻者莫不大笑。

又曰：安禄山将反，宰臣韦见素请以平章事追之，玄宗许焉。草诏讫，中留之，遣中使辅璆琳送甘子，且观其变。璆琳受赂而还，因言无反状。玄宗谓宰臣曰："禄山必无二心，诏本朕已焚矣。"

《异苑》曰：河内司马元胤，元嘉中为新淦令，丧官。月旦设祭，甘化而为鸢。

又曰：南康皈美山石城内，有甘橘橙柚。就食其实，任意取足。脱持归者，便遇大虺，或颠仆失径，家人啖之亦病。

《述异记》曰：南康郡有东望山，营民入山顶，有湖清深；又有果林，周四里许，众果毕植，间无杂木，行列整齐，如人功也。甘子熟，三人共食致饱。讫，怀二枚欲以示外人。便还，寻觅向迳，回旋半日，迷不能得。即闻空中语云："放双甘，乃听汝去！"怀甘者恐怖，放甘于地，转眄即见归径，乃相与俱却返。

《广古今五行记》曰：唐高宗调露中，连州见一甘树，四月中有子，如拳大，剖之，有两头蛇。

又曰：唐光宅中，季崇直任益州刺史。厅事前有甘树，有子大如鸡子，晚熟，微有小孔如针。郡官咸异之，方欲将进，久而方罢。因剖之，得一赤班蛇，长尺余。崇真后为兵所杀。

王廙《洛都赋》曰：若夫黄甘、荔枝，殊远之珍，虽非方土之所产，重九译而来臻。

潘安仁《笙赋》曰：披黄苞以授甘，倾缥瓷以酌醽。

张载诗曰：三巴黄甘，瓜州素柰，渴者所思，铭之裳带。

郭璞《柚赞》曰：厥苞橘柚，精者曰甘。

孔坦表曰：天恩例赐，酃酒黄甘，不胜受遇，谨表以闻。

张衡《七辩》曰：离支、黄甘。

宗炳《甘颂》曰：煌煌嘉实，磊如景星，南金其色，随侯厥形。

橘

焦赣《易林·剥之屯》曰：北山有莱，橘柚所聚。荷囊载畚，盈我筐筥。

《尚书·禹贡》曰：淮海唯扬州，厥苞橘柚锡贡。小曰橘，大曰柚。其所苞而致者也。锡命乃贡，言不常也。

《周礼·冬官上·考工记》曰：橘逾淮而北为枳，此地气然也。

《春秋运斗枢》曰：旋星散为橘。

《史记》曰：苏秦说燕文侯曰："君诚能听臣，齐必置鱼盐之海，楚必致橘柚之园。"

《汉书》曰：江陵之千树橘，其人皆与千户侯等。

《东观汉记》曰：马援好事，至荔浦，见冬笋，名曰苞笋，上言："《禹贡》'厥苞橘柚'，疑谓是也。"

又曰：建武中，单于来朝，赐橙橘。

谢承《后汉书》曰：张磐为庐江太守，寻阳令饷橘一奁，小男年七岁，卒以两橘与之。磐还橘鞭卒。

又曰：沛国桓严，字文林，罢鄮县，舍扬州从事屈豫室。廷有橘树一株，遇其实熟，数垂室内，严乃以竹藩树四面。时风吹动，两实堕地，以书绳缚系树枝。

《后汉书》曰：廉范为成都太守，部人杨由善风云占候。尝有风吹削哺，哺当主梯，音孚废切。太守以问由，对曰："方当有荐木实者，其色黄赤。"顷之，五官掾献橘数苞。

《魏志》曰：倭国有橘，不知滋味。

《吴志》曰：陆绩年六岁，于九江见袁术。出橘，绩怀三枚，拜辞堕地。术谓曰："陆郎作宾客，而怀橘乎？"绩跪答曰："欲归遗母。"术大奇之。

《吴录·地理志》曰：朱光禄为建安郡，中庭有橘，冬月树上复裹之。至明年春夏，色变青黑，味尤绝美。《上林赋》曰："卢橘夏熟。"卢，黑也，盖近是也。

《吴历》曰：吴王馈魏文帝大橘，魏文帝诏群臣曰："南方有橘，酢正裂人牙，时有迢犷呼。"

《建武故事》曰：咸和六年，平西将军庾亮送橘，十二实共同一柢，以为瑞异，百官毕贺。《中兴书》曰：王者德盛，则嘉禾生。橘亦嘉味之流。

《晋宫阁名》曰：华林园，橘十一株。

《宋书》曰：孝武大明中，芳香琴堂东西，有双橘连理，改芳香琴堂为连理堂。

《齐书》曰：豫章王嶷薨，忽见形于第后园，乘腰舆指麾处分，呼直兵。直兵无手板，左右授一玉手板与之，曰："橘树一株死，可觅补之！"因出后园阁，直兵倒地，仍失手板。

《南史》曰：虞愿始数岁，家中橘树冬熟，诸儿竞来取之，愿独不取，家人皆异之。

《三国典略》曰：梁侯景未平，王僧辩献嘉橘一蒂二十五子于湘东王。王答之曰："昔文康献橘，十有二子，用今方古，彼有惭色。今景之凶恶既稔，凯歌之声已及，嘉瑞远臻，但增鲠慰"

《晏子》曰：晏子使楚，楚王谓其左右曰："晏婴，习辞者也，吾欲伤之。"坐定而缚一人至，问"何为"，曰："齐人，坐盗。"王视晏子曰：

“齐人善盗乎？”晏子对曰：“婴闻橘生于淮北则为枳，枝叶徒似，其实味不同，水土异也。今民生于齐不盗，入楚，得无效楚民善盗耶？”王笑曰：“寡人取病焉。”

又曰：晏子使楚，楚王进橘置削。晏子并食不剖，王曰：“橘当云剖。”对曰：“臣闻之，赐人主前者，瓜桃不削，橘柚不剖。今者万乘无教，故不敢剖，臣非不知也。”

《庄子》曰：三王五帝之礼义法度，譬犹樝梨橘柚，其味相反，而皆可适于口。

《淮南子》曰：夫橘树之江北，化而为橙。

《吕氏春秋》曰：常山之北，投渊之上，有百果焉，群鸟所食。箕山之东，青马之所，有甘栌焉。箕山，许由隐所。青马，昆仑山东。江浦之橘，云梦之柚，汉上之菴，所以致之。菴，菴耳也。音卷。

《山海经》曰：洞庭之山，其木多橘。

《正论》曰：橘柚之贡，尧舜不常；山龙华虫，帝王不以为亵服。而命臣余黄甘厌文绣者，盖以万数者也。

《盐铁论》曰：孝武皇帝平百越，以为园圃，而民皆厌橘柚。

宋躬《孝子传》曰：王灵之，庐陵西昌人。丧父母，二十年盐酢不入其口。所住屋，夜有光。廷中橘树，隆冬三实。

《会稽先贤传》曰：严遵从光武，遇蜀郡献橘、栗，上持付公卿，遵独不取。已具甘中。

《水经》曰：刘备时，巴郡结舫水居者五百家。县有甘橘官荔枝园，夏至则熟。二千石常设厨膳，命士大夫共会树下食之。县北有稻田，出御米也。

《南夷志》曰：甘橘，大厘城有之，其味甚酸。穹賧有橘，大如复杯。

《湘州记》曰：泉陵县有焦山，山上多橘。

裴渊《广州记》曰：罗浮山有橘，夏熟，实大如李。

《云南记》曰：云南出甘、橘、甘蔗、橙、柚、梨、蒲桃、桃、李、梅杏，糖酪之类悉有。

《魏王花木志》曰：卢橘：蜀土有给客橙，似橘而非，若柚而香，冬夏华实相继，或如弹丸，或如拳，通岁食之。亦名卢橘。

《异物志》曰：橘为树，白华而赤实，皮既馨香，又有善味。江南则有之，不生他所。交址有橘，置长官一人，秩三百石，主岁贡御橘。

《续搜神记》曰：晋孝武帝世，宣城秦精尝入武昌山中彩茗，忽见一人，身长一丈，通体皆毛，从山北来。乃探怀中二十枚橘与精，甘美异常。具茗中。

《异苑》曰：南康归美山石城有橘，就食任意取足。脱持归者，便道遇大虺。具甘部。

任昉《述异记》曰：越多橘柚园，越人岁多橘税，谓之橘籍。吴阚泽表云“请除臣之橘籍”是也。越中有王氏橘园、胡氏梅山、贺氏之瓜。

《广五行记》曰：陈后主梦黄衣人围城，绕城橘树尽伐去之。及隋兵至，上下通服黄衣，未几为隋攻围之应。

《岭表录异》曰：山橘子，大者冬熟，如土瓜；次者如弹丸。其实金色而叶绿，皮薄而味酸，偏能破气。容广之人，带枝叶藏之。入脍醋，尤加香美。

《楚辞》曰：皇后嘉树，橘来服。皇，天也。后，土也。服，忽也。言皇天后土，生美橘树，异于众也。受命不迁，生南国。深固难从，更其壹志。绿叶素荣，分其可喜。

又曰：斩伐橘柚，列树苦桃。

司马相如《子虚赋》曰：橘柚芬芳。

又《上林赋》曰：卢橘夏熟。郭璞注曰：蜀中有给客橙，即橘也。冬夏华宾相继也。

杨雄《蜀都赋》曰：于西则盐泉铁冶，橘林铜陵。

张衡《南都赋》曰：游女弄珠于汉皋之曲。注曰：游女，汉女也。郑大夫交甫于汉见之，而赠以橘柚。

曹植《橘赋》曰：播万里而遥植，列铜雀之园廷。背汉洲之暖气，处玄朔之肃清。

孙楚《杕杖赋》曰：朱橘甘美，紫梨甜脆。

傅玄《菊赋》曰：诗人睹王雎而咏后妃之德，屈平见朱橘而申贞臣挪昃焉。

繁休伯《三胡赋》曰：额似鼬皮，色象蒌橘。

左思《蜀都赋》曰：家有盐泉之井，户有橘柚之园。

《柏梁台诗》太官令曰：柤梨橘栗桃李梅。

《古诗》曰：橘柚垂华实，乃在深山侧。闻君好我甘，窃独自雕饰。

崔琦《七蠲》曰：于斯江皋，实产橘柚。孟冬之月，于时可食。抚以玉手，永用华饰。

王褒《僮约》曰：南安拾栗采橘。南安，县名，出好栗、橘。

太平御览卷第九百六十七 果部四

桃

《易通卦验》曰：惊蛰大壮，初九，候桃始华。桃不华，仓库多火。

焦赣《易林·师之坤》曰：春桃生华，季女宜家。

《毛诗·周南·桃夭》曰：《桃夭》，后妃之德也。桃之夭夭，灼灼其华。

又曰：何彼秾矣，华如桃李。平王之孙，齐侯之子。

又曰：投我以木桃，报之以琼瑶。

又曰：投我以桃，报之以李。

《大戴礼·夏小正》曰：六月煮桃，以为豆实。

崔寔《四民月令》曰：三月桃花盛，农人候时而种也。

《礼记·月令》曰：惊蛰之日，桃始华。

《春秋运斗枢》曰：玉衡星散为桃。

《尔雅》曰：桃、李丑核。桃曰胆之。孙炎注曰：桃李之类，实皆有核。胆，择取其美者。

又曰：旄，冬桃。子冬熟。榹桃，山桃。榹音斯。实如桃而小，不解核。

《周礼》曰：夏食郁律桃李杏梅。

《汉书》曰：文帝六年十月，桃李华。

《续汉书·礼仪志》曰：仲夏之月，阴气萌作，以朱索施门户，各以所尚为饰。周人木德，以桃为梗，言气相更也。

范晔《后汉书》曰：杜林奏曰："果桃菜茹之馈，集以成赃。小事无妨于义，以为大戮。故国无廉士，家无完行。"具菜门中。

《唐书》曰：康国，贞观十一年献金桃、银桃，诏令植之于苑囿。

《后唐书》曰：潞州长柳巷田家有桃树，伐已经年，旧坎仍在，其仆木一朝屹然而起，行数十步，复于旧坎。其家骇异，仓黄散走。

又曰：庄宗年迈多疾，冯道因奏事言于帝曰："臣愿陛下寝膳之间动留调卫。"道因指御前果实曰："如食桃不康，翊日见桃而思戒可也；如食李不康，翊日见李而思戒可也。陛下幸思而戒之矣！"

《管子》曰：五沃之土，其果宜桃。

《韩子》曰：昔弥子瑕有宠于卫君，与君游于果园，食桃而甘，以其半啖君。君曰："爱我哉！忘其口而啖寡人。"及弥子瑕色衰爱弛，得罪于君，曰："是固尝啖我以余桃！"

又曰：孔子侍坐于鲁哀公，哀公赐之桃与黍，仲尼先饭黍而后食桃。公曰："以黍雪桃也。"对曰："黍，五谷之长，果六而桃为下。君子不以贵雪贱。"

《梅子》曰：王莽畏汉高神灵，乃令虎贲拔剑四面斫高庙，以桃汤赤鞭洒屋。

《淮南子》曰：王子庆忌死于剑，羿死于桃棓。棓，大杖，以桃木为之，以系杀羿。犹是已来，鬼畏桃也。

《抱朴子》曰：桃胶，以桑木灰渍服之，百病愈。久服身有光，在晦夜之地，如月出也。多服之则可以断谷矣。

又《内篇》曰：五原蔡诞入山而还，欺家云："到昆仑山，有玉桃，形如世间桃，但光明洞彻而坚，须玉井水洗之，便软而可食。"

《金楼子》曰：东南有桃都山，山上有树，树上有鸡。日初出，照此桃，天鸡即鸣，天下之鸡感之而鸣。树下有两鬼，对持苇索，取不祥之鬼食之。今人正朝作两桃人，法乎此也。

《说苑》曰：公孙侨相郑，路不拾遗，桃李垂街，人不敢取。

又曰：孟尝君将入西秦，宾客谏之，百通则不听也，曰："以人事谏我，我尽知之；若以鬼道，则杀之！"谒者入曰："有客以鬼道闻。"客曰："臣之来也，过于淄水之上，见一土耦人，方与木梗人语。木梗人谓土耦人曰：'子，先土也，持子以为耦人，遇天大雨，水潦并至，子必沮坏！'应曰：'我沮乃反吾真耳。今子，东园之桃也。刻子以为梗，遇天大雨，水潦并至，必浮子，泛泛乎不知所止！'今秦，四塞之国也，有虎狼之心，恐有木梗之患！”于是孟尝君逡巡而退，而以应，卒不敢西向秦。

《晏子春秋》曰：公孙接、田开强、古冶子事景公，勇而无礼。晏子言于公，公馈之二桃，曰：“三子计功而食。”公孙接、田开强先言功，援桃而起。古冶子又言其功，令二子反桃，二子惭而自杀。古冶子曰：“耻人以言，夸其声，不义也！”亦反其桃，契领而死。

《山海经》曰：夸父山北，有林名曰桃林，广圆三百里，其中多马。桃林，今在弘农阌乡南，饶野马。

《盐铁论》曰：夫桃李实多者，来年为之穰。

《新序》曰：魏文侯见箕季，从者食其园桃，箕季禁之，文侯曰：“箕季岂爱桃哉？是教我下无犯上也！”

《典术》曰：桃者，五木之精也，故厌伏邪气者也。桃之精，生在鬼门，制百鬼。故今作桃人梗着门，以厌邪，此仙木也。

《梦书》曰：桃为守御，不祥。梦见桃者，守御官。

《神农经》曰：玉桃，服之长生不世。若不得早服之，临死日服之，其尸毕天地不朽。

王肃《丧服要记》曰：昔者鲁哀公祖载其父，孔子问曰：“宁设三桃汤乎？”答曰：“不也。桃者，起于卫灵公。有女嫁梦，乳母送新妇就夫家。道闻夫死，乳母欲将新妇返。新妇曰：‘女有三从，今属于人，死当卒哀。’因驾素车白马，进到夫家，治三桃汤，以沐死者。出东北隅，礼三终，使死者不恨。吾父无所恨，何用三桃汤焉？”

《汉旧仪》曰：《山海经》称：东海之中度朔山，山上有大桃，屈蟠三千里。东北间，百鬼所出入也。上有二神人，一曰神荼，二曰郁垒，主领万鬼。恶害之鬼，执以苇索，以食虎。黄帝乃立大桃人于门户。画神荼、郁垒与虎、苇索，以御鬼。

《四王起事》曰：惠帝征成都王，于安阳城北军败，日已向中，而太官未暇进食。左右有赍秋桃十枚，便以献帝。帝食三枚，石超使人擘手夺三枚。

《汉武故事》曰：东郡献短人，帝呼东方朔。朔至，短人指朔谓上曰："王母种三千年桃结子，此儿不良，已三过偷之矣！"后西王母下，出桃七枚，母自啖二，以五枚与帝。帝留核着前，王母问曰："用此何为？"上曰："此桃美，欲种之。"母叹曰："此桃三千年一着子，非下土所植也！"后上杀诸道士妖妄者百余人，西王母遣使谓上曰："求仙信邪，欲见神人而杀戮，吾与帝绝矣！"又致三桃，曰："食此，可得极寿。"

《汉武内传》曰：西王母以七月七日降于帝宫，命侍女索桃。须臾，以玉盘盛桃七枚，大如鸡卵，形圆诗青，以呈王母。王母以以五枚与帝，自食二枚。

《西京杂记》曰：上林苑有奉桃、樱桃、缃核桃、霜桃、金城桃、胡桃、绮叶桃、含桃、紫文桃。

《妒记》曰：武阳女嫁阮宣武，妒忌。家有一株桃树，华叶灼耀。宣叹美之，即便大怒，使婢取刀斫树，摧折其华。

《关令尹喜内传》曰：喜从老子西游，省太真、王母，共食碧桃。

《列仙传》曰：师门者，啸父弟子也，亦能使火，食桃李葩。夏孔甲为不能顺其心意，杀而埋之外野。一日风雨迎之，讫则山木皆焚。孔甲祠而祷之，未还而道死。

又曰：葛由，蜀羌人。周成王世，好刻木作羊卖之。一旦骑半入蜀中，王侯贵人追之，上绥山，皆得仙。故里谚曰："得绥山一桃，虽不能得仙，亦足以豪！"

又曰：阳都女，随犊子出种桃李，一宿而返。后数十年，见在潘山下，冬卖桃果。

《神仙传》曰：樊夫人，与夫刘纲，俱有道术，各自言胜。中庭有两大桃树，夫妻各咒其一，桃便斗。纲所咒桃，走出篱外。

又曰：张陵，沛人也。有天神降之，遂服丹，能变化。有赵升，就陵受学，陵以七事试者。陵与诸弟子登云台山，绝岩上有一桃树，大如臂，旁生石壁，下临不测。去上三四丈，桃大有实。陵谓诸弟子曰："得此桃者，当告以道要。"弟子皆流汗，无敢视者。升曰："神人所护，何险之有？”乃从上自掷，正投桃树，取桃满怀，而石壁峻峭不得还，乃掷桃地上，得二百枚。陵分桃赐诸弟子，余二枚，陵自食一，留一以待升。陵乃伸手引升，升忽见返，以向一桃与升。

又曰：高丘公，服桃胶得仙。

《锺离意别传》曰：《周书》言：秦吏赵凯以私恨告园民吴旦生盗食宗庙御桃，旦生对曰：“民不敢食也！”王曰：“剖其腹，出其桃！”史记恶而书之，曰：“桃，食之当有遗核。王不知此，而割人腹以求桃，非理也！”

《风俗通》曰：《黄帝书》称：上古之时，兄弟二人，曰荼与、郁律，度朔山上桃树下简百鬼。鬼妄榾人，则援以苇索，执以食虎。于是县官以腊除夕饰桃人，垂苇索，交画虎于门，效前事也。

《玄中记》曰：木子之大者，有积石山之桃实焉，大如十斛笼。

《嵩高山记》曰：魏文帝时，嵇叔夜、胡昭在此学，桃树见在。

王子年《拾遗记》曰：汉明帝时，常献巨核桃。此桃霜下结花，隆暑方熟。常使植于霜林园，俗谓“相陵”，故声之误也。

又曰：磅磄山，去扶桑五万里，日所不及。其地寒，有桃树千围，其花青黑色，万岁一实。

陶潜《桃花源记》曰：晋太元中，武陵人捕鱼，从溪而行，忘路远近。忽逢桃花林，夹两岸，芳华鲜美，落英缤纷。林尽得山，山有小口，初极狭。行四五步，豁然开朗。邑屋连接，鸡犬相闻。男女衣着，悉如外人。见渔父，惊，为设酒食，云：“先世避秦难，率妻子家此，遂与外隔。”问今是何代，不知有汉，不论魏晋。既出，白太守。遣人随往，寻之，迷不复得。

《晋宫阙记》曰：华林园，桃七百三十株，白桃三株，侯桃三株。

郑缉之《东阳记》曰：太末龙丘山，有一岩，前外如窗牖，内有石童。岩前一桃树，其实甚甘。

裴渊《广州记》曰：庐山顶上有山桃，山桃，大如槟榔，形亦如之，色黑，而味甘酢。人时登采拾，只得于上饱啖，不得持下，下辄迷不能返。

《石虎邺中记》曰：石虎苑中，有勾鼻桃，重二斤。

《南康记》曰：南康玉山上有石狗，故老云：古有寒桃，生于岭巅，隐沦之士怪犬取其实，因变成石焉。

杨衒之《洛阳伽蓝记》曰：景阳山百果园有仙人桃，其色赤，表里照彻，得霜乃熟。亦出昆仑山。一曰西王母桃也。

杜宝《大业拾遗录》曰：四年五月，帝将北巡，发自东都。江东送白叶桃树四株，敕付西苑种。其花似莲花而小，花有十余重，重有七八叶，大于寻常桃花。

唐景《龙文馆记》曰：四年春，上宴于桃花园，群臣毕从。学士李峤等各献桃花诗，上令宫女歌之，辞既清婉，歌仍妙绝。献诗者舞蹈称万岁。上敕太常简二十篇入乐府，号曰《桃花行》。

《广志》曰：桃有冬桃、夏桃、秋桃。

《神异经》曰：东北有树焉，高五十丈，其叶长八尺，广四五尺，名曰桃。其子径三尺二寸，小狭核。食之，令人知寿。核中人可以治嗽。今之桃也。

《甄异传》曰：谯郡夏侯文规亡后，见形还家。经庭前桃树边过，曰："此桃，我昔所种，子乃美好。"其妇曰："人言亡者畏桃，君不畏耶？"答曰："桃东南枝长二尺八寸向日者，憎之。"

《异苑》曰：太元中，南都江陵郡有枣树，一年忽生桃、李、枣三种花子。

《幽冥录》曰：剡县刘晟、阮肇，共入天台山取谷皮，迷不得返。十三日，粮食乏尽，饥馁殆死。望山上有一桃，大有子实。而绝岩邃涧，永无登路。扳缘藤葛，然后得上，各啖数桃而不饥。下山，一大溪边有二女，姿质妙绝，因要还家。敕婢云："刘、阮二郎，向虽得琼实，犹尚虚敝，可速作食！"遂停，半年，怀土思归，女曰："罪牵君，如何？便语以大路。"

任昉《述异记》曰：桃之大者，谓之木桃。《诗》云："投我以木桃"，是也。

又曰：肴旧说：桓灵之世，汝、颍间禾麻为蒿莠，桃李不实，花而复落，落而复花，而官有朽粟。

《岭表录异》曰：偏核桃，出占卑国，肉不堪食。胡人多收其核，遗汉宫，以称珍异。其形薄而尖头，偏如雀嘴。破之，食其桃仁，味酷似新罗松子。性热，入药，分与北地桃仁尾。

《太清诸卉木方》曰：酒渍桃花而饮之，除百病，好容色。

《本草经》曰：枭桃在树，不落杀鬼。

《楚辞》曰：斩伐橘柚，列树苦桃。

夏侯孝若《梁田赋》曰：沉朱李，滥甘桃。

潘岳《闲居赋》曰：三桃表樱胡之别，二柰耀丹白之色。

左思《吴都赋》曰：洪桃屈盘，丹桂灌丛。

曹毗《魏都赋》曰：紫梨朱柿，侯桃丹枣。侯桃仁，山桃子，如胡麻子。

《古歌辞》曰：桃生露井上，李树生桃旁，虫来食桃根，李树代桃僵。树木身相代，骨肉还相忘！

阮籍诗曰：嘉树下成蹊，东园桃与李。

宋子侯《董娇娆诗》曰：洛阳城东路，桃李生路旁。花花自相对，叶叶自相当。春风南北起，花叶自低昂。

太平御览卷第九百六十八 果部五

杏

《典术》曰：杏木者，东方岁星之精。

《师旷占》曰：杏多实不虫者，来年秋善。

《书纪年》曰：昭公六年十二月，桃杏花。幽王十年九月，桃杏实。

《山海经》曰：灵山之下，其木多杏。

卢谌《祭法》曰：夏祠用杏。

崔寔《四民月令》曰：三月杏花盛，可播白沙轻土之田。

《后周书》曰：张元，芮城人，性廉洁。南邻有杏二树，杏熟，多落玄园中。诸小儿竞取食之，元所得者，悉以还主。

《唐史》曰：马燧之子畅，以第中大杏馈窦文场，文场以进德宗。德宗未尝见，颇怪畅，令中使就封杏树。畅惧，进宅，废为奉诚园。

《管子》曰：五沃之土，其木宜杏。

《庄子》曰：孔子游缁帷之林，休坐杏坛之上。弟子读书，孔子弦歌鼓琴。

《玄晏春秋》曰：卫伦过予，言及于味，称魏故侍中刘子杨食饼知盐生，精味之至也。予曰："师旷识劳薪，易牙别缁渑，子杨，令之妙也，定之何难！"伦因命仆取粮糗以进，予常之，曰："麦也，有杏李柰味。三果之熟也不同，子焉得兼之？"伦笑而不言，退告人曰："士安之识过刘氏！吾将来家多果实，杏时将发，故揉以杏汁；李时将发，又揉之李汁；標时将发，又揉以標汁，故兼三味。"

《氾胜之书》曰：杏始华，趣耕轻土；杏华落，趣耕阑。

又曰：杏花如何，可耕白沙。

卢毓《冀州论》曰：魏郡好杏，地产不为无珍。

《神仙传》曰：董奉，字君异。居庐山，为人治病。重病得愈者，令种杏五株；轻病得愈者，为栽一株。数年之中，杏有十数万株，郁然成林。杏子熟，奉于林中所在，作箪食一器，宣语："买杏者不复须来报，但自取之，一器谷，便得一器杏。"有人少谷往而取杏多，即有三四头虎逐之，奉悉以杏所得谷粮赈救贫穷。《寻阳记》曰：杏在北岭上，有树百株，今犹称董先生杏林。

《南岳夫人传》曰：仙人有三玄紫杏。

《西京杂记》曰：上林有文杏。材有文彩。蓬莱杏。东海都尉于台献一株，花瓣五色，六出，云是仙人所食者。

《广志》曰：荥阳有白杏，邺中有赤杏，有柰杏。

《嵩高山记》曰：嵩高山，东北有牛山，其山多杏，至五月烂然黄茂。自中国丧乱，百姓饥馑，皆资此为命。人人充饱，而杏不尽。

《洛阳宫殿簿》曰：明光殿前杏一株，显阳殿前杏六株，含章殿前杏四株。

《晋宫阁名》曰：晖章殿前杏一株。

杨衒之《洛阳伽蓝记》曰：西方于阗王不信佛法。有商胡将一比丘毗卢旃，在城南杏树下白王："伏罪今辄将异国沙门来。在城南杏树下。"王闻忿怒，即往看。毗卢旃语王言："如来遣我来，令王造覆盆浮图一躯，使王祚永隆。"王言："使我见佛，我当从命。"毗卢旃鸣钟告佛，佛即遣罗睺罗变为佛形，从空而见真容。王五体投地，即于杏树下置立寺舍焉。

任昉《述异记》曰：杏园洲南海中多杏。海上人云：仙人种杏处。汉时，常有人舟行遇风泊此洲五六月，日食杏，故免死。云洲中有冬杏。

王充《果赋》云：冬实之杏，春熟之甘。

晋郭太机《果赋》云：杏或冬而实。

又曰：范蠡宅在湖中，有海杏，大如拳。

又曰：赖乡老子祠有缥杏。

司马相如《长门赋》曰：饰文杏以为梁。

王逸《荔枝赋》曰：魏土送西山之杏。

王廙《洛都赋》曰：豹祠赤杏。

胡安道《黄甘赋》曰：越魏都之赤杏。

朱超石《与兄书》曰：光武坟边杏甚美，今奉送其核。

潘岳《闲居赋》曰：梅杏郁棣之属，华实照烂，言所不能极也。

李

《尔雅》曰：休，无实李。一名赵李。座，接虑李。今之麦李也。驳，赤李。子赤也。桃、李丑，核。子中有核人。枣、李曰疐之。

《毛诗·鹊巢》曰：何彼秾矣，华如桃李！平王之孙，齐侯之子。

又《淇澳·木瓜》曰：投我以木李，报之以琼玖。

《韩诗外传》曰：子质仕魏文侯，获罪而北游，谓简王曰："从今已去，不复树德于人矣。"简王曰："春树桃李，夏得阴其下，秋得食其实；春树蒺藜，夏不采其叶，秋得刺焉。今子所树，非其人也！"

《春秋运斗枢》曰：玉衡星散为李。

又曰：远《雅》《颂》，著倡优，则李生瓜。

《史记》曰：桃李不言，下自成蹊。

《晋书》曰：王戎年七岁，尝与诸小儿游，看道边李树子多折枝，诸小儿竞走取之，唯戎不动。人问之，答曰："树在道边而子多，必苦李也。"取之信然。

又曰：王安丰有好李，常卖，恐人得种，恒钻其核。

又曰：和峤性至俭，家有好李，帝求之，不过数十。王武子因其直率，将少年能食之人，将斧诣园，饱啖毕，伐之，送与峤，问："何如君李？"

《齐书》曰：王僧孺少时，有馈其父冬李，先以一与之，不受，曰："大人未见，不容先尝。"

《三国典略》曰：齐武成宠任东平王俨，而俨器服玩饰同于齐主。尝于南宫见典御进新冰钩盾，献早李，还而怒曰："尊兄已有，我何意无！"

《唐书》曰：武德中，有献李树连理，盘屈如龙。

又曰：贞观中，玉华宫李树连理，隔涧合枝。

又曰：神龙中，陈州官舍有李树，黄落将尽，忽更鲜茂，而生花焉。

《管子》曰：五沃之土，其木宜李。

《晏子》曰：景公病疽在背，欲见不得。公问国子，国子曰："热如火，色如日，大小如未熟李。"公问晏子曰："色如苍玉，大如璧也。"公曰："不见君子，不知野人拙也。"

《孟子》曰：匡章曰："陈仲子，岂不诚廉士哉？居于陵，三日不食，耳目无闻见也。井上有李，螬食实者半，匍匐往食之，三咽而后闻见也。"

《吕氏春秋》曰：子产相郑，桃李之垂于街者，莫之援也。

《抱朴子》曰：五原蔡诞，入山而还，欺其家人云："到昆仑山，昆仑山有玉李，光明洞彻而坚，须以玉井水浇之，便软可食。"

又曰：南顿人张助者，耕于白田，有一李栽在耕次，助意惜之，欲持归，乃掘取之。未得即去，以湿土封其根，以置空桑中，遂忘取之。助后作远职，不在。后其里中人见桑中忽生李，谓之神，有病目痛者，荫息此桑下，因祝之，言李君能令我目愈者，谢一豚。其目偶愈，便杀肫祭之。传者过差，便言此树能令盲者得视，远近翕然，互来请福。

《山海经》曰：边春之山多李，里人常采之。

《汉武内传》曰：李少君谓武帝："溟海之枣大如瓜，钟山之李大如瓶。臣以食之，遂生奇光。"

又曰：仙之上药，有圆丘红李。

《晋宫阁名》曰：晖章殿前李一株。

《邺中记》曰：华林园有春李，冬华春熟。

周处《风土记》曰：南郡细李，四月先熟。

《列仙传》曰：师门者，啸父弟子也，食桃李葩。

又曰：老子之母，适到李树之下而生老子。生而能语，指李树曰："此以为姓。"

《真人王褒内传》曰：五灵丹山上，有玄云之李，食之得仙。

嵇康《高士传》曰：长灵安丘生病笃，弟子公沙都来省之。与安共于庭树下，闻李香，开目见双赤李著枯枝，自堕掌中。安食之，所苦除尽。

《笑林》曰：赵伯翁醉眠，数岁孙儿缘其腹戏，因以李子内其朓音眦脐中，累七八枚。既醒，了不觉。数日后，乃知痛，李烂汁出，以为脐穴，惧死，乃命妻子处分家事。李核出，寻问，乃知是孙儿所为。

《梦书》曰：李为狱官，梦见李者，忧狱官。

《西京杂记》曰：上林苑有紫李、青绮李、黄李、青房李、绿李、颜渊李出《鲁志》、合枝李五株、羌李、朱李、车下李、燕李、猴李、蛮李。

《广志》曰：鼠李、朱李，可以染。

又曰：车下李、车上李。亦春熟，可染也。

又曰：麦李细小。有沟道李，有黄建李、青皮李、马肝李、赤李、房林李。有饽余石切李，肌黏茹似饽。有柰李、离核李，李似柰。有劈李，熟必先劈裂。有经李，一名老李，其树数年则枯。有杏李，味小酢似杏。有黄扁李，有夏李，有冬李，十一月熟，此三李种邺园。有春李，冬华冬熟。

郭子横《洞冥记》曰：琳国去长安九千里，多生玉叶李，色如碧，五千岁一熟，味酸苦。韩终常食之，亦名韩终李也。

《唐新语》曰：安金藏丧母，庐于墓侧，有涌泉自出。又有树，盛冬开花，犬鹿相押。采访使卢慎以闻，诏旌其门闾。

《列异传》曰：袁本初时，有神出河东，号度索君，民共立庙。兖州苏氏母病，往祷，见一人着白布单衣，高冠似鱼头，语度索君曰："昔庐山共食白李未久，已三千年，日月易得，使人怅然！"去后，度索君曰："南海君也。"

任昉《述异记》曰：魏文帝安阳殿前，天降朱李八枚。啖一，数日不食。今李种有安阳李，大而甘者，即其种也。

又曰：杜陵有金李。李之大者为之夏李，尤小者呼为鼠李。

又曰：防陵定山有朱仲李，园三十六所。潘岳《闲居赋》云："房陵朱仲之李。"

又曰《果赋》云："三十六园之朱李，盖仙李缥而神李红。"

陆士衡《果赋》云：中山之缥李。

又曰：武陵原在吴中山中，无他木，尽生桃李，俗呼为桃李源。原上有石洞，洞中有乳水。世传：秦乱，吴人于此避难者，食桃李实者，皆得仙。

《吴氏本草》曰：李核治仆僵，花令人好色。

《东方朔占》曰：朔与弟子俱行，朔渴，命弟子叩道边人家门，不知室主姓名，关门，呼不应。朔复往之门住，须臾，博劳飞集所呼门中李树上。朔见之，语弟子曰："此室人当姓李，名博，汝呼言李博，博自当应汝。"室中人果姓李名博，出门应，与朔相见，入取饮与朔。

《盐铁论》曰：桃李实多者，来岁谓之穰。

左思《齐都赋》曰：露桃霜李。

王逸《荔枝赋》曰：房陵缥李。

王廙《洛都赋》曰：铜马朱樱，房陵缃李。

庾玄默《水井赋》曰：接朱李于玄泉，来甘瓜于清涛。

傅玄《李赋》曰：河沂黄建，房陵缥青，一树三色，异味殊名。

张载《瓜赋》曰：朱李零于桂圃，葡萄溃于椒林。

《古歌诗》曰：桃生露井上，李树生桃旁。

曹植诗曰：南园有佳人，容华若桃李。

阮籍诗曰：嘉树下成蹊，东园桃与李。

《古乐府歌》曰：君子防未然，不处嫌疑间。瓜田不纳履，李下不正冠。

魏文帝《与吴质书》曰：浮甘瓜于清泉，沉朱李于寒水。

太平御览卷第九百六十九　果部六

梨

《尔雅》曰：梨，山樆。即今梨树，樆音离。梨曰钻之。啖食治择之名。

《汉书》曰：淮北荥南河济之间千树梨，其人皆与千户侯等。

《晋书·载记》曰：符双据上邽，符柳据蒲坂，叛于坚。符武据安定，并应之，将共伐长安。坚遣使谕之，各啮梨以为信，皆不受坚命。

《宋书》曰：王玄谟征滑台，一匹布责民八百大梨。

又曰：张敷，小名查；父邵，小名梨。文帝尝戏谓之曰："查如何梨？"答曰："梨，万果之宗，查何敢比也！"

《齐书》曰：扶桑国有赤梨，经年不坏。兼多蒲桃。

《唐书》曰：贞观中，杭州言：木连理二十四株；有樝梨，二木合为一体。

又曰：玄宗至马嵬驿，令高力士缢贵妃于佛堂前之梨树。

又曰：崔远，文才清丽，风神峻整，人皆慕其为人。当时目为钉座梨，言席上之珍。

《韩子》曰：夫树柤梨橘柚者，食之则甘，嗅之则香。

《庄子》曰：楂梨橘柚，其味虽别，各适其口。

《淮南子》曰：佳人不同体，美人不同面，而皆悦于目；佳，美也。梨橘枣栗不同味，而皆调于口。调，适也。

应劭《汉官仪》曰：光武封太山上坛，见酢梨酸枣，主者云："百官上者所置。"

《晋令》曰：诸宫有梨，守护者置吏一人。

《晋宫阁名》曰：明光殿前梨一株。

《世说》曰：桓南郡，每见人不快，辄嗔云："君得哀家梨，复蒸食否？"旧说秣陵有哀仲家梨，其大如升，入口消释。言愚人不别。得好梨，蒸食之。

又曰：安公讲僧常数百。习凿齿尝饷十梨，正值讲，安公便于座中手自剖分梨，尽人遍，都无偏颇。

《山海经》曰：洞庭之中，其木多梨。

卢毓《冀州论》曰：常山好梨，地产不为无珍。

《关令尹喜内传》曰：老子西游，省太真王母，共食紫梨。

《汉武内传》曰：太上之药，有玄光梨。

《曹瞒别传》曰：王自汉中至洛阳起建始殿，使工苏黄越徙美梨，掘之，根尽血出。越以状闻王，王躬自视之，以为不祥。还，遂寝疾。

《神仙传》曰：介象言病，帝使左右以美梨一奁赐象。象死，帝殡而埋之。以日中时死，其日晡时到建业，以所赐梨付苑吏，种之。后吏以状闻，既发象棺，棺中有一奏符。

《文士传》曰：孔融年四岁，与诸兄食梨，辄取其小者。人问其故，答曰："我小儿，法当取小者。"由此宗族奇之。

《西京杂记》曰：上林有紫梨、芳梨、实小。青梨、大谷梨、金柯梨、出琅琊王野家，太守王唐所献。缥蒂梨、紫条梨、瀚海梨、山瀚海，耐寒，不枯。青玉梨。

《广志》曰：洛阳北芒张公夏梨，海内唯有一树。常山真定梨，山阳钜野梨，梁国睢阳梨、齐都临淄梨，钜野豪梨，上党椁梨，小而甘。新丰箭谷梨。关以西，弘农、京兆、右扶风界，谷中梨多供御。广都梨，重六斤，可数人分食之。

《嵩高山记》曰：东岳脚上有梨树，云是武帝果园，山中诸生皆取食之。

辛氏《三秦记》曰：汉武帝园，一名樊川，一名御宿。有大梨，如五升，落地则破。其主取者，以布囊盛之，名含消梨。

《三晋山险记》曰：山阳县北有谷，通得驴马。石勒十八骑昔在此啖梨生树，今有梨园。

段龟龙《凉州记》曰：吕光时，敦煌太守宋歆献同心梨。

《永嘉记》曰：青田村民家多种梨树，名曰官梨。子大一围五寸。树老，今不复作子。此中梨子佳，甘美少比，实大出一围，恒以供献，名为御梨。吏司守视，土人有未知味者。梨实落至地，即融释。

郭子横《洞冥记》曰：涂山之北有梨，大如斗，色紫，千年一花，冬月乃实。煎之有膏，食者身轻。亦曰紫轻梨。

《博物志》曰：梨类甚多，楂杜朴皆是，有大小甜酢之异耳。

《神异经》曰：东方有树焉，高百丈，敷张自辅，叶长一丈，广六七尺，名曰梨。其子径三尺，剖之白如素。食之，为地仙。张华注曰：是故今梨树大耳。

《幽明录》曰：成彪兄丧，昼夜哭泣。兄提二升酒、一盘梨就之，引酌相劝。

《广五行记》曰：宋废帝大始年，江南盛传种萧梨。先无此树，百姓争欲植之。识者曰："当有姓萧人王者！"后齐受禅。

杨衒之《洛阳伽蓝记》曰：欢农里报德寺有园，珍异出焉。有含消梨，重六斤，禁苑所无也。从树投地，尽散为水焉。世人云："报德之梨，承光之柰。"承光寺亦多果木，柰味甚美，冠于京师。

《李邺侯传》曰：唐肃宗尝夜坐，召颍王等三弟同坐于地炉罽毯上。时李泌多绝粒，上每为自烧二梨以赐之。颍王恃恩，固求上与，曰："汝恒饱肉食，先生绝粒，何乃争之？"颍王曰："臣等试大家心，何乃偏耶？不然，三弟共乞一颗，可乎？"上亦不许，赐以他果。颍王等又曰："臣等以大家自烧，故乞。他果何用？"因曰："先生恩渥如此，臣等请联句，以为他年故事。"颍王曰："先生年几许，颜色似童儿。"信王曰："夜抱九仙骨，朝被一品衣。"一王曰："不食千钟粟，唯餐两颗梨。"既而三王请上成之，上曰："天生此间气，助我化无为。"

王赞《梨颂》曰：太康十年，梨树四枝，其条与中枝合生于玄圃园。皇太子令侍臣作颂。

《魏文帝诏》曰：真定涌孺，大若拳，甘若蜜，脆若陵，可以解烦释渴。

傅选《七证》曰：恒阳黄梨，巫山朱橘。

何晏《九州论》曰：安平好枣，真定好梨。

左思《蜀都赋》曰：紫梨津润。

又《齐都赋》曰：果则朐山之梨。

潘岳《闲居赋》曰：张公大谷之梨。

孙楚《秋赋》曰：朱橘甘美，紫梨甜脆，肤不隐于龈牙，融液易于含雪。

王廙《洛都赋》曰：梨则大谷冬紫，张公秋黄。

潘岳《金谷园赋》曰：灵圃繁若榴，茂林列芳梨。

宋武帝《戏马台梨花赞》曰：嘉树之生，于彼山基，开荣布彩，不离尘缁。

王弘《谢赐河上梨表》曰：奉赐河上梨一千，远方味甘，每垂降及，仰佩恩逮，俯增祇愧。

魏武帝《为兖州牧上书》曰：山阳郡有美梨，谨上甘梨二箱。

楂

《尔雅》曰：樝、梨曰钻之。樝似梨而酢涩，见《礼记》。

《礼记·内则》曰：樝梨姜桂。郑玄注曰：樝，梨之不臧者。皆人君羞。

《吕氏春秋》曰：箕山之东，有甘楂。

《山海经》曰：平丘有杨柳甘楂。

又曰：洞庭之上，其木多楂。

《说文》曰：楂，似梨。

《神异经》曰：南方大荒有树焉，名曰柤。三千岁作华，九千岁作实。其花紫色，中高百丈，敷张自辅。叶长七尺，五色。实长九尺，无核，割之如凝密。张茂先注曰：柤，梨。

《述异记》曰：江淮南人至北，见榅勃香，以为楂子，盖实异耳。

傅玄《瓜赋》曰：龙眼生于南极，甘楂引于昆山。

樱桃

《礼记·月令》曰：仲夏之月，天子羞以含桃，先荐寝庙。郑玄注曰：含桃，今之樱桃也。

《尔雅》曰：楔音革黠反，荆桃。郭璞注曰：今樱桃。

《广雅》曰：含桃，樱桃。

《汉书》曰：惠帝出离宫，叔孙通曰："今樱桃熟，可献，陛下宜以樱桃献宗庙。"上许之。诸果献由此兴。

《唐书》曰：太宗将致樱桃于酅公，称"奉"则是尊，言"赐"又以卑，问之虞监，曰："昔梁帝遗齐巴陵王称'饷'。遂从之。

又曰：玄宗紫宸殿樱桃熟，命百官口摘之。

又曰：萧颖士，李林甫采其名，欲拔用之，乃召见。时颖士寓居母丧，即衰麻而诣京师，径谒林甫于政事省。林甫素不识，遽见衰麻，大恶之，即令斥去。颖士大忿，乃为《伐樱桃赋》，以刺林甫，云："擢无庸之琐质，因本枝而自庇。洎枝干而非据，专阶廷之右地。虽先寝而或荐，岂和羹之正味！"其狂率不逊，皆此类也。

又曰：文宗始即位，尝因内园进新樱桃，将以赐三宫太后。上曰："送太后，焉可以为赐？"因援笔易其文簿，曰："奉太后"。自是以为常。

《拾遗录》曰：汉明帝于月夜宴赐群臣樱桃，盛以赤瑛盘。群臣视之月下，以为空盘，帝笑之。

《吕氏春秋》曰："仲夏之月，羞含桃。"高诱注曰：含桃，樱桃。为鸟所含，故曰含桃。

范汪《祠制》曰：孟夏祭，用樱桃。

《洛阳宫殿簿》曰：显阳殿前，樱桃六株。明光殿前，樱桃四株。徽音殿前，樱桃二株。

《广志》曰：樱桃，大者如弹丸。有长八分者，白色多肌者，凡二种。

《虎丘山疏》曰：山下有樱桃三株。

《唐景龙文馆记》曰：四年夏四月，上与侍臣于树下摘樱桃，恣其食。末后于蒲萄园大陈宴席，奏宫乐，至暝，每人赐朱樱桃两笼。

又曰：四年夏四月，上幸两仪殿，命侍臣升殿食樱桃。其樱桃并盛以琉璃，和以杏酪，饮涂麋酒。

《博物志》曰：樱桃或如手指，春秋冬夏，华实竟岁。

《吕氏本草》曰：樱桃味甘，主调中，益脾气，令人好颜色，美志气，一名朱桃，一名麦英也。

傅咸《粘蝉赋序》曰：樱桃，为树则多荫，为果则先熟。故种之于厅事前，以盛暑逍遥其下。

左思《蜀都赋》曰：朱樱春就，素柰夏成。

魏文帝与锺繇书，报曰：臣繇言："赐甘酪及樱桃，惠厚意绸，非言所申。"

夏侯孝若《春可乐》曰：进樱桃于玉盘。

太平御览卷第九百七十　果部七

梅

《尔雅》曰：梅，柟。似杏，实酢。

《尚书·说命》曰：若作和羹，尔为盐梅。

《毛诗·鹊巢·摽有梅》曰：《摽有梅》，男女及时也。摽有梅，其实七兮。摽，落也。盛极则堕落者，梅也。求我庶士，迨其吉兮。

《诗义疏》曰：梅，杏类也。树及叶，皆如杏而黑。煮而干为苏，置羹臛齑中。又可含以香口。

又《谷风·四月》曰：山有嘉卉，侯栗侯梅。

又《墓门》曰：墓门有梅，有鸮萃止。

《大戴礼·夏小正》曰：正月，煮梅为豆实。

《吴历》曰：孙亮出西苑，方食生梅，使黄门至中藏取蜜以渍。蜜中有鼠矢，侍中请付狱推。亮曰："此易知耳！"令破鼠矢，矢里燥，亮大笑曰："久在蜜中，中当湿；今外湿里燥，必黄门为！"构黄门，首服。左右莫不惊悚。

《宋书》曰：武帝女寿阳公主，人日卧于含章檐下，梅花落公主额上，成五出之华，拂之不去，皇后留之。自后有梅花妆，后人多效之。

《南史》曰：柳恽常与琅琊王瞻博射，嫌其皮阔，乃摘梅帖乌珠之上，发必命中，观者惊骇。

《梁书》曰：任昉为新安太守，郡有蜜岭，及杨梅，旧为太守所彩。昉以冒险，多毒物，故即时停之。

《唐书》曰：萧仿为岭南节度使。仿性公廉，南海虽富珍奇，月俸之外，不入其门。家人疾病，医工治药须乌梅，左右于公厨取之。仿知而令还之，促买于市。

《淮南子》曰：百梅足以为百人酸，一梅不足以为百人酸。喻众能济少，少不能有所成也。

《抱朴子》曰：绮里丹法：以铅百斤，合五石煮之，皆成银；以雄黄煮之，皆成黄金。金太刚，以猪膏煮之；太柔，以梅煮之。

《山海经》曰：灵山，其木多梅。郭璞注曰：似杏而酢。

《说苑》曰：越使渚发执一枝梅遗梁王，梁王之臣韩子顾谓左右曰："恶有一枝梅遗列国之君乎？"

《论衡·实知》篇曰：使圣人空坐独思，则不知百世后有马生牛，牛生驴，桃生李，李生梅也。

《世说》曰：魏武帝行失道，三军皆渴。帝令曰："前有大梅林，饶子甘，甘酸可以解渴！"士卒闻之，口皆出水。

《地理志》曰：南陵有梅根冶。

《风俗通》曰：夏禹庙中，有梅梁，忽一春生枝叶。

又曰：五月，有落梅风，江淮以为信风。又其霖霪，号为梅雨，沾衣服皆败黦。

《桂阳先贤传》曰：有人谓苏统："后园梅树下种药，可治百病。"

《吴氏本草》曰：梅核，明目益气，不饥。

《东方朔别传》曰：朔与三门生俱行，见一鸠，占皆不同。一生曰："今日当得酒。"一生曰："其酒必酸。"一生曰："虽得酒，不得饮也。"三生皆到主人，须臾，主人出酒樽中，即安于地，羸而覆之，讫不得酒。出门，问其故，曰："见鸠饮水，故知得酒。鸠飞集梅树上，故知酒酸。鸠飞去，所集枝折堕地，折者，伤覆之象，故知不得饮也。"

《西京杂记》曰：上林苑有朱梅、同心梅、紫蒂梅、燕支梅、丽枝梅、紫花梅、侯梅。

周处《风土记》曰：夏至之雨，名为黄梅雨。

《广志》曰：蜀名梅为藤，大如雁子。梅藤皆可以为油脯，黄梅以熟藤作之。藤音老。

伍瑞休《江陵记》曰：洪亭村下有白藉洲，东南得邴洲，上头有枚回村。旧云是梅槐合生成树，是以名之，音讹，谓之"梅回"。

《荆州记》曰：陆凯与范晔相善，自江南寄梅花一枝诣长安与晔，并赠花诗，曰："折花逢驿使，寄与陇头人。江南无所有，聊赠一枝春。"

《神异经》曰：北方荒外有石胡焉，方千里。中有横公鱼，夜化为人，刺之不入，煮之不死。以乌梅二七煮之，即熟，可已邪病。

《述异记》曰：嘉兴县皋陶村朱休之，有弟朱玄。元嘉二十五年十月清旦，兄弟对坐家中，有一犬来，向休蹲，遍视二人而笑，遂摇头歌曰："言我不能歌，听我歌梅花。今年故复可，柰汝明年何！"其弟惊惧，斩犬，榜音滂。首路侧。至岁末梅花时，兄弟相忿，奋戟伤兄。官收治，并被囚系，经岁得免。至夏，举家时疾，母及兄弟皆卒。

任昉《述异记》曰：邯郸，有故邯郸宫基存焉，中有赵王果园，梅李至冬而花，春得食。

《岭南异物志》曰：南方梅，繁如北杏，十二月开。

《语林》曰：范汪至能啖梅，人尝致一斛奁，须臾啖尽。

潘岳《闲居赋》曰：梅杏郁棣之属。

左思《蜀都赋》曰：梅杏罗生。

《柏梁台太官令》曰：柤梨橘栗李桃梅。

张协《七命》曰：燀以秋橙，酢以春梅，接以商王之箸，承以帝辛植淡。

石榴

《广雅》曰：若榴，石榴也。

《晋隆安起居注》曰：武陵临沅县，安石榴子大如碗，其味不酸，一蒂六实。

《宋书》曰：元嘉末，魏太武征彭城，遣使求甘蔗、安石榴。张畅曰："石榴出自邺下，亦当非彼所乏。"

《北史》曰：齐安德王延宗纳赵郡李祖收女为妃，后帝幸李宅宴，而妃母宋氏荐二石榴于帝前，问诸人，莫知其意。帝投之，问魏收曰："此竟何意？"收曰："石榴，房中多子。王新婚，妃母欲子孙众多。”帝大喜，诏：“收卿还将来。”仍赐美锦二匹。

《唐书》曰：孔绍安，大业末为监察御史。时高祖为隋讨贼于河东，诏绍安监高祖之军，深见接遇。及高祖受禅，绍安自洛阳间行奔高祖，见之甚悦，拜内史舍人。时夏侯端亦尝为御史监高祖军，先绍安归朝，授秘书监。绍安因侍宴，应诏咏石榴诗曰：“只为来朝晚，开花不及春。”时人称之。

《神仙传》曰：刘冯者，沛人也，封桑乡侯。学道于楼丘子。常服石桂英，及中岳石榴。垂四百年，如十五幼童。

《濑乡记》曰：老子祠堂北，有石榴二株。

《邺中记》曰：石虎苑中有安石榴，子大如碗盏，其味不酸。

《庐山记》曰：香炉峰头有大盘石，可坐数百人。石垂生山石榴，三月中作花，色似石榴而小淡，红敷紫萼，辉晔可爱。

《襄国记》曰：龙岗县有好石榴。

《博物志》曰：张骞使西域还，得安石榴。

《广志》曰：安石榴，有甜酢二种。

陆机《与弟云书》曰：张骞为汉使外国十八年，得涂林安石榴也。

李龙《德阳殿赋》曰：蒲桃安若，曼延蒙笼。

应吉甫《安石榴赋》曰：余往日为中书，直庐上有安石榴，枝叶甚茂，故为之赋。

傅玄《安石榴赋》曰：虎宿中而纤条结，龙辰升而丹华繁。其在晨也，灼若九日栖扶桑；其在夕也，爽若烛龙吐潜光。

庾儵《若石榴赋》曰：远而望之，粲若摛缋被山阿；迫而察之，赫若龙辉耀绿波。

夏侯孝若《石榴赋》曰：接翠萼于绿蒂，冒红牙于丹须。艳然含蕤，璀尔散珠。雪醒解悁，怡神实气。

潘岳《闲居赋》曰：若榴葡萄之珍，磊落蔓延于其侧。

又《安石榴赋》曰：实有嘉木，名安石榴。采条外畅，萦干内樛。丹耀缀于朱房，缃的点于红须。煌煌炜炜，熠耀委累。似琉璃之栖邓林，若珊瑚之映流水。光明磷烂，含丹耀紫。味滋芳神，色丽琼蕊。

潘岳《安石榴赋》曰：若榴者，天下之奇树，九州之名果也。是以属文之士，或叙而赋之。遥而望之，焕若随珠耀重渊；详而察之，灼若列宿出云间。千房同模，十子如一。御饥疗渴，解酲止醉。

左思《吴都赋》曰：蒲桃乱溃，若榴竟裂。

张载《重作石榴赋》曰：于是天回节移，龙火西夕，流风晨激，行露朝白。紫房独熟，赪肤自拆，剖之则珠散，含之则冰释。充嘉味于庖笼，极甜酸之滋液，上荐清庙之灵，下羞玉堂之客。

张协《安石榴赋》曰：乃剖乃拆，金房缃隔。

范坚《安石榴赋》曰：红须肉艳，赪牙外摽。似华灯之映翠幕，若丹琼之厕碧瑶。

殷元《安石榴赋》曰：余以暇日，散愁翰林。睹潘、张若榴二赋，虽有其美，犹不尽善。容复措辞，故聊为之赋曰："或珠离于璇琬，或玉碎于雕觞。璘彬洒映，晔紫缨缃。璀若瑶英之攒钟巘，粲若灵蚌之含珠珰。"

徐藻妻陈氏《石榴赋》曰：惟木之珍，莫美石榴。擢鲜葩于青春，结芳实于素秋。

王伦妻羊氏《安石榴赋》曰：振绿叶于柔柯，垂彤子之累衰。

张载书曰：大谷石榴，木滋之最。肤如凝脂，汁如清濑。渴者所思，铭之裳带。

曹植《弃妻诗》曰：石榴植前庭，绿叶摇缥青。翠鸟飞来集，拊翼以悲鸣。

縻元诗曰：苍苍陵上柏，参差列成行。童童安石榴，列生神道傍。

榛

《晋书》曰：成帝杜皇后崩。先是，三吴女子相与簪白花，望之如素柰，传言"天公织女死，为之着服。"至是而后崩。

《三国典略》曰：杨愔一门四世同居，家裳小盛，昆弟就学三十七余人。庭有柰树，实落于地，群儿咸争，愔独坐不顾。季父暐见之，谓宾客曰："此儿恬裕有我家风！"

萧广济《孝子传》曰：王祥后母，庭有柰树，始着子，使守视。祥昼驱鸟雀，夜则惊鼠。时雨忽至，祥抱树至曙，母见恻然。

《紫虚南岳夫人传》曰：夫人姓魏，名华存，性乐神仙。季冬夜半，有四真人，并年可二十，降夫人靖室。因设酒馔，陈玄云紫柰。夫人还王屋山，王子乔等并降。时夫人与真人为宾主，设三玄紫柰。

《玄晏春秋》曰：卫伦过予，论及于时味。伦因命仆取糗进予，予曰："麦也，有杏李柰味。"具杏部。

杜恕《笃论》曰：日给之华，与柰相似也，柰结实而日给零落；虚伪之言，与真实相似也，虚伪败而真实成。

《西京杂记》曰：上林苑有白柰、紫柰花紫、绿柰花绿。

《广志》曰：柰有白、赤、青三种。张掖有白柰，酒泉有赤柰。西方例多柰，家以为脯，数十百斛，以为畜积，如收藏枣栗。若柰汁黑，其方作羹，以为豉用也。

《汉武故事》曰：上握兰园之金精，摘圆丘之紫柰。

《释名》曰：柰油，捣柰实也，和以涂缯上，燥而发之，形似油也。柰脯，切柰曝干之，如脯也。

卢谌《祭法》曰：夏祠，法用白柰，秋祠用赤柰。

《晋太始起居注》曰：太始二年六月，嘉柰一蒂十五实，或七实，生于酒泉。

王子年《拾遗记》曰：昆仑山上有柰，冬生子，碧色须玉井之水洗，方可食。

郭子横《洞冥记》曰：有紫柰，大如升，甜如蜜，核紫花青。

《虎丘山疏》曰：山下三面有春秋二棕。

《本草经》曰：柰味苦，令人臆胀，病人不可多食。

《晋宫阁名》曰：华林园有白柰四百株。

左太冲《蜀都赋》曰：朱樱春就，素柰夏成。

潘安仁《闲居赋》曰：二柰耀丹白之色。

潘尼《东方观赋》曰：飞甘瓜于浚水，投素柰于清渠。

曹植《求祭先王表上文帝》曰：乞请白柰二十枚。

又《谢赐柰表》曰：即夕殿中，虎贲宣诏，赐臣等冬柰一奁，诏使温啖，夜非食时，而赐见及。柰以夏熟，今则冬至，物以非时为珍。甘以绝口为厚，实非臣等所宜。蒙荷诏曰："此棕乃从梁州来，道里既远来转暖，故柰变色。"

张载诗曰：江南都蔗，酿液丰霈，三巴黄甘，瓜州素柰。凡此数品，殊美绝快，渴者所思，铭之裳带。

太平御览卷第九百七十一 果部八

柿

《义熙起居注》曰：二年正月，吴令顾修期言：“西乡有柿树，殊本合条。”依旧集贺，诏停之。

《晋宫阁名》曰：徽章殿前柿一株。

《广志》曰：柿有小者如杏。

王逸《荔枝赋》曰：宛中朱柿。

潘岳《闲居赋》曰：张公大谷之梨，梁侯乌椑之柿。

王廙《洛都赋》曰：豹祠赤杏，胡并丹柿。甘液滋脆，不挂牙齿。

李尤《七款》曰：鸿柿若瓜。

刘义恭《启事》曰：敕旨垂赐华林园柿，出自神苑，滋味殊绝。

橙

《说文》曰：橙，橘属也。

《东观汉记》曰：建武中，南单于来朝，赐御食及橙、橘、龙眼、荔枝。

《晋令》曰：诸官有秩者，守护橙者，置吏一人。

《淮南子》曰：夫橘树之江北，化为橙。

《风俗通》曰：橙皮可为酱齑。

《博物志》曰：成都、广都、郫、繁、江原、临邛六县生金橙，似橘而非，若柚而芬香。夏秋冬或华或实，大如樱桃，小者或如弹丸。或有年，春秋冬夏华实竟岁。

《广志》曰：有给客橙，自夏至冬，且花且实。

《风土记》曰：橙、柚属也，而叶正圆。

《异苑》曰：南康归美山石城内有橙，就食其实，任意取足。持归美家人，啖辄病，或颠仆失径。

庾仲初《杨都赋》曰：果则黄甘朱橙。

胡道安《甘赋》曰：襄阴大橙，江阳巨橘。

林檎

《广志》曰：黑琴似赤柰。亦名黑琴。

刘祯《京记》曰：园多林檎。

《述征记》曰：林檎，果实可佳，其温勃实微大，其状丑，其味香。辅关有之，江淮南少。

《晋宫阙记》曰：华林园有林檎十二株，榅勃六株。

左思《蜀都赋》曰：林檎、枇杷、橙、柿、梬楟。

谢灵运《山居赋》曰：枇杷、林檎，带谷映渚。

椑

《广州记》曰：荔枝、壶橘，南珍之上；菱、莲、椑、柿为其次。

《地理记》曰：梁侯园有乌椑，八棱，大如酒盏。

《荆州土地记》曰：宜都出大椑。

《晋宫阁名》曰：华林园，椑子二株。

范汪《祠制》曰：孟冬，祭用椑、柿。

《异苑》曰：傅亮，永初中为护军。兄珍住府西斋，忽见北窗外椑树下物，面广三尺，状若方相，久乃自灭。

韦耀《灵阳赋》曰：甘蔗、椑、柿、榛、栗、木瓜。

潘安仁《闲居赋》曰：梁侯乌椑之柿。

谢灵运《山居赋》曰：椑、柿被实于长浦。

潘岳《金谷诗》曰：前庭树沙甘，后园植乌椑。

魏武帝《为兖州牧上书》曰：谨上椑、枣二箱。

枇杷

范汪《祠制》曰：孟夏，祭用枇杷。

《唐书》曰：建中元年，诏山南之枇杷，江南之甘、橘、藕，岁为次第贡者，取一次以供庙飨，余皆罢。

《晋宫阁名》曰：华林园，枇杷四株。

《风土记》曰：枇杷，叶似栗子，似杏，小而丛生，四月熟。

《南中八郡志》曰：南安县出好枇杷。

《广州记》曰：枇杷、若榴，参乎京都。

《华山记》曰：华山讲堂西头，有枇杷园。

《荆州记》曰：宜都出大枇杷。

《广志》曰：枇杷，冬华，实黄，大如鸡子，小者如杏，味甜酢，四月熟，出犍为。

仲长统《昌言》曰：今人主不思甘露醴泉涌，而患枇杷、荔枝之腐，亦鄙矣！

王彪之《闽中赋》曰：果则乌椑朱柿，扶馀枇杷。

周祇《枇杷赋》曰：昔鲁季孙有嘉树，韩宣子誉之。屈原《离骚》，亦著《橘赋》。至于枇杷，寒暑无变，负雪扬华，余植之庭圃，遂赋之云：名同音器，质异贞松，四序一彩，素华冬馥。

曹植《乐府歌》曰：橙、橘、枇杷、甘蔗代出。

谢灵运《七济》曰：朝食既华，摘果堂阴，春唯枇杷，夏则林檎。

槟榔

《吴录·地理志》曰：交趾朱截县有槟榔树，直无枝条，高六七丈，叶大，如莲实房，得古贲灰，扶留藤食之，则柔而美。郡内及九真日南并有之。

《宋书》曰：刘穆之少时，家贫，诞节嗜酒食，不修拘检。好往妻兄家乞食，多见辱，不以为耻。其妻江嗣女，甚明识，每禁不令往。江氏后有庆会，属勿来，穆之犹往。食毕，求槟榔，江氏兄弟戏之曰："槟榔消食，君乃常饥，何忽须此？"妻复截发市肴馔，为其兄弟以饷穆之，自此不对穆之梳沐。及穆之为丹阳尹，将召妻兄，妻泣而稽颡以致谢。穆之曰："本不匿怨，无所致忧！"及至醉，穆之乃令厨人以金拦拌贮槟榔一斛以进之。

《齐书》曰：任昉父遥，本性重槟榔，以为常饵，临终尝求之，不得好者。昉亦所嗜好，深以为恨，遂终身不尝槟榔。

《梁书》曰：干陀利国，在南海洲上，其俗与林邑、扶南略同。出班布、古贝、槟榔。槟榔特精，为诸国之极。

《三国典略》曰：齐命通直散骑常侍辛德源聘于陈，陈遣主客蔡凝宴酬。因谈谑，手弄槟榔，乃曰："顷闻北间有人为啖槟榔获罪，人间遂禁此物，定尔不？"德源答曰："此是天保初王尚书罪状辞耳，犹如李固被责，云胡粉饰貌，搔头弄姿，不闻汉世顿禁胡粉。"

《金楼子》曰：有寄槟榔与家人者，题为"合"种，盖人一口也。

《风俗记》曰：王高丽，年十四五时，四月八日在鼓城佛寺中，谢混见而以槟榔赠之，执王手谓曰："王郎，谢叔源可与周旋否？"

《南中八郡志》曰：槟榔，大如枣，色青似莲子。彼人以为异。婚族好客，辄先进此物；若邂逅不设，用相嫌恨。

《林邑记》曰：槟榔树，大围丈余，高十余丈。皮似青铜，节如桂竹，下本不大，上末不小，调直亭亭，千万若一。森秀无柯，端顶有叶。叶似甘蕉，条泒开破，仰望沙沙，如插丛蕉于竹杪；风至独动，似举羽扇之扫天叶。下系数房，房缀十数子。家有数百树，云竦如坠绳也。

《广州记》曰：岭外槟榔，小于交趾，而大如蒳子，土人亦呼为槟榔。

《广志》曰：木实曰槟榔，树无枝，略如柱。其颠五六尺间，穗如黍秀，实大如桃李。生棘针，重叠其下。剥其皮，煮其肉实而贯之，坚如干枣。食后啖之滑，美，削迦下气。彼方珍之，以为口实。亦出交趾。

《南方草木状》曰：槟榔树，三月开花，仍连着实，大如鸡卵，十一月熟。

《云南记》曰：云南有大腹槟榔，在枝朵上，色犹青。每一朵有三二百颗。又有剖之为四片者，以竹串穿之，阴干，则可入停。其青者，亦剖之，以一片青叶及蛤粉卷和，嚼咽其汁，即似减涩味。云南每食讫，则下之。

又曰：云南多生大腹槟榔，色青，犹在枝朵上，每朵数百颗。云是弥臣国来。

又曰：云南有槟榔，花糁极美。

又曰：平琴州有槟榔，五月熟。以海螺壳烧作灰，名为贲蛤灰，共扶留藤叶和而嚼之，香美。

《罗浮山疏》曰：山槟榔，一名蒳子，干似蔗，叶类柞。一丛十余干，每干生十房，房底数百子，四月采。树似栟榈。生日南者，与槟榔同状，五月子熟，长寸余。

杨衒之《洛阳伽蓝记》曰：南方歌营国最为强大，民户殷多。出明珠、金、玉及水精珍异，饶槟榔。

《异物志》曰：槟榔若笋竹生，竿种之，精硬，引茎直上。末五六尺间，洪洪肿起，若瘣木焉。因拆裂出。若黍穗，无华而为实，大如桃李。又生棘针，重累其下，以御卫其实。剖其上皮，空其肤，熟而贯之，硬如干枣。以扶留藤古贲灰并食，下气及宿食消谷。饮食设以为口实。

《岭表录异》曰：槟榔，交、广生者，非舶槟榔，皆大腹子也。彼中悉呼为槟榔。交趾豪士，皆家园植之，其树茎叶根干，与桄榔、椰子小异也。安南人自嫩及老采实啖之，以不娄藤兼之瓦屋子灰，竞咀嚼之。自云交州地温，不食此，无以祛其瘴疠。广州亦啖槟榔，然不甚于安南也。府郭内亦无槟榔树。

周成《杂字》曰：槟榔，果也，似螺，可食。

李当之《药录》曰：槟榔，一名宾门。

左思《吴都赋》曰：槟榔无柯，椰叶无荫。

刘渊林《吴都注》曰：槟榔，高六七丈，正直无枝叶，条从心生。其实作房从心中，一房数百实，如鸡子，外有壳。肉满壳中，正白，味苦涩。得扶留藤与古贲灰食，则柔滑而美矣。

俞益期《与韩康伯笺》曰：槟榔，信南游之可观！子既非常，木亦特奇，云温交州时度之。大者三围，高者九丈。其擢穗似禾，其缀实似谷。其皮似桐而厚，其节似竹而穊音既。其中空，其外劲。其屈如复虹，其申如缒绳，步其林则寥朗，庇其荫则萧条。信可以长吟，可以远想矣！性不奈霜，不得北植，必当遐树海南，辽然万里。不遇长者之目，自令恨深。

刘义恭《启事》曰：奉赐交州所献槟榔，味殊常品，涂远蒟酱。九真蛮俗曰："九真獠欲婚，先以槟榔子一函诣女，女食即婚。"

豆寇

刘欣期《交州记》曰：豆蔻，似杬树，味辛。堪综合槟榔嚼，治龈齿。

环氏《吴地记》曰：黄初三年，魏来求豆蔻。

《南方草物状》曰：漏荣树，子大如李实，二月华，七月熟。出兴古。

左思《吴都赋》曰：草则藿蒳豆蔻。

胡桃

《晋宫阁名》曰：华林园，胡桃八十四株。

《广志》曰：陈仓胡桃，皮薄多肌。阴平胡桃，大而皮脆，急捉则破。

《西京杂记》曰：上林苑有胡桃。

吴时《外国志》曰：大秦有枣、柰、胡桃。

《博物志》曰：张骞使西域还，得胡桃。

《广五行记》曰：后蜀李雄玉衡十二年，扶风人韩豹为太史令。雄卒，子期立，以豹为太傅，犹领侯职。豹尝言于期曰："臣今老，志在田园，欲植胡桃，愿赐其种。"期不悟。俄而李寿自涪率众南向，袭克成都，废期自立。

《岭表录异》曰：山胡桃，皮厚而坚，大于北府。底平如槟榔，多肉少穰，亦与北中者相似。以斧碓之方破，或取之，自底磨平，以为印子，其隔屈曲，类篆文也。

马融《西弟颂》云：胡桃自零。

潘岳《闲居赋》曰：三桃表樱、胡之别。

孔融《与诸卿书》曰：先日多惠胡桃，深知笃意。

刘滔母《答虞吴国书》曰：咸和中，避苏峻乱于临安山，吴国遣使饷馈，乃答书曰："此果有胡桃、飞穰。飞穰出自南州，胡桃本生西羌。外刚内柔，质似贤，欲以奉贡。"

荔枝

《东观汉记》曰：单于来朝，赐橙、橘、龙眼、荔枝。

谢承《后汉书》曰：汝南唐羌为临武县长，接交州，旧献荔枝，羌上书谏，乃止。

魏文帝诏群臣曰：南方有龙眼、荔枝，宁比西国葡萄、石蜜乎？今以荔枝赐将吏，啖之，则知其味薄矣。

《吴录》曰：苍梧多荔枝，生山中，人家亦种之。

《唐书》曰：杨贵妃生于蜀，好荔枝。海南荔枝胜蜀者，故每岁飞驰以进。然方暑而熟，经宿辄败。

又曰：白居易为忠州刺史，在郡为木莲荔枝图，寄朝中亲友，各记其状曰："荔枝生巴峡间，形圆如帷盖。叶如桂，冬青。华如橘，春荣。实如丹，夏熟。朵如葡萄，核如枇杷，壳如红缯，膜如紫绡。瓤肉莹白如冰雪，浆液甘酸如醴如酪，大抵如此。其实若离本枝，一日而色变，二日而香变，三日而味变。四五日外，色香味尽去矣。

《广志》曰：荔枝，高五六丈，如桂树，绿叶蓬蓬然，冬夏郁茂，青华朱实。实大如鸡子，核黄黑，似熟莲子。实白如肪，甘而多汁，似安石榴，有甜味。夏至日将已时，翕然俱赤，则可食也。一树下百斛。犍为僰道南，荔枝熟时，百鸟肥。其名之曰焦核，小次曰春花，次曰朝偈，此三种为美。次鳖卵，大而酸，以为醢和。率生稻田间。

又曰：荔枝、壶橘，南珍之上。

《西京杂记》曰：南越王尉他，献高祖鲛鱼、荔枝，高祖报以蒲桃、锦四匹。

竺法真《登罗山疏》曰：荔枝冬青，夏至日子始赤，六七日可食，甘酸宜人。其细核者，谓之焦核，荔枝之最珍也。

《异物志》曰：荔支为异，多汁，味甘绝口，又小酸，所以成其味。可饱食，不可使厌。生时大如鸡子，其肤光泽，皮中食。干则醮小，则肌核不如生时奇。四月始熟也。

《岭表录异》曰：荔枝，南中之珍果也。梧州江前有火山，上有荔枝，四月先熟，以其地熟，故曰火也，核大而味酸。其高新州与南海产者最佳，五六月方熟。黔中亦出荔枝，余曾得一常，一势火山者。形若小鸡子，近蒂稍平，皮壳殷红，肉莹寒玉。又有焦核者，性热液甘，食之过度，即蜜浆制之。又有蜡荔枝，黄色，味稍劣于红者。

《广州记》云：每岁进荔枝，邮传者疲毙于道。汉朝下诏止之。今犹修事荔枝煎进焉。其树自径尺至于合抱，叶密如冬青。木性坚重。其根，工人多取为阮咸槽、弹弓、棋局。

仲长统《昌言》曰：今人主不始神芝、朱草，而患枇杷、荔枝之腐，亦鄙矣！

王逸《荔枝赋》曰：乃睹荔枝之树，其形也，暖若朝云之兴，森如横天之彗。角亢兴而灵华敷，大火中而朱实繁。灼灼若朝霞之吐日，离离如繁星之著天。

刘渊《吴都注》曰：荔枝树生山中，叶绿色，实正赤，肉肥，肌正白，味美。

左思《蜀都赋》曰：傍挺龙目，侧生荔枝，布绿叶之萋萋，结朱实之离离。

太平御览卷第九百七十二　果部九

蒲萄

《史记》曰：大宛以蒲萄为酒。富人藏酒至万余石，久者数十岁不败。汉使取其实来，于是离宫别观傍，尽种蒲萄。

《汉书》曰：李广利为二师将军，破大宛，得蒲萄种归汉。

《续汉书》曰：扶风孟他以蒲萄酒一斛遗张让，即以为凉州刺史。《三辅决录》又载。

魏文帝诏群臣曰：中国珍果甚多，且复为说蒲萄。当其朱夏涉秋，尚有余暑，醉酒宿醒，掩露而食。甘而不飴，脆而不梳，冷而不寒。味长汁多，除烦解悁。乌县切。又酿以为酒，甘于曲蘖，善醉而易醒。道之固以流涎咽唾，况亲食之耶？他方之果，宁有匹之者！

崔鸿《十六国春秋·前凉录》曰：张斌，字洪茂，敦煌人也。作《蒲萄酒赋》，文致甚美。

又《后凉录》曰：建元二十年，吕光入龟兹城。胡人奢侈，富于生养，家有蒲萄酒，或至千斛，经十年不败。

《北齐书》曰：李元忠曾贡世宗蒲萄一盘，世宗报以百练缣，遗其书曰："仪同位亚台，铉识怀贞素。出藩入侍，备经要重。而犹家无担石，室若悬罄。岂轻财重义，奉时爱己故也？久相嘉尚，嗟咏无极。恒思标赏，有意无由。忽辱蒲萄，良深佩戴！聊用绢百匹，以酬清德。"

《唐书》曰：高祖赐群臣食于御前，果有蒲萄。侍中陈叔达执而不食，高祖问其故，对曰："臣母患口干，求之不能得。"高祖曰："卿有母可遗乎？"遂流涕呜咽，久之乃止，因赐物百段。

又曰：蒲萄酒，西域有之，前踉或有贡献，人皆不识。及破高昌，收马乳蒲萄实，于苑中种之，并得其酒法。太宗自损益造酒，为凡有八色，芳辛酷烈，味兼醍益。既颁赐群臣，京师始识其味。

又曰：太宗时，叶护献马乳蒲萄，一房长二丈余，子亦稍大，其色紫。

又曰：李直方常第果实若贡士者，以绿李为首，芳梨为副，樱桃为三，甘橘为四，蒲萄为五。或荐荔枝，曰："寄举之首也。"

又曰：罽賔在葱岭南，逾县度，经热坂。其地暑湿，人皆乘马。土宜秔稻，多甘蔗、蒲萄，草木凌寒不世。

《金楼子》曰：大月氏国，善为蒲萄花叶酒，或以根及汁酝之。其花似杏，而绿蕊碧须。夏春之时，万顷克发。如鸾翼。八月中，风至吹叶上，伤裂有似绫纨。故人呼风为蒲萄风，亦名裂叶风。

《汉武帝内传》曰：西王母尝下，帝设蒲萄酒。

杜笃《边论》曰：汉征匈奴，取其胡麻、稗麦、苜蓿、蒲萄，示广地也。

《广志》曰：蒲萄有黄、白、黑三种。

《云南记》曰：云南多干蒲萄。

杨衒之《洛阳伽蓝记》曰：白马寺浮图前，柰林、蒲萄，异于余处，枝叶繁衍，子实甚大。柰林实重七斤，蒲萄实伟于枣，味并殊美，冠于中京。帝至熟时，常诣取之。或复赐官人，得之转饷亲戚，以为奇异。得者不敢辄食，乃历数家。京师语曰："白马甜榴，一实直牛。"

唐景《龙文馆记》曰：四月上巳日，上幸司农少卿王光辅庄。驾返顿后，中书侍郎南阳岑羲设茗，饮蒲萄浆，与学士等讨论经史。

又曰：大学士李峤入东都祔庙，学士等祖送城东，上令中官赐御馔，及蒲萄酒。

《博物志》曰：西域有蒲萄酒，积年不败。彼俗传云：可至十年，饮之醉，弥日不解。

又曰：张骞使西域还，得蒲萄。

《晋宫阁名》曰：华林园，蒲萄百七十八株。

《秦州记》曰：秦野多蒲萄。

《本草经》曰：蒲萄生五原、陇西、敦煌，益气强志，令人肥健，延年轻身。

王逸《荔支赋》曰：西旅献昆山之蒲葡。

锺会《蒲萄赋》曰：余植蒲萄于堂前，嘉而赋之，命荀勖并作。

应祯《蒲萄赋》曰：结繁子之礧落兮，英茏总而弥房。

傅玄《蒲萄赋》曰：逾龙堆之险，越悬度之阻，涉乎三光之阪，历乎身热之野。

橄榄

《金楼子》曰：有树名独，分为二株，其东向一枝是木威树，南向一枝是橄榄树。

《南越志》曰：博罗县有合成树，十围，去地二丈，分为三衢：东向一衢，木叶似练，子如橄榄而硬，削去皮，南人以为糁；南向一衢，橄榄；西向一衢，橄榄。

裴渊《广州记》曰：橄榄涩酒。

《广志》曰：橄榄，大如鸡子，交州以饮酒。

《南方草木状》曰：橄榄，子大如枣，二月华，八九月熟。生食味酢，蜜藏乃甜美。交趾、武平、兴古、九真有之。

《临海异物志》曰：余甘子，梭形，初入口舌涩酸，饮水乃甘。又如梅实核，两头锐。呼为余甘、橄榄，同一物异名耳。

《岭表录异》曰：橄榄，树身耸，枝皆高数尺，其子深秋方熟。闽中尤重其味，云："咀之香口，胜含鸡舌香。"生吃及煮饮，悉解酒毒。有野生者，子繁树峻，不可梯缘，但刻其根下，方寸许，内盐于其中，一夕子皆自落。树枝节上生脂膏，如桃胶。南人采之，和其皮叶煎之，调如黑饧，谓之橄榄糖。用泥船，损干后，牢于胶漆，着水益干坚耳。

左思《吴都赋》曰：龙眼、橄榄。

椰

《隋书》曰：林邑国人，深目高鼻，发拳色黑。俗皆徒跣，以幅布缠身，冬月衣袍。妇人椎髻。施椰叶席。

《唐书》曰：诃陵国，俗以椰树花为酒。其树生花，长二尺余。实大如人胫，割之取汁，以成酒，味甘，饮之亦醉。

《南夷志》曰：荔枝、槟榔、诃梨勒、椰子、桄榔等诸树，永昌、丽死觐山皆有之。

《云南记》曰：南诏遣使致南国诸果，有椰子，状如大牛心。破一重粗皮，刮尽；又有一重硬壳。有小孔，以筋穿之，内有浆二合余，味甘色白。

又曰：云南多椰子，亦以蜜渍之为糁。

《广志》曰：椰树高六七丈，无枝条，有叶如束蒲，乃在树末。实如大瓠瓜，悬在树头。实外有皮，中有核，皮里有汁升余，清如水，美如蜜，可饮。核中肤白如雪，厚半寸，味如胡桃而美，可食。出交趾，家家种之。

《南方草木状》曰：椰，二月花，花仍连着实，房连相累。房三十，或二十七八。子十一月、十二月熟。其树黄，俗名为丹。横破之，可作碗。子长如栝楼子。

《交州记》曰：椰子有浆，截花，以竹桶承取汁，作酒，饮之亦醉。

《神异经》曰：东南荒中有椰木。椰高二三丈，或十余丈，围丈余，或七八尺。叶三百岁尽落而华，华如甘瓜华。华尽落而生萼，萼下生子，三岁而熟。熟后不长不减，形如寒瓜，长七八寸，径四五寸。

《南州异物志》曰：椰树，大三四围，长五六丈，通身无枝。至百余年有叶，叶状如蒲，长四五尺，直竦指天。实生叶间，皮包之，如莲状。皮硬过于核中。肉白如鸡子，着皮，崦腹内空含汁，大者含升余。实形团团然，或如莁楼，横破之，可为爵，并堪器用，南人珍之。

《异物志》曰：椰树，高六七丈，无枝条，叶如束蒲，在上。其实如瓠系之巅。实外皮如葫芦，肤中有汁升余，清如水，味美于蜜。食其肤则不饥，食其汁则增渴。又有如人两眼处，俗号椰子为越王头。

《岭表录异》曰：椰子树，亦类海棕。实号椰子，大如瓯盂。外有粗皮如火，腹次有硬壳，圆而且坚，厚二三分。有圆如卵者，即截开一头，砂石摩之，去其皴皮，其烂班锦文，以白金装之，以为水罐子，珍奇可爱。壳中有液数合，如乳，亦可饮之，冷而动气。

左思《吴都赋》曰：椰叶无荫。

俞益期《笺》曰：有清浆数斗，悬于长木之端，终不干，故为小异。

杨梅

《金楼子》曰：杨周年七岁，甚聪惠。孔君平诣其父，父不在，乃呼儿出。为设果，有杨梅，孔公指以示儿曰："此真君家果？"儿应声答曰："未闻孔雀是夫子家禽。"

《博物志》曰：地有名章则生杨梅。

《南越志》曰：熙安县白蜀里多杨梅，张公以为名章则多杨梅。此偶以所闻而命书，后好事改地就之耳。求之白蜀，去之远矣。

裴渊《广州记》曰：卢山顶有湖，杨梅绕其际。人登者，止得于山饱食，不得持下。

《吴兴记》曰：故章县县北有石榑山，出杨梅，常以贡御。张华所谓"地有名章，必生杨梅"，盖此谓也。

《食经》曰：藏杨梅法：取完者一斛，盐渍之，曝干。别取杭皮二斤，煮汁，盐渍之。不加蜜渍。梅色如初美好，可留数月。

《临海异物志》曰：杨梅，其子如弹丸，正赤，五月中熟。熟时似梅，味甘甜酸。

梁江淹《杨梅颂》曰：怀蕊挺实，涵黄橘丹，镜日绣壑，照霞绮峦。

沙棠

《山海经》曰：昆仑之丘有木焉，状如棠，黄华赤实，味如李，而无核。名曰沙棠，可以却水。

《吕氏春秋》曰：伊尹说曰："果之美者，沙棠之实。"

《南越志》曰：宁乡，果多沙棠。

竺法真《登罗浮山疏》曰：罗浮山有沙棠，华黄赤实，味甘如李。

枸橼

裴渊《广州记》曰：枸橼树以橘如柚，大而倍长，味奇酢，皮以蜜煮为糁。

刘欣期《交州记》曰：枸橼如柚，核细。

《异物志》曰：枸橼，实如橘，大如饭筥，皮有香，味不美。可以浣治纻。若酸浆

《岭表录异》曰：枸橼，子形如瓜，皮似橙而金色，故人重之，爱其香气。京辇豪贵家钉盘筵，怜其远方异果，肉甚厚白如萝卜。南中女工，竞取其肉，雕镂花鸟，浸之蜂蜜，点以燕脂，擅其妙巧，亦不让湘中人镂木瓜也。

益智

《十三国春秋》曰：安帝元年，卢修为广州刺史。修遗刘裕益智粽，裕乃答以续命汤。

顾徽《广州记》曰：益智，叶如蘘荷，茎如竹箭，子从心中出。一枝有十子，子肉白滑。四破去之，取外皮，蜜煮如粽子，味辛。

周景式《庐山记》曰：山果有益智、蒲萄。

《广志》曰：益智，叶似蘘荷，长丈余。其根上有小枝，高八九寸，无叶萼。其子丛生之，如枣中瓣，黑皮白核。小者曰益智。含之隔涎涉。出寿方，亦生交阯。

《南方草物状》曰：益智如笔毫，长七八分，二月华，五月、六月熟，味辛中芬香。出交趾、合浦。

陈祁畅《异物志》曰：益智类意苡，长寸许，如枳椇子，味辛辣，饮酒食之佳。

惠远法师《答卢循书》曰：捐饷深抱情至，益智乃是一方异味，即于僧中行之。

椭子

《广志》曰：椭子，似木瓜树木。

《南方草物状》曰：椭子木如鸡卵，三月华，八月、九月熟。味酸酢，或以蜜藏，滋味甜美。出交趾。

刘欣期《交州记》曰：如桃。

陈祁畅《异物志》曰：榮子之树，枝叶四布。枝叶满苏，如车盖也。名同种异，味实甜酢。与作纸谷同名，而实大异也。果而无核，里面如素。析酒止醒，更为遗赂。

檖

《毛诗·秦风·车辚·晨风》曰：隰有树檖。毛云：赤罗。或云山梨。今人谓之杨檖树。实如梨，但小耳。一名庶梨，一名鼠梨。

陆机《毛诗疏义》曰：树檖，一名赤萝，一名山梨，今人谓之杨檖。树及实如梨，但实奇小耳。一名鹿梨，一名鼠梨。齐郡广县、尧山、鲁国、河内、共、北中有。今人亦种之。极有美者，亦梨之脆美者。

《尔雅》曰：檖，罗也。郭璞注曰：今杨檖也。实似梨而酢，可食也。

《广志》曰：阳檖子似梨，大如杏，可食。

《晋宫阁名》曰：华林园，阳檖二株。

太平御览卷第九百七十三 果部十

龙眼

《广雅》曰：益智，龙眼也。

谢承《后汉书》曰：交阯七郡献龙眼。

《广志》曰：龙眼树，叶似荔支，蔓延缘木生，子大如酸枣，色异，纯甜无酸。

《朱崖传》曰：果有龙眼。

《交州记》曰：龙眼树，高五六丈，似荔支而小。

《广州记》曰：龙眼子，似荔支，七月熟。

《吴氏本草》曰：龙眼，一名比目。

《岭表录异》曰：龙眼之树如荔支，叶小，壳青，黄色，形圆如弹丸，大核，如木槵子而不坚，肉白带浆，其甘如蜜。一朵恒三二十颗。荔支方过，龙眼即熟，南人谓之荔支奴。

左思《蜀都赋》曰：傍挺龙眼，侧生荔支。

榠楂

《齐书》曰：武帝幸丹阳郡，宴饮。郢扮恃旧，酒后狎侮同列。时王敬则执榠楂，以刀子削之，谓曰："此非元徽头，何事自吃之？"为左丞庾杲之所纠，以赎论。

《广志》曰：榠楂，其子甚酢，出西方。

馀甘

《吴录·地理志》曰：高凉安宁县有馀甘，初食之味苦，后口中更甘。

《临海异物志》曰：馀甘子如梭形，出晋安侯官界中。馀甘、橄榄，同一果耳。

《云南记》曰：泸水南岸有馀甘子树，子如弹丸许，色微黄，味酸苦，核有五棱。其树枝如柘枝，叶如小夜合叶。

陈祁畅《异物志》曰：馀甘，大小如弹丸大，视之理如定陶瓜片。初入口如苦，忽咽口中，乃更甜美。盐而蒸之，尤美。可多食之。

《朱崖故事》曰：朱崖果有余甘。

左思《吴都赋》曰：其果则丹橘、馀甘、荔枝之林。

蒟子

《汉书》曰：番阳令唐蒙风晓南粤，南粤食蒙蜀枸酱。注曰：枸音矩，枸树也。如桑，其椹其长三二寸，酢，取其实以为酱。

《广志》曰：蒟子蔓生依树，子似桑椹，长数寸，色黑，辛如姜。以盐淹之，下气消食。出南安。

左思《蜀都赋》曰：筇杖传节于大夏之邑，蒟酱流味于番乩戬乡。

木瓜

《尔雅》曰：楙，木瓜。郭璞注曰：实如小瓜，酢，可食。楙，音茂。

《周礼·冬官下·弓人》职曰：取干之道，木瓜次果桑。

《毛诗·卫·淇澳·木瓜》曰：投我以木瓜，报之以琼琚。毛云：楙也。《诗义疏》曰：楙，叶似榛，实如小瓠瓜，上黄著中，令蚧香欲嚗者，蜜封，藏百日，食之也。

《三国典略》曰：齐孝昭北伐库莫奚，至天池，以木瓜灰火毒鱼，鱼皆死而浮出。库莫奚窃相谓曰："池有灵鱼，犯之不祥！"乃出长城北道，齐主分兵追击，获牛羊七万，振旅而还。

《水经》曰：鱼复县地多木瓜树，有子大如甒，白黄，实甚苦香。《尔雅》之所谓"楙"也。

盛弘之《荆州记》曰：鱼腹县有固陵村，地多木瓜树，其子大者如甒。

《晋宫阁名》曰：华林园，有木瓜五株。

《广志》曰：木瓜子可藏。枝为杖，一尺百二十节。

《吴氏本草》曰：木瓜生夷陵。

《虎丘山疏》曰：山三面悉有木瓜。

何承天《木瓜赋》曰：唯兹木之在林，亦超类而独劭。方朝华而繁实，比沙棠而有耀。

刘

《尔雅》曰：刘，刘杙也。刘子生山中，实如梨，酢甜，核坚。出交趾。杙音弋。

《吴录·地理志》曰：交址嬴倭县有刘子树，出山中，实如梨，而味酸美。郡内皆有之。

《南方草木状》曰：刘，三月华，七月、八月熟，其色黄，其味酢。出交阯、武平、兴古、九真。

《吴都赋》曰：棎刘御霜。

郁

《周书》曰：夏食郁。棣也。

《毛诗·豳·七月》曰：六月食郁。毛注曰：郁，棣。

《诗义疏》曰：其树高五六尺，其实大如李，正赤，食之甜。

《魏王花木志》曰：郁薁树，高五六尺，实大如李，赤色，食之甘。

《广雅》曰：一名雀李，又名车下李，又有郁李，亦名棣，亦名薁李子。《毛诗·七月》"食郁及薁"，即郁李也。一名棣也。

《吕氏本草》曰：郁李，一名雀李，一名车下李，一名棣。

《晋宫阁名》曰：华林园，薁李一株。

司马相如《上林赋》曰：隐夫郁棣，合逯离支。

潘岳《闲居赋》曰：梅、杏、薁棣之属。

曹毗《魏都赋》曰：若榴、郁棣。

杜梨

《尔雅》曰：杜，甘棠。今之杜梨也。

《山海经》曰：岷山，其木多棠。

《韩诗外传》曰：邵伯在朝，所司请召民。邵伯曰："不劳一身，而劳百姓，此非文王之志也。"于是庐于棠树之下，百姓大悦。诗人见而歌焉。

《毛诗·鹊巢·甘棠》曰：蔽芾甘棠，勿剪勿伐，召伯所茇。毛云：甘棠，杜也。《诗义疏》曰：今棠梨也，一名杜梨。如梨而小，有甜、酢，可啖也。

《毛诗·鹊蜂·杕杜》有杕之杜，生于道周。

陆氏《毛诗杜义》曰：杕杜，杜，赤棠也。与白棠同，但有赤白美恶。子白色者为白棠。白棠，甘棠也，多酸美滑。赤棠，子涩而酢者也。俗语涩如杜是也。木理亦赤，可以作弓材。

孙楚《杕杜赋序》曰：家弟以虞氏《梨赋》见示，余谓："岂以梨有用之为贵，杜无用之为贱？"故赋之。

楔枣

《晋宫阁名》曰：华林园，楔音软枣四株。

《广志》曰：楔枣，味如柿。晋阳楉楔，肌细而厚，以供御。

《范子计然》曰：楔枣，出汉中郡。

崔豹《古今注》曰：楔枣，叶如柿，实似柿而小，味甘美。

司马相如《子虚赋》曰：楂、梨、樗、栗、橘、柚芬芳。樗，楟枣也。

左思《蜀都赋》曰：林檎、枇杷，橙、柿、樗楟。

榛

《毛诗·邶·柏舟·简兮》曰：山有榛，隰有苓。

陆机《毛诗疏义》曰：山有榛，枝叶似栗树，子似橡子，味似栗。枝茎可以为烛。

《毛诗·墉·柏舟·定之方中》曰：树之榛、栗、椅、桐、梓、漆。

《诗义疏》曰：榛，栗属，有两种。其一种大小皮叶皆如栗，其子小，形似杼子，味亦如栗，所谓"树之榛栗"者也；其一种枝茎如木蓼，生高丈余，作胡桃味，辽代上党皆饶。

《周礼·天官下·笾人》职曰：馈食之笾，其实榛。

《礼记·曲礼下》曰：妇人之贽，椇、榛、枣、栗。

《说文》曰：榛，似梓，实如小栗。

《山海经》曰：上申之山，下多榛、楛。郭璞注曰：榛，似栗而小。

任昉《述异记》曰：汉末，杨氏家园中产神榛二株。

张衡《七辨》曰：寒梨干榛。

柚《尔雅音义》曰：或作櫾

《尔雅》曰：柚，条也。郭氏注曰：似橙，实酢，出江南。

《尚书·禹贡》曰：扬州，厥苞橘柚。

《周书》曰：秋食橘、柚。

《毛诗·秦·车辚》曰：终南何有？有条有梅。

《列子》曰：吴越之间有木焉，其名曰柚，碧树而冬青，实丹而味酸。度淮北而化为枳焉。

《庄子》曰：三王五帝之礼义法度，譬犹楂、梨、橘、柚，其味相反，而皆适于口。

《淮南子》曰：天之所处，地之所载，皆生于一父母。故槐、榆与橘、柚，合而为兄弟。

《吕氏春秋》曰：果之美者，云梦之柚。

《山海经》曰：洞庭之山、纶山、铜山、贾超之山，其木多柚。郭氏注曰：柚，似橘而大。

《盐铁论》曰：御史曰："孝武皇帝平百越，以为园圃，臣庶皆厌橘、柚。"

崔寔《政论》曰：橘、柚之贡，尧、舜所不常御。

裴渊《广州记》曰：别有柚，号为雷柚，实如升大。

《广志》曰：成都有柚，大如升。

《博物志》曰：橘、柚类多，豫章郡出真者。

《风土记》曰：柚，大橘也，赤黄而酢也。

《神异记》曰：东方建春山外多柚。

《异苑》曰：南康归美山石城内，有甘、橘、柚。

《楚辞》曰：斩伐橘、柚，列树苦桃。

《楚辞》曰：杂橘、柚以为圃兮，列辛夷与椒槟。

司马相如《子虚赋》曰：橘柚芬芳。

《古诗》曰：橘柚垂华实，乃在深山侧。闻君好我甘，窃独自灯希。

扬雄《扬州牧箴》曰：彭蠡既潴，阳鸟攸居。橘柚羽贝，瑶琨筱簜。

崔琦《七蠲》曰：于期江皋，实产橘柚，紫叶玄实，绿里朱茎。

郭璞《赞》曰：屈生嘉叹，以为美谈。

椵

《尔雅》曰：櫠，椵也。郭璞注曰：柚属，子大如盂，皮厚二三寸，中似枳，食之少味。

椹

《毛诗·駉颂·泮水》曰：翩彼飞鸮，集于泮林。食我桑椹，怀我好音。黮，桑实。

《后汉书》曰：献帝时，三辅大饥。九月，桑复生椹，人得以食。

《魏略》曰：杨沛为新郑长，课民益畜干椹。会太祖西迎天子，无粮食，沛进干椹。及太祖辅政，迁为邺令，赐其生口十人，绢百匹，欲以励之，报干椹也。

《魏书》曰：袁绍在河北，军人仰枣、椹。

车频《秦书》曰：慕容垂围邺，百姓不得复田。民以桑椹为粮，相啖略尽。

《晋书·载记》曰：符登攻姚苌，苌据武都相持，累战，互有胜负。登军中大饥，收葚以供后。

《后魏书》曰：崔逞自燕奔魏，寻除御史。太祖攻中山，乏粮，问群臣取食之方。逞曰："取椹可以助粮。"太祖虽御侮慢，兵须食，乃听人取椹。

《北史》曰：后周赵肃为齐州别驾，有能名。其东邻有桑椹落其家，就遣人悉拾归其主，戒诸子曰："吾非以此求名。意者非机杼物，不愿侵人，汝等宜以为诫。"

《金楼子》曰：秦皇遣徐福求一寸椹。碧海之中有扶桑树，长数千丈，树两两同根生，更相依倚，是名为扶桑。仙人食其椹，而体作金光，飞腾玄宫也。

《汉武内传》曰：神仙上药，有扶桑丹椹。

《汝南仙贤传》曰：蔡君仲孝养老母。时赤眉乱，君仲取桑椹，赤黑异器。贼问之，答曰："黑者与母，赤者自食。"贼嘉之，与盐二升。

《世说》曰：张天锡为晋孝武所器，每人言话，无不竟日。颇有嫉之者，于坐问张："北方何物可贵？"张答曰："桑椹香甘，鸱鸮革响，醇酪养性，人无嫉心。"

《世说》曰：有王甲从北方来诣谢公，问："北方何果最胜？"甲云："桑椹最好。"谢公问："可以比方江东何果？"甲云："是黄甘之流。"公曰："君何乃尔妄语！"甲耻受妄语之名，恐宰相所贵，乃买骏马，候熟时，取数十枚，返以奉公。公食之，以为美，乃谓甲："此味乃江东所无，而君近比黄甘！"于是引甲为宾客。

《十洲记》曰：有椹树，长数千丈，名为扶桑芝。仙人食期椹，而体作金色，飞翔玄宫。其树虽大，其叶则小，故如中夏之桑椹也。但椹稀而赤，九千岁一生实耳。

杨衒之《洛阳伽蓝记》曰：愿会寺，中书舍郎王翊舍宅所立也。佛堂前生桑树一株，直上五尺，枝条横绕，柯叶傍布，形如羽盖。复高五尺，凡为五重，每一重叶椹各异。京时岳俗谓之神桑，观者成市，布施者甚众。帝闻而恶之，以为惑众，命给事黄门侍郎元纪伐杀之。其日云雾晦冥，下斧之处，流血至地，见者莫不悲泣。

东方朔《神异记》曰：东方有树，高八十丈，敷张自辅。叶长一丈，广六七尺，名曰桑。上有椹，长三尺五寸，其围如数。

《异苑》曰：汉兴平元年九月，桑再椹。时刘玄德军小沛，年荒谷贵，士众皆饥，仰以为粮。

又曰：北方有白桑，椹长数寸，食之甘美。

《广五行记》曰：晋武太元中，太原王戎为郁林太守，泊船新亭眠，梦人以七枚椹与之，着衣襟中。既悟，得椹如梦中。

傅休奕《桑椹赋》曰：繁实离离，含甘吐液。翠采三变，或玄或白。嘉味殊滋，食之无斁。

太平御览卷第九百七十四　果部十一

枳椇音只矩

《毛诗·嘉鱼·南山有台》曰：南山有枸，北山有楰。枸，枳枸。

《诗义疏》曰：枳枸树，高大如白杨，所在皆有。子著支端，支柯不直。啖之甘美如饴，八九月熟。江南特美。今官园种之，谓之木蜜。能令酒味薄，若以为屋柱，则一屋酒可薄。

《礼记·曲礼下》曰：妇人之贽，椇、榛、脯、修。郑玄注曰：椇，枳椇也。

《广志》曰：枳椇，叶似柳，子似珊瑚。其味如蜜。十一月熟，树干者益美。出南方。大如指头。

崔豹《古今注》曰：枳椇子，一名树蜜，一名木饧。实形拳曲，核在实外，味甜美如饧蜜。一名白石，一名木石，一名枳椇也。

㮸音蟾。《南越志》：果名，似柰而酸

薛莹《荆扬以南异物志》曰：耩子树产山中，实似梨，冬熟，味酸。丹阳诸郡有之。

蒳音纳

《异物志》曰：蒳草树，果如栟榈而小。三月采其叶，细破干之，味近苦甘。并鸡舌香食之，益善也。

顾徽《广州记》曰：山槟榔，大于蒳子。蒳子，土人亦呼为槟榔。

左思《吴都赋》曰：藿蒳豆寇。

木威

顾徽《广州记》曰：馀甘、甘蔗、木威，黄皮，其味殊苦。

顾徽《广州记》曰：木威，高丈余，子如橄榄而坚，削去皮以为粽。

椋木

《吴录·地理志》曰：卢陵南郡雩都县，有椋树，其实如甘蕉，而核味亦如之。

朹音求

《尔雅》曰：朹，檕音计梅也。郭璞注曰：朹树似梅，子如指头，可食，赤色，似小柰也。

棪

《尔雅》曰：棪音琰，槤音速其。郭璞注曰：𣚋孔，实似柰，赤，可食。

《山海经》曰：堂庭之山，其上多棪木。郭璞注曰：即槤也。

曹毗《魏都赋》曰：果则谷棪山楟音亭。

杨桃

《临海异物志》曰：杨桃，似南方橄榄子，其味甜。常五月、十月熟。谚言："杨桃无蹙，一岁三熟。"其色青黄，核如枣核。

《临海异物志》曰：杨桃子，生晋安侯官县。一小树得数十石，实大三寸，可蜜藏之。

庾仲初《扬都赋》曰：杨桃、枇杷。

杨槠

《临海异物志》曰：杨槠有七脊，子生树皮中。其体虽异，味则无奇。长四五寸，色青黄，味甘也。

冬熟

《临海异物志》曰：冬熟，如指大，正赤，其味甘，胜梅。

猴闼

《临海异物志》曰：猴闼子，如指头大，其味小苦，可食。

关桃

《临海异物志》曰：关桃子，其味酸。

土翁

《临海异物志》曰：土翁子，如漆子大，熟时甜酸，其色青黑。

狗槽

《临海异物志》曰：狗槽子，如指头大，正赤，其味甘。

鸡橘

《临海异物志》曰：鸡橘子，如指头大，味甘。永宁南界中有之。

猴總

《临海异物志》曰：猴總子，如指头大，与柿相似，其味不减于柿。

多南

《临海异物志》曰：多南子，如指大，其色紫，味甘，与梅子相似。晋安侯官界中有之。

王坛

《临海异物志》曰：王坛子，如枣大，其味甘。晋安侯官越王祭坛边有此果，无知其名，因见生处，遂名王坛。其形小于龙眼，有似木瓜。七月熟，甘美也。

王彪之《闽中赋》曰：王坛侯栗。

《扬都赋》曰：草则龙目、荔枝、王坛、丹橘。

三廉出熙安郡云母山，见《南越志》

陈祈畅《异物志》曰：三廉大实，实不但三。虽名三廉，或有四五六枚。食之多汁，味酸且甘。藏之尤好，与众果相参。

鬼目亦名几目

《尔雅》曰：符，鬼目。郭景缚曰：匠箔东有鬼目草，茎似葛，叶圆而毛，子如耳珰，赤色，丛生。

《广志》曰：鬼目似梅，南人以饮酒。

《南方草木状》曰：鬼目树，大者如木子，小者如鸭子。二月花色，仍连着实，七月、八月熟。其色黄，其味酸，以蜜煮之，滋味柔嘉。交址、武平、兴古、九真有之。

裴渊《广州记》曰：鬼目、益智，直尔不敢啖，可为浆也。

《交州记》曰：鬼目树，似棠梨，叶似楮，皮白，树高大，如木瓜而小邪倾，不周正。味酢，九月熟。又有草眯子，亦如之。亦可为糁。因其草似鬼目。

甘蔗

《说文》曰：藷，蔗也。

《汉书·礼乐志·郊祀歌》曰：百味旨酒布兰生，泰尊柘浆析朝酲。应劭曰：柘浆，取柘汁以为饮也。

《吴录·地理志》曰：交阯句扇音漏。县甘蔗大数寸，其味醇美，异于他处。笮以为饧，曝之，凝如冰，破如博棋，入口消释。

《江表传》曰：孙亮使黄门以银碗并盖就中藏吏取交州所献甘蔗饧。黄门先恨藏吏，以鼠矢投饧中，启言吏不谨。亮呼吏持饧器入门，曰："此器既盖之，且有油覆，无缘有此也。黄门将有恨汝耶？"叩头曰："常从臣求官莞席，有数，不敢与。"亮曰："必是此也！"问，具服，即于前加髡，鞭斥外付。

《晋书》曰：顾恺之，每食蔗自尾至本。人或问之，曰："渐入佳境。"

《宋书》曰：庾仲文好货，刘雍自谓得其助力，事之如父，夏中送甘蔗。

又曰：元嘉末，魏太武征彭城，遣使至小市门致意求甘蔗及酒。孝武遣人送酒二器，甘蔗百挺。

《齐书》曰：宜都王铿善射，常以堋的太阔，曰："终日射侯，何难之有！"乃取甘蔗插地，百步射之，十发世畧。

又曰：范云，永明十年使魏。魏人李彪宣命至云所，甚见称美。彪为设甘蔗、黄粽，随尽复益。彪笑谓曰："范散骑小验之，一尽不可复得。"

《梁书》曰：庾沙弥性至孝。母刘亡，好啖甘蔗，沙弥遂不食焉。

《三国典略》曰：陆纳反湘州，分其众二千人夜袭巴陵。晨至城下，宜丰侯修出垒门，坐胡床以望之。纳众乘水来攻，矢下如雨。修方食甘蔗，曾无惧色，部分军旅，鼓而进之。遂获其一舰，生擒六十人。纳遂归保长沙。

又曰：侯景至朱雀街南，建康令庾信守朱雀门。俄而景至，信众撤桁。始除一舶，见景军皆着铁面，退隐于门，自言口燥，屡求甘蔗。俄而飞箭中其门柱，信手中甘蔗应弦而落。

《隋书》曰：赤土国，物产多同于交址。以甘蔗作酒，杂以紫瓜根，酒色黄赤，味亦香美。

《永嘉郡记》曰：乐城县三州府，江有三洲，因以为名。对岸有浦，名为菰子，出好甘蔗。

卢谌《祭法》曰：冬祠，用甘蔗。

范汪《祠制》曰：孟春，祠用甘蔗。

《扶南传》曰：安息国出甘蔗。

《广志》曰：甘蔗，其饧为石密。

《云南记》曰：唐韦齐休聘云南，会川都督刘宽使使致甘蔗。蔗节希似竹许，削去后亦有甜味。

《神异经》曰：南方荒内肝睹林，其高百丈，围三尺，促节多汁。甜如蜜。肝音干，睹音柘。

《异物志》曰：甘蔗，远近皆有。交址所产特醇好，本末无薄厚。其味甘，围数寸，长丈余，颇似竹。断而食之，既甘；生取汁为饴饧，益珍；煎而暴之，凝如冰。

《甄异传》曰：隆安中，吴县张牧字君林，忽有鬼来，无他，须臾，唯欲啖甘蔗，自称高褐主人，因呼“阿褐”。牧母见之，是小女，面青黑色，通身青衣。

魏文帝《典论》曰：尝与平虏将军刘勋、奋威邓展等共饮。宿闻展善有手臂，晓三兵。余与论剑，酒酣耳热。方食干蔗，便以为杖，下殿数交，三中其臂。

《袁子正书》曰：岁比不登，凡不给之物，若干蔗之属，皆可权禁。

《楚辞》曰：臑兵切。鳖炮羔有柘浆。柘，蔗也。

司马相如《子虚赋》曰：诸柘、巴苴。诸柘，甘柘。

张协《都蔗赋》曰：若乃九秋良朝，玄酎初出，黄华浮觞，酣饮累日。挫斯柘而疗渴，若漱醴而含蜜，清滋津于紫梨，流液丰于朱橘。

曹植诗曰：都蔗虽甘，杖植地折；巧言虽美，用植地灭。

张载诗曰：江南都蔗，酿液澧沛，三巴黄甘，瓜州素柰。凡此数品，殊美绝快，渴者所思，铭之裳带。

李伯仁《七款》曰：副以甘柘，丰弘诞节，纤液玉津，旨于饴蜜。

虞翻《与弟书》曰：有数头男，皆如奴仆。伯安虽痴，诸儿不及。观我所生，有儿无子。伯安三男，阿思似父。思其两弟，有似人也。去日南远，恐如甘蔗，近抄即薄。

应璩《与尚书诸郎书》曰：檀氏园，葵菜繁茂，诸蔗瓜芋，亦离尚萌。未知三生，复何种植？

冯衍《杖铭》曰：杖必取材，不必用味；相必取贤，不必所爱。都蔗虽甘，犹不可杖；佞人悦已，亦不可相。

甘藷

《南方草木状》曰：甘藷，民家常以二月种之，至十月乃成卵，大者如鹅，小者如鸭。掘食，其味甜。经久得风，乃淡泊耳。出交趾、武平、九真、兴古。

陈祈畅《异物志》曰：甘藷似芋，亦有巨魁。剥去皮，肌肉正白如肪。南方人专食之，以当米谷。蒸炙皆香美。宾客酒食亦施设，有如果实也。

燕薁音郁

《毛诗·豳·七月》曰：六月食郁及薁。薁，蘡薁也。

《毛诗题纲》曰：葛藟，一名燕薁藤，好生河浒边，得水润而长。喻王九族，蒙王恩惠，以育子孙。今王无泽于族人，不如葛藟生河浒边也。

《广雅》曰：燕薁，蘡舌也。

《广志》曰：燕薁，似梨，早熟。

《魏王花木志》曰：燕薁，实大如龙眼，黑色。《说文》谓之婴薁，《诗疏》一名车鞅藤。《豳诗·七月》曰："食郁及薁"。此名燕薁。

潘岳《闲居赋》曰：梅香薁棣之属，繁荣藻丽之饰。

曹毗《魏都赋》曰：英梅杨李，若留郁棣。

廉姜

《广雅》曰：蔟葰相维切，廉姜也。

《湘州记》曰：始安县空龙山、精了山出廉姜。

《食经》曰：廉姜法：蜜煮乌梅，去滓，以滓廉姜，再三宿。色黄赤，如琥珀。

刘祯《清虑赋》曰：仰称木韭，俯拔廉姜。

太平御览卷第九百七十五　果部十二

甘蕉

《晋宫阁名》曰：华林园，芭蕉二株。

《南夷志》曰：南诏，土无食器，以芭蕉叶藉之。

《广志》曰：芭蕉葅，或曰甘蕉茎，如荷芋，重皮相裹，大如盂升。叶广二尺，长一丈。子有角。子长六七寸，或三四寸。生为行列，两两共对，若相抱形。剥其上皮，色黄白，味似蒲萄，甜而饱人。其根大如芋魁，大一石，青色。其茎解散如丝，织以为葛，谓之蕉葛。虽脆而好，色黄白，不如葛色。出交趾建安。

《南州异物志》曰：甘蕉，草类，望之如树。株大者一围余，叶长一丈，或七八尺，广尺余、二尺许。花大，如酒杯形，色如芙蓉，著茎末。百余子，大名为房，根似芋块，大者如车毂。实随华，每华一阖，各有六子，先后相次。子不俱生，花不俱落。此焦有三种：一种子大如拇指，长而锐，有似羊角，名羊角蕉，味最甘好，一种子大如鸡卵，有似牛乳，味微减羊角蕉；一种大如耦子，长六七寸，形正方，少甘味，最弱。其茎如芋，取以灰练之，可以纺绩。

《异物志》曰：芭蕉，叶大如筵席，其茎如芋，取镬煮之为丝，可纺绩，女工以为絺绤，匠不趾葛也。其内心如蒜鹄头生，大如合柈蚌。因为实房，一房有数十枚。其实皮赤如火，剖之中黑。剥其皮，食其肉，如蜜甚美。食之四五枚可饱，而余滋味犹在齿牙间。一名甘蕉。

顾徽《广州记》曰：甘蕉，与吴花实根叶不异，真是南土暖，不经霜冻，四时花叶展，其熟，其未熟时，亦苦涩也。

《南方草木状》曰：蕉树子，房相连累，甜美，亦可蜜藏。

《游名山志》曰：赤岩山水石之间，唯有甘蕉林，高者十丈。

卞敬宗《甘蕉赞》曰：扶疏似树，质则非木。

扶留

《吴录·地理志》曰：始兴有扶留藤，缘木而生，味辛，可以食槟榔。

《蜀记》曰：扶留木，根大如箸，视之似柳根。又有蛤，名古贲，生死畧，取烧为灰，曰牡厉粉。先以槟榔着口中，又扶留长寸，古贲灰少许，同嚼之，除胸中恶气。

《异物志》曰：古贲灰，牡厉灰也。与扶留、槟榔，三物合食而后善也。扶留藤，似木防已，扶留、槟榔，所生相去远，为物甚异而相成，俗曰："槟榔、扶留，可以忘忧。"

《交州记》曰：扶留有三种：一名获扶留，其根香美；一名南扶留，叶青味辛；一名扶留藤，味亦辛。

《广志》曰：扶留藤，缘树生，其花实即蒟也，可为酱。

左思《吴都赋》曰：石帆水松，东风扶留。

芋

《说文》曰：齐人谓芋为莒。

《孝经援神契》曰：仲冬，昴星中，收莒芋。宋均注曰：莒亦芋。

《广雅》曰：藉如，水芋也，亦曰乌芋。

《汉书》曰：汝南郡有鸿隙大陂，翟方进为丞相，秦破之。郡中追怨，童谣曰："坏陂谁？翟子威。饭我豆食羹芋魁。"

《汉书》曰：秦破赵，迁卓氏，曰："吾闻岷山之沃野下有蹲鸱，至死不饥。乃求远迁，致之临邛，至僮百人。

崔鸿《十六国春秋·蜀录》曰：李雄克成都，众甚饥馁，乃将民就谷于郪，掘野芋而食之。

《南史·孝义传》曰：鲜于文宗，渔阳人，年七岁丧父。父以种芋时亡，至明年芋时，对芋呜咽，如此终身。

《汜胜之书》曰：区种芋法：区收三石。

《汝南先贤传》曰：袁安，字召公，除阴平长。时年饥荒，贸苍菜食，租入不毕，安听使输芋，曰："百姓饥困，长何得食谷？"先自引芋，吏皆从之。

《汝南先贤传》曰：薛包归先人冢侧种稻芋，稻以祭祀，芋以充饥。耽道说礼，玄虚无为。

《列仙传》曰：酒客为梁承，使民益种芋，三年当大饿，卒如其言，梁民不死。

《风土记》曰：博士芋，蔓生，根如鹅鸭卵。

《华阳国志》曰：何随，字季业，蜀郫人。母亡归送，吏饥，辄取道侧民芋，随以帛系其处，使足所取直。民相语曰："闻何安汉清，民取粮，令为之偿。"

《博物志》曰：野芋，食之煞人。家芋，种之三年不收，后旅生，亦不可食。

《广志》曰：凡十四芋：有君芋，大如魁；有车毂芋，有旁巨芋，有边芋。此四芋，魁大如瓶，少子，叶如伞盖，缃色，紫茎，长丈余，易熟，长味，芋之最善者也，茎可作羹臛。有蔓芋，缘支生，大者二三升。有鸡子芋，色黄。有百果芋，亩收百斛。有卑芋，七月熟。有九面芋，大不美。有蒙控芋，有青芋，有曹芋，子皆不可食，茎可为菹。又有百子芋，出叶榆县。有魁芋，无旁子，生永昌。

《本草经》曰：芋，土芝，八月采。

左思《蜀都赋》曰：瓜畴芋区。

菱

《尔雅》曰：菱，蕨攈。郭璞注曰：今死暑芰也。

《尚书大传》曰：钜野菱。钜野，大野也，鲁薮，今蜀山阳也。

《周书》曰：冬食菱藕。

《周礼·天官下》笾人职曰：加笾之实，菱。

《国语》曰：屈到嗜芰，有疾，召其宗老而属之，屈到，楚卿；宗老，家臣，曰："祭我必以芰！"及祥，宗老将荐芰，屈建命去之，建，屈到之子子木，曰："夫子不以私欲干国之典也。"

《汉书·循吏传》曰：龚遂为渤海太守，劝民秋冬益蓄果实菱芡。

谢承《后汉书》曰：袁闳父贺为彭城相，亡，闳到郡迎丧，饥食菱芡，渴饮行潦。

《梁书》曰：鱼弘为湘东王镇西司马，述职西上，道中乏食，缘路采菱，作菱饭，给所部。弘度之所，后人觅一菱不得。又于穷洲之上，捕得猕猴数百，为脯，以供酒食。

《淮南子》曰：楚灵王作章华之台，弃疾承民之怨而立公子比，百姓避而去之，乃食菱饮水，枕块而死。

《吕氏春秋》曰：厉叔事莒闵公，自以为不知，而去居于海上，夏日则食菱芡，冬日则飧橡栗。

杜恕《笃论》曰：夫萍之浮，与菱之浮相似也，菱植根，萍随波。是以尧、舜叹巧言之乱德，仲尼恶紫之夺朱。

《风俗通》曰：殿堂象东井形，刻作荷菱水物，所以厌火也。

《罗浮山记》曰：绥宁县元龟渊中出菱，甚为甘旨。

《广志》曰：钜野阁菱，大于常菱。淮汉以南，凶年以芰为蔬。

范汪《祠祭》曰：孟秋之祭菱芡。

《楚辞》曰：制芰荷以为衣兮，集芙蓉以为裳。

左思《蜀都赋》曰：其沃瀛则有绿菱红莲。

潘岳《西征赋》曰：凫跃鸿渐，唼喋菱芡。

郭璞《江赋》曰：忽忘夕而宵归，咏采菱以叩舷。

曹植《九愁》曰：采菱华而结辞。

孙楚《论屈建文》曰：加笾之品，菱芰存焉。楚多陂塘，菱芰所生。父自嗜之而抑案。宰祝既毁就养无方之礼，又失奉死如生之义，夺乎素欲，建何忍焉！

芡

《周礼·天官下》笾人职曰：加笾之实，芡。

《汉书》曰：龚遂为渤海太守，劝民冬益蓄果实菱芡。

《淮南子》曰：狸头愈鼠，鸡头已瘘音漏。鼠啮人创，狸愈之。瘘，颈肿疾。鸡头，死晷草，幽州谓之雁头，亦愈瘘。

崔豹《古今注》曰：芡，鸡头也，一名雁头，一名菱。叶似荷而大，叶上蹙衄如沸。实有芒刺，其里如珠，可以疗饥止渴。

《方言》曰：葰，芡，鸡头也。北燕谓之葰，青徐淮泗之间谓之芡。

《说文》曰：芡，鸡头也。

《广雅》曰：南楚江湖之间谓之鸡头，或谓之雁头。

《本草经》曰：鸡头，一名雁实，生雷泽。

刘駒駼《玄根赋》曰：芳林蓁蓁，朱竹离离。菱芡吐荣，若摅锦而布绣。

莲

《尔雅》曰：荷，芙蕖，其实莲，莲谓房也。其中的莲中子也的中薏。中心苦者也。

《毛诗曰·陈·宛丘·泽陂》曰：彼泽之陂，有蒲与莲。有美一人，硕大且卷。

《史记》曰：龟千岁，游于莲叶之上焉。

吴时《外国志》曰：大秦国有莲藕杂果。

《宋起居注》曰：元嘉十八年，有司奏：扬州刺史王浚解称，州治后池有两莲骈生，双房分体。又十六年，华林丞伍泳刺：双莲同干，秀出华池。

又曰：泰始二年八月，嘉莲双葩并实，合跗同茎，生豫州鳢湖。又六年，双莲一蒂，生东宫玄圃池。

《三国典略》曰：齐王还邺，高丽、新罗并遣使朝贡。先是，徐州莲一茎两蒂，占云："异木连枝，远人入欵。"斯其应也。

《北齐书》曰：后主武平中，特进侍中崔季舒宅中池内，莲茎皆作胡人面，仍着鲜卑帽，俄而季舒见煞。

《三国典略》曰：周平齐，齐幼主、胡太后等并归于长安。初，武成殂后有谣云："千钱买果园，中有芙蓉树。破券不分明，莲子随他去。"调甚悲苦，至是应焉。

又曰：高纬所幸冯淑妃，名小怜也。

《后唐书》曰：监军张承业，本朝旧人，权贵任事，人士胁肩低首候之，唯马郁以猾稽侮狎。每宾僚宴集，承业出异方珍果陈列于前，客无敢先尝者，当郁前者，食必尽。承业私戒主膳者曰："他日马监至，唯以干莲子置前而已！"郁至，窥之，知其不可啖。异日，靴中置铁锤，出以击之。承业大笑，曰："为公易馔，勿败予案！"

夏侯孝若《芙蓉赋》曰：绿房翠叶，紫饰红敷。黄螺圆出，垂甤散须。缨以金牙，点以素珠。

孙楚《莲华赋》曰：攒聚星列，纤离相扶。皎若玄黎投幽夜，粲若邓林飞鹓雏。

《乐府歌》曰：江南可采莲，莲叶何田田！

藕

《尔雅》曰：荷，芙蕖，其根藕。

吴时《外国志》曰：大秦国有莲藕杂果。

《齐书》曰：永明中，巴东王子响杀行事刘夤等。武帝闻之，谓群臣曰："子响遂反。"戴僧静大言曰："诸王应自反，岂唯巴东！"武帝问其故，咎曰：天王无罪，而一时被囚！一挺藕，一杯浆，皆谘签师；签师不在，则竟日忍渴。"

《唐史》曰：苏州进藕，其最上者名伤藕。或云荷名，或云叶甘为虫所伤，或云故伤其叶，以长其根。近多重台荷盖，莲实中又生花，亦甚异也。

司马相如《子虚赋》曰：咀嚼菱藕。

夏侯孝若《芙蓉赋》曰：咀菱藕于玄泉。

谢朓诗曰：秋藕折轻丝。

太平御览卷第九百七十六 菜茹部一

菜

《诗》曰：我有旨蓄，亦以御冬。旨，美；御，御也。蓄，聚菜以御冬月乏无时也。

又曰：其蔌音速伊何？维笋及蒲。蔌，菜肴也。

《周礼·春官》曰：入学释菜合舞。入学必择菜，礼先师也。菜，芊蘩之属。

《仪礼·婚礼》曰：舅姑既没，则妇入，三月乃奠菜，没，终也。奠菜者韭，祭菜也，盖用薰。称妇之姓曰：某氏来，妇敢奠嘉菜。始为皇舅。

《礼》曰：仲秋之月，命有司趣民收敛，务蓄菜。始为御冬植蹈也。

《左传》曰：蘋蘩蕴藻之菜，可荐于鬼神，可羞于王公。

《尔雅》曰：菜谓之蔌，蔬不熟为馑。蔌，菜总名，见《诗》。凡草菜可食，通名为蔬也。

《论语》曰：虽疏食菜羹，瓜祭，必齐如也。

又曰：饭疏食，饮水，曲肱而枕之，乐亦在其中矣。

《尚书大传》曰：煞君之室，虽生美菜，有义之士弗食。

《后汉书》曰：刘平与母俱匿野泽中。平朝出求食，逢饿贼，将烹之。平叩头曰："今旦为老母求菜，母老，将平为命，愿得先归，食母毕，还就死。"因涕泣，贼见其至诚而遣之。平还，既食母讫，因白曰："属与贼期，义不可欺。"遂还诣贼。众皆大惊，相谓曰："常闻烈士，乃今见之！子去矣，吾不忍食子。"于是得全。

又曰：崔瑗爱士，好宾客，盛修肴膳，殚极滋味，不问余产。居常蔬食菜羹而已。

谢承《后汉书》曰：汝南钟南严海君，少时，乡人有入其园窃菜者。明日，拔菜悉遗乡里。乡里人相约，无复取菜者。

又曰：彭城刀曜，字子卿，为渔阳相。前相所种菜，悉付还外。

《魏志》曰：倭国地温，冬夏食生菜。

《吴书》曰：赵咨使魏，魏人曰："闻江东有专耑音端蹄菜，作苦为食？"咨曰："当得仓助庚切鲦以作羹。"

王隐《晋书》曰：皇甫谧姑子梁柳，为城阳太守。或劝谧送之，谧曰："柳为布衣过吾，吾送迎柳不出门，食不过盐菜。贫，不以酒肉为礼也。今而送，是贵城阳太守，而贱梁鸿季也，岂中古人之道哉！"

又曰：邵续为石勒所执，身灌园鬻菜，以供衣食。勒屡遣人察之，叹曰："此真高人矣！不如是，安足贵乎？"嘉其清苦，赐谷帛。每临朝嗟叹，以励群官。

又曰：桓温性俭，每宴，唯下匕奠拌菜果而已。

又曰：吴隐之母丧，哀毁。尝咸菹，以其味旨，辍而弃之。及为广州，清操逾励，常食不过菜及干鱼而已。帷帐器服，皆付外库。时人颇谓其矫，然亦始终不易。

《宋书》曰：张敷，父在吴兴亡，成服凡十余日，始进水浆。葬毕，不进盐菜，遂毁瘠成疾。

又曰：宗悫以军功封洮阳侯。先是，乡人庾业家豪富侈，侯服玉食，与宾客相对，膳必方丈，而为悫设粟饭菜菹，谓客曰："宗军人惯啖粗食。"悫致饱而退，初无异辞。至是，为悫长史，带梁郡，悫待之甚厚，不以昔事为嫌。

又曰：柳元景为三公时，在朝勋贵多事产业，唯元景独无所营。南岸有数十亩菜，得钱三万还宅，元景怒曰："我立此园菜，以供家啖耳！乃复卖以取钱，夺百姓之利耶？"乃以钱乞守园人。

又曰：王玄谟、柳元景、桓护之，虽并北人，而玄谟独受老伧之目。凡诸称为四方书疏，亦如之。尝为玄谟作四时诗，曰："堇茹供春膳，粟浆充夏餐，瓟酱调秋菜，白醝解冬寒。"

又曰：朱修之姊在乡里，饥寒不立。修之贵为刺史，未曾供膳。往姊，为设菜羹粗饭以激之。

《齐书》曰：晋永嘉五年，曲阳县市黄庆宅左右有园，东南广数丈。每种菜，辄鲜异，虽加采拔，更生。夜恒有白光，似悬绢。道士傅德占，使人掘之三尺，获玉印，文曰“长承万福”。

又曰：宜都王铿，生三岁，丧母。及有识，问母所在，左右告以早亡，便思慕蔬食，自悲不识母。

又曰：江泌性仁孝，食菜不食心，以其有生意，唯食老叶而已。

《南史·隐逸传》曰：沈道虔辟州府，凡十二命皆不就。有窃园菜者，外还见之，仍自逃隐。待窃者去，后乃出。

《梁书》曰：武帝太官常膳，唯以菜蔬，圆案所陈，不过三盏。

又武帝诏曰：今虽无复牲腥，犹有脯修之类，即之幽明，义为未尽。可更详定，悉荐时蔬。左丞司马筠等，参议火饼代大脯，余悉用蔬菜，帝从之。

《三国典略》曰：梁萧栋，字元吉，豫章安王权之子也。侯景以法驾迎栋，时栋与其妃执锄种菜，忽然见逼，骇愕久之。

《后魏书》曰：甄琛母曹氏，有孝性。夫氏去家，路逾百里，每得鱼肉菜果珍羹口实者，必令僮仆走奉其母，乃后食焉。

又曰：高闾曾造胡叟，叟短褐曳柴，从田归舍，为闾设浊酒蔬食，皆手自办案。其馆宇卑陋，园畴褊局，而饭菜精洁，醯酱调美。见其二妾，并年衰跛眇，衣布穿敝。闾见其贫约，以衣服直十余匹赠之，亦无辞愧。

又曰：卢义僖性清俭，不营财利。虽居显位，每至困乏。麦饭蔬食，忻然甘之。

《三国典略》曰：北齐王以邺清风园赐穆提婆，于是官无蔬菜，赎买于人，负钱三百万。其人诉焉，斛律光曰：“此园穆提婆，一家足；不赐提婆，百官足。”

又曰：库狄士文为贝州刺史，性清苦，不受公料，家无余财。其子尝啖官厨饼，士文枷之，系狱累日，杖之一百，步送还京。僮隶无敢出门，所买菜必于于境。凡有出入，皆封署其门。亲故绝迹，庆吊不通。

《隋书》曰：姚察，陈亡入隋，诏授秘书丞，别敕成梁、陈二史，又敕于朱华门长参。文帝以察自奉蔬菲，别日召入内殿，赐果菜，指谓朝臣曰："朕闻姚察学行，当今无比。我平陈，只得此一人！"

《唐书》曰：太宗回次易州界，司马陈元璹令百姓种蔬坑上，而微火煦之，欲其速生，以拟供进。太宗闻之，责其谄媚，诏免官。

又曰：太宗时，健达献佛土菜，一茎五叶，花赤，中心正黄，而蕊子紫色。泥婆罗献波棱菜，叶类红蓝，实如蒺藜，火熟之，能益食味。又有酢菜，状似芹，而味香。浑提葱，其状犹葱，而甘辛。

又曰：高宗时，司农欲以冬藏余菜卖之百姓，以墨敕示仆射苏良嗣，良嗣判曰："昔公仪相鲁，拔去园葵；况临御万邦，而败蔬鬻菜？"事遂不行。

又曰：王升为刑部尚书，性贪吝，不常在公。乃鬻公廨菜园，收其价钱以自润，甚为时论所丑。

又曰：中书园蔬，日给于众官者，主事白常衮减其数，崔祐甫怒诃主事，主事曰："此相公之命。"祐甫大诟曰："门下侍郎，安得理中书之蔬！"叱左右踣主事而拽之，自是与衮常不平。

又曰：贞元七年冬，司农卿李模免官。初，司农当供三官冬菜二千车，以度支给车直稍贱，又阻雨菜败，模以度支为辞。上责其不先闻，故免之。先是，模奏司农菜不足，请京兆府市之。尹薛珏、万年令韦彤，乃禁人私卖。上命夺珏俸一月，彤俸三月。

又曰：贞元中，奚陟为中书舍人，以所得杂给均分省内官，又躬亲庶务，下至园蔬，皆悉自点阅。人以为难，而陟处之无倦。

《庄子》曰：宣尼穷于陈蔡之间，颜回择菜。

《孔丛子》曰：菜谓之蔬。

《金楼子》曰：秦始皇闻鬼谷先生言，因遣徐福入海，求金菜玉蔬。

《说苑》曰：楚文王伐邓，使王子革、王子灵共捃菜。二子出，见老丈人戴畚，乞焉不与，搏而夺之。王闻之，令皆拘二子，将煞之。大夫辞曰："取畚信有罪，然煞之，非其罪也！君若何煞之？"言卒，丈人造军而言曰："邓为无道，故伐之。今君公之子，搏而夺吾畚，无道甚于邓乎！”呼天而号，群臣见之，言，曰：“讨有罪而横夺，非所以禁暴也；恃力虐老，非所以教幼也；爱子弃法，非所以保国也。私二子，灭三行，非所以从政也！丈人舍之矣！”谢之军门之外。

又曰：楚庄王赐虞丘子菜田三百，号曰国老，以孙叔敖为令尹。

《吕氏春秋》曰：菜之美者，寿木之华，枯姑之东赤木、玄木之叶。余瞀之南，有菜名嘉树，其色若碧。

桓谭《新论》曰：董仲舒专精于述古，年至六十余，不窥园中菜。

《山东六贤传》曰：袁卞，字叔隰，陬虑人。种菜一园，左右窃取度沟渎，卞乃为之桥，其敦义如此。

《汉武内传》曰：西王母云：上仙之药，有碧海之狼菜。

《孝子传》曰：北平阳公，輂水作浆，兼以给过者。公补履屩，不取其直。天神化为书生，问云：“何不种菜？”曰：“无菜种。”即与数升，公种之，化为白璧，余皆为钱，公得以娶妇。

《广州先贤传》曰：丁密，苍梧人，非家织布不衣，非已耕种菜果不食。

《杜兰香别传》曰：香降张硕，赍瓦榼酒，七檈多菜，而无他味，亦有世间常菜，辄有三种，色或丹或紫，一物与海蛤相类。并有非时菜。硕云：“食之亦不甘，然一食，七八日不饥。”

《荆楚岁时记》曰：正月七日，谓之人日，采七种菜以为羹。

《两京记》曰：隋大业六年，诸夷来朝，请入市交易，炀帝许之。于是修饰邸店，皆使甍宇齐正，卑高如一，环货充积，人物华盛，竞崇侈丽。至卖菜者，亦以龙须席藉之。

《魏王花木志》曰：吴郡边海诸山悉生紫菜。

崔豹《古今注》曰：葅、荆、扬州人谓葅为葴。

杜宝《大业拾遗录》曰：徐孝颖，性仁孝。尝在园中昼卧，见人盗菜，徐徐转身向里，恐偷者见之。仁行退让，皆此类也。

汉张竦奏曰：古叛逆之国，潴其宫室以为污池，名曰凶虚，虽生菜蔬，而民不食。

韭

《诗》曰：四之日其蚤，献羔祭韭。

《礼》曰：庶人春荐韭，韭曰丰本。

《尔雅》曰：藿，山韭。今山中多有此菜，皆如人家种者。

《说文》曰：菁，韭华。韭，菜一种，久而生也，象形，在地上，北也。

《通俗文》曰：韭根白荄古人切。

《山海经》曰：边春山、鸡山，韭。丹重之山，其草多韭。

《谷梁传》曰：古者公田为井，居灶葱韭尽取焉。

《汉书》曰：龚遂为渤海太守，民口种一畦韭。

《晋书》曰：石崇为客作豆粥，咄嗟便办；每冬得韭萍。王恺每以此事为恨，乃密货崇帐下，问其所以。答云："豆至难煮，豫作熟，有客来，作白粥以投之耳；韭萍，是捣韭根，杂以麦苗耳。"

又曰：温峤灭王敦，先是，童谣曰："剪韭剪韭，断阳柳。河东小子，令我与子。"以为贼如韭、柳，寻得复生也。

《晋书后略》曰：成都王围京邑，城中无菜，采陈韭芥以为善菜。

《齐书》曰：周颙隐钟山，王俭谓曰："卿在山中何所食？"答曰："赤米白盐，绿葵紫蓼。"又问："何者最佳？"曰："春初早韭，秋暮晚菘。"

又曰：庾杲之，字景行，为世祖征虏功曹，清贫，食唯韭葅、瀹 韭、生韭杂菜。或戏之曰："谁言庾郎贫？食鲑尝有二十七种韭。"言三九也。

《三国典略》曰：北齐太上，后宫无限，衣皆珠玉，一女岁费万金，寒月尽食韭牙。

《庄子》曰：徐无鬼见武侯，武侯曰："先生居山食芋，厌葱韭；今老病，欲酒肉之味耶？"无鬼曰："君为万乘之主，苦国以义耳！目君病矣！何劳吾乎？"

《列子》曰：老韭为苋，老羭为猿。

《鲁连子》曰：市处者，仆妾脍炙而食，市饶也；壅泉沃韭织屦之士，从兄弟室父往，而不得粗糒焉。非爱其仆妾，恶其室父也，此其饶羡之与不足也。

《说苑》曰：卫有一夫，负缶入井灌韭，终日一区。邓析过，教之曰："有机重后轻前，命曰桔槔，终日讫九百区。"丈夫曰：有机智，必有机心。我非不知，不欲为也！"

《正论》曰：小民发如韭，剪复生；头如鸡，割复鸣。吏不必可畏，后来不必可轻。奈何欲望致刑厝乎？

《汉武内传》西王母曰：仙次，药有八阮赤韭。

缪袭《祭仪》曰：春祀，和羹芼以韭。

《水经》曰：交州平乐山多龙穴，傍生野韭。人往乞者，神许则风吹制分，随偃而拔，不得过越；不偃而拔，辄凶也。

杨衒之《洛阳茄蓝记》曰：李崇为尚书令仪同三司，富倾天下，僮仆千人，而性多俭吝，恶衣粗食，食常无肉，止有韭茹、韭菹。崇家客李元祐语人云："李令公一食十八种。"人问其故，元祐曰："二九十八。"闻者大笑，世以此为讥。

诸葛亮教张君嗣曰：去妇不顾门，萎韭不入园。以妇人之性，草菜之精，犹有所耻；想忠壮者，意何所之？

太平御览卷第九百七十七 菜茹部二

葱

《礼》曰：凡进食之礼，葱叶处末。又：脍春用葱。又：脂用葱。又：为君子择葱薤，必绝其本。

《尔雅》曰：茖古百切，山葱。茖，葱，细茎大叶。

《汉书》曰：龚遂为渤海太守，令人一口种五十本葱。

又曰：邵信臣为少府。先是，官园种冬葱、韭，覆以屋，昼夜爇音燃火，待温气乃生。奏罢之。

《东观汉记》曰：孔奋，字君鱼，为姑臧长。时天下乱，河西独安。前长居官数月，辄致赀产。奋在姑臧四岁，财物不增，唯老母极膳，妻子但食葱菜。或嘲奋曰："置脂膏中，不能自润。"

《义熙起居注》曰：十年，有司奏太常谢澹遣四人还家种葱菜，免官。

《晋书》曰：居洛阳城十里内，有园菜，欲以当课，听引其长流，灌紫葱。

《晋书》曰：石勒时，石聪将叛，佛图澄戒勒曰："今年葱中有虫害人，百姓无食葱。"俄而石聪走。

《后秦书》曰：姚兴种葱，皆化为韭，其后兵戈日盛。

《后周书》曰：宣帝大象年，左卫园中葱变作韭。

《梁书》曰：吕僧珍拜南兖州刺史，从父兄子先以贩葱为业，僧珍至，乃弃业求州官。僧珍曰："吾荷国恩重，无以报效。汝等自有常分，岂可妄求叨越？当速反葱肆耳！"

《金楼子》曰：名山之下生葱。葱薤者，是古人食石种也。故语曰："宁得一把五茄，不用金王一车；宁得一片地榆，不用明月宝珠。五茄，一名金盐。地榆，一名玉鼓。惟此二物可煮石。

又曰：用紫芝煮石，石美如脂，食之，可更调五味，下橘皮葱豉。

《汉武内传》曰：西王母曰："仙上药有玄都绮葱。"

《列仙传》曰：阮公者，鸣山上道士也。衣裘，发覆耳。耳长六七寸，口中无齿。日行四百里。于山上种葱薤，百余年人不知也。

《春秋元命苞》曰：天门山上有葱，所种畦垅悉成行。人拔取者悉绝，若请神而求，即不拔自出，奇异辛香。

缪袭《祭仪》曰：秋祀，和羹芼以葱。

《西河旧事》曰：葱岭在敦煌西八千里，其山高大，故曰葱岭也。河源潜发其岭，分为二水，一水西经休循国，国在葱岭也。

郭仪恭《广志》曰：休循国居葱岭，其山多大葱。

《华阳国志》曰：曹公既与先主语，失匕。会大震雷，先主曰："贤人言：'迅雷风烈必变！'良有以也！"曹公亦悔失言，使人觇之，见其拔葱，公曰："大耳公未觉也。"其夜先主急去。

《广志》曰：有胡葱、木葱。

《巴南山川记》曰：有石蒜、石葱。

《续搜神记》曰：新野赵真家，园中所种葱，未经抽拔，忽一日尽缩入地。后经岁余，真之兄弟相次分散。

扬雄《蜀都赋》曰：万条荧荧，翠藻青黄，若摛锦布绣，望之无疆。

潘岳《闲居赋》曰：菜则有葱韭蒜芋，青荀紫姜，堇荠甘旨，蓼荽芬芳。

薤

《尔雅》曰：䪥巨盈切，山薤。今山中多有此菜，皆如人家所种。

又曰：薤，鸿荟也。即薤菜也。

《汉书》曰：龚遂为渤海太守，令民一口种百本薤。

《后汉书》曰：庞参为南阳太守，郡人任棠者有奇节，隐居教授。参到，先候之，棠不与言，但以薤一本、水一盂置户屏前，自抱孙儿伏户下。主簿白，以为倨。参思其微意，良久曰："棠是欲晓太守也。水者，欲吾清也；拔大本薤，欲吾击强宗也；抱儿当户，欲吾开门恤孤也。”于是叹息而还。参在职，果能抑强肋弱，以惠政侍人。

《魏略》曰：李孚，字子宪，为诸生，常种薤，欲以成计。有求索，不与一茎，亦不自食。时人谓之能行意。

《世说》曰：桓公坐有参军，猗音羁，箸取物也。蒸薤不时解，其食者又不肋，而猗终不放，举坐皆笑。

又曰：苏峻乱，庾公南奔，见陶侃，雅相重。及食，庾啖薤，因留白。陶问：“用此何为？”庾云：“故可种。”于是尤叹。

《列仙传》曰：务光服蒲薤根。

《荆州图副》曰：筑阳县有薤山，山多野薤，因以为名。

古词曰：薤上朝露何易稀！

潘岳《闲居赋》曰：白薤负霜。

蒜

《尔雅》曰：蒚帘阅切，山蒜。今山中多有此菜，皆如人家所种。

《说文》曰：蒜，菜之美者，云梦之荤菜。

《东观汉记》曰：李恂为兖州刺史，前刺史所种园小麦、胡蒜，悉付从事，无所留。

谢承《后汉书》曰：江夏费遂，字子奇。为扬州刺史，悉出前刺史所种小麦、胡蒜付从事。

又曰：太原闵仲叔者，代称节士。虽同党之洁清，自以弗及也。同党见其含菽饮水，遗以生蒜，受而不食。

王隐《晋书》曰：郗诜母病苦车，及亡，不欲车载，乃养鸡种蒜，得马八匹，舆棺至冢。

《齐书》曰：豫章王大会宾僚，张融食炙，始毕，人便去。融欲求盐蒜，口终不言，方摇食指，半日乃息。

《梁书》曰：邵陵王使贼煞何智通。既擒贼，智通子敞之割炙食之。即载出新亭，四面火炙之，焦熟。敞车载钱，设盐蒜。雇百姓食之，撤一脔，赏载钱一千，徒党并母肉遂尽。

《抱朴子》曰：谓夏必长而荞、麦枯，谓冬必凋而竹、柏茂。

《正部》曰：张骞使还，始得大蒜、苜蓿。

《三辅决录》曰：平陵范氏，南阳旧语曰："前队大夫有范仲公，盐豉蒜果共一筒。"言其廉俭也。

《袁子正书》曰：栽萦曰："吾尝与陈子息于郢东门之外，见一老父，方坐而食。其子授之蒜，食必有余，欲弃则惜，欲持去则暑，遂尽食，于是火辛，螫其肠胃，两目尽赤。陈子笑之，吾谓曰："子之家中，牛羊数千而不敢食，天暑有暍音谒死者而后食之，病子之躯，亦由是也！"

《晋四王起事》曰：成都王颖，奉惠帝还洛阳道中，于客舍作食。宫人持斗余粳米饭以供至尊，大蒜盐豉。到获嘉市粗米饭，瓦盂盛之。天子啖两盂，燥蒜数株，盐豉而已。

《颜氏家训》曰：《三辅决录》云："前队大夫范仲公，盐豉蒜颗共一筒。"颗，当音魏颗之颗，北土通呼物一段为一颗蒜，俗间常语耳。故陈王《雀鹞赋》曰："头如蒜颗，目似擘椒。"

崔豹《古今注》曰：蒜，茆蒜也，俗语谓之小蒜。胡国有蒜，十子共为一株，二箨裹之，名为胡蒜，尤辛于小蒜，俗人谓之大蒜。

《冤报记》曰：梁庐陵王萧绩在荆州时，常遣从事量括民田。南阳乐孟卿亦充一使，公府舍人韦破虏发遣试敕，失王本意。及孟卿以数误得罪，破虏惶惧，不敢引愆，但诳孟卿："公自为，当为公分雪，无劳诉也。"数日之间，遂斩于市，孟卿号叫，无由自陈，唯语人，以纸笔随殓。死后少日，破虏在糟上看牛，忽见孟卿挈头而入，持一碗蒜与之。破虏惊呼奔走，不获已而服之，因尔病，未几乃卒。

《广五行记》曰：唐咸亨四年，洛州司户唐望之冬集计至五品，进止未出。间有僧来觅，初不相识，延之共坐。少顷，问曰："贫道出家人，得饮食亦少，以公名，故暗相记，能设一顿鲙否？"司户欣然，即处公买鱼。此僧云："看有蒜否？"司户家人云："蒜尽。"僧云："蒜尽，去也！”即起，留之云：“蒜尽，遣得买。”僧云：“蒜既尽，不可更住！”苦留不止。司户果无疾暴亡。

延荐《与李文德书》曰：五折张骞大宛之蒜。

潘尼《钓赋》曰：西戎之蒜，南夷之姜。

茄

《梁书》曰：蔡樽为吴兴太守，不饮郡井水。斋前自种白苋、紫茄，以为常饵。诏褒其清，加信武将军。

杜宝《大业拾遗录》曰：四年，改胡床为交床，改胡瓜为白露黄莀。改茄子为昆仑紫莀。

《岭南异物志》曰：南土无霜雪，生物不复凋枯。种茄子，十年不世，生子，人皆攀缘摘之，树高至二丈。

《岭表录异》曰：南中草菜，经冬不衰。故蔬园之中，栽种茄子，宿根有二三年者，渐长，枝干乃为大树。每夏秋熟，则梯树摘之。三年后，树渐老子稀，即伐去，别栽嫩者。

姜

《春秋运斗枢》曰：璇星散为姜。失德逆时，则姜有异，辛而不臭也。

《援神契》曰：姜，御温菜也。

《礼记·檀弓上》曰：丧有疾，食肉饮酒，必有草木之滋焉，以为姜桂之谓也。

《论语·乡党》曰：不撤姜食。撤，去也。齐禁薰物，姜辛而不臭，故不去也。

《韩诗外传》曰：宋玉因其友见楚相，楚相待之无以异。让其友，其友曰：“夫姜桂因地而生，不因地而辛。女因媒而嫁，不因媒而亲。子之于王，未也，何怨于我也！”

《史记》曰：万家之城千畦姜，与千户侯等。

《魏志》曰：倭国有姜，不知其滋味。

《齐书》曰：孔琇之为临川太守，在任清约。罢郡还，献干姜二斤。武帝嫌其少，知琇之清，乃叹息。

《梁书》曰：周舍，占对辩捷。常居直卢，语及嗜好，裴子野言："从来不尝食姜。"拾应声曰："孔称不撤，裴乃不常。"一坐皆悦。

《吕氏春秋》曰：和之美者，杨璞之姜，招摇之桂，杨璞，地名，在蜀郡。招遥，山名，在桂阳。越骆之箘。

《神仙传》曰：吴孙权曰："权使介象作变化，种菜瓜，百果皆立生可食。"先主论脍鱼，何者最美，象曰："鲻鱼为上。"先主曰："论近道鱼耳，此出海中，安可得乎？"象曰："可得耳！"乃令人于殿庭中作方坑，汲水满之，并求钩。象饵之，垂纶于坑中，不过顷，得鲻鱼。先主惊喜，问象曰："可食否？"象曰："故为陛下取，安敢取不可食之物？"乃使厨下切之。先主曰："闻蜀姜作齑至佳，此间姜永不及也，恨尔时无此姜耳！"象曰："蜀姜岂不易得？愿差所使行者，并付以直。"象自书一符，以青竹杖，使行人闭目骑杖，杖止，便买姜。买姜毕，复闭目。此人承其言，骑杖，须臾止，已到成都。不知是何处，问人，人言是蜀市，乃买姜。于时吴使张温于市见之，问曰："与帝买姜。"于是甚惊，作书寄家。此人买姜毕，捉书骑竹杖，闭目，复须臾，已还。到吴厨下，切脍亦适了也。

《李先生传》曰：郎中乔翻，于羊渚遇神人，意欲啖姜，而市无之。神人以绢数匹，并书一牒，付信，入市门南下，任意所如。须臾，得姜数斗还。以问神人，神人曰："问李先生，当知我。"

《博物志》曰：伏波将军唐资传蜀人煞姜法：先洒扫，别粗细为三辈，盛着笼中，作沸汤没笼，着汤中。须臾，取一片横截，断视其熟否。裹既熟讫，便内着瓮中，细捣米末以覆氏，令姜不见。讫，以向汤令复沸，使相淹，消息视瓮中，当自沸，沸便阴干之。

又曰：妊娠者，不可啖生姜，令儿盈指。

《岭表录异》曰：山姜，花、茎、叶即姜也，根不堪食。而于叶间吐花穗，如麦粒，嫩红色。南人选未拆开者，以盐淹，藏入甜糟中，终冬如琥珀，香辛，可重用，为脍无加也。

又曰：以盐藏曝干，煎汤食之，极能治冷气。

苏

《尔雅》曰：苏，桂荏也。苏，荏类，故明𧀼荏。

《方言》曰：周郑之间，谓之公蕡。湘沅之间，谓之蓍。湘、沅，在武陵。

《沙洲记》曰：乞佛虏不识五谷，唯食苏子。

《本草经》曰：芥葅，一名水苏。吴氏曰：假苏，一名鼠实，一名姜芥也。

太平御览卷第九百七十八 菜茹部三

瓜

《易·姤卦》曰：九五，以杞瓠瓜含章，有陨自天。杞，木之柔者。瓠瓜，果之大者。

《龙鱼河图》曰：瓜有两鼻者，煞人。

《诗》曰：文王之兴，本由太王也。绵绵瓜瓞，民之初生，自土沮漆。兴也。《笺》云：瓜植稻实，继先岁之瓜，必小，状似瓞，故谓之瓞。绵绵然，若将无长大时。兴者，喻后稷乃帝喾之胄，封于邰。其后公刘失职，迁于豳，居沮漆之地。历世亦绵绵然，至太王而得其民心，而生王业。故本周之兴，云于沮漆也耳。

《大戴礼》曰：五月乃瓜。乃者，治瓜之辞也。瓜也者，始食瓜。八月削瓜，蓄瓜时也。

《礼》曰：为天子削瓜者，副之，巾以絺；副，折也。既削，四析之，乃横断而巾复焉。为国君，华之，巾以绤；华，中裂之，不訾析也。为大夫，累之；累，倮也。不以巾复也。士，疐之；不中裂，横断，去疐而已。音帝。庶人，龁之。不横断。

又《月令》曰：仲冬之月，行秋令，则天时雨汁，瓜瓠不成。雨汁者，水雪杂下。

《左传》曰：齐侯使连称、管至父戍葵丘，瓜时而往，曰："及瓜而代。期戍，公问不至；请代，不许。故谋主乱。

《春秋运斗枢》曰：远《雅》《颂》，著倡优，则李生瓜。

《论语》曰：子路曰："佛肸以中牟叛，子之欲往也，如之何？"子曰："然，有是言，不曰：'坚乎磨而不磷'，不曰：'白乎涅而不缁'？吾岂匏瓜也哉？焉能系而不食！"

《尔雅》曰：瓞，大结切。瓝，步角切。其绍瓞。郭璞注曰：俗呼瓝瓜为瓞。绍者，瓜蔓绪亦着子，但小如瓝耳。

《史记》曰：邵平者，故秦东陵侯。秦破，为布衣。贫，种瓜长安城。东瓜美，故世谓东陵瓜。

《汉书·地理志》曰：敦煌，故瓜州地，生美瓜。

《续汉书》曰：牵牛星，荆州谓之河鼓，主关梁，织女主瓜果。

又曰：安帝元初三年，有瓜异本共生一瓜蒂，时以为：瓜者，外焉。离本而实，女子外属之象也。是时，阎皇后与外亲耿宝共谮太子，废为济阴王，更外迎济北王子犊，立之。

袁山松《后汉书》曰：建和二年，河东瓜两体共蒂。

《后汉书》曰：施建，字君子，沛人也。家贫，母老，常鬻力供养，种瓜自给。

应邵《汉官仪》曰：太官果丞，官别在外，掌果瓜菜茹。

《吴志》曰：步骘，字子山，临淮淮阴人。避难江东，单身穷困。与广陵卫旌同年相善，俱以种瓜自给。昼勤四体，夜诵经传。会稽焦征羌，郡之豪族，《吴录》曰：征羌名矫，常为征羌令。人客放纵。骘与旌求食其地，惧为所侵，乃共修刺奉瓜也。

《吴录》曰：姚翁仲，常种瓜菜灌园，以供衣食。时人或饷，一无所受。

《晋书》曰：咸宁二年，嘉瓜同蒂，生于成都。

又曰：皇甫谧，年二十不学，游荡无度，或以为痴。尝得瓜果，辄进叔母任氏。任氏曰："《孝经》云：'三牲之养，犹为不孝。'汝今年余二十，目不存教，心不入道，无以慰我。"皇甫谧《自叙》同。

又曰：桑虞，仁孝自天。年十四丧父，毁瘠过礼。虞有园，宅北数里，瓜果初熟，有人逾垣盗之。虞以园援多棘刺，恐偷见人惊走而致伤损，乃使奴为之开道。及偷负瓜将出，见道通，闻虞使除之，乃送所盗瓜，叩头请罪，欢然尽以瓜与之。

《齐书》曰：建元初，武帝即位，郅抣为司徒左长史。先是，武帝与抣同从宋明帝，射雉郊野，渴倦，抣得青瓜，与上对剖食之。

又曰：竟陵王子良，夏月客至，为设瓜饮。

又曰：郭原平，以种瓜为业。大明七年，大旱，瓜渎不复通船。县令刘僧秀悯其穷老，开渎下水与之。原平曰："普天大旱，百姓俱困，岂可灭溉田之水，以通运瓜之船？"乃步他道，往钱塘货卖。

沈约《齐书》曰：韩灵敏早丧父，兄灵珍至孝，母亡，家贫无以葬，与灵种瓜。灵敏朝采，暮还复生，未尝减耗，葬事由此举。《孝子传》同。

《梁书》曰：任昉卒，武帝闻问，方食西苑绿沉瓜，投之于盘，悲不自胜，因屈指曰："昉少时，常恐不满五十。今四十九，可谓短命"。

又曰：郭祖深清俭，常服故布衣。素木按，食不过一肉。有姥饷一青瓜，祖深报以匹帛。有富人，效之以货，鞭而徇众，朝野惮之。

又曰：郑灼，字茂昭，励志好学。多苦心热，若瓜时，辄偃卧，以瓜镇心，起便读诵。其笃志如此。

《北齐书》曰：兰钦为广州刺史，前柑史新淦侯。映之薨，南安侯恬权行州事，冀得即真。及闻钦至岭，厚货厨人，涂刀以毒，削瓜进之，钦及爱妾俱死。帝闻大怒，槛车收恬，削爵土。

《后魏书》曰：杨愔典选，多以言貌取人。时谤词云："尚书典选，似贫人买瓜，唯取大者。"

又曰：郭祚以本官领太子少师。祚常从世宗幸东宫，肃宗幼弱，祚怀一黄瓤，出奉肃宗。时应诏左右，赵桃弓深为世宗所信，祚私事之，时人谤祚者，号为"桃弓仆射，黄瓤少师。"

《后周书》曰：王罴性俭率。尝有客与罴食瓜，客削瓜，侵肤稍厚，罴意嫌之。及瓜皮落地，乃引手就地取而食之，客甚有愧色。

又曰：赵王招知隋文欲迁周鼎，密欲图之，藏兵刃于帷席之间，后院亦伏壮士。文帝从者多在阁外，唯杨弘元胄坐于户侧，招以佩刀割瓜啖隋文，未之疑。元胄觉变，扣刀而入，招乃以大觞亲饮胄酒。

《北史》曰：宋琼，字普贤，以孝称。母曾病，季秋月思瓜。琼梦想见之，求而遂获，时人异之。

《隋书》曰：文帝用法定制，行署取一钱已上，闻见不告言者，坐至死。自此，四人共盗一榱桶，二人同窃一瓜，事发，即时行决。

又曰：秦孝王俊，奢侈过甚，颇好于内。妃崔氏，性妒，甚不平之，遂于瓜中进毒。俊由是遇疾，征还京师。上以其奢纵，免官，以王就第。

《唐书》曰：杜如晦薨后，太宗食瓜，美，怆然思之，遂辍其半，使置之于灵坐。

又曰：高宗子八人，武后所出者，自为行弟。长曰孝敬皇帝，监国仁明，为后所忌而鸩之。次曰雍王，贤，为太子。次曰中宗，次曰睿宗。及孝敬遇害，诸弟尝所不安，晨夕怀惧，虽父母之前，无由敢言。乃作《黄台瓜词》，令乐人歌之，欲微悟上意。歌曰："种瓜黄台下，瓜熟子离离。一摘使瓜好，再摘令瓜稀，三摘尚由可，四摘抱蔓归。"然太子竟亦流窜于黔州。

又曰：德宗建中初，误以高力士养女杨氏妇为沈太后。是时沈氏故老已尽，无识太后者。上密使中人就洛阳视高氏年状，颇同曩时。太后尝削瓜哺上，刃伤左拇指。高氏尝剖瓜，亦伤左拇指。中人皆阉官、女子，且非审识太后，见上仁孝，有殊喜，莫敢沮者。高氏辞曰："实非太后。"具陈族姓内外以自明。

又曰：贞元四年夏，右神策军献瑞瓜，三蔓各为一蒂，而生三瓜。

《庄子》曰：朽瓜化为鱼，物之变也。

《墨子》曰：今有入人场园，取人瓜者，得罚；今之诸侯，攻伐逾窃人瓜者数千万，而自曰义也。

《秦子》曰：食瓜者虽去蒂，何以连其根？

《孙卿子》曰：皋陶之色如削瓜。

《抱朴子》曰：五原蔡诞，入山而还，欺家人云："至昆仑山，有玉瓜，其形如世间瓜，但为光明洞彻而坚，须以玉井水洗之，便软，而可食。"

又曰：曾参锄瓜，三足乌集其冠，孝故也。

《家语》曰：曾子芸瓜，而误断其根。曾皙怒，以大杖击其背。曾子仆地，有顷乃苏。孔子闻之，告门弟子曰："参来，勿内也！"曾子使人请孔子，孔子曰："舜之事瞽瞍，小捶则受，大捶则走。参委身以待暴怒，既身死，陷父于不义，不孝孰大焉？"

《古文奇字》曰：秦改古文为大篆及隶字，周人多诽谤怨恨。秦苦天下不从，而诸生到者，拜为郎，凡七百人。密种瓜于骊山硎谷中温处，瓜实成，使上书曰："瓜冬有实。"有诏下博士诸生，说之，人人各异说，则皆使往视之，而为伏机。诸生贤儒皆致焉，方相难不决，因发机，从上填之，以土皆压终。

《古文瑣语》曰：初，刑史子臣谓宋景公："从今已往五月五日，臣死；后五年五月丁巳，吴亡；以后五祀八月辛巳，君薨。"刑史子臣至死日，朝见景公，夕死。后吴亡。景公惧，思刑史子臣之言，将至死日，乃逃于瓜圃，遂死之。求得，已虫矣。

贾谊《新书》曰：昔梁大夫宋就为边县令，与楚邻界。梁亭楚亭皆种瓜，梁亭劬力数灌，其瓜美；楚人窳而稀灌，其瓜恶。楚令以梁瓜之美，怒其瓜之恶，因往夜窃，搔梁瓜，皆有焦者矣。梁亭觉，请其尉，欲执搔楚瓜。宋就曰："是构怨分祸之道也。"令人窃为楚亭夜灌其瓜，令勿知也。楚亭旦而往，瓜则已灌。瓜日以美，楚亭往而察之，则梁亭之为也。楚令大悦，因以闻楚王。楚王闻之，悦梁之阴让也，乃谢以重币，而友于梁王。《新序》同。

裴渊《广州记》曰：有瓜冬熟，号为金钗，味乃甜美。

《广志》曰：瓜之所出，以辽东、庐江、燉煌之种为美。有乌瓜、狸头瓜、蜜筩瓜、女臂瓜、龙蹄瓜、羊髓瓜、又有鱼瓜、犬瓜，如斛，出凉州。阳城有青登瓜，大如三升魁。有桂枝瓜，长二尺余。蜀地温，食瓜至冬熟。有春日瓜，细小，小瓣，宜藏，正月种，三月成。有秋泉瓜，秋种，十月熟，形如羊角，色苍黑。

《列仙传》曰：溪人者，南郡编人。居山间，有仙人常止其家，从之买瓜。教之练瓜，与附子、桂实服之，一年能飞，登山入水，往来海边。

又曰：服闾者，不知何许人，常往来海边诸祠中。有三仙，于祠中博赌瓜，雇闾使担黄瓜数十头，令瞑目，及上方丈山。

《神仙传》曰：葛公，冬为客设生瓜。

《汉武内传》曰：西王母谓上元夫人曰："后造朱炎山陵，食灵瓜，其味甚好。顾此未久，已七千岁矣。”

又曰：仙之上药，有空同灵瓜，四劫一实也。

《道学传》曰：褚雅，字玄通。人与共居，常取水洒扫。或夏月种瓜，恣人来取。

伏侯《古今注》曰：孝平帝元年，武陵县生瓜，花如葱，紫色，实如小麦，堕地复生。

郭子横《洞冥记》曰：有龙肝瓜，长一尺，花红叶素，生于冰谷，所谓冰谷素叶之瓜。

《零陵仙贤传》曰：李融，字元音，承阳人。固姑侯相使其为政，得吏民心，屡致祥瑞，甘瓜六子共茎。玺书慰劳，迁广汉太守。

《南岳夫人内传》曰：夫人姓魏，名华存，性乐神仙。季冬之月，夜半清明，有四真人，并可年二十余，天姿秀颖。至静室，因设酒肴，陈玄紫撩，降实灵瓜。

《太山黄庭内景经注》曰：大霍山下有洞台，司命君之府也。中有神灵瓜，食之者至玄也。

《荆楚岁时记》曰：七月七日，设瓜果于庭中，以乞巧。有喜子布网于瓜上，则为得巧。

刘向《别录》曰：尹都尉书有《种瓜》篇。

《郑玄别传》曰：民有献嘉瓜者，异本同实。县欲表府，文词鄙略，君为改作，又著颂一篇，侯相高其才。

《吴越春秋》曰：吴夫差为越所败，遁而去，得自生之瓜，其实已熟，掇而食之，问左右曰：“是乃冬有瓜，近道而人不食，何也？”左右曰：“盛夏之时，人食生瓜，起居道旁，瓜子复生，故人恶食。”

夏侯曾先《会稽记》曰：曹娥父溺死，娥见瓜浮其处，即得父尸。

《博物志》曰：人以冷水自渍至膝，可顿啖数十枚瓜；渍至腰，啖转多；至颈，可啖百余枚。所渍水，皆作瓜气瓜味。

《搜神记》曰：吴时有徐光，常行幻术。于市里从人乞瓜，其主弗与，便从索瓣种之。俄而瓜蔓延生花实，乃取食之，因赐观者。及视所赍，皆亡耗矣。

《幽明录》曰：安定人周敬，种瓜时亢旱，鬼为梿音攀水浇瓜，瓜大滋繁。问姓名，不答。还白父："尝有惠于人否？"父曰："西郭樊营，先作郡吏，偿官数百斛米，我时以百斛助之，其人已死。"

又曰：孙锺，富春人，坚父也。与母居，至孝笃信，种瓜为业。有三少年，容服妍丽，诣锺乞瓜。受乐无已，为设食出瓜，礼敬殷勤。临去曰："我等司命，感郎见接之厚！"送出门，三人曰："山中可作冢。"复言"'欲连世封侯，为数世天子。'"锺曰："数世天子！"言讫，悉化成白鹄。

《列异传》曰：辽东丁伯昭，自说其有客，字次节，既死，感见待恩，常为本家致奇异物。试腊月中从索瓜，得美瓜数枚来在前，不见形也。

《述异记》曰：豫章郡有卢松村，罗根生于此村侧垦荒种瓜，又于外立一神坛。瓜始引蔓，清晨行之，忽见坛上有新板墨书，曰："此是神地所游处，不得停止种殖，可速去！"根生拜谢跪咒，曰："窃疑村人利此熟地生苗，容或假托神旨以见驱斥。审是神教，愿更朱书赐报。"明早往看，向板犹存，悉以朱代墨。

任昉《述异记》曰：汉章帝元年，上虞献双蒂瓜，一实五色。

又曰：吴桓王时，会稽生五色瓜。今吴有五色瓜，岁充贡献。

《五行记》曰：梁吏部尚书何敬容，夏患疟疾，寄在蒋山道士馆。时忽见一人，玄衣大帽，立在帐侧，自称杨胡灵，将瓜四枚，云与公。少时言讫，因不见。后数月，敬容以罪免官。

《本草经》云：瓜，一名土芝。

《吴氏本草》曰：瓜子一名瓣，七月七日采，可作面脂。

刘祯《瓜赋》曰：桢在曹植坐，厨人进瓜，桢为立成辞曰："含金精之流芳，冠众瓜而作珍。投诸清流，一浮一藏。片以金刀，四剖三离。承之雕盘，幕以纤絺。甘侔蜜房，冷甚冰圭。

嵇含《甘瓜赋序》曰：世云三芝，瓜处一焉，谓之土芝。

张载《瓜赋》曰：羊骹虎掌，桂枝蜜筒，玄表丹里，呈素含红，丰敷外伟，绿瓤内醲。

傅玄《瓜赋》曰：白者如素，黑者如漆，黄逾金箱，青侔含翠。旧有蜜筒，及青括楼，嘉味溢异，鲜类寡畴，一啮之倾，至三摇头。细肌蜜理，多瓤少瓣。丰旨绝异，食之不餇音乌悬切。

陆机《瓜赋》曰：夫其种族类数，则括楼定挑，黄扁白抟，金钗蜜筒，小青大班，玄骭素腕，狸首虎磻，东陵出于秦谷，桂髓起于巫山。

夏侯孝若《梁田赋》曰：入果林，造瓜田。摘虎掌，拾黄班。落蒂离母，渍于寒泉。

左思《蜀都赋》曰：其圃有瓜畴芋区。

王廙《洛都赋》曰：瓜则桂枝、括楼，绿瓤青饥，消暑荡悁，解渴疗饥。

《乐府歌诗》曰：君子防未然，不处嫌疑间。瓜田不纳履，李下不征遐。

《古诗》曰：甘瓜抱苦蒂，美草生荆棘。爱利防有刀，贪人自还贼。

阮籍诗曰：昔闻东陵瓜，近在青门外。连畛短阡陌，母子相拘蒂。

张华《真人篇》曰：朱李生东苑，甘瓜出西郊。

曹植《求祭先王表》曰：乞请水瓜五枚。

太平御览卷第九百七十九　菜茹部四

瓠

《诗·硕人》曰：齿如瓠犀。犀，瓠中瓣也。

又曰：八月断壶。壶，瓠也。

又曰：匏有苦叶，济有深涉。匏谓之瓠。瓠叶苦，不可食。

陆机《毛诗疏义》曰：匏有苦叶，匏，瓠也。叶小，可为羹，扬州人恒食。至八月，叶即苦，故曰苦叶。

《论语》曰：吾岂匏瓜也哉，焉能系而不食！

《尔雅》曰：瓠犀，瓣。瓠中瓣也。《诗》曰：齿如瓠犀。

《魏略》曰：高辛氏有老妇人，居王宫，得耳疾。医为挑之，得物，大如茧。盛以瓠，覆以盘，化为犬，五色，因名盘瓠。

《晋书》曰：杜预病瘿，吴人惮其智计，以瓠系狗之颈，每大树有瘿，则斩使白，乃题曰："杜预颈"。及城平，尽捕杀之。

又曰：祖逖在河南，百姓感悦。尝置酒大会耆老，坐中流涕，曰："吾等老矣，更得父母，死将何恨！"乃歌曰："幸哉遗黎免俘虏，三辰既朗遇慈父，玄酒忘劳甘瓠脯，何以咏思歌且舞！"其得人心如此。

《宋书》曰：徐文伯曾祖熙，好黄老，隐于秦望山。有过客求饮，留一瓠瓢与之，曰："君子孙宜以道术救世，当得二千石。"熙开之，乃《扁鹊医经》一卷。

《齐书》曰：卞彬性好饮酒，瓠壶瓢勺，杭皮为肴。着皂冠，十二年不改易。以大瓠为笼，什物多诸诡异。自号卞田居。

《后周书》曰：强练师，不知何许人。所至之处，人皆敬而信之。晋公护未诛之前，曾手持一大瓠，到护第门外，抵而破之，乃大言曰："瓠破子苦！"未几，而护诛，诸子并伏法。

《管子》曰：一年之计，莫若树谷；十年之计，莫若树木；终身之计，莫若树人。瓜瓠荤菜不备，国之贫也。

《庄子》曰：惠子曰："魏王贻我大瓠之种，我树之而成，实五石。以盛水浆，其坚不能自举。剖之以为瓢，则廓落无所容。非不大也，吾为其无用，剖之！"庄子曰："夫子固拙于用大也。"

《国语》曰：诸侯伐秦，及泾莫济。叔向见叔孙穆子，穆子曰："豹之业，乃'瓠有苦叶'矣，不知其他。"叔向退，召舟虞与司马曰："夫苦瓠不材于人，共济而已。"是行，鲁人与莒人先济。

《新序》曰：魏文侯见箕季，墙坏不筑，问其故，曰："不时也！"又进瓠羹。文侯曰："墙坏不筑。教我无夺民农功；饴我瓠羹，教我无多敛百姓。"

王充《论衡》曰：干将之刃未磨，瓜瓠不能伤。

又曰：妇人疏孕者子活，乳数者子死。譬苦瓠，华多实少也。

《风俗通》曰：烧穰杀瓠。俗说家人烧黍穰，则使田中瓠枯死也。

《水经》曰：今豫州汝南郡城西北，汝水左出，西北流，又屈而东转，又西南会汝，形若垂瓠，耆老云："城取名焉。"

《太康地志》曰：朱崖儋耳无水，唯种大瓠，藤断，其汁用之亦足。

《岭南异物志》曰：儋崖种瓠，成实，率皆石余。

壶卢

《蜀志》曰：张裔，字君嗣，如瓠壶，外泽而内粗。

《三国典略》曰：齐武成帝皇后胡氏，安定人，魏中书令、兖州刺史延之女也。母卢氏，怀孕延之初，有胡僧来，诣门曰："此宅瓠卢中有月！"

崔豹《古今注》曰：匏，壶卢也。壶卢，瓠之无柄者。匏有柄者，悬匏。可作笙，曲沃者尤善。秋乃可用，则漆其里。

又曰：瓢，瓠也。其总曰匏，瓠其别名。

《世说》曰：陆士衡初入洛，谘张公所宜，曰："诣刘道真，是其一。"既往，刘尚哀制中，性嗜酒，礼毕，初无他言，唯问："东吴有长柄壶芦，卿得种来否？”陆兄弟殊失望，乃甚悔去。

《广五行记》曰：西域夷国有石骆驼，腹下出水。以金铁器取，便即漏下；唯匏卢盛之则不漏。饮之，令人体滑香净。其国神秘，不可数遇。

《岭表录异》曰：胡卢笙：交趾人多取无柄之瓠，割而为笙，上安十三簧。吹之音韵清响，雅合律吕。

蓼

《尔雅》曰：蔷，虞蓼。虞蓼，泽蓼也。

《诗》曰：闵予小子，未堪家多难，子又集于蓼。言辛苦也。

《礼》曰：脍，秋用蓼。鹑羹、鸡羹、鴽酿之蓼。酿谓切杂之也。

《吴越春秋》曰：越王欲复，怨非一旦也。苦思勤心，夜以接日，卧则以蓼。

《刘向别传》曰：尹都尉书有《种蓼》篇。

《魏子》曰：君以臣为本，以民为根。犹室与柱梁相持也，梁不强则上下俱亡。故蓼虫，在蓼则生，在芥则死，非蓼仁而芥贼也，本不可失也。

任昉《述异记》曰：长沙定王故宫，有蓼园，云定王故园也。菜之辛者，谓之蓼。

《吴氏本草》曰：蓼实一名野蓼，一名泽蓼。

葵

《广雅》曰：藒丘轨切，葵也。

《诗》曰：七月烹葵及菽。

《尔雅》曰：莃音希，菟葵。似葵而小叶，状如藜，有毛，汋啖之滑。肩音肩，戎葵。今蜀葵也，似葵，华如木槿华。莪音翘，蚍音毗衃阜房尤切。今荆葵也，似葵，紫色也。

《韩诗外传》曰：鲁监门女，相从绩，中夜而泣。其偶问其故，曰："宋司马得罪于宋，出于鲁，马佚，食吾园葵，是岁，吾园亡一半。越攻吴，诸侯畏其威，鲁往献女，吾姊预焉。兄往视之，道畏而死。由此观之，祸福相及也！”

陆机《毛诗疏义》曰：莜音翘，一名比不，一名楚葵，似芜菁，英华紫绿色，可食，微苦也。

《左传》曰：齐庆克通于声孟子，鲍牵见之，告国武子。武子召庆克，谓之夫人，诉之，乃刖鲍牵。仲尼曰：“鲍庄子之智，不如葵，葵犹能卫其足。”葵倾叶向日，以蔽其根也。

《史记》曰：公仪休为鲁相，食茹而美，拔去园葵也。

《晋书》曰：江统上太子书曰：“今西园卖葵菜、蓝子、鸡面之属，亏败国体，贬损政令。

《北齐书》曰：王攸，字子深，少孤独。种葵三亩，数被人盗之。王攸密令人书葵叶下，明日市中看之，遂得偷者。

《管子》曰：桓公北伐山戎，出冬葵，布之天下。桓公忧北郭民贫，管子请禁，去市三百步者，不得树葵菜。此则空有以相给。

《淮南子》曰：圣人之于道，犹葵之与日，虽不能与终始，其乡之诚也。乡，仰；诚，实也。

缪袭《祭仪》曰：夏祀，和羹芼以葵。

《列仙传》曰：丁次都，不知何许人也，为辽东丁氏作人。丁氏尝使买葵，冬得生葵。问：“冬何得有葵？”云：“从日南买来。”

《列女传》曰：鲁漆室有女，过时未适人，倚柱而叹。邻妇谓曰：“何悲也？欲嫁乎？”女曰：“吾忧鲁君老，而太子少也。”妇曰：“此鲁大夫忧焉。”女曰：“昔有晋客，舍吾家，系马于园。马佚，践吾园葵，使吾终岁不厌葵味。邻女奔亡，借吾兄追，雾出以求，溺流而死，使吾终身无兄。吾闻河润九里，渐洳三百步。今鲁国微弱，乱将及人！”三年，鲁果乱。

《师旷占》曰：黄帝问师旷，曰：“欲知牛马贵贱，秋葵下，小葵生，牛马贵；大葵不虫，牛马贱。

《博物志》曰：陈葵子，微火炒，令爆咤，散着熟地中，遍踏，朝种暮生，远不过宿。陈葵子，秋种覆盖，令经冬不世，至春有子，是也。

潘岳《闲居赋》曰：绿葵含露，白薤负霜。

鲍明远《葵赋》曰：别有鸭脚、豚耳。言葵似之。

《古歌辞》曰：采葵莫伤根，伤根葵不生。结交莫羞贫，羞贫交不成。

芜菁

《尔雅》曰：须，葑苁音总也。须，未闻。江东呼芜菁为菘，菘、须音相近故也。须即芜菁也。

《尚书》曰：荆州，厥贡苞，匭菁茅。菁以为菹也。

《诗》曰：采葑彩菲，无以下体。葑，蕦也。菲，芴也。下体，根茎也。《笺》云：芜，蔓菁，与葍之类皆上下可食。然其根有美时，有恶时。

又曰：爰采葑矣，沬之东矣。葑，蔓菁也。

又曰：《彩苓》，好听谗也。彩葑采葑，首阳之东。人之为言，苟亦无从！葑，菜也。

陆机《毛诗疏义》曰：菜葑，芜菁也，郭云今崧菜也。可食，少味。

《东观汉记》曰：桓帝永兴二年，诏司隶：蝗水为灾，五谷不登，令所伤郡国，皆种芜菁，以助民食。

《吴历》曰：刘备归曹公，曹公使亲近觇视，诸将有宾客酒食者，辄因事害之。备时闭门，将人种芜菁。公使人窥门即去，备谓张飞曰："吾岂种菜者乎？曹公必有疑意，不可复留！"其夜轻马而去。

《吴录》曰：陆逊、诸葛瑾攻襄阳，逊遣亲人韩扁抄掠。瑾闻之，欲急去。逊方催人种豆崧，与诸将围棋，以示闲暇。

《齐书》曰：武陵王晔，性清简。尚书令王俭诣晔，留俭设食，盘中崧菜鲍鱼而已。俭重其真率，为饱食尽欢而去。

又曰：周颙，清贫寡欲，终日蔬食。虽有妻子，独处山舍。甚机辨。文惠太子问颙："菜食何味最胜？"颙曰："春初早韭，秋末晚菘。"

《梁书》曰：范元琰家贫，唯以园蔬为业。尝出行，见人盗其菘，玄琰遽退走。母问其故，乃以实答。问盗者为谁，答曰："向所以退，畏其愧耻。今启其名，愿椿泄也。”于是母子秘之。或有涉沟盗其笋者，元琰因伐木为桥以渡之。自是盗大惭，一乡无复草窃。

《北史》曰：孟信为赵郡太守，政尚宽和，权豪无犯。山中老人曾以豚酒馈之，信和颜接引，殷勤劳问，乃自出酒，以铁铛温之，素木盘盛芜菁菹而已。

《吕氏春秋》曰：菜之美者，具区之菁，浸渊之草，名曰土英。

《荆楚岁时记》曰：仲冬，是月也，菜结霜。芜菁、葵等杂菜干之，并为咸菹。有得其和者，并作金钗色。今南人作咸菹，以糯米熬捣为末，并研胡麻汁和酿之，石笮音责。令熟。菹既甜脆，汁亦酸美。呼其茎为金钗股，醒酒所宜也。

《急就篇》曰：老菁蘘荷冬日藏。并藏蓄之，以御冬也。

太平御览卷第九百八十　菜茹部五

芦服

《尔雅》曰：葖，芦葩。"葩"宜为"菔"。芦菔，芜菁属，紫华，大根，俗呼雹葖。"菔"种或作"卜"。

《方言》曰：芜菁，紫者谓之芦菔。

《广志》曰：芦服，别名雹葖。

《后汉书》曰：刘盆子在长安时，掖庭中宫女犹有数百千人。自更始败后，幽闭殿内，拔庭中芦菔根，捕池鱼而食之。《东观汉记》同。

《北史》曰：张威，隋文受禅，迁青州刺史。在州颇事产业，遣家奴于人间鬻菔根，其奴缘此侵扰百姓。上深加责坐，废于家。

《正论》曰：理世不真贤，犹治病无真药，当用人参，反得萝菔根。

《唐新语》曰：开元中，中书令萧嵩以《文选》是先代旧业，欲注释之，奏请左补阙王智明、金吾卫佐李玄成、进士陈居等注《文选》。先是，东宫卫佐冯光进入院校《文选》，兼复注释，解鸱蹲云："今之芋子，即是著毛萝菔。"院中学士向外说之，萧嵩闻之，拊掌大笑。

《云南记》曰：嶲州界缘山野间有菜，大叶而粗茎，其根若大萝卜。土人蒸煮其根叶而食之，可以疗饥，名之为诸侯菜。云武侯南征，用此菜子莳于山中，以济军食。亦犹广都县山栎林，谓之诸葛木也。

芥

《魏子》曰：蓼虫，在蓼则生，在芥则死。非蓼仁芥贼，本不可失也。

《刘向别录》曰：尹都尉书有种芥、葵、蓼、韭、葱诸篇。

《岭南异物志》曰：唐孟琯尝于岭表买芥菜，置壁下忘食，数日皆生四足，有首尾，能行走，大如螗螂，但腰身细长。

又曰：南土，芥高者五六尺，子如鸡卵。广州人以巨芥为咸菹，埋地中，有三十年者。贵尚亲宾，以相饷遗。

《岭表录异》曰：广州地热，种麦则苗而不实。北人将蔓菁子就彼种者，出土即变为芥。

《吴氏本草》曰：芥葅，一名水苏，一名劳祖。

莼

《南越志》曰：石莼，似紫菜，色青。

《集异记》曰：丹阳张承先家，有鬼长为取它物。会有客，须莼二斗，鲤鱼二十头。鬼将一小儿置骠骑，令小儿睡，眼觉，看篮中，已有莼、鲤。

《幽明录》曰：阿东常丑奴，泛湖边拔蒲，暮宿空舍。时日暮，见一女姿容极美，乘船载莼，至舍寄住，变而为獭。

蘘荷

《说文》曰：蘘，蘘荷也，一名葍苴。《广雅》同。

崔豹《古今注》曰：蘘荷，似蓄苴而白，蓄苴色紫。花生根中，花未败时可食，久置则削烂，不为实矣。叶似姜，宜阴翳地，常依荫而生也。

《搜神记》曰：余外妇姊夫蒋士，有佣客，得疾下血。医以中蛊，乃密以蘘荷根布席下，不使知。乃狂言曰："食我蛊者，乃张小人也。"乃呼张小，小亡去。今世攻蛊，多雨曾荷根，往往验。蘘荷，或谓嘉草。

《葛洪方》曰：人得蛊，取蘘荷叶，着卧席下，不使知，立呼蛊姓名。

潘岳《闲居赋》曰：蘘荷依阴，时藿向阳。

紫菜

《集异记》曰：会稽照诞入海采菜，于山上曝之。夜忽见群鬼，张目切齿，欲来击诞。诞奋刀斫之，见鬼悉被靡。乃就诞乞少许紫菜，诞不为与。

《吴郡缘海记》曰：郡海边诸山，悉生紫菜，《吴赋》云："纶组紫绛"者也。

苦买

《晋书·安帝记》曰：义熙二年，有苦买菜生杨州营，茎高四尺六寸，广二尺二寸。是后岁多征伐，人民积苦。故苦买者，买苦也。

芹

《尔雅》曰：芹，楚葵。今死晷芹也。

《诗》曰：觱沸槛泉，言采其芹。芹，菜也。

又曰：《泮水》曰：思乐泮水，薄采其芹。芹，水菜也。

《列子》曰：宋国有人，其妻告之曰："昔有人，甘莪菽与芹子，乡豪尝之，哲于其口，嗲于其肠，众哂之。"

《吕氏春秋》伊尹说曰，菜之美者，云梦之芹也。

范汪《祠制》曰：孟春，祭有芹菹。

《宋林》曰：豈音岂美菜，生云梦。

荠

《尔雅》曰：菥思历切，大荠。似荠，细叶，俗呼老荠。

又曰：蒫才何切，荠实。

《广雅》曰：菥蓂，马辛也。

《说文》曰：荠草可食。

《诗》曰："谁谓荼苦，其甘如荠。"荼，苦菜也。而君子于己之苦，又甚于荼。北方之，荼则如甘荠。

《礼》曰：孟夏之月，靡草死。荠、葶苈之属。

《春秋繁露》曰：荠，以美冬水气也。荠，甘味也，乘于水气，故美者甘胜寒也。荠之言济，所以济大水也。

《淮南子》曰：荠、麦冬生而夏死。

《抱朴子》曰：荠、麦、大蒜，仲夏而枯。

《物理论》曰：夫解小而引大，了浅而伸深，犹以牛刀割鸡，长殳刈荠。

《吴氏本草》曰：菥蓂，一名析目，一名荣冥，一名马驹。雷公、神农、扁鹊，辛；李氏小温。四月采，干二十日。生道傍。细辛、干姜、苦参、荠实、神农甘毒，生野田。五月五日采，阴干，治腹胀。

蕨

《诗》曰：陟彼南山，言采其蕨。蕨，鳖菜也。

又曰：山有蕨薇，隰有杞桋。

《晋书》曰：齐王秉权，张翰谓郡人顾荣曰："天下纷纷未已，吾本山林间人，无望于时，去矣！采南山蕨，饮三江水也。"

《尔雅》曰：蕨，鳖。初生尾照，可食。江西谓植殿。

《古诗》曰：山桃发红萼，野蕨渐紫苞。

堇

《诗》曰：周原膴膴，堇荼如饴。堇，菜也。荼，苦菜也。周之原地肥美，所生菜虽有性苦者，皆甘如饴也。

《礼》曰：堇苴、枌榆、免薧音考，瀡髓以滑之。谓用谓和饮食也，蓂堇类也。冬用堇，夏用苴。

《尔雅》曰：啮，苦堇。今堇葵也，叶似柳，子如米，汋食之滑。

《三十国春秋》曰：刘殷，字长盛。七岁丧其父，哀毁逾礼。曾祖母王氏盛冬思堇，殷入泽中恸哭，有堇生焉，得斛余。

《广语》曰：夏蓂秋堇滑如粉。

《后汉书》曰：崔和为平昌太守，性鄙吝，埋钱百斛。其母季春思堇，惜钱不买。

荇

《尔雅》曰：莕，接余，其叶符。丛生死晷，叶圆，在茎端，长短随流水深浅。江东人食之。莕，音杏也。

《诗》曰：参差荇菜，左右流之。窈窕淑女，寤寐求之。荇，接余也。

邪蒿

《北齐书》曰：邢峙，字士峻，以经授皇太子。厨宰进太子食，有菜曰邪蒿，令去之，曰："此菜有不正之名，非殿下所宜食！"显宗闻而嘉之。

芸台

《通俗文》曰：芸台谓之胡菜。

《韵集》曰：芸台，胡菜。

薰菜

《方言》曰：苏之小者，谓之穰菜。薰菜也。

鹿角

《南越志》曰：猴葵，色赤，生石上，南越谓之鹿角。

葫荽

《石崇奴券》曰：奴当种萝勒、葫荽，不亲不疏。

优殿

《南方草物状》曰：合浦有菜，名优殿。以豆酱汁茹食，芳好。可食胡饼。

蕹菜

《广州记》曰：蕹菜生水，以为菹。

冬风

《广州记》曰：冬风菜，陆生，宜肥肉作羹。二者微味，人甚重之。

络葵

《博物志》曰：人食络葵，为狗啮，则疮不差，或致死。

䓘音竿

《字林》曰：䓘，辛菜也。

莟音吟

《字林》曰：莟菜，似蒜，生水中。

波棱

《唐书》曰：太宗时，尼婆罗献波棱菜，叶似红蓝，实如蒺藜。火熟之，能益食味。

太平御览卷第九百八十一　香部一

香

《书》曰：至治馨香，感于神明。

《左传》曰：黍稷非馨，馨者，香之远闻。明德唯馨。

《说文》曰：香，芳也。

《吴志》曰：士燮兄弟，并为列郡，雄长一州，车骑满道，胡人夹毂焚香者，常有数千。

《世说》曰：桓车骑时，有陈庄者，入武当山学道，所居恒有白烟，香气闻彻。

《续晋安帝纪》曰：王镇恶亡经日，魏兴太守郭宣之昏坐，忽见陈庄来，因叙旧事，相对悲泣，劝营功德。去后，郡内悉闻香状，如芳烟流散。

《晋书·杜太后传》曰：海西公之世，太后复临朝称制。桓温之废海西公也，太后方在佛屋烧香。内侍启云："外有急奏。"太后乃出，尚倚户前视奏。

《宋书》曰：范晔撰《和香方》，其《序》曰："麝本多忌，过分必害。沉实易和，盈斤无伤。零藿虚燥，詹唐黏湿，甘松苏合，安息郁金，奈多和罗之属，并被珍于外国，无取于中道。又枣膏昏钝，甲煎浅俗，非唯无助于馨烈，乃当弥增于尤疾也。"所言悉以比类朝士。"麝本多忌"，比庾仲文；"零藿虚燥"，比何尚之；"詹唐黏湿"，比沈演之；"枣膏昏钝"，比羊玄保；"甲煎浅俗"，比徐湛之；"甘松苏合"，比惠琳道人；"沉实易和"，以自比也。

《齐书》曰：韩怀明，上党人也，客居荆州。十岁，母患尸疰，每发辄危殆。怀明夜于星下，稽颡祈祷。时寒甚切，忽闻香气，空中有人曰："童子母须臾永差，无劳自苦！"未晓，而母平复。

《梁书》曰：庾诜尤遵释教，宅内立道场，环绕礼忏，六时不息。诵《法华经》，每日一遍。后夜中，忽有一道人，自称愿公，容止甚异，呼诜为上行先生，授香而去。

又曰：梁武帝祀南郊，先是一日，景夜南郊令解除之，等到郊所履行，忽闻异香随风而至。及将行事，奏乐迎神，有异光圆满坛上，朱紫黄白杂沓，食顷乃灭。

又曰：王琛本无令问，为太子中舍人，谄事何敬容。为其阶前种植香草，脱履蹑其草根，敬容意以为善。

《郭子》曰：陈骞以韩寿为掾，每会，闻寿有异香气，是外国所贡，一着衣，历日不歇。骞计武帝唯赐已及贾充，他家理无此香，嫌寿与已女通，考问左右婢，具以实对。骞以女妻寿，寿时未婚。《晋书》云：贾充女窃香与韩寿。

《金楼子》曰：齐东昏以锦石为殿内，开千门万户。又有和香，香气纷馥，闻之使人欢悦，生诸雅态，兼令睡眠。

又曰：昔玉池国有民，婿面奇丑，妇国色，鼻齆，婿乃求媚此妇，终不肯回顾。遂往西，市无价名香而熏之，还入其室。妇既齆矣，岂分香臭哉？

《吕氏春秋》曰：怀腐而欲香，入水而恶濡。

《汉武故事》曰：上作柏梁台，悉以香柏，香闻数十里也。

《汉官典职》曰：尚书郎，怀香握兰。

《神仙传》曰：淮南王为八公张锦绮之帐，燔百和之香。

《佛图澄传》曰：澄以钵盛水，烧香咒之，须臾生青莲花。

《林邑记》曰：朱吾以南，有文狼。野人居无室宅，依树止宿。食生肉，采香为业，与人交市，若上皇之民矣。

《邺中记》曰：石虎作流苏帐，顶安金莲花，花中悬金薄织成綩音苑。囊，囊受三升，以盛香注。帐之四面上十二香囊，采色亦同。

竺法《登罗山疏》曰：越王捣薰陆香。

《扶南传》曰：顿逊国，人恒以香花事天神。香有多种：区拨叶逆花、途致各逐花、摩夷花，冬夏不圣，日载数十车于市卖之，燥乃益香。亦可为粉，以傅身体。

《述征记》曰：北芒有张母墓，旧说是王氏妻，葬有年载，后开墓而香火犹燃。

《世贽记》曰：汉武时，长安大疫，人死日以百数。帝乃试取月氏国神香，烧之于城内，死未满三日者活，芳气经三月不歇。帝始信神物也，乃秘录余香。

郭子横《洞冥记》曰：汉武帝于招仙阁烧靡离之香，屑如粟，一粒香气，三月不歇。

又曰：跋涂阇者，胡人也，剪发裸形，不食谷，唯饮清水，食都夷香，如枣核。食一斤，则历月不饥。以一粒如粟大投清水中，俄而满大盂也。

《博物志》曰：西域使献香。汉制：献香不满斤，不得受。西使临去，又发香器如大豆者，试着宫门，香气闻长安四面数十里中，经日乃歇。

《搜神记》曰：渤海史良，好一女子，许嫁而未果。良怒，杀之。后梦见曰："还君物。"觉而得昔所与香缨、金钗之属。

又曰：初，钩弋夫人有罪以谴死，殡尸不臭而香。

又曰：合肥有一大白船，覆在水中。渔人夜宿其旁，闻筝笛之音，又有香菩夿常。相传云：曹公载妓，船复于此。

任昉《述异记》曰：魏武帝陵中有泉，谓之香水。古诗云：安得香水泉，濯郎衣上尘。一实香水在并州香山，其水洁香，浴之去病。吴故宫有香水溪，俗云西施浴处。又呼为脂粉塘，吴王宫人濯妆于此，溪上源至今馨香。

又曰：南海出千步香，佩之闻于千步也。今海隅有千步香，是其种也。叶似杜若，而红碧间杂。《贡籍》云："日南郡贡千步香。"汉雍仲子进南海香物，拜为涪阳尉，时人谓之香尉。日南郡有香市，商人交易诸香处。南海郡有香户。日南郡有千亩香林，名香出其中。香洲，在朱崖郡洲中，出诸异香，往往不知其名。千年松香，闻十里，亦谓之十里香也。

《梦书》曰：梦得香物，妇女归也。

曹植《洛神赋》曰：践椒涂之郁烈，步蘅音衡薄而流芳。

《魏武令》曰：昔天下初定，吾便禁家内不得香薰。后诸女配国家，为其香，因此得烧香。吾不好烧香，恨不熟所禁。令复禁，不得烧香！其以香藏衣着身，亦不得！

秦嘉《答妇徐淑书》曰：令种好香四种各一斤，可以去秽。淑答书曰：未得侍帷帐，则芬芳不设。

陆机《吊魏武文》曰：余为著作郎，游秘阁，见《魏武令》曰："余香可分与诸夫人。诸舍中无所为学，作履组卖也。"吊曰："纡家人于履组，尘清虑于余香。

麝

《尔雅》曰：麝父，麇足。郭璞注曰：脚似麇，脐有香。

许慎《说文》曰：麝，如小麇，脐有香，从鹿，射声，黑色獐也。

《义熙起居注》曰：倭国献貂皮、人参等，诏赐细笙、麝香。

《齐书》曰：东昏侯凿金莲花帖地，令潘妃行其上，曰："此步步莲花也。"涂地皆以麝香。

《唐书》曰：波斯国人，皆以麝香和苏涂须点额，及于耳鼻，用以为敬。

《抱朴子》曰：辟蛇法：入山以麝香丸著足爪中，皆有效。又，麝香及野猪皆啖蛇，故以压之也。又作笔墨法曰：作墨用鸡子白、真珠、麝香，合以和墨，宜用九月二日。

《南夷志》曰：南诏有婆罗门、波斯阇、婆渤泥、昆仑数种外道交易之处，多珠昭唉，以黄金麝香为贵货。

《嵩高山记》曰：有人在岭上闻异声，清和雅妙，寻不复闻。唯见一麝香，在岭上侧足蹇跳，忽失所在。

《荆州图记》曰：临澧县南有龙寄山，其兽多麝。

《西京杂记》曰：赵飞燕为皇后，女弟在昭阳殿遗飞燕书曰："今日嘉辰。贵姊懋膺洪册。上禭三十五条。以陈踔躍之志焉。椰叶扇、同心梅、合枝李、青木香、香螺卮，出南海，一曰丹螺甲。九真雄黄、麝香、沉水香。"

《续搜神记》曰：桓哲，字明期。居豫章时，梅玄龙为太守，已病，哲往省之。语梅曰："吾昨夜忽梦作卒，迎卿来作太山府君。"梅闻之，愕然曰："吾亦梦见卿为卒，着衣来迎我。"数日，复同梦如先，云二十八日当拜。至二十七日晡后，桓忽中恶，腹胀满，遣人就梅索麝香丸。梅闻，便令作凶具。桓便亡，八日而梅卒。

《本草经》曰：麝香味辛，辟恶，杀鬼精，生中台山也。

秦嘉《与妇书》曰：今奉麝香一斤，可以辟恶气。

嵇康《养生论》曰：麝食柏而香。

葳香

孙氏《瑞应图》曰：葳蕤者，礼备至则生。一曰：王者爱人命则生。一名葳香也。

郁金

《说文》曰：郁，芳草也。十叶为贯，筑以煮之，为鬯一合而酿之，以降神也。

《周礼·春官上》曰：郁人掌祼器。祼器，谓彝及舟与瓒。凡祭祀，宾客之祼事，和郁鬯，以实彝而陈之。筑郁金煮之，以和鬯酒。郑司农云：郁金，草名，十叶为贯，百二十贯为筑。以煮之鐎中，停于祭前。郁为草若兰。

《后周书》曰：秦国出郁金。

《后周书》曰：波斯国，大月氏之别种也。地出氍毹瞿俞二音、玄獐皮，及薰陆、郁金、苏合、青木香等，胡椒、毕拨、石蜜、千年枣、香附子、诃黎勒、无食子盐、绿雌黄等物。

《唐书》曰：天竺国卑湿暑热，稻岁四熟。有金刚，似紫石英，百炼不销，可以切玉。又有旃檀、郁金诸香。通于大秦。

又曰：太宗时，伽毗国献郁金香，似麦门冬，九月花开，状似芙蓉，其色紫碧，香闻数十步。花而不实，欲种者取根。

《文士传》曰：朱穆，字公叔，作《郁金赋》曰："英熠烁以焜煌，似九日之普照。远而望之，粲若星罗出云峤；近而观之，晔若丹桂耀湘涯。"

应劭《地理风俗记》曰：《周礼》"郁人掌祼器，凡祭醊、宾客之祼事，和郁鬯，以实樽彝。"郁，芳草也。谓用百草之华，煮以合酿黑黍，以降神者也。或说，今郁金香是也。

《南州异物志》曰：郁金者，出罽宾国。国人种之，先取上佛，积日萎槁，乃载去之。然后取郁金，色正黄细，与芙蓉华里被莲者相似。可以香酒。

鸡舌

应劭《汉官仪》曰：桓帝侍中乃存，年老口臭，上出鸡舌香与含之。鸡舌颇小辛螫，不敢咀咽，嫌有过，赐毒药，归舍，辞决就便宜，家人哀泣，不知其故。僚友求视其药，出在口香，咸嗤笑之。

《吴时外国传》曰：五马洲，出鸡舌香。

《抱朴子》曰：或以鸡舌、黄连、乳汁煎之，注之诸有百疹之在，目愈而更加精明倍常。

俞益期《笺》曰：外国老胡说："众香共是一木，木花为鸡舌香。"

《南州异物志》曰：鸡舌出在苏州，云是草花，可含，香口。

《广志》曰：鸡舌出南海中，乃剽国，蔓生，实熟贯之。

《续搜神记》曰：王广，豫章人，年少未婚。至田舍，见一女，云："我是何参军女，年十四而夭，为西王母养，使与下土人交。"广与之缠绵，其日于席上得手巾裹鸡舌香。其母取巾烧之，乃是火浣布。

龙脑

《唐书》曰：贞观中，乌苌国遣使献龙脑香。

《本草》曰：龙脑香，味苦，微寒，主心腹邪气、风湿积聚。出婆律国，形似白松脂，作杉木气，明净者善。云：合粳米灰、相思子贮之，则不耗。树似杉。言婆律膏是树根下清脂，龙脑是树中干脂。子似豆寇。

雀头

《江表传》曰：魏文帝遣使于吴，求雀头香。

太平御览卷第九百八十二　香部二

苏合

《续汉书》曰：大秦国，合诸香煎其汁，谓之苏合。

《梁书》曰：中天竺国出苏合，是诸香汁煎之，非自然一物也。又云：大秦人采苏合，先笮其汁，以为香膏，乃卖其滓与诸国贾人。是以展转来达中国，不大香也。

《傅子》曰：西国胡人言：苏合，香兽便也。中国皆以为怪。

《从征记》曰：刘表冢在高平郡。表子捣四方珍香数十斛置棺中，苏合消疫之香毕备。永嘉中，郡人发其墓，表如生，香闻数十里。

《广志》曰：苏合出大秦。或云：苏合，国人采之，笮其汁，以为香膏，卖滓与贾客。或云：合诸香草，煎为苏合，非自然一种也。

傅玄《四愁诗》曰：佳人赠我苏合香，何以要之？翠鸳鸯，

班固《与弟超书》曰：窦侍中令载杂彩七百匹，市月氏苏合香。

安息

《晋书·佛图澄传》曰：石勒时，襄国城水源暴竭。勒问澄，澄曰："当敕龙取水。"乃坐绳床，烧安息香，咒愿三日，水微流，有小龙五六尺，随水来，须臾水大至。

《唐书》曰：曹国出青黛、安息、青木等香。

薰陆

《魏略》曰：大秦出薰陆。

《抱朴子》曰：俘焚洲在海中，薰陆香之所出。薰陆香，木胶也。树有伤穿，胶因堕，夷人采之，以待估客。所以贾不多得者，所患猪居一切掘兽啖之。此兽斫刺不世，投火中薪尽不焦。以杖打之，皮不伤而

骨碎，然后乃死。

《广志》曰：薰六，出交州。又，大秦海边人，采与贾人易谷。若无贾人，取食之。

《南方草木状》曰：薰陆香，出大秦。云在海边，自有大树，生于沙中。盛夏，树胶流出沙上，夷人采取，卖与贾人。《南州异物志》同。其异唯云状如桃胶。《典术》亦同，唯云陶松柏法，饮食之，令人通神灵也。

俞益期《笺》曰：众香共是一木，木胶为薰陆。

流黄

吴时《外国传》曰：流黄香，出都昆国，在扶南南三千余里。《南州异物志》同。

《广志》曰：流黄香，出南海边国。

青木

《隋书》曰：樊子盖为武威太守。车骑驾西巡，将入吐谷浑。子盖以彼多瘴气，献青木香御雾露。

《唐书》曰：师子国出朱砂、水银、薰陆、郁金、苏合、青木等诸香。

《南夷志》曰：昆仑国，正北去蛮界西洱河八十一日程。出象，及青木香、旃檀香、紫檀香、槟榔、琉璃、水精、蠡杯。

又曰：南诏青木香，永昌所出。其山名青木山，在永昌南三月日程。

《广志》曰：青木，出交州、天竺。

徐衷《南方记》曰：青木香，出天竺国，不知其形。

《南州异物志》曰：青木香，出天竺，是草根，状如甘草。

俞益期《笺》曰：众香共是一木，木节是青木。

旃檀

《三国典略》曰：周师陷江陵。初，梁主以白檀木为梁武之像，每朔望，亲祭之。军人以其香也，剖而分之。

竺法真《登罗山疏》曰：旃檀，出外国。元嘉末，曾城有人于山见一大树，员荫数亩，三丈余围，辛芳酷烈。其间枯条数尺，援而刃之，乃白旃檀。

俞益期《笺》曰：众香共是一木，木根为旃檀。

崔豹《古今注》曰：紫旃木，出扶南林邑，色紫赤，亦谓紫檀也。

杜宝《大业拾遗录》曰：蕎禅师甚妙医术，作五香，第一沉香饮，次丁香饮，次檀香饮，次泽兰饮，次甘松饮，皆别有法。以香为法，以香为主，更加别药，有味而止渴，兼于补益。

甘松

《广志》曰：甘松，出凉州诸山。

艾纳

《广志》曰：艾纳，出剽国。

《乐府歌》曰：行胡从何方？列国持何来？氍毹五味香，迷送艾纳及都梁。

霍香

《广志》曰：霍香，出日南诸国。

《吴时外国传》曰：都昆在扶南，山有霍香。

《南方草木状》曰：霍香，榛生。民自种之，五六月采。曝之，乃芳芬耳。出交址武平、兴古、九真。地名也。

《南州异物志》曰：霍香生曲逊国，属扶风，香形如都梁，可以着衣服中。

刘欣期《交州记》曰：霍香似苏合。

范晔《和香方》曰：灵霍虚燥。

俞益期《笺》曰：众香共是一木，木叶为霍香。

枫香

《梁书》曰：任昉为新安太守，尝欲营佛斋，烧调香二石，始入三升，便出。教长夺曰："与夺自已，不欲贻 之后人！"

《南方记》曰：枫香树，子如鸭卵，爆干可烧。

《魏武令》曰：房屋不洁，听得烧枫胶及蕙草。

栈音践香

《广志》曰：栈香，出日南诸国。

《南方草木状》曰：栈蜜香，出都昆。不知栈蜜香树若为，但见香耳。

《岭表录异》曰：广管罗州多栈香树，身似柳，其花白而繁。其叶如橘皮，堪作纸，名为香皮纸，灰白色，有纹，如鱼子笺。其纸慢而弱，沾水即烂，远不及楮皮者，又无香气。或云：沉香、鸡骨、黄熟、栈香，同是一树，而根干枝节各有分别者也。

《南越志》曰：交州有蜜香树。欲取，先断其根，经年后，外皮朽烂，木心与节坚黑，沉水者为沉香，与水面平为鸡骨，最粗者为栈香。

木蜜

《异物志》曰：木蜜，名曰香树，生千岁，根本甚大。先伐僵之，四五岁乃往看。岁月久，树材恶者，腐败；唯中节坚直芬香者，独在耳。

《魏王花木志》曰：《广志》："木蜜树，号千岁树，根甚大。伐之，四五岁乃取，木腐者为香，其枝可食。"

《本草经》曰：木蜜，一名蜜香，味辛温。

栟香

《南方草木状》曰：栟香，茎生，出乌浒。

都梁

《广志》曰：都梁，出淮南。

盛弘之《荆州记》曰：都梁县有小山，山水清浅，其中生兰草。俗谓兰为都梁，即以号县。

沉香

《晋书》曰：石崇以奢豪矜物，厕上常有十余婢侍列，皆有容色，置甲煎粉、沉香汁。有如厕者，皆易新衣而出。客多羞脱衣，而王敦脱故着新，意色无怍。群婢相谓曰："此客必能作贼！"

又曰：吴隐之，至自番禺。其妻刘氏，赍沉香一斤，隐之见，遂投于湖亭之水。

《梁书》曰：林邑国出吉贝，及沉香木。吉贝者，树名也。其华成时如鹅毳，抽其绪纺之，以作布，与纻布不殊。亦染成五色，织为班布。沉木香，土人斫断，积年以朽烂，而心节独在，置水中则沉，故名曰沉香。次不沉者，栈和之属。

《陈书》曰：沈皇后素无宠。至德二年，乃于光照殿前起临春、结绮、望仙三阁，高数十丈，并数十间。其窗牖、壁带、悬楣、栏槛之类，皆以檀香为之。

《唐书》曰：先天二年十月，亲讲武于骊山之下，征兵二十万。上亲擐戎服，持沉香大枪，立于阵前，威振宇宙。长安士庶，奔走纵观，填塞道路。

又曰：长庆中，波斯大贾李苏沙进沉香亭子材。左拾遗李汉上疏，以为沉香为亭，比瑶台玉室。上颇怒言过，特优容之。

《金楼子》曰：扶南国，众香共是一木，根便是旃檀，节便是沉水，花是鸡舌，叶是霍香，胶是薰陆。

竺法真《登罗山疏》曰：沉香，叶似冬青，树形崇竦。其木枯折，外皮朽烂，内乃香。山虽有此树，而非香所出。新会高凉土人斫之，经年，肉烂尽心，则为沉香。出北景县，树极高大，土人伐之累年，须外皮消尽，乃割心得香。

郭子横《洞冥记》曰：薰木，鲜祇所献，色如玉而质轻。泛之昆卢池为舟，烂则沉矣。碎其屑，气闻数百里。气之所至，毒疫皆除。

杜宝《大业拾遗录》曰：四年夏四月，征林邑国。兵还，至获彼国，得杂香、真檀、象牙百余万斤，沉香二千余斤。

又曰：尚书令杨素，大业中，东都宅造沉香堂，甚精丽。新泥堂讫，闭之，三月后开视，四壁并为新血所洒，腥气触人。

《异苑》曰：沙门支法存，在广州，有八尺毾㲪。又有沉香八尺板床。太元中，王琰为州，大儿劭求二物不得，乃杀而籍焉。

《南州异物志》曰：沉水香，出日南。欲取，当先斫坏树，着地积久，外皮朽烂，其心至坚者，置水则沉，名沉香。其次在心白之间，不甚坚精，置之水中，不沉不浮，与水面平者，名曰栈香。其最小粗白者，名曰系香。

俞益期《笺》曰：众木共是一木，木心为沉香。

甲香

《广志》曰：甲香，出南方。

《南州异物志》曰：甲香，螺属也。大者如瓯，面前一边直搀，长数寸，围壳岨峿有刺。其掩可合众香烧之，皆使益芳；独烧则臭。甲香，一名流螺，谓之中流最厚味。

范晔《和香方》曰：甲煎浅俗。

迷迭

《魏略》曰：大秦出迷迭。

《广志》曰：迷迭，出西海中。

魏文帝《迷迭赋》曰：余种迷迭于中庭，嘉其杨条吐香，馥有令芳，乃为之赋曰：坐中堂以游观，览芳草之树庭。舞妙丽于纤枝，杨修干而结茎。薄六夷之秽俗，超万里而来征。岂众华之是芳？信希世而特生！

应玚《迷迭香赋》曰：振纤枝之翠粲，动采叶之菲菲。舒芳香之酷烈，乘清风以徘徊。

陈班《迷香赋》曰：立碧茎之荷那，铺绿条之蟺蜿。

零陵

《南越志》曰：零陵香，土人谓之燕草。

芸香

《说文》曰：芸香，似苜蓿。

《淮南子》曰：芸，可以死而复生。

《杂字解诂》曰：芸，杜荣。

《大戴礼·夏小正》曰：采芸为庙菜。

《礼记·月令》曰：仲冬之月，芸始生。郑玄注曰：芸，香草也。

《礼图》曰：芸蒿，其叶似蒿，香美可食也。

《魏略》曰：大秦出芸胶。

《洛阳宫殿簿》曰：显阳殿前，芸香一株。徽音、含章殿前，各二株。

《晋宫阁名》曰：太极殿前，芸香四畦。式乾殿前，芸香八畦。徽音殿前，芸香、杂花十一畦。明光殿前，芸香、杂花八畦。显阳殿前，芸香二畦。

《广志》曰：芸胶，有安息胶，有黑胶。

《吴氏本草》曰：石芸，一名敞列，一名顽喙。

傅玄《芸香赋序》曰：始以微香进御，终于捐弃黄壤。吁可闵也，遂咏而赋之。

成公绥《芸香赋》曰：美芸香之修洁，禀隆阳之淑精。茎类秋竹，枝象春松。

傅咸《芸香赋序》曰：先君作《芸香赋》，辞美。高丽有睹斯卉，蔚茂馨香。同游使余为序。

太平御览卷第九百八十三 香部三

槐香

嵇含《槐香赋序》曰：余以太簇之月，登于历山之阳。仰眺崇峦，俯视幽坂，乃睹槐香生蒙楚之间。曾见斯草植于广夏之庭，或被帝王之圃。怪其遐弃，遂迁树于中唐。华丽则殊彩阿那，芳实则可以藏书。又感其弃本高崖，委身阶庭，似傅说显殷，四叟归汉。故因实制名，蒙蒙绿叶，摇摇弱茎。

兰香

《易》曰：同心之言，其臭如兰。兰，芳也。

《易卦通验》曰：冬至，广莫风至，兰始生。

《说文》曰：兰，香草也。

《韩诗》曰：溱与洧，《说文》云：诗人言溱与洧方盛流洹洹然，谓三月桃花水下之时，士与女方盛流秉蕑兮。秉，执也；蕑，兰也。当此盛流之时，众士与众女方执兰而拂除。郑国之俗，三月上巳之日，此两水之上，招魂续魄，拂除不祥。

《大戴礼·夏小正》曰：五月蓄兰，为沐浴。

《礼》曰：妇人，或赐之茝兰，则受而献诸舅姑。

《左传》曰：郑文公有贱妾，曰燕姞，梦天使与己兰，曰："余为伯儵。余，而祖也。以是为而子。"以兰有国香，人服媚之。既而文公见之，与之兰而御之，辞曰："妾不才，幸而有子。将不信，敢征兰乎？"公曰："诺。"生穆公，名之曰兰。

《论撰考谶》曰：渐于兰则芳，渐于鲍则臭。

《史记》曰：冬至短极，兰根出。

《蜀志》曰：先主杀张裕，诸葛亮救之。先主曰："芳兰当门，不得不锄。”

《晋书》曰：惠帝时，温县有人如狂，造书曰：“两火没地，哀哉！秋兰归形街邮，终为人叹！”及杨骏已死，杨后被废，贾后绝其膳，八日而崩，葬街邮亭北，百姓哀之。两火，武帝讳；兰，杨后字也。

《宋书》曰：刘湛欲袁淑附已，而淑不为改意，由是大相乖失。淑乃赋诗曰：“种兰忌当门，怀璧莫向楚。楚少别玉人，门非种兰所！”

《晏子春秋》曰：曾子将行，晏子送之，曰：“婴闻，君子赠人以财，不若以言。吾请以言乎？夫兰本三年而成，湛之苦滫，则君子不近，庶人不佩；湛之麋醢，而驾征马矣。非兰本美也，愿子必求所湛！”

《苏子》曰：兰以芳自烧，膏以肥自焫。而悦切。翠以羽殃身，蚌以珠致破！

《文子》曰：日月欲明，浮云盖之；丛兰欲修，秋风败之。

又曰：兰芷不为莫服而不芳。与君子行游，苾兮如入兰芷之室，久而不闻，则与之化矣。

《范子计然》曰：大兰出汉中关辅，泽兰出河东弘农，白者善。

《孙卿子》曰：人之亲我，欣若父母；其好我，芬若椒兰。

《淮南子》曰：两心不可以得一人，一心可以得百人。男子树兰，美而不芳。兰，芳草，爬戳美；男子树之，盖不芳也。继子得食，肥而不泽。继子，假母也。精不相与往来也。

《淮南子》曰：兰生幽宫，不为莫服而不芳。

《抱朴子》曰：人鼻无不乐香，故流黄、郁金、芝兰、苏合、玄膳、索胶、江篱、揭车、春蕙、秋兰，价同琼瑶；而海上之女，遂酷臭之夫。

《家语》曰：孔子曰：芝兰生于深林，不以无人而不芳；君子修道立德，不为困穷而改节。为之者人也，死生者命也。

《语林》曰：谢太傅问诸子侄曰：“子弟何豫人事，而故欲使其佳？”诸人莫有言者，车骑答曰：“譬如芝兰玉树，欲使其生于庭阶耳！”

又曰：毛伯成既负其才器，常称：“宁为兰摧玉折，不作萧芳艾荣！”

《罗含别传》曰：含致仕还家，庭中忽自生兰。此德行幽感之应。

蔡质《汉官仪》曰：尚书郎怀香握兰，趋走丹墀。

盛弘之《荆州记》曰：都梁县有小山，山上水极浅。其中悉生兰草，绿叶紫茎，芳风藻谷。俗谓兰为都梁，即以号县云。

《本草经》曰：草兰，一名水香，久服，益气轻身不老。

《楚辞》曰：余既滋兰之九畹兮。滋，莳也。二十亩为畹。

又曰：扈江离与薜芷兮，扈，被也。楚人名被曰扈。江离、薜芷，皆香草名也。纫秋兰以为佩。纫，索也。

又曰：沅有芷兮澧有兰，言沅死昀晷有盛茂之芷，澧死昀晷有芬芳之兰，喻湘夫人美好亦异于众人也。欲思公子未敢言。

又曰：秋兰兮蘼芜，罗生兮堂下。绿叶兮素枝，芳菲兮袭予，秋兰兮青青，绿叶兮紫茎。满堂兮美人，忽独与余兮目成。

又曰：光风转蕙泛崇兰。

赵壹《疾邪赋》曰：势家多所宜，咳唾自成珠。被褐怀珠玉，兰蕙化为刍。

张衡《怨诗》曰：秋兰，嘉美人也。嘉而不获用，故作是诗也。猗猗秋兰，植彼中阿。有馥其芳，有黄其葩。虽曰幽深，厥美弥嘉。之子之远，我劳如何？

郦炎诗曰：灵芝生河洲，动摇回洪波。秋兰荣何晚？严霜害其柯。哀哉之芳草，不植太山阿。

《琴操》曰：《猗兰操》者，孔子所作也。孔子聘诸侯，莫能任。自卫反鲁，过亿谷之中，见芗兰独茂，喟然叹曰："夫兰当为王者香，今乃独茂，与众草为伍！"乃止车，援琴鼓之，自伤不逢时，托辞于香兰云。

晋傅玄《咏秋兰诗》曰：秋兰荫玉池，池水清且芳。双鱼自踊跃，两鸟时徊翔。

晋王羲之《兰亭记》曰：永和九年，岁在癸丑，暮春之初，会于会稽山阴之兰亭，修禊事也。

蘼芜

《说文》曰：江蓠，蘼芜也。楚谓之蓠，晋谓之虈轩娇切，齐谓之茝。

《尔雅》曰：蘄茝，蘼芜。郭璞注曰：香草也，叶小，如萎状。《淮南子》曰：似蛇床。《山海经》曰：臭如靡芜。

《春秋运斗枢》曰：维星散为蘼芜。

《淮南子》曰：乱人者，若蛇床之与蘼芜。

《山海经》曰：洞庭之山，其草多蘼芜。

《广志》曰：微芜，香草，魏武帝以藏衣中。

《吴氏本草》曰：蘼芜，一名芎穷。

《古诗》曰：上山采蘼芜，下山逢故夫。

郭璞《赞》曰：蘼芜善草，乱之蛇床，不陨其贵，自别以芳。

蕙草

《广雅》曰：皇草，蕙草也。

《山海经》曰：天帝之山，其下多菅蕙。菅似茅。升山，其草多蕙。

《广志》曰：蕙草，绿叶紫华。魏武以为香，烧之。

《楚辞》曰：光风转蕙泛崇兰。

又曰：既滋兰兮九畹，又树蕙之百亩。

司马相如《子虚赋》曰：于是乃相与獠于蕙圃，盘姗勃窣上金堤。皆草间行貌。姗，音苏寒切；窣，苏骨切。

藒去谒切车

《尔雅》曰：藒车艺音乞，舆也。郭璞注曰：藒车，香草也，见《离骚》。

《说文》曰：藒，芞舆也。芞，音乞。

《广志》曰：藒车，黄叶白华，出徐州。

《楚辞》曰：畦留夷与藒车，杂杜蘅与芳芷。

杜蘅

《山海经》曰：天帝之山有草焉，其状如葵，臭如蘼芜，名杜蘅。

香草也。可以走马，郭璞注曰：带之令人便。或曰马得之而健走。食之而瘿。

《尔雅》曰：杜，土卤也。郭璞注曰：杜蘅也，似葵而香也。

《唐书》曰：贞观中，度支郎以宋谢朓诗云："芳洲多杜若"，乃下坊州令贡。州判司报云："坊州不出杜若，应由谢朓诗误。"太宗闻之大笑。判司改雍州司法，度支郎免官。

《广雅》曰：杜蘅，杜若也。

《范子计然》曰：杜若出南郡汉中，大者善。

《本草经》曰：杜若，一名杜蘅。

白芷

《山海经》曰：号山，其草多药。郭璞注曰：药，白芷也，一名香草也。

《广雅》曰：白芷，叶谓之药。

《淮南子》曰：今鼓舞者便媚拟神，拟，像也。身若秋药被风，药，白芷，香草。被风，言其弱。发若结旍。屈而复舒。

《范子计然》曰：白芷出齐郡，以春取，黄泽者善也。

《本草经》曰：白芷，一名芳香，味辛温，生河东。

《吴氏本草》曰：白芷，一名虈许娇切，一名符离，一名泽芬，一名葩。

《楚辞》曰：献岁发春兮，汨吾南征。绿苹叶齐兮，白芷生。

又曰：桂栋兮兰橑，辛夷楣兮药房。

又曰：揽木根以洁芷兮，揽，持也。贯薜荔之落蕊。贯，拾也。薜荔，香草。蕊，实也。佩结香草，拾其花心，以表己擳睽信也。

荃香

《楚辞》曰：荃不察余之中情兮，荃，香草，以喻君。被服芬香，故以香草为喻。反信谗而齐怒。齐，疾也。

又曰：荃桡兮兰旗。

薰香

《左传》曰：晋献公以骊姬为夫人。卜人曰："一薰一莸，十年尚犹有臭。"薰，香草也。

《山海经》曰：浮山有草焉，麻叶而方茎，赤华而黑实，臭如蘼芜，名曰薰草也。

《广雅》曰：卤，薰也，其叶谓之蕙。

《魏略》曰：大秦出薰草。

《苏子》曰：象以牙丧身，不能去其白；薰以芳自烧，不能去其香。

《淮南子》曰：以洁白为污辱，譬犹沐浴而抒溷，薰燧而负彘。烧薰自香，楚人谓之薰燧也。

《抱朴子》曰：常以执日取天井上土，以和柏叶、薰草，以泥门户，方一尺，则盗贼不来。

《西京杂记》曰：汉掖庭有绿熊席。其席皆长一丈余，眠而拥毛自蔽，望其不能见。坐则没膝。其中杂诸薰香，一坐此席，余香百日不歇。

成公绥《宣清赋》曰：哀薰草之见焚。

兜末香

《汉武故事》曰：西王母当降，上烧兜末香。兜末香，兜渠国所献，如大豆。涂门，香闻百里。关中常大疾疫，死者因生。

反生香

《真人关尹传》曰：老子曰：真人游时，各坐莲华之上。华径一丈，有反生灵香，逆风闻三十里。

惊精香

《世赘记》曰：聚窟洲在西海中，上有天山，形似鸟之状，因名为鸟山。山中多大树，与桐相似，而秀芳华蕊，香闻百里，因名返魂树。叩其树，树能作声，如牛响，闻者必震骇。伐其木根，于玉釜中煮取汁，更微微以火熟煎，如黑饴，令可丸，名曰惊精香，或名震灵丸，亦名返生香，亦名却死香。气闻数百里，死尸在地，闻气即活。延和六年春，西胡月氏国王遣使香献香四两，大如雀卵，黑如桑椹。帝以香国中所乏，以付库。

白蛤狸

《异物志》白蛤狸，刳其外韦囊，以酒洒，而阴干之，其气如麝。若杂真麝中，鲜有别者。

藁本香

《水经》曰：三城水，又经香陉山。山上悉生藁本香，世故名焉。

神精香

郭子横《洞冥记》曰：元朔二年，波祗国，亦名波弋国，献神精香草，一名荃靡，一名春芜。一根五百条。其枝间如竹节，柔软。其皮如丝，可以为布，所谓春芜布，亦曰香荃布，坚密如纨也。握之一斤，满宫皆香。妇人带之，弥为香馥。

龟甲香

任昉《述异记》曰：龟甲香，即桂香嘉者。一名紫木香，一名金杜香，一名蘪草香。出苍梧、桂林二郡界。今吴中有蘪草，似蓝而甚芳香。

太平御览卷第九百八十四 药部一

药

《归藏经》曰：昔常娥以不死之药奔月。

《易》曰：无妄之疾，勿药有喜。《象》曰："无妄之药，不可试也。"

《书》曰：若药弗瞑眩，厥疾弗瘳。

《周礼》曰：医师掌聚毒药，供医事。疾医以五药养病，凡药以酸养骨，以辛养筋，以咸养脉，以苦养气，以甘养肉，以滑养窍。郑玄注曰：毒药，药之辛苦者也。五药，草、木、虫、石、谷。

《礼记》曰：君有疾，饮药，臣先常之。亲有疾，饮药，子先常之。医不三世，不服其药。

又曰：季春，喂兽之药，无出九门。为鸟兽方孚乳，伤之，为逆天时。天子九门者：路门、应门、雉门、毕门、库门、皋门、国门、近郊门、远郊门。孟夏之月，聚畜百药。蕃芜之时，毒气盛也。

《左传》曰：臧孙曰"季孙之爱我也，疾疹也；孟孙之恶我也，药石也。常志相违戾，犹药石之疗疾也。美疹不如药石，孟孙死，吾亡无日矣！"

又曰：许悼公疾，太子止饮之药，卒，太子奔晋。书曰："杀其君。"君子曰："尽心力以事君，舍药物可也。"药物有毒，当由医，非凡人所知。讥止不舍药物，所以加杀君之名。

《论语》曰：康子馈药，拜而受之，曰："丘未达，不敢常。"馈，遗。

《史记》曰：长桑君与扁鹊药，服之，三十日见人五藏。

《汉书》曰：灌夫击吴，身中大创十余，适有万金良药，故得不世。

又曰：王嘉为丞相，数上封事，言不宜封董贤。上怒，有诏假谒者节，召丞相诣廷尉诏狱。使者既到府，掾史涕泣，共和药进嘉。嘉引药杯以击地，谓官属曰："丞相幸得备位三公，奉职有罪，当伏刑都市，以示万众。丞相岂儿女耶？何谓咀药而死！"

《东观汉记》曰：上尝与朱祐共买蜜合药。上追念之，即赐祐白蜜一石，问："何如长安时，共买蜜乎？"

又曰：邓训为护乌桓校尉。吏士常大病疟，转易至数十人。训身煮汤药，咸得平愈。其无妻者，为适配偶。

又曰：王闳者，王莽叔父平河侯谭子也。王莽篡位，潜忌闳，乃出为东郡太守。闳惧诛，常系药手内。莽败，汉兵起，闳独完全。

华峤《后汉书》曰：张楷，字公超。家贫，无以为业，常乘驴车至县卖药。

《九州春秋》曰：青州刺史焦和，多作陷水丸沉河，望寇不得渡。

《吴书》曰：合肥之役，凌统身被六七疮。有卓氏良药，故得不死。

《魏志》曰：太祖性严，掾属公事往往杖之。何夔常畜毒药，誓死无辱，是以终不见及。

《晋书》曰：馀杭隐士郭文，字文举。王导闻，召之。永昌中，大疫，父础亦殆。导遗药，文曰："命在天，不在药也。"

王隐《晋书》曰：李涓为尚书令，家至贫，儿病，无钱买药。上赐钱千万。李涓，一作李凤。

又曰：程咸，字延休。其母梦白头公授药，曰："服此，当得贵子。"后生咸，至侍中。

又曰：符生常使太医令程延合安胎药，问人参好恶，并药分多少，延曰："虽小小不具，自可堪用。"生以为讥己，遂斩之。

又曰：陆抗与羊祜推乔扎之好。抗尝遗酒，祜饮之不疑；抗有疾，祜馈之药，抗亦推心服之。

《宋书》曰：高祖微时，伐荻新洲，见大蛇长数丈，射伤之。明日，洲中闻杵臼声。往视之，见童子数人，皆青衣，于榛中祷药。问其故，答曰："我王为刘寄奴所射，合药傅之。"帝曰："神何不杀之？"童子曰："寄奴王者，不死不可杀。"帝叱之，皆散，乃收药而反。又，客经下邳逆旅，会一沙门，谓帝曰："江表当乱，能安之者，其在君乎！"帝先患手疮，经年不愈。沙门有黄药，因留与帝，既而忽亡。帝以黄散傅疮，一傅而愈。宝其余，及所得童子药。每遇金疮，傅之并愈。

《齐书》曰：随郡王子隆，年二十一，而体过充壮。常使徐嗣伯合蘆茹丸，服以自销损。

又曰：豫章王嶷薨后，见形于沈文季，曰："我未应死，皇太子加膏中十一种药，使我痈不差；汤中复加药一种，使利不断。吾已诉先帝，先帝许还，东邸当判此事！"因胸中出青纸文书，示文季曰："与卿少旧，因卿呈主上。"俄失所在。文季秘而不传，甚惧此事。少时，太子薨矣。

《魏书》曰：邢峦为侍郎，甚见亲遇。高祖因行药园，至司空府南，见峦宅，遣使谓峦曰："朝行药园，至此，见卿第宅乃佳。东望德馆，情有依然！"

又曰：天竺乌长国，婆罗门为上族，解天文。人有争讼，服之药，曲者发狂，直者无恙。

《隋书》曰：隋大举伐陈，王颁力战，被伤，恐不堪复斗，悲感呜咽。夜中睡梦有人授药，比寤而疮不痛。时人以为忠感。

又曰：杨素寝疾，帝每令医诊候，赐以上药。然密问医人，恒恐不世。素又自知名位已极，不肯服药，亦不将慎，每语弟约曰："我岂须臾活耶？"

《唐书》曰：太宗幸襄城宫，登子逻坂，见暍者僵于路，驻马，命左右取药，饮之乃苏。

又曰：天竺方士那罗迩婆娑寐自言寿二百岁，云有长生之术。太宗信之，深加礼敬。馆之金飚门内，造延年之药，令崔敦礼监主之。发使天下采诸奇药异石，不可称数，后竟不就。

又曰：元和中，山人柳泌言灵药可得。上信之，乃以为台州刺史，赐紫绯令采灵药。

又曰：柳公绰，有道士献药，试之有验。问所从来，曰："合此药于蓟门。"时朱克融方叛，公绰遽谓曰："惜哉，至药来于贼臣之境，虽验何益！"乃沈之于江，而逐道士。

《庄子》曰：宋人有善为不龟手之药者，龟，手裂若龟文。世世以洴音萍澼音僻纩音旷为事。洴澼，漂也。纩，絮也。冬漂絮则手拘，能为药以自治。客闻之，请买其方百金。以说吴王，说可以战。吴使之将。冬与越人水战，大败越人，列地而封之。能不龟手，一也，或以封，或不免于洴澼纩，则所用之异也。

《唐子》曰：仙人韩终，即韩冯之兄。为宋王采药，王不肯服之，终因服之，遂得仙。

《淮南子》曰：羿请不死之药于西王母，姮娥窃而奔月。姮娥，羿撇蘙。羿从西王母，请不世之药于西王母，未及服之，姮娥盗服，得仙，奔入月中，为月精。

又曰：今夫地黄主属骨，而甘草食肉之药也。以其属骨而责其生肉，以其生肉而责其属骨，是王孙绰之欲倍偏枯之药，而欲以生殊死之人，亦谓失论矣！王孙绰，鲁人也。

又曰：昆仑墟旁有九井，玉横维其西北之隅。横有光色。横，或作彭，盛不世药器也。四水者，帝之神泉，以和百药，以润万民。

《抱朴子》曰：《神农经》曰："上药，令人身安命延，升天神仙，遨游上下，役使万灵，体生毛羽，行厨立至。"

又曰：五芝，及饵丹砂、玉札、曾青、雄黄、云母、太一禹余粮，各可单服之，皆令人飞行长生。

又曰：中药养性，下药除病。能令毒虫不加，猛兽不世，恶气不行，众妖辟屏。

《孝经援神契》曰：椒姜御温，菖蒲益聪，巨胜延年，威喜辟兵。此皆上圣之至言，方术之实录也。

《孝经援神契》注引《抱朴子》曰：仙药之上者，丹砂，次则黄金，次则白银，次则诸芝，次则五玉，次则云母，次则明珠，次则太一禹余粮，次则石中黄子，次则石桂英，次则石脑，次则石流丹，次则石粭，次则曾青，次则松柏脂、茯苓、地黄、麦门冬、木巨胜、重楼、黄连、石韦、柠石、象柴，一名托卢是也，或名仙人杖，或名西王母杖，或名天精，或名去老，或名地骨，或名枸杞也。

《战国策》曰：有献不死之药于荆王者，谒者操以入，中射之士问曰："可食乎？"曰："可。"因夺而食之。王怒，使人杀中射之士，士曰："臣问谒者，谒者曰：'可食'，臣故食之。是臣无罪，罪在谒者也！且客献不死之药，臣食之而王杀臣，是死药也！王乃杀无罪之臣，而明人之欺王。"王乃不杀。

《说苑》曰：汤曰："药食，先常于卑，然后至于贵。药食尝乎卑，然后至乎贵，教也；药言献于贵，然后闻于卑，道也。"

又曰：孔子曰："良药苦于口，利于病；忠言逆于耳，利于行。"

《吕氏春秋》曰：鲁有公孙绰者，告人曰："我能治偏枯。"今吾倍为偏枯之药，则可以起死人矣。"物固有可以为小，不可以为大，可以为半，而不可以为全者矣。"

又曰：良医医病，病万变，药亦万变。病变而药不变，向之寿民，今为殇子矣。

又曰：若用药者，得良药则活人，得恶药则杀人。义兵之为天下良药也，亦大矣！

《论衡》曰：太王亶父睹王季之可立，故易名曰历。历者，适也。太伯觉悟，采药以避王季。

《山海经》曰：大荒之中有黄木，赤枝青叶，群帝取药。言树、花、实皆为药也。

又曰：大荒中有山，名丰阻玉门，日月所入。有灵山，巫咸、巫昉、巫即、巫盼、巫彭、巫姑、巫真、巫祀、巫谢、巫罗十巫从此升降，百药爰在。

郦善长注《水经》曰：山，甚峻重叠，灌柏齐阴，攒柯翠峙，泉石转深。盖仙居之宿所，是以世人目岩为捣药岩，名此水为捣药水。

《汉武内传》曰：王母谓武帝曰："太上之药，乃有玄光黎角，风实云子，帝园王族，昌城王蕊，夜河天骨，崆峒灵瓜，四劫一实，冥陵䴔胆；仰掇扶桑之丹椹，俯采长河之文藻，紫虬童子，九色凤脑，太真虹芝，天汉臣草，南宫大碧，西卿扶老，三梁龙华，生子大道，有得食之，后天而老。此太上之所服，非中山之所宝也。

又曰：武帝崩，遗诏以《杂道书》四十卷置棺中。到延康二年，河东工曹李及入上党抱犊出采药，于岩窟中得此书，盛以金箱，其书后题臣姓名，记日月，是武帝时物也。河东太守张纯以箱及书奏献宣帝，宣帝示武帝时左右侍臣，有典书中郎见书流涕，曰："此是帝崩时殡殓物也。"

《东方朔别传》曰：孝武皇帝好方士，敬鬼神，使人求神仙不死之药，甚至初无所得。天下方士，四面蜂至，不可胜言。东方朔睹方士虚语，以求尊显，即云上天欲以喻之，其辞曰："陛下所使取神药者，皆天地之间药也，不能使人不死。独天上药能使人不死耳。"上曰："然。天何可上也？"朔对曰："臣能上天。"上知其谩诧，极其语，即使朔上天取不死之药。朔既辞去，出殿门，复还，曰："今臣上天，似谩诧者，愿得一人为信验。"上即遣方士与朔俱往，期三十日而反。朔等既辞而行，日日过诸侯传饮，往往留十余日。期又且尽，无上天意，方士谓之曰："期且尽，日日饮酒，为奈何？"朔曰："鬼神之事难豫！"言"当有神来迎我者。"于是方士昼卧，良久，朔遽觉之，曰："呼君极久不应，我今者属从天上来！"方士大惊，还，具以闻上。以为面欺，诏下朔狱。朔啼对曰："朔须几死者再。"上曰："何也？"朔对曰："天公问臣：'下方人何衣？'臣朔曰：'衣虫。''虫何若？'臣朔曰：'虫喙髯髯类马，邠邠类虎。'天公大怒，以臣为谩言，系臣，使下问，还报有之，名蚕，天公乃出臣。今陛下苟以臣为诈，愿使人上问之天。"上大惊，曰："善！齐人多诈，欲以喻我止方士也。"罢诸方士，弗复用也。由此，朔日以亲近。

《列仙传》曰：乐子长者，齐人也，少好道真。到霍林山，遭仙人，受服巨胜赤松散方。仙人告之曰："蛇服此药化为龙，人服此药老翁成童，能升云上下，改易形容，崇气益精，起死养生。子能服之，可以度世。"子长服之，年百八十，色如少女。妻子九人，皆服此药，老者还少，少者不复老。

又曰：燕王遣韩终采药，王先使韩终服之，面如金色。

又曰：安期生卖药海边，时人以为千岁公。

又曰：瑕丘仲卖药于宁，后地动舍坏，仲死。人取尸弃水，收其药卖之，仲被裘诮之。后为夫馀使者。

又曰：崔文子，太山人，卖药都市。后有疫死者万计，文子拥朱幡，持黄散，循问民，服其散愈者万计。后在蜀卖黄散、赤丸，世故宝之。

又曰：负局先生者，语似燕代间人也。负磨镜局，循吴帝市中，磨一镜一钱。因磨辄问主："得无人疾苦者？"有辄出紫丸药以与之，得莫不愈。后上吴山绝崖头，世世悬药与下人，曰："吾欲还蓬莱山，与汝曹神水。"崖头一旦有水，白色，从石间来下，服之，病多愈。

《高士传》曰：韩康，字伯休，京兆霸陵人。采药名山，卖于长安市，口不二价，三十余年。时有女子从康买药，康价不移，女子怒曰："公是韩伯休，那乃不二价也？"康叹曰："我本避名，今女子皆知我，何用药为！"乃遁入霸陵山中。

《鲁女生别传》曰：封君达，陇西人也。少好道，初，服黄连丸五十余年，乃入鸟鼠山。又于山中服水银百余年，还乡里，年如二十者。常乘青牛，故号为青牛道士。

《桂阳先贤画赞》曰：苏耽尝除门庭，有众宾来，耽告母曰："人招耽去。已种药着后园梅树下，可治百病。一叶愈一人，卖此药过足供养。"便随宾去，母走牵之，四体如醉，足不能举。

《邴原别传》曰：魏太子为五官中郎将，原为长史。太子宴会众宾百数十人，太子建议曰："君、父各有笃疾，有药一丸，可救一人，当救君耶？父耶？"众人纷然，或君或父。时原在坐，不与此论。太子谘之于原，原悖然对曰："父！"太子亦不复难。

曹毗《杜兰香传》曰：神女兰香，降张硕。硕问寿如何，香曰："消磨自可愈疾，淫祀无益！"香以药为消磨。

王子年《拾遗记》曰：燕昭王坐祗明之室，昼而假寐。忽梦西方有白云，蓊蔚而起，俄而暗于庭间。有人衣服皆毛羽，驾苍螭之车，从云中而出，直诣王所。王梦中与语，问以上仙之术，羽人曰：“大王精智未开，欲求恒生，不可得也！”王请受绝欲之教，羽人指画，王心应手而裂。王乃惊悟，因患心疾。久之，乃升于泉照之馆，复见前所梦人于前，曰：“本欲易王之心。”乃出方寸绿囊，囊中有续脉名丸，哺血精散，其细若灰，以手摩王之臆，俄而既愈。王因请其方，曰：“其用物也有九，明神芝，煎以苍鹰之血，黑河鳞胆，煮以琨珸之脂，贮以玉缶，缄以金绳，封以玉印。王得服之，后天而死。若溺于淫，嗜于欲，求者，只苦心焉。”语毕，化为青凫入天际。王求合药，终不能成。黑河，北极也。其水浓黑不流，上有浓云生焉。有黑鲲千尺，如鲸，常飞游于南海。

《博物志》曰：夫性之所以和，病之所以愈，是当其药，应其病则生；违其药，失其应则死。

《本草经》曰：太一子曰：“凡药，上者养命，中药养性，下药养病。”神农乃作赭鞭钩𨪐尺制切。从六阴阳，与太一升五岳四渎。土地所生草石骨肉心皮毛羽万千类，皆鞭问之。得其所能主治，当其五味，百七十余毒。

《异苑》曰：魏武北征逾顿，升岭，眺瞩，见一岗不生百草。王粲曰：“如是古冢。此人在世，服生礜石死，而石上热蒸在外，故卉木焦灭。”即令凿之，果得大墓，有礜石满茔。仲宣博识强记，皆类此也。一实：粲在荆州从刘表，登鄣山，见此异。

任昉《述异记》曰：汉世古谚云：“虽有神药，不如少年；虽有珠玉，不如金钱。”太原神釜岗中，有神农尝药之鼎在焉。成阳山中，有神农鞭药处，一名神农原，一名药草山。山中有紫阳观，世传神农于此辨百药也。

《养生略要》曰：《神农经》曰：“五味养精神，强魂魄；五石养髓，肌肉肥泽。诸药，其味酸者，补肝，养心，除肾病；其味苦者，补心，养痹，除肝病；其味甘者，补脾，养肺，除心病；其味辛者，补肺，养肾，除脾病；其味咸者，补肾，养肺，除肝病。故五味应五行，四体应四时。夫人性生于四时，然后命于五行。以一补身，不世命神。以母养子，长生延年。以子守母，除病究年。

《岭表录异》曰：广之属郡，及乡里之间，多蓄蛊。彼之人悉能验之，以草药治之，十得其七八。药则金钗股，形如石斛；古漏子、女票恨罟，食之即吐。人肝藤。浓汁煎吃。陈家白药子，一名吉利。本梧州陈氏有此药，善解蛊毒，每有中者即求之，前后救人多矣，遂以为名。今封康州有得其种者，广府每岁常为土贡焉。诸解毒药，功力皆不及陈家白药。

王彪之《闽中赋》曰：药草则青珠、黄连、拳柏、决明、苁蓉、鹿茸、漏芦、松荣，痊痾则年永，练质则翰竖。

谢灵运《山居赋》曰：《本草》所载，山泽不一，雷、桐是别，和、缓是悉，三枝六根，五华九实。

《乐府歌诗》曰：仙人骑白鹿，发短耳何长！道我奉上药，览之获无疆。来到主人门，奉药一玉箱。主人服此药，身体日康强。发白复还黑，延年寿命长。

魏文帝有诗曰：西山何如高！高高殊无极！上有两仙童，不饮亦不食。与我一丸药，光耀有五色。服药四五日，身体生羽翼。

应劭表曰：臣劭言："郡旧因计吏献药，阙而不修，惭悸交集，无辞自文。今道少通，谨遣五官孙艾贡茯苓十斤、紫芝六枝、鹿茸五斤、五味一升，计吏发行，辄复表贡。"

太平御览卷第九百八十五 药部二

丹

《易参同契》曰：丹沙木精，得金乃并。

《书》曰：荆及衡阳唯荆州，杶、干、栝、柏、砺、砥、砮、丹。砥细于砺，皆磨石也。砮，石，中矢。丹，朱类。

《汲冢周书·王会》曰：成王时，濮人献丹沙。濮人，西南角之蛮，丹沙所出。

《礼仪》曰：君乘木而王，地生丹。

《孝经援神契》曰：德至山陵，则陵出黑丹。宋均注曰：丹应五典，备五色也。

《春秋运斗枢》曰：摇光得陵出黑芝，亦令人长生。以金投中，则名为金浆；以玉投中，则名为玉澧。服之皆长生。又有取伏丹法云：天下诸水，有石丹者，其水中皆有丹鱼。先夏至十日，夜伺之，丹鱼必浮于岸侧，赤光上照，赫然如火。网而取之，虽多，勿尽取之也。割取血，以涂足下，则可步行水上，长居水中。

《史记》曰：寡妇清先得丹穴，而擅其利。清寡妇能守其业，始皇为女筑怀清台。

《梁书》曰：陶洪景既得神符秘诀，以为神丹可成，而苦无药物。帝给黄金、朱沙、曾青、雄黄等，后合飞丹，色如霜雪，服之体轻。及帝服飞丹，有验，益敬重之。

《唐书》曰：道士刘道合者，宛丘人。高宗令合还丹，丹成而上之。咸亨中卒，唯有空皮，而背上开拆，有似蝉蜕。高宗闻之，曰："刘师为我合丹，自服仙去。其所进者，亦尾。"

《典略》曰：白丹者，山陵之精也。

《淮南子》曰：赤水宜丹，黄水宜金，清水宜龟。

《抱朴子》曰：余考览养生之书，究集久视之方，曾所被涉，篇以千计矣，莫不以还丹金液为大要焉。然则二事盖仙道之极也，服此而不仙，则古无仙矣！昔左元放于天注山中精思，神人授以丹经，仙公从元放受之，凡受《太清丹经》三卷，及《九鼎丹经》一卷，《金液经》一卷。子师郑君者，子从祖仙公之弟子，乃于马迹山中立墠盟受之，并具诸口诀之不书者。

又曰：太清神丹，其法出元君。元君者，老子之师也。《太清观天经》有十四篇，云其上七篇，不可以教授；其中四篇，无足传，常沉之三泉；下篇者，正是《丹经》上中下三卷。其经曰："上下得道，长生世间。"

又曰：汉末，新野阴君合此太清丹得仙。其人本儒生，有才思，著诗及《丹经赞》并序，述初学道凌师本末，引已所知识之得仙者四十余人，甚分明也。

又曰：有九光丹，与九转异法，大都相似耳。作之之法，当先以诸药合水火，以转五石。五石者，丹砂，雄黄、礜石、曾青、磁石也。一石转五转，而各成五色。五石合为二十五色，色各一两，而异器盛之。欲起死人，未满三日，取青丹一刀圭，和以水，浴死人之身；又以一刀圭发其口，内之，死人立生。致至行厨，取黑丹，和以涂左手，所求如所道，皆自致，可致天下万物也。欲隐形，及先知未然方来之事，及住年不老，服黄丹一刀圭，即便长生，不复老，坐见千里之外吉凶，皆如在目前也，人生相命，盛衰寿夭，贵贱贫富，皆知之矣。其法具在《太清》中卷。

又曰：《五帝灵丹方》一卷，其法五也。用丹砂、雄黄、石流黄、曾青、礜石、磁石、矾石、戎盐、太一禹余粮，亦同用太一泥，及神室祭醮之，三十六日成。

又曰：以金液为威喜巨胜之法；取金液，及水银合煮之，三十日出，以黄土瓯盛，封以太一泥，置之猛火上炊之，卒时皆化为丹。服如小豆便仙。以此丹一刀圭粉，和水银一斤，即成银。又取此丹一斤，置猛火上扇之，化为赤全而流，名曰丹金。以涂刀剑，兵去万里。以此丹金为盘碗，食其中，令长生。以承日月，得神液，如方诸之得水也，饮之令人不死。

又曰：九丹，诚为仙药之上。然合作之所用，杂药甚多。若四方清通者，市之可得。取若九域分摄，则其物或不可得也。

又曰：葛稚川云："余祖鸿胪少时，曾为临沅令。云此县有廖氏，家世寿考，或出百，或八九十。后徙去，子孙多夭折。他人居其故宅者，复累世寿。由此乃觉是宅所为，而不知其何故。疑其井水殊赤，乃试掘井左右，得古人埋丹沙数十斛。"

《山海经》曰：拒山，英水出焉，其中多丹粟。

又曰：始州国有丹山。

《论衡》曰：《太公阴谋书》"武王伐纣，食小儿以丹金，身纯赤。长大，教云：'殷王亡。'民见儿身赤，以为天神。"

《说文》曰：丹，越之赤石也。臒，善丹也。

《神仙传》曰：采女请问彭祖延年之法，彭祖曰："欲举形登天，上补仙官者，当用金丹，此九君太一所以白日升天。"

又曰：马明王从道人受《太清神丹经》三卷，入山合药，服之，不乐升天，但服半剂，为地仙。展转九州百余年，乃白日升天也。

又曰：淮南王安从八公受《丹经》及三十六水方。

又曰：李少君从安期先生受神丹炉火之方，家贫，不得药，乃以方干汉武帝云。

又曰：葛玄，字孝先，从左元放受《丸丹金液仙经》。

又曰：刘元凤，南阳人，服芙蓉丹及鸡子丹。

《鲁女生别传》曰：李少君，字云翼，齐国临淄人也。少好道，入山采药，修全身之术。道未成而病，困于山林中。遇安期先生经过，见少君，少君叩首求乞生活。安期悯其有志，乃以神楼散方与服之，即起。少君求随安期，奉给奴役。

《广志》曰：丹，朱沙之朴也，大者如米。生山中，出牂牁与古倭国。

裴渊《广州记》曰：郙平县有朱沙塘，水如绛。

又曰：郭平县有石膏山，望之若霜雪。又一岭，东为银石，南是铁石，西则丹砂，北乃铜石。

《本草》曰：丹砂，味甘微寒，生山谷，养精神，益气明目。铅丹，味辛，微寒，生平泽，治吐逆胃反，久服成仙。生蜀都。

《吴氏本草》曰：丹砂，神农甘，黄帝、歧伯苦，有毒，扁鹊苦，李氏大寒。或生武陵，采无时，能化朱成水银，畏磁石，恶咸水。

武陵太守谢承表曰："新宫成，上丹砂五百斤，上亿万岁寿。"

芝上

《春秋运斗枢》曰：摇光得陵出黑芝。

《孝经援神契》曰：德至草木，则芝草生。

《尔雅》曰：茵似由切，芝也。郭璞注曰：芝，一赎三华，瑞草。

《汉书》曰：武帝时，芝生殿内房中，九茎。诏赦天下。作《芝房歌》。

又曰：宣帝神爵元年三月，诏曰："金芝草九茎，服虔曰：色象金。产于函德殿铜池中。"如淳曰：函亦含也。铜池，承溜也。晋灼曰："以铜作池。韦昭曰：以铜饰池边也。

《东观汉记》曰：明帝永平七年，公卿以芝生前殿，奉觞上寿。

又曰：桓帝建和元年，芝生中黄藏府。

又曰：光和四年，郡国上芝草英。

《续汉书》曰：建初五年，零陵女子傅宁宅内生紫芝五株，长者尺四寸，短者七八寸。太守沈丰使功曹赍芝以闻帝，告示天下。

《宋书》曰：顺帝升明二年，临城县生紫盖黄里芝。芝历时，质色不变。

《唐书》曰：贞观中，皇太子寝室中产素芝十四茎，并为龙兴凤翥之形。

又曰：天宝中，有玉芝产于大同殿之柱础，一本两茎，神光照于殿。

又曰：上元中，延英殿御坐生玉芝，一茎三花。御制《三灵芝诗》。

《淮南子》曰：巫山之上，从风纵火，紫芝与萧艾俱死。

又曰：稻生于水，而不能生于湍濑之流；芝生于山，而不能生盘石之上。

《抱朴子》曰：芝者，有石芝，有木芝，有草芝，有肉芝，有菌芝，名有百许种也。石芝者，石象芝，生于海隅石山，及岛屿之涯。肉芝者，状如肉，头尾四足，良似生物也。附于大石，盖在高岫险峻之地，或却着仰缀也。赤者如珊瑚，白者如截肪，黑者如泽漆，青者如翠羽，黄者如紫金，而皆光明洞彻，如坚冰也。晦夜，去之一二百步，便望见其光矣。大者十余斤，小者三四斤。非久斋至精，及佩老子入山灵宝五符，亦不能得见此。凡见诸芝，且先以开山却害符置其上，则不得复隐蔽化去矣。徐徐择王相之日，设醮，然后取之。皆从日下禹步闭气而往也。又得石象芝，捣之三万六千杵，服方寸匕，日尽一斤，则得千岁；十斤，则万岁。亦可分人服之。玉脂芝，生于有玉之山，常居悬危之处。玉膏流出，万年已上，则凝而成芝。有如鸟兽之形，色无常采，率多似山水苍玉也。亦鲜明如水精。得而采之，以无心草汁和之，须臾成水。服一升，得一千岁也。

又曰：七明九光芝，皆石也，生临水之高山石崖之间。状如盘碗，不过径尺以还。有茎叶连缀之，起三四寸，有七孔者，名七明；九孔者，名九光。光皆如星，百余步内，夜可望见其光，其光自别。常以秋分伺之。得之，捣服方寸匕。入口服则翕然身热，五味甘美。尽一斤，则得千岁，令人身有光，所居暗地如月，可以夜视书也。

又曰：石蜜芝，生少室石户中。户中便有深谷，不可得过。以石投谷中，半日犹闻其声也。去户外十余丈，有石柱，柱上有偃盖石。高度径可一丈许。蜜芝生石上，堕入偃盖中，良久，辄有一滴，有似雨后屋之余漏，时时一落耳。然蜜芝堕不息，而偃盖亦终不溢也。户上刻石为科斗字，曰："得服石蜜芝一斗者，寿万岁。"诸道士共思推其处，不可得往，唯当以碗器着劲竹木端，以承取之，然竟未有能为之者。按此户上刻题如此，前世必已有得之者也。

又曰：石桂芝，生山岩穴中，似桂树而实石也。高尺许，色明而味辛，有枝条。捣服之一斤，得千岁也。石中黄子，所在有之，沁水山为尤多。其在大石中，则其石常润湿不燥。打其石，石有数十重，乃得之，在大石中，赤黄溶溶，如鸡子之在壳中也。即当饮之，不饮则渐坚凝成石，不复中服也。法正当及未坚时歠之，既凝，则不得服也。破一石中，多者有一升，少者有数合。不可顿服，虽不得多，相继服之。其计前后所服，合成三斗，则千岁。但欲多服，唯患难得耳。

又曰：石胫芝，生滑石中，亦如石中黄子状，但不皆有耳。打破大滑石千许，乃可得一斤。初破之，其在石中，五色光明而自动。服一升，得千岁矣。

又曰：木芝者，松柏脂，沦地千岁，化为茯苓，万岁，其上生小木，状如莲花，名曰木威喜芝。夜视有光，持之甚滑，烧之不焦，带之辟兵。以带鸡，而杂他鸡十二头，共笼之，去十二步，射十二箭，他鸡皆伤，带威喜芝者终不伤也。从生门上采之，六甲阴中干之，百日，末服方寸匕，日三，尽一枝，则三千岁也。

太平御览卷第九百八十六 药部三

芝下

《抱朴子》曰：千岁之枯木，其下根如坐人，长七寸，刻之有血。以其血涂足下，可以步行水上不没。以涂人鼻，入水，水为之开，可以止住渊底也。以涂身，则隐形，欲见则拭之。又可以治病，病在腹内，则刮服一刀圭；其肿痛在外者，随其所在，刮一刀圭以摩之，皆手下即愈。假令左足有疾，则刮涂人左足也。

又曰：松树枝三千年者，其皮中有聚脂，状如龙形，名曰飞节芝，大者十斤。末服之，尽一斤，得五百岁。

又曰：樊桃芝，其木如升龙，其花叶如丹萝，其实如翠鸟。高不过五尺，生于名山之阴，东流泉水之上。以夏至后伺之，得，末服之，一株得五千岁。

又曰：参成芝，赤色，有光。扣之枝叶，如金石之音。折而续之，即复如故。

又曰：木渠芝，寄生大水上，如莲花，九茎一丛。其味甘而辛。建木芝，实生于都广，其皮如缨蛇，其实如鸾鸟。此三芝得服之，白日升天也。

又曰：黄芦子、寻木华、玄液华，此三芝，生于泰山要乡，及奉高。有得服之，皆令人寿千岁也。

又曰：千岁燕，其窠户北向，其色多白，而尾毛掘。取阴干，末服，得五百岁。凡此百二十种，皆肉芝也。

又曰：菌芝，或生深山之中，或生大木之下，或生泉水之侧。其状或如宫室，或如车马，或如龙虎，或如飞鸟，五色无常，亦百二十种，自有图也。皆当禹步往采取之。刻以骨刀，阴干，末服方寸匕，令人升仙，中者数万岁，下者千岁。欲求芝草，入名山，必以三月、九月，此山开出神药之月也。勿以山浪日，必以天辅时，三奇会尤佳。出三奇吉门，到山须六阴之日，明堂之时，带灵宝符，牵白犬，抱白鸡，以白盐一斗，及开山符檄，着大石上，执吴唐草一抱，以入山。山神喜，必得芝也。又采芝、服芝，欲得王相专和之日，支干上下相生为佳。此诸芝，名山多有之，但凡庸道士，心不精，志行秽，德薄，又不晓入山之术，虽得其图，不知其状，亦终不能得也。山无大小，皆有鬼神。其鬼神不以芝与人，人虽践之，不可见也。

又曰：草芝，有独摇芝，无风自动。其茎大如手指，赤如丹。素叶如苋。其根有大魁如斗，有细者如鸡子。十二枚，周绕大根四方，似仿效十二辰也。相去丈许，皆有细根，如白发以相连。生高山深谷之上。其所生，左右无草。得其大魁，末服之，尽则千岁。服其细者，一枚百岁。可以分他人也。坏其大根，即隐形；欲见，则左转而出之。

又曰：牛角芝，生虎寿山，及吴陵上。状如葱而特生，如牛角，长三四尺，青色。末服方寸匕，日三服，至百日，则得千岁矣。

又曰：龙仙芝，状如升龙之相负也，以叶为鳞，其根则如蟠龙。服一株，得千岁矣。

又曰：紫珠芝，其茎黄，其叶赤，其实如李而紫色。二十四枚，辄相连而垂，如贯珠也。

又曰：白符芝，高四五尺，似梅。常以大雪而花，季冬而实。

又曰：朱草芝，九曲，有三叶，叶有实也。

又曰：五德芝，状似楼殿。茎方，其叶五色各具而不杂。状如偃盖，中尝有甘露，紫光起数尺。

又曰：龙衔芝，常以仲春对生，三节十二枚，下根如坐人。凡此草芝，又有百二十种。阴干服之，则令人与天地相毕，或得千岁、二千岁。

又曰：肉芝者，谓万岁蟾蜍，头上有角，颔下有丹书“八”种，以五月五日日中时取之，阴干百日，以其足画地，即为流水；千岁蝙蝠，色如白雪，集则倒悬，脑重故也。此二物，得而阴干，末服之，令人寿四万岁。千岁龟，五色具额上，两骨起似角，以羊血浴之，乃剔取服之，寿千岁。行山中，见小人乘车马，长七八寸者，肉芝也。取服即成仙。凡百二十种，皆肉芝。

《汉武内传》曰：仙芝上药，有大真虹芝。

《论衡》曰：章帝时，零陵生芝草五本。

又《初禀篇》曰：朱草之茎如针，紫芝之栽如豆。如珠玉者，禀气而生，亦犹此也。

《茅君内传》曰：勾曲山上有神芝五种。第一曰龙仙芝，似蛟龙之相负，服之为太极仙卿。第二曰参成芝，赤色，有光。扣其枝叶，如金石之音。折而续之，即如故。服之为太极大夫。第三曰燕胎芝，其色紫，形如葵叶，燕象，如欲飞状。光明洞彻。服一株，拜为太清龙虎仙君。第四曰夜光芝，其色青，实正白如李。夜视其实，如月光照洞一室。服一株，为太清仙官。第五曰玉芝，色白如玉。剖食，拜三官正真御史也。

《神仙传》曰：漆飞黄子张虚，字子黄，辽人也。行玄素之道，年二百岁，有少容。服九英、盖芝、石象，而得道也。

又曰：刁子然服赤乌散，及夜光芝。

《仙人彩芝图》曰：芝生于名山，食之，令人乘云，能上天观望八极，通见神明。凤凰芝草，生于名山之上，金玉间。文石上阴干，治食一年，令人羽翼皆生，寿千岁，能乘云，与凤凰俱。

又曰：水芝，生于名山大谷之阴。治食之，能入水中，乘云行，通神明，能使百鬼。甘露芝，生于石山之阴，有五彩覆之。

又曰：车马芝，生于名山之中，此尧时七车马化为之。能得食之，乘云而行，上有云气复之。万年芝，生于名山之中，及蓬莱山。

又曰：地芝，生于名山。得食之，延年益寿，一举千里，走越江海。

又曰：月芝，生于名山之阴，金石珠玉之间。阴干，治食，令人有毛二尺，延寿万岁。

又曰：土芝，生于名山之阴，黄云覆之。此戊己中宫黄帝之精，食之，益寿八千。

又曰：黑云芝，生于名山大谷凉泉之间。黑盖赤里，茎黑，味咸苦。食之一年，能入火不焦，入水不溃。石芝，生于名山之阴。色黄，上有不死之药，如甘露，味极美。取而食之，令人不世。赤松子所服。山芝之居，东西行三，南北行五，此为山芝，其色皆白。山芝者，韩终所食也。与天地相极，延年益寿，通神明矣。

又曰：人芝，生于名山之阴，青盖白茎。黄龙芝，生于神山中，状如黄龙。云气芝，生于名山之中，盖白，茎白，里赤。天芝，生于名山之阴。千秋芝，生于大谷中，四方异色，南赤，西白，北黑，东青。食之不老，老者不世。雷芝，生于名山之阴，白石之上，有白云覆之。黄云芝，生于名山之中，金石间，上有黄云覆之，食之寿千岁，令人通见神明，乘云为车，风为马。青云芝，出于名山之阴。云母芝，生于名山泽泉之旁。白虎芝，生于名山之阴，大木下，状如虎，盖青，味辛，食之令人有力。

又曰：东方芝，生于东山之阴。南方芝，生于神山之阳。北方芝，生于北海之山，大谷水中，状异而泽。西方芝，于生昆仑之上，金石间。万年芝，生于名山之阴。

又曰：夜光芝，生于名山之阴，大谷凉泉中，金石间，有浮云翔其上。太一芝，生于名山之阳，盖黄茎赤，得而食之，令人不老，与天地相保。

又曰：虎芝，生于名山之阴，状如虎，食之身轻，延寿八百年。鸣鸟芝，生于名山多林之阳，状如鸟，五色。阴干治食，令人身轻，与风俱行。

又曰：赤龙芝，生于名山之阴，源泉泽泉中，状如龙，其色赤白。以秋采之，便有白光。食之，寿与天地无极。黑龙芝，生于名山之中，大木下，黑色如龙。食之，便令人能入水中。

《孙氏瑞应图》曰：芝草，常以六月生，春青，夏紫，秋白，冬黑。

《十洲记》曰：祖洲有养神丹芝，似菰苗，长三四尺。人死，以草覆之皆活。服之长生。秦始皇时，大疫，多有死者。有鸟如乌，衔此草以覆死人面，登时皆活。始皇闻，以问北郭鬼谷先生，先生曰："此不世草也，生琼田中。"又有钟山仙家，数千万耕田种芝草。

《嵩高山记》曰：嵩高山上有人芝。人芝者，状似小儿。地芝者，辟方一尺，如黄金色，覆以五色云，有神龙守之。食者可以遐年。

崔豹《古今注》曰：元和二年，芝生沛，如人冠状。又生章武，如人抱三子状。成帝建初五年，芝生颖川。常以六月中生一叶，春青，夏紫，秋白，冬黑，十月复黄。气出上尺五寸。

《博物志》曰：名山生神芝，不世之草。上芝为车马形，中芝为人形，下芝为六畜形。

《唐新语》曰：崔希峤以孝友称，丁内忧，哀毁过礼。为郑县丞，芝草生所居堂，一宿而葩，盖盈尺。

杜宝《大业拾遗录》曰：七年六月，东都永康门内，会昌门东，生芝草，百二十茎。散在地，周十步许。紫茎白头，或白茎黑头。或有枝，或无枝，亦有三枝如古出字者，地内根并如绵，大相连着。乾阳殿东东上阁前槐树上生芝，九茎共本，相扶而生。中茎最长，两边八茎相次而短，有如楼阁，甚洁白。武贲郎将段文操留守，画图表奏。

《本草经》曰：青芝，一名龙芝。食之身轻不老，神仙。生太山上谷，亦生五岳地上。

又曰：黄芝，一名金芝。食之为神仙。生嵩高山山谷中。

又曰：赤芝，一名丹芝。食之为神仙。生霍山山谷。

又曰：黑芝，一名玄芝。生恒山山谷。

又曰：紫芝，一名木芝。久服延年，作神仙。生山岳地上，色紫，形如桑。

《吴氏本草经》曰：紫芝，一名木芝。

《九歌》曰：采三秀兮于山门，三秀，芝草。石磊磊兮葛蔓蔓。

缪袭《神芝赞》曰：青龙元年五月，庚辰，神芝生于长平之习阳。其色紫丹，其质光曜。高尺八寸五分，散为三十有六茎，枝干连属，有似珊瑚之形。诏御府匮而藏之，具画其形。

《古瑞命记》曰：王者慈仁，则生芝。食之，则延年。又，神农氏之论芝云：山川与四时五行阴阳昼夜之精，以生五色神芝，皆为圣王休详焉。自汉孝武、显宗世号隆盛，而元封、永平所纪神芝，方斯蔑如也。且其枝干条茎，本末相承，乃协于天官之数。非神明，其数孰能如此？

《天台山赋》曰：五芝含秀而纷敷。

嵇康诗曰：煌煌灵芝，一年三秀。

太平御览卷第九百八十七 药部四

石药上

紫石英

《山海经》曰：单孤之山，蓬水出焉，其中多紫石英。

《魏氏春秋》曰：黄初元年，明帝愈崇宫殿，雕饰观阁，取白石英，及紫石英、五色文石于太行谷城之山。

《宋书》曰：谢瞻，字宣远，六岁能属文。为《紫石英赞》，为当时才士叹异。

《隋书》曰：梁彦光，少岐嶷，有至性。七岁时，父遇笃疾，医云："饵五石可愈。"时求紫石英、五色文石于太行，不得。彦光忧瘁，不知所为。于园中见一物，彦光所不识，怪而持归，即紫石英也。亲属咸异之。

《抱朴子·内篇》曰：或问不寒之道，答曰："以立冬之日，或服六丙六壬符，或服太阳酒，或服紫石英。"东莞县西北二十里，有襍山，出紫石英，旧以贡献。

《永嘉记》曰：固陶村有小山，出紫石英。人尝于山下得一紫石英，王府君闻，遣人缘山掘得数升，芒角甚好，色少薄。孙府君亦掘得数升也。

《从征记》曰：自太岘至太山，皆有紫石英。太山所出，特复瑰殊。

《吴兴记》曰：乌程县北垄山有紫石英，甚光明，但小黑。

《博物志》曰：平氏阳山县，紫石英特好。其他者色浅。紫石英，旧出胡阳县。

《岭表录异》曰：陇州山中多紫石英，其色淡紫，其质莹彻。随其大小，皆五棱，两头如箭镞。煮水饮之，暖而无毒。比北中白石英，其力倍矣。

《本草经》曰：紫石英，味甘温，生太山山谷，治心腹呕逆、邪气，补不足。女子风寒在子宫，绝孕十年无子，久服，温中轻身延年。

《吴氏本草》曰：紫石英，神农、扁鹊甘，气平；李氏大寒；雷公大温；岐伯甘，无毒。生太山或会稽。采无时，欲令如削紫色头如樗蒲者。

白石英

《本草经》曰：白石英，味甘微温，生山谷。主治消渴、阴痿不足，呕逆，益气，除湿痹、鬲间久寒，益气，久服轻身长年。生华阴。

《永嘉记》曰：安固老山出白石英。

《吴氏本草》曰：白石英，神农甘，岐伯、黄帝、雷公、扁鹊无毒。生太山，形如紫石英，白泽，长者二三寸。采无时。久服，通日月光。

青石英

《本草经》曰：青石英，形如白石英，青端赤后者是。

赤石英

《本草经》曰：赤石英，形如白石英，赤端白后者是，故赤泽有光。味苦，补心气。

黄石英

《本草经》曰：黄石英，形如白石英，黄色，如金在端者是。

黑石英

《本草经》曰：黑石英，形如白石英，黑泽有光。

石流黄

《后魏书》曰：悦盘国有火山，山傍石皆焦熔，流数千里，乃凝坚。人取以为药，即石流黄也。

《淮南子》曰：夏至，流黄泽。

《抱朴子》曰：石流黄，五岳皆有，而箕山为多。其方言：许由就此服之长生，故不复以富贵累意。

《范子计然》曰：石流黄出汉中。

《神仙传》曰：刘冯饵石流黄，老而更少。

《博物志》曰：西域使至，王畅说："石流黄出且弥山。去高昌八百里，有石流黄。高数十丈，纵广五六十亩。有取流黄孔穴，昼视其孔上，状如青烟，常高数尺，夜视皆如燃灯，光明高尺余，畅所亲视见也。且弥人言：是时气不和，皆往保此山，毒气自灭。”

《本草经》曰：石流黄，味酸，生谷中，治妇人阴蚀、疽痔，能化金银物，生东海。

《吴氏本草经》曰：流黄，一名石流黄。神农、黄帝、雷公咸，有毒；医和、扁鹊无毒。或生易阳，或生河西。或五色黄。是潘水石液也，烧令有紫炎者。八九月采。治妇人结阴，能化金银铜铁。

石流青

《本草经》曰：石流青，青白色，主益肝气，明目。

石流赤

《神仙传》曰：许由、巢父服箕山石流丹。

《抱朴子》曰：石流丹者，山之赤精，盖石流黄之类也。皆浸溢于涯岸之间，其濡湿者可丸服，其已坚者可散服。如此者，有百二十种，皆石芝。

《本草经》曰：石流赤，生羌道山谷。

石胆

孝子王丹曰：虎魄，又名为石胆。

《十洲记》曰：沧浪海岛上有石胆，服之成神仙。

《仇池记》曰：石胆川，平池出石胆。

《博物志》曰：皇初三年，武都西部都尉王褒献石胆二十斤。

《范子计然》曰：石胆出陇西羌道。

《本草经》曰：石胆，一名毕石，一名君石。生秦州羌道山谷大石间，或出句青山。其为石也，青色，多白文，易破，状似空青。能化铁为铜。合成金银，练饵，食之不老。

《吴氏本草经》曰：石胆，一名黑石，一名铜勒。神农酸，小寒；李氏大寒；桐君辛，有毒；扁鹊苦，无毒。生羌道，或句青山。二月庚子，辛丑采。

石肺

《本草经》曰：石肺，一名石肝。黑泽，有赤文，如覆肝。置水中即干濡。主益气明目，生死暑。

石脾

《本草经》曰：石脾，一名胃石，一名肾石。赤文。主治胃中寒热。

青石脂

《本草经》曰：青石脂，味酸平，无毒。主养肝胆气。

赤石脂

《越绝书》曰：钟穹隆山，赤松子所取赤石脂也。

《永嘉记》曰：赤石脂，出永宁赤石山。

《荆州记》曰：义阳有赤石脂山。

《本草经》曰：赤石脂，味酸，无毒，养心气。

《范子计然》曰：赤石脂，出河东，色赤者善。

黄石脂

《本草经》曰：黄石脂，味平，无毒，主养脾气。

白石脂

《本草经》曰：白石脂，味甘，无毒，主养肺气。

黑石脂

《本草经》曰：黑石脂，味甘，无毒，主养肾气，强阴阳，蚀肠泄利。

《吴氏本草》曰：五石脂，一名青、赤、黄、白、黑符。青符，神农甘，雷公酸，无毒，桐君辛，无毒，李氏小寒。生南山，或海涯。采无时。赤符，神农、雷公甘，黄帝、扁鹊无毒，李氏小寒。或生少室，或生太山。色绛滑如脂。黄符，李氏小寒，雷公苦。或生嵩山，色如豚脑雁雏，采无时。白符，一名随。歧伯、雷公酸，无毒，李氏小寒，桐君甘，无毒。扁鹊辛。或生少室天娄山，或太山。黑符，一名石泥，桐君甘，无毒。生洛西山空地。

凝水石

《本草经》曰：凝水石，味辛寒，生山谷。治身热、腹中积聚、邪气烦满，饮之不饥。生常山。

《范子计然》曰：凝水石，出河东，色泽者善。

《吴氏本草》曰：凝水石，一名白水石，一名寒水石。神农辛，岐伯、医和甘，无毒，扁鹊甘，无毒，李氏大寒。或生邯郸。采无时。如云母也。

阳起石

《本草经》曰：阳起石，一名白石，味酸微温。生山谷。治崩中，补足内挛、藏中血结、气寒热，腹痛，漏下无子，阴阳不合。生齐地。

《吴氏本草》曰：阳起石，或作羊字。神农、扁鹊酸，无毒，桐君、雷公、岐伯无毒，李氏小寒。或生太山，或阳起山。采无时。

石钟乳

《吴录·地理志》曰：始安、始阳有洞山，山有穴如洞庭，其中生石钟乳。

《唐书》曰：高季辅为太子右庶子，上疏切陈得失，特赐钟乳一剂，曰："卿进药石之言，故以药石相报。"

《列仙传》曰：邛疏煮石髓而服之，谓之石钟乳。

《水经》曰：大洪山，岩嶂皆数百许仞。入石门得穴，穴上素崖壁立，非人迹所及。穴中多钟乳，凝膏下垂，望若冰雪，微津细液，滴沥不断。幽穴潜远，行者不极。

又曰：易水东经孔山，山下有钟乳穴。穴出佳乳，采者揭水寻沙，入穴里许。

《太山记》曰：山有钟乳，但不好耳。

《湘川记》曰：湘东阴山县有黄坑山，出钟乳。长沙湘乡县出钟乳，季秋入穴，六七里乃得。

盛弘之《荆州记》曰：天门郡出石钟乳。

《永嘉记》曰：安固县东山石穴，出钟乳。

《东阳记》曰：北山崖有洞穴，有人尝于此穴采钟乳，八十余日，粮尽而穴不穷。

刘道真《钱塘记》曰：灵隐山北有穴，旁入，行数步，有清流，水广丈余。昔有人彩钟乳，水际见异迹，或云是龙迹。闻穴里隆隆有声，便出，不测所采近远。

《范子计然》曰：石钟乳，出武都，黄白者善。

《本草经》曰：石钟乳，一名留公乳，味甘温。生山谷，明目益精，治咳逆上气，安五藏百节，通利九窍，下乳汁。生少室。

《吴氏本草》曰：钟乳，一名虚中。神农辛，桐君、黄帝、医和甘，扁鹊甘，无毒，李氏大寒。或生太山。山谷阴处，岸下聚溜汁所成。如乳汁，黄白色，空中相通。二月、三月彩，阴干。

孔公糵

《本草经》曰：孔公糵，一名通石。味辛温。生山谷。治食化气，利九窍，下乳汁，治恶疮疽瘘。生梁山。

《吴氏本草》曰：孔公糵，神农辛，歧伯咸，扁鹊咸，无毒。色青黄。

礜石音预

《说文》曰：礜，毒石也。

《山海经》曰：皋涂之山，有白石焉，名曰礜，可以毒鼠。今礜石杀鼠，蚕食之而肥。

《范子计然》曰：礜石，出汉中，色白者善。

《湘州记》曰：湘东，山多礜石。

《博物志》曰：鹳伏卵时，取礜石周绕卵，以助暖气。方术家取鹳巢中礜石为真。

《荆州记》曰：湖县鹿山舍傍多礜石。每至严冬，其上不得停霜雪。

盛弘之《荆州记》曰：鱼复县岸崩，将出礜石。

《吴兴记》曰：长城县有白石山，出白礜石，极精好。

《本草经》曰：礜石，一名青分石，一名立制石，一名固羊石。味辛。生山谷。治寒热、鼠瘘、蚀疮，除热，杀百兽。生汉中。

《吴氏本草》曰：白礜石，一名鼠卿，一名太白，一名泽乳，一名食盐。神农、歧伯辛，有毒；桐君有毒；黄帝甘，有毒；李氏大寒。主温热。生汉中，或生魏兴，或生少室。十二月采。

太平御览卷第九百八十八 药部五

石药下

余粮

《列仙传》曰：赤斧者，巴戎人，为碧鸡祠主簿。能炼丹与消石，服之，三十年身反童子，发毛皆赤。数十年上华山取禹余粮，饵之，手中长有赤斧。

《博物志》曰：扶海洲上有草焉，名曰蒒音师草。其实，食之如大麦。七月稔熟，民敛，至冬乃讫。名自然谷，或曰禹余粮。今药中有禹余粮者。世传昔禹治水，弃其所余食于江中，而为药也。

《博物志》曰：地有蓼名，则禹余粮生。亦有蓼名无者矣。

《范子计然》曰：禹余粮，出河东。

《本草经》曰：太一禹余粮，一名石脑。味甘平。生山谷。治咳逆，上气、症瘕、血闭、漏下，除邪。久服，能忍寒暑，不饥，轻身，飞行千里，若神仙。生太山。

又曰：禹余粮，味甘寒。生池泽。治咳逆、寒热、烦满、下利、赤白血闭、症瘕、大热。久服轻身。生东海。

《吴氏本草经》曰：太一禹余粮，一名禹哀。神农、歧伯、雷公甘平，李氏小寒，扁鹊甘，无毒。生太山。上有甲，甲中有白，白中有黄，如鸡子黄色。九月采，或无时。

消石

《吴氏本草经》曰：消石，神农苦，扁鹊甘。

《范子计然》曰：消石，出陇道。

芒消

《本草经》曰：消石，一名芒消，味酸，苦寒。生山谷。治五藏积热。生益州。

朴消

《本草经》曰：朴消，味苦寒。生山谷。治百病，除寒热、邪气，除六府积聚、结癖。山谷之阴有咸苦之水，状如芒消而粗。能化七十二种石，练饵服之，轻身神仙。生益州。

《吴氏本草》曰：朴硝石，神农、岐伯、雷公无毒。生益州，或山阴。入土千年不变，练之不成，不可服。

雄黄

《玄中记》曰：员丘之上多大蛇，以雄黄精厌之。

《水经》曰：黄水，出零阳县西北连巫山，溪出雄黄，颇有神异。采常以冬月，祭祀，凿石深数丈，方得。故溪水取名焉。

《淮南万毕术》曰：夜烧雄黄，水虫成列。水虫闻烧雄黄臭气，皆趋火。

《吴氏本草》曰：雄黄，神农苦。山阴有丹雄黄，生山之阳。故曰雄是丹之雄，所以名雄黄也。

雌黄

《吴越春秋》曰：太官舍春申君所造殿后，殿名桃夏宫，春申子假君宫也。数失火，因涂雌黄，故曰黄堂。临海水。

《土物志》曰：丹山，草木赫然尽彤，雌黄所产。炜煌，内含奇宝，外发英光。昔隶交部，今则南康。

《典术》曰：天地之宝，藏于中极，命曰雌黄。雌黄千年化为雄黄，雄黄千年化为黄金。

《本草经》曰：雌黄，石金，味辛平。生山谷。治身诸毒。

磁石

王隐《晋书》曰：马隆击凉州，以磁石累道侧。贼负铁铠，不得过，以为神。

《吕氏春秋》曰：磁石召铁，或引之也。石，铁之母也。石之不磁者，亦不能引之也。

《抱朴子》曰：五石者，丹沙、雄黄、白矾石、曾青、磁石也。一石转五转，而合成五色，五石合为二十五色。

《南州异物志》曰：涨海崎头，水浅而多磁石。外徼人乘大舶，皆以铁鍱鍱之。至此关，以磁石不得过。

《淮南万毕术》曰：磁石拒碁。取鸡血、作针，铁磨捣之，以和磁石，日途碁头，曝干之，置局上，则相拒不休。

又曰：磁石悬入井，亡人自归。取亡人衣带，裹磁石，锈槲晷，亡人自归。

《本草经》曰：磁石，一名玄石，味辛寒，生川谷。

《吴氏本草》曰：磁石，一名磁君。

石膏

《广州记》曰：彰平县有石膏山，望之，皎若霜雪。

《本草经》曰：石膏，味辛，微寒。生山谷。治心下逆惊喘，口干焦，不能息。

滑石

《南越志》曰：膋音粲城县，是出膋石，膋石，即滑石也。土人以为烧器，以用烹鱼。

《本草经》曰：滑石，味苦寒。生山谷。治身热、泄澼。生棘阳。

《范子计然》曰：滑石，白滑者善。

矾石

《本草经》曰：矾石，一名羽砠。味咸酸寒。生山谷。治寒热、泄痢、恶疮、目痛，坚骨。炼饵久服，轻身不老。生河西。

盛弘之《荆州记》曰：建平出矾石。

《范子计然》曰：矾石，出武都。

《吴氏本草》曰：矾石，一名羽砠泥结切一名羽泽。神农、歧伯酸，扁鹊咸，雷公酸，无毒。生河西，或陇西，或武都石门。采无时。歧伯久服，伤人骨。

曾青

《衡山记》曰：衡山有曾青岗。曾青可合仙药。

《淮南万毕术》曰：取曾青十斤，烧之，以水灌其地，云起如山云矣。曾青为药，令人不老。

《本草经》曰：曾青，生蜀郡名山。其山有铜者，曾青出其阳。青者，铜之精，能化金、铜。

空青

《江乘地记》曰：樵采者常于山上得空青。此山三朝出云，雨必降，民以为常占。

《范子计然》曰：空青、曾青，出巴都。白青，又出巴郡。卢者，出弘农豫章。

《本草经》曰：空青，味甘寒。生山谷。明目，久服轻身延年。能化铜铅作金。生益州。

《吴氏本草》曰：空青，神农甘，一经酸。久服，有神仙玉女来侍，使人志高。

白青

《本草经》曰：白青，味甘平。生山谷。明目，利九窍耳聋，杀诸毒之虫。久服，通神明，轻身延年。出豫章。

《范子计然》曰：白青，出白郡。

《吴氏本草》曰：神农甘平，雷公咸，无毒。生豫章。可消为铜。

《淮南万毕术》曰：白青，得铁即化为铜。取矾石、白青，分等，炼冶，合铁，即成铜矣。

扁青

《本草经》曰：扁青，味甘平。生山谷。治目痛，明目辟毒，利精神。久服，轻身不老。生朱崖。

《吴氏本草经》曰：扁青，神农、雷公小寒，无毒。生蜀郡。明目，治痈肿风痹。丈夫内绝，令人有子。久服轻身。

长石

《本草经》曰：长石，一名方石，味辛，治身热。

《吴氏本草》曰：长石，一名方石，一名直石。生长子山。理如马齿，润泽玉色，长服不饥。

冷石

《吴录·地理志》曰：郁林布山县多虺，其毒杀人。有冷石，可以解之。石色赤黑，味苦。屑此石著创，并以切齿，立苏，一名窃齿石。见《大康地记》。

石蜜

《神仙传》曰：羡门止中岳，餐石蜜、紫梁。

《西京杂记》曰：闽越王献高祖石蜜二斛。

《本草经》曰：石蜜，一名石饴，味甘平。生山谷。治心邪，安五藏，益气补中，止痛解毒。久服，轻身不老。生武都。

《吴氏本草》曰：石蜜，神农、雷公甘，气平。生河源，或河梁。

玉泉

《本草经》曰：玉泉，一名玉澧，味甘平。生山谷。治藏百病，柔筋强骨，安魂，长肌肉。久服，能忍寒暑，不饥渴，不老神仙。人临死服五斤，死三年，色不变。生蓝田。

《吴氏本草》曰：玉泉，一名玉屑，神农、岐伯、雷够允，李氏平。畏冬华，恶青竹。

水银

《广雅》曰：水银谓之汞音红董切。

《淮南万毕术》曰：朱砂为汞。

《本草经》曰：水银，味辛寒，无毒。

决明

《本草经》曰：石决明，味酸；草决明，味咸。理自珠精。

《吴氏本草》曰：决明子，一名草决明，一名羊明。

赭代赭附

《说文》曰：赭，赤土也。

《山海经》曰：胞山灌水之中，有流赭。以途牛马，无病。郭璞注曰：赭，赤土也。今多以朱途牛角，云辟恶。

又曰：少阳山其中，多美赭。

《南方草物状》曰：赤土，出踊山下，在石中。采好色赤者，杂丹中朱胶漆器。

《范子计然》曰：石赭，出齐郡，赤色者善。蜀赭，出蜀郡。

《本草经》曰：代赭，一名血师，好者状如鸡肝。

白垩音恶

《山海经》曰：慈聋之山，其中有太谷，是多白垩，黑、青、黄垩。

《范子计然》曰：青垩出三辅。

《本草经》曰：白垩，即白善土也，生邯郸。

卤碱

《本草经》曰：卤碱，一名寒石，味苦。治大热、消渴、狂烦。戎盐，主明目益气，去毒虫。大盐，一名胡盐，令人吐，主肠胃结热。

禽兽药附

龙骨角齿附

《史记》曰：穿渠自微引洛水至商颜，服虔曰：颜音崖。应邵曰：微在冯翊；或曰：商颜，山名。穿梁得龙骨，故名龙首渠。

盛弘之《荆州记》曰：始安骇鹿山室，凿室内，辄得龙骨。下有伏滔。

《范子计然》曰：龙骨出河东。

《本草经》曰：龙骨，味甘平，生山谷。治心腹鬼疰。生晋地。

《华阳国志》曰：蜀五城县，其上值天门。天门，龙升天不达，死坠此地。故掘取龙骨，冬夏无已。

《吴氏本草经》曰：龙骨，生晋地山谷阴大水所过处。是死龙骨，色青白者善。十二月采，或无时。龙角，畏干漆、蜀椒、理石。龙齿，神农、李氏大寒。龙齿治惊痫，久服轻身。

牛黄

《文士传》曰：延笃为京兆尹。桓帝时，梁冀专政。时皇太子疾，诏书发京兆出牛黄。冀遣诸生赍书持牛黄诣笃卖，笃以为诈，论杀之。

《本草经》曰：牛黄，味苦，生陇西平泽特牛胆中。治惊痫、寒热。生晋地。

《吴氏本草经》曰：牛黄，牛出入鸣吼者有之。夜视有光，走牛角中。死，其胆中如鸡子黄。

阿胶

《东水经》曰：东阿县有大井，其巨若轮；深六十丈。岁常煮胶以贡天府，《本草》所谓阿胶也。故世俗有阿井之名。庾信《哀江南赋》云："阿胶不能止黄河之浊。"

海蛤

《博物志》曰：东海有蛤，鸟尝啖之肉，消尽，壳起出，浮泊在沙岸，潮水往来，揩荡白如雪。入药最良胜。取自死者。

《本草经》曰：海蛤，味苦平。生池泽。治咳逆、上气、喘烦、胸痛、寒热。文蛤，主恶疮，蚀五痔，生东海。

《吴氏本草经》曰：海蛤，神农苦，岐伯甘，扁鹊咸。大节头有文，文如磨齿。采无时。

犀角

《本草经》曰：犀牛角，味咸，治百毒。

灵羊角

《本草经》曰：灵羊角，安心气，不厌音掩。

鹿茸

《本草经》曰：鹿茸，强志不老。

麋脂

《本草经》曰：麋脂近阴，令人阴痿。

雁肪

《本草经》曰：雁肪，一名鹜肪，味甘平。生池泽。治风紧拘急、偏枯、气不通。久服，长发益气，不饥不老，轻身。生南海。

《吴氏本草经》曰：雁肪，神农、岐伯、雷公甘、无毒，采无时。鹜肪，杀诸石药毒。

蕺头并尾

《本草经》曰：蕺，辟不祥，生淮南。

《吴氏本草》曰：蕺尾，治蛊毒。

太平御览卷第九百八十九　药部六

天门冬

《尔雅》曰：蔷蘼，虋音门冬也。郭璞注曰：今门冬也，一名满冬。

《山海经》曰：虋谷之山，草多虋冬。

《列仙传》曰：赤须子，丰人，好食天门冬，齿落更生。

《神仙传》曰：甘始者，太原人，服天门冬，在人间三百余年。

《博物志》曰：天门冬，茎间有刺，而叶滑者，曰絺休，一名颠棘。根以浣缣，素白，越人名为浣草，似天门冬而非也。凡服此，先试浣衣如法者，便非天门冬。

《抱朴子》曰：杜子服天门冬，御十八妾，有子百四十人，日行三百里。

又《内篇》曰：天门冬，或名地门冬。

麦门冬

《潜夫论》曰：夫理世不得真贤，譬犹治疾不得真药也。治疾当得麦门冬，及得蒸糖麦。已不识真，合而饮之，疾以寖剧，而不知为人所欺也。

《游名山志》曰：泉山竹际及金州，多麦门冬。

盛弘之《荆州记》曰：鱼复县岩崖内，生麦门冬。

《广州记》曰：鄣平县遍饶麦门冬。

《建康记》曰：建康出麦门冬。

《本草经》曰：麦门冬，味甘平。生川谷。治心腹结气、伤中、胃脉绝。久服轻身，不饥不老。生函谷山。

《吴氏本草》曰：麦门冬，一名羊韭，秦一名乌韭，楚一名马韭，越一名羊韭，齐一名爱韭。一名禹韭，一名爨火冬，一名忍冬，一名忍陵，一名不死药，一名禹余粮，一名仆垒，一名随脂。神农、岐伯甘平，黄帝、桐君、雷够允，无毒，李氏甘，小温，扁鹊无毒。生谷中肥地，叶如韭，肥泽，丛生。采无时。实青黄。

术

《尔雅》曰：术，山蓟。《本草》云：术，一名山蓟。今术似蓟而生山中。

《山海经》曰：女几之山，其草多术。

《列仙传》曰：涓子好饵木，接食其精三百年。

《神仙传》曰：陈子皇得饵术要方，服之，得仙去霍山。其妻姜氏疾病，念其婿采术之法，服之，病自愈。至三百七十岁，登山取术，重檐而归，不息不极，颜色气力如二十时。

《抱朴子·内篇》曰：南阳文氏，其先祖，汉末大乱，饥困欲死，遇人教之食术，云遂不饥。数十年，乃来还乡里，颜色更少，气力转胜。故术，一名山精。

《神药经》曰：必欲长生，当服山精。

茯苓

《广雅》曰：茯神，茯苓也。

《史记·龟策传》曰：茯苓，在兔丝之下，状似飞鸟之形。新雨已，天清静无风，以夜烧兔丝，去之，即篝烛此地，徐广曰：昏骞笼也。盖然祸狞襄笼罩其上也。篝音沟。火灭，即记其处。明即掘取，入地四尺至七尺得矣。茯苓者，千岁松脂，食之不世。

《齐书》曰：陶洪景，永明中上表辞禄。许之，赐以东帛，敕所在月给茯苓五斤、白蜜二升，以供服饵。

《淮南子》曰：下有茯苓，上有兔丝。茯苓，千岁松脂也。菟丝生其上，而无根，一名女罗也。

《抱朴子·内篇》曰：任子季，服茯苓十八年，仙人玉女往从之，面体如玉泽。

《范子计然》曰：茯苓，出嵩高三辅。

《神异经记》曰：西北荒，有人饮甘露，食茯苓。

《典论》曰：颍川郄俭，能辟谷，饵茯苓。初，俭至市，茯苓价暴贵数倍。

《典术》曰：茯苓者，松脂入地，千岁为茯苓。望松树赤者，下有之。

《神仙传》曰：秀眉公饵茯苓，得仙。

又曰：皇初起，以弟初平得道，乃弃妻子，留就初平，共服松柏茯苓。至五万日，能坐在立亡，行日中无影，有童子之色。及俱还乡里，亲戚死亡略尽，乃复俱去。临去，以方教南伯，遂易姓为赤。初起，字鲁班。初平，为赤松子。其后服此药得仙者，数十人。

《列仙传》曰：犊子者，邺人也。少在黑山上采松子、茯苓，饵而服之，且数百年。时壮时老，时好时丑，时人乃知仙人也。

《广志》曰：伏神，松汁所作，胜茯苓。或曰：松根，茯苓贯着之。生朱提濮阳县。

《博物志》曰：仙传云：松柏入地中，千年化为茯苓。茯苓千年化为虎魄，一名江珠。今太山出茯苓，而无虎魄江珠。益州永昌郡出虎魄，而无茯苓。或云蜂烧巢所作，未详二说。

《嵩高山记》曰：取松柏茯苓二斤，醇酒渍之，和以白蜜，日三服，乃通灵。

《名山略记》曰：郁州山，出茯苓。

《吴氏本草》曰：茯苓通神，桐君甘，雷公、扁鹊甘，无毒。或生益州，大松根下，入地三丈一尺。二月、七月采。

《本草经》曰：茯苓，一名伏神。味甘平。生山谷。治胸胁、山气、忧患、悸惊。生太山。

猪苓

《庄子》曰：豕橐，药也。司马彪注曰：豕橐，一名苓根，似猪豕。治渴。

《本草经》曰：猪零，一名假猪矢，味甘平。生山谷。治痎疟，解毒蛊、蛀利不祥，利水道。久服轻身，能不老。生衡山。

《吴氏本草》曰：猪零，神农甘，雷公苦，无毒。如茯苓。或生宛句。八月采。

卷柏

《建康记》曰：建康出卷柏。

《范子计然》曰：卷柏出三辅。

《本草经》曰：卷柏，一名万岁。味辛温。生山谷。治五藏邪气。

《吴氏本草》曰：卷柏，一名豹足，一名求股，一名万岁，一名神投时。神农甘平，桐君、雷够允。生山谷。

郑氏《婚礼谒文》曰：卷柏药草，附生山颠。屈卷成性，终无自伸。

甘草

《本草经》曰：甘草，一名美草，一名蜜甘。

厚朴

《广雅》曰：重皮，厚朴也。

《范子计然》曰：厚朴，出弘农。

《本草经》曰：厚朴，味苦温。生山谷。治中风、伤寒、热血、痹、死肌，去虫。生文山。

《吴氏本草》曰：厚朴，一名厚皮。神农、歧伯、雷公苦，无毒，李氏小温。生交址。

黄精

《广雅》曰：黄精，龙衔也。

又曰：黄精，叶似小黄也。

《抱朴子》曰：黄精，一名菟竹，一名鸡格，一名岳珠。服其花，胜其实。花，生十斛，干之，则可得五六升。服之十年，乃可得益。

《列仙传》曰：修羊公，魏人也，止华阴山石室中。中有悬石塌，卧其上，塌尽穿陷。略不食时，取黄精服之。

《神仙传》曰：王烈，字长能，邯郸人也，常服黄精。

又曰：白菟公，服黄精而得仙。

《永嘉记》曰：黄精，出松阳永宁县。

《游名山志》曰：名室药多黄精。

《博物志》曰：黄帝问天姥曰："天地所生，岂有食之令人不世者乎？"姥曰："太阳草，名黄精，饵食之，可以长生。"

胡麻

《广雅》曰：狗虱、钜胜、藤弘，胡麻也。

《孝经援神契》曰：钜胜延年。宋均注曰：世以钜胜为枸杞子。

《晋书·安帝记》曰：殷仲堪在荆州，以胡麻为廪。

《广志》曰：胡麻，一名方茎，服之不老，奈风湿。其叶名青襄也。

《淮南子》曰：汾水濛浊，而宜胡麻。

《列仙传》曰：关令尹喜，与老子俱之流沙西，服钜胜实，莫知所终。

《鲁女生别传》曰：女生，长乐人也，少好道。初服饵胡麻，及术，绝谷八十余年。更少壮，色如桃华，一日能行三百里，走及獐鹿。

《抱朴子》曰：胡麻，好者一石，蒸之如炊，须暴干，复蒸九次，细筛，白蜜丸如鸡子。日二枚，一年面色美，身体滑，二年白发黑，三年齿落更生，四年入水不濡，五年入火不焦，六年走及奔马。或蜜水和，作饼如糖状，炙食一饼。

《抱朴子·内篇》曰：胡麻，服饵不老，耐风湿。

《吴氏本草》曰：胡麻，一名方金，一明狗虱。神农、雷公甘平，无毒，立秋采。青襄，一名蔓。神农苦，雷公甘。

《本草经》曰：胡麻，一名巨胜。味甘平。生川泽。治伤中虚羸，补五藏，益气。久服，轻身不老。生上党。

崔寔《四民月令》曰：二月可种胡麻，谓之上时也。

当归

《尔雅》曰：薜，山蕲。《广雅》曰：山芹，当归，今似芹而粗大者。蕲音巨申切。

《吴志》曰：曹公闻太史慈名，遗书以箧封之。发看，无所道，但贮当归。

《魏氏春秋同异》曰：姜维得母书并当归，维曰："良田百顷，不在一亩。但有远志，不见当归。"其皆亲殉利如此。

《范子计然》曰：当归，出陇西，无枯者善。

《秦州记》曰：陇西襄武县有牛山，是出当归。

《建康记》曰：建康出当归，不堪用。

《广州记》曰：鄣平县出当归。

《博物志》曰：《神农经》曰："下药治病，谓大黄除实，当归止痛。"

崔豹《古今注》曰：牛亨问："将离别，相赠以芍药，何也？"答曰："芍药，一名何离。故将别，赠以芍药。犹相招，则赠以蘼芜，蘼芜一名当归也。"

《本草经》曰：当归，一名子归。味甘温。生川谷。主治逆止、气温、疟寒热。生陇西。

《吴氏本草》曰：当归，神农、黄帝、桐君、扁鹊甘，无毒，歧伯、雷公辛，无毒，李氏小寒。或生羌胡地。

远志

《尔雅》云：葽鸟了切绕，蕀葿。今远志也。似麻黄，赤华叶，锐而黄，其上谓之小草。蕀葿，音棘冤。

《抱朴子·内篇》曰：陵阳仲，服远志二十年，有子三十七人，坐在立亡。

《世说》曰：谢太傅始有东山之志，后命属掾，不获已，始就桓公司马。于时人有致桓公药草者，中有远志，公取以问谢："此药又名小草，何以物有二称？"谢未即答。尔时郝隆在坐，谢因曰："郝参军多知识，试复通看。”郝应声曰：“答此甚易解！处则为远志，出则为小草。”于是谢公殊有愧色，桓目谢而笑曰：“郝参军此通乃不恶，亦甚有会。”

《本草经》曰：远志，一名棘菀，一名要绕。久服，轻身不忘。叶名小草，生太山及宛句。

细辛

《山海经》曰：浮戏之山东有蛇谷，上多少辛。

《管子》曰：五沃之土，群药生少辛。

《范子计然》曰：细辛，出华阴，色白者善。

《名山志》曰：松阳之山，草多细辛。

《永嘉记》曰：细辛出松阳。

《本草经》曰：细辛，一名少辛。味温。生山谷。治咳逆，明目，通利九窍。久服轻身。生华阴。

《吴氏本草》曰：细辛，一名少辛，一名细辛。神农、黄帝、雷公、桐君辛，小温，岐伯无毒，李氏小寒。如葵叶，赤色，一根一叶相连。二月、八月采根。

续断

《范子计然》曰：续断出三辅。

《广州记》曰：郭平县出续断。

《本草经》曰：续断，一名龙豆。味苦，微温。生山谷。治伤寒，补不足；金疮、痈伤、折跌，续筋骨；妇人乳难，崩中，漏血。久服益力。生常山。

《吴氏本草》曰：龙刍，一名龙多，一名龙须，一名续断，一名龙木，一名草毒，一名龙华，一名悬菟。神农、李氏小寒，雷公、黄帝苦，无毒，扁鹊辛，无毒。生梁州。七月七日采。

《范注方》曰：续断即是马蓟，与水蓟菜相似，但大于水蓟耳。叶似旁翁菜叶，但小厚，两边有刺，刺人。其花紫色。

肉苁蓉

《本草经》曰：肉苁蓉，味甘微温。生山谷。治五劳七伤，补中，除茎中寒热，养五藏，强阴，益精气，多子，妇人症瘕。久服轻身。生河西。

《吴氏本草》曰：肉苁蓉，一名草苁蓉。神农、黄帝咸，雷公酸，李氏小温。生河东山阴地，长三四寸，丛生，或代郡雁门。二月、八月采，阴干用之。

薯蓣

《山海经》曰：升山，草多薯蓣。上诸、述狞咽音，下余、预二音。

《湘中记》曰：永和初，有采药衡山者，道迷粮尽。过岩下，见一老公，与四五年少对坐执书。告以饥，与之食物，如署豫。指教所去。五六日至家，而不腹饥。

《范子计然》曰：薯蓣，本出三辅，白色者善。

《本草经》曰：署豫，一名山芋，味甘温。生山谷。治伤中虚羸，补中，益气力，长肌肉，除邪气寒热。久服轻身，耳目聪明，不饥，延年。生嵩高。

《吴氏本草》曰：薯豫，一名藷署，秦、楚名玉延，齐、鲁名山芋，郑、赵名山羊，一名玉延，一名修脆，一名儿草。神农甘，小温，桐君、雷公甘，无毒。或生临朐钟山。始生赤茎细蔓，五月华白，七月实青黄，八月熟落，根中白、皮黄，类芋。二月、三月、八月采根。恶甘遂。

曹毗《杜兰香传》曰：兰香降张硕，与三署预实，曰："食此可以辟雾露。"硕食二，怀一，欲以归。香曰："可自食，不得持去。"

《异苑》曰：署预，一名山羊。根既入药，又复可食。若掘取，默默则获，唱名者不可得。

地黄

《尔雅》曰：苄音户，地黄。郭璞注曰：一名地髓，江东呼苄也。

《抱朴子》曰：楚文子，服地黄八年，视有光，手止车弩。

《本草经》曰：地黄，一名地髓。治伤中，长肌肉。生咸阳。

太平御览卷第九百九十　药部七

附子

《广雅》曰：蕉奚，附子也。一岁为萴子，二岁为乌喙，三岁为附子，四岁为乌头，五岁为天雄。

《春秋后语》曰：苏秦如齐，见王，拜而庆，仰而吊。齐王曰："是何庆吊相随而速速也？"苏秦曰："臣闻饥人之所以不食乌喙者，以为虽偷充腹，而与死人同患也。乌喙，毒药，与乌头、附子同本也。饥人食之，虽充腹而死也。喙，音许秽切。今燕虽弱小，秦王之女婿，大王利其十城，而长与强秦为仇。今使弱燕为雁行，而强秦继推其后，是食乌喙之类也。"

《汉书》曰：宣帝许皇后产，霍显使医捣附子入与后，后崩。

《淮南子》曰：夫天下之物，莫凶于奚毒。奚毒，附子。然而良医橐而藏之，有所用也。

《抱朴子》曰：疗聋或以狼毒、冶葛，或以附子。葱涕合内耳，或蒸鲤鱼脑，灌之皆愈。

《范子计然》曰：附子出蜀武郡中，白色者善。

《楚国先贤传》曰：孔休伤颊有瘢，王莽曰："玉屑、白附子香消瘢。"乃以剑彘音带并香与之。

《荆州记》曰：宜都郡门生药草，有附子。

《博物志》曰：物有同类而异用者，乌头、天雄、附子一物，春夏秋冬采之各异。

《大业拾遗记》曰：汾阳宫所甚出名药数十种，附子、天雄并精好堪用。

《本草经》曰：附子，味辛温，出山谷。治风寒、咳逆、邪气、寒湿痹癖、拘缓不起、疼痛温中、金疮。生牛犍。为百药之长。

《吴氏本草》曰：附子名莨，神农辛，歧伯、雷公甘，有毒；李氏苦，有毒，大温。或生广汉。八月采，皮黑肌白。

天雄

《本草》曰：天雄，味辛甘温，大温有大毒。主大风，破积聚邪气，强筋骨，轻身健行，长阴气，强志，令人武勇，力作不倦。一名白幕。生少室山谷。

《淮南子》曰：天雄、雄鸡，志气益。取天雄三枚，内雄鸡腹中，捣生食之，令人勇。

乌头

《说文》曰：蓟阻力切，乌头也。

《尔雅》曰：芨居及反，堇草。郭璞注曰：即乌头，江东今呼为堇。

《梁冀传》曰：冀迫杀大家母宣服乌头丸而死。

《后魏书》曰：匈奴秋收乌头为毒药，以射禽兽。

《范子计然》曰：乌头出三辅，中白者善。

崔寔《四民月令》曰：三月可采乌头。

《本草经》曰：乌头，一名乌喙，一名叶毒，一名蓟。味辛温。生川谷。主治风中恶洗，出汗除寒温。生朗陵。

《吴氏本草》曰：乌头，一名莨，一名千秋，一名毒公，一名果负，一名耿子。神农、雷公、桐君、黄帝甘，有毒。正月始生，叶厚，茎方中空，叶四面相当，与蒿相似。

又曰：乌喙，神农、雷公、桐君、黄帝有毒，李氏小寒。十月采。形如乌头，有两枝相合，如乌之喙，名曰乌喙也。所畏恶使尽与乌头同。一名侧子，一名莨。神农、歧伯有大毒，李氏大寒。八月采，阴干，是附子角之大者，畏恶与附子同。

提母

《尔雅》曰：薚音潭莐音沉藩音烦。生山上，叶如韭，一曰提母。

《范子计然》曰：提母，出三辅，黄白者善。

《吴氏本草》曰：知母，一名提母。神农、桐君无毒。补不足，益气。

五味

《尔雅》曰：菋，荎猪。五味也，蔓生，子丛在茎头也。未、迟、除三音。

《圣贤冢墓记》曰：孔子墓上五味树。

《抱朴子》曰：羡门子，服五味十六年，始降玉女，能入水火。

《本草经》曰：五味，一名会及。

《吴氏本草》曰：五味，一名玄及。

《典术》曰：五味者，五行之精，其子有五味。淮南公羡门子服五味十六年，入水不濡，入火不焦，日行万里。

雷丸

《范子计然》曰：雷丸，出汉中，色白者善。

《本草经》曰：雷公丸，一名雷矢，味苦寒，生山谷。

《吴氏本草》曰：雷丸，一名雷实。神农苦，黄帝、歧伯、桐君甘，有毒；扁鹊甘，无毒，李氏大寒。或生汉中。八月采。

藜芦

《广雅》曰：藜芦，葱苒也。

《本草经》曰：藜芦，一名葱苒。味辛寒，生山谷。主治蛊毒。生太山。

《范子计然》曰：藜芦，出河东，黄白者善。

《吴氏本草》曰：藜芦，一名葱葵，一名山葱，一名丰芦，一名蕙葵，一名公苒。神农、雷公辛，有毒；黄帝有毒；歧伯咸，有毒；李氏大毒大寒；扁鹊苦，有毒。大叶根小，相连。二月采根。

虎掌

《本草经》曰：虎掌，味苦温，生山谷。治心痛寒热。

《吴氏本草》曰：虎掌，神农、雷公无毒；岐伯、桐君辛，有毒。或生太山，或宛句。立秋九月采。

贯众

《尔雅》曰：泺，贯众。孙炎曰：一明遽渠。郭璞注曰：叶圆锐，茎、毛黑，布地生，冬不世也。

《广雅》曰：贯节，贯众也。

《本草经》曰：贯众，一明贯节，一名百头，一明贯渠，一名虎卷，一名扁符。味苦微寒，生山谷。治腹中邪气诸毒，杀三蛊。生玄山，亦生宛句。

《吴氏本草》曰：贯众，一明贯来，一明贯中，一名渠母，一明贯钟，一名伯芹，一名药藻，一名扁符，一名黄钟。神农、岐伯苦，有毒；桐君、扁鹊苦；一经甘，有毒；黄帝咸酸，一经苦，无毒。叶青黄，两两相对。茎黑，毛聚生。冬夏不世。四月华白，七月实黑，聚相连卷旁行。生三月，八月采根，五月采叶。

冶葛

《周易参同契》曰：冶葛、巴豆，一两入喉，虽周文兆蓍，孔丘占相，扁鹊操针，巫咸叩鼓，安能苏之？

《唐书》曰：袁恕己与敬晖等累被贬黜，流于环州，为周利贞左右逼令饮野葛汁，数升不世，因击杀之。恕已素服黄金，故毒药不发。

《博物志》曰：魏武习啖冶葛，至一尺，亦多饮鸩，近世事相传云。

又曰：钩吻草，与堇菜相似。

《南州异物志》曰：广州俚贼，若乡里负其家债不时还者，子弟便取冶葛，一名钩吻，数寸许，至债家门食钩吻而死，其家称怨，诬债家杀之。债家惭惧，以财物辞谢，多数十倍。死家便收尸去，不以为恨。

《述异记》曰：晋义熙中，有刘遁者，居江陵。忽有鬼来遁宅上。遁贫无灶，以升枪煮饭，饭欲熟，辄失之。寻觅，于篱下草中，但得余空枪。遁密市冶葛，煮以作糜，鬼复窃之。于屋北得枪，仍闻吐声，从此寂绝。

桓谭《新论》曰：余与刘子骏言："养性无益。"其兄子伯玉曰："天生杀人药，必有生人药也。"余曰："钩吻不与人相宜，故食则死，非为杀人生也。譬若巴豆毒鱼，礜石贼鼠，桂害獭，杏核杀狗，天非故为作也。"

《论衡》曰：万物含太阳者，有毒，在草为巴豆、冶葛。

《抱朴子》曰：《中经》曰："钩吻、狼毒，太阴之精气。主杀，故入口令人死。"

《葛洪方》曰：钩吻与食芹相似，而生处无他草，其茎有毛。误食之，杀人。

《本草经》曰：钩吻，一名野葛。味辛温。生山谷。主治金疮、中恶风、咳逆上气、死曜，杀毒蛊、鬼注。

《吴氏本草》曰：秦钩吻，一名毒根，一名野葛。神农辛，雷公有毒。杀人。生南越山，或益州。叶如葛，赤茎，大如箭，方根，黄。或生会稽东冶。正月采。

《岭表录异》曰：野葛，毒草也，俗呼胡曼草。误食之，则用羊血浆解之。或说此草蔓生，叶如兰香，光而厚。其毒多着于生叶中，不得药解，半日辄死。山羊食其苗，则肥而大。

芎藭

《春秋左传·宣公下》曰：楚师伐萧。还无社与司马卯言，号申叔展，曰："有山芎藭乎？"杜预注曰：芎藭，所以御湿。欲使无社逃泥死畧。

《说文》曰：芎藭，香草也。

《山海经》曰：号山、洞庭之山，其草多芎藭。郭璞注曰：芎藭，一名江蓠。《吴录·地理志》曰：临海县有江蓠草，海死畧，正青，如乱发。干献之，亦盐藏。其汁名为濡酪，《楚辞》所云江蓠是也。

《范子计然》曰：芎藭生洽，无枯者善。

《游名山志》曰：横山诸小，草多芎藭。

《本草经》曰：芎藭，味辛温。治中风入头、脑痛、寒痹。生武功。

《吴氏本草》曰：芎藭，一名香果。神农、黄帝、岐伯、雷公辛，无毒，香；扁鹊酸，无毒；李氏生温中熟寒。或生胡无桃山阴，或斜谷西岭，或太山。叶香细，青黑文，赤如藁本。冬夏丛生，五月华赤，七月实黑，端两叶。三月采根，根有节，似如马衔状。

泽泻

《典术》曰：食泽泻身轻，日行五百里，走水上，可游无穷，致玉女神仙。一名泽之。

升麻

《广雅》曰：周升麻，升麻也。

《本草经》曰：升麻，一名周升麻，味甘辛。生山谷。治辟百毒，杀百老殃鬼，辟瘟疾、鄣邪毒蛊。久服不夭。生益州。

《华阳国志》曰：收麻县出好升麻。

《吴氏本草》曰：升麻，神农甘。

芍药

《山海经》曰：条谷之草多芍药。洞庭之上多芍药。

《毛诗·溱洧》曰：唯士与女，伊其相谑，赠之以芍药。《毛传》：香草也。《诗义疏》曰：今芍药子无香气，非是也。未审今何草。司马相如赋云：芍药之和。扬雄赋云：甘甜之和，芍药之美。然芍药又入食也。

《广雅》曰：黑挛夷，芍药也。

《晋宫阁名》曰：晖章殿前，芍药华六畦。

《范子计然》曰：芍药出三辅。

《建康记》曰：建康出芍药，极精好。

《本草经》曰：芍药，味苦辛。生川谷。主治邪气、腹痛，除血痹，破坚积寒热瘕，止痛。

《吴氏本草》曰：一名臼甘积，一名解仓，一名诞，一名余容，一名白术，神农苦，桐君甘，无毒，歧伯咸，李氏小寒，雷公酸。二月、三月生。

泽兰

《广雅》曰：虎兰，泽兰也。

《建康记》曰：建康出泽兰。

《本草经》曰：泽兰，一名虎兰，一名龙来。味微温，无毒。生池泽。治乳妇衄血。生汝南，又生大泽旁。

《吴氏本草》曰：泽兰，一名水香。神农、黄帝、岐伯、桐君酸，无毒，李氏温。生下地水旁，叶如兰。二月生香，赤节，四叶相值，支节间。三月三日采。

萆薢

《博物志》曰：菝蒲八切与萆薢相乱，名狗脊。

《吴氏本草》曰：萆薢，一名百枝。

狗脊

《广雅》曰：薜挈，枸脊也。

《本草经》曰：狗脊，一名百丈，味苦平。生川谷。治要背强开机、缓急风痹、寒湿膝痛，利老人。生常山。

《建康记》曰：建康出狗脊。

《吴氏本草》曰：狗脊，一明宸青，一名萆薢，一名赤节，一名强膂。神农苦，桐君、黄帝、岐伯、雷公、扁鹊甘，无毒，李氏温。如萆薢茎，节如竹，有刺，叶圆青赤，根黄白，亦如根，毛有刺。岐伯、一经：茎无节，根黄白，如竹根，有刺，叶端圆赤，皮白，有赤脉。二月采。

壮蒙

《吴氏本草》曰：壮蒙，一名紫参，一名众戎，一名音腹，一名伏茺，一名重伤。神农、黄帝苦，李氏小寒。生河西山谷，或宛句、商山。圆聚生，根黄赤，有文，皮黑中紫。五月华紫赤，实黑，大如豆。三月采根。

白头翁

《本草经》曰：白头翁，一名野丈人，一名胡王使者。味苦温，无毒，生川谷。治温疟、瘿气、狂易音羊。生嵩山。

《建康记》曰：建康出白头翁。

《范子计然》曰：野丈人，出洛阳。

《吴氏本草》曰：白头翁，一名野丈人，一名奈何草。神农、扁鹊苦，无毒。生嵩山川谷。治气狂、寒热，止痛。

枸杞

《广雅》曰：地节，枸杞。

《抱朴子》曰：枸杞，或名地骨，或名却老，或名西王母杖，或名仙人杖。

《本草经》曰：枸杞，一名杞根，一名地骨，一名地辅，服之坚筋骨，轻身耐老。

《吴氏本草》曰：枸杞，一名杞芭，一名羊乳。

白及

《本草经》曰：白及，一名甘根，一名连及草。味苦辛。治痈肿、恶疮、败疽。生北山。

《晋宫阁名》曰：华林，白及三株。

《建康记》曰：建康出白及。

《吴氏本草》曰：白及，一名白根。神农、黄帝辛，李氏大寒，雷公辛，无毒。茎叶如生姜、藜卢也。十月华，直上，紫赤，根白，连。二月、八月、九月采。生宛句。

太平御览卷第九百九十一 药部八

人参

《说文》曰：人蓡音参，出上党。

《春秋运斗枢》曰：摇光星散为人参。废江淮山渎之利，则摇光不明，人参不生。

《礼斗威仪》曰：君乘木而王，有人参生。

《广雅》曰：蓡，地精，人参也。

《梁书》曰：阮孝绪母王氏，忽有疾，合药须得生人参，旧传钟山所出。孝绪躬历幽险，累日不逢。忽见一鹿前行，孝绪感而随后。至一所遂灭，就视，果获此草。母得服之，遂愈。

《异苑》曰：人参，一名土精，生上党者佳。人形皆具，能作儿啼。昔有人掘之，始下数铧音华，便闻土中有呻声。寻音而取，果得一头，长二尺许，四体毕备，而发有损缺处。将是掘伤，所以呻也。

《石勒别传》曰：初，勒家园中生人参，葩茂甚盛。于时父老、相者皆云："此胡体奇貌异，有大志量，其终不可知！"劝邑人厚遇之。

《潜夫论》曰：夫理世不得真贤，譬犹疾不得真药也。疾当得真人参，反得萝菔，已不识真而饮之，病浸以剧，不知为人所欺也。

《傅子》曰：先王之制，九州异赋；天不生，地不养，君子不以为礼。若河内诸县，去北山绝远，而各调出御上党真人参，上者十斤，下者五十斤。所调非所生，民以为患。

《范子计然》曰：人参出上党，状类人者善。

《广五行记》曰：隋文帝时，上党有人，宅后每夜有人呼声，求之不得。去宅一里，但一人参枝苗。掘之，入地五尺，得人参，一如人体状。去 之后，呼声遂绝。

《本草》曰：人参，味甘微寒。生山谷。主补五藏，安定精神魂魄，除邪止惊，明目，开心益智。久服，轻身延年。生上党。

《庐山记》曰：山中药多人参。

《吴氏本草》曰：人参，一名土精，一名神草，一名黄参，一名血参，一名人衔，一名玉精。神农甘，小寒，桐君、雷公苦，歧伯、黄帝甘，无毒，扁鹊有毒。或生邯郸。三月生，叶小锐，核黑，茎有毛。三月、九月采根。根有头足手，面目如人。

慕容晃《与顾和书》曰：今致人参十斤。

丹参

《吴氏本草》曰：丹参，一名赤参，一名木羊乳，一名郗蝉草。神农、桐君、黄帝、雷公、扁鹊苦，无毒，李氏大寒，歧伯咸。生桐柏，或生太山山陵阴。茎华小方，如荏毛，根赤。四月华紫。三月、五月采根，阴干，治心腹痛。

玄参

《广雅》曰：鹿肠，玄参也。

《建康记》曰：建康出玄参。

《范子计然》曰：玄参出三辅，青色者善。

《本草经》曰：玄参，一名重台。味苦微寒。生川谷。治腹中寒热，女子乳、补肾气，令人目明。生河间。

《吴氏本草》曰：玄参，一名鬼藏，一名正马，一名重台，一名鹿肠，一名端，一名玄台。神农、桐君、黄帝、雷公、扁鹊苦，无毒，歧伯咸，李氏寒。或生冤句山阳。二月生，叶如梅，有毛，四四相值。似芍药，黑茎，茎方。高四五尺，华赤，生枝间。四月实黑。

沙参

《广雅》曰：苦心，沙参也。

《建康记》曰：建康出沙参。

《范子计然》曰：白沙参，出雒阳，白者善。

《本草经》曰：沙参，一名知母。味苦微寒。生川谷。治血积惊气，除寒热，补中，益肺气。生河内。

《吴氏本草》曰：白沙参，一名苦心，一名识美，一名虎须，一名白参，一名志取，一名文虎。神农、黄帝、扁鹊无毒，岐伯咸，李氏大寒。生河内川谷，或般阳渎山。三月生，如葵，叶青，实白，如芥根大，白如芜菁。三月采。

紫参

《本草经》曰：紫参，一名壮蒙。苦寒无毒。治心腹积聚、寒热邪气，利大便，通九窍。生河西，及冤句。治牛病。生林阳。

《建康记》曰：建康县出紫参。

《范子计然》曰：紫参出三辅，赤青色者善。

苦参

《本草经》曰：苦参，一名水槐。

茱萸

《西京杂记》曰：汉武帝宫人贾佩兰云："在宫时，九月九日佩茱萸，饮菊花酒，令人长寿。"

《地理志》曰：九月九日为丝茱萸囊，戴之臂上。

《风土记》曰：俗上九月九日，谓为上九，茱萸到此日，气烈熟色赤，可折。茱萸囊以插头，云辟恶气，御冬。

《续齐谐记》曰：汝南桓景，随费长房游学累年。房谓之曰："九月九日，汝家有灾厄。宜令急去，家人各作绛囊，盛茱萸以系臂上，登高，饮菊花酒，此祸可消。"景如言，举家登高山。夕还，见鸡犬牛羊一时暴死。房闻之，曰："此代矣！"今世人每至此日，登高山，饮酒，戴茱萸囊是也。

唐广《古今五行记》曰：晋怀帝时，无锡县有四株茱萸树，生状若连理。郭璞卜云："延陵有鼹鼠，后当有拔树。傥有此，东南数百里有作逆者。"及树生，而徐馥作乱。

《本草经》曰：茱萸，一名藙音毅。味辛温。生川谷。开凑理，根去三虫。久服轻身。生上谷。

《晋宫阁名》曰：华林园，茱萸三十六株。

《范子计然》曰：茱萸出三辅。

山茱萸

《本草经》曰：山茱萸，一名蜀枣，酸平。生山谷。治心下邪气、寒热，温中，逐寒温，去三虫。久服轻身。生汉中。

《建康记》曰：建康出山茱萸。

《范子计然》曰：山茱萸，出三辅。

《吴氏本草》曰：山茱萸，一名魃音伎实，一名鼠矢，一名鸡足。神农、黄帝、雷公、扁鹊酸，无毒，歧伯辛，一经酸。或生冤句、琅邪，或东海承县。叶如梅，有刺毛。二月华，如杏。四月实，如酸枣，赤。五月采实。

占斯

《本草经》曰：占斯，一名虞及，味苦。

杜仲

《吴氏本草》曰：杜仲，一名木绵，一名思仲。

黄耆

《秦州记》曰：陇西襄武县出黄耆。

《本草经》曰：黄耆，味甘微温，生山谷。

黄连

《广雅》曰：王连，黄连也。

《范子计然》曰：黄连出蜀都，黄肥坚者善。

《神仙传》曰：封君达，服黄连五十余年。入鸟鼠山，服练水银百余岁。常骑青牛，行民间，有疾病者，不问识与不识，皆与药即差。

又曰：黑穴公，服黄连得仙。

《名山记》曰：扶容石，草多黄连。

《湘州记》曰：邵陵夫夷县衡山出黄连。

《永嘉记》曰：松阳县，草有黄连覆地。土人取者，必祷祠。若失神意，则化为异物。

《本草经》曰：黄连，一名王连，味苦寒，生川谷。治热气、目痛、眦伤、泣出，明目，生巫阳。

《吴氏本草》曰：黄连，神农、岐伯、黄帝、雷公苦，无毒，李氏小寒。或生蜀郡、太山之阳。

防己

《范子计然》曰：防己出汉中旬阳。

《本草经》曰：防己，一名石解。味辛平，无毒。治风寒、温疟、热气，通凑理，利九窍。生汉中。

《吴氏本草经》曰：木防己，一名解离，一名解燕。神农辛，黄帝、岐伯、桐君苦，无毒，李氏大寒。如葛茎蔓延，如芃白根外黄，似桔梗内黑，文如车辐解。二月、八月、十月采叶根。

王不留行

《本草经》曰：王不留行，味苦平。生山谷。久服，轻身能老。生太山。

崔寔《四民月令》曰：八月采王不留行。

《世说》曰：卫江州在寻阳，刘孝标注云：卫展为江州刺史。有知旧人投之,都不料理,唯饷王不留行一斤。此人得饷命驾。

《吴氏本草经》曰:王不留行,一名王不流行。神农苦平,歧伯、雷够允。三月、八月采。

徐长卿

《本草经》曰:徐长卿,一名鬼督邮。味辛温。生山谷。治鬼物、百精、蛊毒、疾疫、邪气、温鬼。久服,强悍轻身。生太山。

《吴氏本草》曰:徐长卿,一名石下长卿。神农、雷公辛。或生陇西。三月采。

奄间

《本草经》曰:奄间,味苦微寒。生川谷。治风寒湿痹、身体诸痛。久服,轻身不老。生雍州。

《吴氏本草经》曰:奄间,神农、雷公、桐君、歧伯苦,小温无毒,李氏温。或生上党。叶青厚,两两相当。七月花白,九月实黑。七月、九月、十月采。驴马食,仙去。

闾茹

《建康记》曰:建康出草卢茹。

《范子计然》曰:闾茹出武都,黄色者善。

《本草经》曰:闾茹,味辛寒。生川谷。治蚀恶肉、败疮死肌,仍杀疥虫,除大风。生代郡。

《吴氏本草经》曰:闾茹,一名离楼,一名屈居。神农辛,歧伯酸咸,有毒,李氏大寒。二月采。叶员黄,高四五尺,叶四四相当。四月华黄,五月实黑。根黄有汁,亦同黄。三月、五月采根,黑头者良。

漏卢

《本草经》曰:漏卢,一名野兰。

委萎

《尔雅》曰：荧，委萎。郭璞注曰：药草也。叶似竹，大者如箭。竿有节。叶狭而长，表白里青。根大如指，长一二尺，可啖。

《吴氏本草经》曰：委萎，一名葳蕤，一名王马，一名节地，一名虫蝉，一名乌萎，一名荧，一名玉竹。神农苦，一经甘，桐君、雷公、扁鹊甘，无毒，黄帝辛。生太山山谷。叶青黄，相值如姜。二月、七月采。治中风暴热，久服轻身。

离南

《尔雅》曰：离南，活莌也。草，生江南，高丈许，大叶，茎中有瓤，正白。兑。音脱。

《山海经》曰：升山，草多寇脱。郭璞注曰：草，生南方，高丈许，叶似荷叶。

白菟藿

《吴氏本草经》曰：白菟藿，一名白葛谷。

旋复

《尔雅》曰：复，盗庚。旋复，似菊。

《本草经》曰：旋复花，一名金沸草。

爵麻

《本草经》曰：爵麻生汉中。

《吴氏本草》曰：爵麻，一名爵卿。

小华

《吴氏本草》曰：小华，一名结华。

女苑

《吴氏本草》曰：女苑，一名白苑，一名织女苑。

《广雅》曰：女腹，一名女苑也。

丹草

《本草经》曰：石长生，一名丹沙草。味咸微寒。生山谷。治寒热、恶疮、火热，辟恶气、不祥鬼毒。生咸阳。

《吴氏本草》曰：石长生，神农苦，雷公辛，一经甘。生咸阳，或同阳。

鬼督邮

《本草经》曰：鬼督邮，一名赤箭，一名离母。味辛温。生川谷。杀鬼精物，治虫毒恶气。久服，轻身益力，长阴肥健。生雍州。

《建康记》曰：建康出鬼督邮。

《吴氏本草》曰：鬼督邮，一名神草，一名阎狗。或生太山，或少室，茎如箭赤，无叶，根如芋子。三月、四月、八月采根，阴干，治痈肿。

白鲜

《本草经》曰：白鲜，治酒风。

薇蘅

《吴氏本草》曰：薇蘅，一名麋蘅，一名无愿，一名承膏，一名承丑，一名无心鬼。

翘根

《本草经》曰：翘根，味苦。平生泽。治下热气，益阴精，令人面悦好，明目。久服，轻身能老。生嵩高。

《吴氏本草》曰：翘根，神农、雷公甘，有毒。二月、八月采，以作蒸饮酒，病人。

茖余客切

《本草经》曰：茖草味苦。

卢精

《本草经》曰：卢精，治蛊毒，味辛平。生益州。

屈草

《本草经》曰：屈草，实根，味苦，微寒。生川泽。治胸胁下痛、邪气、腹间寒阴痹。久服轻身，补益能老。生汉中。

陆英

《本草经》曰：陆英，生熊耳山。

槃菜

《本草经》曰：槃菜，一名白英。味甘寒。生山谷。治寒热。久服，轻身延年，生益州。

木香

《本草经》曰：木香，一名木蜜香。味辛温，无毒。治邪气，辟毒疫、温鬼，强志，主气不足。久服，不梦寤魇寐，轻身，致神仙。生永昌山谷。陶隐居云："此即青木香也。永昌不复贡，今皆从外国舶上来。云大秦国以疗毒肿，消恶气，有验。匠苍用之。"

杜衡

《博物志》曰：杜衡乱细辛。

蠡实华

《吴氏本草》曰：蠡实，一名剧草，一名三坚，一名剧荔华。

鼠李

《吴氏本草》曰：鼠李，一名牛李。

太平御览卷第九百九十二 药部九

款冬

《尔雅》曰：菟奚，颗冻也。郭璞注曰：款冬也，生死㬠，华紫赤。冻音东。

《述征记》曰：洛水至岁末凝厉，则款冬生曾冰之中。

《本草经》曰：款冬，一名橐石，一名颗冬，一名虎须，一名菟奚，味辛温。

傅咸《款冬赋》曰：余曾逐禽，登于北山。于时仲冬之月也，冰陵盈谷，积雪被崖。顾见款冬，烨然始敷，华艳春晖，既丽且殊。以坚冰为膏壤，吸霜雪以自濡。非天然之真贵，曷能弥寒暑而不渝！

芫华

《本草经》曰：芫华，一名去水。味辛温。治咳逆、上气，杀虫。生淮原。

《建康记》曰：建康出芫华。

《范子计然》曰：芫华出三辅。

《吴氏本草》曰：芫华，一名去水，一名败华，一名儿草根，一名黄大戟。神农、黄帝有毒，扁鹊、歧伯苦，李氏大寒。二月生，叶青，加厚则黑。华有子，紫、赤、白者。三月实，落尽，叶乃生。三月、五月采。华芫花根，一名赤芫根。神农、雷公苦，有毒。生邯郸。八月、九月采，阴乾，久服，令人泄。可用毒杀鱼。

羊踯躅

《广雅》曰：羊踯躅，决光也。

《建康记》曰：建康出踯躅。

《本草经》曰：羊踯躅，味辛温。生川谷。治贼风、湿痹、恶毒。生太行山。

《吴氏本草》曰：羊踯躅花，神农、雷公辛，有毒。生淮南。治贼风、恶毒，诸邪气。

旋华

《本草经》曰：旋华，一名葍根，一名美草。去面皯黑，令人色悦泽。根主腹中寒热邪气。生豫州，或预章。

黄芩

《说文》曰：莶，黄芩也。

《广雅》曰：姹眉、黄文、内虚，黄芩也。

《本草经》曰：黄芩，一名腐肠。味苦平。生川谷。治诸热。

《范子计然》曰：黄芩出三辅，色黄者善。

《吴氏本草》曰：黄芩，一名黄文，一名妒妇，一名虹胜，一名经芩，一名印头，一名内虚。神农、桐君、黄帝、雷公、扁鹊苦，无毒，李氏小温。二月生，赤黄叶两两四面相值。茎空中，或方员，高三四尺。四月花，紫、红、赤。五月实黑根黄。二月至九月采。

恒山

《广雅》曰：恒山菜，蜀漆也。

《汉书·地理志》曰：武陵有佷山县。孟康注曰：音恒。出恒山药。

《游名山记》曰：横阳诸山，草多恒山。

《永嘉记》曰：恒山出松阳永宁县。

《本草经》曰：一名玄草，味苦寒。生川谷。主治伤寒，发温疟鬼毒、胸中结、吐逆。生益州。

《吴氏本草》曰：恒山，一名七叶。神农、岐伯苦，李氏大寒，桐君辛，有毒。二月、八月采。

蜀漆

《本草经》曰：蜀漆，味辛平。治疮，及咳逆、寒热、腹症坚、邪气、蛊毒鬼疰。

《建康记》曰：建康出蜀漆。

《范子计然》曰：蜀漆出蜀都。

《吴氏本草》曰：蜀漆叶，一名恒山。神农、岐伯、雷公辛，有毒，黄帝辛，一经酸。如漆叶，蓝菁相似。五月采。

芜荑

《本草经》曰：芜荑，味辛。一名无姑，一名蕨音殿瑭音唐。去三虫，化食，逐寸白，散腹中嗢嗢喘息。

秦皮

《本草经》曰：秦皮，味苦微寒。生川谷。治风湿痹寒气，除热、目中青翳。久服头不白，轻身。生庐江。

《建康记》曰：建康出秦皮。

《吴氏本草》曰：梣皮，一名秦皮。神农、雷公、黄帝、岐伯酸，无毒，李氏小寒。或生冤句水边。二月、八月采。

《淮南万毕术》曰：岑皮致水。

枳实

《山海经》曰：北岳之山，其上多枳。

《晏子春秋》曰：晏子使楚，楚王使缚一人过，问曰："缚者何为者耶？"对曰："齐人，坐盗。"王视晏子曰："齐人故善盗乎？"晏子对曰："橘生江南，过北为枳，水土异也。今民生于齐不盗，入楚则盗，得无楚之水土使民盗耶？"

崔寔《四民月令》曰：九月九日收枳实。

《本草经》曰：枳实，味苦寒。生川泽。治大风在皮肤中，如麻豆苦痒，除寒热结止，利长肌肉，利五藏，益气轻身。生河内。

《吴氏本草》曰：枳实苦，雷公酸，无毒，李氏大寒。九月、十月采，阴干。

防风

《本草经》曰：防风，一名铜芒，甘温。生川泽。治大风、头眩痛、目盲无所见、烦满，风行周身，骨节疼痛。久服轻身。生沙苑。

《范子计然》曰：防风出三辅，白者善。

《吴氏本草》曰：防风，一名回芸，一名回草，一名百枝，一名蔄根，一名百韭，一名百种。神农、黄帝、岐伯、桐君、雷公、扁鹊甘，无毒，李氏小寒。或生邯郸、上蔡。正月生，叶细圆，青、黑、黄、白。五月黄花，六月实黑。二月、十月采根，阴干。琅邪者良。

大黄

《广雅》曰：黄良，大黄也。

盛弘之《荆州记》曰：建平出大黄。

《本草经》曰：大黄，味苦寒，生川谷。治下瘀血、闭寒、热，破症瘕积聚、留饮宿食，荡涤肠胃，安五藏，推陈致新，通利水谷道，调中食。生河西。

《吴氏本草》曰：大黄，一名黄良，一名火参，一名肤如。神农、雷公苦，有毒，扁鹊苦，无毒，李氏小寒，为药中将军。或生蜀郡北部，或陇西，二月卷生，生黄赤叶，四四相当。黄茎高三尺许。三月华黄，五月实黑。三月采根，根有黄汁，切，阴干。

石斛

盛弘之《荆州记》曰：隋郡永阳县有龙石山，山上多石斛，精好，如金环也。

《庐山记》曰：石门山，石间多生石斛。

《范子计然》曰：石斛出陆安。

《本草经》曰：石斛，一名林兰，一名禁生。味甘平。生山谷。治伤中、下气、虚劳，补五藏羸瘦。久服除痹，肠胃强阴。出陆安。

《吴氏本草》曰：石斛，神农甘平，扁鹊酸，李氏寒。

半夏

《礼记·月令》曰：仲夏之月，半夏生。

《范子计然》曰：半夏出三辅，色白者善。

《广州记》曰：鄣平县出半夏。

《建康记》曰：建康出半夏，极精。

《本草经》曰：一名地文水玉，味辛平，生川谷，生槐里。

《吴氏本草经》曰：半夏，一名和姑。生微丘，或生野中。叶三三相偶。二月始生，白华员上。

射干射音夜

《广雅》曰：鹿廉、鸢尾、乌莲，射干也。

《易通卦验》曰：冬至射干生。

《抱朴子》曰：千岁之射干，其根如生人，长七尺，刺之有血。以其血涂足下，可步行水上，不没；以涂人鼻，入水，水为之开；以涂足耳，则隐形，欲见则拭去之。

《孙卿子》曰：西方有木，名曰射干，茎长四寸，生于高山之上，临百仞之渊。木茎非能长也，所立者然也。

《范子计然》曰：射干，根如安定。

《建康记》曰：建康出射干。

《本草经》曰：射干，一名乌扇，一名乌蒲。味苦辛。生川谷。治咳逆上气。生南阳。

《吴氏本草》曰：射干，一名黄远。

蓪草

《广雅》曰：下父、附支，蓪草也。

《本草经》曰：蓪草，一名附支。味辛平。生山谷。去恶虫，除脾胃寒热，利九窍血脉关节，不忘。生石城。

《建康记》曰：建康出蓪草。

《范子计然》曰：蓪草出三辅。

《吴氏本草》曰：蓪草，一名丁翁，一名附支。神农、黄帝辛，雷公苦。生石城山谷。叶青蔓延，止汗。自正月采。

牛膝

《广雅》曰：牛茎，牛膝也。

《本草经》曰：牛膝，一名百倍。味苦辛。生川谷。治伤寒湿痿痹、四肢拘挛、膝痛不可屈伸。久服，轻身能老。生河内。

《建康记》曰：建康出牛膝。

《吴氏本草》曰：牛膝，神农甘，一经酸，黄帝、扁鹊甘，李氏温，雷公酸，无毒。生河内，或临邛。叶如夏蓝，茎本赤。二月、八月采。

牡丹

《广雅》曰：白术，牡丹也。

《范子计然》曰：牡丹，出汉中、河内，赤色者亦善。

《游名山志》曰：泉山多牡丹。

《本草经》曰：牡丹，一名鹿韭，一名鼠姑。味辛寒。生山谷。治寒热症伤，中风惊邪，安五藏。出巴郡。

《吴氏本草》曰：牡丹，神农、歧伯辛，季氏小寒，雷公、桐君苦，无毒，黄帝苦，有毒。叶如蓬，相值，黄色。根如指，黑，中有毒核。二月、八月采，日干。可食之，轻身益寿。

茵芋

《吴氏本草》曰：茵芋，一名卑山共。微温。有毒。状如莽草而细软。

独活

《本草经》曰：独活，一名护羌使者。味苦平。生益州。久服轻身。

《吴氏本草》曰：独活，一名胡王使者。神农、黄帝苦，无毒。八月采此药，有风花不动，无风独摇。

紫威

《本草经》曰：紫威，一名芙华，一名陵苕。味咸微寒，无毒。生川谷。治妇人乳余疾、崩中、痖症、血寒热，养胎。生西海。

《建康记》曰：建康出紫威。

《范子计然》曰：紫威出三辅。

《吴氏本草》曰：紫威，一名武威，一名瞿麦，一名陵居腹，一名鬼目，一名芰华。神农、雷公酸，岐伯辛，扁鹊苦咸，黄帝甘，无毒。如麦根，黑。正月、八月采。或生真定。

大干

《尔雅》曰：荞，邛钜。郭璞注曰：今药草大戟也。

《本草经》曰：大戟，一灭邛钜。

栝楼

《毛诗·东山》曰：我来自东，零雨其蒙。果裸之实，亦施于宇。果裸，栝楼也。

又《唐·蟋蟀·葛生》曰：蔹蔓于野。

《诗义疏》曰：蔹，栝楼。

《尔雅》曰：果裸之实栝楼。今齐人呼之为天瓜。

《本草经》曰：栝楼，一名地楼。味苦寒。生川谷。

《吴氏本草》曰：栝楼，一名泽巨，一名泽治。

蕤核

《本草经》曰：蕤核，味甘温。生川谷。主治心腹邪结气，明目赤痛伤、泪出、目肿眦烂。久服，益气轻身。生函谷。

《晋宫阁记》曰：华林园，蕤三株。

《吴氏本草》曰：蕤核，一名萲。神农、雷公甘，无毒，平。生池泽，八月采。补中强中强志，明耳目，久服不饥。

地肤

《本草经》曰：地肤，一名地华，一名地脉，一名地菜。

贝母

《毛诗·墉·柏舟·载驰》曰：陟陂阿丘，言采其虻。虻，贝母也。

《尔雅》曰：莔音萠，贝母也。郭璞注曰：根如小贝，员而白，华叶似韭。

《说文》曰：莔，贝母也。

海藻

《尔雅》曰：薚，海藻也。药草也。一名海萝，如乱发，生海中。薚音覃。

《本草经》曰：海藻着颈下，破散结。

《广雅》曰：海罗，海藻。

豕首

《尔雅》曰：茢音列。薽音真，豕首。郭璞注曰：《本草经》曰："彘卢，一名蟾蠩兰。"匠箔东呼豨首。

《本草经》曰：豕首，一名剧草，一名蠡实。

《吴氏本草》曰：一名泽蓝，一名豕首。神农、黄帝甘辛，无毒。生冤句。五月采。

当陆

《尔雅》曰：蓫音逐薚音阳，马尾也。郭璞注曰：江东谓之当陆，关西为葍。

《本草经》曰：商陆，一名夜乎。

败酱

《范子计然》曰：败酱出三辅。

《本草经》曰：败酱似桔梗，其臭如败豆酱。

纶布

《本草经》曰：纶布，一名昆布。味酸寒，无毒。主十二种水肿、瘿瘤聚、结气瘘疮。生东海。

石龙芮

《范子计然》曰：石龙芮，出三辅。

《吴氏本草经》曰：龙芮，一名水姜苔。

蛇床

《吴氏本草》曰：蛇床，一名蛇珠。

《博物志》曰：蛇床乱蘼芜。

云实

《本草经》曰：云实，味辛温。生川谷。治泄利胀癖，杀虫蛊毒，去邪恶。多食令人狂走。久服轻身，通神明。生河间。

《范子计然》曰：云实生三辅。

《吴氏本草》曰：云实，一名员实，一名天豆。神农辛，小温，黄帝咸，雷公苦。叶如麻，两两相值，高四五尺，大茎空中。六月花，八月、九月实，十月采。

太平御览卷第九百九十三　药部十

桔梗

《广雅》曰：犁如，桔梗。

《管子》曰：五沃之土生桔梗。

《范子计然》曰：桔梗出河东洛阳。

《战国策》曰：淳于髡一日而见七士于宣王，王曰："寡人闻：千里之一士，是比肩而相望；百世一圣，若随踵而生也。今子一朝而见七士，士不亦众乎？"淳于髡曰："夫鸟同翼者聚飞，兽同足俱行。今求桔梗于沮泽，累世不能得一；之皋黍梁父之阴，则却车载耳。王求士于髡，譬挹水于河，取火于燧也。"

《建康记》曰：建康出桔梗，极精好。

《搜神记》曰：鄱阳赵寿有犬蛊。有陈岑诣寿，忽有大黄犬六七，群出吠岑，后余伯归与寿妇食，吐血几死。屑桔梗以饮之，乃愈。

《本草经》曰：桔梗，一名犁如。味辛微温。生山谷。治胸胁痛、肠鸣、惊悸。生嵩高。

《吴氏本草经》曰：桔梗，一名符蔰，一名白药，一名利如，一名梗草，一名卢茹。神农、医和苦，无毒；扁鹊、黄帝咸；岐伯、云公甘，无毒；李氏大寒。叶如荠苨，茎如笔管，紫赤。二月生。

巴豆

《广雅》曰：巴菽，巴豆也。

《蜀志》曰：犍为南安县出巴豆。

《晋书》曰：贾后使太医令程据合巴豆杏子丸，矫诏使黄门孙虑赍至许昌，以害太子。

《列仙传》曰：玄俗，河间人，饵巴豆、云英，卖一丸七钱。

盛弘之《荆州记》曰：朐䏰县有巴子城，地多巴豆。

《广志》曰：犍为僰道县出巴豆。

《博物志》曰：鼠食巴豆，三年重三十斤。

《本草经》曰：巴豆，一名巴菽。味辛温。生川谷。主治温疟、伤寒热，破癖瘕结坚，通六府，去恶肉，除鬼毒邪注，杀虫。生巴蜀郡。

《范子计然》曰：巴菽出巴郡。

《吴氏本草》曰：巴豆，一名菽。神农、歧伯、桐君辛，有毒；黄帝甘，有毒；李氏主温热寒。叶如大豆。八月采。

鬼臼

《吴氏本草经》曰：一名九臼，一名天臼，一名雀犀，一名马目公，一名解毒。生九真山谷，及冤句。二月、八月采根。

莽草

《范子计然》曰：莽草出三辅，青色者善。

《淮南万毕术》曰：莽草浮鱼。取莽草叶并陈粟米，合捣之，以内水，鱼皆死。

《本草经》曰：莽草，味辛温。生山谷。治风头、痈乳、疝瘕、结气、疥瘙、疽疮。生还谷。

《吴氏本草经》曰：莽，一名春草。神农辛，雷公、桐君苦，有毒。生上谷山中，或冤句。五月采，治风。

忍冬

《本草经》曰：忍冬，味甘，久服轻身

淫羊霍

《本草经》曰：淫羊霍，一名蜀前。味辛寒。治阴痿、伤中，益气强志，除茎痛，利小便。生上郡阳山。

《吴氏本草经》曰：淫羊藿，神农、雷公辛，季氏小寒。坚骨。

狼牙

《本草经》曰：狼牙，一名牙子。味寒。生川谷。治邪气，去白虫、疥、痔。生淮南。

《建康记》曰：建康出狼牙。

《范子计然》曰：狼牙出三辅，色白者善。

《吴氏本草经》曰：狼牙，一名支兰，一名狼齿，一名犬牙，一名抱牙。神农、黄帝苦，有毒，桐君咸；岐伯、雷公、扁鹊苦，无毒。或生冤句。叶青，根黄赤。六月、七月华，八月实黑。正月、八月采根。

香蒲

《本草经》曰：香蒲，一名睢蒲。味甘平。生池泽。治五藏心下邪气，坚齿明目聪耳。久服，轻身能老。生南海。

《吴氏本草》曰：醮，一名醮石，一名香蒲。神农、雷公甘。生南海池泽中。

爵李

《本草经》曰：郁核，一名爵李。

腐婢

《本草经》曰：腐婢，小豆花也。

落石

《本草经》曰：落石，一名鲮石。味苦温。生川谷。治风热。久服轻身，明目，润泽好颜色，不老延年。生太山。

《吴氏本草经》曰：落石，一名鳞石，一名明石，一名县石，一名云华，一名云珠，一名云英，一名云丹。神农苦，小温，雷公苦，无毒，扁鹊、桐君甘，无毒；李氏大寒，云药中君。采无时。

鬼箭

《广雅》曰：鬼箭，神箭也。

《本草经》曰：卫矛，一明鬼箭。味苦寒。生山谷。治女子崩中、下血、腹满、汗出，除邪，杀鬼毒。生霍山。

《吴氏本草》曰：鬼箭，一名卫矛。神农、黄帝、桐君苦，无毒。叶如桃如羽。正月、二月、七月采，阴干。或生野田。

房葵

《博物志》曰：房葵，与狼毒相似。

《本草经》曰：房葵，一名梨盖。味辛。冬生川谷。久服，坚骨髓，益气。生临淄。

《吴氏本草经》曰：房葵，一名梁盖，一名爵离，一名房苑，一名晨草，一名利如，一名方盖。神农辛，小寒，桐君、扁鹊无毒，歧伯、雷公、黄帝苦，无毒。茎叶如葵，上黑黄。二月生根，根大如桔梗根，中红白。六月花白，七月、八月实白。三月三日采根。

麻黄

《广雅》曰：龙沙，麻黄也。麻黄茎，狗骨也。

《本草经》曰：一名龙沙。味苦温。生川谷。治中风、伤寒、出汗，去热邪气，破坚积聚。生晋地。

《范子计然》曰：麻黄出汉中三辅。

《吴氏本草经》曰：麻黄，一名卑相，一名卑监。神农、雷公苦，无毒；扁鹊酸，无毒；李氏平。或生河东。四月立秋采。

慕容晃《与顾和书》曰：今致麻黄五斤。

茈葫柴胡二音

《本草经》曰：茈葫，一名地薰。味苦平。生川谷。治心腹，祛肠胃结气。久服轻身，明目益精。生弘农。

《吴氏本草经》曰：茈葫，一名山来，一名茹草。神农、歧伯、雷公苦，无毒。生冤句。二月、八月采根。

亭历

《尔雅》曰：葶音典，亭历。实、叶皆似芹，一明宸荠。

《淮南子》曰：亭历冬生。

《周髀》曰：凡北极左右，物有朝生暮获，谓亭历、冬生之类。

紫苑

《游名山志》曰：石室紫苑。

《吴氏本草》曰：紫苑，一名青苑。

女萎

《本草经》曰：女萎，一名左眄，一名玉竹。味辛。生川谷。久服，轻身能老。生太山。

蓍实

《本草经》曰：蓍实，味苦酸，平，无毒。主益气，充肌肤，明目聪惠，先知。久服，不饥不老，轻身。生少室山谷。八月、九月采实，日乾。

地椹

《本草经》曰：地椹，一名石龙芮，一名食果能。味苦，平。生川泽。治风寒。久服，轻身明目，不老。生太山。

《范子计然》曰：石龙芮，出三辅，色黄者善。

《吴氏本草经》曰：石龙芮，一名姜苔，一名天豆。神农苦，平，岐伯酸；扁鹊、李氏大寒，雷公咸，无毒。五月五日采。

黄环

《本草经》曰：黄环，一名凌泉，一名大就。味苦。生山谷。主治虫毒、鬼魅、邪气、咳逆、寒热。生蜀郡。

《范子计然》曰：黄环，出魏郡，黄色者善。

《吴氏本草经》曰：蜀黄环，一名生刍，一名根韭。神农、黄帝、岐伯、桐君、扁鹊辛，一经味苦，有毒。二月生，初出正赤，高二尺，叶黄员端，大茎，叶有汁，黄白。五月实员。三月采根，根黄，从理如车辐，解治蛊毒。

菟丝

《尔雅》曰：唐蒙、女萝，菟丝也。

《广雅》曰：女萝，松萝也。菟丘，菟丝也。

《史记·龟策传》曰：下有茯苓，上有菟丝。

《博物志》曰：女萝，菟丝。寄草上，根不着地。

《吕氏春秋》曰：或谓菟丝无根。非无根也，其不属也，茯苓是也。

《淮南子》曰：菟丝无根而生。茯苓抽，菟丝死。

《抱朴子》曰：案，仙方中自有合离草，一名独摇，一名离母。所以谓之合离，下根如芋魁，有游子十二枚，周环之，大魁数尺。虽相须生，而实不连，以气相属耳。如菟丝之草，下有茯菟之根，无此菟在下，则丝不得生于上。

又曰：初生之根，其形似兔。掘取，刻其血，以和丹服之，立变化，在意所作。

《吴氏本草经》曰：兔丝实，一名玉女，一名松萝，一名鸟萝，一名鸮萝，一名复实，一名赤网。生山谷。

刘桢诗曰：青青女萝草，上依高松枝。幸蒙庇眷恩，为惠不可訾。

石芸

《尔雅》曰：蒚，勃蒚也。郭璞注曰：一名石芸，音列。

《范子计然》曰：石芸出三辅。

甘遂

《广雅》曰：陵舄，甘遂也。

《建康记》曰：建康出甘遂。

《本草经》曰：甘遂，味苦寒。生川谷。治大腹、疝瘕、胀满、面目浮肿，除留饮宿食。出中山。

《范子计然》曰：甘遂出三辅。

《吴氏本草经》曰：甘遂，一名主田，一名日泽，一名重泽，一名鬼丑，一名陵藁，一名甘藁，一名苦泽。神农、桐君苦，有毒；歧伯、雷公有毒。须二月、八月采。

马刀

《本草经》曰：马刀，味辛微寒。生池泽。治补中，漏下、赤白、留寒热，破石淋，杀禽兽贼鼠。生江海。

《范子计然》曰：马刀出河东。

《吴氏本草经》曰：马刀，一名齐蛤古纳切。神农、歧伯、桐君咸，有毒；扁鹊小寒，大毒。生池泽江海。采无时也。

女青

《本草经》曰：女青，一名雀瓢。味辛平。生山谷。治蛊毒，逐邪杀鬼。生朱崖。

《罗浮山记》曰：又有男青，似女青。

《吴氏本草》曰：女青，一名霍由祇。神农、黄帝辛。

王孙

《本草经》曰：王孙，味苦平。治五藏邪气、湿痹、四肢疼酸。生海西。

《吴氏本草经》曰：黄孙，一名王孙，一名蔓延，一名公草，一名海孙。神农、雷公苦，无毒；黄帝甘，无毒。生西海山谷，及汝南城郭垣下。蔓延，赤文，茎叶相当。

因尘

《尔雅》曰：因尘，马生也。

《本草经》曰：因尘蒿，味苦。治风湿、寒热、邪气结、黄疸。久服，轻身益气，能老。生太山。

《吴氏本草》曰：因尘，神农、岐伯、雷公苦，无毒；黄帝辛，无毒。生田中，叶如蓝。十一月采。

淮术

《吴氏本草》曰：淮术，神农、雷公无毒。生晋平阳、河东平泽。治久咳上气、伤中羸虚，补中益气。

百部

《抱朴子·内篇》曰：百部黄，似拔葜，治咳，杀虱。

《博物志》曰：百部与门冬相似。

千岁垣中肤皮

《吴氏本草》曰：千岁垣中肤皮，得姜、赤石脂共治。

葅荎

《尔雅》曰：茥音奎，葅荎。复盆也，实似莓而小，可食。

《吴氏本草》曰：缺盆，一名覆盆。

蒲阴实

《吴氏本草》曰：蒲阴实，生平谷，或圃中。延蔓如瓜，叶实如桃。七月采。止温延年。

太平御览卷第九百九十四 百卉部一

草

《尔雅》曰：卉，草也。草谓之华，木谓之荣，不荣而实者谓之秀，荣而不实者谓之英。

《尚书·禹贡》曰：兖州，厥草唯繇。繇，茂也。徐州，草木渐包。渐，进也。包，丛生也。扬州，厥草唯夭。少长曰夭。并出《书注》。

《毛诗·缁衣·野有蔓草》曰：野有蔓草，零露漙兮。蔓，延也。漙漙然盛多也。

《毛诗问答》曰：国多兵役，男女怨旷，于是女感伤而思男，故出游于洧之外，托采芬香之草，而为淫佚之行。时草始生，而云蔓者，女情急，欲以促时也。

《周礼·秋官下·薙氏》曰：薙氏，掌杀草。春始生而萌之，夏日至而夷之，秋绳而芟之，冬日至而耜之。郑玄曰：含实曰绳也。

《大戴礼》曰：孟春冰泮，百草权舆。

《礼记·月令》曰：孟夏之月，靡草死。郑玄注曰：旧说靡草。荠葶历之属。季夏之月，大雨时行，烧薙行水，利以杀草。剃，迫地芟草也。剃草乾烧之，至此雨水，畜水其中，则草死不生也。

又曰：霜降之日，草木黄落。

又《檀弓上》曰：曾子曰："朋友之墓，有宿草而不哭焉。"

《左传·襄公》曰：松柏之下，其草不殖。

又《僖公》曰：一薰一莸，十年尚犹有臭。莸，臭草；薰，香草也。

《春秋潭潜巴》曰：下不廉，蜚廉之草为不生。言瑞应之物应行上。

《论语》曰：君子之德风，小人之德草。草上之风必偃。

《汉书·五行志》曰：元帝永光二年，天雨草叶，相纠结，如弹丸。

《续汉书·五行志》曰：灵帝中平元年夏，东郡陈留、济阳、长垣、济阴诸县界，有草生，茎大如手指，状似鸠、爵、龙、蛇、鸟兽之形，五色各如其物，毛羽头目足翅皆具。

又曰：西夜国生独白草，煎以为药，傅箭，所射辄死。

崔鸿《十六国春秋·西秦录》曰：永和二年，国中地震，百草皆自及。

《晋书·载记》曰：符坚至寿春，与符融登城而望王师。见部阵齐整，将士精锐，又北望八公山上，草木皆类人形，顾谓融曰："此亦勍敌也，何谓少乎？"怃然有惧色。

《后周书》曰：宇文深，字奴干，性鲠正，有器局。年数岁，便累石为营伍，并折草作旌旗，布置行列，皆有军阵之势。父永遇见之，乃大喜，曰："汝自然知此，于后必为名将！"

又曰：宕昌羌俗无文字，但候草荣落，以记岁时。

《吕氏春秋》曰：草有华有藟，独食之则杀人，合而食之则益寿。

《淮南子》曰：神农始尝百草，一日七十毒。

又曰：逮至衰世，草木之勾萌，衔华佩实而死者，不可胜数。

《符子》曰：邻人谓展禽曰："鲁聘夫子，夫子三黜无忧色，何？"禽曰："春风鼓，百草敷蔚，吾不知其茂；秋霜降，百草零落，吾不知其枯。"

《人物志》曰：草之将精者为英，兽之将群者为雄。张良是英，韩信是雄也。

《水经》曰：魏兴锡义山，山高谷深，多生薇蘅草。其草有风不偃，无风独摇。

又曰：建宁郡，山生牧靡，可以解毒。百卉方盛，鸟多误食乌喙，口中毒，必急飞往牧靡山，啄牧靡以解毒也。

《金楼子》曰：鲁城北孔子茔中，不生刺人草木。

崔豹《古今注》曰：牛亨问曰："草木生类也，有识乎？"答曰："物有生而有识者，有生而无识者，有不生而有识者，有不生而无识者。夫生而有识者，虫类是也；生而无识者，草木是也；不生而有识者，鬼神是也；不生而无识者，水土是也。"

又曰：天雨草，状如莎，绞如丸，无数，皆名曰莲蒌草。

郭子横《洞冥记》曰：东方朔曰："臣有吉云草十顷，种于九景山东，二千岁一花。此草难种，东取璋琅山表之涧以洒之。臣种来一千九百九十九年矣，明年应生。臣走往刈收之，以秣马，马食不觉饥。"帝许之。朔平旦去，至暮而返，背负数束，其形叶似麦而金色，裁长二尺。锉以饲马，即不觉饥。武帝曰："种之生否？"朔曰："臣东游，过吉云之泽，多生此草。移于九景之山，大不如吉云之地。"

又曰：甜溪，水如蜜。东方朔游此水，还，将数斛以献帝。帝投阴井，井里遂恒甜而寒。洗肉，肌理柔滑。瑶琨，去玉门九万里，有碧草如麦，锉之以酿，则味如酒而酽烈。看之，则颜色如醉；饮一合，则三旬不醒。饮甜水，则随饮随醒也。

《异苑》曰：青州刘愐音获，元嘉初，射得一獐，割五藏，以草塞之，蹷然起走。愐怪而拔塞，便复还倒。如此三焉。愐密录此种以来，其治伤痍多愈。

《三齐略记》曰：不其城东有郑玄教授山，山下生草如薤叶，长尺余，坚纫异常。士人名作康成书带。

《括地图》曰：君子民带剑，使两文虎，衣野丝，土方千里，多薰华之草，好让，故为君子国。薰华草，朝生夕死，大极山西有。采华之草服之，乃通万里之言。

服虔《通俗文》曰：草盛曰莑脯朦切生茂曰葆音保。

《方言》曰：凡草生而初达谓之莌音悦莌小也。荄，杜根也。东齐曰杜，或曰芨。

《博物志》曰：太原晋阳已北，生屏风草。

又曰：黄帝问天老曰："天地所生，岂有食之令人不死者乎？"天老曰："太阳之草，名曰黄精，饵而食之，可以长生。太阴之草，名曰钩吻，入口立死。人信狗吻之杀人，不信黄精之益寿，不亦惑乎！"

又曰：海上有草焉，名曰蒒音师草。其实，食之如大麦。从七月稔熟，民敛获，名曰自然谷，或曰禹余粮。

又曰：类，草也，其根名为弱头，大者大如升，其外理白，可以灰汁煮，则凝成熟，可以苦酒淹食之；不以灰煮，则不成熟。蜀人珍贵之。

《异物志》曰：文草作酒，能成其味。以金买草，不言其贵。以美用之故也。

《王逸子》曰：草有玄巨畅威蒠，木有扶桑梧桐松柏，皆受气淳美，异于群类者也。

《风俗通》曰：灵帝光和七年，陈留济阴诸郡，路边草生，作人状，操持矛弩牛马，万状备具。后关东诛董卓，陈留济阴弃好即戎，吏民歼残。草妖之兴，岂不或信？

《抱朴子》曰：草有黄精，一名白及。有鸱头、鹅尾、鸡肠、乌喙，而非有翼之鸟也。

《灵书记》曰：霍山上有神草三十四种。

《典术》曰：寿荣草，出少室金山丘下，服之令人不老。取叶服之，可通百神。

又曰：饵玉长生草，一名通天，价值千万。阴干方寸，七日再服之，令人得仙。

《师旷占》曰：黄帝问师旷曰："吾欲知岁苦乐善恶，可知不？"对曰："岁欲丰，甘草先生。甘草，荠也。岁欲俭，苦草先生。苦草者，葶苈也。岁欲恶，恶草先生。恶草者，水藻也。岁欲旱，旱草先生。旱草者，蒺藜也。岁欲潦，潦草先生。潦草者，蓬也。"

《淮南万毕术》曰：回风之草见八方。取回风草三寸三枚、五寸五枚，以城西面土、三家不汲井口青泥、南鸡欲上栖不上者，并治合为丸，磨其面目，出户，视八方矣。

《楚辞》曰：春草生兮萋萋，王孙游兮不归。

《古诗》曰：回车驾言迈，悠悠涉长道。四顾何茫茫，东风摇百草。

又曰：新树兰蕙葩，杂用杜衡草。终朝采草荣，日暮不盈抱。采之欲遗谁？所思在远道。

又曰：穆穆清风止，吹我罗裳裾。青袍似春草，长条从风舒。

又曰：青青陵中草，倾叶晞朝日。阳春被惠泽，枝叶可揽结。草木为恩感，况人含气血！

薜荔

《山海经》曰：小华之山有草焉，曰薜荔，状如乌韭，缘木而生。或生石上。食之，以已心痛。

《楚辞》曰：罔薜荔兮为帷，网，结也。结薜荔为帷帐也。擗惠櫋音眠兮既张。擗，析也。以析惠复櫋屋上也。

又曰：采薜荔兮水中，搴芙蓉兮木末。

又曰：若有人兮山之阿，被薜荔兮带女萝。

石兰

《楚辞》曰：疏中石兰兮以为芳。王逸注曰：石兰，香草。疏，布也。

胡绳

《楚辞》曰：索胡绳之纚纚。胡绳，香草也。

霸薰

《范子计然》曰：霸薰，出霸陵也。

楚薰

《范子计然》曰：楚薰，出洛阳也。

楚蘅

《范子计然》曰：楚蘅，出楚国也。

秦蘅

宋玉《风赋》曰：夫风翱翔，激水之上，击芙蓉之精，猎蕙草、离秦蘅。

龙须

《山海经》曰：贾超之山，草多龙须。

《广志》曰：龙须，一名西王母簪。

《水经》曰：自洮强南北三百里中，地草并是龙须，而无樵柴。

周景式《庐山记》曰：石门峰，石间多龙须草。

《游名山志》曰：龙须草，唯东阳永嘉有。永嘉有缙云堂，意者谓鼎湖攀龙须时，有坠落化而为草，故有龙须之称。

郑缉之《东阳记》曰：仙姥岩间，不生蔓草，尽出龙须。

《本草经》曰：西超山多龙循，龙须也。一名续断。

狼尾

《尔雅》曰：盂，狼尾也。郭璞注曰：似茅，今人亦以复屋。

《广志》曰：狼尾子可作黍。

燕麦

《尔雅》曰：蘥，雀麦。郭璞注曰：即燕麦。

《古歌》曰：田中菟丝，何尝可络？道边燕麦，何常可获？

荆葵

《尔雅》曰：荍音翘，蚍衃支切虾房尤切也。郭璞注曰：今荆葵也，似葵，紫色。谢氏云：小草，多华少叶，叶又翘起。

《毛诗·宛丘·东门之枌》曰：视尔如荍。

《诗义疏》曰：荍，一名楚葵。

崔豹《古今注》曰：荆葵，一名茙葵，一名芘苤。花色夺目，有红有白有赤。但花异，叶不殊也。

蜀葵

《尔雅》曰：菺音坚，戎葵也。郭璞注曰：今蜀葵，花似木槿。

傅玄《蜀葵赋序》曰：蜀葵，其苗如瓜瓠。尝种之，一名引苗，而生华，经二年，春乃发。

虞繁《蜀葵赋》曰：唯兹珍草，怀芬吐荣。挺河渭之膏壤，吸昴井之玄精。绕铜爵而疏植，映昆明而罗生。

菟葵

《尔雅》曰：莃虚机切，菟葵。郭璞注曰：颇似葵而叶小，状如藜，有毛，汋啖之滑。

《广志》曰：菟葵，瀹之可食。

凫茈

《尔雅》曰：芍都了切，凫茈也。生下田，苗似龙须而细，根如指头，黑色，可食。

《东观汉记》曰：王莽末，南方枯旱。民多饿，群入野泽掘凫茈而食之。

乌韭

《广雅》曰：昔耶，乌韭也，生久屋之瓦。在房曰昔耶，在墙曰垣衣。

鹿豆

《尔雅》曰：蔨音卷，鹿藿也，其实莥。郭璞注曰：今鹿豆也。叶似大豆，根黄而香，蔓延生。莥，音纽也。

《说文》曰：莥，鹿藿之实也。

《本草经》曰：鹿藿，味苦平，无毒。主治蛊毒、女子腰腹痛、不乐、肠痈、瘰疬、疡气。生汶山山谷。

鹿葱花曰宜男

《风土记》曰：宜男草也，宜怀娠妇人，佩之必生男。

傅玄《宜男花赋》曰：猗猗令草，生于中方。华曰宜男，号膺祯祥。

嵇含《宜男花序》曰：宜男花者，世有之久矣。多殖幽皋曲隰之侧，或华林玄圃，非衡门蓬宇所宜序也。荆楚之士号曰鹿葱，根苗可以荐于俎。世人多女欲求男者，取此草服之，尤良也。

太平御览卷第九百九十五 百卉部二

麻

《尔雅》曰：蕡，符云切。枲实。《礼记》曰：苴麻之有蕡。枲，麻。别二名也。莩，麻母。苴麻盛子者。

《广雅》曰：蕡，麻也。

《毛诗·黍离·丘中有麻》曰：丘中有麻，彼留子嗟。

又《鸡鸣南山》曰：艺麻如之何？横从其亩。

又《东门之池》曰：东门之池，可以沤麻。

又《宛丘·东门之枌》曰：不绩其麻，市也婆娑。绩麻者，妇人之事也，疾其今不为。

《礼记·内则》曰：女子十年不出，母教婉娩听从，婉谓言语也。娩之言媚也，谓容貌也。执麻枲，治丝茧。

《春秋说题辞》曰：麻之为言微也，阴精寝密，女作纤微也。麻生于夏。夏，衣物成礼仪，故麻可以为衣。阳成于三，物以化，故麻三变，缕布加也。宋均注曰：麻须阴以成。夏，枝叶成，谓之衣麻。亦夏至可作衣也。三变，谓麻生成形，一变也；沤取皮，二变也；织成为缕，三变也。

华峤《后汉书》曰：崔寔为五原太守。地宜麻枲，而民不知种植，又不能缉绩，率无衣被，冬月止种细草，卧其中，吏以草衣其身，乃得出。实至，教之绩织。

《晋中兴书》曰：石勒，昔居与李阳相近。阳性刚愎，每岁与争沤麻池，共相打扑。

沈约《宋书》曰：孝武帝大明中，坏上所居阴室，于此处起玉烛殿，与群臣观之。床头有土鄣壁，上持葛灯笼、麻绳拂。侍中袁顗盛称上俭素之德，故能光有天下。

《庄子》曰：颜回曰："愿得郭内之田十亩，以为丝麻，不仕也。"

《淮南子》汾水濛浊而宜麻。

《列女传》曰：河内二义者，张伯仁、仲仁之妻也。兄弟少孤共居。伯仁敦厚谦苦，仲仁骄戾不节。二妇纺绩，得好枲麻，辄别异之，以为仲仁衣服。

《越绝书》曰：麻林山，勾践欲伐吴，种麻以为弓弦也。

《汉武内传》曰：鹦鹉食麻子。

《晋令》曰：其上党及平阳，输上麻二十二斤、下麻三十六斤，当绢一匹。课应田者，枲麻加半亩。

崔寔《四民月令》曰：二月、三月可种苴麻。二月可粜麻子。

《本草经》曰：麻蕡，一名麻勃，味平辛。生川谷。治七伤，利五藏，下血气。多食，令人见鬼，狂走。久服轻身，通神明。麻子补中益气，久服肥健不老。生太山。

《吴氏本草经》曰：麻子中人，神农、歧伯辛，雷公、扁鹊无毒。不欲牡厉、白薇，先藏地中者食杀人。麻蓝，一名麻蕡，一名青羊，一名青葛。神农辛，歧伯有毒，雷公甘。畏牡厉、白薇。叶上有毒，食之杀人。麻勃，一名麻花。雷公辛，无毒。畏牡厉。

《风俗通》曰：蓬生麻中，不扶自直。

葛

《尔雅》曰：拔茏，葛也。似葛，蔓生，有节。江东呼为龙尾，亦谓之虎葛。细叶，赤茎。

《广雅》曰：女青，葛也。

《毛诗·关雎·葛覃》曰：葛之覃兮，施于中谷，维叶萋萋。毛曰：覃，延也。葛，所以为絺绤。

《毛诗·黍离·葛藟》曰：绵绵葛藟，在河之浒。葛也，藟也，生于河之涯，得其润泽，以长大而不绝。

又《黍离·采葛》曰：《采葛》，惧谗也。彼彩葛兮，一日不见，如三月兮。葛，所以为絺绤也。事虽小，一日不见于君，忧惧于谗矣。

又《蟋蟀·葛生》曰：葛生蒙楚，蔹蔓于野。

《周书》曰：葛，小人得其叶，以为羹；君子得其材，以为絺绤，以为君子朝廷夏服。

《吴越春秋》曰：采葛之妇人，伤越王用心之苦也，作《苦何之歌》，其辞曰："葛不连蔓叶台台，尝胆不苦味若饴，令我采葛以作丝。"

《说文》曰：葛，絺绤草也。

《本草经》曰：葛根，一名鸡齐根。味甘平。生川谷。治消渴、身大热、呕吐、诸痹、起阴气，解毒。生汶山。

《吴氏本草》曰：葛根，神农甘。生太山。

《说苑》曰：绵绵之葛，在于旷野。良工得之，以为絺绤；良工不得，枯死于野。

《楚辞》曰：石磊磊兮葛蔓蔓，思公子兮怅忘归，君思我兮不得闻。

藤

《尔雅》曰：诸虑，山櫐。匠箔东呼櫐为滕，似个狞蘘粗大也。摄虎櫐。今虎豆也。缠蔓林树而生，荚有毛刺。匠箔东呼为欇。欇音涉也。

《广雅》曰：藟，藤也。

《易·困》上六曰：困于葛藟，于臲卼。王弼注曰：困于极而乘于刚，下无其应，行则愈绕，居不获安。故曰困于葛櫐，于臲卼者也。

《毛诗·南有樛木》曰：南有樛木，葛藟累之。注曰：兴也。南，南土也。木下曲曰樛。南土之葛藟茂盛。笺云：木枝以下垂之故，葛也藟也得累而蔓之，而上下俱盛。兴者，喻后妃能以意下逮众妾。

《诗义疏》曰：累，蔓也。似燕薁，连蔓生。蔓白色，子赤可食，酢而不美也。幽州谓之推藟也。

《山海经》曰：卑山，其上多櫐。郭璞注曰：今虎豆、狸豆之属。累一名滕。

《齐书》曰：解叔谦，字楚梁，雁门人也。母有疾，叔谦夜于庭中稽颡祈福，闻空中语云："此疾得丁公藤治，便差！"即访医及草注，皆无识者。乃求访至宜都，遥见山中一老公伐木，问其所用，答云："此丁公藤，疗风尤验。”叔谦便拜伏流涕，具言来意。此公怆然，以数段与之，并示以渍酒法。叔谦受之，寻视此人，不复知处。依法为酒，母础即差。

《梁书》曰：周弘正与子豫玄俱载入东郡，乘小船渡岸，见藤花。弘正挽而船复，俱溺仅免，豫玄遂得心惊疾。

《汝南先贤传》曰：蔡顺，字君仲，至孝。所居井桔槔，岁久欲易之。为在母生年上，不敢遽易。一旦，忽生扶老藤绕之，有鸩巢其上。

《金楼子》曰：合浦有康头山，山有一头鹿，额上载科藤一枚，四条直上，各长一丈许。

《云南记》曰：云南出藤，其色如朱。小者以为马策，大者可为柱杖。

崔豹《古今注》曰：酒杯藤出西域。藤大如臂，去实，皆可以酌酒。自有文章，映彻可爱。实大如杯，味如豆寇，香美消酒。土人提酒来，至藤下，摘花酌酒，以其实消酒。其国人宝之，不传于中国。张骞大宛国得之，事在《张骞出关志》。

《南方草物状》曰：沉藤生子，大如齑瓯。正月华苞，仍连着实。十月、腊月熟，色赤。生食之，甜酢。生交趾、九真。毦至藤，生山中，大如苹蒿，蔓衍。居民采取剥之，以作毦，然不多。出兴古、合浦。简子藤，生缘树木。正月、二月华，四五月熟。实如梨，赤如雄鸡冠，核如鱼鳞。取生食之，味淡泊，无甘苦。出交趾合浦。野聚藤，缘树木，二月华苞，仍连着实。五六月熟，子大如羹瓯。里民煮食，其味甜酢。出苍梧。科藤，生金封山，乌浒人往往卖之。其色正赤，又云以草染之。出兴古。

陈祈畅《异物志》曰：茜蒲藤类，延蔓他树，以自长养。实大小长短如莲，萩侧尤切。着枝格间。实外有壳，又无核，剥乃食之。煮而暴之，甜美，食之不饥。

《临海异物志》曰：种藤附树，作根软弱，须缘树而作上下条。此藤既缠裹树，树死，且有恶汁。藤盛成树，若木自然大者，或五十围。

《异物志》曰：科藤，围数寸，重于竹，可以为杖。篾以缚船，及以为席，胜于竹也。

《始兴记》曰：黄溪出科藤。

王韶之《始兴记》曰：晋中朝有质子将归，忽有人寄其书，告曰："吾家在观亭庙石间，有悬藤君，扣藤，家人必自出。"归者如言，果有二人出水取书，并曰："江伯令君前。"入水，见屋舍甚丽。今俗咸言观亭有江伯神也。《水经》又载。

顾徽《广州记》曰：科藤，如栟榈，叶疏，外皮青，多棘刺。高五六丈者，如五六寸竹；小者如笔管竹。破其外青皮，得白心，即科藤。藤类有十许种。续断，草藤也，一曰诺藤，一曰水藤，山行渴则止，断取汁饮之。治人体有损绝，沐则长发。去地一丈断之，辄更生，根至地永不绝。

《异苑》曰：隋郡永阳县有山壁，直千仞。岩上有石室，古名为神农窟。窟前有百药丛茇，莫不毕备。又别有异物藤，花形如菱菜，朝紫，中绿，晡黄，暮青，夜赤，五色迭耀。

刘欣期《交州记》曰：含水藤，破之得水，行者资以止渴。

裴渊《广州记》曰：力陈岭，民人居之，伐船为业。随树所居，就以成槽。皆去水艰远，动有数里。山生一草，名曰膏藤，津汁软滑，无物能比，导地牵之，如流。五六丈船，数人便运。

《岭表录异》曰：南土多野鹿藤，苗有大如鸡子，白者细于筋。采为山货，流布海内。儋台琼管百姓，皆制藤线，编以为幕。其妙者亦挑纹为花药鱼鸟之状，业此纳官，以充赋税。

女萝

《尔雅》曰：唐蒙，女萝。女萝，兔丝。别四名也。《诗》曰：爰彩唐矣。

《毛诗·頍弁》曰：茑与女萝，施于松柏。茑，寄生也。女萝，菟丝，松萝也。

菟瓜

《尔雅》曰：黄，菟瓜也。郭璞注曰：似土瓜也。孙炎曰：一明逑裂也。

乌杷

《尔雅》曰：欆，乌阶也。郭璞注曰：即乌杷也。子叶相著，状如杷齿，可以染皂。

羊齿

《尔雅》曰：绵马，羊齿。郭璞注曰：草，细叶，丛生而毛，有似羊齿。缫者以取茧绪。

牛蘈

《尔雅》曰：藬，大回切。牛蘈也。郭璞注曰：匠箔东呼牛蘈者，高尺余许，方茎，叶长而锐。华紫缥色，可淋以为饮。孙炎曰：车前草，一名牛蘈。

狗毒

《尔雅》曰：虀音系，狗毒。樊光云：俗语若如虀。

马帚

《尔雅》曰：荓音并，马帚也。郭璞注曰：似蓍，可为扫篲。

羊桃

《尔雅》曰：长楚，铫芅也。今羊桃也。或曰鬼桃。叶似桃，花白，子如小麦。

《毛诗·羔裘·隰有苌楚》曰：隰有苌楚，猗傩其枝。苌楚铫芅也。

《说文》曰：长楚，铫芅，一名羊桃。

《山海经》曰：丰山其木，多羊桃而方茎。郭璞注曰：一明鬲桃。治皮肿越。

羊蹄

《诗义疏》曰：扬州谓羊蹄为远。

《广雅》曰：荲蓲，羊蹄。

《本草经》曰：羊蹄，一名东方宿，一名连虫陆，一明鬼目。味苦寒。生川泽。治头秃、疥瘙、阴热、无子。生陈留。

鼠耳

《广雅》曰：无心，鼠耳也。

《广志》曰：鼠耳，叶如耳，缥色也。

鼠尾

《尔雅》曰：葝，鼠尾。孙炎曰：鼠尾可染皂也。葝，巨盈切。

《吴氏本草》曰：鼠尾，一名葝，一名山陵翘。治痢也。

芄兰

《尔雅》曰：藿，芄兰也。郭璞注曰：蔓生，断之有白汁，可啖也。

《毛诗·芄兰》曰：《芄兰》，刺惠公也。骄而无礼，大夫刺之。芄兰掷戋。芄兰，草也，柔弱，恒蔓延于地，有所依缘则起。

《诗义疏》曰：芄兰，摩罗也，幽州谓之爵瓢。

太平御览卷第九百九十六　百卉部三

菊

《尔雅》曰：菊，治蘠。今人秋华菊也。

又《图赞》曰：菊名曰精，布华玄月，仙客是寻，薄采薄捋。

《礼记·月令》曰：季秋之月，菊有黄华。

《周书》曰：寒露之日，鸿雁来宾。又五日，菊有黄华。无华，土不稼穑。

《晋书》曰：罗含致仕还家，阶庭忽兰菊丛生，人以为德行之感。

《续晋阳秋》曰：陶渊明，尝九月九日无酒，出菊丛中，摘盈把，坐其侧。久之，望见一白衣人至，乃王弘送酒，即便就酌。

《山海经》曰：九九之山，其草多菊。

《广志》曰：菊有白菊。

《风俗通》曰：南阳郦县有甘谷，谷中水甘美。云其山上有大菊菜，水从山流下，得其滋液。谷中三十余家，不复穿井，仰饮此水，上寿百二三十，其中百余，七十、八十名之为夭。司空王畅、太尉刘宽，祖缘袁隗为南阳太守，闻有此事，令郦月送水三十斛，用饮食澡浴，终然无益。

《抱朴子》曰：刘生丹法：用白菊花汁、莲花汁、地血汁、樗汁，和丹蒸之，服一年，得五百岁，仙方所谓日精。

又曰：日精、更生、周盈，皆一菊也，而根茎花实异名。或无效者，以由不得真菊。菊花与薏苡相似，直以甘苦别之耳，菊甘而薏苦。今所有真菊，但为少耳。

《神仙传》曰：康风子服甘菊花、柏实散，得仙。

《博物志》曰：菊有二种，苗花如一，唯味小异，苦者不宜服。

崔寔《四民月令》曰：九月九日，可采菊华。

王韶之《神境记》曰：荥阳郡西有灵源山，其涧生灵芝、石菌，岩有紫菊。

《风土记》曰：日精者，落音苔蘠，皆菊华茎之别名。九月，律中无射而数九，俗尚九日而用候时之草也。

盛弘之《荆州记》曰：郦县北八里，有菊水，其源悉芳。菊被崖，水甚甘馨。太尉胡广久患风羸，恒汲饮水，后疾遂瘳，年及百岁。非唯天寿，亦菊所延也。

《名山记》曰：道士朱孺子，吴末入王笥山，服菊花，乘云升天。

《本草经》曰：菊有筋菊，有白菊、黄菊。花一名节花，一名傅公，一名延年，一名白华，一名日精，一名更生，一名阴威，一名朱羸，一名女菊。其菊有两种，一种紫茎，气香而味甘美，叶可作羹，为真菊。一种青茎而大，作蒿艾气，味苦，不堪食，名薏，非真菊也。

《吴氏本草经》曰：菊华，一名女华，一名女室。

《淮南万毕术》曰：以壮菊灰散池中，蛙尽死。

《楚辞》曰：朝饮木兰之坠露兮，夕餐秋菊之落英。

又曰：春兰兮秋菊，长无绝兮终古。

锺会《菊赋》曰：缥干绿叶，青柯红芒，华实规圆，芳颖四张。故夫菊有五美焉：圆华高悬，准天极也；纯黄不杂，后土色也；早殖晚登，君子德也；冒霜吐颖，象劲直也；流中轻体，神仙食也。

潘尼《秋菊赋》曰：泛流英于青醴，似浮萍之随波。

嵇康《菊花铭》曰：煌煌丹菊，暮秋弥荣。亲尊是御，永祚亿龄。

若

《毛诗疏》曰：若，饶也，幽州谓之翘饶。蔓生，茎如劳豆而细，叶似蒺藜而青。其华细绿色，可生食，味如小豆藿。

《本草经》曰：陵若生下湿水中，七八月华。华紫，似今紫草，可以染帛。煮沐头，发即黑。

萱

《毛诗·伯兮》曰：焉得谖草，言树之背。背，北堂也。愿言思伯，使我心痗。

《说文》曰：萱，忘忧草也。

崔豹《古今注》曰：欲忘人之忧，则赠以丹棘，一名忘忧草也。

《博物志》曰：《神农经》曰："上药养性，谓合欢蠲忿，萱草忘忧。"

《风土记》曰：花曰宜男，妊妇佩之，必生男。又名萱草。

《本草经》曰：萱，一名忘忧，一名宜男，一名歧女。

《录异记》曰：妇人带宜男草，生儿。

束皙《发蒙记》曰：甘枣令人不惑，萱草可以忘忧。

任昉《述异记》曰：萱草，一名紫萱，又名忘忧草，吴中书生谓之疗愁。

嵇康《养生论》云：萱草忘忧。

苜蓿

《史记》曰：大宛有苜蓿草，汉使取其实来，于是天子始种苜蓿。离宫别观旁，尽种葡萄，苜蓿极望。

《汉书·西域传》曰：罽宾国有苜蓿，大宛马嗜苜蓿。武帝得其马，汉使采蒲桃、苜蓿种归，天子益种离宫别馆旁。

《晋书》曰：华广免官为庶人。晋武帝登凌云台，见广苜蓿园，阡陌甚整，依然感旧。太康初大赦，乃得袭爵。

《西京杂记》曰：乐游苑中，自生玫瑰树，下多苜蓿，一名怀风。时或谓光风在其间，常肃肃然照其光彩，故曰苜蓿怀风。茂陵人谓为连枝草。

《博物志》曰：张骞使西域，所得蒲桃、胡葱、苜蓿，

《述异记》曰：张骞苜蓿园，在今洛中，苜蓿，本胡中菜，骞始于西国得之。

杨衒之《洛阳伽蓝记》曰：宣武场在大夏门东北，今为光风园，苜

稸出焉。

菅

《尔雅》曰：白华，野菅。菅，茅属也。

《毛诗·宿丘·东门之池》曰：东门之池，可以沤菅。

又《白华》曰：周人刺幽后也。白华菅兮，白茅束兮。

又《题纲》曰：白华，野菅，草也，其性柔仞堪用。取此白华，而将白茅束之，喻申后被褒姒所代，恶人蒙善，好人见弃也。

《左传·成公九年》曰：虽有丝麻，无弃菅蒯；虽有姬姜，无弃憔悴。

《周书》曰：成王时，会稽人献以菅。"会"，或作"禽"。亦东南蛮。菅草坚忍。

《山海经》曰：天帝之山，其下多菅。

《异物志》曰：香稸似茅，而叶长大于茅。不生污下之地，生丘陵山岗。凡所蒸享，必得此菅苞裹，助调五味，益其芬菲。

茅

《尔雅》曰：藗音速，壮茅也白茅属。

《易·泰卦》曰：拔茅茹，以其汇，征吉。王弼注曰：茅之为物，被其根而相牵引也。茹，相牵引之貌也。汇，类也。阳以其类引而升，故为茹而征吉。象曰："拔茅征吉，志在外也。"

又《大过卦》曰：藉用白茅，慎之至也。

《尚书·禹贡》曰：荆州，厥贡苞匭菁茅。孔安国曰：茅以缩酒也。

《毛诗·鹊巢·野有死麇》曰：野有死麇，白茅苞之。

陆机《毛诗疏义》曰："白茅苞之"，茅之白者，古用包裹礼物，充祭祀，缩酒用之。

《毛诗·豳·七月》曰：昼尔于茅，宵尔索綯。

《周礼·天官上·甸师》曰：祭祀供萧茅。

《左传·僖上》曰：齐侯伐楚，谓楚曰："尔贡苞茅不入，王祭不供，无以缩酒，寡人是征！”

《史记·封禅书》曰：管仲说齐桓公：“古之封禅，江淮之间，一茅三脊，所以为藉。”孟康曰：所谓零茅也。

《典略》曰：武王伐殷，微子启肉袒面缚，牵羊把茅，膝行而前。

《吴志》曰：徐盛与曹休战，贼积茅草欲焚盛。盛烧船而去，贼一无所得。

《吴录·地理志》曰：桂阳郴县有青茅，可染青。零陵香陵有香茅，古贡之缩酒。

《吴志》曰：刘备连营挑战，陆逊曰：“吾已晓破之术！”乃敕各持一把茅，以火攻拔之。逊率诸军，同时俱攻，破其四十余营。

《晋书·地理志》曰：零陵县有香茅，气甚芬香，古贡之以缩酒。

沈约《宋书》曰：江夏王义恭，大明元年，有三脊茅生石头西岸。又累表劝上封禅，上甚悦之。

《唐书》曰：开元十三年，抚州三脊茅生石头。

《六韬》曰：文王畋于渭阳，见吕尚坐茅以渔，文王劳而问焉。

《庄子》曰：小巫见大巫，拔茅而弃，此其所以终身弗如。

《尹文子》曰：尧为天子，衣不重帛，食不兼味，土阶三尺，茅茨不剪。

《尹子》曰：汤祷旱，素车白马，布衣，身婴白茅，以身为牲。

《说文》曰：茅，菅也。

陆贾《新语》曰：伊尹居负薪之野，修道德于茅庐之下。

《风俗通》曰：谨案，《诗》曰：“手如柔荑”者，茅始熟，中穰也，既白且滑。

《汉武故事》曰：帝拜栾大为天道将军，使着羽衣，立白茅，上授玉印。大亦羽衣，立白茅。上授印，示不臣也。

《神仙传》曰：介象受气禁术，能茅屋上燃火煮鸡，使茅不焦。

又曰：曹公捕左慈，数日不得。便断头，曹公大喜，定视之，是一束茅耳。

盛弘之《荆州记》曰：零陵郡有香茅，桓公所以责楚。

《广州记》曰：董奉与士燮同处数载，积思欲还豫章。燮情拘留不能免，后乃托以病死。燮开棺看，乃是茅人。

《楚辞》曰：兰芷变而不芳兮，荃蕙化而为茅。

扬雄《反骚》曰：费椒糈以要神兮，又勤索彼琼茅。一茎三脊茅。

紫草

《尔雅》曰：藐，茈草也。郭璞曰：可以染紫也。一名茈莀，《广雅》云。

《广雅》曰：紫芀，紫草也。芀音仍。

《说文》曰：茈藐，紫草。

《山海经》曰：劳山多茈草，一名紫英。

《寻阳记》曰：石井山，曾有行人见山上有采紫草者。此人谓村人，揭锸而往见，山上人便去。闻有呼“昌容”者，曰：“人来取尔草！”既至山顶，寂莫无所见。

《列仙传》曰：昌容，常山之道士也。自称殷王女，二百余年而颜色如少。能致紫草，与染家，得钱以遗孤老。

《淮南子》曰：紫草生于山，不能生盘石之上。

《抱朴子》曰：黄金成以为丸，以紫草煮一丸，咽其汁，可百日不饥。

《博物志》曰：平氏阳山，紫草特好，其他者色浅。

《吴氏本草》曰：紫草节赤，二月花。

《本草》曰：紫草，一名地血。

蓝

《毛诗·鱼藻·采绿》曰：终朝采蓝，不盈一襜。襜，衣蔽膝也。

《礼记·月令》曰：仲夏之月，令民刈蓝以染。为阳长也，此月蓝始可刈。

谢承《后汉书》曰：弘农杨震，字伯起，常种蓝自业。诸生恐震年大，助其功佣，震喻而罢之。

《孙卿子》曰：青生于蓝，而青于蓝。

《秦子》曰：常闻仁人当如园圃之蓝，不异众草，染而后彰。

赵歧《蓝赋序》曰：余就医偃时岳，经陈留。此境人皆以种蓝染绀为业。蓝田弥望，黍稷不殖。慨其遗本，遂作赋一章。

蒨

《尔雅》曰：茹藘，茅蒐。郭璞注曰：今之蒨也，可以染绛。

《毛诗》曰：《东门之墠》，刺乱也，男女不待礼而相奔者也。东门之墠，茹藘在阪。《笺》云：城东门之外有墠，墠边有阪，茅蒐生焉。易越而出。此女欲奔男之辞。

《说文》曰：茅蒐，茹藘也。人血所生，可以染绛。

《汉书》曰：若千亩卮茜蒨草根子可用染也，千畦姜韭，其人皆与千户侯等。

《山海经》曰：厘山之阴，多蒐。郭璞曰：蒐，茅蒐也。

《范子计然》曰：蒨根，出北地，赤色者善也。

太平御览卷第九百九十七 百卉部四

荼

《尔雅》曰：荼，苦菜。苦菜可食。

《毛诗·谷风》曰：谁谓荼苦？其甘如荠！

又《蟋蟀·采苓》曰：采苦采苦，首阳之下。苦，苦菜。

《礼记·月令·孟夏》曰：小满之日，苦菜秀。

蔡邕《章句》曰：苦，菜也。不荣而实谓之秀。

《广雅》曰：游冬，苦菜也。

莀来计切

《说文》曰：莀草，可以染黄。

《汉书》曰：诸侯王盭音戾绶。如淳曰："盭，绿出。"晋灼曰："盭，草名。出琅琊平昌县，似艾，可染，因以为绶名。"

蒿

《尔雅》曰：蘩，皤蒿。郭璞注白：白蒿也。蒿，菣也。郭璞注曰：今人采青蒿香中炙啖者为菣也。菣，慦刀切。蔚，牡菣。无子者。

又曰：蘩之丑，秋为蒿。丑，类也。春时各有种名，至秋老成，皆通呼为蒿。

《大戴记》曰：周时，德泽洽和，蒿茂大，以为蒿柱，名为蒿宫。此天子之路遣蓊。《博物》又载。

陆机《毛诗疏义》曰：采蘩，《尔雅》曰："皤，蒿也"凡艾色白为皤，今白蒿是也。春生，秋乃香美，可生食。蒸一名游胡，北海人谓之旁勃。

又曰：匪莪伊蔚。蔚，牡蒿，牧菣也。似蒿，三月始生，七月花。花似胡麻花，而紫赤。八月为角，角似小豆角，锐而长。一名马新蒿。

《毛诗·鹿鸣》曰：呦呦鹿鸣，食野之蒿。毛云：菣也。

青蒿

《诗疏义》曰：茱，青蒿也，荆豫汝阴皆谓之菣。

《东观汉记》曰：杜林寄隗嚣地，终不降志辱身。至簪蒿席草，不食其粟也。

《隋书》曰：初，唐高祖欲遣李密东征，朝士谏曰：“李密性多轻狡，好为反叛，愿勿遣之！”帝曰：“蒿箭射蒿蓠耳，吾岂不知耶？”

《三辅决录》曰：孙晨，字元公。冬月无被，以蒿一束，暮卧，旦收之。

《神仙服食经》曰：十一月采彭勃。彭勃，白蒿也。兔食之，寿八百岁。

莪蒿

《尔雅》曰：莪，萝。今莪蒿也。亦曰廪蒿。

《毛诗》曰：《菁菁者莪》，乐育材也。菁菁者莪，在彼中阿。

又《谷风·蓼莪》曰：蓼蓼者莪，匪莪伊蒿。

《诗义疏》曰：莪，蒿也。生泽田渐洳处，叶似邪蒿，细科。二月中生茎叶，可食。又可蒸，香美，颇似蒌蒿。

《说文》曰：莪，蒿也。从草我声。

《广志》曰：莪蒿，廪蒿。

《钱塘记》曰：灵隐山谷树，树下生莪，郁茂，若沃土所生。

蒌

《毛诗·关雎·汉广》曰：言刈其蒌。蒌，蒿也。

陆机《毛诗义疏》曰：茕，叶似艾，色白，长数寸，高尺余。好生水中，脆美可食。

王刍

《尔雅》曰：菉，王刍也。菉蓐也。今呼鸱脚沙。

《吴氏本草》曰：王刍，一名黄草。神农、雷公生太山山谷。治身热邪气、小儿身热。

蓍

《洪范五行传》曰：蓍之为言蓍也。百年一本生百茎，此草木之寿，知吉凶者也。圣人以问鬼神焉。

《说文》曰：蓍，蒿属也。生千岁，三百茎，《易》以为数。天子蓍九尺，诸侯七尺，大夫五尺，士三尺。

《史记》曰：天下和平，王道得，而蓍茎长大，其丛生者百茎共根。今世取八十茎长八尺，即难得矣；六十茎长六尺，即可用也。

《淮南子》曰：上有丛蓍，下有神龟。

《论衡》曰：蓍，生七十岁生一茎，七百岁生十茎。神灵之物，故迟也。

蓬

《尔雅》曰：啮，雕蓬。荐，黍蓬。别蓬种类。

《尚书大传》曰：子夏于壤室编蓬户，弹琴瑟以歌先生之风，可以发愤矣。

《毛诗·鹊巢·驺虞》曰：彼茁者蓬。蓬，草名也。

又《伯兮》曰：自伯之东，首如飞蓬。

《礼记·内则》曰：射人，以桑弧蓬矢六，射天地四方。桑弧蓬矢，本太古也。天地四方，男子所有事也。

《礼记·儒行》篇曰：蓬户瓮牖。编蓬为户也。

《魏略》曰：鲍出，值饥饿，采蓬实，得数斗，为母作食。

《三辅决录》曰：张仲蔚，平陵人也。与同郡魏景卿，俱隐身不仕。明天官，博物，好属驶猿。所居蓬蒿没人。

《管子》曰：无法程式，飞摇而无所定，谓之飞蓬之间，明王听此言。

《曾子》曰：蓬生麻中，不扶自直；白沙在泥，与之皆黑。

《晏子》曰：鲁哀公失国，走齐，景公问焉，曰："子之年甚少矣，道止于此乎？”哀公对曰：“吾少之时，人多爱我者，吾礼不能亲人；多谏我者，吾忌不能从。以内无弼，外无辅，弼辅无一人，谄谀者甚众。譬之犹秋蓬也，孤其根本，密其枝叶也。”《说苑》又载。

《庄子》曰：列子食于道，见百岁髑髅，攓蓬而指之，曰：“唯予与汝。知未曾死。未曾生也。”

《商君书》曰：今夫飞蓬，遇飘风而行千里者，乘风之势也。

《淮南子》曰：见飞蓬转，而知为车。

《楚辞》曰：蓬艾亲入，御于第兮。第，床箦也。喻亲密。

曹植诗曰：转蓬离本根，飘摇随长风。何意回飚举，吹我入云中。高高上无极，天路安可穷！类此流宕子，捐躯远从戎。

司马彪诗曰：百草应节生，含气有深浅。秋蓬独何华，飘摇随风转。

王朗《谏行役夜表》曰：司空臣朗言：朗闻飞蓬随风，集于王梁之衡，而驷马为之奔，乳虎为之走。蓬非马之策，马非蓬之敌，所以或奔走者，惊也。

萧

《尔雅》曰：萧，荻。即蒿。音狄。

《毛诗·黍离·采葛》曰：彼采萧兮，一日不见，如三秋兮。

《诗义疏》曰：萧，今荻蒿也。或谓牛尾蒿。茎可作烛，有香气。故祭祀，脂爇之为香也。许慎以为艾蒿，非也。

《礼王度记》曰：士萧，庶人艾。艾萧不同，明矣！

《毛诗·蓼萧》曰：《蓼萧》，泽及四海也。蓼彼萧斯，零露湑兮。

《周礼·天官上》曰：甸师，祭祀供萧茅。

《说文》曰：萧，艾蒿也。

《庄子》曰：河上有家贫穷，纬萧为业。司马彪曰：萧，蒿也。纬，织也。织蒿为箔。

《山海经》曰：囊山之阴多萧。

《郭璞诗》曰：得意在兰荪，忘怀寄萧艾。

艾

《尔雅》曰：艾，冰台。今艾蒿也。

《毛诗·黍离·采葛》曰：彼采艾兮，一日不见，如三岁兮。

《齐书》曰：纪僧真为高帝冠军府参军主簿。僧真梦蒿艾生满江，惊而白之高帝，曰："诗人采萧，萧即艾也。萧生断流，卿勿广言。"

《陈书》曰：陈暄，素通脱，以俳优自居，傲弄转甚，后主稍不能容。后遂搏艾为帽，加于其首，以火爇之，燃及于发，垂涕求哀，声闻于外，而弗之释。

《庄子》曰：越王子搜逃乎丹穴。越国无君，求王子搜，不从。之丹穴，不肯出。越人薰之以艾。

《孟子》曰：七年之病，求三年之艾。

《汉武帝内传》曰：削冰令正圆，举以向月，以艾于后，承其影，得火。

《师旷占》曰：岁疫，病草先生，病草者，艾也。

崔寔《四民月令》曰：三月可采艾。

王瓜

《周书》曰：立夏之日，蝼蝈鸣。又五日，丘蚓出。又五日，王瓜生。

《礼记·月令》曰：孟夏之月，王瓜生。

《春秋运斗枢》曰：机星散为菝葜。

薇

《尔雅》曰：薇，垂水。生于瞬颠。

《毛诗·鹊巢·草虫》曰：陟彼南山，言采其薇。

又曰：《彩薇》，遣戍役也。采薇采薇，薇亦柔止。

《史记》曰：伯夷、叔齐，义不食周粟。隐首阳山，采薇而食之。

《广志》曰：薇叶似萍，可蒸食。

《三秦记》曰：伯夷食薇，三年颜色不异。武王戒之，不食而死。

莎

《尔雅》曰：薃胡老切，侯莎，其实媞。《夏小正》曰：薃也者，莎随。媞者，其实。媞，大兮切。

《广雅》曰：地毛，莎薩也。

《广志》曰：莎可以为雨衣。

《毛诗题纲》曰："南山有台"，台，一名夫须，莎草也。言山生台及莎，以自荫，喻人君得贤以自尊也。

《后周书》曰：豆卢宁，尝与梁人企定遇于平凉川，相与肆射。乃于百步悬莎草以射之，七发五中。企定时以为能，赠遗甚厚。

任昉《述异记》曰：昔战国时，魏国苦秦之难，有民从征，戍秦不返。其妻思之而卒。既葬，冢上生木，枝叶皆向夫所在而倾，因谓之相思木。今秦赵间有相思草，状若石竹，而节节相续。一名断肠草，又名愁妇草，亦名孀草，人呼为寡妇莎，盖相思之流也。

蒺藜

《尔雅》曰：茨，蒺藜也。布地蔓生，细叶。子有三角，刺人。

《易·困卦》曰：困于石，据于蒺藜，入于其宫，不见其妻，凶。

《毛诗》曰：《墙有茨》，卫人刺其上也。墙有茨，不可扫也。

《晋中兴书·征祥说》曰：义熙中，宫城上及御道左右，皆生蒺藜，亦草妖也。

《说苑》曰：晋平公置酒虒祁之台，使郎中马童布蒺藜于阶下，令召师旷。师旷至，履而上堂，仰天叹曰："夫肉生虫，还自食。木生蠹，还自刻。人出妖，还自得；九鼎之具，不当生蒿。王堂厢，不当生蒺藜，来月八日，修百官，立太子，君将死矣。"至期果死。

又曰：阳虎得罪于卫，北见简子，曰："自今以来，不复树人矣。"简子曰："何哉？"阳虎对曰："夫堂上之人，吾所树者过半；朝廷之吏、边境之士，臣所立者，亦过半矣。今夫堂上之人，亲却臣于君，朝廷之吏，亲危臣于法，边境之士，亲劫臣于外。"简子曰："唯贤者为能报，愚不肖者，不能。夫树桃李者，夏得其休息，秋得食焉；树蒺藜者，夏不得休息，秋得其刺焉。今子之所树者，蒺藜也，非桃李也。自今以来，择人而树之。毋以树而择之。

《续搜神记》曰：沛国一士人，姓周，生三儿，向应可语便哑。有一人径门过，乞饮，曰："君有罪，可远内自思，我于外待君。"主人异其言，乃知非常人，便入内思愆，出谓客曰："昔为小儿时，燕巢中有三子，试以指纳巢中，燕子亦出口承之。乃取三蒺藜与其子，其子吞之即死。其母寻还，不复见其子，出徘徊，悲鸣而去。有此事，今甚悔之。"客曰："是矣！"便闻其儿言语周正。客乃去，不知所在也。

《本草经》曰：蒺藜，一名止行，一名升雅，一名傍通，一名水香。

《离骚》曰：江蓠弃于穷巷兮，蒺藜蔓乎东厢。

太平御览卷第九百九十八 百卉部五

蕾

《尔雅》曰：葍，蕾。大叶，白华。根如指，正白，可啖，葍，方服切。蕾，音富。

又曰：葍，藑茅。葍华有赤者为藑，葍一种耳，亦如蔆、苕，华黄白异名也。藑，巨营切。

《毛诗·鸿雅》曰：我行其野，言采其葍。《毛诗》云：恶菜也。《诗义疏》曰：河内关中谓葍为葍，兖、幽州谓之燕葍，一名爵弁，一名藑。根正白，著熟热灰中温灰中温啖，饥荒可蒸以御饥。汉祭甘泉或用之。其华有两种，叶细而行赤，有臭气也。

《广雅》曰：乌麩，惄许切。葍也。

《说文》曰：藑茅，葍也。一曰舜。从草，敻声。葍，蕾也。蕾，从草富声。葍，从草畐声。

《风土记》曰：葍，蔓生，被树而升。紫黄色，大如牛角，二三同蒂，长七八尺，味甜如蜜。

苹

《尔雅》曰：苹，藾萧。郭璞曰：今藾蒿也，初生可食。

《毛诗·鹿鸣》曰：呦呦鹿鸣，食野之苹。郑玄云：藾萧也。《诗义疏》云：藾萧，叶青白色，茎似蓍而轻脆，始生者可食，亦可蒸也。

商蕀

《尔雅》曰：髦，颠蕀。孙炎曰：一名白棘。郭璞注曰：细叶，有刺，蔓生，一名商蕀。《广雅》云：女木也。

窃衣

《尔雅》曰：蘮蒘，窃衣。孙炎曰：江淮间食之。其花着人衣，故曰窃衣。郭璞曰：似芹，可食，实大如麦，两两相合，有毛，着人衣。

芣苢

《尔雅》曰：芣苢，马舄。马舄，车前也。郭璞注曰：今车前草，大叶，长穗，好生道边，江东呼虾蟆衣。《周书》所载同名耳，非此芣苢。

《广雅》曰：芣苢，当道、马舄。

《毛诗·关雎》曰：《芣苢》，后妃之德也。采采芣音浮苢，薄言采之。毛云：芣苢，车前，大叶，好生道边也，宜怀妊焉。

《神仙服食经》曰：车前实，雷之精也。服之形化。八月彩地衣。地衣者，车前实也。

《本草经》曰：车前实，一名当道，一名牛舌。

藜

《毛诗·嘉鱼》曰：南山有台，北山有莱。

《诗义疏》曰：莱，藜也。茎叶皆似王刍。今兖州蒸以为茹，谓之莱。而谯沛人谓鸡苏为来。故《三仓》云：莱，茱萸。此二草异而名同。

《礼记·月令》曰：孟春行夏令，则藜莠，蓬蒿并兴。

《家语》曰：子路见孔子，曰："负重涉远，不择地而休；家贫亲老，不择禄而仕。昔者由也，事二亲之时，常食藜藿之实，而为负米百里之外。亲殁之后，南游，从车百乘，积粟万钟，累茵而坐，列鼎而食。愿欲食藜藿，为亲负米，不可复得也！"

又曰：楚昭王聘孔子，孔子往拜，礼也。路出于陈、蔡。陈、蔡大夫日相与谋曰："孔子贤圣，其所刺讥，皆中诸侯之病。若用于楚，陈、蔡危矣！"遂使兵拒孔子。孔子不得行，绝粮七日，外无道所通，藜羹不充，从者病。孔子愈慷慨讲诵，弦歌不衰。

又曰：曾参，后母遇之无恩，而供养不圣。及其妻为藜蒸不熟，因出之。人曰："非七出也。"答曰："藜羹，小物耳。吾欲熟，而不用吾命，况大事乎？"遂出之。

《山海经》曰：泰山有草焉，名曰藜，如荻，可以为疸。郭璞注曰：为，治也。

虞盘佑《孝子传》曰：曾子以藜蒸不熟遣妻。

《庄子》曰：孔子穷于陈、蔡间，七日不食，藜羹不糁，颜色甚惫。

又曰：子贡乘大马，中绀而表素，轩车不容巷，往见原宪。原宪华冠屣履，杖藜应门。子贡曰："嘻，先生何病也！"

《韩子》曰：尧之王天下也，粝粱之食，藜藿之羹。

王萯音负

《礼记·月令》曰：孟夏之月，王萯生。蔡邕《章句》曰：萯，草名也，生于陵也。

藋徒吊切

《尔雅》曰：拜蔏音商，藋。蔏藋，亦似藜。

《广雅》曰：堇，藋。

《淮南子》曰：藜藿需而长，日加四寸，不可以为栌栋。

戒火

《南越志》曰：广州有大树，可以御火，山北谓之慎火。或多种屋上，以防火也。但南方无霜雪，其花不凋，故生而成树耳。

《本草经》曰：景天，一名戒火，一名水母花，主明目轻身。

胡枲

《尔雅》曰：菤耳，苓耳。《广雅》云：枲耳也，亦云胡枲也。江东呼为常枲。或曰苓耳。形似鼠耳，丛生如盘。

《广雅》曰：一名枲耳。

《毛诗·关雎·卷耳》曰：采采卷耳，不盈顷筐。毛云：苓耳。

《诗义疏》曰：苓耳，叶青白，似胡荽。白华细叶，茎蔓生。可为茹，滑而少味。四月中生子，如妇人耳珰，谓之珰草，幽州谓之爵耳。

《博物志》曰：洛中人有驱羊入蜀者，胡葸子着羊毛，中国人取种，因名羊负来。

卷施

《尔雅》曰：卷施草，拔心不世。宿莽也，《离骚》云。

《南越志》曰：宁乡县，草多卷施，江淮间谓之宿莽。

蔷薇

《神农本草》曰：蔷薇，一名牛膝，一名蔷麻。

《吴氏本草》曰：蔷薇，一名牛勒，一名牛膝，一名蔷薇，一名山枣。

筑

《尔雅》曰：竹萹匹善切，蓄。郭璞注曰：似小藜，赤茎节，好生道旁。可食，又杀虫。

《说文》曰：萹，筑也，从草扁声。

《本草经》曰：萹，萹蓄，一名萹竹。

《吴氏本草》曰：萹蓄，一名畜辩，一名萹蔓。

鬼目

《尔雅》曰：符，鬼目。郭璞注曰：匠箔东有鬼目草，茎似葛，叶圆而毛。子如耳珰，赤色丛生。

《吴志》曰：建业有鬼目菜，于工人黄狗家，生依枣树，长丈余，茎广四寸，厚二分。

《本草经》曰：鬼目，一名东方宿，一名连虫，陆名羊蹄。

覆盆

《尔雅》曰：茥苦圭切，蒛去悦切葐。郭璞注曰：复盆也，实似莓而小，亦可食。孙炎曰：青州曰茥。

《广雅》曰：蒛葐，陆英梅也。

《抱朴子》曰：俗人见方用蒛葐、覆葐，谓之瓦器。近易之草，或不知蓬累一名陵累。

《甄氏本草》曰：覆盆子，一名马瘘，一名陆荆。

酢浆

《尔雅》曰：葴，寒浆。今酸浆草，江东呼曰苦葴。音针。

《本草》曰：酢浆，一名酸浆，平寒无毒，生川泽，及人家田园中。治热烦满，定志益气，利水道。产难，吞其实，立产。

《吴氏本草》曰：酸浆，一名酢浆。

稂

《尔雅》曰：稂，童粱也。稂，莠类也。

《国语》曰：季文子相宣、成，无衣帛之妾，无食粟之马。仲孙他谏曰："不华国也？"文子曰："吾闻以德荣为华，不闻以妾与马。"献子闻，囚之七日。自是妾衣七升之布，马食稂莠。文子曰："过而能改，民之上也！"夫达曰仲孙他，孟献子庶子。

《毛诗·曹·蜉蝣·下泉》曰：冽彼下泉，浸彼苞稂。稂同粱也。

又《大田》曰：不稂不莠，去其螟螣。

《诗义疏》曰：禾粟秀为穗，而成崱嶷，如骨之童稂。

莠

《毛诗·甫田》曰：无田甫田，维莠骄骄。甫，大也。大田过度，而无人功，终不能获。无思远人，劳心忉忉。

《韦曜问答》曰："甫田维莠，今何草？"答曰："今之狗尾也。"

《左传·襄六》曰：郑公孙挥过伯有氏，其门上生莠，子羽曰："其莠犹在乎？"以莠喻伯有。伯有侈，知其不能久存。

《晋书》曰：明帝时，王如举兵作乱，令人种禾，禾悉变莠。俄而军败，降于王敦，为敦所杀。

绶

《尔雅》曰：虉，绶。小草，有杂色，似绶。虉，五厢切。

《毛诗义疏》曰：虉，五色，作绶文，故曰绶草。

台

《尔雅》曰：台，夫须。台可以为御雨笠。

《毛诗·嘉鱼》曰：《南山有台》，乐得贤也。南山有台，北山有莱。台，夫须也。莱，草也。山有草木，以自复盖，成其高大。喻人君有贤臣，以自尊显。

《毛诗义疏》曰：旧说莎草也，可为蓑笠，故曰台笠缁撮。或云台草，有皮，坚细滑致，可为簦笠。南方多有。

《纂文》曰：台，一曰山莎，可作笠。

皋芦

《南越志》曰：龙川县有皋芦草，叶似茗，味苦涩，土人以为饮。今南海谓为过罗，或曰拘罗。

翘摇

《尔雅》曰：柱夭摇草。郭璞注曰：蔓生，细叶，紫花，可食。今俗呼翘摇车。

土瓜

《尔雅》曰：菲，蒠菜。

又曰：菲，芴。郭氏云：菲草生下湿地，似芜菁，华紫赤色，可食。郭璞注曰：即土瓜。孙炎曰：菲，葍类。芴音物。

《毛诗》曰：采葑采菲，无以下体。《毛诗》曰：芜，须也。菲，芴也。《诗义疏》曰：菲似葍，茎粗叶厚而长，有毛。三月中蒸为茹，滑美。亦可作羹。幽州人谓之芴。《尔雅》谓葸菜。今河内谓之宿菜也。又，《毛诗》郑笺云：此二菜者，蔓菁与葍之类也，皆上下可食。然而其根有恶时也。

《广雅》曰：土苽，芴也。《本草》云：王苽，一名土苽。

崔寔《四民月令》曰：二月尽，三月，可采土苽根。

菌

《尔雅》曰：中馗，菌。郭璞注曰：地蕈也，似盖，匠箔疸憎为土菌，亦曰馗厨，可啖之。小者，菌。注：大小异名。

《列子》曰：朝菌不知晦朔。朽穰之上，有菌芝者，生于朝，死于晦。

《庄子》曰：朝菌不知晦朔。司马曰：大芝也。天阴时生粪土，日见时萎，故不知月始终。

《吕氏春秋》曰：菜之美者，骆越之菌。

《说苑》曰：雍门周对孟尝君曰："夫以秦楚之强，而报于弱薛，譬犹磨萧斧而伐朝菌也。

《博物志》曰：江南诸山郡中，大木断倒者，经春夏生菌，谓之椹。食之有味，而忽有毒，杀人。云此物往往自有毒者。或云蛇所着之枫树生者，啖之令人笑，不得止。治之，饮土浆多愈。

《风土记》曰："阳羡袁君庙有祈雨者，则祝称神命，常赐芝草。草菌也。便以神前酒杯灌地，以大羹杯复之。有须，发杯，而菌生。今犹然。

《异苑》曰：交州诸郡有菌，以叶涂人躯，便举体菌生。生既遍，便就朽烂，肌肉消腐。

承露

《尔雅》曰：蔠葵，蘩露。郭璞曰：承露也。大茎，小叶，花紫黄色。蔠音终。

《陈留耆旧传》曰：梁垣牧为郡功曹，与君归乡，为赤眉所得。贼将啖之。牧求先。贼长义而释牧，送蘩露实一斛。

扶老

《汝南先贤传》曰：蔡顺，事母至孝。井桔槔朽杯，在母生年上，顺不敢治之。俄而有扶老生，绕之，遂坚。

《晋宫阁名》曰：华林园，扶老三株。

《广志》曰：扶老，华黄如金，名金草。

太平御览卷第九百九十九　百卉部六

芙蕖

《尔雅》曰：荷，扶蕖。别名芙蓉，江南呼荷。其茎茄，其叶蕸，其本密，茎下白蒻在泥中者。其华菡萏，其实莲，其根藕，其中的，莲中子也。的中薏。中心苦者也。薏音亿。

《广雅》曰：菡萏，芙蓉。

《周书》曰：鱼龙成则薮泽竭，即莲藕掘。

《毛诗·泽陂》曰：彼泽之陂，有蒲与荷。荷，芙蕖也。

又《山有扶苏》曰：山有扶苏，隰有荷华。荷华，扶蕖也。

《毛诗义疏》曰：芙蕖，茎为荷。其华未发为菡萏，已发为芙蕖。其实莲，莲青皮，里白子为的，的有青，长三分，如钩，为薏，语曰："苦如薏"也。的，五月中生，生啖脆。其秋表皮黑，的成食，或可磨以为饭，轻身益气，令人强健。幽、荆、杨、豫取备饥年。其根为藕，幽州人谓之光，为光如牛角。

谢承《后汉书》曰：郑敬为新迁功曹，尝与同郡邓敬因折芰为坐，以荷献肉，瓠瓢盈酒，言谈弥日。

《宋书》曰：臧质说：南郡王义宣反，兵败，无所归，乃入南湖。逃窜无食，摘莲啖之。追兵至，窘急，以荷覆头，自沉于水，唯出鼻。军主郑俱儿望见，射之中心，兵刃乱至，肠胃缠萦水草。

沈约《宋书》曰：文帝元嘉二十一年，天泉池、乐游苑池、玄团池生莲同干。

《宋起居注》曰：泰始二年，嘉莲一诗，骈花实，合跗同茎，生豫州鳢湖。

《宋记》曰：文帝元嘉年，莲生建康额担湖，一茎两华。

《齐书》曰：涪陵王凿金莲花以贴地，令潘妃行其上，曰此步出芙蓉。

《三国典略》曰：齐师伐梁，梁以粮运不继，调市人馈军建康，令孔奂以麦屑为饭，用荷叶裹之。一宿之间，得数万裹。

又曰：梁江从简，光禄大夫革之子也。颇有才学，年十七，为《采荷调》以刺何敬容，其文曰："欲持荷作柱，荷弱不胜梁；欲持荷作镜，荷暗本无光。"敬容弗觉，唯唯嗟其工。

《管子》曰：五沃之土生莲。

王子年《拾遗记》曰：汉昭帝游柳池，有芙蓉，紫色，大如斗。花叶柔甘可食，芬气闻十里之内，莲实如珠。

郭子横《洞冥记》曰：北及玄坂，去崆峒十七万里，日月不至。其地自明。有紫河万里，流珠千丈，中有寒荷，霜下方香茂。

《抱朴子》曰：千岁神色，巢于莲叶之上。

《万岁历》曰：齐太和二年，乌程县阁下生莲华。

顾启期《娄地记》曰：娄门东南有华墩陂，中生千叶莲花。其荷尾，菡萏色白，岂佛经所载者乎？

《古今注》曰：芙蓉，一名荷花，生池泽中，一名泽芝，一名水花。色有赤、白、紫、青、黄，唯红白二色苦多。华大者至百叶。

《华山记》曰：山顶有池，池中生千叶莲华，服之羽化，因名华山。

《诸草木方》曰：七月七日，采莲华七分；八月八日，采莲根八分；九月九日，采莲实九分。阴干，下蓰服方寸匕，令人不老。

《真人关尹传》曰：老子语喜："天崖之渊，真人所游，各各坐莲华之上，一华辄径十丈。"

《说文》曰：茄，芙蕖茎也。荷，芙蕖实也。蓉，芙蕖本也。

《搜神记》曰：王敦在武昌，铃下仪仗生莲华，五六日而落。说曰：《易》称"枯杨生华"，何可及也？今狂华生枯木，敦终逆而身死。

王韶之《神境记》曰：九嶷山，过半路皆行竹松下，夹路有青涧，涧中有黄色莲，华，芳气盈谷。

《幽明录》曰：晋末，黄祖至孝。母病笃，庭中稽颡，俄顷，天汉开明，有一老翁以两丸药赐，母服之，众患顿消。翁曰："汝入三月，可泛河而来。”依期行，见门，题曰善福门。内有水，曰湎源池。有芙蕖，如车轮。

《浮图澄传》曰：澄以钵盛水，烧香咒之，须臾，青莲华出。

《外国事》曰：私诃条国，大洲上有大山，上有石井，井自生千叶白莲华，及众莲华出。

陶隐居《本草注》曰：宋时，太官作羊血䘓空绀切，削藕，误落中，遂皆散不凝。医仍用治血，多效。

《神农本草注》曰：血藕实茎，一名水芝，所在地泽皆有。生豫章汝南郡者良。苗高五六尺，叶团青，大如扇。其花赤，名莲荷。子黑，状如羊矢。

范宁为豫章表曰：新淦令孟佃民解列县厅事前二丈陆地生莲华，入冬死，至阳更生四枝。今年三月，复生故处，蘩殖转多。华有二十五枚，鲜明可爱，有异常莲。

《古诗》曰：涉江采芙蓉，兰泽多芳草。采之欲遗谁？思之在远道。

《楚辞》曰：芙蓉始发，杂芰荷些。紫茎屏风，屏风，水葵。文绿波些。言复有水葵生于中也，茎紫色，风砌狞匽波，绿其叶而生纹也。或曰：紫茎，言荷茎紫色；屏风，谓荷叶如屏风。

张奂《芙蓉赋》曰：黄螺圆出，垂蕤散舒，缨以金牙，点以素珠。

曹植《美芙蓉赋》曰：竦芳柯以从风兮，奋纤枝之璀璨。其始荣也，皎若夜光寻扶木；其扬辉也，晃若九日出旸谷。芙蕖蹇产，菡萏星属。丝条垂珠，丹茎加绿。混混兮韡韡，烂若龙烛。

潘尼《芙蓉赋》曰：或擢茎以高立，似雕辇之翠盖。或委波而布体，拟连璧之攒会。

《古诗》曰：江南可采莲，莲叶何田田！

《楚辞》曰：令薜荔以为理兮，惮举趾而缘木。因芙蓉而为媒兮，惮褰裳而濡足。

又曰：制芰荷以为衣，集芙蓉以为裳。

又曰：筑室兮水中，葺芝兮以荷盖。

《傅玄歌》曰：曲池何澹澹，芙蓉敞清源。荣华盛壮时，见者谁不叹？一朝光采落，故人不回颜。

蒲

《尔雅》曰：莞，苻蓠，其上蒚。郭璞注曰：今西方人呼蒲为莞蒲。蒚，谓其头，台首也。匠箔东谓之符蓠，西方亦名蒲中茎为蒚，用之为席。蒚音翮。

《毛诗·泽陂》曰：彼泽之陂，有蒲与简。

又《鱼藻》曰：鱼在在藻，依于其蒲。

《左传·文公》曰：仲尼曰："臧文仲，其不仁者三：下展禽，废六关，妾织蒲，三不仁也。"

又《昭公二十年》晏子对齐侯曰：泽之萑蒲，舟鲛守之。

《汉书》曰：蒲轮安车，以征贤。晋灼曰：以蒲裹车轮。

又曰：路温舒，字长君。父使牧羊，温舒取泽中蒲，截以为编，用写书。

又曰：元帝病，数问景帝立胶东王故事。史丹侍疾，候上独寝，直入卧内，顿首伏青蒲上，服虔曰：青绿蒲也。孟康曰：以蒲为废蔽也。太子由是得不废。

《东观汉记》曰：刘宽迁南阳太守，温仁多恕。吏民有过，但蒲鞭罚之，示辱而已。

《晋书》曰：王育，字伯春，京兆人也。少孤贫，为佣牧羊，每过小学，必歔欷流涕。时有暇，即折蒲学书，忘而失羊，为羊主所责，将鬻己以偿之。东郡许子章，敏达之士也，闻而嘉之，代育偿羊，给其衣食，使与子同学。遂博通经史。

《齐书》曰：崔景真为平昌太守，有惠政。常悬一蒲鞭，而未尝用。去任之日，土人思之，为立祠焉。

《北齐书》曰：尉瑾少威仪，子德载，以蒲鞭责之，便自投井，瑾自临井上呼云："儿出！"闻者皆笑。

《三齐略记》曰：鬲城东南有蒲台。秦始皇东游海上，于台下繙音烦蒲系马。至今岁岁蒲生，荣委犹若有系状。蒲似水杨，可以为箭。

《穆天子传》曰：天子于珠泽之薮，方三十里，爰有萑蒲莞苇。

《说文》曰：蒲，草也，以作席。蒻，蒲子也，以为平席，世谓蒲蒻。

《风土记》曰：蒲生于陆，叶如乌扇而紫葩于诡切。一曰获蒲，好草也。

《续述征记》曰：乌常沉，齐人谓湖为沉。湖中有九十台，皆生结蒲。云秦始皇游此台，结蒲系马，自此蒲生则结。

《前秦记》曰：符洪家生蒲，长五丈，节状如竹。咸以异之，谓之蒲家，因氏焉。洪后以谶文"草付应王"，遂改姓为符。

《幽明录》曰：河东常丑奴，寓居章安县，以采蒲为业。将一小儿，湖边拔蒲，见一女子，容姿殊美，乘一小船，载莼径前，投丑奴舍寄住，丑奴嘲之。灭火共卧，觉有腥气，又指甚短，惕然疑是魅。女已知人意，便求出户，变而为獭。

《嵇康集序》曰：孙登，夏尝编蒲为裳，冬被发自覆。

《淮南万毕术》曰：酒薄复厚，渍以苑蒲。断蒲渍酒中，有顷出之，即酒厚也。

《楚辞》曰：抽蒲兮陈坐，援堇兮为盖。

菖蒲

《左传·僖下》曰：王使周公阅来聘，飨有昌歜。注：歜，菖蒲菹也。

《春秋运斗枢》曰：玉衡星散为菖蒲。远《雅》《颂》，着倡优，则玉衡不明，菖蒲冠环也。

《梁书》曰：太祖后张氏，讳尚柔。尝于室内，忽见庭前菖蒲生花，光彩照灼，非世所有。后惊异之，谓侍者曰："汝见否？"皆云不见，后曰："尝闻见菖蒲花当贵。"因取食之，生高祖。

《吕氏春秋》曰：冬至五旬七日，昌始生。昌者，百草之先生者也。

《说苑》曰：文公好食昌本菹，本草即菖蒲。

《风俗通》曰：菖蒲放花，人得食之，长年。

《神仙传》曰：王兴，咸阳人，采菖蒲食，以得长生，一寸九节者。

《罗浮山记》曰：宣山中，菖蒲，一寸二十节，坚芬之极。

《方言》曰：菖蒲，得石上生，九寸节以上，紫花尤善。

《吴氏本草》曰：菖蒲，一名尧时薤。

《本草经》曰：菖蒲，生石上，一寸九节者，久服轻身，明耳目，不忘，不迷惑。生上洛。

《典术》曰：圣王仁功济天下者，尧也。夫降精于庭为薤，感百阴为菖薄焉。今之菖蒲是也。

菰

《广雅》曰：菰，蒋也。其米谓之雕胡。

《周官》曰：鸟宜菰。郑玄注曰：苿，雕胡。

《说文》曰：蒋，菰也。雕胡一名蒋。

《晋中兴书》曰：毛璩为谯主司马时，海陵县地多菰蒲，处所幽邃，亡户保之。璩请讨，放火而进。天既旱，地皆菰封。封燃，叛人走出，近得万户。

《广志》曰：菰可食。以为席，温于蒲。生南方。

《庄子》曰：孔子之楚，舍于蚁丘之蒋。

《宋玉赋》曰：主人之女，为臣炊雕胡之饮。

马藻

《尔雅》曰：莙，牛藻。注：似藻，叶大，江东呼为马藻。

《毛诗·采蘋》曰：于以采藻？于彼行潦。

陆机《毛诗疏义》曰：藻，水草也，生于水底。叶似鸡苏，可食。荆杨人食以当谷，救饥。饥荒时，蒸而食之。

《颜氏家训》曰：或问东宫旧事，六色罽缇是何等物，当主何音。答曰：案，《说文》云："莙，牛藻也。读若威。"音坞瑰切。即陆机所谓蕴藻，叶如蓬者也。又郭璞注《三苍》亦云：'蕴，藻之类也，细叶，蓬茸然生。'今死𣈆有此物，一节长数寸，细茸丝圆绕，可爱。长者二三十节，犹呼为莙。又寸断五色丝，横着线股间，绳之，以象莙草，用以饰物，名为莙。于时当绁六色罽，此莙以饰绲带，张敞因造丝旁畏“耳”作“緦。”

郭子横《洞冥记》曰：昆灵池有倒藻，枝叶横倒水上，长九尺余，纵横而生，状如结网。有野鸭鹅凫及鸥䴔来翔，观水池上，入此草障，皆不得出，如入罾网也。亦曰水网草。

凫葵

《说文》曰：茆，凫葵也。

《纂文》曰：凫葵，其实可作酱。

马蓼

《尔雅》曰：红，茏古，其大者蘬。俗呼红草为茏鼓。语转耳。

《毛诗·缁衣·山有扶苏》曰：山有桥松，隰有游龙。毛云：红草也。

《毛诗义疏》曰：红草，一名马蓼，叶粗大，赤白色，生外泽中。

蕣

《尔雅》曰：椵，木槿。榇，木槿。宾狩咽名也。似李树，华朝生夕陨，可食，或呼为日及，亦曰王蒸。

《广雅》曰：日及，木槿也，一名朱槿，一名赤槿。

《说文》曰：蕣，木槿也。

《毛诗·有女同车》曰：有女同车，颜如舜华。蕣，木槿也。

《礼记·月令》曰：仲夏之月，木槿荣。

《傅玄》曰：蕣华，丽木也。谓之日洽，或谓之洽容，或谓之爱老，潘尼以为朝菌。

太平御览卷第一千　百卉部七

萍

《尔雅》曰：蘋，萍。水中浮萍，江东谓之薸，音瓢。其大者苹。

《毛诗·采蘋》曰：《采蘋》，大夫妻能循法度也。能循法度，则可以承先祖，供祭祀矣。于以采苹？南涧之滨。于以盛之？维筐及筥。于以湘之？维锜及釜。湘，烹也。

又《鹿鸣》曰：呦呦鹿鸣，食野之苹。苹，萍也。

《诗义疏》曰：萍，粗大者为苹。季春生。可燥蒸为茹。

《周礼·秋官下·萍氏》曰：萍氏，掌禁川游者。郑玄注曰：萍草细根，取不沉，其名溺也。

《礼记·月令》曰：季春之月，萍始生。

《左传·桓公》曰：苹蘩薀藻之菜，可羞于王公。

《周书》曰：谷雨一日，萍始生。萍不生，阴气愤盈。

《家语》曰：楚昭王渡江，江中有一物，大如斗，圆而赤，直触王舟。舟人取之，王问群臣，莫能识。使问孔子，孔子曰："是谓萍实，可剖而食之。吉祥也，唯霸者能获焉。"王遂食，大美。又遣问孔子，何以知之，子曰："吾尝过陈之野，闻童谣曰：'楚王渡江，得萍实。大如斗，赤如日。割而食之，甜如蜜。'吾是以知之。"

《吕氏春秋》曰：菜之美者，昆仑之萍焉。

《淮南子》曰：萍树根于水，木树根于土。

《淮南方毕术》曰：老血为萍。聚血之精，至黄泉也。

许慎《说文》曰：苹，萍也。无根，浮水而生。

周处《风土记》曰：萍，蘋，芹菜植叼名也。

《范子计然》曰：水萍出三辅，色青者善。

《吴氏本草》曰：水萍，一名水廉，生地泽水上。叶圆小，一茎一叶，根入水。五月华白。三月采，日干之。

《本草经》曰：水萍，一名水华。味辛寒。生池泽水上。疗暴热、身痒，下水气，胜酒，长鬓发。久服轻身。

《郭子》曰：萍之依水，犹卉植地。靡见其布，漠尔鳞被。物无常托，孰知所自？

杜恕《笃论》曰：夫萍之浮，与菱之浮相似。菱植根，萍随波。是以尧、舜恶巧言之乱德，仲尼恶紫之夺朱。

刘伶《酒德颂》曰：俯观万物，扰扰焉如江汉之载浮萍。言随风。

《楚辞》曰：白萍兮骋望，与佳期兮夕张。

又曰：靡萍九衢，枲华安居。

又曰：窃哀兮浮萍，泛淫无根。

苔

《尔雅》曰：薄徒南切，石衣也。水苔也，一名石发。江东食之。或曰薄，叶似薤而大，生水底，亦可食。薤，胡畀切。

《说文》曰：苔，水衣也。

《齐书》曰：宋时，会稽剡县有山，名刻石。父老相传云：虽名刻石，而不知文字所在。升明末，县人倪袭祖行猎，忽见石上有文字，凡三处。苔生其上，字不可识。乃去苔视之，其大石文曰："黄天星，姓萧，字道成。得贤师，天下太平。"小石文曰："刻石者谁？会稽南山，李斯刻秦望之风也。"

《三国典略》曰：侯景围台城，既急，时诸军于德阳堂前杀马鬻饭，杂以人肉干。甘露厨中，所有干苔，悉分给军士。

《唐书》曰：拔野古国东北，五六日行至鞠国，有树无草，但有地苔。无羊马豕畜，有鹿，如中国牛马。使鹿牵车，可胜三四人。衣鹿皮，食地苔。其人聚木枝为屋，尊卑共居其中。

《淮南子》曰：穷谷之污生青苔。青苔，水垢。

《广雅》曰：石发，石衣也。

《风土记》曰：石发，水衣也。青绿色，皆生于石也。

《游名山志》曰：石箦山，缘崖而上，高百许丈，里悉青苔，无别草木。

《古今注》曰：苔藓，空空无人行，生苔。或紫，或青。一名员癣，一名绿钱，一名绿癣，一名绿苔。

《广志》曰：室无人行，生藓。

《拾遗记》曰：晋武帝时，祖梨国献蔓苔，亦曰金苔，亦曰夜明。

《博物志》曰：晋武帝欲观书，司空张华撰《博物志》进武帝。帝嫌烦，令削之。赐侧理纸万张。王子年云：侧陟厘也，此纸以水苔为之。溪人语讹，谓之侧理。今名苔纸。取水中苔造纸，青黄色，体涩。其苔，死晷石上生，如毛，绿色。

《述异记》曰：苔钱，亦谓之泽葵，又名重钱草，亦呼为宣癣。南人呼为垢草。

《异物志》曰：石发，海草，在海中石上丛生，长尺余，大小如韭，叶似席莞，而株茎无枝。以肉杂而蒸之，味极美。食之，近不知足。

《本草》曰：海藻，一名海罗。生东海中。或生河泽。茎似乱发。

《南越志》曰：海藻，一名海落，或曰海罗。

王智深《宋记》曰：王微，字景玄，大保弘之弟子也。吏部尚书江湛爱其才用，举为吏部郎。陈病笃不受，因与湛书告绝。足不逾阈十有余载，栖迟于环堵之室，苔草没阶。

沈约《青苔诗》曰：缘阶何漠漠，沉水复绵绵。微根如欲断，轻丝似更联。

谢庄《月赋》云：陈王初丧应，刘端忧多暇。绿苔生阁，芳尘凝榭。

谢玄晖《直中书省诗》云：红药当阶翻，苍苔依砌上。

菣音琴

《抱朴子》曰：菣根化为鳣。

《宗林》曰：菣草，生水中，根可缘器。

莞

《尔雅》曰：薕方寝切，鼠莞。郭璞注曰：鼠莞，纤细，似龙须，可以为席。蜀中出好者。

《广雅》曰：葱，蒲莞也。《纂文》同。

《说文》曰：莞草，可以为席，从草完声。

荔挺

《礼记·月令》曰：仲冬大雪后五日，荔挺出。

《淮南子》曰：仲冬，荔挺出。

《颜氏家训》曰：《月令》“荔挺出”，郑玄注云：“荔挺，马薤也。”

《说文》曰：荔，似蒲而小，根可为刷。

《广雅》云：马薤，荔也。《通俗文》而又名马蔺。

《易统验玄图》云：荔挺不出，则国多火灾。

蔡邕《月令章句》云：荔以挺出。

高诱注《吕氏春秋》云：“荔草，挺出也。”然则《月令》之注荔挺为草名，误矣。河北平泽率生之。江东颇有此物，种于阶庭。但呼为旱蒲，故不识马薤，讲《礼》者乃以为马苋。堪食，亦名豚耳，俗曰马齿。江陵常有一僧，面形上广下狭，刘缓幼子民誉，年始数岁，俊晤善体物，见此僧云：“面似马苋。”其伯父刘縚因呼为荔挺法师縚。亲讲礼名儒，尚误如此。

《列仙传》曰：寇先生者，宋人也。以钓鱼为业。居涯水旁，百有余年。鱼或放或留，或卖或自食之。常着冠帻，好种荔，食其葩实焉。宋景公问其道，不告，即杀之。后数十年，踞宋城门上，鼓琴数日，乃去。宋人家家奉祀之。

雕胡

《西京杂记》曰：会稽人顾翱，少失父，事母孝。母好食雕胡饭，常帅子女躬采撷。还家，导水凿川供养，每有盈储。家近大湖，湖中生雕胡，无复杂草，虫鸟不敢至焉，遂得以为养。郡县表其闾舍。

又曰：蒲菰，菰有米者，长安谓为雕胡。葭芦之未解叶者，谓之紫菰。菰有首者，谓之蒙节。

苕

《尔雅》曰：苕，陵苕。一名陵时。黄华，蔈必遥切白华，茇。孙炎曰：苕华色异，名亦不同。音沛。

《广志》曰：苕草，色青黄，紫华。十一月稻下种之，蔓延盛茂。可以美田，叶可食。

《毛诗·防有鹊巢》曰：邛有旨苕。

《诗义疏》曰：苕，饶也。幽州谓之翘饶。蔓生，茎如劳豆而细，叶似蒺藜而青。其华细，绿色，可食，味如小豆藿叶也。

《诗义疏》曰：《本草》曰："陵苕，一名陵时，一名鼠毛，似王刍。生下湿水。七月、八月华紫，似今紫草，可以染帛。煮沐头发，即黑。叶青如蓝，而多华。"

《史记》曰：赵武灵王，梦见处女鼓琴而歌曰："美人荧荧兮，颜若苕之华。"

蒹

《尔雅》曰：蒹，薕。似萑而细，高数尺，江东呼为蒹薍。

《毛诗·车辚》曰：蒹葭苍苍，白露为霜。蒹，薕也。葭，芦也。苍苍，盛也。

薍五患切

《尔雅》曰：菼他敢切，薍也。似苇而小，实中。江东呼为乌蓲。蓲音丘。

《毛诗·淇奥·硕人》曰：葭菼揭揭。毛曰：葭，芦；菼，薍也。

萑苇

《毛诗·豳·七月》曰：七月流火，八月萑苇。薍为萑，葭为苇。预畜萑苇，以可为箔也。

又《生民·行苇》曰：敦彼行苇，牛羊勿践履。方苞方体，维叶泥泥。

又《河广》曰：谁谓河广？一苇航之！

《礼记·月令·孟秋》曰：命有司纳材苇。蒲苇之属，此时柔脆，可取作器物。

《吴志》曰：孙亮初，谣云："诸葛恪，何若若？芦苇单衣，蔑钩络。于何相求？常子阁。"常子阁者，反语石子冈也。钩络，带也。及诸葛恪为孙峻所杀，以苇席裹尸，而蔑束之。

《孙卿子》曰：南方有鸟，名蒙鸠。以羽编发为巢，系之以苇苕。风至苕折，子死卵破，所凭者弱也。

《吕氏春秋》曰：季夏之月，乃命虞人入材苇。虞人，掌池泽官。材苇，供国用。

又曰：汤始得伊尹，祓之于庙，熏以萑苇。

《南夷志》曰：泸河在弄栋北，今谓之南泸，两岸葭苇大如臂。

《楚辞》曰：咸播秬黍，莆萑是营。咸，皆也。秬，黑黍也。萑，草名。营，耕也。言禹平水土，万贸苍得布种黑黍于萑蒲之地，尽为良田也。

芦荻

《尔雅》曰：葭，华。即今芦也。葭，芦。苇也。

《毛诗》曰：蒹葭萋萋，白露未晞。蒹葭采采，白露未已。葭，芦也。

《毛诗义疏》曰：薍，或谓之荻。至秋坚成，则谓之萑。

焦赣《易林·剥之坤》曰：从风放火，荻芝俱死。

《汉书》曰：董偃见宠馆陶公主，安陵袁叔谓偃曰："顾成庙远，无宿宫人。又有荻竹籍田，足下何不白主，献长门园于上？此上所欲也。"

《晋中兴书·征祥说》曰：义兴初，童谣云："官家养芦化作荻，芦生不止自成积。"是时卢循窃据广州，国未能讨，因而用之，是官养芦也。荻犹敌也。

《春秋后语》曰：赵襄子欲保晋阳，曰："奈何无箭？"张孟谈曰："臣闻董子之治晋阳，公宫之垣皆以荻蒿苫。禁墙之基，高至千丈余。君发而用之。"于是发其坚，则箘簬之劲不能过也。

《隋书》曰：张威拜青州总管，在青州颇治产业，遣家奴于民间鬻芦荻根，其奴缘此侵扰百姓。上深加谴责，坐废于家。

《吴越春秋》曰：伍子胥至大江，江中有渔父，子胥请渡。时旁多人，渔父歌，令止芦中。至夕，渡之于滏之津。见其有饥色，归取麦饭、鲍鱼之羹。子胥疑，没芦中。渔父呼芦中，子胥应，与食，渡之。

《晏子春秋》曰：公猎休坐地，晏子灭葭而坐，公问其故。晏子曰："臣闻介胄不席，狱讼不席，尸在堂不席。三者皆忧也。臣不敢以忧示君。"公令人不席。

《淮南子》曰：雁衔芦，以避矰缴。

又曰：藡苗类絮，而不可以为絮。藡苗，萑秀也。藡，徒历切。

《抱朴子》曰：吴世有姚光者，有火术。吴主躬临试之。积荻千束，光坐其上，又以数千束荻累之，因猛风燔之。火尽，光端坐灰中，振衣而起。

《说文》曰：葭灰以候律管。

《释名》曰：大曰芦，次曰苇。芦笋苦，荻笋甘。

《世说》曰：魏明帝使后弟毛曾与夏侯玄共坐，时人谓蒹葭倚玉树。

《论衡》曰：上古之人，有荼、郁垒者昆弟二人，生而执鬼。居东海度朔山上，立桃树下，简阅百鬼。鬼道里妄兴人祸，荼与郁累缚以芦索，执以食虎。

《通语》曰：诸葛亮见殷礼而叹曰："东吴菰芦中，乃有奇伟如此人！"与兄瑾书云："殷往嗣秀才，金之侨盼者也。"

蘩蔞

《尔雅》曰：蔜音敖，蕿音嫂蔞。今蘩蔞也。或曰鸡肠草。

范汪《治淋方》曰：取虆蘽草，满两手，以水煮之，亦可常饮。

纶组

《尔雅》曰：纶古顽切似纶，组似组，东海有之。纶，今有秩啬夫所带，纯青丝纶组绶也。海中草生彩理有象之者，因以名云。

左思《吴都赋》曰：纶组紫降。

帛布

《尔雅》曰：帛似帛，布似布，华山有之。草叶有像布帛者，因以名云。

离南

《尔雅》曰：离南，活莌也。草，生江南，高丈许，茎中有瓤，正白。零陵人祖日贯之为树。莌音脱。

地榆

《本草经》曰：地榆，止汗气，消酒明目。

《广志》曰：地榆可生食。

《神农本草经》曰：地榆苦寒，主消酒，生冤句。